"十四五"国家重点出版物出版规划项目

国家社会科学基金项目（项目编号：13BF127）结项成果

文化产业促进法

The Law on Promotion of Cultural Industries

郭玉军　主编

WUHAN UNIVERSITY PRESS

武汉大学出版社

图书在版编目(CIP)数据

文化产业促进法/郭玉军主编 . —武汉:武汉大学出版社,2022.7
"十四五"国家重点出版物出版规划项目 湖北省公益学术著作出版专
项资金项目
ISBN 978-7-307-23007-1

Ⅰ.文… Ⅱ.郭… Ⅲ.文化产业—立法—研究—中国 Ⅳ.D922.164

中国版本图书馆 CIP 数据核字(2022)第 053880 号

责任编辑:胡 荣 责任校对:汪欣怡 版式设计:马 佳

出版发行:**武汉大学出版社** (430072 武昌 珞珈山)
　　　　　(电子邮箱:cbs22@ whu.edu.cn 网址:www.wdp.com.cn)
印刷:武汉市金港彩印有限公司
开本:787×1092 1/16 印张:25 字数:590 千字 插页:2
版次:2022 年 7 月第 1 版 2022 年 7 月第 1 次印刷
ISBN 978-7-307-23007-1 定价:98.00 元

文化产业促进法

启功

作者简介

郭玉军，法学博士，武汉大学法学院教授、武汉大学艺术法研究中心主任、武汉大学国际法研究所教授、博士生导师，武汉大学国际法治研究院核心团队首席专家，武汉大学国家文化发展研究院研究员，中央美术学院艺术法研究中心副主任，湖北美术学院特聘教授，湖北省社科重点人文社科基地——长江流域文化遗产研究所研究员，湖北省非物质文化遗产研究中心研究员，湖北省非物质文化遗产保护中心首席法律专家兼法律顾问，湖北省人民代表大会常委会副秘书长，中国国际私法学会副会长兼秘书长，中国欧洲法律研究会常务理事，中国法学会理事，中国国际法学会理事，湖北省美学学会常务理事，中国文物学会法律专业委员会专家委员，中国博物馆协会法律专业委员会专家委员，中国国际经济贸易仲裁委员会仲裁员，上海国际经济贸易仲裁委员会（SHIAC上海国际仲裁中心）和武汉仲裁委员会仲裁员，《中国国际私法与比较法年刊》执行编委，《法学评论》杂志编委会编委，国际法协会（International Law association）会员，国际比较法协会（International Academy of Comparative Law）联系会员。

曾任武汉大学法学院国际私法教研室主任，武汉东湖新技术开发区管委会副主任，韩德培法学基金会秘书长，湖北省城乡建设与环境资源保护研究会副会长。受外交部委派曾任海牙国际私法会议国际商事合同法律选择原则专家工作小组成员。曾留学和访问于日本北海道大学、德国奥斯纳布吕克国际私法与比较法研究所、葡萄牙贡依布拉大学、英国牛津大学、美国哈佛大学、德国马克斯—普朗克比较法与国际私法研究所等。

尊重文化傳承文脈

發展文明繁榮文慧

右書朝玉軍教授佳句
歲次壬寅孟夏
上澣吉日
楚人周善民於武昌墨薌軒

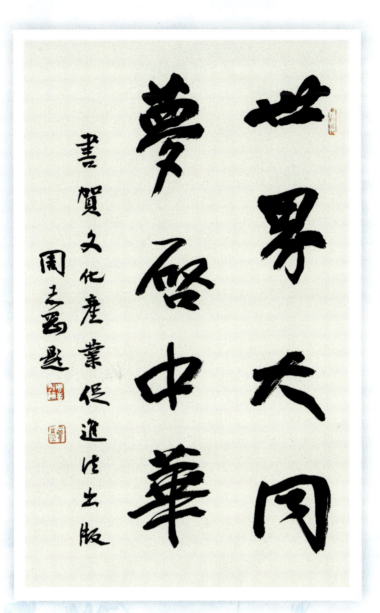

世界大同　夢啓中華

書賀文化產業促進作出版

周之昌題

内 容 简 介

本书是国内首部从国际法与比较法视野研究文化产业促进法问题的著作。当前我国文化产业的有关立法存在立法分散，缺乏文化产业促进法基本法，部分立法内容亟待完善，对文化产业发展的促进不足等问题。本书从国际、国内两个维度，密切结合国际社会的实践，注重对国际组织、主要国家和地区立法的比较研究，充分阐述国外立法的最新理论成果和动向，结合我国立法动态与文化产业发展实际，较为系统深入、重点突出地探讨了文化产业促进法立法的基本问题，包括文化产业的定义、文化产业促进法的基本属性、基本框架、立法体例、立法原则、基本原则、基本内容、重点问题、立法技术，创意和时尚设计的法律保护、融资、补贴、税收优惠、文化产业出口促进措施、文化产业外资准入的法律规制、文化产业与文化遗产保护等领域促进文化产业发展的立法与实践对策。

本书主要有以下特色：一是选题具有新颖性、重要的理论价值和现实意义，顺应我国文化产业发展的潮流与需求。二是既注重研究领域的广泛性，又注重问题研究的深入性，内容具有鲜明的时代性、开拓性、创新性和实用性。三是充分采用比较研究与案例分析方法。四是具有中国问题意识和全球意识，立足为完善我国立法提供切实可行的建议，为高质量发展文化产业，提升文化自信，实现中华民族伟大复兴的中国梦贡献力量。

序　言

黄　进*

文化是一个民族生活方式的反映，也是一个民族生存和发展的重要力量。习近平总书记强调，一个国家、一个民族的强盛，总是以文化兴盛为支撑的，中华民族伟大复兴需要以中华文化发展繁荣为条件。实现中华民族的伟大复兴，不仅需要物质文明的繁荣兴盛，更需要精神文明的繁荣发展。文化产业是精神文明建设、文化繁荣发展的主力军。文化产业发展要以实现中华民族的伟大复兴为己任，响应时代召唤，创作生产更多更好的格调高雅、思想高尚的文化产品，让文化产业的发展成果惠及人民，展现中国在精神文明领域旺盛的创造力。

党的十九届五中全会对"十四五"期间繁荣发展文化事业和文化产业、提高国家文化软实力作出了全面部署，《中华人民共和国国民经济和社会发展第十四个五年规划和2035年远景目标纲要》明确提出了建成文化强国、教育强国、人才强国、体育强国、健康中国的战略目标。在2035年远景目标里，文化强国建设排在首位，引领其他强国建设，是实现其他强国建设目标的基础和保障。提升国家文化软实力，显然不仅仅是文化自身建设的完善和强大，更是文化赋能综合国力，赋能中国社会经济发展各方面。

文化强国建设，离不开文化产业繁荣发展。文化产业繁荣发展是文化强国建设的必然要求和重要支撑。在人类命运共同体的构建中，文化建设亦不可或缺。但全球文化异构，在为世界发展带来动力的同时，也阻隔着人类相互理解。文化产业体现文化、经济与政治等的交融互渗。中国文化产业繁荣发展，扩大国际文化贸易，拓展对外文化交流，传播中国文化，将有助于实现跨文化交流，为世界各国互利共赢提供交流合作平台，推动人类命运共同体文化构建落地生根。

放眼世界，文化产业已成为全球产业体系中增长最快、最具发展潜力的产业，从国内外各种统计数据来看，文化产品和服务在全球 GDP 和我国 GDP 中均具有重要地位。① 特

---

* 中国法学会副会长、中国国际法学会会长、中国国际私法学会会长、中国政法大学教授。

① 文化和创意经济占全球国内生产总值（GDP）的 3.1%，从业人员占全部就业总人数的 6.2%。文化产品和服务 2019 年达到 3 891 亿美元。参见 *Reshaping Policies for Creativity*：Addressing Culture as a Global Public Good（UNESCO 2022），https：//unesdoc. unesco. org/ark：/48223/pf0000380491，visited on 15 January，2022。《中国国际文化贸易发展报告（2020）》显示，2019 年，中国对外文化贸易总体上呈现稳定的增长趋势，文化产品进出口贸易总额约为 1 114.5 亿美元，同比增长 8.9%。其中，文化产品贸易出口总额约为 998.9 亿美元，出口同比增长 7.9%，进口总额约为 115.7 亿美元，进口同比增长 17.4%，https：//www. pishu. com. cn/skwx_ps/bookdetail？SiteID＝14&ID＝11920731#，2021 年 12 月 30 日访问。

别是在全球面临气候变化危机和新冠肺炎疫情大流行之际，文化和创意经济推动以人为中心的包容性发展的潜力前所未有地凸显。2019 年联合国大会通过联合国成立"第七十四年"（2021 年）为"创意经济促进可持续发展国际年"的决议，旨在以推动全球文化创意经济发展促进全球经济可持续发展。我国文化产业亦已进入快速发展的新时期，文化产业增加值在国民经济中的占比逐年提高。① 文化产业除了一般产业所具有的特征外，还具有传播性与政策引导性。发展文化产业不仅有利于促进国民经济的发展，还可以倡导健康积极的文化，引导人民群众树立健康的道德和文化价值观念，满足广大人民群众的精神文化需求，促进国家精神文明建设。党的十八大以来，随着文化体制改革的不断深化，我国极大地解放和发展了文化生产力，文化事业繁荣兴盛，公共文化投入力度持续加大，公共文化服务设施不断完善，服务能力和服务水平明显提升。通过建设国家级文化产业示范园区、国家级文化产业实验园区、国家级文化产业示范基地等举措，我国文化产业逐步向规模化、专业化的方向发展。

文化产业概念的形成与发展是一个历史演进的过程，至今在国际上尚未形成统一的定义。理论界也有学者批评文化的产业化和商品化，认为这会对文化本身带来威胁和负面作用，但这种争论没有妨碍世界各国对于文化产业的重视和积极推动。美国、英国、日本、韩国、印度等国纷纷出台多种立法、政策与措施，为文化产业发展提供法治保障和政策支持。文化产业融资、税收、补贴等领域的制度支撑，对于推动文化产业发展起到了关键的促进作用，取得了良好的效果。

文化产业涉及文化、经济、政治、法律、社会的方方面面，而且与电影艺术学、传播学、金融学、产业经济学、管理学、法学等诸多学科密切相关，因此，促进文化产业发展是一个系统的工程，需要全方位、多层次的法律和政策保障。2015 年，我国博物馆行业第一个全国性法规《博物馆条例》正式实施，促进了博物馆事业规范化、专业化发展。2016 年颁布的《电影产业促进法》是我国文化产业领域的第一部正式法律。同年通过的《公共文化服务保障法》为推进基本公共文化服务标准化、均等化发展，保障人民群众基本文化权益提供了更加有力的法律依据和制度保障。为克服我国文化产业立法分散的弊端，推进文化产业促进法的体系化发展，文化和旅游部于 2019 年 6 月 27 日公布了《文化产业促进法（草案征求意见稿）》，司法部于 2019 年 12 月 13 日公布了《文化产业促进法（草案送审稿）》，相关立法工作取得了实质性进展。但不得不承认的是，我国文化产业发展起步较晚，文化产业法学研究基础亦较为薄弱、研究力量明显不足，文化产业立法仍有诸多重点难点焦点问题需要法学理论研究和实务部门共同努力加以推进。

郭玉军教授数十年如一日探究国际私法、艺术法、文化财产法、非物质文化遗产保护

---

① 2019 年，我国国家统计局发布了中华人民共和国成立 70 周年经济社会发展成就报告。该报告显示，2018 年，我国文化产业实现增加值 38 737 亿元，比 2004 年增长 10.3 倍；2005—2018 年文化产业增加值年均增长 18.9%，高于同期 GDP 现价年均增速 6.9 个百分点；文化产业增加值占 GDP 比重由 2004 年的 2.15% 提高到 2018 年的 4.30%。参见国家统计局：《文化事业繁荣兴盛 文化产业快速发展——新中国成立 70 周年经济社会发展成就系列报告之八》，载国家统计局网站：http：//www.stats.gov.cn/tjsj/zxfb/201907/t20190724_1681393.html，访问日期：2021 年 12 月 30 日。

法、自然文化遗产保护法、文化遗产保护法。文化产业法是她近年来研究的重点领域和研究方向，对此她投入了大量的时间和精力，取得的成果涵盖文化产业法的许多方面，在学术界和实务界产生了良好的反响，得到了学界同仁的充分肯定，对我国文化产业促进法相关问题的立法与理论研究具有重要的参考价值。尤其令人欣喜的是，她主编的《文化产业促进法》即将付梓。该书是我国第一本全面、系统、深入地探讨文化产业促进法的学术著作，提出了新观点和新见解，开拓了法学研究新领域。

该书主要围绕文化产业促进法基本问题，在创意设计法律保护、文化产业融资制度、文化产业补贴的合法性、文化产业税收优惠、促进文化产品的出口措施、文化产业与文化遗产保护、公共文化立法、文化产业外资准入的法律规制等方面，进行了深入研究分析，内容令人耳目一新，极大地提升了我国文化产业促进法的理论研究水平，对促进文化产业高质量发展，推动文化产业促进法的制度构建具有重要意义。该书具有以下特点：一是研究选题具有新颖性、前沿性、时代性，紧扣促进文化产业繁荣发展法治保障这一主题；二是研究内容具有原创性、思想性、学术性，对文化产业促进法基本问题、文化产业发展的融资、文化产业补贴合法性、文化产业发展的外资规制等问题的研究，内容丰富，独具特色；三是在研究方法上，充分采用比较研究与案例分析方法，既考察有关国际组织、国家的立法与实践，又立足中国立法与实践的需要，在国际法与比较法的视野下，坚持理论服务于实践，为完善我国相关法律和政策提供了具有针对性和可操作性的建议，其中关于文化产业促进法的立法建议、如何保护创意时尚设计、文化产业如何合理利用补贴、如何构建融资制度，如何扩大国际文化贸易等内容具有针对性、建设性；四是资料详实，论述充实，观点鲜明，深入分析立法背后的政策背景与原因，探究法律移植与法律创新的可能性。该书既是有关文化产业促进法研究的阶段性成果，也是我国文化产业促进法研究的一部学术力作，对于推动相关领域立法与实践及理论研究发展具有积极作用。

文化产业是充满发展活力和生命力的产业，其繁荣发展需要健全的法治保障，需要政府、企业、社会、学界汇聚磅礴力量，共同推动。文化产业法学具有广阔的发展前景，法学研究者要增强使命感、责任感，完成时代赋予我们的特殊使命。期待郭玉军教授以该书为新起点，开启学术研究的新征程，有更多文化产业法领域的研究成果问世，也期盼学界同仁为完善我国文化产业法治体系，繁荣发展文化产业法学理论共同努力，不断为人类文明进步贡献智慧和力量。

2022 年 2 月 22 日

前　　言

　　文化产业已经成为世界经济的新增长点，文化产业的发展程度也越来越成为综合国力的重要衡量因素。《中华人民共和国国民经济和社会发展第十二个五年规划纲要》中提出"繁荣发展文化事业和文化产业""推动文化产业成为国民经济支柱性产业"，《中华人民共和国国民经济和社会发展第十三个五年规划纲要》中提出"公共文化服务体系基本建成，文化产业成为国民经济支柱性产业"。《中华人民共和国国民经济和社会发展第十四个五年规划和2035年远景目标纲要》中明确提出了建成文化强国、教育强国、人才强国、体育强国、健康中国的远景目标，并且文化强国建设排在教育强国、人才强国、体育强国、健康中国的战略目标之首，足见文化强国建设具有举足轻重的地位。"十二五""十三五""十四五"规划纲要的变化反映了文化产业成为国民经济支柱产业的地位正在从"过渡"走向"实现"，并成为文化强国建设坚实的基础。这意味着我国的文化产业不仅仅要在数量上体现"支柱"的地位，更要深化高质量发展。立法不仅要为文化产业发展保驾护航，更要为文化产业发展提供充分的推动力。

　　但当前我国文化产业的有关立法存在诸多问题，如立法分散，缺乏文化产业促进的基本法，部分立法内容有欠完善，对文化产业发展的推动明显不足。令人欣喜的是，《文化产业促进法》已经被列入全国人民代表大会五年立法规划，2019年6月27日文化和旅游部公布了《文化产业促进法（草案征求意见稿）》（以下简称《草案征求意见稿》），2019年12月13日司法部又公布了《文化产业促进法（草案送审稿）》（以下简称《草案送审稿》），立法工作取得实质性进展，但仍面临突出困难和问题，《草案送审稿》采纳的是原则性立法，立法工作仍任重道远。

　　从理论研究看，从国际法与比较法视野研究文化产业促进立法问题的成果尚不多见。本书从国际、国内两个维度，密切结合国际社会的实践，注重对国际组织、主要国家和地区立法的比较研究，充分阐述国外立法的最新成果和动态，吸取有益经验，结合《草案征求意见稿》和《草案送审稿》，较为系统深入、重点突出地探讨了文化产业立法的基本问题，包括文化产业的定义，文化产业促进法的基本属性、基本框架、立法体例、立法原则和基本原则、基本内容、重点问题、立法技术，创意和时尚设计的法律保护，文化产业融资、补贴、税收优惠，文化产业出口促进措施等领域促进文化产业发展的立法与实践对策，内容具有较为鲜明的时代性、开拓性和创新性，顺应了我国文化产业发展的潮流与需求。

　　本书是国家社科基金项目结项成果，主要有以下特色：一是本书的选题具有新颖性、重要的理论价值和现实意义。本书提出了新的观点和见解，如紧跟立法前沿发展，从立法的角度探讨文化产业促进的具体立法建议，创意和时尚设计、融资的著作权质押、评估，国际法视野下文化产业补贴合法性问题的研究等，这些都是现有研究的不足或空白之处，具有开拓创新意义。二是本书探讨的问题一方面注重研究领域的广泛性，紧扣促进文化产业发展的大前提；另一方面注重问题研究的深入性，如文化产业发展的融资、文化产业补贴合法性、文化产业外资准入的法律规制等问题的研究。三是在研究方法上，充分采用比较分析与案例分析的方式，研究考察其他国家和国际组织的立法实践，内容丰富，资料翔实，深入分析立法背后的政策背景与原因，探究本国法律移植与法律创新的可能性，落脚于为完善我国立法提供具体可行的建议。

发展文化产业是推进文化强国建设的必然要求，发展高质量文化产业将为文化强国建设奠定坚实基础。《"十四五"文化产业发展规划》明确指出，文化产业将深度融入国民经济体系，在服务国家重大战略、培育新的经济增长点、赋能经济社会发展方面发挥更大作用。发展高质量文化产业需要立法先行，加快推进文化产业促进法立法工作进程，推动文化产业相关法律、法规、规章等的立改废工作对于文化产业发展意义重大。期待本书能够为我国文化产业促进法立法，为文化产业健康蓬勃发展提供有益参考。

感谢武汉大学出版社胡荣老师、涂驰老师、韩闻锦老师以及长江出版社美术副编审蔡丹先生为本书的顺利出版付出的辛勤汗水，在此一并感谢！

本书的写作分工如下：

第一章　文化产业促进法基本问题：郭玉军、司文、王岩；

第二章　创意与时尚设计的法律保护问题：郭玉军、肖奔、韦艳茹、杜伊凡；

第三章　文化产业融资促进的法律问题：李云超、李华成、蔡斯芊；

第四章　文化产业补贴的合法性问题：樊婧；

第五章　文化产业税收优惠法律问题：李华成、蔡斯芊；

第六章　文化产业出口促进措施：郭玉军、王子文；

第七章　文化产业外资准入的法律规制：司文、王卿；

第八章　文化产业与文化遗产保护：郭玉军、司文、李伟；

第九章　欧洲国家公共文化立法对我国的启示：郭玉军、李伟；

第十章　结论：郭玉军；

参考文献整理：蔡斯芊。

目　　录

The Law on Promotion of Cultural Industries

第一章 文化产业促进法基本问题

习近平总书记指出，谋划"十四五"时期发展，要高度重视发展文化产业。发展文化产业是满足人民多样化、高品位文化需求的重要基础，也是激发文化创造活力、推进文化强国建设的必然要求。"十三五"期间，我国文化产业繁荣发展，2015 年至 2019 年，全国文化及相关产业增加值从 2.7 万亿元增长到超过 4.4 万亿元，年均增速接近 13%，占同期国内生产总值比重从 3.95% 上升到 4.5%。2020 年，全国文化及相关产业增加值为 44945 亿元，比上年增长 1.3%，占国内生产总值的比重为 4.43%，比上年下降 0.07 个百分点。① 文化产业在促进国民经济转型升级和提质增效、满足人民精神文化生活新期待、提高中华文化影响力和国家文化软实力等方面发挥了重要作用。"十四五"时期我国文化产业仍处于大有可为的重要战略机遇期。要立足中华民族伟大复兴战略全局和世界百年未有之大变局，深刻认识我国社会主要矛盾变化带来的新特征新要求，深刻认识错综复杂的国际环境带来的新矛盾新挑战，增强机遇意识和风险意识，认识和把握发展规律，善于在危机中育先机、于变局中开新局，改革创新、奋发有为，推动文化产业发展不断开创新局面、迈上新台阶。② 同时，2016 年 1 月 1 日正式启动的《2030 年联合国可持续发展议程》首次从全球层面上承认文化、创造力和文化多样性对解决可持续发展挑战的重要性。③ 文化被认为构成全球公共产品，文化创意产业已经被纳入了全球可持续发展议程。④ 因此，有必要加强对文化产业促进法的研究。在此背景下，本章将厘清文化产业促进法中的基本问题，包括对文化产业概念的界定、阐述立法中的基本问题。

第一节 文化产业概念界定的比较研究

文化产业较之其他产业具有明显特殊性。其产品的高成本产出、低成本复制特征使之与制造业相区别。文化产业具有如下几个方面的特殊性：（1）版权保护至关重要。文化

---

① 国家统计局：《2020 年全国文化及相关产业增加值占 GDP 比重为 4.43%》，载国家统计局：http：//www. stats. gov. cn/xxgk/sjfb/zxfb2020/202112/t20211229_1825728. html，2022 年 5 月 18 日访问。

② 文化和旅游部：《"十四五"文化产业发展规划》，文旅产业发〔2021〕42 号，2021 年 5 月 6 日发布。

③ 参见意娜：《"联合国 2030 可持续发展议程"下的国际文化创意产业发展趋势》，载《广西社会科学》2016 年第 4 期，第 72 页。

④ Yarri Kamara, *Culture and Sustainable Development*: *A Still Untapped Potential*, in Jordi Baltà Portolés et al. （eds.）, Reshaping Policies for Creativity: Addressing Culture as a Global Public Good 211 （UNESCO 2022）.

产品属于公共产品，个体的消费行为并不减损他人消费行为，因此在市场调节价格机制失灵的前提下，为了维护生产者和消费者之间的利益平衡，版权保护的发展成为促进文化产业发展的关键。这也是一些国家称"文化产业"为"版权产业"的原因。（2）文化产业具有高风险，这种高风险源于不可预见性，无论是生产者还是消费者都无法预见将来他们需要什么。①（3）反垄断法的适用受限。由于受到商业化和市场化的限制，创作者自主性有限，文化企业之间必须相互依赖以求产品推广，仅仅依靠公司个体难以获得较高利润，公司之间的合作显得尤为重要，因此反垄断法在文化产业领域可能并不完全适用。

正是因为文化产业具有如此特性，风险控制成为文化企业运营的重要宗旨，企业不会把所有鸡蛋放在一个篮子里，它们通过输出大量不同类型的文化产品来弥补单一产品在市场上占有较低份额的不利地位，因此需要大量的人才投入和资金投入。而中小文化企业由于规模和资金有限，在文化产业竞争中往往处于不利地位。因此，文化企业急需国家立法给予其保护来降低风险。其中加强版权保护，拓宽文化企业的融资渠道，扶植中小企业发展，培养高水平人才是文化企业可持续发展的根本。

金融危机过后，文化产业成为经济新的有力增长点，各国纷纷出台各种立法和政策促进文化产业的发展。近年来，尽管我国国务院和文化行政主管部门出台了众多促进文化产业发展的措施，但若没有强有力的法律支持，文化产业促进这一重要命题也仅仅停留在政策层面。文化产业的重要地位与当前立法的缺失的矛盾凸显，尽快出台一部"文化产业促进法"势在必行。目前司法部发布通知，公布我国《文化产业促进法（草案送审稿）》对外征求意见，其中对"文化产业"的定义与2018年国家统计局《文化及相关产业分类（2018）》和《2009年联合国教科文组织文化统计框架》的规定不尽一致。是否需要与之保持一致，如何界定文化产业，成为立法的重要前提和出发点。

一、"文化产业"界定的理论探讨

经济学家们经常使用"文化产业"（cultural industries）或者"创意产业"（creative industries），实践中也有众多不同术语。本书无意对这些类似概念予以明确区分，尽管在范围上或者侧重点上它们有细微差别，但其所研究的对象在根本上是一致的。从其侧重点窥探理论界对"文化产业"定义与分类的理解十分有助于对文化产业的界定。文化产业的定义大致经历了以下流变。

（一）强调其符号属性和文化意义

尼古拉斯·加纳姆（Nicholas Garnham）认为，文化产业是指那些使用大规模化生产和组织模式，生产和传播文化产品和文化服务的组织结构，如报纸、期刊和书籍的出版部门、影像公司、音乐出版部门和商业性体育机构等。② 贾斯丁·奥康纳（Justin O'Connor）

① Nicholas Garnham, *From Cultural to Creative Industries*, 11 (1) International Journal of Cultural Policy 19 (2005).

② Nicholas Garnham, *Concepts of Culture：Public Policy and the Cultural Industries*, 1 (1) Cultural Studies 23-37 (1987).

认为，文化产业是指以经营符号性商品为主的那些活动，这些商品的经济价值源于其文化价值，他界定了 16 类传统的文化产业，包括典型的文化产业，如广播、电视、出版、唱片、设计、建筑、新媒体；还包括传统艺术，如视觉艺术、手工艺、剧院、音乐厅、音乐会、演出、文学、博物馆和画廊。① 虽然这些产业门类都接受高额的公共资助，但并非意味着其不具有商业价值和商业属性。因此，是否接受公共资助不是评判其是否属于文化产业范畴的标准，根本标准在于其是否具有"符号属性"及文化价值。但贾斯丁也承认，界定文化产业本身十分困难，是否具有"文化价值"是一个主观判断，具有地域性特点，如米兰的家具制造、巴塞罗那的制陶业、赫尔辛基的玻璃器皿制造、里昂的纺织业，虽然都是大规模的制造行业，但因具有极高的艺术价值而成为当地文化产业的重要部门。大卫·赫斯孟德霍（David Hesmondhalgh）提出，文化产业是那些与创作者直接相关的，产出人类认知世界情感的产品，并将这些产品投入流通领域的产业。那些竞技类的如体育、硬件制造、软件开发、时尚业等不属于文化产业的范畴。② 我国学者对文化产业的界定虽然各不相同③，但都大体认同文化产业就是以工业化、产业化方式进行文化产品的生产，并通过市场机制实现产品的流通和价值这一基本判断。④

（二）强调结构和产业层次

澳大利亚学者大卫·索斯比（David Throsby）用同心圆界定了文化产业的范畴，文学、音乐、表演艺术、视觉艺术等创造艺术处于核心，环绕它们的是具有上述特征同时也具有非文化意义的商品与服务，如电影、博物馆、画廊、图书馆、摄影；其外层是那些具有文化内容的行业，如文化遗产服务、出版印刷、电视广播、音像、电脑游戏；而最外延是与之相关的产业，如广告、建筑、设计、时尚行业等。⑤

（三）由"文化"走向"创意"

"创意产业"的概念最早在 1997 年由英国工党内阁大臣克里斯·史密斯（Chris Smith）提出。艾伦·斯考特（Allen Scott）认为，创意产业的范围还包括除了文化产品以

---

① Justin O'Connor, *The Definition of the Cultural Industries*, 2（3）The European Journal of Arts Education 15-27（1999）.

② David Hesmondhalgh, The Cultural Industries 14（2nd edn., Sage Publications, 2007）.

③ 如我国学者胡惠林认为，文化产业是一个以精神产品的生产、交换和消费为主要特征的产业系统。张晓明认为，文化产业可以定义为生产文化意义内容的产业，按照文化意义创作与生产的不同环节，可以将文化产业区分为文化意义本身的创作与销售、负载文化意义产品的复制与传播，以及赋予一切生产活动和产品以文化标记。因此文化产业可以分为三个层次，即文化创作业、文化制作与传播业以及一切以文化意义为基础的产业。花建认为文化产业是文化产品的制造、销售、服务，可以将其划分为文化产品制造业、文化产品发行零售和文化服务业。

④ 欧阳坚：《文化产业政策与文化产业发展研究》，中国经济出版社 2011 年版，第 43 页。

⑤ United Nations Development Programme（UNDP），*Creative Economy Report* 23（2013）.

外的设计业，比如家居设计、时尚设计、建筑设计、形象设计等。① 奥里根（Tom O'Regan）在 2001 年指出，随着商业和经济的发展，文化产业的中间层和最外层将移入核心，那些受到政府资助的文化领域将被推向外围，它们都将成为创意产业的子集。② 可见，随着时代的发展，文化产业之间的分层界线早已不明显，而"创意产业"则可以很好地反映时代趋势。它将文化、媒体、设计的经济价值正统化，强调创造力在当今社会的重要作用。它也将一系列不具有代表性的部门融合在一起，将具有文化属性而非商业属性的产业不断转化成全球性商业化的部门。它更加能够反映当今全球化、商品化和数字化的时代特征。③从"文化"走向"创意"更多地原因在于，传统的"文化产业"虽然具有明显的"文化"属性，但更多地关注国有大型企业，更集中于广播电视等媒体领域。④ "创意"能够将时代迅速发展而产生的众多产业涵盖进来，同时也更加关注创作者和版权保护，关注中小企业⑤，使创作者获得更多的公众支持，由消费者本位向创作者本位转变。⑥ 因此，从"文化"走向"创意"是大势所趋。

二、"文化产业"界定的实践探讨

在实践上，对于"文化产业"称谓各有不同，纵观有关国家、地区和国际组织的众多术语使用，经归类可区分为六种：文化产业、创意产业、文化创意产业、版权产业、内容产业和文化休闲产业。除了名称不同之外，在界定模式上也稍有区别，可归为三类：横纵交错的动态模式、层次分明的同心圆模式、概括列举的陈述模式。

（一）用语角度的考量

1. 采用"文化产业"

《韩国文化产业促进基本法》（*Framework Act on the Promotion of Cultural Industries*）⑦第 2 条规定："文化产业是指从事计划、发展、制造、生产、分配、消费等文化产品和相关服务的产业，包括以下行业：（a）影视业；（b）音乐或游戏产业；（c）出版、印刷、

---

① 转引自 Rob Aalbers, José Mulder & Joost Poort, *International Opportunities for the Creative Industries*, SEO-rapport nr. 821, p. 3（2005）.

② 转引自 Carmen Marcus, *Future of Creative Industries：Implications for Research Policy*, European Commission Community Research Working Document 8, p. 4（2005）.

③ John Hartley, Jason Potts & Stuart Cunningham, Key Concepts in Creative Industries 59（Sage Publications 2013）.

④ David Hesmondhalgh & Andy C. Pratt, *Cultural Industries and Cultural Policy*, 11（2）International Journal of Cultural Policy 7（2005）.

⑤ Nicholas Garnham, *From Cultural to Creative Industries*, 11（1）International Journal of Cultural Policy 19（2005）.

⑥ David Hesmondhalgh, *Cultural and Creative Industries*, in Tony Bennett & John Frow（eds.）, The Sage Handbook of Cultural Analysis 559（Sage Publications 2008）.

⑦ 《韩国文化产业促进基本法》, https：//wipolex. wipo. int/en/text/441192#：~：text = The% 20purpose%20of% 20this% 20Act% 20is% 20to% 20lay, matters% 20necessary% 20for% 20supporting% 20and% 20fostering% 20cultural%20industries. , 2022 年 5 月 13 日访问。

杂志行业；(d) 广播电视业；(e) 文化财产；(f) 与卡通、符号、动画、娱乐、移动文化元素、设计（排除工业设计）、广告、表演、艺术品或工艺品有关的产业；(g) 从事收集、加工、改良、制造、生产、存储、搜索或分配数码文化元素、创意文化元素或多媒体文化元素的行业或有关服务；(h) 其产品是通过传统材料和技术生产与分配的，与服装、雕塑、装饰、道具或家居用品有关的行业；(i) 不少于两种情形结合在一起的产业。"

法国文化交流部（Ministry of Culture and Communication）也采用"文化产业"的说法，认为它是将产品制造和商品化等工业属性与构思、创造等生产属性相结合，利用物质支持和通信技术进行的一系列经济活动，包括出版（书籍、报纸、期刊、音乐）和销售书籍音像制品、视听活动（电影、电视、广告、广播的生产、制作、分配和展览等）以及其他直接有关的活动。法国强调大规模生产和产品的版权保护，因此，专利商标等产品未被纳入其中，不涵盖教育、文艺评论等活动。

巴巴多斯 2013 年发布《文化产业促进法案》[1]，该法案第一部分序言中对文化产业作出了界定，"文化产业是指那些在下列领域中，为公众提供多种商业化的文化产品和服务并且能够复制和分配给大众的行业：(a) 艺术与文化——表演艺术、视觉艺术、文学艺术、摄影、工艺、烹饪艺术、图书馆、博物馆、美术馆、档案馆、文化遗产保护区、节庆和艺术支持型行业；(b) 设计——广告、建筑、网页、软件设计、绘图、工业设计、时尚、通信和室内装帧设计；(c) 媒体——广播媒体包括电视、无线或有线广播，数码媒体包括软件与计算机服务、电影与视频、音乐制作发行以及电子游戏"。拉丁美洲对文化产业的重视刚刚起步，拉美及加勒比海地区经济系统（SELA）秘书处于 2011 年出台了《拉美和加勒比海地区文化和创意产业促进报告》，旨在分析评估文化创意产业对于拉美及加勒比海地区经济、社会和文化发展的重要性。[2]

联合国教科文组织（UNESCO）将"文化产业"定义为"生产有形或无形的艺术创作产品和知识产品的生产活动并具有经济价值的产业"。根据 UNESCO，它们能够促进和保持文化多样性，保证文化的大众传播，具有双重特征——将文化和经济相结合，这是文化产业独特之处。文化产业包括广告、建筑、手工艺、家居设计、时装、电影、视频和其他视听产品、平面设计、教育娱乐软件、直播或录制音乐、表演艺术和娱乐、电视广播和互联网节目、可视艺术和古董、文学作品。"文化产业"和"创意产业"在概念上可互换，尽管"文化产业"强调文化传承的艺术创意元素，"创意产业"强调在知识产权开发利用方面个体的创造性和技能性。2005 年《保护和促进文化表现形式多样性公约》第 4 条界定"文化产业"为生产和销售文化产品与服务的产业。而对"文化活动、产品与服务"界定为不论其是否具有商业价值，但在当时被视为具有特定属性、用途或目的，体现或传达文化表达的活动、商品和服务。文化活动本身可能是目的，也可能有助于文化产品和文化服务的生产。

---

① 《巴巴多斯文化产业促进法案》，http：//barbadosparliament.com/htmlarea/uploaded/File/Bills/2013/Cultural%20Industries%20Development%20Bill%202013.pdf，2021 年 10 月 9 日访问。

② 《拉美和加勒比海地区文化和创意产业促进报告》，http：//www.sela.org/attach/258/default/Di_No_9-Promotion_of_cultural_and_creative_industries_in_LAC.pdf，2021 年 9 月 30 日访问。

2. 采用"创意产业"

英国文化媒体体育部（Department for Culture Media and Sport，DCMS）将创意产业定义为要求创意、技艺和才能，通过知识产权的开发利用，能够创造财富和就业机会潜力的产业。2011 年的《创意产业评估报告》将创意产业分为十三个门类，包括广告、建筑、艺术品和古董、计算机游戏或休闲娱乐软件、手工艺品、工艺设计、时尚设计、影视、音乐、表演艺术、出版、软件、电视和广播等。① 而 2016 年的《创意产业评估报告》则涵盖九个门类：广告，建筑，工艺品，设计（产品设计、平面设计和时尚设计），电影、电视、音像和摄影，互联网、软件、视频游戏和计算机服务，出版和翻译，博物馆、美术馆和图书馆，音乐、表演艺术、视觉艺术和文化教育。②

联合国贸易与发展委员会（UNCTAD）2010 年的创意报告对创意产业进行了描述：（1）它是创造、生产和分配产品与服务的循环，并将创造力和知识资本作为主要投入；（2）它由一系列知识型的活动组成，集中于但不限于艺术领域，通过贸易和知识产权的开发利用获得收益；（3）它包括含有创意元素、经济价值和市场目标的有形或无形的智力产品与艺术服务；（4）位于技术、服务、产业部门的三岔路口；（5）成为国际贸易一个有活力的新部门。③

3. 采用"文化创意产业"

我国台湾地区称文化产业为"文化创意产业"，并在"文化创意产业发展法"第 2 条中对其做了界定，所谓文化创意产业"指源自创意或文化积累，透过智慧财产之形成及运用，具有创造财富与就业机会之潜力，并促进全民美学素养，使国民生活环境提升之下列产业：视觉艺术产业、音乐及表演艺术产业、文化资产应用及展演设施产业、工艺产业、电影产业、广播电视产业、出版产业、广告产业、产品设计产业、视觉传达设计产业、设计品牌时尚产业、建筑设计产业、数位内容产业、创意生活产业、流行音乐及文化内容产业、其他经中央主管机关指定之产业"。

欧盟构建创意欧洲项目（2014—2020）第 1295/2013 号条例④第 2 条规定：文化与创意部门是指所有基于文化价值和艺术创意表达的活动，无论这些活动是否以市场为导向，也无论其资金来源、组织形式。这些活动包括发展、创造、生产、宣传、保存反映文化、艺术或其他创意表达的产品和服务，也包括与之相关的教育或管理。文化创意部门包括建

---

① DCMS, *Creative Industries Economic Estimate—December 2011*, http：//www.culture.gov.uk/publications/8682.aspx, visited on 11 October, 2021.

② DCMS, *Creative Industries Economic Estimate—January 2016*, https：//assets.publishing.service.gov.uk/government/uploads/system/uploads/attachment_data/file/523024/Creative_Industries_Economic_Estimates_January_2016_Updated_201605.pdf, visited on 1 October, 2021.

③ United Nations Conference on Trade and Development（UNCTAD）, *World Creative Economy Report* 2010：*Creative Economy—A Feasible Development Option*, p.8, http：//www.unctad.org/en/docs/ditctab20103_en.pdf., visited on 10 October, 2021.

④ Regulation（EU）No. 1295/2013 of the European Parliament and of the Council of 11 December 2013, Establishing the Creative Europe Programme（2014 to 2020）and Repealing Decisions No. 1718/2006/ec, No. 1855/2006/ec and no 1041/2009/ec, Official Journal of the European Union, 20.12.2013, p.225.

筑、档案馆、图书馆、博物馆、手工艺品、视听产品（包括电影、电视、电子游戏和多媒体）、有形或无形文化遗产、设计、节庆、音乐、文学、表演艺术、出版、广播和视觉艺术。

4. 采用"版权产业"

美国称文化产业为"版权产业"，包括核心版权产业（core copyright industries）、部分版权产业（partial copyright industries）、边缘版权产业（non-dedicated support）、交叉版权产业（interdependent industries）。①核心版权产业是指主要目的是创造、生产、分配或展览版权产品的产业，包括计算机软件、可视游戏、图书、报纸、期刊、动画电影、音乐唱片、电视广播。部分版权产业是指其产品的某些方面具有创造性并受到版权保护的产业，如纺织、珠宝、家居、玩具等。边缘版权产业包括分配受版权保护的产品和分配不受版权保护的产品的产业，如运输服务、电子通信、批发和零售。交叉版权产业是指生产、制造、销售用于创造生产受版权保护产品的机械设备的产业，包括制造业、批发零售电视机、个人电脑等。世界知识产权组织（WIPO）也称文化产业为"版权产业"，认为其直接或间接地与创造、生产、分配有版权的产品有关。知识产权作为创意的外部化表现，可以作为区分标准，区分为产生知识产权的产业、利用和传播知识产权的产业以及知识产权只是作为其中一小部分的产业。其主要包括新闻出版、音乐、戏剧歌剧、电视广播、摄影、软件、数据库、视觉平面艺术、广告服务、著作权集体管理。与其他定义相比，该定义涵盖软件和数据库，增加了著作权集体管理。同时，版权产业包括为核心版权行业提供物质基础的行业，如电视机、CD 播放器、电脑、摄影设备和服务，也包括与核心版权产业有关的如建筑、珠宝、家居、瓷器、时装鞋帽、墙面涂料等。

5. 采用"内容产业"

日本称文化产业为"内容产业"，"内容"是指电影、音乐、戏剧、文学、摄影、漫画、动画、计算机游戏、其他文字、图形、色彩、声音、动作或影像等元素的组合的东西，或通过电子计算机提供与此有关的情报的程序，是指人类创造性活动所产生的东西中，属于教育或娱乐范围内的东西。② 日本采用"内容产业"的表述主要是强调产品本身的数码元素与科技含量，与其本国先进的科学技术水平和发达的动漫产业、游戏产业现状息息相关。除了日本立法采用此称谓之外，经济与合作发展组织（OECD）在部分报告中也提及了"内容产业"（content industries），但其更多地是从技术的角度对互联网产业予以界定。可见"内容产业"的称谓更侧重强调高科技元素。

6. 采用"文化休闲产业"

北欧一些国家采用"体验经济"（the experience economy）的概念，产品的物质价值只是产品总价值的一小部分，人们消费的是产品的历史或者环境。它包括时尚、可视艺术、音乐、玩具、旅游、书籍、戏剧、广播电视、建筑、体育、设计、平面媒体、影视、

---

① Copyright Industries in the U. S. Economy：The 2018 Report，by Stephen E. Siwek of Economists Incorporated，prepared for the International Intellectual Property Alliance（IIPA）and Released on December 6，2018，https：//iipa.org/reports/copyright-industries-us-economy/，visited on 11 October，2021.

② 参见《日本关于促进内容的创造、保护以及活动的法律》第 2 条。

广告、寓教于乐的出版物、内容产品、赛事活动、文化事业等。与"文化产业"或是"创意产业"不同的是，"体验经济"不限于产品的物质形式，包括如玩具、体育、旅游等前两个概念不含有的产业门类。

澳大利亚称文化产业为文化休闲产业（culture-leisure industry），包括文化遗产和博物馆、文学和图书馆、音乐、表演艺术、视觉艺术及博物馆、影视、广播电视、社区和政府文化休闲活动、体育娱乐休闲和自然景观。[①]

7. 采用"信息文化产业"

加拿大统计局将其定义纳入北美产业分类系统（North American Industry Classification System，NAICS），并排除复制印刷、批发零售、设计活动、个人创造或表演的艺术作品、保存或展览历史遗迹和文物。而 2017 年 3.0 版 NAICS 第 51 项"信息与文化产业"，[②] 将文化产业与信息部门合并成一类，这个部门包括主要从事生产和分销（批发和零售方式除外）信息和文化产品的企业，包括：新闻期刊书籍出版、软件出版、动画和视频产业、音像产业、广播电视业、有线电视及订阅节目、有线及无线通信、卫星通信、其他通信、数据处理和托管及相关服务；其他信息服务，如新闻集团、图书馆档案馆、网络出版广播及搜索门户、所有其他信息服务。

（二）界定模式的考量

1. 横纵交错的动态模式

欧盟统计局（the Eurostat）文化产业领导小组（the Leadership Group on Cultural Statistic，LEG-Culture）曾经界定了"文化领域"，包括八个主要门类（艺术文化遗产、档案、图书馆、新闻出版、视觉艺术、表演艺术、音像媒体及多媒体）和六种行为（保存、创造、生产、传播、销售、教育），是从横向和纵向两个层面来定义"文化领域"，与其他定义相比不包括广告、体育竞技，但涵盖了销售文化产品和服务行为以及建筑部门。

联合国贸易与发展委员会（UNCTAD）对"创意产业"的定义扩大了"创造力"的内涵，从有"强烈的艺术成分"扩大到"任何依赖知识产权的经济活动"。它区分"上游活动"和"下游活动"："上游活动"——传统的文化活动，如表演艺术或视觉艺术；"下游活动"——更贴近市场的活动，如广告、出版或与媒体有关的活动。下游活动复制成本更低，更能向其他经济领域靠拢，从这个角度来说，"文化产业"成为"创意产业"下的一个子概念。它将创意产业分为四大类：文化遗产、艺术、媒体和功能性创造。[③] 联合国教科文组织（UNESCO）也不再采取线性的方式来描述文化产业的概念，而是区分了六个文化领域和四个横向行为，六个文化领域包括文化与自然遗产、表演和庆祝活动、视

① 《澳大利亚文化政策》，http：//www.wwcd.org/policy/clink/Australia.html#LEGIS，2021 年 10 月 10 日访问。

② 限于篇幅原因，关于 NAICS 对于文化产业的信息详见 https：//www.statcan.gc.ca/eng/subjects/standard/naics/2017/v3/index，2021 年 10 月 10 日访问。

③ UNDP & UNCTAD，Creative Economy Report 2010，p. 8.

觉艺术和手工艺、书籍和报刊、音像与交互媒体以及设计与创意服务；四个横向行为包括非物质文化遗产、教育培训、存档和保护、装备和辅助材料。①

2. 层次分明的同心圆模式

英国工作基金会（Work Foundation）认为处于核心的产业应当体现表达价值（expressive value），包括美学、社会、精神、历史等多种价值元素。创意领域处于核心，应当高度反映这种价值，是个人或集体高水平艺术和创意能力的集合，并且其产品需要版权保护。其第二层为文化产业，是基于版权保护基础上的大批量复制活动。第三层是创意产业活动，将利用表达价值作为关键要素。最外层是从开发利用表达价值产品中受益的生产和服务。② 美国也采取此种界定模式，上文已经有所介绍，在此不赘述。需要注意的是，圆环之间并不存在明确的界限，界限是可以相互渗透的，每个圆环所涉及的群体不应当孤立来看，文化所体现出的社会性是一个过程，是经过社群环境孕育而成，产业之间相互渗透与融合的现象决定了对文化产业的界定本身就无法精确具体。

2013年联合国开发计划署（UNDP）和教科文组织（UNESCO）联合发布了《创意经济报告：特别版》，③ 其中精选了一些产业模型，包括DCMS模型、符号文本模型、同心圆模型、WIPO版权模型、UNESCO统计研究所模型、美国艺术协会模型。这基本上涵盖了上述的动态模式和同心圆模式。

3. 概括列举的陈述模式

需要说明的是，上述文化产业的界定模型往往是从统计研究的角度设定的，而在立法上，那些有明确立法的国家和地区如韩国、日本以及中国台湾地区多通过概括列举的方式对文化产业加以界定。上文已经对三者的立法内容有所介绍，在此不展开叙述。此种模式首先是采用一个概括性的定义，再分别列举不同的产业。对于成文法国家来说，这种模式符合其立法习惯。列举产业门类具有明显的确定性，而基于概括性的定义则具有开放性。

三、界定"文化产业"的中国视角

我国《文化产业发展第十个五年计划纲要》中指出："本纲要所称文化产业，是指文化部门所管理和指导的从事文化产品生产和提供文化服务的经营性行业，主要包括文艺演出业、影视业、音像业、文化娱乐业、文化旅游业、艺术培训业和艺术品业等。"《国家"十一五"时期文化发展规划纲要》中指出文化产业的重点领域有：影视制作、出版、发

---

① European Commission Report, *Survey on Access to Finance for Cultural and Creative Sectors* (*Evaluate the Financial Gap of Different Cultural and Creative Sectors to Support the Impact Assessment of the Creative Europe Programme*), October 2013, p. 33.

② Benjamin Reid, Alexandra Albert & Laurence Hopkins, *A Creative Block? The Future of the UK Creative Industries? : A Knowledge Economy & Creative Industries Report*, The Work Foundation Report, p. 12 (2010).

③ UNDP & UNESCO, Creative Economy Report 2013 (Special Edition): *Widening Local Development Pathways*, http：//www.unesco.org/culture/pdf/creative-economy-report-2013-en.pdf, visited on 11 October, 2021.

行、印刷复制、广告、演艺、娱乐、文化会展、数字内容和动漫产业。《国家"十二五"时期文化改革发展规划纲要》指出,推进文化产业结构调整发展壮大出版发行、影视制作、印刷、广告、演艺、娱乐、会展等传统文化产业,加快发展文化创意、数字出版、移动多媒体、动漫游戏等新兴文化产业。《国家"十三五"时期文化发展改革规划纲要》指出加快发展动漫、游戏、创意设计、网络文化等新型文化业态,继续引导上网服务营业场所、游戏游艺场所、歌舞娱乐等行业转型升级,全面提高管理服务水平,推动"互联网+"对传统文化产业领域的整合。落实国家战略性新兴产业发展的部署,加快发展以文化创意为核心,依托数字技术进行创作、生产、传播和服务的数字文化产业,培育形成文化产业发展新亮点。2021年文化和旅游部发布《"十四五"文化产业发展规划》,强调推动文化产业高质量发展,深化供给侧结构性改革,以文化创意、科技创新、产业融合催生新发展动能,提升产业链现代化水平和创新链效能,不断健全现代文化产业体系和市场体系。其一,顺应数字产业化和产业数字化发展趋势,深度应用5G、大数据、云计算、人工智能、超高清、物联网、虚拟现实、增强现实等技术,推动数字文化产业高质量发展,培育壮大线上演播、数字创意、数字艺术、数字娱乐、沉浸式体验等新型文化业态。其二,改造提升传统文化业态,强化科技在演艺、娱乐、工艺美术、文化会展等传统文化行业中的应用,推动传统文化行业如传统工艺、戏曲、曲艺、民乐等传统艺术行业转型升级。促进文化资源数字化转化和开发利用,推进与数字技术的新形式新要素结合,让优秀文化资源借助数字技术"活起来"。其三,加强文化科技创新和应用,围绕文化产业发展需求,密切关注信息技术、材料科学、生命科学等前沿领域,强化自主创新,整合优势资源,加强文化产业共性、关键技术研发应用,为文化产业发展提供有力科技支撑。其四,构建创新发展生态体系,围绕产业链部署创新链、围绕创新链布局产业链,推动文化产业要素合理集聚,促进创新链高效服务产业链,实现创新成果快速转化运用,推进产业基础高级化、产业链现代化。可见,我国对文化产业发展的认知理解从对传统业态的深入探索到新业态的融合创新,全面推进文化产业内容形式、载体渠道、业态模式创新,适应高新技术发展趋势,推进文化和科技深度融合。

在这样的产业升级背景下,国家统计局对文化产业的分类也经历了数次变化。2004年制定的分类①把文化及相关产业定义为"为社会公众提供文化、娱乐产品和服务的活动,以及与这些活动有关联的活动的集合"。2012年的分类②把文化及相关产业的定义进一步完善为"指为社会公众提供文化产品和文化相关产品的生产活动的集合",并在范围的表述上对文化产品的生产活动(从内涵)和文化相关产品的生产活动(从外延)作出解释。根据这一定义,文化及相关产业包括四个方面的内容,即文化产品的生产活动、文化产品生产的辅助生产活动、文化用品的生产活动和文化专用设备的生产活动。其中文化产品的生产活动构成文化及相关产业的主体,其他三个方面是文化及相关产业的补充。该

---

① 参见《国家统计局关于印发〈文化及相关产业分类〉的通知》,国统字〔2004〕24号。

② 参见国家统计局《文化及相关产业分类(2012)》,http://www.stats.gov.cn/tjsj/tjbz/201207/t20120731_8672.html,2021年10月9日访问。

范围既包括公益性单位也包括经营性单位，与《2009 年联合国教科文组织文化统计框架》① 规定的范围基本一致。此处的"文化及相关产业"指本分类所覆盖的全部单位，"文化产业"仅指经营性文化单位的集合，"文化事业"仅指公益性文化单位的集合。值得注意的是，2004 年分类采取核心层、外围层和相关层的区分，而随着文化业态不断融合，新的文化业态不断涌现，三个层次之间的界限日益模糊，故 2012 年没有保留三个层级的划分，增加了文化创意②、文化新业态③、软件设计服务④、具有文化内涵的特色产品的生产⑤，以及其他包括文化艺术培训、本册印制、装订和印刷相关的服务、幻灯投影设备的制造和舞台照明设备批发，减少了旅行社、休闲健身娱乐活动、教学用模型及教具铸造、其他文教办公用品制造、其他文化办公用机械制造和彩票活动等。

伴随着互联网时代的到来，在以"互联网+"为依托的文化新业态不断涌现的背景下，2018 年国家统计局发布的《文化及相关产业分类（2018）》⑥ 将这些新业态纳入了统计范围。新分类继续延续了之前对于文化及相关产业的定义，但在具体内容上有了明显变化，增加了符合文化及相关产业定义的活动小类，其中包括互联网文化娱乐平台、观光旅游航空服务、娱乐用智能无人飞行器制造、可穿戴文化设备和其他智能文化消费设备制造等文化新业态。其中，以文化为核心内容的产业门类包括 6 大类：新闻信息服务、内容创作生产、创意设计服务、文化传播渠道、文化投资运营和文化娱乐休闲服务等活动；文化相关领域包括 3 大类：文化辅助生产和中介服务、文化装备生产和文化消费终端生产。根据活动相似性，在每个大类下设置若干中类，共计 43 个中类，在每个中类下设置了若干具体的活动类别、共计 146 个小类。其中文化核心领域包括前 6 个大类、计 25 个中类和 81 个小类，文化相关领域包括后 3 个大类、计 18 个中类和 65 个小类。

在研究制定"文化产业促进法"的过程中，一些学者提出采用"文化创意产业"⑦的用语更加合适。第一，"文化创意产业"更能反映主观与客观相结合的评价标准和对

① 参见联合国教科文组织统计研究所：《2009 年联合国教科文组织文化统计框架》，http：//unesdoc. unesco. org/images/0019/001910/191061c. pdf，2021 年 10 月 9 日访问。

② 包括建筑设计服务（工程勘察设计中的房屋建筑工程设计、室内装饰设计和风景园林工程专项设计）和专业设计服务（指工业设计、时装设计、包装装潢设计、多媒体设计、动漫及衍生产品设计、饰物装饰设计、美术图案设计、展台设计、模型设计和其他专业设计等服务）。

③ 包括数字内容服务中的数字动漫制作和游戏设计制作，以及其他电信服务中的增值电信服务（文化部分）。

④ 包括多媒体软件和动漫游戏软件开发。

⑤ 主要是焰火、鞭炮产品的制造，珠宝首饰及有关物品的制造、销售、陈设艺术陶瓷制品的制造等。

⑥ 参见国家统计局《文化及相关产业分类（2018）》，http：//www. stats. gov. cn/tjsj/tjbz/201805/t20180509_1598314. html，2021 年 10 月 9 日访问。

⑦ 我国有学者对文化创意产业作了以下定义，创意产业是指那些具有一定文化内涵的，来源于人的创造力、通过知识产权的开发和运用，借助科技支撑和市场运作被产业化的活动的综合。其本质特征是以文化艺术与经济的全面结合为消费者提供物质和精神上的差异化体验。参见张京成、沈晓平、张彦军：《中外文化创意产业政策研究》，科学出版社 2013 年版，第 1 页。

文化多样性的关注。"文化"作为人的精神层面的重要领域，本身具有极强的主观性。这种主观性受到周边环境的影响，而特定的族群、地域对于文化具有不同的理解。而"创意"侧重于其"原创性"的精神内涵，更具有客观性。"创意"更加侧重多样化的、充满活力、具有创造力的中小型企业或有特色的地方企业，而不限于大型国有企业。第二，"文化创意产业"能更精确地表述其包含产业的内涵与特点。"文化"与"创意"有交集但不等同，并不是所有"创意"都具有"文化"的内涵，科技、工程、商业等都需要创意，但其可能并不包含文化元素；也并不是所有文化产业都含有"创意"元素，那些文化产品生产设备的制造、娱乐活动、文教办公用具制造等行业可能并不具有"创意"，正是因为原有的"文化产业"表述界定不明、过于宽泛，才导致很多原本不应属于该范畴的行业被囊括进来。第三，"文化创意产业"更能体现对知识产权的保护意识。"文化产业"的用语没有予以"创意"及"创意者"权利的强调和保护意识。"创意"要求从业人员有较高的教育程度，单纯个体无法形成"产业"而仅仅是产业链上的一环，较低的教育程度无法保证其称为产业链上最具有创造力的一环。"创意"意味着知识产权的保护，只有保护"创意者"的智力成果，才能促进他们生产的创造力和积极性，从根本上促进整个行业的发展。"文化产业促进法"从立法目的上来说是为了扶持那些有经济增长潜力、富于创意但又限于有文化意义的企业，加强版权保护，重视人才培养，扶植中小企业发展，因此"文化创意产业"这一术语更加恰当。第四，从国际层面看，联合国等继续使用文化和创意产业的提法。2021年联合国成立第74周年被联合国大会确立为"创意经济促进可持续发展国际年"。2022年2月联合国教科文组织发布《重塑创意政策：让文化作为一种全球公共产品》的报告，报告第一章的标题为"建立有弹性和可持续发展的文化和创意部门（Cultural and Creative Sectors）"，第三章的标题为"数字环境中包容性的文化和创意产业（Cultural and Creative Industries）的新机遇和挑战"。报告指出，文化和创意产业是增长最快的行业之一，其已经成为加速人类发展的重要力量。报告强调创造力和创新是文化和创意部门的内在本质特征，呼吁保护和促进文化和创意产业发展。2021年7月30日《二十国集团文化部长罗马宣言》中也反复强调文化和创意部门的重要性。值得注意的是，尽管不同城市对于其内涵与分类的界定并不一致，但国内越来越多城市采用文化创意产业的用语，如北京①、

① 根据《北京市文化创意产业分类标准》，文化创意产业是指以创作、创造、创新为根本手段，以文化内容和创意成果为核心价值，以知识产权实现或消费为交易特征，为社会公众提供文化体验的具有内在联系的行业集群。文化创意产业主要包括：（1）文化艺术；（2）新闻出版；（3）广播、电视、电影；（4）软件、网络及计算机服务；（5）广告会展；（6）艺术品交易；（7）设计服务；（8）旅游、休闲娱乐；（9）其他辅助服务。参见北京文化创意产业综合信息服务平台，http：//www.bjci.gov.cn/cenep/bjci_portal/portal/cm_list/showinfo.jsp？code＝020010010070&objid＝3ea2e2d79f2e450b86e18acebba970c2&cate=zcfg，2021年9月15日访问。另有北京市人民政府办公厅印发的《北京文化创意产业发展指导目录（2016）》、北京国有文化资产监督管理办公室和中国传媒大学文化发展研究院联合发布的《北京文化创意产业发展白皮书2017》都采用"文化创意产业"的表述。

上海①、深圳②、杭州③、香港④、澳门⑤。北京市文化娱乐法学会品牌保护与 IP 授权法律专业委员会编制的《中国文化创意产业法治发展年度报告（2021 年度）》则在遵从北京《文化创意及相关产业分类》的基础上，采用了"文化创意产业"的用语，并指出"文化产业是指为社会公众提供文化产品和文化相关产品的生产活动的集合。文化创意产业相比传统的文化产业，范围更加狭小，定义更加具体，是文化产业的一个特殊领域"⑥。

我国 2019 年《文化产业促进法（草案送审稿）》采用了"文化产业"的用语，尽管未采用"文化创意产业"这种更具有针对性的表述，但沿袭了全国层面党和国家各个官方文件中的惯用语也无可厚非。该草案征求意见稿将"文化产业"界定为："本法所称文化产业，是指以文化为核心内容而进行的创作、生产、传播、展示文化产品和提供文化服务的经营性活动，以及为实现上述经营性活动所需的文化辅助生产和中介服务、文化装备

---

① 上海文化创意产业主要包括：（1）媒体业；（2）艺术业；（3）工业设计；（4）建筑设计；（5）网络信息业；（6）软件与计算机服务业；（7）咨询服务业；（8）广告及会展服务；（9）休闲娱乐服务；（10）文化创意相关产业。参见《上海市文化创意产业分类目录》（沪文创办〔2011〕40 号）。2010 年 9 月，中共上海市委办公厅发文《关于建立上海市文化创意产业推进领导小组办公室的通知》，成立了上海市文化创意创业推进领导小组及办公室。更多信息参见其官网：http：//www.shccio.com，2021 年 9 月 15 日访问。

② 深圳早在 2008 年出台了《深圳市文化产业促进条例》，2009 年 1 月 1 日施行，其中第 2 条规定，本条例所称的文化产业，是指为社会公众提供文化、娱乐产品和服务的活动，以及与这些活动有关联的活动的集合。本条例所称的文化企业，是指从事前款规定生产经营活动的生产经营单位。2019 年深圳市人大及常委会对该条例做了修正，但并未修改文化产业的定义。而根据 2011 年的《深圳文化创意产业振兴发展规划》，文化创意产业是指以创作、创造、创新为根本手段，以文化内容、创意成果和知识产权为核心价值，以高新技术为重要支撑，为社会公众提供文化产品和服务，引领文化产业发展和文化消费潮流的新兴产业，主要包括新闻出版、广播影视、创意设计、文化软件、动漫游戏、新媒体、文化信息服务、文化会展、演艺娱乐、文化旅游、非物质文化遗产开发、广告业、印刷复制、工艺美术等行业。参见深圳市文化广电旅游体育局官网：http：//www.sz.gov.cn/wtlyjnew/ztzl_78228/tszl/whcy/whcyflfg/201803/t20180326_11635276.htm，2021 年 10 月 9 日访问。2008 年的表述采用"文化产业"十分笼统，对文化产业的界定也十分宽泛，而 2011 年采用"文化创意产业"的用语，其产业范围则更加明晰。

③ 根据《杭州市文化创意产业八大重点行业统计分类》，信息服务、动漫游戏、设计服务、现代传媒、艺术品、教育培训、文化休闲旅游、文化会展业为八大重点行业。参见杭州市文化创意产业发展中心网站：http：//www.0571ci.gov.cn/article.php？n_id=3879，2021 年 10 月 9 日访问。

④ 根据香港政府统计处，文化及创意产业包括不同的组成界别，主要包括广告，建筑，艺术品，古董及工艺品，设计，电影、视像和音乐，表演艺术，出版，软件、电脑游戏及互动媒体，电视及电台。参见 http：//www.censtatd.gov.hk/gb/？param = b5uniS&url = http：//www.censtatd.gov.hk/hkstat/sub/sc80_tc.jsp，2021 年 10 月 9 日访问。

⑤ 澳门文化局通过法令成立文化创意产业厅，还设立文化创意产业资料库进行资料收集，涵盖视觉艺术、设计、表演艺术、服装、出版、流行音乐、电影录像及动漫等文化创意产业范畴。参见http：//www.icm.gov.mo/dpicc/，2021 年 10 月 9 日访问。

⑥ 北京市文化娱乐法学会品牌保护与 IP 授权法律专业委员会编制：《中国文化创意产业法治发展年度报告（2021 年度）》，载北大法律信息网：https：//article.chinalawinfo.com/ArticleFullText.aspx？ArticleId=121463，2022 年 5 月 18 日访问。

生产和文化消费终端生产等活动的集合。前款所称经营性活动的类别包含内容创作生产、创意设计、资讯信息服务、文化传播渠道、文化投资运营、文化娱乐休闲等。"

从立法模式上来看，《文化产业促进法（草案送审稿）》采用了概括列举的陈述模式。动态模式和同心圆模式虽然新颖，但是过于开放和不确定，与立法的严谨性、可预见性相违背，在立法表达技术上也造成了一定困难，因此多用于统计领域而非立法层面。概括列举的陈述模式虽然保守，但张弛有度，在技术上也易于操作。文化产业促进法的目的在于，促进需要政府和社会予以支持的文化创意企业发展，更多地集中于生产领域和中小规模企业，"应该具有清晰的核心产业（群）和明确的重点产业（群）"[1]，"无限延伸"的动态模式和同心圆模式并不适合成文立法。

尽管我国已经发布了《文化及相关产业分类（2018）》，但是文化产业促进法无须与该分类相一致。首先，两者目的不同，文化产业促进法中界定文化产业，是为了促进在该定义范围内的产业发展，而统计局界定的文化产业是为了从统计数据的角度出发，保证某一行业的大类、中类和小类都能够被纳入统计范围，从而客观地反映出该行业的经济数据和在国民生产总值中的体现。这也决定了，一些被纳入统计范围的"文化产业"并非属于文化产业促进法中需要重点扶持的行业类型。其次，两者范围不同，促进法中的文化产业范围可能要小于统计局的分类，2018 年版分类采用的是"文化及相关产业"，不仅包括文化核心领域，还包括外围和辅助性领域，除了那些获取利润的经营性行业，还包括公益的文化事业，而文化事业部分显然不在文化产业促进法的规制范围之内。最后，两者的关系应当是互动、互补的关系。统计分类的界定能够有助于立法中文化产业的明确化，作为立法和执法过程中的有益补充；而立法应当起到提纲挈领的作用，应当具有概括性、抽象性和前瞻性，不能过于具体而导致立法滞后不能满足日益发展的科技需求，才能为统计分类的后续修订提供原则性的参考。

《2009 联合国教科文组织文化统计框架》中将文化产业界定为"生产与销售"文化产品，而在促进法中却未采用"销售"一词，而是界定为"指以文化为核心内容而进行的创作、生产、传播、展示文化产品和提供文化服务的经营性活动"。《2009 联合国教科文组织文化统计框架》只是一个示范性的国际文件，不具有法律性，因此我国国内立法可以参考但无须与其完全一致。文化产业促进法的目的在于通过文化企业拉动经济增长、活跃市场，文化产业促进法的基本着眼点应当在于，通过促进文化产业的发展，促进经济发展，因此文化产业的定义应当注重文化与经济的联系，把文化事业从中剥离出去，关注和扶持有财富创造潜力的营利机构。所以，《文化产业促进法（草案送审稿）》采用了"经营性活动"的用语是值得肯定的。虽然《文化产业促进法（草案送审稿）》中并未含有"销售"一词，但其已经采用了"经营性活动"的表述，出于经营目的，文化产品的输出必然包括生产和销售两个阶段，且《文化产业促进法（草案送审稿）》中也参考我国统计局的分类，将文化产业分为"以文化为核心内容"的产业，以及与之相应的辅助性产业，如中介服务、文化投资运营等。因此，文化产业促进法的定义已经可以将

---

① 中国社科院文化研究中心文化产业促进法立法研究课题组：《"促进法"视角中的文化产业概念界定维度与方法思考》，载《中国社会科学院院报》2008 年 5 月 8 日，第 7 版。

"生产"和"销售"两种行为都纳入其中。

　　立法对文化产业的定义无法采用统计学方法精确地界定，不宜过宽、不宜过窄、且要张弛有度。"不宜宽"意味着立法需要把握文化产业的两项基本特征——文化属性和经济属性，文化属性意味着其产品或服务以文化为内容，经济属性意味着创造商业价值。而我国在《文化产业促进法（草案送审稿）》中已经点明文化产业为"以文化为核心内容"的"经营性活动"。至于具体包括哪些行业，则需要在个案中具体判断，更需要借助于统计局的行业分类。"不宜窄"意味着不能够将文化产业的定义限定得过于死板，从而阻碍将产业新业态纳入其中。文化产业的界定更无法"一蹴而就"，必然随着科学技术和社会环境的变化而变化，但无论如何变化也应当把握"张弛有度"的态度：为了满足科技和人类精神需要的迅速发展，对于处于核心的创意生产领域应当予以开放包容的态度，以适应未来需要，但是对于分配流通以及复制的环节应当严格掌握，否则很多产业都可以被纳入文化产业这一领域中，则违背了最初的立法宗旨。

第二节　文化产业促进法立法基本问题

　　2010 年十一届全国人大常委会第十四次会议上，《国务院关于文化产业发展情况的报告》中首次提出要着手起草《文化产业促进法》。[1] 2014 年《中共中央关于全面推进依法治国若干重大问题的决定》中再次明确要通过将行之有效的文化经济政策法定化的方式制定《文化产业促进法》。[2] 2015 年，《文化产业促进法》被正式列入十二届全国人大常委会立法规划中。[3] 2019 年 6 月 27 日，文化和旅游部形成了《文化产业促进法（草案征求意见稿）》（以下简称《草案征求意见稿》），面向社会征求意见。[4] 2019 年 12 月 13 日，司法部在《草案征求意见稿》的基础上形成《文化产业促进法（草案送审稿）》（以下简称《草案送审稿》）征求意见。[5] 上述文件和立法动态说明，《文化产业促进法》的制定具有重要意义，受到了广泛的关注和重视。然而，草案送审稿虽然是具有前瞻性的制度架构，但文本中仍然存在有待优化改进之处，例如对数字信息技术的重要影响评估不

---

　　① 参见蔡武：《国务院关于文化产业发展工作情况的报告——2010 年 4 月 28 日在第十一届全国人民代表大会常务委员会第十四次会议上》，载《中华人民共和国全国人民代表大会常务委员会公报》2010 年第 4 期，第 421~429 页。

　　② 参见新华社：《中共中央关于全面推进依法治国若干重大问题的决定》，载《中国法学》2014 年第 6 期，第 9 页。

　　③ 参见《十二届全国人大常委会立法规划》，载中国人大网：http：//www.npc.gov.cn/wxzl/gongbao/2015-08/27/content_1946101.htm，2021 年 10 月 1 日访问。

　　④ 参见《关于对〈文化产业促进法（草案征求意见稿）〉公开征求意见的公告》，载中国政府网：http：//www.gov.cn/xinwen/2019-07/01/content_5404809.htm，2021 年 10 月 1 日访问。

　　⑤ 参见《中华人民共和国文化产业促进法（草案送审稿）》，载中华人民共和国司法部、中国政府法制信息网：http：//www.moj.gov.cn/news/content/2019-12/13/zlk_3237725.html，2021 年 10 月 15 日访问。

够充分，相关政策的措施力度不强、未能提供前置性保护机制等。[1] 为此，有必要从立法内容技术和立法形式技术等方面对《文化产业促进法》的制定进行深入探讨，以期为《文化产业促进法》的制定提供思路和借鉴。

一、基本属性

(一) 分类标准界定

1. 法律地位

根据《宪法》和《立法法》的规定，基本法律由全国人民代表大会制定，全国人大常委会制定的是非基本法律。[2] 从法律体系的逻辑关系上看，完备的法律部门应当有多部由全国人民代表大会制定的具有基础性、主干性、统领性的法律，作为该部门法的基本法律。[3] 有学者指出，基本法律的认定标准除立法主体必须是全国人民代表大会外，还包括立法依据必须是宪法，调整和规范的必须是某一基本领域的具有全局性、长远性、普遍性和骨干性特点的社会关系，在部门法中居于基础地位，在法律体系中起支架作用。[4] 但是，也有学者认为，对于一部法律是否基本法律，应当综合考虑立法主体和法律内容，而不应仅凭立法主体进行判断。若一部法律在本部门或本领域的法律制度体系中居于基础性、根本性地位，且能够发挥全局长远的规范作用，即为基本法律。[5] 总体而言，前一观点为学界通说，也更符合立法原意。

2. 内容

综合性立法是与分散性立法、单行性立法相对的概念。综合性立法是对某一领域的目标、基本原则、主要措施等内容作出的系统的、全面的和整体的规定。[6] 综合性立法体例通常以单行法为辅助，分散性立法体例也存在融合成综合性立法的可能性。综合性立法体例可以将立法工作置于统一的基本原则和共同的指导思想之下，有利于建立全面系统、宏观协调的法律体系，使该体系中的各项制度设计能够统筹兼顾，这是对政策措施共同点的抽象。[7]

3. 调整范围

一般法和特别法是根据调整的空间范围、对象范围、事项范围的不同进行的区分，即

---

① 参见傅才武：《数字信息技术、文化产业发展与政府作用——以〈文化产业促进（草案送审稿）〉为中心的考察》，载《中国治理评论》2020年第2期，第111~128页。

② 参见韩大元、刘松山：《宪法文本中"基本法律"的实证分析》，载《法学》2003年第4期，第4页。

③ 参见杨宗科：《论〈国家安全法〉的基本法律属性》，载《比较法研究》2019年第4期，第1页。

④ 参见李克杰：《中国"基本法律"概念的流变及其规范化》，载《甘肃政法学院学报》2014年第3期，第14~16页。

⑤ 参见杨宗科：《论〈国家安全法〉的基本法律属性》，载《比较法研究》2019年第4期，第3~4页。

⑥ 参见李艳芳、张忠利、李程：《我国应对气候变化立法的若干思考》，载《上海大学学报（社会科学版）》2016年第1期，第8页。

⑦ 参见葛立刚：《中国社区矫正立法进路之分析》，载《昆明学院学报》2011年第4期，第73页。

可以从法的空间效力、属人效力及属事效力等角度加以区别。① 一般法和特别法是针对法律规范之间的关系而言的，而法律规范由事实构成和法律效果两个要素构成。从事实构成看，特别法具有一般法的所有事实构成要件，但一般法不具备特别法的至少一项的事实构成要件。从法律效果看，特别法与一般法是包容与被包容的关系。②

4. 法律的约束力

根据具有实际效果的行为规范有无法律约束力，可将法律分为软法和硬法。③ 软法是指客观存在的，被国家制定、接纳和默认的，以非正式的柔性强制手段实现其功能和效力的法律规范及其原则与理论的制度体系。④ 对于"软法"，学界一致认为正起草但尚未公布的法律法规或法律中的弹性法条属于软法。⑤ 有学者指出，软法强调自主，主要表现为软法主要产生于民主协商机制，其实施依靠共同体成员的自我约束，多通过自我协商、民间机构调解或仲裁来解决争议，国家制定法中的软法多以法律原则或指导性规范的形式出现，广泛存在于民事和经济规范中。⑥ 但有学者认为这一认识存在偏差，因为法律半成品或法律中的弹性条款也以国家强制力为后盾，若将之纳入软法会模糊法律多元的界限，故而软法的制定主体不得为国家机构，即软法应独立于国家法。⑦ 主流意见认为，国家制定法中的弹性条款也属于软法，其实质是硬法中的软法，是制定主体在制定过程中通过吸收民意间接与人民协商从而制定出的原则性或指导性的法律规范。

(二)《文化产业促进法》的基本属性

关于《文化产业促进法》的基本属性，学界有不同认识。有学者认为，《文化产业促进法》可以被定位为文化产业领域的主干法、综合法、奖助法、一般法。⑧ 有学者认

---

① 参见汪全胜：《"特别法"与"一般法"之关系及适用问题探讨》，载《法律科学（西北政法学院学报）》2006 年第 6 期，第 50 页。

② 参见杨登峰：《选择适用一般法与特别法的几个问题》，载《宁夏社会科学》2008 年第 3 期，第 19~20 页。

③ Francis Snyder, *Chapter* 10: *Soft Law and Institutional Practice in the European Community*, in S. Martin（ed.）, The Construction of Europe: Essays in Honour of Emile Noël 194（Kluwer Academic Publishers 1994）.

④ 参见梁剑兵、张新华：《软法的一般原理》，法律出版社 2012 年版，第 34 页。

⑤ 参见姜明安：《软法的兴起与软法之治》，载《中国法学》2006 年第 2 期，第 26 页；罗豪才、宋功德：《认真对待软法——公域软法的一般理论及其中国实践》，载《中国法学》2006 年第 2 期，第 3 页；梁剑兵：《认识软法》，载《检察日报》2014 年 4 月 3 日，第 003 版。

⑥ 参见张式军、何晓斌：《国家治理中的软法之治》，载《山东警察学院学报》2014 年第 6 期，第 7~8 页。

⑦ 参见冯春、类延村：《论当下国内法意义的软法意蕴：实质、场域与命运》，载《理论月刊》2011 年第 11 期，第 123、125 页。

⑧ 参见周刚志、周应杰：《"文化产业促进法"基本问题探析》，载《江苏行政学院学报》2017 年第 1 期，第 131 页。

为《文化产业促进法》是文化产业领域的基本法①、总章程②，是文化产业的总领基本法。③有学者认为《文化产业促进法》是文化产业立法领域的基本法的同时，也使用了"基础性法律"的表达，④还认为《文化产业促进法》是指引我国文化产业发展的上位法。⑤也有学者为避免引起歧义，直接将《文化产业促进法》定位为文化产业领域的基础法。⑥有学者虽然认为《文化产业促进法》是基础性法律，但是将《文化产业促进法》与《广播电视法》等法律并列看待。⑦

少数学者认为，《文化产业促进法》从内容而言，是文化产业领域的专项立法，具有特别法的性质；但是从功能而言，是确立文化产业在国民经济中的支柱地位、具有基本法律性质的一部重要的文化立法，是基础性立法，是综合性、协调性、激励性的产业立法，其归属和地位是产业政策基本法，同时具有浓重的行政组织法、行政程序法的性质和内容。⑧另有学者认为《文化产业促进法》是文化领域的行政法。⑨还有学者指出《文化产业促进法》是促进法、奖助法，其主要功能是为文化产业发展的促进体制、事项和内容等提供法律依据，而不涉及对产业的规范和管理，故而属于软法。⑩

---

① 参见王丹丹：《论文化创意产业法律体系的构建》，载《人民论坛》2012年第36期，第139页；万克夫：《我国〈文化产业促进法〉的立法思考》，载《经济师》2014年第8期，第96页；齐强军：《论我国文化产业促进立法模式、原则与基本制度》，载《学术论坛》2015年第4期，第87页；于语和、苏小婷：《我国文化产业促进法立法刍议》，载《甘肃理论学刊》2015年第6期，第103页；陆彬：《论我国文化产业促进立法模式、原则与基本制度》，载《南风》2016年第14期，第108页；齐盍：《试析我国文化产业立法之完善》，载《行政与法》2019年第10期，第126页。

② 参见于语和、苏小婷：《我国文化产业促进法立法刍议》，载《甘肃理论学刊》2015年第6期，第108页。

③ 参见于语和、苏小婷：《文化产业立法视角下多元文化的法律保护》，载《邵阳学院学报（社会科学版）》2017年第5期，第4页。

④ 参见祁述裕：《国家文化治理现代化研究》，社会科学文献出版社2019年版，第228页。

⑤ 参见于新循、杨丽：《我国〈文化产业促进法〉的立法选择与总体构想》，载《四川师范大学学报（社会科学版）》2014年第3期，第52页；祁述裕主编：《十八大以来中国文化政策与法规研究》，社会科学文献出版社2018年版，第216、241页。

⑥ 参见蔡武进：《我国文化产业法体系建设的进路》，载《福建论坛·人文社会科学版》2014年第10期，第60页。

⑦ 参见明立志：《加强我国文化产业立法的几点思考与建议》，载《今日中国论坛》2005年第12期，第71页。

⑧ 参见冯玉军主编：《完善以宪法为核心的中国特色社会主义法律体系研究（下册）》，中国人民大学出版社2018年版，第33、36~37页。

⑨ 参见魏晓阳：《〈文化产业促进法〉未来可期》，载《中国社会科学报》2018年5月3日，第006版。

⑩ 参见贾旭东、黄玉蓉：《〈文化产业促进法〉的立法难点——中国社会科学院文化研究中心副主任贾旭东研究员访谈录》，载祁述裕、王列生、傅才武主编：《中国文化政策研究报告》，社会科学文献出版社2011年版，第15页；张式军、何晓斌：《国家治理中的软法之治》，载《山东警察学院学报》2014年第6期，第9页；贾旭东：《文化产业促进法立法的必要性和可行性》，载《福建论坛·人文社会科学版》2015年第12期，第126页；贾旭东：《文化产业促进法的重大意义与解决的基本问题》，载《中国旅游报》2019年9月17日，第003版。

通过对近年来学者观点的研究整理，笔者发现学者对《文化产业促进法》的法律属性一般从以下角度分析，一是法律地位层面，二是内容层面，三是调整范围层面，四是约束力层面。

首先，在法律地位层面，近年来学者的观点集中为《文化产业促进法》是"基本法"、"基础法"（或称"基础性法律"）、"普通法"，甚至存在混用上述概念的情况。这说明学界对此问题尚未形成一致意见。但需要注意，不宜滥用"基本法"的概念。从行政法学、立法法学角度看，可以认为，基本法律特指由全国人民代表大会制定的最为基础性、最具全局长远性的法律。在文化领域，如果认为未来可能会形成文化法这一独立的法律部门，则文化法部门的统领性法律才是基本法律。而文化产业领域仅是文化法部门下的子部门，《文化产业促进法》虽在文化产业领域起到统领性作用，但在其可能会有上位法的情况下，因而不宜将《文化产业促进法》的法律属性定性为基本法律。与根本法相对的概念是普通法，普通法是根本法之外的其他法律。由此可知，基本法律包含在普通法中。为避免歧义，可以将《文化产业促进法》定位为普通法，更为准确地说是非基本法律的普通法。有学者为更准确形象表述《文化产业促进法》的法律地位，而将其定性为"主干法"，此种主张亦具有可取之处。主干法为在某一法律体系中起纲举目张的统帅作用的法律。[1] 虽非文化法律体系的基本法律，但《文化产业促进法》明确规定我国促进文化产业的立法目的、基本政策、主要措施等内容，有利于促进带动整个文化产业领域法律规范与政策规范的体系化、结构化，[2] 能够在文化产业领域发挥统领全局的作用，因此可以将之定性为"主干法"。

其次，在内容层面，除少数学者认为《文化产业促进法》为纯公法性法律外，[3] 多数学者认为《文化产业促进法》为综合法、混合法，即文化产业私法、文化产业公法的规范相交织的法律。[4] 因此，不应狭义看待《文化产业促进法》，因为《文化产业促进法》的调整对象多样，除会对行政公权力进行调整外，还会对文化企业等私主体的权利行使进行规制，《文化产业促进法》是综合法应当是无疑的。

再次，在调整范围层面，正是由于《文化产业促进法》的内容多样，具有综合性，对不同的内容仅能做原则性规定和指引，规定文化产业的基本方针、政策、主要措施，应当保持高度的权威性和相对稳定性，这需要具体专门的文化产业相关法律予以配套，因此《文化产业促进法》是一般法。

---

① 参见邓丽：《论慈善事业的民间性与法治化》，载《法学杂志》2014年第9期，第115页。

② 参见周刚志：《我国文化产业促进法的基本定位》，载《中国旅游报》2019年10月15日，第003版。

③ 参见龚韵：《公权力视域下的〈文化产业促进法〉立法构想》，载傅才武主编：《文化创新蓝皮书：中国文化创新报告（2016）》，社会科学文献出版社2016年版，第92~99页；魏晓阳：《〈文化产业促进法〉未来可期》，载《中国社会科学报》2018年5月3日，第006版。

④ 参见周刚志、周应杰：《"文化产业促进法"基本问题探析》，载《江苏行政学院学报》2017年第1期，第131页；周刚志、姚锋：《论我国文化产业立法模式——以社会主义核心价值观为价值引导》，载《湖南大学学报（社会科学版）》2019年第2期，第137页；周刚志：《我国文化产业促进法的基本定位》，载《中国旅游报》2019年10月15日，第003版。

再其次，在目的层面，《文化产业促进法》是一部促进法，而非管理法。前者强调正面激励，后者重在限制约束。该法是促进主体的文化产业促进行为的行为模式规范，其直接调整对象是文化产业发展的促进行为，即非主体间、主体间的法律关系。非主体间的法律关系主要包括政府调节与市场调节的关系、公共文化服务与文化产业发展的关系、文化价值与经济价值的关系、行业发展与环境营造的关系；主体间的法律关系主要包括政府主管部门间的关系、中央政府与地方政府的关系、政府与其他主体间的关系，例如政府与文化企业或与行业协会的关系。文化产业并非《文化产业促进法》的调整对象，而是《文化产业促进法》调整对象的作用对象。《文化产业促进法》必须以文化产业发展实践中普遍存在的制约或阻碍其发展的问题为法律问题，是关于解决这些问题的各促进主体的促进行为、促进政策和促进措施的法律规定。①

最后，在约束力层面，《文化产业促进法》所采取的法律措施主要是公共服务和行政奖助而非行政管制，体现政府通过奖助的方式引导和激励市场主体发展文化产业的意图，相应规定主要为原则性或指导性规范，但不能忽视该法也会规定法律责任，故而《文化产业促进法》是软硬法结合的混合法。

综上所述，《文化产业促进法》的基本属性是文化产业领域的基础性法律，具有综合法、一般法、促进法和软硬法结合的混合法的特点。

二、基本框架

我国的法律体系大体由在宪法统领下的宪法及宪法相关法、民商法、行政法、经济法、社会法、刑法、诉讼与非诉讼程序法七个部门构成。② 目前的主流观点为文化法属于社会法，③ 其是社会法下的一个分支。文化法律体系是与文化市场运行机制、文化行政管理和文化法律规范紧密联动的多层级结构，④ 是中国特色社会主义法治的重要组成部分，也是中国特色社会主义法律体系不可或缺的重要内容。⑤

近年来，文化产业各级主管部门根据产业实际发展的需要，出台了一系列政策法规，初步形成了法律、行政法规和部门规章相互衔接、相互配套，覆盖文化遗产保护、公共文化服务、文化市场管理等多方位的文化法律体系框架。⑥ 在文化法律体系的框架中，宪法是根本大法，文化产业促进法属于文化立法的范畴，是文化立法的组成部分，是文化法制

---

① 参见贾旭东、宋晓玲：《论文化产业促进法的调整对象》，载《山东大学学报（哲学社会科学版）》2021 年第 2 期，第 56~64 页。

② 参见《中国的法治建设》，载中华人民共和国国务院新闻办公室：http://www.gov.cn/zhengce/2008-02/28/content_2615764.htm，2021 年 10 月 4 日访问。

③ 参见刘谢慈：《新时代背景下文化法的范畴界定与实施方法》，载《求索》2018 年第 3 期，第142 页。

④ 参见刘谢慈：《新时代背景下文化法的范畴界定与实施方法》，载《求索》2018 年第 3 期，第142 页。

⑤ 参见王晓晖：《建立健全文化法律制度》，载《光明日报》2014 年 11 月 4 日，第 01 版。

⑥ 参见于小薇：《权威人士解析：文化产业促进法缘何姗姗来迟》，载人民网：http://culture.people.com.cn/n/2014/1106/c172318-25984782.html，2021 年 10 月 3 日访问。

框架的中间环节。① 有学者认为，在文化法律框架中，宪法是根本依据，在宪法之下，应当包括三个层次。第一层次是文化领域的基础性法律，可考虑包括《文化产业促进法》《新闻法》《出版法》；第二层次是文化专门法；第三层次是国务院文化法规、地方性文化法规、国务院有关部门文化规章、地方政府文化规章。②

具体到文化产业领域的法律框架方面，我国于20世纪80年代开始形成文化产业的相关政策，十六大后文化市场进入全面推进时期，以2009年国务院出台的《文化产业振兴规划》为我国文化产业战略地位进一步提升的标志，截至目前，我国已形成包括宏观整体性、财政、税收、金融、土地、文化产业与相关产业融合发展、文化产业重点门类七类法规政策，③ 由此形成了庞杂的文化产业政策法规体系。然而，我国迄今未制定出台文化产业领域的基础性法律《文化产业促进法》，上位法的缺失导致部门规章、地方政府规章等立法缺乏框架支撑，④ 致使文化产业领域立法的体系与结构不够完善。因此，有学者建议，文化法律法规应是由各种不同位阶的"大法"和"小法"组成的逻辑化框架，在文化产业领域制定《文化产业促进法》这一"大法"，在此部大法之下再衍生出《电影产业促进法》等法律及若干行政法规、规章和地方性法规、规章。⑤ 另有学者认为文化产业基本框架应由文化产业基础法、文化产业单行法、文化产业法规规章构成。⑥

因此，我国应构建由宪法统领，以文化基本法为指导，以文化产业促进法、文化产业市场主体法、文化市场管理法等为统帅，以文化行政法规和部门规章为主体，以文化地方性立法为补充的文化产业立法体系。⑦ 由此可见，《文化产业促进法》在文化立法基本框架内处于中间环节。具体框架如图1-1所示。

三、立法体例

立法体例指立法者在制定某部法律时，以该法的立法理念、立法内容为出发点，按照某种理论逻辑形成的立法文本的结构，属于立法形式的范畴。⑧

---

① 参见程雁雷、宋宏：《文化体制改革情境下的文化产业立法构想》，载《学术界》2012年第2期，第17~18页。

② 参见朱兵：《文化立法研究（上册）》，中国政法大学出版社2019年版，第122~123页。

③ 参见祁述裕主编：《十八大以来中国文化政策与法规研究》，社会科学文献出版社2018年版，第199页。

④ 参见于小薇：《权威人士解析：文化产业促进法缘何姗姗来迟》，载人民网：http：//culture.people.com.cn/n/2014/1106/c172318-25984782.html，2021年10月3日访问。

⑤ 参见唐明良：《论文化立法的基本原则与基本规律》，载《观察与思考》2012年第6期，第43页。

⑥ 参见蔡武进：《我国文化产业法体系建设的进路》，载《福建论坛·人文社会科学版》2014年第10期，第59页。

⑦ 参见赵阳、徐宝祥：《文化产业政策和法规》，中山大学出版社2012年版，第36页。

⑧ 参见周刚志：《公共文化服务之立法体例刍议》，载《云南大学学报（法学版）》2013年第5期，第2~6页。

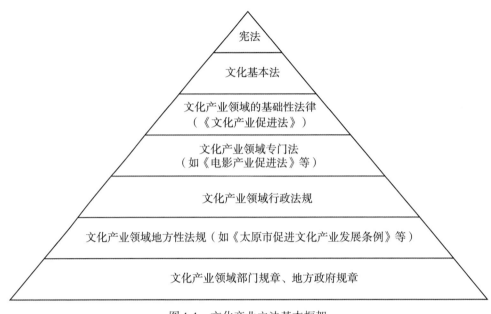

图 1-1　文化产业立法基本框架

（一）国外典型国家相关法律立法体例安排

在《文化产业促进法》的立法体例方面，制定有文化产业促进类法律的国家或地区略有不同。例如，韩国《文化产业振兴基本法》包括"总则""创业、制作、流通""文化产业基础的建立""文化产业专门公司""附则"几个部分。日本《原创内容创造、保护及利用促进法》主要包括"总则""基本措施""原创内容事业振兴所需的必要性措施""行政机构的措施""附则"五个部分。①

（二）我国现有法规立法体例安排

具体到我国，我国深圳、太原等地已出台与文化产业发展与促进相关的条例。《深圳市文化产业促进条例（2019 年修正）》由"总则""创业发展扶持""出口扶持""资金支持""人才培养与引进""附则"构成。在"总则"部分规定立法目的、相关概念界定、基本原则、公权力部门的职责与义务等，在"创业发展扶持""出口扶持""资金支持""人才培养与引进"中规定相应的促进措施和制度，在"附则"中对外资从事文化产业和施行时间进行规定。《太原市促进文化产业发展条例》的立法体例为"总则""引导扶持""市场培育""服务保障与交流合作""附则"。其中，"总则"部分主要规定了立法目的、适用范围、相关概念界定、基本原则、主管部门等，"引导扶持"中规定了相应

---

① 参见中共中央宣传部政策法规研究室编：《外国文化法律汇编（第一卷 文化基本法、文化产业振兴法律）》，中国国际广播电台对外交流中心、新华社世界问题研究中心译，学习出版社 2015 年版，第 287~302 页。

的促进措施，"市场培育"对文化消费、文化产业中介机构、文化企业的行为等进行规定，"服务保障与交流合作"对公权力部门之间的配合、对外文化交流合作等作出规定，"附则"则规定了施行日期。此外，《草案送审稿》的体例为"总则""创作生产""文化企业""文化市场""人才保障""科技支撑""金融财税扶持""法律责任""附则"。"总则"部分规定有立法目的、调整范围、立法宗旨、发展方针、基本原则、部门职责等内容，"创作生产"部分详细规范了创作生产活动，"文化企业"部分对文化企业享有的合法权益和应尽的义务等作出规定，"文化市场"部分对市场秩序、市场监管、知识产权保护等方面进行了规范，"人才保障"部分规定了构建人才培养体系等内容，"科技支撑"部分主张促进文化科技融合、技术创新，"金融财税扶持"部分主张建立完善金融支持文化产业服务体系，"法律责任"部分明确违法主体应承担相应的责任，"附则"部分对外资注入、施行时间作出规定。①

(三) 我国学者建议

有学者未对分则部分的具体篇章安排作出建议，仅笼统建议《文化产业促进法》的立法体例应由总则、分则、法律责任和附则构成，在总则部分规定相关概念、立法依据、立法宗旨、调整范围、调整对象、调整主体（即有权公权力部门），在分则部分规定公权力部门在财政、金融、税收、准入、出口、人才培养、版权保护、市场培育等方面的促进措施，在法律责任部分明确有权公权力部门违法应承担的行政责任、针对市场主体的相应的救济手段，在附则部分规定施行时间及对配套措施的制定作出授权。② 另有学者明确分则的具体名称，建议《文化产业促进法》由五章构成，分别为"总则""行政奖助措施""市场保障措施""法律责任""附则"。在"总则"部分主要规定立法依据、实施主体、法律原则等，在"行政奖助措施"部分主要规定财税金融等扶持文化产业发展的一般性措施，在"市场保障措施"部分规定文化市场主体培育、文化人才培养及引进和文化市场管制措施的合法利用等，在"法律责任"部分规定违法行为的法律责任，在"附则"部分规定施行时间，③ 同时应注意保障各章节间的逻辑联系和相关性。④ 还有学者建议《文化产业促进法》可以分为六大部分，第一章是"总则"，规定立法依据、立法宗旨与目的、文化产业的概念、基本原则、发展理念、政府职责等；第二章是"文化企业及其权利保障"，规定文化企业的类型、设立、管理等方面的一般规则，并规定文化企业在文

---

① 参见佚名：《一分钟读懂〈文化产业促进法（草案征求意见稿）〉》，载《中国美术报》，2019年7月15日，第002版。

② 参见于新循、杨丽：《我国〈文化产业促进法〉的立法选择与总体构想》，载《四川师范大学学报（社会科学版）》2014年第3期，第54页；龚韵：《公权力视域下的〈文化产业促进法〉立法构想》，载傅才武主编：《文化创新蓝皮书：中国文化创新报告（2016）》，社会科学文献出版社2016年版，第94页。

③ 参见周刚志、周应杰：《"文化产业促进法"基本问题探析》，载《江苏行政学院学报》2017年第1期，第132~133页。

④ 参见周刚志、姚锋：《论我国文化产业立法模式——以社会主义核心价值观为价值引导》，载《湖南大学学报（社会科学报）》2019年第2期，第140页。

化产业发展与促进过程中所享有的权利；第三章是"创业、创新、制作、流通"，主要规定文化企业等经营性文化组织创业的支持制度、促进创意创新的鼓励制度、推进生产与服务的制度体系、对外输出的支撑制度等；第四章是"基本制度与措施"，主要规定文化市场公平竞争秩序促进、金融财税保障与促进、人才培养支撑与保障、技术研发保障等方面的规则制度；第五章是"文化产业主管机构及其职责"，主要规定管理机构的组成、权限、责任等；第六章是"附则"，主要规定效力规则、生效时间、其他需要补充说明的事项。① 另外还有学者也主张《文化产业促进法》应由六大部分构成，与前一学者的建议大体相似，但该学者未建议设立"创业、创新、制作、流通"这一章节，而是建议设立"法律责任"章，即建议《文化产业促进法》的体例可分为"总则""文化企业及其权利保障""基本制度与措施""文化产业机构及其职责""法律责任""附则"，主张在"总则"部分规定立法宗旨、原则、适用范围、法律关系等，"文化企业及其权利保障"部分规定文化企业的类型、出资方式、权利等，"基本制度与措施"部分规定产业指导制度、资金支持制度、人才队伍培养制度、知识产权保护制度、促进对外贸易制度，"文化产业机构及其职责"部分规定文化产业的主管机构及其职责，"法律责任"部分规定主管机构和被促进主体违法责任及受侵害者享有的救济措施，"附则"部分规定施行时间及其他需要补充的事项。② 与前一学者的建议进行比较，能够发现该学者将前一学者建议的"创业、创新、制作、流通"的内容分散规定于"基本制度与措施"和"文化产业机构及其职责"中。该学者在 2017 年的文章中，在保持相同体例建议不变的基础上，细化了各章的内容，使得逻辑和内容更加清晰。③ 另有学者虽未曾和上述学者一样提出具体的立法体例安排，但也建议对文化出口作专章规定，同时也建议对文化消费作系统性规定。④

总体上，学者建议《文化产业促进法》的立法体例为总分模式，即包括总则、分则、法律责任和附则。对于总则部分，学者们一致认为应当明确界定文化产业的内涵与外延、立法原则、立法宗旨等基础性和一般性问题。然而，总则以外的部分应具体规定什么内容，学者们争议较大。关于法律责任和附则，学者们的争议相对较小。法律责任部分，争议主要集中于是否要设法律责任专章；若要单独设一章，是仅规定促进主体即主管机关的行政责任和被侵害者的救济措施，还是也应规定被促进主体违反本法的法律责任。附则部分，学者们的争议是仅规定施行时间还是同时规定外资准入、补充内容。争议最大的是分则部分应当规定什么内容以及这些内容应当按照何种逻辑顺序编排。

---

① 参见蔡武进：《我国文化产业法体系建设的进路》，载《福建论坛·人文社会科学版》2014 年第 10 期，第 59~60 页。

② 参见于语和、苏小婷：《我国文化产业促进立法刍议》，载《甘肃理论学刊》2015 年第 6 期，第 108~109 页。

③ 参见于语和、苏小婷：《文化产业立法视角下多元文化的法律保护》，载《邵阳学院学报（社会科学版）》2017 年第 5 期，第 6 页。

④ 参见万克夫：《我国〈文化产业促进法〉的立法思考》，载《经济师》2014 年第 8 期，第 97~98 页。

（四）分析与建议

1. 法律责任

对于是否应规定法律责任以及具体的责任种类的争议，首先，设立法律责任专章是毋庸置疑的，因为法律关系中权利和义务相统一，在赋予相应主体权利的同时，应当为其设置义务以规范其行为，故而虽然《文化产业促进法》的立法目的主要是促进文化产业健康持续发展，是"赋能法"，[1] 但也应注意对调整对象的行为规范的设置，以防权利或权力被滥用，如果缺乏对法律责任的规定，会使权利/权力与义务形同虚设，失去了法律所应有的作用和权威，[2] 因此应当设立"法律责任"章。此外，在责任种类方面，正如前文所述，虽然有学者认为《文化产业促进法》是"文化产业公法"，即规范文化产业主管机关的法律，然而大部分学者赞同《文化产业促进法》是综合法、混合法，除规范文化产业主管机关的职责行使外，还规范文化产业参与主体即文化企业等主体的行为。既然如此，便应考虑文化企业等主体违反本法及相关法律所应承担的责任，而不应仅局限于对主管机关的行政责任的规定。再者，参考我国已颁布的《电影产业促进法》，该法也设专章规定了法律责任，主要对违法行为的行政责任作出规定，同时对民事责任和刑事责任作出原则性的规定，以与民事方面的法律及刑法相衔接。[3] 鉴于《电影产业促进法》是"文化产业领域第一法"[4]，与《文化产业促进法》关系密切，可以借鉴《电影产业促进法》的法律责任种类设置，对《文化产业促进法》的法律责任进行设计，即以行政责任为主，辅之以民事责任、刑事责任。

《草案送审稿》中的法律责任部分规定有渎职责任、市场主体责任追究、失信惩戒、传播限制和其他追责情形，规定有行政责任、民事责任和刑事责任，符合前文的分析，较为妥帖。然而，对于失信惩戒和传播限制是否为法律责任，是否应在《文化产业促进法》中作此二条规定，仍值得探讨。

（1）失信惩戒

首先，有学者认为失信惩戒并不是法律责任，而是属于事后环节信用监管机制。并且，仍需对失信惩戒制度进行深入研究。[5] 有学者指出，目前推行的失信惩戒制度存在违背依法行政原则、尊重保障人权原则、不当联结禁止原则、比例原则、公平原则等。该学者明确指出，对失信行为的泛化处理，以及"一处失信、处处受限"政策下的失信联合惩戒，极易使信息隐私保护变得更加脆弱。因此不应将违法、违纪、违反道德等都列入失

---

① 参见周刚志、姚锋：《论我国文化产业立法模式——以社会主义核心价值观为价值引导》，载《湖南大学学报（社会科学报）》2019年第2期，第137页。

② 参见柳斌杰、聂辰席、袁曙宏主编：《中华人民共和国电影产业促进法释义》，中国法制出版社2017年版，第239页。

③ 参见许安标主编：《中华人民共和国电影产业促进法释义》，法律出版社2017年版，第223页。

④ 参见佚名：《〈电影产业促进法〉：文化产业领域第一法今起实施》，载人民网：http://media.people.com.cn/n1/2017/0301/c40606-29114503.html，2021年10月5日访问。

⑤ 参见李袁婕：《关于〈文化产业促进法（草案征求意见稿）〉的修改建议（下）》，载《中国文物报》2019年8月9日，第4版。

信范畴。① 有学者指出，失信惩戒制度是对公民人格尊严的否定和谴责，是法律的专属权限范围，应当谨慎立法。② 另有学者强调，不能对失信的理解和界定过度扩大化。失信惩戒制度穿透了行政许可、行政处罚、行政强制等制度间的功能区隔，成为一种统摄性强、集成度高的新型行政制裁类型，会限制或减损公民的自由权，因此应当遵循法律保留的原则，法无明文规定不处罚。③ 然而，在《行政处罚法》等行政法中并无对失信惩戒的明文规定，对于失信惩戒后的处罚措施能否被认定为行政处罚尚有疑问。有学者认为，制定统一的失信惩戒法律时有几个问题必须要进行明确。首先，立法必须要明确到底谁有资格去设立失信黑名单，也就是说要明确设置的主体。这是立法需首要解决的问题，也是最重要的问题。其次，立法要明确设立失信黑名单的法定程序。再次，立法要明确设立黑名单的标准。此外，被影响人进入了失信黑名单后的权益如何保护也是立法要考虑的问题。④ 由此可见，文化和旅游部是否设立失信黑名单的有权主体是值得探讨和考量的。

2018 年 6 月 19 日，文化和旅游部发布《全国文化市场黑名单管理办法》⑤，对列入全国文化市场黑名单的对象和实施主体等内容作出了规定；2018 年，国家发改委等 17 个部委发布《关于对文化市场领域严重违法失信市场主体及有关人员开展联合惩戒的合作备忘录》（以下简称《合作备忘录》）⑥，对文化市场领域失信联合惩戒机制作出了规定。但问题在于，正如上述学者所论述的那样，相关部委是否有权在上位法未作出规定时，设立黑名单和进行联合惩戒？在《文化产业促进法》中作出失信惩戒的法律责任规定，是否存在抑制文化产业的发展活力的可能？另外，对于什么情况下构成严重违法失信，《合作备忘录》中并未规定，是否会赋予县级以上人民政府有关主管部门过大的自由裁量权？

因此，在《行政处罚法》等未对失信惩戒制度进行明确规定的前提下，建议审慎考虑《文化产业促进法》对失信惩戒制度进行规定。

（2）传播限制

《草案送审稿》第 72 条的规定，俗称为"封杀令"。该规定有迹可循，早在 2014 年，广电总局就正式下发了"封杀劣迹艺人"的《国家新闻出版广播电视总局办公厅关于加强有关广播电视节目、影视剧和网络视听节目制作传播管理的通知》（以下简称《通知》）⑦。对于《通知》，有观点肯定惩戒劣迹艺人不是"法外私刑"，而是对公序良俗、

---

① 参加沈岿：《社会信用体系建设的法治之道》，载《中国法学》2019 年第 5 期，第 37~41 页。

② 参见刘松山：《失信惩戒立法的三大问题》，载《中国法律评论》，https：//www. ilawpress. com/material/detail/429133203568067072，2021 年 10 月 20 日访问。

③ 参见朱宁宁：《联合惩戒威力日益凸显范围程度扩大引发关注——发挥失信惩戒功效应适度且合法》，载《法制日报》2019 年 6 月 18 日，第 5 版。

④ 参见朱宁宁：《何为"失信"尚无明确法律界定——应尽快出台国家层面失信惩戒法律规范》，载《法制日报》2019 年 6 月 18 日，第 5 版。

⑤ 文旅市发〔2018〕30 号。

⑥ 发改财金〔2018〕1933 号。

⑦ 新广电办发〔2014〕100 号。

行业自治、道德约束的呵护。① 有学者认为，"封杀令"虽有利于净化风气，淡化不良影响，但不能否认"封杀令"构成了对艺人从业资格的限制，可能构成行政权滥用。② 但也有学者认为，《通知》不符合法律保留原则、比例原则，违反正当程序，缺少必要的法律救济，③ 侵犯了艺人的平等就业权利。④ 此外，2021 年 3 月 16 日，国家广播电视总局在其官网发布《中华人民共和国广播电视法（征求意见稿）》（以下简称《征求意见稿》），⑤ 这将是我国广播电视领域首部行业基本法。《征求意见稿》第 32 条规定，广播电视节目主创人员因违反相关法律、法规而造成不良社会影响的，国务院广播电视主管部门可以对有关节目的播放予以必要的限制，并于第 66 条第 8 款明确规定，未按照广播电视主管部门的要求，对有不良社会影响的主创人员参与的广播电视节目播放予以限制的，将承担相应的法律责任。对此，有观点认为，用法律限制劣迹艺人更有威慑力。⑥ 也有学者在肯定法律限制的同时，指出《征求意见稿》中作品限制播放的前提是参与的演艺人员违法违规，并不包含在道德层面有缺失者，体现了对影视作品的保护。娱乐公众人物一旦被曝出有私德问题，作品会被抵制停播，将对相关制片方造成巨大的影响，故应分等级惩戒劣迹艺人。⑦

　　《行政处罚法》规定，法律、法规可以规定行政处罚的种类。《文化产业促进法》作为将由全国人民代表大会常务委员会颁布的法律，无疑是有权规定行政处罚的种类的。因此，《草案送审稿》第 72 条是从法律的层面将"封杀令"作为行政处罚的一种确定下来。然而，"封杀令"是否符合比例原则、法条中规定的"一定期限"是否有明确的最高时间限制等，都存在疑问，值得认真考量。是否因犯罪受到刑事处罚造成恶劣社会影响的主创人员的所有作品都要被限制进入传播领域？是否有必要对其文化产品和服务进行"连坐"处罚？这些都需要进一步考虑。同时，若要将传播限制确立为行政处罚的种类之一，是否有必要在《文化产业促进法》和《广播电视法》中均规定传播限制呢？考虑到传播的主要渠道为广播电视，由《广播电视法》规定应该更为适合。当然，目前的《征求意见稿》对传播限制的规定较为笼统模糊，需要更加细化的规定。

---

　　① 参见龙敏飞：《什么样的"劣迹"艺人该被封杀》，载《中国青年报》2014 年 9 月 18 日，第 2 版。

　　② 参见陈凯明：《公权力推进精神文明建设的误区和纠正——以劣迹艺人"封杀令"为例》，载《南京工程学院学报（社会科学版）》2017 年第 1 期，第 20~22 页。

　　③ 参见褚宸舸：《"封杀"吸毒艺人的合宪性审查研究》，载《浙江社会科学》2015 年第 11 期，第 61 页。

　　④ 参见张应鹏：《论规范性文件合法性审查标准——以广电总局"封杀劣迹艺人"为例》，载《广播电视大学学报（哲学社会科学版）》2017 年第 1 期，第 26 页。

　　⑤ 《国家广播电视总局关于公开征求〈中华人民共和国广播电视法（征求意见稿）〉意见的通知》，载国家广播电视总局网：http：//www.nrta.gov.cn/art/2021/3/16/art_158_55406.html，2021 年 10 月 31 日访问。

　　⑥ 参见冯海宁：《用法律限制劣迹艺人更有威慑力》，载《宁波日报》2021 年 3 月 18 日，第 014 版。

　　⑦ 参见崔晓丽：《打击"劣迹艺人"升格：对其作品或限制播放》，载《检察日报》2021 年 3 月 22 日，第 004 版。

鉴于此，虽有必要对因犯罪受到刑事处罚的造成极其恶劣社会影响的主创人员进行一定的处罚，但是否通过传播限制的方式进行处罚且是否要将此规定写入法律值得深入考量。如果要做此类规定，在今后的配套法律法规和措施中也宜明确规定期限长度和实施标准。

2. 附则

附则是规范性法律文件的补充性条文，是法律文本中不便规定却又必须加以规范的内容，涉及法的实施的具体问题，如实施细则和变通内容的制定权和法律解释权的授予、施行时间、旧法废止、法律术语界定、适用范围的补充规定等。只有限于条件或出于某种考量而仅作原则性或框架性的规定的法律，方有必要在附则中规定授权立法的内容。此时，立法者须对放弃或转移自身立法权的程度和范围作出科学的价值判断。为此，立法者应明确被授权机关，若有两个及以上被授权机关则应界定权限，且授权内容应相对具体，要求被授权机关在规定的时间内实施立法工作，同时应规定监督机关和授权立法相应的程序。此外，附则应科学规定法律的施行日期。其次，因为有时需要对置前的适用范围作补充性规定，以提高法的适用范围的精确性，需要在附则对适用范围进行补充规定。同时，对于需要授权解释的，应规定解释权的归属权限和性质。①

对于《文化产业促进法》而言，由于该法为文化产业领域的基础性法律，其设立目的在于为文化产业发展指明方向，故而可仅规定一般原则、宣誓性规定或政策目标，② 由此可知，有必要在附则中规定授权立法的内容。此外，有必要规定该法的施行时间。同时，参照《电影产业促进法》第 59 条的规定，有必要对外资准入这一适用范围进行补充规定。因此，《草案送审稿》附则部分规定外资准入和施行时间具有合理性。

3. 分则

至于分则部分应当规定什么内容以及应如何安排顺序，《草案送审稿》的思路、体例较为合理，即聚焦"促进什么"和"怎么促进"两个核心问题，抓住文化产业中众多行业和门类的共性，形成价值链，将价值链中具有长期性、根本性、靠市场机制无法解决或短期内难以解决的问题作为促进事项，确定在创作生产、文化企业、文化市场三个环节发力，在人才、科技、金融财税等方面予以扶持保障。③

然而，《草案送审稿》并非十全十美，在体例结构方面仍存在如下问题：首先，缺乏对文化产业主管机构及其职能的规定。依据中国报告网的分析报告，文化产业的指导与监督机构是文化和旅游部、各省市地区的宣传部门及下游行业相关监管部门（主要包括国家广播电影电视总局、国家体育总局等部门）；引导和协调机构是中国演出行业协会、中

---

① 参见徐向华、孙潮：《关于法律附则制作技术的几个问题》，载《中国法学》1993 年第 3 期，第 53~59 页。

② 参见周刚志、姚锋：《论我国文化产业立法模式——以社会主义核心价值观为价值引导》，载《湖南大学学报（社会科学报）》2019 年第 2 期，第 138 页。

③ 参见沈啸：《文化产业促进法立法工作扎实推进》，载中国社会经济文化交流协会：http://www.casece.org/index. php？m＝content&c＝index&a＝show&catid＝14&id＝4253，2021 年 10 月 6 日访问。

国舞台美术学会和中国演艺设备技术协会。① 但也有学者指出，现有条块结合的分级管理体制不利于文化产业的发展，构建现代文化产业管理体制是文化生产关系变革的历史性要求，有利于深化人们对意识形态管理理念的认知，且为文化体制和文化产业政策创新拓展了空间，因此建议建构大部门的文化产业管理体制。② 由此可见，对于文化产业管理体制应当如何建构，有在《文化产业促进法》中予以释明的必要。故而建议依据"促进什么、怎么促进、谁来推动保障促进"的逻辑顺序进行构建，在《草案送审稿》的附则前增加一章，规定文化产业机构及其职责，建议章名为"文化机构"。其次，总则中指出本法的调整范围是"创作、生产、传播、展示文化产品"，但第二章的名称为"创作生产"，未将"传播、展示"涵盖在内，后面几章也未有专章规定"传播、展示"，这似乎与总则规定的调整范围不相一致。然而，实际上，第二章第 24 条"促进文旅融合"和第 25 条"境外推广"似乎是对"传播、展示"的具体规定，因而，建议将第二章的章名改为"创作生产传播展示"。

综上所述，建议《文化产业促进法》的立法体例为：第一章为"总则"，第二章为"创作生产传播展示"，第三章为"文化企业"，第四章为"文化市场"，第五章为"人才保障"，第六章为"科技支撑"，第七章为"金融财税扶持"，第八章为"文化机构"，第九章为"法律责任"，第十章为"附则"。

四、立法宗旨

立法宗旨又称立法目的，是统领全法、彰显本法精神气质的重要条款，是制定法律的方向和最终追求，③ 对于指导法律实施、进行司法解释、评判具体规定的优劣具有重要意义。④ 其表述注重连续性、逻辑性和递进关系，或可遵循从具体到抽象、从微观到宏观的表述顺序⑤，反之亦可。⑥

近年来，《电影产业促进法》《公共文化服务保障法》《公共图书馆法》相继出台，文化建设初步走上了法治轨道。此三法均为文化法，因而对《文化产业促进法》的立法宗旨设立有较强的借鉴意义。其中，《电影产业促进法》的立法宗旨为"促进电影产业健康繁荣发展，弘扬社会主义核心价值观，规范电影市场秩序，丰富人民群众精神文化生活"；《公共文化服务保障法》的立法宗旨为"加强公共文化服务体系建设，丰富人民群众精神文化生活，传承中华优秀传统文化，弘扬社会主义核心价值观，增强文化自信，促进中国特色社会主义文化繁荣发展，提高全民族文明素质"；《公共图书馆法》的立法宗

---

① 参见《2018 年中国文化创意产业分析报告——市场深度调研与发展前景预测》，载中国报告网：http://zhengce.chinabaogao.com/wenhua/2018/0953635V2018.html，2021 年 10 月 6 日访问。

② 参见范玉刚：《文化产业管理需要大部门制》，载《人民论坛》2012 年第 18 期，第 5 页。

③ 参见马忠法、孟爱华：《论我国〈著作权法〉立法宗旨的修改——以促进文化产业发展为视角》，载《同济大学学报（社会科学版）》2013 年第 3 期，第 103 页。

④ 参见米传振：《〈公共图书馆法〉的立法技术》，载《图书馆论坛》2020 年第 4 期，第 124 页。

⑤ 参见胡峻：《〈公共图书馆法〉立法目的之条款之法理审视与重述》，载《图书馆建设》2020 年第 6 期，第 87~91 页。

⑥ 参见曹海晶：《中外立法制度比较》，商务印书馆 2016 年版，第 361~362 页。

旨为"促进公共图书馆事业发展，发挥公共图书馆功能，保障公民基本文化权益，提高公民科学文化素质和社会文明程度，传承人类文明，坚定文化自信"。可见，该三法的立法宗旨总体上都是依照从具体到抽象、从微观到宏观的逻辑顺序进行排列，且《公共文化服务保障法》和《公共图书馆法》都将"文化自信"的增强和坚定作为立法宗旨，《电影产业促进法》和《公共文化服务保障法》都提及应"丰富人民群众精神文化生活"和"弘扬社会主义核心价值观"。

但应注意到，《电影产业促进法》和《公共文化服务保障法》的出台时间均为2016年，此时尚未明确我国的主要矛盾已经发生了变化，所以采用的是"丰富人民群众精神文化生活"的表述，在十九大报告已经明确指出我国社会主要矛盾已经转化为人民日益增长的美好生活需要和不平衡不充分的发展之间的矛盾①的背景下，不应再沿用"丰富人民群众精神文化生活"的表述。《草案送审稿》虽已经采用新的表述，但"满足人民向往美好生活的精神文化需求"这一表述还可在文字上进行斟酌，如采用"满足人民日益增长的美好精神文化需求"②或"满足人民对美好生活向往的精神文化需求"③的表述。

"弘扬社会主义核心价值观"应该作为《文化产业促进法》的立法宗旨之一用条文的形式保留下来。根据十九大报告，应将社会主义核心价值观落地生根，④融入社会发展各方面。⑤此外，文化产业与社会主义核心价值观存在必然联系，应当推动文化产业与社会主义核心价值观的协同发展。⑥

除可将满足人民日益增长的美好精神文化需求、弘扬社会主义核心价值观作为立法宗旨外，还应将什么作为《文化产业促进法》的立法宗旨和目的需要慎重考虑。《草案送审稿》还将"建设社会主义文化强国"作为立法宗旨。2006年发布的《关于构建社会主义和谐社会若干重大问题的决定》明确提出了建设社会主义文化强国的战略目标。习近平总书记指出，兴文化，就是要坚持中国特色社会主义文化发展道路，推动中华优秀传统文化创造性转化、创新性发展，继承革命文化，发展社会主义先进文化，激发全民族文化创新创造活力，建设社会主义文化强国。⑦十九大报告指出，要坚持中国特色社会主义文化发展道路，激发全民族文化创新创造活力，建设社会主义文化强国。⑧根据语义分析，坚

---

① 参见本书编写组：《党的十九大报告辅导读本》，人民出版社2017年版，第11页。

② 王岩、秦志龙：《满足人民美好精神文化生活新期待》，载《红旗文稿》2018年第18期，第26页。

③ 任绍华、陈瑞锋：《满足人民对美好生活向往的精神文化需求》，载《阳江日报》2019年8月3日，第1版。

④ 参见黄海：《让社会主义核心价值观落地生根》，载《人民日报》2018年2月28日，第07版。

⑤ 参见本书编写组：《党的十九大报告辅导读本》，人民出版社2017年版，第42页。

⑥ 参见寇瑶：《论文化产业与社会主义核心价值观协同发展》，载《哈尔滨师范大学社会科学学报》2017年第1期，第34页。

⑦ 参见习近平：《举旗帜聚民心育新人兴文化展形象 更好完成新形势下宣传思想工作使命任务》，载《人民日报》2018年8月23日，第01版。

⑧ 参见习近平：《坚定文化自信，建设社会主义文化强国》，载《求是》2019年第12期，第10页。

持中国特色社会主义文化发展道路和激发全民族文化创新创造活力是方法，目的是建设社会主义文化强国。文化产业发展战略是文化强国的五大战略体系之一，文化强国战略要求我国加快出台文化产业领域的基础性法律。① 由此可见，社会主义文化强国的建设也是《文化产业促进法》的最终追求，故而应当在立法宗旨中予以规定。

此外，需要厘清立法宗旨与发展方针或基本原则或导向②之间的关系。例如，在《公共文化服务保障法》第 1 条"立法目的"和第 3 条"基本原则"中，均提及社会主义核心价值观，只不过在第 1 条中使用的动词是"弘扬"，在第 3 条中表述为"坚持以社会主义核心价值观为引领"。也即制定《公共文化服务保障法》的目的之一是弘扬社会主义核心价值观，在对公共文化服务进行保障时应当以社会主义核心价值观为引领。对于《公共文化服务保障法》而言，社会主义核心价值观既是立法宗旨，也是基本原则，具有"双重身份"。然而，同样在第 1 条规定有社会主义核心价值观的《电影产业促进法》③却并未在第 3、4 条的基本原则中规定社会主义核心价值观。由此产生的问题是，社会主义核心价值观在文化法中，应当是立法宗旨，还是基本原则，抑或两者皆可？针对《电影产业促进法（草案）》，曾有委员建议在第 3 条中加入"弘扬社会主义核心价值观"以作为从事电影活动时应遵循的基本原则。④ 事实上，《电影产业促进法（草案）》第 1、3、4 条均未提及社会主义核心价值观。但最终出台的《电影产业促进法》将社会主义核心价值观规定于第 1 条。这应该是将社会主义核心价值观视为立法宗旨，而非基本原则。对于《公共文化服务保障法》，有学者指出弘扬社会主义核心价值观是该法的立法宗旨，是该法的核心要义。⑤ 也有观点明确坚持以社会主义核心价值观为引领是《公共文化服务保障法》的基本原则，有利于使公共文化服务成为重要的思想文化阵地。⑥ 但尚无学者对两个条文中"社会主义核心价值观"之间的关系进行探讨。"文化自信"也存在同样的问

---

① 参见陈庚、傅才武：《论文化强国战略的确立与文化产业发展的政策趋势》，载《福建论坛·人文社会科学版》2013 年第 8 期，第 136~138 页。

② 对于发展方针，有的学者将之理解为导向，有的学者将之定义为基本原则。"发展方针"的表述过于政治化，故而下文将用基本原则来进行表述。但因为《草案送审稿》对第 3 条的定位为"发展方针"，在探讨《草案送审稿》的问题时，尊重制定者的表述。

③ 《电影产业促进法》将弘扬社会主义核心价值观作为立法宗旨，是因为生动体现、积极弘扬社会主义核心价值观是我国电影产业发展的必然要求，应当以社会主义核心价值观引领电影创作生产，实现核心价值观的全方位贯穿、深层次融入。参见许安标主编：《中华人民共和国电影产业促进法释义》，法律出版社 2017 年版，第 32 页。也有学者认为，弘扬社会主义核心价值观是《电影产业促进法》制定的首要目的，是电影产业发展的最高准则。第 3 条规定的本法的基本原则和第 4 条规定的电影创作基本原则和重要方针是弘扬社会主义核心价值观的主要体现。参见柳斌杰、聂辰席、袁曙宏主编：《中华人民共和国电影产业促进法释义》，中国法制出版社 2017 年版，第 4~7 页。

④ 参见刘政奎：《弘扬社会主义核心价值观 促进电影产业健康发展》，载《中国人大》2015 年第 22 期，第 17 页。

⑤ 参见李国新：《公共文化服务保障法主要条文》，载《中国文化报》2017 年 1 月 4 日，第 002 版。

⑥ 参见雒树刚：《学习贯彻公共文化服务保障法 加快推动现代公共文化服务体系建设》，载《人民日报》2017 年 2 月 27 日，第 011 版。

题。《公共图书馆法》在立法宗旨中规定有"坚定文化自信",而《草案送审稿》则将"坚定文化自信"规定在第 3 条"发展方针"中。对于《公共图书馆法》,有学者认为,将"坚定文化自信"写入立法宗旨体现了文化自信的时代精神。① 同时应当注意,《深圳市文化产业促进条例》和《太原市促进文化产业发展条例》的立法宗旨和基本原则条款对上述几点均未提及。

立法宗旨与基本原则并不一定是截然不同的两个问题。同一个理念,可能同时构成立法宗旨和基本原则。例如通过上述分析,"社会主义核心价值观"和"文化自信"既可以是立法宗旨,也可以是基本原则。但若在立法宗旨条款和基本原则条款同时规定同一个理念,可能存在冗余的嫌疑。为避免该争议,可以将最根本、最核心的问题规定为立法宗旨,将可以理解为实现该目的所采取的手段的指导性问题规定为基本原则。譬如,坚定文化自信是建设社会主义现代化文化强国的当代追求,② 也是更好地构筑中国精神、中国价值、中国力量的重要方式。③ 故而,可以将坚定文化自信理解为建设社会主义文化强国手段的指导原则,故可将"建设社会主义文化强国"规定于立法宗旨中,而将"坚定文化自信"规定于基本原则中。同理,因为建设社会主义文化强国必须着力探索构建与社会主义文化强国相适应的社会主义核心价值观,④ 坚持社会主义核心价值观有利于为建设社会主义文化强国凝心聚力,故而可将"社会主义核心价值观"规定于基本原则中。

虽然有部分文化法将弘扬社会主义核心价值观、坚定文化自信列入立法宗旨,但经过上述分析,可发现此两点也可被认定为基本原则,且似乎认定为基本原则更为恰当,故不建议将社会主义核心价值观和文化自信写入《文化产业促进法》的立法宗旨。

此外,《公共图书馆法》第 1 条规定,该法的立法宗旨之一是"传承人类文明"。该观点从公共图书馆保存图书从而能够传承人类文明的功能和作用出发,体现了中国负责任大国的姿态,彰显出中国对"人类命运共同体"构建的高度重视。推而广之,作为文化产业领域的基础性法律的《文化产业促进法》,是否也有必要从大局着眼,在立法宗旨中明确文化产业对"人类命运共同体"构建是否具有推动和促进作用呢?事实上,这一观点可由 2007 年 4 月 30 日在我国生效⑤的联合国教科文组织通过《保护和促进文化表现形式多样性公约》(以下简称《文化多样性公约》)加以佐证。《文化多样性公约》在序言中指出,需要把文化作为战略要素纳入国家和国际发展政策和国际发展之中;文化活力体

---

① 参见柯平:《〈公共图书馆法〉的时代性和专业性》,载《图书馆杂志》2017 年第 11 期,第 8 页。

② 参见黄秋生、毛志远:《我国社会主义现代化文化强国建设:发展、成就与启示》,载《山西高等学校社会科学学报》2019 年第 4 期,第 36 页。

③ 参见王平:《人民网评:坚定文化自信构筑强大中国力量》,载人民网:http://opinion.people.com.cn/n1/2019/1102/c1003-31434154.html,2021 年 10 月 7 日访问。

④ 参见秦宣:《建设社会主义文化强国必须面对的问题》,载《湖北大学学报(哲学社会科学版)》2019 年第 6 期,第 2 页。

⑤ 参见《中国与〈保护和促进文化表现形式多样性公约〉》,载中华人民共和国外交部:http://switzerlandemb.fmprc.gov.cn/web/ziliao_674904/tytj_674911/tyfg_674913/t311879.shtml,2021 年 10 月 11 日访问。

现为创造、传播、销售及获取其传统文化表现形式的自由；文化互动和文化创造力对滋养和革新文化表现形式具有重要作用；强调知识产权的重要性；特别强调文化活动、产品与服务具有文化和经济的双重性质等，而且，《文化多样性公约》在第4条"定义"中规定有"文化产业"的含义。① 以上内容体现出《文化多样性公约》承认并鼓励各国发展文化产业，但强调在注意文化的经济属性的同时，也应重视文化的传递文化特征、价值观和意义的属性。有学者指出，《文化多样性公约》形成了关于文化以及文明间关系准则的一种新的理解。② 由此可见，《文化多样性公约》要求在发展文化产业的同时注意对文化多样性的保护。同时，文化产业化有利于加速文化全球化的趋势，发展文化产业是保护文化多样性的积极主动的方式。③ 文化产业的国际化发展是推动构建人类命运共同体的重要实践平台，通过文化产业的国际化发展有助于传递尊重与互信，输送经验与机会，通过开展多样的文化产业交流活动等合作模式实现互利共赢，有助于形成超越国界和国别的全球价值观，推动世界政治经济的和谐有序发展。④ 因此，可以考虑将"推动构建人类命运共同体"写入本法的立法宗旨。

《草案送审稿》第1条的规定方式较为合理，即按照从具体到抽象、从微观到宏观的逻辑顺序，将促进文化产业健康持续发展的直接立法目的、满足人民日益增长的美好精神文化需求的中观目的和建设社会主义文化强国的宏观目的进行规定。但其部分表述可予以完善。结合全国人大常委会法工委《立法技术规范（试行）一》的规定，笔者建议将立法宗旨条款规定为：为了促进文化产业健康持续发展，满足人民日益增长的美好精神文化需求，建设社会主义文化强国，推动构建人类命运共同体，制定本法。

五、基本原则

基本原则是法律价值和目的的集中体现，也是制定并实施法律规则的指导性准则。⑤

在立法实践方面，《太原市促进文化产业发展条例》第4条规定："促进文化产业发展应当遵循文化发展规律和市场经济规律；坚持市场主导，政府扶持；坚持开放性和文化多样性；坚持弘扬优秀文化，突出地方特色；坚持社会效益和经济效益相统一；注重交流合作，维护文化安全；鼓励自主创新，保护知识产权。"《深圳市文化产业促进条例》第3条规定，促进文化产业发展应遵循统筹规划、协调发展原则，鼓励自主创新原则，扶持特色和优势文化产业原则，强化知识产权保护原则，社会效益和经济效益相统一原则。《草案送审稿》第3条规定："国家坚持以人民为中心，坚定文化自信，坚持中国特色社会主义文化发展道路，坚持为人民服务、为社会主义服务，坚持百花齐放、百家争鸣，坚持创

---

① 参见《保护和促进文化表现形式多样性公约》，载联合国教科文组织：http://www.npc.gov.cn/wxzl/wxzl/2007-02/01/content_357668.htm，2021年10月11日访问。

② 参见陶信平主编：《文化产业法概论》，中国人民大学出版社2016年版，第260页。

③ 参见单世联：《产业化时代的文化多样性》，载叶取源、王永章、陈昕主编：《中国文化产业评论（第二卷）》，上海人民出版社2004年版，第48~57页。

④ 参见宋文婷、任锋：《人类命运共同体视角下韩国文化产业国际化发展政策对中国的启示》，载《中国海洋大学学报（社会科学版）》2019年第2期，第107页。

⑤ 参见宋慧献、周艳敏：《论文化法的基本原则》，载《北方法学》2015年第6期，第94页。

造性转化、创新性发展，坚持弘扬社会主义核心价值观，坚持社会效益优先、社会效益与经济效益相统一，推动文化产业高质量发展。"制定者将第 3 条定位为"发展方针"。第 8 条至第 11 条分别规定了融合发展、区域发展、合法经营和内容合法，这四条规定体现了产业融合发展原则、区域协调发展原则和合法原则。

在理论界，有学者认为，《文化产业促进法》的基本原则是文化产业与文化事业协同发展原则、社会效益与经济效益共同兼顾原则、市场机制与政府推动共同作用原则、财政资助与社会融资双管齐下的原则、整体提高与重点突破同步推进原则。[①] 有学者建议立法原则可由科学民主合理立法原则、市场化与政府规制相协调原则、综合效益最大化原则和促进为主管理为辅原则构成。[②] 有学者建议将《文化产业促进法》的基本原则规定为宏观调控应满足市场经济体制的内在需求原则、兼顾效率与公平原则、当前需求与长远发展相结合原则和制度创新与现行制度相协调原则。[③] 有学者建议将《文化产业促进法》的基本原则规定为遵循文化产业发展规律原则，鼓励文化创新原则，社会效益与经济效益并重原则，市场主导和政府引导相结合原则，维护国家文化安全与国际化相结合原则，促进为主、管理为辅原则。[④] 有学者建议将《文化产业促进法》的立法原则规定为市场管理与国家宏观调控相结合的原则、文化权利保障原则、综合效益原则和政府主导与社会参与结合原则。[⑤] 有学者则认为《文化产业促进法》应坚持科学民主法定合理原则、利益平衡原则、兼顾社会效益和经济效益原则。[⑥]

除了参考针对文化产业促进立法的学界观点外，还可参考关于作为一个法律部门或领域的文化法整体所应遵循的基本原则的学界观点，因为文化法的基本原则体现在所有构成文化法的法律规范的制定与实施过程中。例如，有学者建议文化立法应当遵循文化主权原则、文化人权原则、文化和谐原则和文化公序原则四个基本原则。[⑦] 其中文化主权原则要求坚持文化主权的平等权，辩证对待文化开放和文化主权的关系；坚持文化主权的保护权，加强对本国民族文化传统和文化资源的保护；坚持文化主权的自主权，保护本国文化价值体系和意识形态、社会制度和语言等；坚持文化主权的发展权，积极繁荣本国的文化事业和文化产业。文化人权原则要求尊重、保障、促进和实现公民的文化权益。文化和谐

---

① 参见柳立子：《〈文化产业促进法〉立法思路研究》，载王晓玲主编：《广州蓝皮书：中国广州文化创意产业发展报告（2011）》，社会科学文献出版社 2011 年版，第 145~147 页。

② 参见于新循、杨丽：《我国〈文化产业促进法〉的立法选择与总体构想》，载《四川师范大学学报（社会科学版）》2014 年第 3 期，第 53~54 页。

③ 参见齐强军：《论我国文化产业促进立法模式、原则与基本制度》，载《学术论坛》2015 年第 4 期，第 88 页。

④ 参见于语和、苏小婷：《我国文化产业促进法立法刍议》，载《甘肃理论学刊》2015 年第 6 期，第 106~107 页。

⑤ 参见陆彬：《论我国文化产业促进立法模式、原则与基本制度》，载《南风》2016 年第 14 期，第 108 页。

⑥ 参见祁述裕主编：《十八大以来中国文化政策与法规研究》，社会科学文献出版社 2018 年版，第 242 页。

⑦ 参见冯玉军主编：《完善以宪法为核心的中国特色社会主义法律体系研究（下册）》，中国人民大学出版社 2018 年版，第 8 页。

原则允许和尊重不同的文化成分的相互包容、共同发展。文化公序原则要求营造健康有序的社会文化环境，加强对文化产业的监管立法，明确主管机关的权限职责，采取行政奖励等方式引导公众形成正确的文化消费观念，加强健康文化产品供给。① 还有学者认为，文化法的基本原则为文化权利保障、政府主导与社会参与结合、市场化与政府规制协调和综合效益等原则。② 有学者认为文化立法应当遵循"政治原则、立法技术原则（一般原则）和立法内容原则（特别原则）"的三位一体。

在政治原则方面应坚持以马克思主义为指导，坚持社会主义先进文化前进方向、坚持为人民服务、为社会主义服务、坚持"百花齐放、百家争鸣"，坚持继承和创新相统一，弘扬优秀民族文化，提倡多样化，坚持以人为本；在立法内容方面，坚持保障公民基本文化权益，坚持尊重文化发展和传承的内在规律，坚持社会效益优先原则，坚持保障文化安全与国家化合理平衡原则，坚持政府责任与多元参与相结合原则。③ 还有学者提出了切实公平享用（actual and equitable access）原则、文化产业促进原则、文化多样性原则和精神价值优先原则等。其中，切实公平享用原则要求国家采取必要措施以促进文化权利的充分实现；文化产业促进原则是切实公平享用原则的衍生性原则，是文化法上的工具性原则；文化多样性原则内含着文化无歧视原则，即所有民族的所有文化形式与内容都应得到国家的同等尊重、保护和促进，不应受到差别对待；精神价值优先原则是指国家应为文化提供经济资助，同时应防止文化的产业化而损害文化的精神价值，在精神价值与经济利益发生冲突时，应优先实现前者。④

具体到《文化产业促进法》的基本原则，《草案送审稿》第 3 条和第 8 条至第 11 条的规定较为合理，首先，《草案送审稿》第 3 条提及，应"坚定文化自信，坚持中国特色社会主义文化发展道路"，该规定体现了文化主权原则。其次，"坚持以人民为中心"体现了以人为本，尊重文化人权原则。再次，"坚持为人民服务、为社会主义服务，坚持百花齐放、百家争鸣，坚持创造性转化、创新性发展"的规定是将十九大报告的精神以立法形式确立下来的表现，⑤ 也是文化和谐原则和文化多样性原则的体现，这体现了政治原则。此外，"坚持弘扬社会主义核心价值观"体现了文化公序原则。最后，"坚持社会效益优先、社会效益与经济效益相统一"是十八大报告所提出的重要观念，体现了精神价值优先原则与效益综合和兼顾原则。再者，《草案送审稿》第 8 条的规定体现了切实公平享用原则和遵循文化产业发展规律原则，第 9 条体现了协调发展、文化和谐原则，第 10 条体现了促进为主、管理为辅原则，第 11 条体现了文化公序原则、文化和谐原则、维护

① 参见石东坡：《文化立法基本原则的反思、评价与重构》，载《浙江工业大学学报（社会科学版）》2009 年第 2 期，第 191~196 页。

② 参见肖金明：《文化法的定位、原则与体系》，载《法学论坛》2012 年第 1 期，第 28 页。

③ 参见唐明良：《论文化立法的基本原则与基本规律》，载《观察与思考》2012 年第 6 期，第 42~43 页。

④ 参见宋慧献、周艳敏：《论文化法的基本原则》，载《北方法学》2015 年第 6 期，第 95~106 页。

⑤ 参见习近平：《坚定文化自信，建设社会主义文化强国》，载《求是》2019 年第 12 期，第 12 页。

文化安全原则等。

综上所述,《文化产业促进法》本身应当遵循的基本原则,可坚持《草案送审稿》第3条和第8至第11条的规定。

六、基本内容

《文化产业促进法》的基本内容,实质上探讨的是分则部分应当规定哪些内容。根据前文分析,《文化产业促进法》的分则应当包括"创作生产传播展示""文化企业""文化市场""人才保障""科技支撑""金融财税扶持""文化机构",共七章。每一章下应该具体规定什么内容,将会在本部分进行探讨。

(一) 我国地方或地区立法经验

《太原市促进文化产业发展条例》主要规定了文化产业发展规划的制定、表彰和奖励促进文化产业发展的私主体、地方特色文化产业群建设、文化产业发展技术平台的建立完善、文化产业统计制度的建立、促进文化产业发展专项资金的设立、鼓励和支持文化行业协会的成立、文化产业发展用地的规划、技术开发的鼓励、与旅游业等行业的融合发展、专业人才的培养等引导扶持措施,对文化产业知识产权的重视、文化中介机构的建立、文化产业园区建设、文化消费的引导鼓励等市场培育措施,文化设施建设、优惠政策目录编制公布、对外文化贸易开展等服务保障和交流合作措施等。《深圳市文化产业促进条例》规定了服务平台建立健全、知识产权保护加强、文化产业园区和基地建设、行业协会引导成立、文化中介机构鼓励发展、评价与激励机制建立等创业发展扶持措施,鼓励对外交流合作,为从事文化产品和服务出口业务的文化企业提供指导和支持等出口扶持措施,要求金融机构、担保机构、产权交易机构、中介机构等为文化企业提供资金支持服务,设立文化产业发展专项资金等资金支持措施,鼓励高校等培养专业人才等人才培养与引进措施等内容。《草案送审稿》的基本内容是鼓励创作、鼓励创新、实施文化精品战略、发挥专门基金作用、支持传播、创新手段、振兴传统工艺、促进文旅融合、境外推广等创作生产措施,文化企业的设立与条件、社会责任、国企国资的责任、参与公共服务、用地支持、品牌建设、服务保障等支持文化企业参与文化产业发展的措施,鼓励文化消费、价格管理、提供中介服务、维护文化市场秩序等文化市场管理措施,学校培养、社会培养等人才保障机制,文化科技融合、技术创新体系建立、传统产业改造、新业态培育、资源数字化等科技支撑手段,金融服务体系建立、间接融资方式设立、保险服务、消费金融、用汇保障等金融财税扶持措施。

我国台湾地区2010年1月7日通过的"文化创意产业发展法"[1] 由总则、协助及奖补助机制、租税优惠和附则四章构成。[2] 在"总则"部分明确了文化创意产业的概念和

---

[1] 参见中国台湾地区"文化创意产业发展法",https://db.lawbank.com.tw/FLAW/FLAWDAT0201.aspx?lsid=FL052185&ldate=20190107,2021年10月17日访问。

[2] 参见李寅瑞、黄信瑜:《对台湾地区所谓的〈文化创意产业发展法〉的评述》,载《重庆科技学院学报(社会科学版)》2017年第10期,第19~22页。

范围，将文化创意产业分为 15 个大类，同时确定行政主管机关是文化创意产业发展的主导者；在"协助及奖补助机制"部分规定了适用事项，强调加大人才培养力度，主张引导民间资本投入文化创意产业发展；在"租税优惠"部分规定相应税收优惠措施引导企业发展；在附则部分规定实施细则的制定授权和施行日期。

（二）外国经验

在制定《文化产业促进法》时，也可借鉴他国经验。例如，韩国在《文化产业振兴基本法》中主要规定了促进创业、制作、流通和文化产业基础形成的措施。在促进创业的措施方面，主要规定有对创业者投资公司的扶持制度；在促进制作的措施方面，主要规定了对制作商、独立制作公司的扶持；在促进流通的措施方面，规定了搞活流通、奖励数码识别系统、成立和扶持专业流通公司、指定和标示优秀工艺文化商品等流通措施；在促进文化产业基础形成措施方面，规定了专业人才培养、技术开发促进、数字化文化内容标准化促进、共同开发促进、国际交流及进入海外市场促进、文化产业设施振兴、文化产业园设立、国有公有财产借贷使用、税制安排、韩国文化内容振兴院成立等内容。[①]

（三）学界观点

学术界对《文化产业促进法》的基本内容应该为何讨论已久。有学者建议，《文化产业促进法》应当主要规定以下内容：（1）规定较为健全的调控管理主体体系。应理顺新兴文化业态管理体制，建立相应的宏观管理体制和统一的执法机构，明确各有关部门的权力与责任，同时应对相关管理主体的权力进行限制。（2）建立健全政府投入保障机制。完善国家文化产业发展基金，为文化产业发展提供资金保障；依法保障公共文化设施用地，确保资金的拨付和使用正常运行，加大在技术改造与设备方面的投入。（3）建立健全相应的支持政策。首先，应制定相应的金融、财政、税收等优惠规定，发挥文化产业投资基金的作用，吸引社会对文化产业的投入。其次，应加强完善对外文化贸易的相关财税政策，支持文化企业"走出去"。再次，应制定并完善相关的知识产权保护制度。最后，应加大人才培养与技术开发力度。[②] 另有学者认为，《文化产业促进法》的基本内容为职责部门、促进基本制度、促进措施等。其中，职责部门应具体规定主管部门的职责，建立各部门之间的协调机制；促进基本制度应规定财政、税收、金融、准入、出口等具体促进制度；促进措施应主要在促进创作、生产、传播、展示等方面作出规定。[③] 还有学者明确指出，《文化产业促进法》的基本内容主要涉及资金制度、人才培养制度、尖端技术研究开发制度、文化产品流通制度和中小企业促进制度等，规定通过宏观调控手段干预和支持

[①]　参见贾旭东：《韩国文化产业促进法研究》，载张晓明、胡惠林、章建刚主编：《2010 年中国文化产业发展报告》，社会科学文献出版社 2010 年版，第 349 页。

[②]　参见陆彬：《论我国文化产业促进立法模式、原则与基本制度》，载《南风》2016 年第 14 期，第 108 页。

[③]　参见于新循、杨丽：《我国〈文化产业促进法〉的立法选择与总体构想》，载《四川师范大学学报（社会科学版）》2014 年第 3 期，第 54 页。

文化产品的生产和流通环节，通过建立文化产业发展长效机制以促进文化内容的产生和文化消费的扩大；在资金制度方面，应建立国家财政扶持为主、民间融资为辅的二元模式，文化产业振兴基金制度，税收、信贷优惠制度等；在人才培养方面，应建立高校科研机构教育、文化艺术活动资助、国际文化交流熏陶的三元人才培养制度；在尖端技术促进方面，应建立资金保障制度、委托开发制度、高技术含量文化产品鼓励制度；在流通方面，建立数字产品传播网络平台、数据库、文化产品流通公司等促进文化产品流通；在中小企业促进方面，应为中小企业提供充分的市场竞争环境。① 有学者分析，应首先对文化产业企业进行规定，从而改善文化产业企业的生存境况；其次应建立健全文化产业政策绩效评估、动态调整和信息披露制度；同时应高度重视文化产业优秀人才培养、吸引和使用；最后应当进一步深化文化产业促进法与知识产权法之间的关系。② 另有学者认为，《文化产业促进法》中应主要规定基本促进制度、促进措施等。前者主要包括投融资环境、市场准入、对外贸易、扩大文化消费、文化产业集群等具体促进制度；后者主要包括政府投入保障措施、财政税收及金融支持政策、文化贸易促进政策及知识产权保护政策等。③

通过对上述国内立法实践、外国立法经验、国内理论界观点分析，能够发现《文化产业促进法》的基本内容大同小异，一般包括金融财税扶持措施、人才培养措施、鼓励文化企业发展措施、文化市场监督管理措施、文化产业主管机关职权及限制措施、对外交流合作传播措施、创作生产促进措施等几部分内容。《草案送审稿》对上述内容均有涉及，规定较为全面。

七、重点问题

为确定《文化产业促进法》应在哪些领域大着笔墨，需要明确新时代文化产业面临的主要问题。有学者认为，文化产业持续发展面临的主要问题是推进区域差异化、特色化发展，进一步提升文化产品供给质量，进一步提升政府文化治理能力。④ 也有学者指出，文化产业面临的新发展任务是适应新时代新矛盾，不断丰富文化产品、提高文化服务质量；突出社会效益，培育和提高国民的思想和道德素质；向世界讲好中国故事，在提升软实力的同时增强文化自信；塑造新型文化业态，实现文化产业的良性可持续发展。而当前制约文化产业发展的主要因素在于供应不足；文化产品和服务的供给侧结构性矛盾突出；文化企业"散小弱"的情况未得到根本改变；金融支持文化发展的政策仍不到位，文化企业融资难问题依旧突出；文化产业人才匮乏，创新乏力。⑤

---

① 参见齐强军：《论我国文化产业促进立法模式、原则与基本制度》，载《学术论坛》2015年第4期，第87~90页。
② 参见冯玉军主编：《完善以宪法为核心的中国特色社会主义法律体系研究》，中国人民大学出版社2018年版，第39~42页。
③ 参见祁述裕：《国家文化治理现代化研究》，社会科学文献出版社2019年版，第242页。
④ 参见杨传张：《文化产业持续发展面临的深层次问题》，载《学习时报》2017年6月12日，第A4版。
⑤ 参见徐鹏程：《新时代文化产业发展面临的问题及对策》，载国务院发展研究中心：《调查研究报告》（2018年第32号〔总5307号〕）。

　　鉴于文化产业面临的诸多问题，需要《文化产业促进法》针对现实问题予以回应。有学者认为，《文化产业促进法》的重点问题应当是文化产业投融资、文化出口和文化消费。在文化产业投融资方面，建议完善文化产业投资主体制度，形成以国有文化企业为导向、公有文化企业为主体、民营文化企业为重要补充的文化企业多元发展格局；发展政府主导的文化投资基金制度，由政府结合创投基金的专业投资与经营经验，积极寻找优秀文创目标进行投资；规定由政府设立文化产业发展专项资金，减轻文化企业融资负担；创新文化无形资产质押担保制度，畅通文化产业的绿色贷款通道，完善文化投融资服务平台。在文化出口方面，鼓励和支持文化企业对外出口传播中国优秀传统文化资源，积极与国际著名文化制作、营销机构合作，开展国际营销；政府应为从事文化产品和服务出口的文化企业提供指导和支持，给予便利和补助；充分利用中国国际文化产业博览会等文化产品和服务展示交易平台，推动文化产业和服务出口。在文化消费方面，通过创新商业模式、开拓大众文化消费市场、开发特色文化消费等方式引导和开发文化消费。[1] 有学者指出，《文化产业促进法》的重点问题是文化产业的界定、文化经济政策的法定化和文化产业知识产权的保护等问题；而立法难点在于如何切实提高文化法律法规的可操作性、如何平衡政府权力和公民文化权利、如何协调《文化产业促进法》与《电影产业促进法》等调整文化产业特殊门类的法律之间的关系等。[2] 有学者认为《文化产业促进法》的立法应加强对知识产权的保护、文化企业现代企业制度建设、文化产业链拓展、文化产业投融资体系建立、破除体制障碍、外向型文化产业发展支持、加大财政资金对文化产业的扶持、培养和建设文化产业人才队伍等的立法。[3] 另有学者认为，《文化产业促进法》的主要内容是公民文化权利实现、文化企业运营及政府行为规制，而重点问题是市场准入与文化集群的基本促进制度。[4] 还有学者指出，当前我国文化产业发展中存在的主要问题在于原创作品和知名文化品牌较少，文化产业集约化程度不高；经济政策不够完善，财政支持措施有待进一步加大；投融资体系不够健全，税收政策针对性不足；文化市场管理体制需进一步改革理顺。因此他建议《文化产业促进法》应该着重对财税、投融资、国有资产运作、经营权、社区保障制度、平衡发展、文化产业发展基金的设立、文化贸易促进等方面进行规定。[5]

　　由此可见，文化产业面临的最为严峻的问题主要集中于《文化产业促进法》涉及的投融资支持、税收优惠措施、人才培养、文化出口、知识产权保护等领域。

---

　　① 参见万克夫：《我国〈文化产业促进法〉的立法思考》，载《经济师》2014 年第 8 期，第 97~98 页。

　　② 参见魏晓阳：《〈文化产业促进法〉未来可期》，载《中国社会科学报》2018 年 5 月 3 日，第 006 版。

　　③ 参见徐鹏程：《新时代文化产业发展面临的问题及对策》，载国务院发展研究中心：《调查研究报告》（2018 年第 32 号〔总 5307 号〕）。

　　④ 参见祁述裕：《国家文化治理现代化研究》，社会科学文献出版社 2019 年版，第 228、242 页。

　　⑤ 参见朱兵：《文化立法研究（上册）》，中国政法大学出版社 2019 年版，第 369~375 页。

八、立法语言技术

立法语言技术是指立法者为设定的法律思想配制最佳的文字载体的技术，以准确和清晰表述法律思想。① 立法语言技术要求有较强的逻辑性和用词的严谨性；要求在使用法律语言的基础上遵守特定的立法规则；要求立法语言明细准确、简洁庄严、中性客观、表达方式格式化等。② 为灵活运用立法语言技术，可以选择原则性或灵活性语言规定法律条文。原则性立法是指对具体的法律规则采用原则性表述方式，通常在法律中规定法律原则的指导思想或基础准则。③ 与《文化产业促进法》的法律属性，即主干性、全局性的基础性法律定位相协调，应坚持"能细则细，宜粗则粗"的原则，在制定《文化产业促进法》时应当运用原则性立法技术以更好地达到立法目的，实现立法效果。同时，应制定其《实施细则》等配套的法规、规章规定实施条件、实施机制等具体内容。④

---

① 参见徐向华、孙潮：《关于法律附则制作技术的几个问题》，载《中国法学》1993 年第 3 期，第 56 页。
② 参见杨临宏：《立法学：原理、制度与技术》，中国社会科学出版社 2016 年版，第 304～306 页。
③ 参见杨宗科：《论〈国家安全法〉的基本法律属性》，载《比较法研究》2019 年第 4 期，第 8～9 页。
④ 参见周刚志、姚锋：《论我国文化产业立法模式——以社会主义核心价值观为价值引导》，载《湖南大学学报（社会科学报）》2019 年第 2 期，第 139 页。

第二章　创意与时尚设计的法律保护问题

第一节　创意的法律保护问题研究

《中华人民共和国文化产业促进法（草案送审稿）》第 22 条表明创意设计在文化产业中具有重要地位。该条指出："国家积极推动创意设计服务业发展，丰富创意设计文化内涵，促进创意设计产品的交易和成果转化，提升制造业和现代服务业的文化含量和附加值。"这些目标的实现需要法律的保障，对创意发展形成的创意设计产品，可根据不同情形，归入著作权法、专利法、商标法、商业秘密法等保护范围加以保护。对于尚未形成创意设计产品的创意，其他途径的法律保护一定程度上也有助于文化创意产业的发展，对创意提供行为的法律保障就是其中代表。本节讨论的创意实际上主要是思想里的某些特定类别，不属于著作权法的保护对象，也非作为专利法、商业秘密法等知识产权法保护客体的创意。换言之，创意可以分为有确定知识产权的创意和没有确定知识产权的创意，本节讨论的是后者。

创意本质上是能创造商业价值的思想，给予创意一定的保护既有必要也具可行性。美国法院在长期判例实践中发展出了"创意提供法"，对提供创意的当事方予以保护。目前美国法院主要基于合同理论提供保护，但各州法院的实践存在差别。尽管美国判例法存在不明确且不一致的情况，但仍可为我国创意的法律保护提供一定借鉴。我国在司法实践中可采取以合同保护方法为主的策略对提供创意的行为予以保护。

一、创意保护的基本问题

（一）创意的内涵

创意，在《现代汉语词典》中的解释是指"有创造性的想法、构思"。在相关法学论文讨论中，有学者将创意视为"介于纯精神的构思和已经具备完备的表现形式的作品之间"且侧重于构思的东西;[1] 有学者将创意等同于思想;[2] 有学者则认为创意分为纯精神阶段的创意与形成作品的创意，但纯精神阶段的创意不可能获得版权法保护。[3] 创意的英

---

[1]　参见王太平：《美国对创意的法律保护方法》，载《知识产权》2006 年第 2 期，第 34 页。

[2]　参见寿步：《创意不应受到知识产权保护》，载《电子知识产权》2007 年第 10 期，第 44 页。

[3]　参见张志伟：《创意的版权保护》，载《法律科学》2014 年第 4 期，第 111~112 页。

文表述有两种，一种是 idea，另一种是 creative 或 creativity，idea 使用的频率相对更高。① 国内论文引用的外文论文中的表述大多数也是使用 idea 表述。而 idea 在知识产权领域的含义应为思想，相关英文论文讨论对象也是不属于版权法保护的未形成作品的非纯粹抽象意义上的思想。② 从这个意义上讲，讨论创意的保护实际上与讨论思想的保护并无二致。在版权法思想/表达两分原则的背景下，尽管创意本身是否可以构成所谓的内在表达从而得到版权法保护有待商榷，但一般意义上所指的创意应当指尚未形成表达的创意，是介于纯粹抽象的思想与表达之间的思想。事实上，也确实有学者将思想作为保护对象进行讨论。③

对创意的具体要求，美国法院判例以及学界传统上认为创意应当具有新颖性与具体性，但已有诸多新发展，如以加州法院为代表的法院抛弃了对新颖性的要求。国内多数论文主要是对美国传统观点的引介，并无创造性的观点提出。创意首先应当具有价值性，创意存在商业价值是讨论对其保护的前提；其次，创意一般而言应当以一定的形式表现出来，避免导致对纯粹抽象思想的垄断及便利对创意侵权的判断。至于具体性和新颖性的要求将在下文中详述。

（二）创意保护的必要性

创意保护有助于资源的流通与利用，促进创意产业的发展。作为具有价值的思想，创意可以为社会、个人创造巨大的财富，其本身就是宝贵的资源。如在互联网初期，通过互联网销售商品的具体规划可以视为一个创意，最终缔造了阿里巴巴这个电商帝国。美国甚至还存在对创意提供者给予 3000 万美元赔偿的判决。④ 从马克思的价值规律和"劳动二重说"理论来看，创意的价值是凝聚在其中的抽象劳动，创意的生成必然凝结着社会必要劳动时间；同时，市场经济决定了创意的价格不但由价值决定，也由市场决定；两者共同构成了创意商品化的理论基础。⑤ 创意的商品化可以实现创意资源在市场主体间的转移，使得创意资源得到最大程度的利用，促进创意成果的交易与转化，增进社会福利。而创意的流转需要法律的保障，维持正常的交易秩序，鼓励创意人提供创意，促进创意产业的发展。如在电影领域，作为电影工业化代表的好莱坞，创意的来源通常是外界经纪人或作者提供简短的大纲或故事梗概，⑥ 这种对创意提供行为进行保护的方式一定程度上也有助于我国电影工业化的发展。

创意保护还有助于维护公平正义。创意是创意人个人的智慧成果，特别是有巨大价值的创意往往耗费创作者大量的时间与心血。而由于个人资源的有限或其他方面的原因，创意人无法将创意发展成知识产权法的保护对象，自身也无法实现创意的价值，只能将创意

---

① 参见任自力：《创意保护的法律路径》，载《法学研究》2009 年第 4 期，第 94 页。

② 这些英文论文讨论的保护对象实际上与本节讨论的创意是同一的，本节将相关论文中的 idea 翻译成创意。

③ 参见卢海君：《论思想的财产权地位》，载《现代法学》2011 年第 3 期，第 73~83 页。

④ Wrench LLC v. Taco Bell. 290 F. Supp. 2d 821（W. D. Mich. 2003）.

⑤ 参见石晶玉、陈俊秀：《创意的版权保护研究》，载《海峡法学》2015 年第 3 期，第 50 页。

⑥ 参见王太平：《美国对创意的保护方法》，载《知识产权》2006 年第 2 期，第 34 页。

提供给他人以求获得报酬。若拒绝为创意提供者提供法律保护，一方面势必导致创意者生产创意以及提供创意的积极性下降；另一方面，创意提供者耗费大量成本而无所得，创意接收者凭借创意获取巨大的收益却不用付出任何代价，显然与基本的公平正义观念相违背。若不承认创意人对创意享有一定的权益，任由创意接收者侵犯创意的行为肆意泛滥，社会的公平正义就难以得到有效的维护和体现。

（三）创意保护的可行性

创意有诸多值得保护之处，但创意作为思想的一部分，本身与公共利益密切相关。思想是文学艺术和科学技术发展的基本要素，作品正是以思想为基础一步步发展而来。创作并不是凭空想象，其必然涉及对现有作品中思想或创意的借鉴，并在此基础上有所发展。因此，思想应当属于公共领域的范畴，赋予某人对思想享有绝对排他的权利会造成思想的垄断，最终阻碍文学艺术的发展和科学技术的进步。也正因如此，版权法才明确把思想排除在保护范围之外，专利法也规定了审查程序，只保护具体化为技术方案的发明。[1] 然而，基于公共利益的考虑排除对思想的绝对保护并不意味着绝对排除对思想和创意的保护。如美国就存在将原本不属于版权法保护的要素纳入版权法保护的判例与趋势。[2] 事实上，某些版权法制度如对改编权的保护、对功能性作品的保护、实质性相似标准都在一定程度上带有保护思想的附带效应；专利权保护的技术方案属于思想的范畴，是对抽象思想的具体运用；[3] 商业秘密作为受保护的信息，本质上也是一种思想。[4]

创意具有保护的价值，对创意的保护除了有利于创意人，也鼓励创意的产生，促进创意产业的蓬勃发展。对创意的保护本身也存在着一定的私人利益与公共利益的博弈。基于此，对创意是否予以保护以及给予何等程度的保护本质上是一个利益衡量问题。笔者认为，赋予创意人对创意绝对排他的权利只会造成利益的失衡，但对创意人给予相对的有限的保护则可以实现在避免思想垄断的情况下促进创意文化产业的蓬勃发展，同时维护私人的合理利益以实现公平。尽管目前已有专利法、商业秘密法在一定程度上实现了对思想与创意的保护，但并不妨碍通过其他方法对不属于知识产权保护范围内的智慧成果进行保护。本节讨论的相对保护是指在当事人提供创意的情形下，通过合同方法、保密关系方法实现对创意提供的保护。这种仅在当事人间存在法律关系时才承认创意具有财产权益，创意人只是对合同相对方或保密关系的另一方主张有关创意的权益，并不享有对世权，由此可以避免对思想的垄断。这种保护方法与知识产权制度设计的价值理念相符——现行知识产权法很难为某种类型的智慧成果提供保护，可在知识产权法外寻求一种法律保护方式，

---

① 参见李明德：《美国对于思想观念提供权的法律保护》，载《环球法律评论》2004 年第 3 期，第 344 页。

② Jonathan S. Katz, *Expanded Notions of Copyright Protection: Idea Protection Within the Copyright Act*, 77 (4) Boston University Law Review, 892 (1997).

③ 参见卢海君：《论思想的财产权地位》，载《现代法学》2011 年第 3 期，第 77~78 页。

④ 参见江帆：《商业秘密理论与立法探讨》，载《现代法学》2004 年第 3 期，第 149 页。

财产权法律框架本身尊重智慧劳动的权利。① 也有学者主张版权法应对形成内在表达的创意进行保护。② 这种对创意的保护是否合理以及如何实现有待进一步讨论，并非本节所讨论的保护方式。

创意的相对保护在域外已有相关立法与实践可供借鉴。美国法院通过对多年的判例的分析发展出了"idea law"，也称之为"idea-submission law"，法院通过不同的法律模式对创意的提供进行了保护，主要有财产权保护方式、合同保护方式、不当得利保护方式和保密关系保护方式等。美国对创意的保护经历了从无到有，保护的法律基础也多有变化：美国法院曾将创意视作一种值得保护的财产③予以保护，其中的代表即为 1947 年以前的加州民法典中赋予作者对任何智慧成果（any product of the mind）排他性的所有权④，加州法院在一些判决中明确承认创意的财产权。⑤ 但随着加州民法典的修订以及 1976 年联邦版权法的通过，美国法院一般不认为权利人对创意享有财产权，从而拒绝予以绝对的保护。⑥ 目前一般只有基于合同与保密关系的主张才可以得到法院承认。

综上所述，对于本身就不属于版权法保护范围，且不满足专利法、商业秘密法等知识产权法保护条件的创意，给予相对的保护仍是有必要且可行的。具体而言，就是在提供创意的情形下，对创意提供者给予一定程度的法律保护。对创意提供者保护的法律基础及具体的条件，有必要借鉴域外已有的实践经验并结合中国实际情况进行讨论。

二、创意保护的域外实践

目前，对创意提供行为的法律保护以美国法院的实践最为全面，本部分主要介绍美国法院的实践。美国 1976 年联邦版权法明确将创意（idea）排除在版权法的保护范围之外，⑦ 但法院仍然通过普通法发展了一系列判例对创意进行保护。

（一）创意保护的不同模式

1. 财产权保护方法

美国法院认为，如果某物属于财产，其所有人就对其享有排他的对抗任何人的权利，而不仅仅是对抗特定人的权利。⑧ 加州法院曾将创意作为一项财产予以保护。哥伦比亚特

---

① 参见易继明：《知识产权的观念：类型化及法律适用》，载《法学研究》2005 年第 3 期，第 125 页。

② 参见张志伟：《创意的版权保护》，载《法律科学》2014 年第 4 期，第 110 页。

③ 此处将创意视为财产意为承认创意人对创意享有的排他性的权利。英美法系通常从狭义的角度理解财产权，指存在于任何客体之上的完全的权利。参见吴汉东：《论财产权体系——兼论民法典中的"财产权总则"》，载《中国法学》2005 年第 2 期，第 81 页。

④ California Civil Code § 980 (1872).

⑤ 如 Kovacs 案，加州法院承认电台节目可以基于财产权理论进行保护。Kovacs v. Mutual Broadcasting System, 99 Cal. App. 2d 56 (1950).

⑥ 5 Nimmer on Copyright § 19D.01 (2019).

⑦ 17 U.S.C. § 102 (b).

⑧ Desny v. Wilder, 46 Cal. 2d 715 (1956).

区法院也有将创意视作财产的判例。① 但加州最高法院在 Desny 案中明确将创意排除出财产权保护范围,② 自此之后加州法院拒绝将创意作为财产予以保护,纽约州、哥伦比亚特区等各州法院也大多拒绝对创意提供财产权保护。③ 不过在 Noble 案中,哥伦比亚特区巡回法院拒绝提供财产权保护的原因却是电视节目模板缺乏新颖性而非绝对拒绝财产权保护方式。④ 总体而言,通过财产权保护方式对创意给予绝对的保护在美国实践中并不算多,目前也已被法院放弃。

2. 准合同/不当得利保护方法

准合同是指不存在当事人之间的合意,而法律为了防止不当得利而强加赋予当事人义务的"法定合同"。⑤ 准合同的主张一般与不当得利的主张等同。有法院基于准合同理论对创意进行保护,但法院判决施加义务的法理基础是保护"财产"。⑥ 在创意不被视作财产时,该主张并不能得到支持。因此,目前虽然仍有当事人基于准合同提出主张,但得不到法院的支持。⑦ 另外,基于美国联邦法优于普通法原则以及美国 1976 年联邦版权法明确将创意排除出版权法保护范围,法院一般认为通过不当得利对创意进行保护已被联邦版权法取代(preemption)。⑧ 目前此种主张很少得到支持。

3. 基于盗用(misappropriation)主张保护

在普通法上,盗用是一种在承认客体作为"财产"基础上的主张。前文已经述及,创意的财产地位已不被承认,加州法院也不承认盗用创意可以作为一项诉因。⑨ 纽约州对盗用主张有两项基本要求:一是创意具有新颖性和具体性,二是当事人之间存在法律关系。⑩ 纽约州尽管在判决中将创意视作"财产",但从对当事人关系的前置要求来看,法院并非在通常意义上使用"财产"这一表述,即并非认为当事人对创意享有排他的权利,而只是认可其对特定人享有一定的权利。在纽约州,基于盗用的主张要求创意具有绝对新颖性,通过合同保护的创意只需要具有相对新颖性。⑪ 除非此种主张拥有更长的时效,可以获得更多的救济,或者存在当事人间的合同不可执行的情形,否则显然主张违约更为有

---

① Belt v. Hamilton Nat'l Bank, 108 F. Supp. 689 (D. D. C. 1952), aff'd, 210 F. 2d 706 (D. C. Cir. 1953).

② Desny v. Wilder, 46 Cal. 2d 732 (1956).

③ Herwitz v. National Broad. Co., 210 F. Supp. 231 (S. D. N. Y. 1962); Richards v. Columbia Broad. Sys., 161 F. Supp. 516 (D. D. C. 1958).

④ Noble v. Columbia Broad. Sys., 270 F. 2d 938 (D. C. Cir. 1959).

⑤ Marine Design, Inc. v. Zigler Shipyards, 791 F. 2d 375 (5th Cir. 1986).

⑥ Kaplan v. Michtom, 17 F. R. D. 228 (S. D. N. Y. 1955).

⑦ Brainard v. Vassar, 561 F. Supp. 2d 931 (M. D. Tenn. 2008).

⑧ Kenneth Basin, Tina Rad, "*I Could Have Been A Fragrance Millionaire*": *Toward A Federal Idea Protection Act*, 56 (4) Journal of the Copyright Society of the U. S. A. 749 (2009).

⑨ Whitfield v. Lear, 751 F. 2d 92 (2d Cir. 1984).

⑩ Kenneth Basin, Tina Rad, "*I Could Have Been A Fragrance Millionaire*": *Toward A Federal Idea Protection Act*, 56 (4) Journal of the Copyright Society of the U. S. A. 743 (2009).

⑪ Nadel v. Play-By-Play Toys & Novelties, Inc., 208 F. 3d 380 (2d Cir. 2000).

利。① 通过此种主张实现保护的情况也较少。

4. 合同保护方式

通过合同进行保护是美国法院对创意保护的主流方式。此种保护方式起源于 Stanley 案中 Traynor 法官的反对意见，其指出："版权法拒绝对抽象思想保护的政策并不意味着阻止通过合同进行保护。"② 几年后的 Desny 案中，加州法院明确接受 Traynor 法官的反对意见。法院在该案中认为，通常来说，创意像空气一样自由，但在某些情形下无论是空气还是创意都不能无偿取得。③ 根据不同的案情，存在明示合同与默示合同两种，两者之间对合同成立的判断、对创意的要求等存在区别。

5. 基于保密关系保护

保密关系是指创意提供者在保密状态下将创意提供给接收者或接收者在保密状态下取得了创意。保密关系的本质在于接收者未经提供者同意不得将创意透露给他人。有些法院认为仅在当事人之间达成明示或默示的关于保密的协议才可得到保护，另外也有一些法院则主张不论是否存在当事人之间的协议都适用保密关系理论进行保护，相对而言第二种观点更受支持。④ Aliotti 案中法院明确提出了原告证明保密关系的要求：（1）原告提供了保密的和新颖的信息；（2）被告知道该信息是在保密条件下披露的；（3）被告和原告之间维持着保密关系的谅解；（4）存在违反该谅解的使用和披露。⑤

（二）合同保护方法

1. 明示合同

明示合同即当事人通过明确的意思表示达成一致的合同。一般是约定一方向另一方提供创意，获得创意一方支付相应的报酬。明示合同为当事人提供的保护最为宽泛，即便在争议标的属于知识产权法保护范畴之内，但抄袭的要素不属于知识产权法保护时，当事人仍然可以基于明示合同提出主张。

对明示合同成立的判断并不存在太多困难。值得一提的是合同的对价，加州法院目前认为合同的对价是对创意的披露这一服务行为，而纽约法院往往认为合同的对价是创意本身。⑥ 如前文所述，纽约法院将值得保护的创意视为广义上的"财产"，在特定情形下承认创意具有法律保护的利益。

2. 默示合同

默示合同是指通过创意提供者与接收者间的行为推断出的事实上的合同关系。由于创意接收者往往具有资源上的优势地位，而双方一般难以达成明示合同，默示合同才是创意

---

① 5 Nimmer on Copyright § 19D. 02（2019）.

② Stanley v. Columbia Broadcasting System, 35 Cal. 2d 674（1950）.

③ Desny v. Wilder, 46 Cal. 2d 731（1956）.

④ Steve Reitenour, *The Legal Protection of Ideas*：*Is It Really A Good Idea*?, 18（1） William Mitchell Law Review 145（1992）.

⑤ Aliotti v. R. Dakin & Co. , 4 USPQ 2d 1896（9th Cir. 1987）.

⑥ Ronald Caswell, *A Comparison and Critique of Idea Protection in California*, *New York*, *And Great Britain*, 14（3） Loyola of Los Angeles International and Comparative Law Review 743-745（1992）.

保护的常态。

（1）成立的一般标准。Desny 案是默示合同成立方面的标志性案件。在该案中，Desny 意图向 Paramount 的制片人 Wilder 提供一个 65 页的故事，但 Wilder 的秘书要求 Desny 提供故事的大纲形式。在第二次联系秘书时，Desny 明确表示只有支付合理的报酬之后才能使用该故事。秘书则答复如果使用了这个故事，"自然会付出报酬"[1]。之后，原告发现 Paramount 的电影同其提供的故事极为相似，但其并未获得报酬，于是提起诉讼。法院认为，默示合同的存在需要满足以下条件：①作者必须明确表示其创意的提供是以创意若被使用则使用者需承担报酬支付义务为条件；②接收者在接受创意之前必须知晓条件，且自愿地接受创意的披露。[2] 因此在 Desny 第一次联系秘书提供故事时，其对话并不能推导出默示合同的成立。法院之所以认定默示合同的成立，是基于第二次联系时的情况。

在 Mann 案中，法院在给予陪审团关于如何判断被告违反默示合同的指示时，提出的四点观点实际与 Desny 案对默示合同的判断保持了一致。指示表明，为了证明被告违反了默示合同，原告必须证明以下四点：①原告向被告提供了创意且被告接受了该创意；②原告明确为披露设定了条件：被告同意若使用了创意则支付报酬；③在披露前被告知道或者应当知道披露的条件；④被告自愿按照原告的条款接受了创意的提供，因此暗示同意就其可能使用的任何想法向原告付款。[3] 尽管对默示合同的判断似乎已有了比较明确的判断标准，但仍然存在需要明确之处。

（2）创意接收者主动要求提供的情形。在创意提供者是应创意接收者的要求而提供创意的情形下，一般应当认为创意提供者无须明确表明其披露的条件，裁判者会断定接收者应当知道披露的报酬要求。如在 Gunther-Wahl 案中，原告 Gunther-Wahl 公司受邀派人在 Mattel 公司总部讲述了对一个卡通人物的创意，讲述人并未表明如果 Mattel 使用该卡通人物的理念需要支付报酬。后原告认为 Mattel 公司后来售卖的玩偶含有类似该卡通人物特征的元素。[4] 原告遂以违反默示合同为由提起诉讼。初审时陪审团以原告未明确表明披露的条件为由认为默示合同不成立。上诉法院认为初审法院给予陪审团的指示是错误的，该指示容易使陪审团将"明确设定条件"解释为原告通过口头或书面形式明确要求报酬，而这并不是默示合同的要求。[5] 上诉法院认为被告对于提供创意的请求在决定是否构成默示合同时必须纳入考量。[6] 但是法院并没有明确被告的请求是否构成支付报酬的允诺，应当认为被告的请求只是判断被告允诺支付报酬的因素之一。事实上，被告提出要求这一事实往往更容易证明被告知道或者应当知道其如果使用创意需要支付报酬，因此，在披露条件比较清晰的情况下，如影视行业中影视公司向中介公司提出要求时，事实合同往往可以

---

[1] Desny v. Wilder, 46 Cal. 2d 726-727 (1956).

[2] Desny v. Wilder, 46 Cal. 2d 739 (1956).

[3] Mann v. Columbia Pictures, 128 Cal. App. 3d 646-647 (1982).

[4] Gunther-Wahl Productions, Inc. v. Mattel, Inc., 104 Cal. App. 4th 29 (2002).

[5] Gunther-Wahl Productions, Inc. v. Mattel, Inc., 104 Cal. App. 4th 42-43 (2002).

[6] Gunther-Wahl Productions, Inc. v. Mattel, Inc., 104 Cal. App. 4th 43 (2002).

成立。①

（3）创意提供者主动提供的情形，主要有以下 3 种：

①接收者自愿接收。如果接收者收到了有关创意提供的预先通知，并且在提供之前有机会拒绝而未予以拒绝，则法院可能会认定被告的行为足以构成默示合同。在理论上，如果接收者允许了创意的提供并最终使用了创意，那么任何提前通知接收者以及给予接收者拒绝机会的策略都可能导致默示合同的成立。② Whitfield 案表明如果创意提供者将描述某个创意的材料放在一个内信封中，然后将该信封与一封说明信封中包含创意提供的信件一起放到外信封中，随后将包裹邮寄给收件人，则如果收件人打开内信封，默示合同即可成立。③ 当然，如果信件并未表明提供者取得报酬的意愿，默示合同可能被解释为提供者免费许可接收人使用创意。

②接收者被动接收。当创意是被动接收时，不会产生默示合同。若接收者在没有任何通知的情况下收到创意，且没有任何机会拒绝接收该创意，此时若认定事实合同存在则对接收者显然不公。如 Desny 案判决内容所言：“除了没先议价就将创意脱口而出的创意人以外，没人应当为议价能力的丧失负责。”④

③行业惯例的作用。在确定默示合同时，行业惯例有时是一个重要的参考因素。如 Nadel 案中，法院认为玩具行业存在一个惯例，即当收到他人创意时，如果该公司不愿接收该创意，或者它已有了该创意，应当立即将相关物品退还创意提供者。⑤ 而该案中被告的业务人员在原告提出归还要求后仍不归还。但由于该案原告无法证明创意的新颖性以及被告使用的创意确实来源于原告，法院不能认定默示合同的存在，而是将案件发回重审。在 Whitfield 案中，法院也认为电视行业存在惯例，若制作人不想接收未经征求的创意，就会明确表示拒绝并将相关物品原样退回，而该案中被告的相关行为表明其事实上同意接收该创意，并同意在使用后支付报酬。⑥ 在运用行业惯例进行判断时，首先应当审查行业惯例是否事实上存在，即便存在惯例，但其所起到的作用也应是有限的，不能仅因惯例的存在就推定默示合同成立，需要结合案件中具体事实进行判断。

（三）对创意的要求

1. 具体性

具体性本身是一个抽象的概念，创意达到何种程度才能满足具体性的要求是一个不甚明确的问题。有法院采取“立即使用标准”，认为只有不需任何修饰即可实施的创意才符合保护的标准。⑦ 这种过高的标准引起了广泛的批评，如 Nimmer 教授指出：“如果一个创意发展到可以立即使用的程度，它也就不再是一个创意。事实上，更恰当的观点也许

---

① 5 Nimmer on Copyright § 19D.05（2019）.
② Film and Multimedia and the Law § 8（15）（2019）.
③ Whitfield v. Lear, 751 F. 2d 93（2d Cir. 1984）.
④ Desny v. Wilder, 46 Cal. 2d 739（1956）.
⑤ Nadel v. Play-By-Play Toys & Novelties, Inc., 208 F. 3d 368（2d Cir. 2000）.
⑥ Whitfield v. Lear, 751 F. 2d 90（2d Cir. 1984）.
⑦ Smith v. Recrion Corp., 541 P. 2d 663（Nev. 1975）.

是，那些严格坚持只有具体的创意才能获得保护的法院实际上不可能保护任何创意。"①
一般而言，具体性是指创意必须具体、明确，成熟到足以在商业活动中贯彻实施，无须在
实施前进行大量的调查、研究和设计工作，且应当以"有形"的形式表现出现。② 尽管
如此，具体性的要求仍然由于其固有的模糊性和不确定性受到批评。

目前，不同的主张对具体性的要求有所不同。在通过明示合同进行保护时，具体性要
求并非必要。③ 此种情形下，当事人对其获得的创意有所了解且明确同意支付报酬，并不
会导致不公平的后果，且尊重了当事人的意思自治。同样明确的是，在基于保密关系进行
保护时，创意必须满足具体性的要求。④ 而对于默示合同是否存在具体性要求则有争议。
传统观点要求创意具有具体性。⑤ 而在 Chandler 案中，加州法院认为要求创意具有具体性
实际上是创意本身作为合同对价的要求，而合同的对价实际上是创意披露这一服务，因此
不需要具体性要求。⑥ 此后加州法院普遍遵循了这一判决，在默示合同案件中不再要求创
意具有具体性。纽约法院则不同，由于其在当事人间存在法律关系时将创意视为财产，且
认为合同对价是创意本身，故而在默示合同的语境下明确要求创意应当具有具体性。

2. 新颖性

新颖性（novelty）是专利法上常用的概念，但创意的新颖性要求与专利法上的新颖性
要求并不完全一致，专利法的要求更为严格。创意的新颖性与具体性一样，也是一个比较
模糊难以明确的问题。有法院认为，创意的新颖性应当是指在相关行业中还未被使用的新
的创意。⑦ 有的法院承认新颖性要求在具体案件中并不总是清楚的，并提出四点考量因
素：（1）是通用概念还是特定应用；（2）有多少人知晓该创意；（3）这个创意与通常所
知的创意有何不同；（4）这个创意在业界的普及程度。⑧ 有法院表明仅仅是现有元素的
结合不能认为构成新颖性。⑨ 值得一提的是，有些法院特别是纽约州法院将独创性
（originality）与新颖性不加区分地同时使用，如在 Nadel 案中法院提出的判断标准就是创
意的"独创性或新颖性"。⑩

新颖性要求是绝对的还是相对的也是一个有争议的问题，目前纽约州的判决表明其接
受了相对标准——即创意相对于接收者而言是新的即可。在 Apfel 案中，纽约上诉法院表

---

① Arthur R. Miller, *Common Law Protection for Productions of the Mind：An "Idea" Whose Time Has Come*, 119（3）Harvard Law Review 703（2006）.

② 参见李明德：《美国对于思想观念提供权的法律保护》，载《环球法律评论》2004 年第 3 期，第 352 页。

③ Vantage Point, Inc. v. Parker Bros., 529 F. Supp. 1216（E. D. N. Y. 1981）.

④ Vantage Point, Inc. v. Parker Bros., 529 F. Supp. 1216（E. D. N. Y. 1981）；McGhan v. Ebersol, 608 F. Supp. 285（S. D. N. Y. 1985）；Fink v. Goodson-Todman Enters., 9 Cal. App. 3d 1009, 88 Cal. Rptr. 679（1970）.

⑤ Sellers v. ABC, 668 F. 2d 1210（11th Cir. 1982）.

⑥ Chandler v. Roach, 156 Cal. App. 2d 441-442（1957）.

⑦ Fabricare Equip. Credit Corp. v. Bell, Boyd & Lloyd, 767 N. E. 2d 475（2002）.

⑧ Nadel v. Play-by-Play Toys & Novelties, Inc., 208 F. 3d 378（2d Cir. 2000）.

⑨ Alliance Sec. Prods., Inc. v. Fleming Co., 471 F. Supp. 2d 459-460（S. D. N. Y. 2007）.

⑩ Nadel v. Play-by-Play Toys & Novelties, Inc., 208 F. 3d 378（2d Cir. 2000）.

明满足相对新颖性要求就能主张合同违约，无论是明示合同还是默示合同。① 同时，法院还区分盗用主张和违约主张中创意的新颖性要求，在 Nadel 案中，原告同时提起了两项主张，法院认为在判断是否构成盗用时应要求创意具有绝对的新颖性，原因在于任何人都可以自由获得的物不能获得财产法的保护。②

事实上，目前不同法院对创意的新颖性的态度并不一致。一般而言，当事人若基于明示合同主张保护，法院并不要求创意具有新颖性。③ 但在默示合同的语境下，是否需要新颖性存在不同的做法。如佐治亚州、佛罗里达州、新泽西州的判例都表明要构成默示合同中的创意需要具有新颖性。④ 纽约州也要求此种情况下需要具有新颖性，如 Murray 案中法院就以原告的创意缺乏新颖性为由拒绝提供法律保护；⑤ 加州法院则放弃了在默示合同情况下的新颖性要求。在 Chandler 案中，法院将合同的对价视为披露行为，认为实际上若没有披露行为，制片人就无法使用该创意。⑥ 同时考虑到当事人的意思自治，认定新颖性并非默示合同的成立要素。此后，加州法院普遍遵循该案判决，通过默示合同保护创意不要求创意具有新颖性。⑦ 此外，第六巡回法院也采取和加州法院相同的观点。⑧ 在通过保密关系或盗用主张保护时，新颖性仍是必要条件之一。⑨ 不可否认的是，无论是否将新颖性作为必要条件，其在证据功能方面都发挥着重要作用。⑩

三、我国创意保护的现状及建议

（一）现状

立法方面，我国尚无立法规定思想或创意的法律地位，创意是否属于法律保护的"财产性利益"还没有明确答案。

立法的空缺在司法上的反映就是创意纠纷案件当事人主张多种多样，但多难以得到法院支持。我国创意纠纷案件中的创意具体有五大类型：造型设计类、民俗仪式类、电视节

---

① Apfel v. Prudential-Bache Securities, Inc., 81 N. Y. 2d 477-478 (1993).
② Nadel v. Play-by-Play Toys & Novelties, Inc., 208 F. 3d 377-378 (2d Cir. 2000).
③ 5 Nimmer on Copyright § 19D. 06 (2019).
④ Burgess v. Coca-Cola Co., 245 Ga. App. 206 (2000); Garrido v. Burger King Corp., 558 So. 2d 79 (Fla. App. 1990); Vent v. Mars Snackfood US, LLC, 611 F. Supp. 2d 338 (S. D. N. Y.), aff'd unpub., 350 Fed. Appx. 533 (2d Cir. 2009).
⑤ Murray v. National Broadcasting Co., 844 F. 2d 994 (2d Cir. 1988).
⑥ Chandler v. Roach, 156 Cal. App. 2d 441-442 (Cal. Ct. App. 1957).
⑦ Ronald Caswell, *A Comparison and Critique of Idea Protection in California*, *New York*, *and Great Britain*, 14 (3) Loyola of Los Angeles International and Comparative Law Journal 737 (1992).
⑧ Wrench LLC v. Taco Bell Corp., 256 F. 3d 446 (6th Cir. 2001).
⑨ 5 Nimmer on Copyright § 19D. 06 (2019).
⑩ Elliot Axelrod, *Ideas, A Dime A Dozen, or Worth Protection?*, 13 University of Denver Sports and Entertainment Law Journal 14 (2012).

目类、方案实施类、广告设计类。① 由于创意往往与版权法保护对象相近，案件当事人通常主张版权法保护。但由于创意本身难以构成作品，即使创意的表达形成了作品，但剽窃创意的他人往往会改变创意作品的表现形式，因此创意难以通过版权的形式实现保护。② 除了版权法保护以外，当事人还主张反不正当竞争法中的商业秘密条款的保护，但由于商业秘密保护对原告的主体资格有所要求，且原告应当采取一定的保密措施，因此主张商业秘密保护时原告常存在举证方面的困难，如"女子十二乐坊"案原告的商业秘密主张就因未能证明其采取了保密措施而未得到法院支持。③ 也有的当事人基于民法基本原则主张保护，如罗某先诉万家乐集团公司等案中，一审法院认为尽管原告为被告设计的商标方案不构成著作权法保护的作品，但依据民法基本原则应当给予必要的保护。④ 有的当事人则通过默示合同获得了保护。在叶某明等诉索佳公司案中，初审法院认为原告向被告提供的信息不构成技术秘密，无法获得法律保护。二审法院虽然认定原告提供的信息构成技术秘密，但却未按照知识产权法予以保护，而是认为原被告之间构成事实上的技术咨询合同，按照合同理论进行了裁判。⑤

有关创意保护的理论研究方面，国内学者对创意的版权保护研究相对较多。一些学者主张将特定的创意纳入版权法的保护范围。代表性的观点即是将形成"内在表达"的创意作为作品予以保护。⑥ 但内在表达是否属于著作权所保护的表达尚存疑问，而且内在表达的判断标准也并不十分清晰，有待进一步商榷。也有一部分学者对"创意提供"的法律保护进行了研究⑦，但多是对美国实践的介绍，甚至有的介绍并不十分准确，且缺乏深入的理论分析。

（二）建议

我国可以考虑采取以合同保护方法为主、民法基本原则保护为辅的策略对"创意提供"予以保护。对于当事人直接从公共领域获得并加以改造利用的创意暂不予以保护。

合同保护方法可以借鉴美国法院的处理方式，但要注意的是，美国并不存在保护创意的联邦成文法，创意保护是通过法院判例一步步发展而来，因此不免缺少统一性与明确

---

① 参见袁博：《创意纠纷案件版权法保护的困境与司法保护》，载《上海政法学院学报》2012年第5期，第52~53页。

② 参见任自力：《创意保护的法律路径》，载《法学研究》2009年第4期，第101页。

③ 参见张铁军与王晓东、北京世纪星碟文化传播有限公司侵害商业秘密纠纷上诉案，北京市第二中级人民法院〔2007〕京二中民终字第02155号民事判决书。

④ 参见罗耀先与万家乐集团公司、万家乐股份公司著作权纠纷案，广东省高级人民法院〔2004〕粤高法民三终字第179号民事判决书。

⑤ 参见叶晓明等诉索佳公司技术成果侵权案，湖北省高级人民法院〔2002〕鄂民三终字第6号民事判决书。

⑥ 参见张志伟：《创意的版权保护》，载《法律科学》2014年第4期，第110页。

⑦ 参见李明德：《美国对于思想观念提供权的法律保护》，载《环球法律评论》2004年第3期；王太平：《美国对创意的保护方法》，载《知识产权》2006年第2期；卢海君：《论思想的财产权地位》，载《现代法学》2011年第3期。

性，但美国的经验仍可为我国法院实践提供一定借鉴。在借鉴美国法院实践的基础上，笔者对我国法院司法实践提供以下建议：

1. 合同的对价为提供行为而非创意本身

尽管我们承认创意通常具有价值，但不代表其必然构成法律上的财产权益。因为创意属于思想，而由于思想的特殊性，不应当对创意予以普遍的保护。若承认创意构成法律上的财产权益，则任何人可以对接触并使用其创意的人主张侵权，这无疑扩张了创意的保护范围。若按纽约州法院的做法，仅在当事人存在相关的法律关系时才承认创意的财产地位会导致法理上难以解释的问题。因此，合同的对价应当为提供行为本身，与律师行业中的咨询服务相类似，当事人为服务支付报酬。

2. 明示合同与默示合同的判断

若当事人达成了关于提供创意的明示合同，法院应当承认此种合同的效力，不应以合同标的涉及思想而拒绝保护。

对于默示合同成立的判断，可以借鉴美国法院的做法。除了要求提供行为与接收行为外，还要求提供者表示若创意被使用则接收者应当支付报酬，接收者在知道或者应当知道该条件的情况下接收并使用了该创意。合同成立的时间点应为接收者接收创意时而非使用创意时，未付报酬而使用创意只代表默示合同的违反。在接收者主动要求提供创意时，一般可以认定此时接收者应当知道创意是供其有偿使用；在提供者主动提供创意时，提供者应当给予接收者拒绝的机会，否则默示合同不成立。

3. 新颖性与具体性要求

在明示合同中，出于对当事人意思自治的尊重，对创意不应当附加任何要求。只要当事人达成明确的合意，即便创意并非新颖也不具体，当事人依据合同享有的权利也值得保护。

在默示合同情况下，新颖性和具体性应当作为重要的考量因素而非必要条件。合同的对价并非创意而是提供创意的服务，因此无论创意是否具有新颖性与具体性，只要提供创意这一服务具有价值即可。但创意是否具有新颖性与具体性具有重要的证据价值，若创意比较抽象，且为多数人所熟知，很难想象接收者在此种情况下有支付报酬的意思，也很难证明接收者使用的创意确实来自提供者。但若有其他证据证明当事人之间的行为确实构成一项合同，则仍可认定默示合同的成立。

当事人主张通过民法基本原则予以保护时，一般而言运用基本原则进行保护应当比较慎重，只有当对提供的创意的无偿使用明显不公，且不存在合同关系时才应适用。而要满足明显不公这一条件，创意一般应当具备新颖性与具体性。

一般而言，新颖性与具体性的认定标准也不宜过高。新颖性原则上指的是相对新颖性，即只要相对接收者而言是新颖的即可，绝对新颖的要求一方面难以证明，另一方面过高的要求将导致实际上创意得不到保护。具体性方面，创意不必达到可以直接实施的程度，但应当要求该创意本身表现的形式结构能完整体现创意本身所具有的价值，相关行业人士不需通过特别的努力即可将该创意发展完善成具体的实施方案。

4. 损害数额的确定

若当事方之间未就损害赔偿数额达成协议，可以从以下两方面进行判断。一方面，若提供方经常从事创意的创作工作，在创作方面有具体明确的收费标准，可以收费标准为基准并结合提供者花费的时间精力确定赔偿的数额，当然该数额应当与创意的价值基本相当。另一方面，若不存在收费标准，则需要结合具体情况判断创意的价值。这主要是看接收者使用创意后获得的收益，以及在收益中创意所起到的作用。通常而言这种判断较为抽象，只能结合个案事实进行确定。

第二节　时尚设计的知识产权保护

一、时尚设计的界定及特征

（一）定义

时尚设计是一种将设计学、美学以及自然美和人文传统文化等综合应用于服装及各类配饰之上的一种艺术创作行为。由于其具有时尚的标签，故会受到文化演进及社会发展的影响。并且，由于时尚具有较强的时效性，被业界及大众所广泛接受的时尚观念也会随着时间的发展以及地域的不同而有所不同。时尚不是一成不变的，所以在实践中进行时尚设计时，对时尚设计师的潮流预测能力具有较高的要求，时尚设计师需要通过观察消费者已有的各类消费行为以及其喜好的发展趋势来对未来可能会流行的"时尚"进行预测，并以此为基础进行时尚设计。①

（二）特征

1. 创新性
时尚设计的本质要求其产物应具备一定的创新性，且加之其需要满足时尚的内涵，故时尚设计需要在具备新意的同时具有相当的引领性意义。然而值得注意的是，创新并不等于完全与复古相反，创新本身也可以是对过去的一种革新，无论是在内涵上还是在表现形式上。结合市场实践来看，很多时候复古也可能会成为一种时尚的潮流。

2. 分散性
时尚设计产业与其他产业相比最为显著的特点在于其具有较大的分散性。以服装设计为例，服装设计所包含的内容极多，款式、颜色、材料等些微的不同都会使得企业被分类为不同的类型，而时尚设计行业市场的包容性又决定了这些不同类型的企业可以同时并存，这就使得任何一个企业都不可能单靠其自身的产品占据绝对的优势，也就形成了目前时尚设计行业较为分散的市场结构。此外，由于时尚设计行业的出身就具有一定的阶级性，使得其到目前为止仍呈现出较为明显的金字塔结构。即绝大多数企业都会聚集在金字塔的低端，而那些时尚大牌的企业则位于金字塔的尖端引领时尚的潮流。

---

① 由于时尚设计所涵盖的领域较广，服饰箱包、珠宝配饰等皆属于广义的时尚设计，本章将仅针对时尚设计中占比较高的服饰领域的时尚设计进行讨论。

3. 时效性

时尚本身就是不同时期的产物，通常来说时尚其周期性较短，在这一时期流行的设计风格，在下一个时期可能就自然地不被人们所关注和欣赏了，自然时尚设计就具有了较高的时效性。换言之，随着时尚设计的不断传播，其也逐渐开始淡出了人们的视野，也正是时尚设计的这一特性使得对其的保护具有较高的难度。

4. 艺术性

时尚设计本身属于设计的一种，而设计本身就会与一般的产品具有艺术性的差异。时尚设计不仅仅要为消费者带来潮流的新意，更要为消费者带来美好的艺术感受，但这一特性具有较强的主观性，很难对其进行客观地评价，因此在对时尚设计进行保护时，艺术性的评判也具有一定的模糊性。

二、时尚设计保护的域外实践

（一）分散立法模式

1. 分散立法模式现状

典型的分散立法模式体现于美国，又被称为"弱知识产权保护平衡状态（Fashion's Low-IP Equilibrium）"。① 美国未就时尚设计保护直接予以规定，因此其时尚设计的保护依赖于现存的知识产权保护体系，主要体现为商标、设计专利权及著作权。

通过商标保护包括商标权（trademark）和商业外观（trade dress）两类，商标权需要可识别来源性，部分设计者，尤其是高端品牌更容易也更经常借助商标保护自身的设计，其主要的方式是将标志融入设计本身，如 Chanel 和 LV 等均有此类做法。商业外观则需具备可区分性或第二含义。② 第二含义意味着在大众心目中，产品特征能使其联想到产品的生产者，而非产品本身。③ 典型例子如 Adidas v. Skechers 一案中，美国地区法院主张阿迪达斯 Stan Smith 系列的特征如绿色的鞋跟贴片、白色的橡胶鞋底以及带穿孔的斜条纹，均已经具备识别阿迪达斯的特征。④ 二者针对的均是对来源的识别，以此附带保护相对应的时尚设计，而不保护纯具有装饰性的设计，但是相伴而来的缺陷主要有二：一是对于很多时尚产品，消费者更看重设计本身，设计不可能和商标总是结合在一起，从设计的多样性出发，商标很多时候藏在标签、衣服内层或者是小的部件如纽扣上；⑤ 二是很多设计

---

① Kal Raustiala & Christopher Sprigman, *The Piracy and Paradox*: *Innovation and Intellectual Property in Fashion Design*, 92（8）Virginia Law Review, 1698（2006）.

② 设计者和品牌可以在"表明或识别产品来源并将其与其他产品区别开的产品的整体商业形象（外观）上寻求商业外观保护"。Trade Dress, International Trademark Association, Fact Sheets: Types of Protection, http: //www. inta. org/TrademarkBasics/FactSheets/Pages/Trade-Dress. aspx. , visited on 15 October 2021.

③ Qualitex Co. v. Jacobson Prods. Co. , 514 U. S. 163（1995）.

④ Adidas Am. , Inc. v. Skechers USA, Inc. , 149 F. Supp. 3d 1230（D. Or. 2016）.

⑤ Kal Raustiala & Christopher Sprigman, *The Piracy and Paradox*: *Innovation and Intellectual Property in Fashion Design*, 92（8）Virginia Law Review 1702（2006）.

者，尤其是时尚产业的新兴力量，并不具备以品牌带动其产品的能力。

设计专利保护的对象为"任何新颖的、独创性的以及装饰性的用于制造品（for an article of manufacture）的设计"，① 然而，其不足之处在于专利申请程序过于费钱费时②，不适用于快速轮转的美国时尚圈。此外，新颖性要求较高，现存设计的改进品无法囊括其中，对于大部分时尚设计而言也很难达到。③

在著作权保护上，美国著作权法规定其保护对象为"作者凝结于任何有形表达中的原创性作品"，时尚设计通常为兼具美感及实用功能的实用品，④ 实用品欲要构成著作权法意义上的"实用艺术品"，需满足一定的要求，其中一个著名的原则被称为分离特性与独立存在原则（the separate identity and independent existence test）。分离的法理基础是著作权仅仅保护独创性表达，而不保护思想，功能由工业产权施以保护。自 1954 年 Mazer v. Stein 案⑤确立对实用艺术品加以保护，版权局确定了分离特性与独立存在原则以来，法院发展出了多重标准对此进行判断。这些标准包括物理分离性和观点分离性中的主要/次要判断法（primary/subsidiary test）、可销售判断法（marketability test）、注意设计过程的判断法以及临时置换判断法等。⑥ 如在服装设计领域，尼莫教授就对以下两个概念进行了区分：布料设计（fabric designs）和服装设计（dress designs），前者是出现在面料上构成衣物一部分的设计，如蕾丝边；后者是以图形方式说明形状、样式、剪裁和尺寸，用于将布料转换为成品衣服或其他服装。其认为前者可受到著作权保护而后者不行。⑦ 值得注意的是，2017 年美国联邦最高法院在 Star Athletica v. Varsity Brands⑧ 一案中讨论拉拉队服装的可著作权性问题时废除了版权局自 Mazer 案以来确定的分离特性与独立存在原则，主张依据下述两步来确定是否保护实用艺术品并最终认可了案涉拉拉队服装的可著作权性问题，实用物品的设计的艺术特征在符合以下两个条件时有资格获得著作权保护：（1）可被视为与实用物品分离的二维或三维艺术品；（2）其本身或是存在于其他媒介上但脱离于该媒介被想象时，可被视为受保护的图片、图形或者雕塑作品。但是需要注意的是，法

① USPTO, *Design Patent Application Guide*, https：//www. uspto. gov/patents-getting-started/patent-basics/types-patent-applications/design-patent-application-guide, visited on 14 December 2021.

② 根据美国官方数据，在提交专利申请和第一次行为时的间隔时间平均为 16.3 个月，平均总用时为 24.2 个月。Performance and Accountability Report：FY 2017.

③ Kal Raustiala & Christopher Sprigman, *The Piracy and Paradox：Innovation and Intellectual Property in Fashion Design*, 92（8）Virginia Law Review, 1704（2006）.

④ 世界知识产权组织（WIPO）出版的《保护文学和艺术作品伯尔尼公约（1971 年巴黎文本）指南》定义艺术品为"此种一般性的表述会囊括小摆设、首饰、金银器皿、家具、壁纸、装饰品、服装等的制作者的艺术品"。World Intellectual Property Organization, *Guide to the Berne Convention for the Protection of Literary and Artistic Works*（Paris Act, 1971）, at 16（WIPO Publication 1978）.

⑤ Mazer v. Stein, 347 U. S. 201, 74 S. Ct. 460, 98 L. Ed. 630（1954）.

⑥ 参见吕炳斌：《实用艺术作品可著作权性的理论逻辑》，载《比较法研究》2014 年第 3 期，第 73~75 页。

⑦ 1 M. Nimmer & D. Nimmer, *Nimmer on Copyright*, at § 2.08.

⑧ Star Athletica, L. L. C. v. Varsity Brands, Inc., 137 S. Ct. 1002, 197 L. Ed. 2d 354（2017）.

院明确著作权保护不延伸至时尚设计的尺码、形状和剪裁。①

事实上，美国法院对外观设计专利、著作权法中的实用艺术品以及商标中的商业外观之间的界限一直争论不休。秉持强调自由竞争、减少对自由竞争不利垄断之理念，美国国会在通过版权法保护此类设计上较为保守，规定了程序较为繁杂的外观设计专利保护，法院在对商业外观的认定上也日趋严格。② 总体而言，设计者在现存体系下多数情况只能依赖商标和商业外观的保护，较少依赖于著作权保护。

2. 是否提高保护水平之争

事实上，美国分散立法保护模式现状的背后存在较为激烈的理论争议。支持保持现状者的最有力的观点为劳斯帝亚及斯普里格曼提出的盗版悖论，其认为60余年来知识产权保护未扩张到时尚设计领域，但该领域颇具创造力和创新性，或许恰恰说明，在该领域弱知识产权保护模式的悖论性更有利于行业创新及发展。③ 这种平衡的实现可从两个方面进行解释：诱致性过时（induced obsolescence）及锚定（anchoring）。④ 诱致性过时是指时尚的可自由挪用性将使本难以负担这类商品的人们可以使用它们，从而促进了时尚设计的传播以及受到原始设计创造性启发的演绎作品的出现，因为时尚具备的地位性——时尚设计吸引力因为他人占有而上升，但因太多人拥有而下降，⑤ 此种复制（reproductions）及演绎（derivative reworking）加速了时尚周期轮回，设计师借助新的设计来回应这种过时。正是时尚设计的特殊的地位性属性，而非是审美的变化推动了时尚周期。⑥ 锚定则是指弱知识产权保护使得各设计师相互效仿，产生具有共同主题的设计，使得消费者在新一轮时尚周期时能够了解到这样一种时尚趋势。也即，自由挪用加速了时尚趋势的产生。其他支持理由有：多数时尚产品为衍生作品，若需要对原创设计师支付授权费，很多设计师因无力支付此笔费用而减少创新；⑦ 增强保护将使大批消费者无力承担时尚设计费用，而被排

---

① "In any event, as explained above, our test does not render the shape, cut, and physical dimensions of the cheerleading uniforms eligible for copyright protection." Star Athletica, L. L. C. v. Varsity Brands, Inc., 137 S. Ct. 1002, 197 L. Ed. 2d 354 (2017).

② 参见林晓云：《美国知识产权法律关于工业品外观设计保护范围的限定（上）》，载《知识产权》2003年第5期，第57~61页。参见林晓云：《美国知识产权法律关于工业品外观设计保护范围的限定（下）》，载《知识产权》2003年第6期，第55~58页。

③ Kal Raustiala & Christopher Sprigman, *The Piracy and Paradox*: *Innovation and Intellectual Property in Fashion Design*, 92 (8) Virginia Law Review, 1691 (2006).

④ Kal Raustiala & Christopher Sprigman, *The Piracy and Paradox*: *Innovation and Intellectual Property in Fashion Design*, 92 (8) Virginia Law Review, 1718-1734 (2006).

⑤ Kal Raustiala & Christopher Sprigman, *The Piracy and Paradox*: *Innovation and Intellectual Property in Fashion Design*, 92 (8) Virginia Law Review, 1719 (2006).

⑥ Kal Raustiala & Christopher Sprigman, *The Piracy and Paradox*: *Innovation and Intellectual Property in Fashion Design*, 92 (8) Virginia Law Review, 1727 (2006).

⑦ Kal Raustiala & Christopher Sprigman, *The Piracy and Paradox*: *Innovation and Intellectual Property in Fashion Design*, 92 (8) Virginia Law Review, 1727-1728 (2006).

除出时尚产业的特定部分;① 该产业关于设计挪用的现状不随法律规则变化而改变，据统计，欧盟的注册商标制度仅仅得到有限适用等。②

　　主张提高知识产权保护水平者的代表为汉姆菲尔及苏克，其主张为应对设计复制行为应设立有限的权利保护机制，并依据法律与经济、法律与文化的理论进行论证。其认为时尚在文化层面上存在两种特质：群集（flocking）和区分（differentiation），即意味着人们追求时尚时既注重集体潮流，又注重个性表达，真正带给时尚领域创新的正是区分的存在。因此，复制是时尚创新的原动力这种说法是不正确的，消费者层面的潮流的采纳及设计者层面的潮流的形成过程中均存在群集和区分的相互作用。因此，只反映群集现象的高仿复制品（close copies）会替代原作和缩减原作的价值，并由此严重损害创造的诱因。而与此不同的是，同时反映群集和区分的诠释作品对于其他流行商品来说，更是一种恭维和赞美。低成本且大规模的复制的出现使得抄袭者可以在设计者的设计获得成功之后无须付出代价便有所得，这将在两个方面不利于创新：一方面，复制中档设计师设计替代原作品的销售并降低了其销量，使其创新诱因不足；另一方面，扭曲创新，使得能够受到现有知识产权保护的设计者，一般是知名品牌能够优于新兴设计师，并且选择性地进行创作，这将推向一个"身份地位和奢侈至上"的极端，而不提倡多元价值的创新。③ 其他强保护力度的支持者还提出以下理由：时尚设计领域的抄袭会对规模小的或独立的设计师造成更大的影响，并导致其丧失创新积极性；④ 欧盟非注册商标无准确数据，诉讼率较低的原因可能仅仅是因为欧洲更倾向于少诉，以及设计师已经满足于未注册设计，长期的注册设计保护对其来说并非必需等。⑤

　　3. 改革方法倡议

　　这种争议与对峙同时也反映在时尚界数次提交国会关于修改美国法典第 17 编的立法草案而屡屡被拒上。自 1910 年以来，美国时尚设计者已经就改变著作权法付诸了 74 次努力，⑥ 但是无一被采纳。自 2006 年至今，较为典型者有 2009 年《禁止设计盗版法案》

---

　　① Kal Raustiala & Christopher Sprigman, *The Piracy and Paradox：Innovation and Intellectual Property in Fashion Design*, 92 （8） Virginia Law Review, 1724 （2006）.

　　② Kal Raustiala & Christopher Sprigman, *The Piracy and Paradox：Innovation and Intellectual Property in Fashion Design*, 92 （8） Virginia Law Review, 1742 （2006）.

　　③ C. Scott Hemphill & Jeannie Suk, *The Law, Culture, and Economics of Fashion*, 61 （5） Stanford Law Review, 1179 （2009）.

　　④ 其提出的主要观点为：中阶设计者难以得到强有力的商标保护、费时费钱的设计保护以及原创性要求较高的著作权保护，但是其作品为抄袭者抄袭的主要对象。在抄袭越来越快速的背景下，中阶设计师不能及时回本，而且还需要承担抄袭者无须承担的产品失败的风险和损失。此外，中阶设计针对的对象可能因为其下层级群体广泛购买复制产品，转而买更为便宜的产品，或者是不屑于再购买相同的设计。Jasmine Martinez, *Intellectual Property Rights & Fashion Design：An Expansion of Copyright Protection*, 53 （2） University of San Francisco Law Review, 369-392 （2019）.

　　⑤ Susanna Monseau, *European Design Rights：A Model for the Protection of All Designers from Piracy*, 48 （1） American Business Law Journal 61 （2011）.

　　⑥ Emily S. Day, *Double-Edged Scissor：Legal Protection for Fashion Design*, 86 （1） North Carolina Law Review 256 （2007）.

（*Design Piracy Prohibition Act*，DPPA）①、2010 年《创新设计保护和防盗版法案》（*Innovative Design Protection and Piracy Prevention Act*，IDPPPA）② 以及 2012 年《创新设计保护法案》（*Innovative Design Protection Act*，IDPA）。③ 三者的共性在于均将目光投向著作权法的改革，但在保护要求、取得方式、侵权认定、间接责任、免责事由及诉讼要求等规定上有所不同。具体内容如表 2-1 所示：

表 2-1

	DPPA	IDPPPA	IDPA
共同点	针对时尚设计，对原创性的认定施加高标准，保护期限为第一次公开发布起三年，规定了独立创造例外。		
保护要求	1. 整体外观的保护，包括其装饰性； 2. 包括服饰的原创性要素，或原创性安排，或原创性的取代，或融合在服饰整体外观的非原创性要素。	更高标准原创性，相对相似物品上现存设计存在可区分、非平凡的和非功能性的变化；设计师创造性努力的结果。	无变化
取得方式	登记，在发布之日起六个月内	无登记要求	无变化
侵权认定	若设计符合以下任意一条则不视为抄袭：（1）与受保护设计在整体的视觉外观上不紧密或实质相似；（2）仅仅反映一种趋势；（3）是独立创造的结果。	若设计符合以下任意一条，则不视为抄袭： （1）在整体的外观和受保护设计的独创性元素上不实质相似；（2）是独立创造的结果。 "实质相似" 是指一项设计在外表上如此相似以至于可能被误认为受保护的设计，仅仅存有在构造或设计上微不足道的差异。要求存在显著的侵权程度，几乎类似于假冒。	无变化
间接责任	本编第五章提到的责任人，包括对任何潜在或造成的侵权有责任的人。	取消了间接责任条款	无变化
免责事由	无	家庭自用免责	无变化

① Design Piracy Prohibition Act of 2009, H. R. 2196, 111th Cong.（2009）.
② Innovative Design Protection and Piracy Prevention Act of 2011, H. R. 2511, 112th Cong.（2011）.
③ Innovative Design Protection Act of 2012, S. 3523, 112th Cong.（2012）.

	DPPA	IDPPPA	IDPA
诉讼要求	无	提起诉讼请求需提供特定事实来证明： （1）原告提出的是符合定义要求的时尚设计；（2）被告的设计构成对受保护设计的侵权；（3）受保护的外观设计或其图像可以在这样的位置以这种方式获得，并且在这样的持续时间内，可以从周围事实和场景合理地推断出被告看到或以其他方式了解受保护的设计。	增加了书面通知的要求：设计的所有权人应该通知可能或已经侵权的人设计保护事项： （1）设计保护授予时间；（2）描述被保护设计为何构成本法定义的对象；（3）其如何侵权；（4）侵权人可获得受保护设计的日期。 书面通知的效果：21天期限过后方可提交诉讼。
其他	管理者建立时尚设计电子数据库。	移除了建立数据库的要求。	无变化

以上三个草案一脉相承，核心原则均是修改著作权法第13章，即《美国法典》第17编第1301节，该节目前为船体设计提供保护。修改思路为在船体设计一节增加"时尚设计"一节，而不将其单独放于第102节的受保护作品种类中，以表示时尚设计在著作权法中独特的受保护地位。三者均将时尚设计定义为"包括服装和装饰，并且保护范围将扩展到男装、女装、童装（包括内衣、外套、手套、鞋类和头饰）、手袋、钱包、手提袋、皮带和眼镜架"。从表2-1可见，IDPPPA及IDPA的出现是妥协的产物，其是根据最大的制造及零售商聚集地美国服装鞋业协会（American Apparel & Footwear Association，AAFA）的意见①对DPPA进行修改所得，并最终得到了美国时尚设计师协会（Council of Fashion Designers of America，CFDA）与AAFA的共同认可。

在著作权、专利和商标都无法完全适配的情况下，为何选择著作权法进行调整呢？一方面，修改已经存在的著作权法可能是最容易、最快捷的解决方式，且著作权相对于专利保护而言在权利获得的确定性上更强；另一方面，著作权无法提供保护并非著作权制度中的特殊豁免，而是著作权法的基本原则的阻碍。但实用物品规则并非无法逾越之障碍，因为建筑作品、半导体和船体产业在联邦层面得到保护，恰恰说明实用物品规则的可突破性。②

事实上，除DPPA、IDPPPA以及IDPA提出的扩张著作权法以保护时尚设计的主张

---

① 其意见有：DPPA草案会鼓励针对制造和零售商的大量诉讼，且为著作权局带来巨大负担。其设立的间接责任对于消费者及零售商予以过于沉重的负担。Denisse F. García, *Fashion 2.0: It's Time for the Fashion Industry to Get Better-suited, Custom-tailored Legal Protection*, 11 (1) Drexel Law Review, 355 (2018).

② Kal Raustiala & Christopher Sprigman, *The Piracy and Paradox: Innovation and Intellectual Property in Fashion Design*, 92 (8) Virginia Law Review, 1745-1754 (2006).

外，亦有学者主张通过行业自治性组织或联邦机构设立简易法庭的方式保护现有小规模独立时尚设计师。① 行业自治性组织或许受到了 1932 年美国建立的卡特尔组织——时尚原创者协会（Fashion Originators' Guild of America）的影响，该组织曾联合美国的设计师，登记其设计草图，并敦促主要零售商们抵制知名抄袭者。② 但是，该协会于 1941 年因被联邦最高法院认定为构成不正当竞争违反反托拉斯法③而解散。当下可依靠法律规定建立新的协会，为个体设计者维权提供支持。④

（二）专门立法模式

1. 设立专门单行法保护模式

欧洲的时尚品牌向来对时尚设计的保护较为看重，其认为时尚行业的繁荣是通过每一段时期内将具有创新性的设计融入已有的设计来实现的⑤。欧洲目前已经成为全球高级定制时装中心，这与其时尚设计可以受到欧盟与其各成员国国内法在法律框架内的保护有着密切的联系。

目前，欧盟已经设立并适用了一套用于时尚设计保护的法律制度，即《欧洲议会与欧盟理事会关于外观设计的法律保护指令（98/71/EC）》（以下简称《欧盟设计保护指令》）。《欧盟设计保护指令》对"外观设计"进行了定义："一件由线条、轮廓、颜色、形状、质地及产品本身的材料或装饰物等元素构成的产品的全部或一部分"⑥，且要求凡是签署该指令的成员国都要对所有的已经得到注册的外观设计予以保护。同时，根据《欧盟设计保护指令》的要求，只有同时符合"新颖性"和"个性特色"这两个条件，才属于能够适用《欧盟设计保护指令》的"外观设计"。其中，《欧盟设计保护指令》对"新颖性"的要求是指市面上不存在完全相同的设计即可。而"个性特色"则是指以一个知情消费者的视角来看，该设计的外观表达与市面上已有的其他表达方式有明显的区别即可。⑦

欧盟除了上述《欧盟设计保护指令》用以保护已注册的设计之外，欧盟理事会还通过并实施了《欧盟理事会共同体外观设计保护条例》（以下简称《保护条例》），《保护条例》所针对的对象主要为尚未在欧盟及其各成员国国内获得注册的外观设计。《保护条

---

① Denisse F. García, *Fashion 2.0: It's Time for the Fashion Industry to Get Better-suited*, *Custom-tailored Legal Protection*, 11（1）Drexel Law Review, 370-377（2018）.

② 1936 年超过 60%的售价高于 10.75 美元的女装出自该协会成员，这被认为体现协会治理颇有成效。Fashion Originators' Guild of Am. v. FTC, 312 U. S. 462（1941）.

③ Fashion Originators' Guild of Am. v. FTC, 312 U. S. 467-468（1941）.

④ Hemphill, C. Scott and Jeannie Suk, *The Law, Culture, and Economics of Fashion*, 61（5）Stanford Law Review, 1193（2009）.

⑤ Eveline Van Keymeulen & Louise Nash, *Fashionably Late*, https://liye.info/doc-viewer, visited on 15 May 2022.

⑥ Council Directive 98/71. art. 3, 1998. J.（L 289）（EC）.

⑦ Xiao E. Y., *The New Trend: Protecting American Fashion Designs through National Copyright Measures*, 28（2）Arts and Entertainment Law Journal 417-424（2010）.

例》中对外观设计提供了两种保护的模式，分别为"注册式共同体外观设计"和"非注册式共同体外观设计"①。二者最大的区别在于保护时间和续展时间。注册式共同体外观设计主要是针对那些已经注册的外观设计，《保护条例》对其的首次保护期限自申请之日起五年，到期后可由申请人申请续展，最多可申请四次续展，每次续展将会延长五年的保护期，这就使得一个注册的外观设计最多可以获得《保护条例》赋予的二十五年的保护期。而对于非注册式共同体外观设计，由于其并未申请注册，无法以申请日作为保护期的计算起点，故《保护条例》将这类外观设计在欧盟内部首次展出且为公众可获得之日作为保护期的起点，赋予其三年的保护期限，期限届满不可续展。之所以建构两种对外观设计的保护模式关键在于考虑很多类似时尚设计的外观设计具有较高的时效性，原创价值高且往往在较短的期限内就失去保护的意义。《保护条例》特建立此种低成本的短期保护机制来对这些外观设计进行保护，这对于那些依靠原创生存的中小企业，尤其是对设计具有较高季节性因素的商家来说无疑是提供了极大的帮助，使其能够以较低的成本获得法律对其设计的保护。

　　与其他各国国内法或其他国际条约相同，欧盟针对时尚设计进行保护的两部条例在实践中同样存在着举证责任分配的问题。欧盟虽然对"新颖性"和"个性特色"各自的含义进行了规定，但现实中要去证明一个产品具有新颖性和存在个性特色对设计师而言尤其是那些背后没有大企业作为支撑的独立设计师，是一件极为困难的事情。因此举证责任的分配将会直接影响到法律的实施效果，欧盟法院后期在 Karen Millen v. Dunnes Stores 一案中对这一问题进行了释明。2014 年 6 月 19 日，爱尔兰最高法院对 Karen Millen v. Dunnes Stores 侵权诉讼一案作出判决。KMF 是一家依据英国和威尔士法律成立的公司，主要从事女装的制造和销售。Dunnes 则是爱尔兰重要的销售集团，也销售女装。2005 年 KMF 设计并销售了一款条纹衬衫（蓝色与石棕色相间）和一款黑色针织上衣（标注"KMF 服装"）。之后，该样例被 Dunnes 的代理人从 KMF 在爱尔兰的工厂直营店买走，随后 Dunnes 便仿照该样例在爱尔兰境外生产，并于 2006 年年底在爱尔兰的商场销售。KMF 认为其是该服装设计的未注册共同体外观设计的持有人，故于 2007 年 1 月 2 日在爱尔兰高等法院提起诉讼，诉请法院颁布禁止令禁止 Dunnes 使用这些外观设计，并赔偿其行为给 KMF 带来的损失。爱尔兰高等法院判决 KMF 胜诉，之后 Dunnes 向爱尔兰最高法院提起上诉，争议焦点在于设计具有"个性特色"的判断标准，以及权利人是否对设计具有"个性特色"具有举证义务。最高法院暂停审理并决定将本案的争议焦点提交欧盟法院。欧盟法院认为权利人无须举证其未注册共同体外观设计具有"个性特色"，仅说明其设计的哪些构成具有"个性特色"即可。最终爱尔兰最高法院也依据欧盟法院的观点判决 KMF 胜诉。② 这一判例实际上是在未注册共同体外观设计方面为原创设计师提供了较大的保护，以此避免第三方侵权人单纯以"个性特色"不满足新颖性作为抗辩来侵犯原设

① Bretonniere J. F., Fontaine F., *Europe*：*Using Community Design Rights to Protect Creativity*, Building and Enforcing Intellectual Property，http：//www.iam-media.com/Intelligence/IP-Value/2010/Legal-perspectsves-Cross-border/Europe Using-Communsty-desiqn-rights-to-protect-creatsisty，visited on 15 May，2022.

② Karen Millen Fashions Ltd. v. Dunnes Stores，Dunnes Stores（Limerick）Ltd.（Case C-345/13）.

计师的设计。

可以看出，欧盟设立的一整套外观设计保护的制度，虽然对于非注册共同体外观设计的保护力度尚不能与已注册共同体外观设计相等同，但反倒由于保护力度的削减而专门为设计师降低了举证责任，提升了该制度的可操作性，尽可能使设计师所设计出的原创时尚设计能够获得这一相对较低程度的法律保护。此外，虽然表面上看起来法律对非注册共同体外观设计的保护期限较短，但通常来说对于具有较强时效性的时尚设计来说，反倒显得更加合理。

2. 设立专门条款保护模式

法国是世界上的"时尚之都"，该称号的得来不仅仅是因为法国为很多奢侈品品牌的发源地，更多的是因为在法国的街头到处都充斥着满满的流行元素，给人以美的享受。法国也是欧盟的成员国之一，但欧盟虽然本身对外观设计设立了一整套的保护机制，但其也并不反对各成员国依据国内法来对时尚设计给予其他的法律保护，且具体的保护条件可以由各国国内法规定。法国便在其已有的知识产权保护体系之内对外观设计给予了力度更强的保护。法国在《知识产权法典》中规定要对智力作品予以保护，其中智力作品包括"季节性服饰工业制品"的创造①，这就使得时尚设计获得了普通智力作品的保护，保护期限也相对较长。同时法国的《知识产权法典》中对著作权的要求是无论作品是否已经获得了著作权的登记注册，作品自创作之日其便受到著作权法的保护。这使得服装设计图等可以依据著作权法获得保护的作品也受到了较高程度的法律保护。

除法国外，还有很多国家也在其国内知识产权保护法律体系内专门纳入了对时尚设计的保护。意大利在其《著作权法》中也明确规定了对"具有创造性特征或固有艺术特色的工业设计作品"提供保护②。设计师在意大利可以依据《著作权法》向法院申请临时禁令，禁止第三方仿造其尚未注册但具有法律规定的"创造性特征或固有艺术特色"的时尚设计，之后还可以再继续要求法院发布永久性的禁令，并据此对第三方的侵权仿造行为追究法律责任。英国在其1988年颁布的《版权、设计及专利法》中，通过对"艺术作品"进行重新定义的方式来将时尚设计纳入法案的保护范畴。在《版权、设计及专利法》中，艺术作品是指包括平面作品、照片、建筑或拼贴画，建筑作品，或具有美感的手工技艺的作品③。时尚设计属于"具有美感的手工技艺的作品"范畴内。日本、韩国等国家的相关立法也有类似内容。

在知识产权法体系中将时尚设计纳入其中既可以兼顾法律体系的完整性，又可以对时尚设计进行保护，且将时尚设计直接纳入知识产权的保护体系显然会使得时尚设计获得较大力度的保护，但在实践中由于对时尚设计的保护未能与普通智力成果相区分，设计师在

---

① 《法国知识产权法典》，黄晖、朱志刚译，商务印书馆2017年版。《法国知识产权法典》第L. 112-2条（14）规定："季节性服饰工业制品。由于时尚的要求，经常更新其产品外形的工业尤其是服装业、裘皮业、内衣业、刺绣业、帽业、鞋业、手套业、皮革业、非常新颖或用于高档服装特别面料的生产，床上用品及靴的制作及家具布艺的制作，均视为季节性服饰工业。"

② Gauss H, Guimberteau B, Bennett L, *Red Soles Aren't Made for Walking*: *A Comparative Study of European Fashion Laws*, 7（1）Landslide 5-6（2013）.

③ Copyright, Designs and Patents Act, 1988, c 48, §4（UK）.

利用法律制度维护权利时需要举证其时尚设计满足法律予以保护的条件，例如在英国，设计师需要举证证明自己的设计属于"具有美感的手工技艺作品"，这一举证的标准对于设计师尤其是那些中小企业或独立设计师而言明显过高，因此，即便是法律对时尚设计的保护力度较高，但那些侵犯其原创设计权利的行为也很难真正地受到法律的规制。

三、我国时尚设计知识产权保护现状

结合时尚设计实用性及艺术性并存的特征，时尚设计在我国现有知识产权体系下保护的方式主要有四种：著作权方式、外观设计专利方式、商标权方式及反不正当竞争方式。针对此四种方式，均已有实践出现，并存在学术争鸣。

（一）以著作权保护时尚设计的实践

时尚设计伴随着大众不仅仅满足于实用物品的实用性而繁荣。因著作权自创作之日起产生的特性，以著作权保护时尚设计常成为未申请外观设计专利或商标权的中小时尚设计师的首选。以《著作权法》保护时尚设计主要涉及该法对美术作品[1]及图形作品[2]的相关规定。

在实践中，多数法院认可设计图构成作品，[3] 但仍主要在以下方面存在分歧：成品是否构成作品、设计图到样板图再到成品是否构成著作权法意义上的复制以及怎样认定时尚设计侵权等。

对于成品是否构成作品，则更依赖于案件的不同案情及法院的态度。胡某三诉裘某索、中国美术馆案是认定成品构成作品的经典案例，[4] 北京高院认为原被告利用造型、色彩、面料、工艺等设计元素各自独立设计的服装，就艺术造型、结构及色彩等外在形态看，均具有较强的艺术性和独创性，属于受我国《著作权法》保护的实用美术作品。肯定成品构成作品的还有翁某杨诉金城银域一案中，法院认为鱼形手镯虽已属于公共领域范畴，原告的鱼形手镯认定包含原告的选择、判断，体现了其本人的个性，构成美术作品。[5] 否定者则认为：样衣服饰在体现美感的同时，也不可避免地体现了实用功能，二者不可分割，而其设计者在作出上述具有美感的设计时，必然需要有功能性考虑，二者不可

---

[1] 《中华人民共和国著作权法实施条例》第4条第8项规定的美术作品是指绘画、书法、雕塑等以线条、色彩或者其他方式构成的有审美意义的平面或立体的造型艺术作品。

[2] 《中华人民共和国著作权法实施条例》第4条第12项规定的图形作品是指为施工、生产绘制的工程设计图、产品设计图，以及反映地理现象、说明事物原理或者结构的地图、示意图等作品。

[3] 如法院认为，原告主张的涉案设计图，系以各种线条绘制的，用以说明生产纯铂金系列首饰（含耳环、胸针、戒指、手镯、项链）的造型及结构平面图案，故属于《著作权法》第3条第7项所规定的图形作品中的产品设计图。参见郭某豪与铂恒美营销策划（上海）有限公司著作权权属、侵权纠纷案，上海知识产权法院〔2018〕沪73民终11号民事判决书。

[4] 胡某三诉裘某索、中国美术馆侵犯著作权纠纷案，北京市高级人民法院〔2001〕高知终字第18号民事判决书。

[5] 翁某杨诉深圳市金城银域珠宝首饰有限公司侵害著作权纠纷再审案，广东省高级人民法院〔2017〕粤民再126号民事判决书。

分离而独立存在，样衣功能性部分应当受工业产权法调整，故仅属实用品，因而不能作为实用艺术品受到著作权法保护。① 在上海陆坤诉戎美一案中，② 上海知识产权法院从以下三个方面论述案涉白色蕾丝棒球服不属于立体美术作品：作品载体上，从整体上来看未达到立体美术作品对于独创性和艺术性的高要求；作者意图上，仅仅用于普通人的日常穿着；作品受众上，并未将其作为立体美术作品看待。

事实上，肯定成品构成作品更多地是出现在珠宝首饰案件及服装和图案可物理分离时，如在孙某娟诉绫致时装一案中，③ 二审法院认为绫致时装上的小鹿图案与之前孙某娟美术作品存在的图案不构成实质性相似，在鹿结构中的填充部位、填充元素及填充色彩均有所不同，形成了绫致时装具有独创性的作品。

对于设计图到成品是否构成著作权法意义上的复制，上海知识产权法院将其区分为三种情况进行讨论：（1）完全依照设计图制造成品，属于复制，成品的销售构成设计图著作权人发行权的侵犯；（2）根据设计图制造成品，二者存在区别但成品不具备独创性，属于复制，成品销售构成设计图著作权人发行权侵犯；（3）制造区别于设计图且具有独创性的成品，复制及销售成品属于成品著作权人权利范围之内。④ 有的法院则直接认为成衣不构成著作权意义上的作品，因此从设计图到成品的行为不构成复制。⑤

至于如何认定时尚设计侵权，法院依照著作权侵权的论证思路展开，即以"实质性相似"及"实际接触"要件是否满足来判断侵权是否构成。但不同法院对要件是否满足认识不同，典型者为翁某杨诉深圳金城银域公司侵害著作权纠纷一案。⑥ 该案在认定被诉侵权产品是否侵权时，在肯定原告手镯为美术作品的基础上，一、二审法院均认为被告被诉侵权产品与原告作品之间相似之处属于公共领域范畴，鉴于原告作品独创性不高，不能予以过高保护，差异部分"鱼头及鱼嘴形象"已经构成被告独创性表达，二者不存在实质性相似。而再审法院则认为原告作品独创性较高，尤其是将夸张的设计手法运用于鱼鳍部位。因此，在比较两个产品相似性及差异性的基础上，认为二者总体设计风格一致，设计要点及大部分设计细节相同，特别是在独创性较高的鱼鳍部分，在整体视觉效果构成实质性相似。在胡某三诉裘某索一案中，法院特别指出是否侵权应以普通欣赏者为准，与作

①　广东大哥大集团有限公司与三六一度（中国）有限公司著作权权属、侵权纠纷、商业贿赂不正当竞争纠纷，福建省高级人民法院〔2014〕闽民终字第 680 号民事判决书。

②　上海陆坤服饰有限公司与上海戎美品牌管理有限公司、苏州日禾戎美商贸有限公司著作权侵权纠纷案，上海知识产权法院〔2017〕沪 73 民终 280 号民事判决书。

③　绫致时装（天津）有限公司、孙某娟著作权权属、侵权纠纷案，广州知识产权法院〔2017〕粤 73 民终 336 号民事判决书。

④　郭某豪与铂恒美营销策划（上海）有限公司著作权权属、侵权纠纷案，上海知识产权法院〔2018〕沪 73 民终 11 号民事判决书。

⑤　华斯实业集团肃宁华斯裘革制品有限公司与无锡梦燕制衣有限公司、石家庄东方城市广场有限公司因著作权侵权纠纷案，河北省高级人民法院〔2007〕冀民三终字第 16 号民事判决书。

⑥　翁某杨诉深圳市金城银域珠宝首饰有限公司侵害著作权纠纷再审案，广东省高级人民法院〔2017〕粤民再 126 号民事判决书。

品的艺术性由专业人士判断不同。① 同泰富诉西黛尔公司著作权纠纷一案中,② 原告《胜利之V》作为美术作品获得了国家著作权局登记,法院围绕"实质性相似"及"实际接触"论证思路,根据"V形主体结构上部的蛇头造型、蛇眼位置、弯折的次数、角度位置、V形主体结构下部的非对称左搭右结构一致",且"V形结构系主体结构部分"认定构成"实质性相似",根据原告权利作品产生时间更早,原告已公开发布美术作品且被告有接触可能,被告提供的设计手稿及设计方案与其他生肖吊坠风格明显不同、说明简单且含糊、与其提交的产品存在差异等认定构成侵权。

综上所述,因为我国《著作权法》中未明确规定有实用艺术品,法院在论证案涉设计是否受到我国知识产权法保护时,往往论证是否构成"立体美术作品"或者设计图到成品的过程是否构成复制,也有借用美国实用艺术品可分离性之论证的情况。总体来看,首饰相对于服装等时尚设计,更易被认定为属于美术作品。在判断是否侵权上,实质性的相似的判断标准则较为不确定,共有成分和自有成分何者可以构成主要特征,不同法院对此分歧较大。

(二) 以外观设计专利保护时尚设计的实践

以外观设计专利保护时尚设计不同于著作权保护,以事先存在登记为前提,依据的是《专利法》第2条关于外观设计之规定,③ 要求为可用于工业品批量生产,且具有新颖性和区别性。时尚设计一般属于外观设计专利的"02类服装和服饰用品",据学者调查,按照类别来区分,在我国申请服装专利中,排在前三位的分别为服装、内衣和针织及童装,内衣和羊绒等款式变动性小、时尚周期长、不太具有时效性的时尚设计更常被申请为外观设计专利。④ 虽然实践中此类案件不多,但涉及羽绒服、内衣、牛仔裤、箱包等多种对象。涉及的问题主要为"是否落入专利权保护范围内",法院一般根据专利公示的权利特征,判断涉案专利与该权利特征的相似及差异,进而判断是否构成整体上相同或相似,最终判断相似者较多。在杭州中羽制衣有限公司与雅鹿集团等侵犯外观设计专利权纠纷一案中,⑤ 原告就羽绒服已申请外观设计专利,法院根据《专利法》第59条第2款规定外观设计专利权以在图片或照片中的该产品外观设计为准,比对涉案侵权产品与专利之间是否具备明显区别论证是否侵权。在判断是否落入专利权保护范围时,法院一般依据整体状

---

① 胡某三诉裘某索、中国美术馆侵犯著作权纠纷案,北京市高级人民法院〔2001〕高知终字第18号民事判决书。

② 深圳市同泰富珠宝首饰股份有限公司诉广州西黛尔首饰有限公司著作权侵权纠纷案,广东省广州市中级人民法院〔2013〕穗中法知民终字第920号民事判决书。

③ 《专利法》第2条规定:"外观设计,是指对产品的整体或者局部的形状、图案或者其结合以及色彩与形状、图案的结合所作出的富有美感并适于工业应用的新设计。"

④ 郭燕、王秀丽:《我国服装类产品外观设计专利保护现状及问题分析》,载《知识产权》2005年第1期,第31页。

⑤ 杭州中羽制衣有限公司与雅鹿集团股份有限公司、苏州圣莹鹿服饰有限公司、北京中商上科大厦有限公司侵害外观设计专利权纠纷上诉案,北京市高级人民法院〔2011〕高民终字第2577号民事判决书。

态,如在鸿浪服饰公司诉凡卡公司一案中,① 法院认为二者存在的不同在于拉链形状、口袋踩边、毛领材质的厚度以及口袋上图案的字母,在整体上所占比例较小,且不在衣服的显著位置,普通消费者较难识别,因此认定二者构成实质性相似。

(三) 以商标权保护时尚设计的实践

在我国,时尚设计因商标权的行使得到附带保护,此种方式适用最为频繁。依据商标权对时尚设计施加的是间接保护,如在衣念诉杜某发、淘宝侵犯商标权纠纷案中,② 杜某发为淘宝网上商家,其服装上的熊头图案及其他商品吊牌上的 Teenie Weenie 文字及心形图案与衣念拥有的两个注册商标一致,因此被衣念公司起诉侵权。

(四) 以反不正当竞争保护时尚设计的实践

一些学者称反不正当竞争可作为保护服装设计的兜底条款。③ 这涉及《反不正当竞争法》第 6 条第 1 项之规定,④ 对于擅用他人有一定影响的商品名称、包装、装潢等相同或相似的标识,引起混淆的构成不正当竞争行为,这类似于美国规定于商标法中的商业外观,但不同之处在于限定了"知名商品"⑤。

我国实践中运用《反不正当竞争法》保护时尚设计的力度或许可以从新百伦与新平衡公司侵害商标权及不正当竞争纠纷案中一探究竟。⑥ 继新平衡运动鞋公司(New balance Athletic Shoe)在之前的案子中被认定不属于中文"新百伦"商标的拥有者之后,其起诉了新百伦公司及蓝鱼公司不正当使用"N"构成商标侵权,擅自使用知名商品的特有装潢、特有名称及特有包装,且构成虚假宣传。一审法院对不构成商标侵权的论证及一、二审法院对于是否构成擅自使用知名产品特有装潢的不同认定值得关注。广州越秀区法院认定不构成商标侵权时认为,新百伦公司使用的"N 及五角星"在和"N"字母隔离比对的情况下,在字母及图形组成的整体结构及图形构图方面存在明显差异。而在论证构成不正当竞争上则认为新平衡公司运动鞋构成知名商品,"N"字字母作为鞋两侧的装潢中最突出、最具识别性的部分,且与实用功能无关,构成知名商品的特殊装潢。而被控侵权产品在鞋两侧使用的"N 及五角星",五角星整体呈弱化表现,"N"呈强化表现,且与其申请的商标存在明显差异,构成不正当竞争。但是广州知识产权法院却认为知名商品的知名度不一定导致装潢具有特有性,鞋帮两侧放字母为行业通行做法,"N"本身近乎印刷体,且仅仅是整体装潢的一部分,故不能认为其具有识别商品来源的作用。可见,利用该条施

---

① 嘉兴凡卡电子商务有限公司、杭州鸿浪服饰有限公司侵害外观设计专利权纠纷案,浙江省高级人民法院〔2018〕浙民终 900 号民事判决书。

② 浙江淘宝网络有限公司与衣念(上海)时装贸易有限公司侵犯商标权纠纷案,上海市第一中级人民法院〔2011〕沪一中民五(知)终字第 40 号民事判决书。

③ 庄臻:《服装设计的法律保护模式》,载《法治论坛》2008 年第 2 期,第 202 页。

④ 《反不正当竞争法》第 6 条。

⑤ 但有学者认为,虽然我国限定了知名商品,而美国未进行限定,但美国对于商业外观制度的适用愈加严格,效果上也是仅仅保护知名商品的商业外观。

⑥ 广州新百伦领跑鞋业有限公司等与新平衡运动鞋公司(New Balance Athletic Shoe)公司侵害商标权及不正当竞争纠纷上诉案,广州知识产权法院〔2017〕粤 73 民终 1 号民事判决书。

加保护仍需受到"具有识别来源作用"的限制,《反不正当竞争法》中的虚假宣传等规定或许能提供附带性保护。

根据我国现行法律的规定及实践可见,与时尚设计同时具有美感及实用功能两重属性相关,时尚设计的部分要素可以作为知识产权保护的客体,但设计作为一个整体的创作并不能够得到知识产权法的全方位的保护。著作权法只保护具有独创性的表达而不保护思想,外观设计专利保护用于工业品的具有新颖性的设计且需要登记,商标及《反不正当竞争法》中的商业外观保护的则是其可以识别来源的特征。几种制度的出发点各有不同,最后达到的效果也各有不同,这对于设计者而言是充满随机性的,设计者采纳某种元素时往往不会思考这些元素综合起来能否获得知识产权保护。但是可以肯定的一点是,四种制度无法保护到时尚设计的所有形式,甚至大部分存在的时尚设计。

四、我国时尚设计的知识产权保护

(一)保护范围

在传统的知识产权法体系下,想要保护所有的时尚设计整体是无法实现的,什么样的时尚设计应该得到知识产权法保护以及怎样可以更好地实现这种保护将在本部分重点讨论。

对于什么样的时尚设计应该得到知识产权法保护,这事实上是知识产权法保护范围的问题。关于这个问题,可以从两个方面进行探讨:怎样的时尚设计不应该得到知识产权法保护以及得到知识产权法保护应考虑何种要素?

不是所有的时尚设计都应该得到知识产权保护,对于那些仅仅直接反映时尚趋势及时尚要素的设计,以及直接复制他人创作的设计,若加以保护会有违知识产权制度设立之初衷。虽然有美国盗版悖论理论在先,但是若将"直接复制"行为作为一种促进时尚趋势形成及消亡的手段,并进而认为其有利于整体的创新,这无异于只关注时尚界的进展速度而不关注时尚界核心的设计,包括设计师的设计动力及设计的实质内容。若仅仅将时尚周期轮回作为设计师创新动力的源泉,无疑是不再关注时尚界生命力的表现。

是否得到知识产权保护,考虑的是知识产权保护的应用和实际效果是否能实现利益平衡的问题。[①] 知识产权本质上是通过制约他人行为的自由来保护知识产权人的垄断利益,因此利益衡量的核心在于对知识产权人利益和公共利益的判断与平衡。从美国等国的实践来看,是否保护时尚设计主要涉及设计师、生产商零售商以及消费者三大群体的利益。对于原创设计师而言,其利益主要是通过市场先占获得优势地位获取之利益以及一直持续到潮流结束的后续市场利益。对于借鉴原创设计师设计的人而言,利益主要是能够以更低成本获得设计并且改变设计变为己用,以及不会因为利用现有设计遭致诉讼。对于生产商零售商而言,则有无须过高的审查要求、不因销售各种设计而遭致诉讼的利益。对于消费者而言,则有以较低成本获得设计,迎合潮流又有个性的利益。

有的学者在对此问题进行讨论时,以激励创造的价值观为导向,结合盗版悖论理论,认为在时尚设计领域已经形成了有序市场,法律的任务就是维持这种有序性,所以认为无

---

① 利益平衡是知识产权法的理论基础。参见冯晓青:《利益平衡论:知识产权法的理论基础》,载《知识产权》2003年第6期,第16~19页。

须另外立法。① 因此，站在促进创新的立场上考虑我国公共利益是合理选择。

我国时尚设计产业仍处于较为初始的阶段，加工、贴牌的服装生产仍占主要部分，这对于提高我国时尚产业整体的知名度与竞争力无疑是不利的，也并非长久之策。美国Forever 21宣告破产走向衰败，国产品牌波司登通过发展设计重振旗鼓，此鲜明对比正是在告诫我们，在消费者眼光越来越国际化，对于时尚趋势的追求越来越常规化的今天，仅仅注重实用品的功能忽视消费者对时尚趋势的追随与自我风格的塑造的企业，无法走得长远。我国时尚产业欲要获得进步，必须着眼于更有力的知识产权保护。固然我国公共利益不允许我们予以时尚设计过于强硬的保护，这将影响现在生产制造业的发展，但是如果不立足于更精细化的发展，我国时尚产业将无法获得进步，这是我国公共利益中更为关键的部分，这种公共利益的实现与设计师的权利的保护是一致的。

因此，我国对时尚设计保护应持有的态度是扩大时尚设计保护的范围，使其能够囊括更多的设计；为设计分级，降低对部分设计的保护力度。

对于如何实现设想的保护，除美国的分散式立法、欧盟的非注册设计与注册设计区分保护、法国直接将其纳入"智力作品"的范畴较高力度的予以保护等方式之外，我国学者提出的建议主要包括以下几种：充分利用传统知识产权体系，对不同的时尚设计分类进行保护；② 多管齐下同时利用著作权和外观设计专利制度施以保护；著作权和外观设计制度衔接予以保护；利用著作权制度保护，修改当下《著作权法》适用于时尚设计的不合理之处；③ 利用外观设计专利制度予以保护，修改外观设计专利制度中的不合理之处；设立独立于著作权和外观设计的时尚设计权。④

讨论怎样保护时应从以下两个角度展开：是否需要重叠保护？如何进行制度构建？

在是否需要重叠保护上，正如有的学者指出的，重叠保护主要面临以下问题：（1）当事人无法在侵权时选择通过著作权保护或是通过外观设计专利保护，因为两种权利的产

---

① 朱楠：《外观设计权的扩张——以美国和欧盟时尚设计知识产权保护变化为例》，载《科技与法律》2013年第2期，第6~7页。

② 如楼佳蓉认为，对于只用于艺术欣赏而不用于工业生产的，以及市场周期短的季节性服饰，予以著作权法保护；对于那些以工业方法或工业手段批量生产销售的，款式具有一定稳定性、市场流行周期长、适用范围较广的服装设计，适用外观设计专利法进行保护；商标法也可予以保护，对于中国能够体现民族特色、民族传统的服装，有必要进行多方位保护。参见楼佳蓉：《服装设计的知识产权保护之法律初探——从中国服装设计第一案谈起》，载《知识产权》2002年第4期，第12~14页。

③ 如庄臻认为将法律保护重心从专利法移向著作权法是基于以下几个考虑：著作权保护无外观设计如此严格周密，这有利于我国现在的服装行业，可以凭质量取胜；著作权相对外观设计专利来说，获得保护的成本更低；在利益考量上，著作权法对于权利人来说成本较低，消费者付出的代价小，发展中国家的经济技术、文化发展较为落后，与发达国家知识产权保护相比，在利益天平上应更倾向于公众使用知识和信息的利益。其认为应将服装设计与建筑设计并列列举，同时明文规定可以获得外观设计专利的保护。参见庄臻：《服装设计的法律保护模式》，载《法治论坛》2008年第2期，第206~209页。

④ 如李秀娟认为对时尚设计应该施以弱知识产权保护，我国现有的外观设计权为专利权，保护力度过强，应单独立时尚设计权，并认为应降低外观设计专利的授权条件，规定授权条件为以视觉测试为时尚设计创新的根本评价标准，时尚设计获得保护无须非显而易见性这个条件。取得制可区分为登记制、审查制和自动取得制，在维权时需证明的事实不同。参见李秀娟：《时尚设计创新的知识产权保护探讨——基于美欧时尚设计保护的经验与借鉴》，载《电子知识产权》2015年第11期，第76~77页。

生方式（著作权需要尽可能公开作品才能确定创作日期，外观设计专利则需要尽可能保密防止丧失新颖性）具有互斥性。(2)《专利法》和《著作权法》的双重保护可能使得权利人在专利保护期已过之时继续适用著作权保护，并导致保护过度问题。① 因为演绎作品能够促进时尚趋势的形成与发展，结合时尚设计的属性，重叠保护不适用于此。

至于制度设计，外观设计专利更适合作为时尚设计知识产权保护的场域。这是因为在专利中放入外观设计专利这项制度，设立的初衷即为保护工业品上使用的有装饰性的、有美感的设计，与专利法中发明和实用新型对功能性的强调较为不同。《中华人民共和国著作权法（修订草案送审稿）》将实用艺术作品作为一种作品形式纳入其中，其将实用艺术作品定义为实用功能及审美意义兼具的平面或立体造型艺术作品。若利用此种制度来保护，将时尚设计解释为实用艺术作品，那么外观设计和实用艺术作品同时存在，我国法院将同样面临美国在外观设计和实用艺术作品中划界的困境，这导致时尚设计被过度保护或者得不到保护的可能性大大增加。最根本的原因在于，时尚设计依托于实用品，与《著作权法》和《商标法》无须考虑功能性，甚至因功能性不提供保护的原则不符。为时尚设计规定单一的保护方式，坚持著作权法中"美术作品"较高的认定标准，或许对于设计者本身和争议解决，才是更为有利的方式。

（二）我国时尚设计的保护路径

我国外观设计专利从申请之日起至完成审查需要 6~8 个月的时间，到真正拿到授权证书可能需要 8 个月至 1 年的时间。而如果对时尚设计直接适用外观设计专利的制度，就会导致设计师在还未拿到外观设计专利时，时尚的潮流已经变更，时尚设计的价值也已经降低了，后续其即使拿到了外观设计专利也很难真正地保护其权利。故若要以外观设计专利来对时尚设计进行保护，需要对我国现有的外观设计专利保护的相关法律作出一些改进。

1. 扩大临时禁令的申请主体

我国在专利领域的临时禁令的申请主体为"专利权人"和"利害关系人"，② 其中"利害关系人"一般指专利许可合同的被许可人等。③ 但设计师的权利受到侵害时往往尚

---

① 参见庄臻：《服装设计的法律保护模式》，载《法治论坛》2008 年第 2 期，第 202~204、209~210 页。

② 《中华人民共和国专利法》第 72 条规定：专利权人或者利害关系人有证据证明他人正在实施或者即将实施侵犯专利权、妨碍其实现权利的行为，如不及时制止将会使其合法权益受到难以弥补的损害的，可以在起诉前依法向人民法院申请采取财产保全、责令作出一定行为或者禁止作出一定行为的措施。

③ 《最高人民法院关于审查知识产权纠纷行为保全案件适用法律若干问题的规定》第 2 条规定：知识产权纠纷的当事人在判决、裁定或者仲裁裁决生效前，依据民事诉讼法第一百条、第一百零一条规定申请行为保全的，人民法院应当受理。知识产权许可合同的被许可人申请诉前责令停止侵害知识产权行为的，独占许可合同的被许可人可以单独向人民法院提出申请；排他许可合同的被许可人在权利人不申请的情况下，可以单独提出申请；普通许可合同的被许可人经权利人明确授权以自己的名义起诉的，可以单独提出申请。《最高人民法院关于对诉前停止侵犯专利权行为适用法律问题的若干规定》（已失效）第 1 条规定：根据专利法第 61 条的规定，专利权人或者利害关系人可以向人民法院提出诉前责令被申请人停止侵犯专利权行为的申请。提出申请的利害关系人，包括专利实施许可合同的被许可人、专利财产权利的合法继承人等。专利实施许可合同被许可人中，独占实施许可合同的被许可人可以单独向人民法院提出申请；排他实施许可合同的被许可人在专利权人不申请的情况下，可以提出申请。

未取得外观设计专利权,故无法满足申请临时禁令的条件。对于这一点我国可以参考国外对此的规定,在申请的主体中加入"季节性工业制品的设计师",从而将那些具有较强时效性的时尚设计纳入保护的范畴当中来。

2. 设置临时外观设计授权制度

我国目前外观设计专利的审查需要 8 个月左右的时间,而权利期限有 15 年。对于一般工业产品的外观设计来说,此项规定具有一定的合理性。但若将时尚设计纳入进来,此种规定则显然不能与时尚设计所具有的强时效性相匹配。故我们可参考欧盟的做法,为时尚设计专门制定一种新的授权制度——临时外观设计授权制度。临时外观设计的适用范围为"季节性工业制品",即我们通常所指的具有明显的短期限性特征的服装、珠宝、佩饰等时尚设计。其审查的过程主要依赖公示机制,即申请人提交申请后,审查人员与处理外观设计的专利审查时一致仅做形式审查,但要将该时尚设计进行 14 个工作日的公示,若期间无异议,则可以授权。同时,由于时尚行业更新换代较快,一旦潮流变更,时尚设计的价值也会在短时间内快速下降,故无须对其进行过长时间的保护,我国同样可以参考欧盟的做法将其保护期限设置为 3 年,或根据不同设计及行业的具体情况授予 1~3 年的保护。此举可以保护当事人不会因审查授权时间过长而无法得到任何保护,也不会使得时尚行业因过多的临时外观设计的限制而失去活力。

3. 拓宽临时禁令解除的范围

我国目前专利领域禁令解除的条件之一是法院采取措施后申请人 30 日内未提起诉讼。但对于时尚设计的设计师来说,由于其在权利受到侵害之时可能尚未取得外观设计专利权,且外观设计专利权从申请到最终授权需要一段较长的时间,故设计师一般而言无法在法院采取禁令措施后的 30 日内按时提起诉讼,而导致设计师的设计实际上依旧未能得到法律的保护。对此,我们可以将临时禁令的解除范围拓宽,即只要"季节性工业制品"的设计师在 30 日内申请注册外观设计专利或临时外观设计专利,即可使临时禁令保持有效,直至专利审查结果公布之日。这就保证如果外观设计专利审查无效,申请人会以其提供的担保赔偿被申请人,而若专利审查有效,申请人则可以依据专利法的相关规定对被申请人提起诉讼,请求赔偿,保证在申请人与被申请人之间的利益实现平衡。

第三章　文化产业融资促进的法律问题

文化产业已成为全球产业体系中增长最快、最具发展潜力的产业，其可细分为软件、出版、设计、音乐、音像及电子游戏等行业。尽管理论界有学者批评文化的产业化和商品化，认为文化的产业化和商品化会对文化本身带来负面作用和威胁。① 但这种争论没有妨碍世界各国对于文化产业的重视和积极地推动。与此同时，文化产业的快速发展也可以为金融业提供新的发展方向。金融支持文化产业快速发展，不仅符合我国经济转型升级的需要也可以减少金融机构对传统行业的依赖，不断拓宽新的业务空间。2019 年 12 月 13 日司法部公布了《中华人民共和国文化产业促进法（草案送审稿）》，其中第七章专门规定了对文化产业的金融财税支持，虽然相关规定比较原则笼统，但足以看出金融对于促进文化产业的重要作用。金融业与文化业融合的桥梁就是融资，完善的融资促进机制不但是文化产业发展的必要条件也是金融业进一步发展的重要条件。

第一节　文化产业融资促进的基本问题

一、文化产业融资的来源

融资从狭义方面理解，即是一个企业对于资金的筹措，即通过分析本企业的定位、实力以及将来的发展规划，而采取各种措施和不同渠道筹措资金的行为；而从广义上讲融资就是货币资金的融通，是指当事人通过各种方式和渠道在金融市场上筹措或贷放资金的行为。《中华人民共和国文化产业促进法（草案送审稿）》第 59 条规定国家建立健全多层次、多元化、多渠道的文化产业金融服务体系，完善金融支持文化产业发展的相关机制，推动文化资源与金融资本有效对接。在本书中对于文化产业融资的定义可以概括为：为了文化企业的发展或为了文化产品、文化服务的提供，而采取的各种筹集资金的行为。

（一）国有资本

由于文化产业相对于一般产业具有特殊性，其对于社会公共利益、国民的文化道德水平、社会意识形态都具有极为重要的影响，因而国有资本在文化产业融资方面发挥着重要而积极的作用，国有资本在文化产业融资中占很大的比例。我国文化产业融资尤其是在教育、文化艺术和广播电影电视业等领域，国有资本占有主要地位。在当前的管理体制下，

---

① Theodor W. Adorno & J. M. Bernstein, *The Culture Industry: Selected Essays on Mass Culture* 24-26 (2nd edn., Routledge 2001).

71

我国国有资本管理和运营体制实际上仍然具有行政配置资源的性质，而且决定国有资本融资的主要考虑因素仍然是行政干预，而非市场调节机制。国有资产经营公司为了配合政府的项目建设可能会形成融资的能力与资产规模之间的冲突，融资意愿与产出效果之间的矛盾，造成融资效率低下。创新国有资本在文化产业发展中的融资方式，对于文化产业发展的质量和方向具有重要的意义。因此，《中华人民共和国文化产业促进法（草案送审稿）》第69条规定国家鼓励有条件的地方人民政府、文化企业设立文化产业投资基金、创新基金投资模式，发挥引导和杠杆作用。

（二）民间资本

文化产业是资本与智力密集型的产业，其具有高风险、高收益的特点，因而对于文化产业的投资和融资需要对市场反应灵敏而科学，文化产业的繁荣和发展最终必须依靠市场的力量来推进。民间资本以营利为唯一目标，治理结构形式是建立在纯粹的经济利益基础之上，且有较为灵活的用人和分配激励机制。[1] 因此民间资本相对于国有资本对于市场机制的反应更为有效，运用民间资本大力投资文化产业也是文化产业发展的重要保障。2005年《国务院关于非公有资本进入文化产业的若干决定》的颁布，标志着民间资本进入文化产业的地位得到正式的确认，而《文化部关于鼓励和引导民间资本进入文化领域的实施意见》的出台使得民间资本进入文化产业获得了政策护航。随着文化产业快速发展，一些地方政府为了拓宽文化产业融资渠道放宽了市场准入政策，鼓励民间资本通过各种合法的形式进入文化产业领域，参与艺术品的经营、音像制品的分销、大众娱乐项目经营以及文化设施的建设和运营。虽然民间资本具有有融资快速、灵活的优点，有利于文化产业快速融资，但是民间资本也有逐利的盲目性，需要通过法律和政策的完善进行合理的引导和监管。

（三）国外资本

我国允许外资进入文化产业领域不但是我国现实的融资需要，也是我国履行国际义务承诺的必然要求。在加入世界贸易组织时我国承诺，在加入一定时期之后，我国将会准许外资进入电影院的建设、录音录像制品的销售。但外商直接投资，其占股权不得超过49%。[2] 吸收外资进入我国的文化产业不仅是善意履行国际义务的要求也是我国文化产业自身发展的需要，伴随着外资进入文化产业，也会带来国际先进的文化产业经营管理方式和理念，有助于我国文化产业在国际市场扩大影响，提升文化产业的竞争力。为履行入世承诺，提高文化产业投融资领域的外资比例，我国先后制定了《中外合作音像制品分销企业管理办法》《电影企业经营资格准入暂行规定》《中外合资、合作广播电视节目制作经营企业管理暂行规定》《中外合作制作电视剧管理规定》《中外合作摄制电影片管理规

---

[1] 参见詹成大：《民营资本与中国影视文化产业发展》，中国广播电视出版社2010年版，第17页。

[2] 参见郭玉军、王卿：《我国文化产业利用外资的法律思考》，载《河南省政法管理干部学院学报》2011年第4期，第72页。

定》。关于加入世界贸易组织承诺的具体落实并明确体现在《关于文化领域引进外资的若干意见》和《外商投资产业指导目录》中。近年来，我国文化产业尤其在影视文化产业领域人力、资本、技术要素的国际化程度越来越高，从中央到各地市都采取了激励措施鼓励外资依法进入文化产业领域，也取得了一定的成绩。但是文化产业与意识形态关系密切，文化产业的发展会影响到一个国家和民族的价值观，因此在文化领域对于外资的态度是既鼓励合法进入又进行审慎地监管。

二、政府促进文化产业融资的模式

由于文化产业在国民经济中所占的比重越来越大，而且文化产业可以直接将一个国家的文化和意识形态向国际社会输送和传播。因而各个国家都非常重视文化产业的发展，并采取多种多样的模式促进文化产业融资。

（一）创新贷款方式并提供担保

以传媒为代表的文化产业在印度国民生产总值中占有的比重越来越大，使印度成为世界著名的电影王国。但 1998 年之前，在印度电影制作公司只能依赖向私营金融公司借贷来维持电影公司的经营和运转。由于电影业制造成本较高且收益并不确定，在电影业没有被政府确认为正式产业地位之前，资金匮乏成为印度电影业发展的重要障碍。1998 年在印度银行联合会的支持下，印度经济学者开始研究电影的资金运作规律，要求政府承认电影业的产业地位，并且制定了金融机构向电影制作公司提供贷款的政策，使得电影制作公司可以通过正当渠道获得所需资金。其中印度工业发展银行（Industrial Development Bank of India Limited，IDBI）向电影制作公司提供贷款的原则很具有代表性。首先，IDBI 只向故事片的制作提供贷款，借款人必须是一个法人实体。其次，借款金额不得少于 5000 万卢比但不得超过电影制作总预算的 50%，贷款期限一般不超过两年。再次，预付款为整个贷款金额的 1%，如电影获得高额的票房收入，则银行应获得利润分成。最后，关于担保和风险控制规制很详细。（1）要求电影的胶片洗印厂向 IDBI 提供书面说明，证明其负责电影胶片的冲洗。（2）电影制作公司需向 IDBI 所有协议与知识产权证明，IDBI 有权对知识产权的价值进行评估。（3）对资金使用进行监督，设立一个专门的银行资金账户，所有进出资金都要通过该账户，IDBI 对该账户有一定的管理权。（4）制片人个人进行担保。（5）各种权利的转让证明作为担保，例如音乐、录像、DVD 版权和电影资料库。①除了积极创新文化产业贷款方式以外，还有些国家通过为文化产业贷款提供担保，建立风险分散机制，例如法国通过电影与文化产业融资局为中小文化企业提供贷款担保。为了帮助文化企业获得银行贷款，促进文化产业的发展，1983 年法国文化部与财政部共同联合发起成立了电影与文化产业融资局，其主要职能是为中小文化产业的发展提供贷款担保，担保期限一般与贷款期限相同。当企业最终没有能力偿还贷款，融资局的担保就会发挥作

---

① 参见张讴：《印度文化产业》，外语教学与研究出版社 2007 年版，第 98 页。

用,① 从而分散了金融机构的风险,增强了向文化企业提供贷款的意愿。韩国政府也为文化产业的贷款提供融资担保并给与文化产业信贷优惠。

(二) 政府陪同资助

所谓"政府陪同资助"是为了鼓励企业投资文化创意项目或者设立文化创意企业,政府按照企业的投资比例进行一定额度的资助。"创意产业"的概念最早是由英国提出,但由于创意产业并不是英国一项独立的产业,而且与文化产业密切相关,因此文化产业和创意产业常常被合并为一个概念。为鼓励企业多次投资,英国政府采用了递增激励的资助方式,即当企业第一次投资时,政府"陪同"资助的资金比例是 1∶1,但是当企业再次投资时,政府将扩大资助金额的比例,对企业多出上次出资额的部分实行 1∶2 的配套资金资助。政府和企业对于文化创意产业投入资金的加倍付出,必定会增强文化创意企业的规模和实力,提升文化创意产品的质量和影响。实践证明,这一资助政策明显地提高了英国文化创意企业投资的积极性,目前已有 3000 多家公司得到了此种资助,资助资金高达近亿英镑。②

(三) 制作委员会融资模式

传统的日本文化产业融资主要依靠企业自行筹集。以动漫产业为例,首先是广告公司将赞助商支付的广告费交给电视台,电视台再委托总承包公司进行动漫产品的制作,而总承包公司又将制作的具体业务分包给其他制作公司从而完成整个动漫产品的创作,最后电视台享有所制作动漫产品的版权。但是广告费的单一收入来源毕竟金额有限,而科技的进步和动漫衍生产品不断开发需要更大的资金支持,"制作委员会融资模式"自 2005 年开始出现。制作委员会是由制作企业、发行企业、广告传媒企业、电视台、出版社、动画制作工作室、影音厂商等组成,负责策划管理、日常投资,以此分散动画制作与经营过程中所产生的风险,并确立利益分配。其运作模式是首先由广告公司将赞助商的广告费交给电视台,电视台拿出一部分广告费作为放映费支付给制作委员会以获得播放权,其他委员会成员企业也需要向制作委员会出资以获取作品完成后的出版光盘、游戏软件、玩具、节目海外销售、特许商品化等市场的开发权利。作品制作委员会将筹集到的制作资金交给作品项目的总承包制作公司。总承包制作公司负责企划、剧本以及项目管理工作,并将制作业务分包给其他制作公司从而完成一部作品的制作。而制作委员会对整个项目的运作进行全程管理和监督。③ 在动画作品完工投入市场后,委员会成员企业除了利用各自之前获得的市场开发权利进行创收外,还可以按照项目的融资比例获得制作委员会的收益分配。其运作

---

① 参见梁建生:《谁为法国电影买单——解读法国电影投融资机制》,载《中国文化报》2013 年 9 月 3 日,第 10 版。

② 参见橘子:《美英文化产业融资之道》,载《中国文化报》2013 年 1 月 12 日,第 4 版。

③ 参见杨琪:《动画强国金融支持动画产业模式对我国的启示——以日美韩三国为例》,载《时代金融》2013 年第 3 期中旬刊,第 87 页。

模式如图 3-1①。

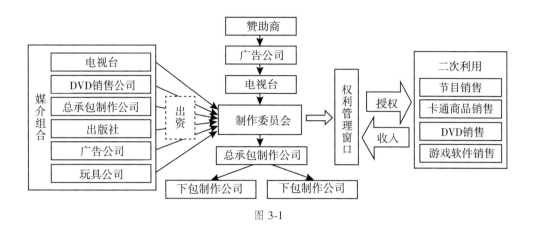

图 3-1

（四）知识产权担保融资模式

在文化产业起步的初级阶段日本文化产业融资也主要依靠银行的贷款，但是由于文化产业主体基本都是中小企业，且缺少可供抵押的固定资产，资产主要为无形资产，但是基于无形资产的特点，其价值很难得到正确的评估。因此在日本文化产业也曾经面临融资困境。2000 年日本通过修改《特殊目的公司法》，将其转变为《流动化资产法》，在信托对象中增加了知识产权等多种权利，而且强化并完善了对于特殊目的公司（SPC）的监管制度。特殊目的公司如果进行放贷业务，其最低注册资本金需要 10 万日元，而且需要向日本金融再生委员会申请。除了《流动资产法》扩大了信托对象范围，日本 2004 年修订的《信托法》对于信托对象范围也进行了较大幅度的调整，增加了知识产权作为信托对象，但是删除了动产可以作为信托对象的规定。上述增加知识产权作为信托对象的目的主要是进一步促进电影、音乐、漫画、动漫及游戏等文化产业的发展。② 日本的知识产权担保外部融资模式，配合制作委员会的内部运作机制，使得日本的动画产业持续快速发展，在全球市场居于领先地位。

（五）设立文化产业发展基金

为了促进文化产业的发展，很多国家都通过各种募集资金的形式，设立了专项的文化产业发展基金。例如韩国设立了诸如文艺振兴基金、文化产业振兴基金等多项促进文化产业发展的专项基金，其通过政府引导和监管，社会资金与政府资金共同投入，但以社会民

---

① 参见《アニメーション産業に関する実態調査報告書》，载日本公正取引委员会事务总局：http：//www.jftc.go.jp/houdou/pressrelease/h21/jan/090123.files/090123houkokusyo01.pdf，2021 年 10 月 9 日访问。

② 参见李彬、于振冲：《日本文化产业投融资模式与市场战略分析》，载《现代日本经济》2013 年第 4 期，第 64~65 页。

间资本为主的融资方式，多渠道筹措文化产业的发展资金，按照"集中与选择"的原则，有重点、有目地实施资金支持，在经费上确保文化产业的发展。① 法国通过法律明确了文化产业享受政府资助，如法国财政法规定电影产业可获得政府资助，并成立了电影业发展基金。但是电影业发展基金的来源并非政府拨款，而是对影视产业经营中各种税收提取特定比例所组成。该影视资助基金由直属文化部的国家电影中心负责统一调控和分配。而美国关于文化产业投资基金是以私募基金为主，华尔街的私募基金以电影投资基金的方式参与到电影融资中，电影投资基金的募集一般是由私募基金通过高收益债、低收益债和优先股等不同的金融产品吸引风险承受能力不同的投资者而组成。在英国也设立有文化创意产业发展基金，但文化创意产业基金的来源是政府通过发行彩票的方式，吸引社会大众投入文化创意产业基金的资金募集中。

通过比较分析其他国家促进文化产业融资的模式，有以下三点经验值得借鉴：

其一，文化产业融资主要依靠民间资本，构建多元化的融资渠道。例如美国将文化产业区分为营利性的文化企业和非营利性的文化组织机构。对于营利性的文化企业完全交给市场，政府不控制也不分享所有权，不干预经营；而对于非营利性的文化组织机构，由于无法完全通过自身实力在市场中生存和发展，需要政府通过税收和财政资助进行扶持。但是美国政府通过直接拨款资助文化产业是有选择和有限度的，主要运用法律和政策措施调节和鼓励企业和个人对于文化事业进行赞助和支持，美国文化产业来自于各大企业、个人以及基金会捐助的金额远远大于各级政府的资助金额，因而构成了美国文化产业融资渠道的多元化。

其二，采取系统性的扶持方式，创新并完善文化产业融资的配套机制。由于文化创意产业作为新兴产业企业规模一般较小，发展过程中通常出现资金不足的情况，更无法开拓海外市场。为解决这个问题，英国政府为文化创意产业发展提供了发展基金，并推行完整的文化创意产业业金融支持系统对融资进行系统性指导和帮助。英国文化、媒体和体育部出版了"银行经营（业务）"手册，指导相关文化创意企业或个人如何从金融机构或政府部门获得资金援助，② 并举办区域融资论坛等全方位的服务。除了上文提到的创新贷款方式以外，还将资产证券化等新型融资方式引入文化产业融资领域。完善的融资配套机制也是文化产业融资顺利进行的必要条件。无形资产评估体系和企业信用评价体系，可以为文化企业的融资提供全面的评估、信用信息保障服务。例如美国评估师协会（简称ASA）是国际上享有盛名的大型综合性专业评估协会，其总部设在华盛顿，会员遍及世界许多国，在无形资产评估理论和实践上走在世界前列。世界三大征信机构邓白氏（D&B）、全联（TransUnion）、益百利（Experian）总部皆在美国，其中邓白氏集团公司是美国乃至世界上最大的全球性征信机构，为企业融资提供商业资信报告、信用管理咨询、风险评估等中介服务。

---

① 参见车安华：《借鉴国际经验破解文化产业融资难》，载《金融时报》2014年1月3日，第9版。

② 参见佟贺丰：《英国文化创意产业发展概况及其启示》，载《科技与管理》2005年第1期，第30页。

其三，为文化产业的健康发展提供完善的法律保障机制。例如在美国政府主要职责是提供有力的法律保护体系和完善的融资保障机制，而产业发展和融资主要靠市场的力量。为维护文化产业领域的公平竞争，鼓励文化企业创新，严厉处罚盗版行为，制定了版权保护的系列法律，如《版权法》《版权保护期限延长法》《防止数字化侵权及强化版权赔偿法》《家庭娱乐和版权法》《家庭电影法》《孤本作品保存法》等；为了规范市场秩序维护公共利益，先后颁布了《未成年人在线保护法》《儿童隐私保护与父母授权法》《联邦电子通讯隐私法》等。[1] 虽然在法国，文化被赋予了远远超越字面意义的含义，并带有精英主义的排他倾向，但是法国的文化政策却是建立在面向大众和普适性的文化现象之上。文化部所定目标是努力实现使更多的人能接触到人类的主要文化，特别是法国的作品。公民在文化生活中的平等权被写进了宪法，[2] 因而法国财政法明确规定了电影产业享受政府资助。韩国政府意识到文化产业的重要性，因此大力推出相应的法律、政策来促进其发展。1999 年 5 月 21 日韩国颁布了《文化产业振兴基本法》并于同年制定了实施细则，从制作、流通、文化产业基础设施以及产业振兴基金等方面完善了发展环境。2009 年韩国修订了《文化产业振兴基本法》，并设立了韩国文化产业振兴院。随后将原韩国文化产业振兴院与文化产业中心、广播影像产业振兴院、软件产业振兴院数字事业团、游戏产业振兴院共五家单位整合重组成立新的韩国文化产业振兴院，其隶属于韩国文化体育观光部，统筹协调全韩国文化产业发展。

三、我国文化产业融资的现状及困境分析

(一) 当前我国文化产业融资的现状

随着文化体制改革的深入，我国文化产业也在快速发展，文化企业的规模和实力不断增强。根据国家统计局网站 2021 年 12 月 29 日发布的数据，2020 年我国文化及相关产业增加值为 44945 亿元，与 GDP 的比值为 4.43%。目前全国已有三分之二的省、直辖市、自治区提出了建设"文化大省、区、市"、"文化强省、区、市"的发展目标。但是文化创意产业是智力密集型加资金密集型的产业，其发展离不开充足的资金支持。当前我国文化创意产业在整个国民经济中的地位非常重要，国家针对文化创意产业也出台了一系列扶持政策，这些政策中有些也涉及文化产业的融资问题。总体来看，我国文化产业融资的来源主要有下几个渠道：

1. 政府财政拨款

由于文化产业在我国还处于起步阶段，相关的经营、管理和投融资机制还不完善，因此政府的财政资助就显得尤为重要。虽然伴随着市场机制的逐渐成熟，文化产业市场化的水平有了一定的提高，通过商业贷款和资本市场融资获得资助的比例有了一定幅度的提高，但是政府财政拨款的实际规模依然在不断增大。据《文化部 2013 年文化发展统计公报》显示，中央财政在 2013 年通过实施美术馆、文化馆（站）以及公共图书馆免费开

---

① 参见孙有中等：《美国文化产业》，外语教学与研究出版社 2007 年版，第 259~260 页。
② 参见李庆生、吴慧勇：《欧盟各国文化产业政策咨询报告》，大象出版社 2008 年版，第 118 页。

放、非遗保护、公共数字文化建设、地市级公共文化设施的建设等中央补助地方文化项目，共落实了中央补助地方专项资金 46.19 亿元，比 2012 年增长 11.2%。① 除了中央财政拨款以外，各地方政府也对文化产业的发展提供了一定的财政拨付。政府财政资金在文化产业发展中发挥着主要的作用，而且还将发挥主要作用，但是需要对政府财政资金支持政策进行反思和调整，将政府财政资金投入主要集中在产业链中的融资瓶颈部分。② 否则大范围的过度财政投入不但导致融资效率低，造成资金使用浪费，而且会限制民间资本和外资进入，导致文化产业资本构成的简单化，不利于文化产业的发展和繁荣。

2. 上市融资

我国文化企业的上市融资主要分为直接上市融资和借壳上市融资两种类型。其一，直接上市。即通常所说的 IPO，指公司达到法定的标准并通过相关部门核准后公开发行股票，并在证券交易所挂牌交易。但是 IPO 上市审核程序复杂、过程繁琐、最主要是上市门槛对于文化企业来说较高。无论是主板、中小板还是创业板对于拟上市企业的财务状况、纳税、企业结构和管理制度等都有较高要求，由于文化企业大多规模小，经营时间不长，且管理制度并不完善，因此一般的文化企业很难通过直接上市的方式获得融资。通过直接上市来募集资金的企业主要是一些自身财务体系完善，具有相对较大规模和较强实力的文化企业。北京新元文智咨询服务有限公司发布的《2011 中国文化产业上市研究报告》数据显示，截至 2011 年，有 88 家文化企业通过国内外证券市场上市交易融资，其中有 2 家为借壳上市，而 86 家属于 IPO 上市。但是到 2011 年 6 月，88 家上市的文化企业其中 4 家已经退市。其二为借壳上市（Backdoor Listing），这指将非上市公司的资产注入已经上市的壳公司，从而实现该上市公司的实际控制人变更，主营业务发生变化，以使得非上市企业的上市。借壳上市与直接上市相比，上市审核较为宽松，因此比较适合在 IPO 市场受限的文化企业的上市。例如 2010 年长江传媒成功取得中国华源集团有限公司以及上海华源投资发展集团持有的华源发展合计约 1.9 亿股，占华源发展总股份的 35%，③ 借助占有的股份和注入资金实现上市。但是从数量上看，能够实现上市融资的文化企业比例太小，远远无法满足普通文化企业的融资需要。

3. 银行信贷融资

目前在我国银行信贷融资是文化产业融资的主要渠道，2013 年年末文化企业的信贷余额为 1574 亿元，比 2013 年年初新增加了 419 亿元，同比增长 36.3%。④ 除了银行为文化企业提供融资额度增加以外，银行还积极创新文化企业信贷融资方式。例如针对一些文化企业没有固定资产作为抵押，只拥有知识产权类的无形资产这种情况，部分银行逐步探索

---

① 参见《2013 年文化发展统计公报》，载中华人民共和国文化部：http：//www.mcprc.gov.cn/whzx/whyw/201405/t20140520_433223.html，2021 年 10 月 9 日访问。

② Stuart Cunningham, Mark David Ryan, Michael Keane & Diego Ordonez, *Financing Creative Industries in Developing Country Contexts*, http：//eprints.qut.edu.au/2504/1/2504a.pdf, visited on 9 October 2021.

③ 参见吕元白、侯俊军：《我国文化产业的融资约束及解决对策》，载《金融理论与实践》2014 年第 12 期，第 45 页。

④ 参见《2013 年文化发展统计公报》，载中华人民共和国文化部：http：//www.mcprc.gov.cn/whzx/whyw/201405/t20140520_433223.html，2021 年 10 月 9 日访问。

以版权质押为核心、辅助专业担保机构进行担保的方式向文化企业提供信贷融资服务，①除此以外，保险公司也参与到文化企业的融资中来。保险业介入文化产业融资中，既能降低银行的信贷风险，也能极大地促进文化产业的融资。例如中国出口信用保险公司和北京华谊兄弟影业投资有限公司签订协议，为电影《夜宴》在海外出口提供出口信用保险，其发行所用的资金高达 2000 万美元全部来自于保险公司，在信用保险的支持下，华谊兄弟的信用度得到了很大的保障，从而得到了更多金融机构的资金支持。

4. 债券融资

文化产业要发展壮大就要构建多层次、多元化的金融市场。而债券融资具有利息低、偿还期较长、风险可控等特点，因此它也是文化企业一种有效的融资手段。据中国银行间市场交易商协会统计，截至 2014 年 1 月，已注册发行债券的文化企业达到 112 家，总发行金额为 2515.5 亿元。但是，由于我国文化企业征信及信用评级体系不完善，而且大多数文化企业作为中小企业并没有建立起规范的现代企业制度，因此债券融资对于文化企业来说还属于新兴的融资模式，而且在文化产业融资总额所占的比例较小。根据调查显示，中国债券资本市场融资规模占社会融资结构的比例远远低于发达国家，但增长速度迅猛，潜力巨大，未来文化产业债券融资规模也会进一步扩大，② 这不仅能为文化企业的发展带来资金支持，也会对现代文化企业制度的建立产生推动作用。

（二）我国文化企业融资面临的问题及成因分析

1. 我国文化产业融资面临的主要问题

（1）融资需求总量缺口较大。由于文化企业普遍情形是资产比较轻，未来收益以及市场价值均不确定，成本回收期比较长，而且商誉等无形资产难以评估和流转交易，从而使得银行信贷风险很大，导致银行或其他金融机构向文化创意企业提供资金支持时顾虑重重。而且文化企业普遍规模较小且分散，而金融机构在提供资金时，往往期望企业能得到规模化发展和增长以获取利润最大化。因此文化企业的融资需求很难被银行等金融机构重视，通过银行信贷融资也就比较困难。加之文化企业普遍规模较小、管理不规范的特点也使得文化产业的上市融资、债券融资机会很小，文化产业作为国民经济中的重要产业其整体上都陷入融资难的困境。中小文化企业得到金融支持呈现出偶然化和碎片化，习惯性及非正式的人际关系在文化企业争取金融支持和与金融机构建立关系中发挥着非常重要的作用。③ 据文化部对民营骨干文化企业的调查问卷的数据显示，在接受问卷调查的 300 家民营骨干文化企业中，认为融资很难或有些难的企业占到了被调查企业总数的 56.7%。而在融资方式上，超过 80% 的民营骨干文化企业的资金来源主要依靠自身积累，这表明作为

①　参见卢林、姜艳：《银行信贷创新与文化产业融资》，载《现代商贸工业》2011 年 第 5 期，第181 页。

②　参见吕元白、侯俊军：《我国文化产业的融资约束及解决对策》，载《金融理论与实践》2014 年第 12 期，第 45 页。

③　Stuart Cunningham, Mark David Ryan, Michael Keane & Diego Ordonez, *Financing Creative Industries in Developing Country Contexts*, http：//eprints. qut. edu. au/2504/1/2504a. pdf, visited on 9 October 2021.

规模较大的民营骨干文化企业也存在融资难的问题，而作为规模较小、实力较弱的小微文化企业面的融资难问题更加突出。

（2）文化产业融资发展不平衡。文化产业融难的另一个表现是发展不平衡，其一表现在金融资源在企业间的分配不均匀，从而制约着金融机构对文化产业的支持力度。根据文化部《2013年文化发展统计公报》显示，全国文化市场经营单位有22.66万个，从业人员有145.18万人，但是能够通过上市融资的非常少。2011年仅有7家文化企业在境内A股市场IPO上市，4家文化企业借壳上市，有5家文化企业在美国资本市场上市，到2011年年末，累计只有50家文化企业在沪、深两地上市。从2004年到2013年7月，约有21家文化企业在上海证券交易所和深圳证券交易所进行了债券融资。从以上数据可以看出，通过上市、债券融资的企业相对于整个文化产业来说数量很少，所占比例极其低，主要集中在国有、大型集团化文化企业。甚至连银行的信贷创新融资方式也仅是一些文化产业的龙头企业可以利用，例如市场化程度最高的电影业领域，将质押版权作为担保从而获得贷款的电影公司目前也主要是华谊兄弟、中国电影集团等几家巨头。

其二表现在细分行业间的不平衡，在银行间文化债券融资市场中，新闻出版行业、休闲服务业以及广播电视娱乐业占据主导地位，文化信息传输服务、工艺美术品生产、文化信息传输服务和相关文化产品生产行业融资规模只占1%左右。在上海和深圳证券交易所债券融资的细分行业首位为文化休闲娱乐业（含旅游业）总金额为39.5亿元，占比为41%，文化信息传输业为22亿元，占比为23%，广播电视电影服务业为16.7亿元，占比为17%，其他为与文化产业相关的生产、新闻出版发行服务、文化创意和设计服务。①

其三表现在地域不平衡。我国文化产业融资在地区之间差异较大，各省（自治区、直辖市）在文化产业融资的政策扶持力度、保障机制的构建以及融资规模方面发展都差异明显。例如文化企业债券融资市场过度集中在"北上广"等主要城市及经济发达地区。在北京、上海、广东、浙江、江苏等经济发达的地区和省份，债券融资金额占到全国融资额的55%。我国文化创意产业在融资方面不平衡的情况是文化企业融资难最典型的特征。文化产业虽然属于朝阳产业也受到政府的扶持，但是其创意性、迎合时尚潮流性、对市场反应的灵敏性决定了文化产业无论如何发展，其主体仍然是中小型企业，走不出规模较小的桎梏，如何破解文化产业融资领域的不平衡性，重点解决中小文化企业的融资难问题是解决文化企业融资难的重点任务。

（3）文化产业的融资渠道少。从理论上说，文化产业的融资渠道包括政府财政资金、金融机构贷款、股权融资、发行债券、信托融资、资产证券化以及众筹融资等方式。但是在实际发展中，我国文化企业的融资主要还是依靠政府财政拨款以及银行的贷款，因此融资主渠道依然很少。政府的财政资金对文化产业提供融资主要表现为对国有文化企业的财政拨付；对文化事业单位的财政拨款；通过设立文化产业投资基金对重点文化产业和项目进行资金资助。以风险投资为代表的新兴融资渠道对我国创新型产业的投资规模逐年扩大，但是我国文化产业对新兴融资渠道的利用却明显不足。从2013年开始互联网金融在全国快速发展，尤其是众筹融资方式具有门槛低、快速便捷、有良好的产品推广作用

---

① 参见刘德良：《文化企业应理性面对债市》，载《中国文化报》2014年9月20日，第3版。

的特点，与文化产业具有极高的匹配性，但是我国目前对于这些新兴融资渠道利用率却很低。

2. 文化产业融资困境的成因分析

（1）政府促进文化产业融资模式的缺陷。由于文化产业附加有价值观念影响、民族道德文化教育等功能，因此在政府的管理理念中，文化产业被纳入了意识形态的管理范畴，对于文化产业缺乏行业细分，也对文化产业的商业价值及市场定位认识不足。这因此导致了政府对于文化产业管控的过于严格，使得民间资本和外资难以进入文化产业领域，而且即使民间资本和外资进入了文化产业，其也难与国有资本享受同等的待遇。近年来，尤其在 2014 年 3 月 14 日《国务院关于推进文化创意和设计服务与相关产业融合发展的若干意见》发布之后，各省市、多个部委也都为文化产业发展公布了各项扶持措施，并对文化企业提供了多种资金安排，很多地区通过财政补贴、土地划拨等方式兴建文化产业园区。

上述政策对文化创意产业的发展将会起到一定的作用，但是作用并不会十分明显。首先，文化产业是需要积累和逐步发展的，其发展并不是一个短期的过程，而这些措施大部分都只是起到了短期的刺激作用，而不重视过程的监管和持续性的支持。例如有些地方为了发展总部经济，出台措施只要注册资本达到一定金额的集团性公司落户当地，当地政府不仅免费提供土地，而且给与巨额的财政补贴，因此就有企业通过中介机构代垫注册资本，予以投机谋利，获得巨额补贴，但实际并不在当地开展经营，这造成当地财政资金和土地的极大浪费。其次，政府重视直接资金资助而轻视发展过程中的资金使用。为推动文化产业的发展，财政部设立了"文化产业发展专项资金"，江苏省设立了"紫金文化产业发展基金专项资金"，但其主要模式依然是采取企业申报、政府审批的模式，第三方监管和评估确实将会导致只注重文字材料申报，不注重资金实际使用和效果。类似问题已经在高科技企业资助中出现，由于是行政审批直接拨付，容易产生利用输送和腐败。为了促进企业技术创新，2008 年科技部、财政部和国家税务总局出台了《高新技术企业认定管理办法》，规定凡通过高新技术企业认定的（不论高新区内外）企业均可获得税收优惠。而且在多省市甚至有些区县对于被认定为高新技术企业的企业给与较大金额的财政资金奖励。因此各种利益相关方参与或者代替企业申报，依靠弄虚作假套取财政奖励后与企业分成，"伪高新技术企业"就相应而生。2009 年 3 月起，国家多个部委联合对 116 家高新技术企业抽查发现，其中有 85 家不符合条件，不合格率高达 73%。[1] 再次，政府资助资金集中于规模大、实力强的文化企业，而占文化产业主要部分且融资需求最大的中小文化企业很难享受到财政支持，依然无法从根本上解决文化产业整体融资难问题。

（2）文化产业的融资促进机制不完善，主要表现在以下几个方面：

①无形资产的估值困难。企业无论通过哪种融资渠道，企业本身的资产价值决定是否可以获得资金支持，以及获得支持资金额度的前提。与其他企业相比，文化企业的资产结构具有典型的轻资产特征，即文化企业的竞争优势来源于智慧和创新所产生的不可模仿性与核心竞争力。因此，文化企产的核心资产不是厂房、土地、机器设备等固定资产，而是

---

① 参见周琼、杨艾莉：《五成高新技术企业资格造假的背后》，载《人民公安报》2010 年 8 月 9 日，第 6 版。

通过研究和创作而形成的专利权、商标权、著作权、非专利技术、特许使用权以及品牌建设形成的商誉等无形资产。当文化企业面临融资问题时，如果主要依靠著作权、商标、专利等无形资产作为融资担保，而没有充足的证据来证明无形资产价值，则很难获得金融机构的资金支持，[1] 而且企业的生命周期对于无形资产影响很大，具有长久历史并处于鼎盛时期的企业，其无形资产的价值最大，[2] 同样的无形资产在企业的不同发展阶段价值差别较大，也就是说无形资产价值本身具有变化迅速特点，因此无形资产评估对于文化产业融资具有重要的作用。而我国在无形资产的评估准则、评估机构和评估师的监管等各方面都存在缺陷，因此无法保证无形资产评估能反映无形资产的实际价值，从而使得银行等金融机构或风险投资机构对于文化企业现有实力以及发展潜力难以把握，这直接影响了文化企业的融资，这也是我国文化产业发展中的重要瓶颈。从我国实际情况来看，文化企业的无形资产除了专利权、商标权、著作权、非专利技术、特许使用权以外，电视的频道资源、节目的品牌知名度、文化项目的创作团队等方面在价值评估上面也存在很多制约因素。首先，著作权的评估、登记、交易流转机制不完善。其次，由于我国文化产业作为新兴行业相关资产的价值评估在实践中无相似项目经验作为参考，资产评估机构对于无形资产的评估缺乏科学统一的评估标准。最后，我国对于无形资产监管机制不完善。在监管主体、评估人员的准入、评估的法律责任等方面缺乏明确的法律约束，行业协会的自律作用无法全面体现。

②著作权质押融资相关程序还不完善。著作权质押是权利质押的一种，文化产业中的著作权质押融资是指文化企业经营者依法将其著作权的财产权出质，从银行等金融机构获得资金，并承诺按期偿还本金及利息的一种融资方式。在该法律关系中，文化企业经营者作为出质人如果到期不能或拒绝偿还债务时，则质权人有权以该财产权折价或者以拍卖、变卖该财产权的价款优先受偿。[3] 2014 年 3 月无锡农村商业银行太湖文化支行作为全国首家文化银行正式揭牌运营，针对文化产业"投入大、周期长、轻资产"的特点，其专门推出了影视传媒贷、创意设计贷、广告出版贷等金融新产品。[4] 虽然我国文化企业与金融机构在著作权质押融资的实践方面取得了较大的进步，然而在法律的规定方面，目前著作权质押上还存在一些机制性障碍，导致著作权质押在文化企业融资中并没有发挥应有的作用。《保护文学和艺术作品伯尔尼公约》确立了著作权自动取得原则，该原则既赋予权力人自由选择登记的权利，又期望通过登记制度以确定权属，减少权利争议，体现了私法自治和维护交易安全之间的平衡，因此被世界各国广泛采纳，各国著作权法普遍规定了著

---

① Andrew J. Maas, *Valuation & Assessment of Intangible Assets*, *and How the America Invents Act Will Affect Patent Valuations*, 94 Journal of the Patent and Trademark Office Society, 323（2012）.

② Mehrdad Salehi, Islamic Azad, Hashem Valipour & Javad Moradi, *Moderating Effect on the Relationship Between A Companies' Life Cycle and the Relevance of Accounting Practices Intangible Assets*, 3 Asian Economic and Financial Review 1106（2013）.

③ 参见郭玉军、李云超:《文化企业著作权质押融资法律问题研究》, 载《武汉大学学报（哲学社会科学版）》2014 年第 5 期, 第 92 页。

④ 参见《江苏成立文化银行版权等"轻资产"可抵押》, 载新华网: http://news. xinhuanet.com/fortune /2014-04/01/c_1110037835.htm, 2021 年 9 月 9 日访问。

作权的自愿登记制度。我国的《中华人民共和国著作权法》《计算机软件保护条例》均规定著作权自作品完成时产生。但是著作权作为无形资产其权利的变动与其他资产权利变动差异很大，在交付方式上它既不能以实物形式交付，加之我国著作权、著作权流转登记方面的规定不完善，所以，在实践中存在众多著作权"一权多转"的现象，这给著作权质押带来了极大风险。

③没有形成完善的征信体系。我国现有融资渠道主要适用于资产实力雄厚、管理规范的大型文化企业和国有文化企业。而现阶段我国的文化企业大多数属于中小企业，缺少可供抵押的固定资产，也很难达到资产市场中上市、发行债券等融资渠道的门槛，因此作为典型轻资产特征的中小文化企业最需要、最适合的融资渠道应该是信用融资。然而中小文化企业主要资产为无形资产，其本身具有价值隐形、价值波动大、不易定量等特征，使得中小文化企业的还贷能力不容易评估，金融机构对于文化企业的难以控制信贷风险。因此文化产业信贷融资必须完善征信体系，以真实客观信用评估作为基础。征信对于融资有事前和事后两种作用，在融资前通过信用记录金融机构可以防范违约风险；在融资后征信制度可以促使借款人严格履行还款义务，否则将产生不良信用记录，从而使得借款人下次借款成本增加甚至禁止借款人再次获得借款机会。① 征信体系对于文化产业融资具有信息传递、信用激励、失信惩罚功能②。具体而言：第一，征信体系可以促进文化企业积极主动地提高信用意识，有效改变我国目前中小文化企业诚信缺失的现象。第二，征信体系可以为文化企业和金融机构提供信息信息交流，增加文化产生的融资机会。第三，有助于文化企业的现代企业治理制度的构建，促进文化企业管理的规范化，完善信用记录、约束和监督机制。虽然我国很多地区为了方便企业信用的查询都建立了企业信用网，但是企业信用网中的信息简单，内容不全，且大多数信息属于工商登记或变更时由企业自行填报的信息，因此对于金融机构提供信贷资金的参考意义不大。文化企业的征信问题已经成为制约文化产业融资的关键性问题。这一问题也开始引起有些学者以及政府的关注，据报道广东将建立文化企业的征信系统，把文化企业分散在工商、税务等不同部门的信用信息融合在一起，为文化企业的信用融资提供支撑，解决文化企业的资金短板。③

④文化产业众筹融资监管制度滞后。互联网作为资金融通、支付和信息中介等业务的一种新兴金融在近年快速发展。互联网金融可以为文化企业提供的融资方式主要有众筹（crowdfunding）和点对点信贷（P2P）。2013 年美国众筹市场规模比上年度翻了一番，成为小微企业和初创企业融资的有效工具，尤其是音乐和电影等文化类产品更加适合众筹融资。④ 众筹融资方式，其具有融资门槛低、跨地域操作、方便、快捷、迅速、无须抵押的项目推广优势，使得众筹与文化产业的融资产生高度的契合性，成为文化产业和金融合作

---

① Richard R. W. Brooks, *Credit Past Due*, 106 Columbia Law Review 997（2006）.

② 参见胡大武、杜军等：《征信法律制度研究》，法律出版社 2012 年版，第 5 页。

③ 参见贺林平：《广东将建文企征信系统解决文化企业资金短板》，载《人民日报》2014 年 8 月 21 日，第 14 版。

④ R. Kevin Saunders II, *Power to the People*：*How the SEC Can Empower the Crowd*, 16 Vanderbilt Journal of Entertainment & Technology Law 949（2014）.

的重点方向。在项目类众筹网站当中，几乎一半以上的项目属于文化创意型项目。[1] 但是由于我国互联网金融配套监管法规不完善，导致文化产业与互联网金融对接得并不顺利，大多数互联网金融项目都是戴着脚镣起舞，因而无论是对于互联网金融企业还是投资者都面临着巨大的风险。

四、促进我国文化产业融资应注意的法律问题

文化产业的高速发展离不开充足的资金支持，因此需要建立和完善文化产业的融资机制，构建一个多元化的融资体系以支撑文化产业持久稳定发展。需要政府转变对文化产业融资的管理理念和支持模式，逐步由政府在融资中的主导作用过渡到市场机制在融资中占主导作用，从而完成政府职能的"归位"。应实行政企、政事分开，政府承担起文化产业融资配套法规、政策制定、产业导向、监督管理等主要职责。为了提高文化产业的融资效率和发挥国有资本在文化产业发展中的引导作用，国有企业的投资及政府财政支持的重点应该集中在具有公共性、公益性以及涉及国家安全的文化产业、服务基础设施和能够反映国家及民族特点的文化类项目。对于竞争性文化产业和混合性文化产业领域中公益性不强的部分国家要逐步停止投入，放宽民间资本和外资的进入限制。政府对于文化产业的融资通过完善文化产业融资相关法律和政策，构建并完善文化产业融资的促进和保障机制，让市场在融资中起主导作用。文化产业融资促进机制涉及的法律问题主要有以下几方面。

（一）无形资产评估法律问题

在知识经济时代，无形资产是企业实力和竞争力的重要组成部分，对于文化企业来说，无形资产是企业生存和发展的基础。《中华人民共和国文化产业促进法（草案送审稿）》第 35 条规定，国家建立和完善文化企业无形资产评估、登记、托管、流转体系。无形资产已经成为 21 世纪最主要的财产，文化企业所拥有的无形资产多于固定资产，通常无形资产的价值超过企业总资产的 80%。无形资产与固定资产具有很大的不同，对于有形资产来说，其随着时间而不断折旧，但是对于无形资产来说其价值在同一时间可以体现在多个地方。[2] 由于对于无形资产缺乏必要的认识，加之现行会计准则在对无形资产进行评估时难以发挥作用，因此无形资产价值通常被低估，没有被企业很好地管理、开发和利用。客观和真实地对无形资产进行评估，对于全面而准确地了解企业实力，提高企业的竞争力具有重要的作用。近年来，文化产业保持高速增长势头，而且随着国家经济转型和产业升级政策的进一步实施，文化产业必将迈入跨越式发展阶段。但是其发展离不开金融的支撑，而融资难题成为阻碍文化产业进一步发展的瓶颈。文化产业融资难的重要原因之一在于文化企业大多没有有形资产，而对于无形资产的评估理论、实践以及监管都比较滞后。2016 年 12 月 1 日开始实施的《中华人民共和国资产评估法》虽然规定了资产评估包

---

[1] 参见蔡萌：《新常态下文化企业与金融资本如何对接》，载《中国文化报》2014 年 11 月 28 日，第 5 版。

[2] Bruce S. Schaeffer & Susan J. Robins, *Valuation of Intangible Assets in Franchise Companies and Multinational Groups: A Current Issue*, 27 Franchise Law Journal 185（2008）.

括无形资产评估，但并没有针对无形资产的特点作出具体的法律规定。因此目前我国无形资产评估的法律依据不足，无法全面规制资产评估、信息披露、评估报告使用、责任承担，因此它不能适应目前我国文化企业融资中无形资产评估的客观需要。一是关于评估对象和内容规定不明确。随着商业形态不断更新，无形资产种类也在不断增多，市场主体和评估人员对无形资产认识不足问题广泛存在，从而导致企业的无形资产管理不到位，资产评估时对于某些无形资产漏评，而这往往会导致资产流失和资产评估结论的不真实。二是在评估的过程中操作不规范，评估师的主观态度直接影响到评估结果，从而降低了评估质量，而且对于评估中的利益冲突问题、法律责任追究规定不完善导致了虚假评估现象。三是评估所依据的方法落后，无形资产与有形资产的不同之处在于无形资产的价值并不是必然与成本成正比，而传统的无形资产评估主要采用成本法，因而使得评估价值无法体现无形资产的真实价值。四是评估管理机制不健全，评估市场无序。资产评估中的行政干预、部门垄断使得行业协会没有充分发挥应有的作用，为利益输送和不规范评估提供了机会。五是关于资产评估的准入规范不完善，评估机构、评估从业人员的专业素质和职业精神无法保证，从而导致一些评估结论不科学、评估低效甚至无效。以上无形资产评估管理中存在的问题需要通过法律的完善予以规制。如何构建无形资产评估法律规制体系也就成为文化产业融资促进机制中的一个重要法律问题。

（二）著作权质押融资法律问题

文化产业在各国都受到极大的重视，其已成为国家长期经济战略的重要组成部分，被认为是经济发展的又一增长极。各国对于文化产业重要性的认识主要体现在著作权体系中。① 著作权质押制度是随着近代各国著作权法的发展与权利质权的完善而成长起来的新兴制度。著作权质押制度在我国的发展实践不长，1995 年我国颁布的《中华人民共和国担保法》第一次明确规定了著作权质押，而第一次规定著作权质押登记程序的是1996 年国家版权局颁布的《著作权质押合同登记办法》，为当事人从事著作权质押提供了程序性的规范。随着市场经济的发展和经济体制改革的深入，著作权质押在企业融资中的价值也被重视起来，2011 年 11 月 25 日，国家版权局发布了《著作权质权登记办法》，进一步完善了著作权质押的登记程序。但是相关法律和政策的实施并没有带来著作权质押融资的快速发展，而且目前进行质押融资的大部分是软件作品的著作权，而众多文化、影视、美术等作品的著作权在质押融资中所占比例很小。其原因在于目前我国著作权案质押法律制度还存在较多问题，关于质押的标的、权利归属、权利的行使、权利的救济、质押登记等法律规定在一定程度上脱离了文化产业融资的实际发展形势。进一步修订完善《著作权法》的规定，完善著作权质押登记程序，成为文化产业与金融业对接的关键性问题。

---

① Olivia Khoo, *Intellectual Property and the Creative Industries in Asia*（*China and Singapore*）, 18 Asia Pacific Law Review 154（2010）.

(三) 征信法律问题

综合考虑制约中小企业融资的内外部因素，企业信用体系不健全，企业与金融机构之间的"信息不对称"无疑是其中一个重要方面。金融机构和文化企业之间信息不对称程度越大，信贷市场中产生逆向选择的可能性就越大，因为还贷能力和信用差的企业通常是最缺钱也最迫切寻找借款的企业，而且这部分企业也最可能得到金融机构的贷款。由于这种逆向选择，导致金融机构的贷款成为不良贷款的风险大增。当金融机构认识到这一问题后，即使存在有风险较低文化企业的贷款机会，金融机构也不会轻易决定放款。文化企业与金融机构之间的信息越不对称，则金融机构为降低风险所付出的搜集信息的成本就越高，从而造成信贷交易的成本也就越大，最终文化企业所进行融资的成本也会相应增大。有研究表明，征信可以提高中小企业的融资机会，通过征信能使得金融机构有效管理信用风险，从而增加中小企业对于金融机构放贷的吸引力。① 《中华人民共和国文化产业促进法（草案送审稿）》第43条也规定了国家建立文化市场诚信体系，构建守信激励和失信惩戒机制。造成文化企业与银行信息不对称的原因可以归纳为以下几个方面：其一是文化企业普遍规模较小，且内部治理机构不规范从而导致企业的经营和发展不稳定。其二是文化企业的资产及经营信息比较封闭，其真实的经营状况和经营实力很难掌握。此外，中小企业没有健全的财务制度，财务报表弄虚作假或很难反映其真实经营状况，从而难以合理地预见其发展方向和发展前景。其三是由于文化企业的信用体系没有建立，文化企业在寻找融资机会时很难向金融机构提供评价其信用水平的有效证明。因此银行选择谨慎对待中小企业的融资需求，甚至可能不给其贷款以降低风险，于是中小企业陷入融资难的状况。② 因此，完善征信法律制度，构建文化企业的信用体系，是文化企业融资促进机制中的重要问题。首先，要立法明确征信的监管主体，加强对征信过程的法律规制和监管。当前中国征信的监管机构不明确，且没有形成科学的监管体制，因此被征信人的权利无法得到有效保护，而且也不利于征信业的发展。明确征信业的监管主体，有利于规范政府机关在征信过程中的行政行为在征信业发展中发挥积极作用。③ 对征信活动进行法律规制，首先需要制定和完善征信数据采集和开放的法律法规，进而解决企业信息披露问题和个人隐私保护问题，信用信息的采集范围直接影响个人的隐私和企业的商业秘密，如何合理划分征信与隐私、企业秘密的保护界限需要通过法律予以规定，但是目前我国在规范征信数据采集、个人隐私保护、规范征信业运行等方面法律尚不完善。其次，制定和完善信用评级的法律、法规，以保证相关市场主体得到客观而真实的信用评价。最后，对守信与失信行为的奖惩进行立法规制，通过对失信行为的惩治，削弱失信者在市场经济中权利，增加其失信的成本，从而产生一定的威慑作用。

---

① Adrian M. Cowan & Charles D. Cowan, *SBA Survey Examines Credit Scoring for Small Business*, 22 Lending Review 30 (2007).

② 参见孙越：《基于征信视角的中小企业信贷融资问题探讨》，载《中外企业家》2011年第8期，第47页。

③ 参见李清池、郭雳：《信用征信法律框架研究》，经济日报出版社2008年版，第101~102页。

（四）众筹监管法律问题

随着互联网技术的快速发展，以及大数据的广泛应用，互联网与金融业开始紧密地结合在一起，形成了日趋火爆的互联网金融。由于互联网金融可以实现跨地域、跨时空的服务，而且具有方便性、开放性的特征，因此互联网金融极大地冲击和改变着传统金融业。其中众筹作为互联网金融的典型代表，其具有融资快捷、交易成本低、风险分散、可进行项目推广等特点，成为文化产业融资新的发展方向。众筹有普惠性的特征，首先，对于所有企业无论其经济和社会地位如何，在无法得到传统小贷公司、银行、风投资金支持的情形下，众筹可以为其提供融资机会。其次，众筹可以为普通的投资者提供以很小的资金投入获得参与一个项目的机会。① 最为重要的是众筹除了可以为文化企业提供融资这种功能以外，还可以利用众筹平台将相关产品或项目向广大的互联网用户进行推广，不但可以获得大量用户的资金支持还可以引起潜在消费者的关注和期待。众筹主要有捐赠类众筹、实物回报类众筹、预购类众筹、借贷类众筹以及股权众筹。② 其中股权众筹可以为投资者提供众筹项目中的股份，这点是其他类型众筹所不具备的功能，因此股权类众筹是众筹监管的重点，也是作为文化产业融资工具进行研究的重点。由于众筹的投资者对于筹资人以及文化项目或产品的真实性缺乏权威而有效的了解渠道，对于普通投资者而言，没有专业的投资风险预估和辨别能力，极易被虚假的宣传资料所欺骗，从而遭受损失。众筹融资法律问题的完善应主要从以下几方面着手：一是完善众筹平台的资格准入以及登记和批准，从而保证众筹平台合法而诚信的经营。二是完善众筹项目信息的审核、筹资人身份及信用评判的法律规定，从而保证项目和筹资人的真实可靠。三是完善项目进展、资金使用、财务制度的信息披露法律规定，以使投资人对于项目经营和资金流向有基本的了解。四是完善筹资不成功的退款、项目利润的分配法律规定从而保证投资人利益得到有效而及时的维护。五是完善众筹融资平台中创意项目的知识产权保护。总体而言应当以保护投资者、促进中小企业发展为出发点，从对平台的规制、初创企业的鼓励和对投资者的保护三个方面来辩证地看待众筹发展中的风险和机遇。

第二节　文化产业融资中无形资产评估法律问题

文化产业的资产结构具有相对的独特性，文化产业与其他产业相比，其核心的资产不是固定资产，而是通过研究和开发而形成智力成果的文化产品，主要表现形式为无形资产，文化产业的竞争优势来源于创新力。文化企业价值创造过程显示大部分文化企业属于"轻资产"类型的企业，著作权等无形资产是文化产品的真正价值来源，构成了文化企业

① Philip de Beer, *Law of Crowdfunding*: *Challenges to the South African Securities Law—A Comparative Perspective*, 1 Penn Undergraduate Law Journal 20 (2014).

② Shekhar Darke, *To Be or Not to Be a Funding Portal*: *Why Crowdfunding Platforms will Become Broker-Dealers*, 10 Hastings Business Law Journal L. J. 185 (2013).

的核心贡献资产。① 由于无形资产价值隐性且价值波动较大使得评估工作困难而复杂。加之我国关于无形资产评估的管理机制、评估依据的准则、资格准入等方面都没有相关完善的法律进行规制，无法保证文化企业无形资产评估结果真实反映了价值。虽然中国资产评估协会于 2016 年 3 月制定了《文化企业无形资产评估指导意见》，对文化企业无形资产评估的考虑因素和评估方法有所规范，但是依然没有从根本上解决我国无形资产评估监管体制、资格准入和评估过程法制化的问题。这既是文化企业融资的障碍，也是文化产业发展的障碍。因此，2014 年 3 月 14 日国务院发布了《国务院关于推进文化创意和设计服务与相关产业融合发展的若干意见》，提出要完善文化创意和设计服务企业无形资产评估体系。

一、无形资产评估的特点及意义

（一）无形资产评估的特点

无形资产是指所有能直接或间接带来经济利益的无物理形态的资产。② 无形资产评估是对于无形资产在价值形态上的评估，是针对依照法定或者公认的程序和标准，采用专业而科学的方法，为满足特定目的而对无形资产所作出的评定和估算。在研究无形资产评估时首先需要区分成本、价格和价值。成本是制作一个产品或提供一个服务的整个过程需要花费的金钱的数额，价格是购买一个商品或接受一个服务所必须支付的金钱的数额，而价值是在特定环境下购买商品或服务愿意支付的金额。③ 本书所研究的无形资产评估是以无形资产转让、投资、融资为目的的资产评估，并通过评估从而以货币的形式来反映无形资产的价值。其具有如下特点：

1. 价值的隐形

所谓价值的隐性是指无形资产价值或者说部分文化产品或服务给人的感觉是无形的体验。一般体现为心理情感的反应，是人的思想和情感的认同和回应，而且不同的人反应是不同的。虽然文化企业资产大部分属于无形资产，但是对于进入市场中的文化产品来说，不但需要每个投资人或鉴定者心中有自己的价格，而且需要一个被社会总体认知所接受的公认价格，因此对于文化产品的价值鉴定远比一个事实的认定要复杂，它是一种预估，评价和判断④。正因为文化企业资产价值的隐形对于文化企业资产价值很难进行量化，而且文化创意企业的无形资产又具有创意性和新颖性，所以很难在市场中找到相近或相仿的同类品，无法找到相近的价格作为价值评估的参照，导致难以确定其市场价值。无形资产评

---

① 参见王家新、刘萍等：《文化企业资产评估研究》，中国财政经济出版社 2013 年版，第 40 页。

② Necsulescu Ecaterina & Onose Valeriu-Laurenpiu, *Particularities of the Intangible Assets Evaluation in Terms of Financial Crisis*, 9 Economic Sciences Series 901（2011）.

③ Luca Escoffier, *Reinterpreting Patent Valuation and Evaluation: The Tricky World of Nanotechnology*, 67 European Journal of Risk Regulation Impact Factor 70（2011）.

④ Lerner & Ralphe Judith Bresler, *Art Law Guide for Collectors, Artists, Investors, Dealers, and Artists* 1507（3rd edn., vol. 3, Practising Law Institute 2005）.

估首先要确定哪些资产属于无形资产，其次要给这些无形资产确定价值。而有些无形资产是通过他人的授权书确定，有些无形资产是通过主管机关颁发的证书予以确认①，还有些无形资产没有明确的证据予以证实。每项文化产品的价值评估都涉及版权本身的专业性、复杂性。例如在对电影和电视剧价值评估时，主要演员、导演、编剧的知名度，以及该影视公司以前制作的作品的美誉度都会影响到对其价值评估结果，除了作品以外，评估当下的时尚潮流和观众的年龄层次、消费能力也会对评估结果产生影响。现实中有些小成本制作的电影由于迎合了观众的喜好，因此收获了较高票房；而有些电影由于没有迎合大众的喜好，虽然投入巨大却票房惨淡。由于文化产品作者、表演者个体的不确定性与文化产品的市场价值紧密相关，因此作者或表演者的健康、精神状态及社会美誉度都会直接影响到文化产品的价值。正因为对无形资产评估难，导致金融机构在决定是否向文化企业提供贷款时顾虑重重，从而阻碍了文化产业的投融资规模和速度。

2. 价值波动较大

由于文化产品的价值取决于消费者的情感和心理体验及认同，与时尚潮流及审美情趣紧密相关。所以在文化创意产业的交易中，一项文化产品的价格极大程度上取决于市场、投资者、社会大众对于该产品的需求。在审美情趣和时尚潮流相吻合的情况下，同一件文化作品，因为完全符合市场的需求，可能价值很高；但如果该文化产品与审美情趣和时尚潮流不相符，与市场需求不匹配时，就可能一文不值。文化创意企业的无形资产赢利能力和市场寿命受到市场因素、技术发展因素、法律政策影响较大，因而具有较大的不稳定性，从而在很大程度上影响到文化创意企业对无形资产价值的确定。而且我国文化产业以中小型企业为主体，其资产规模小，运营和管理不规范，导致评估机构对贷款的风险很难作出正确的评价。② 由于文化企业资产主要体现为专利权、著作权、商标权等无形资产，而上述权利的行使都受到了法律限制，具有法定的存续期限。目前我国知识产权保护体系不太完善且保护力度不太强，知识产权极易被侵犯，也容易陷入权利纠纷之中。现阶段文化创意产业还处在初级发展阶段，各类知识产权纠纷案件仍频频发生。作为文化企业主要资产表现形式的知识产权一旦陷入侵权或其他权利纠纷中，则对于文化企业的经营具有毁灭性的打击。而且由于文化企业资产具有无形资产的特征，上述侵权或权利纠纷很难预见和控制。

3. 价值的裂变

所谓无形资产价值的裂变主要包括两方面内容，其一，文化项目中文化产品或文化服务的投入与产出比很难确定，并不是完全成正比。有时可能是一个很小的项目，但由于开发时机、创意新颖可以带来成倍的财富增长。由于文化产业的产业关联度较广，对于上下游产业辐射带动力较强，一个成功的文化创意项目可以带动许多行业的发展，从而实现文化企业资产价值的倍增裂变。例如由广东原创动力文化传播有限公司制作的童话题材原创

---

① Jody C. Bishop, *The Challenge of Valuing Intellectual Property Assets*, 1 Northwestern Journal of Technology and Intellectual Property 60 (2003).

② 参见郭利华：《资产价值评估：文化产业与金融市场对接的关键》，载《光明日报》2013 年 4 月 5 日，第 5 版。

动画作品《喜羊羊与灰太狼》，该作品在电视台播出后获得巨大成功，其后又改编为电影在各大影院上映，动漫作品本身获得成功后又带动了衍生产品图书、玩具、服饰的市场热销，从而使得公司资产价值和财富的急剧增加。其二，部分文化企业资产的价值呈现逆增长，即有些文化产品与一般产品价值随着时间而折旧减少相反，而是随着时间价值在增加。例如有些文化产品尤其是书画作品，影响其价值鉴定的一个重要因素就是作品的历史价值。文化产品的历史价值是指文化作品作为某个特定历史阶段时代特征、文化、科技发展的见证，其不仅有较强的观赏性，还有较高的历史研究价值。上述文化产品的历史价值随着收藏保有时间而不断增加，从而在对其进行价值评估时所采取的评估方法与一般产品则具有极大的不同。

除了以上所述的特点外，由于文化产业包括广告设计、大众传媒、图书出版、艺术品收藏等诸多方面，使得无形资产评估由于行业不同而考量的侧重点和价值也都存在差异。因为行业不一样，无形资产主要的表现具体方式也不一样，无形资产占整个文化企业的价值比例也不相同。例如广告设计行业的无形资产更多地表现在人力资源结构和技能方面，大众传媒行业的无形资产价值可能更多地表现在其发行方式和发行渠道上，而图书出版行业的无形资产更多地表现在著作权方面，从而使得文化产业作为整个产业没有一个相对固定的评估元素，这就更增加了文化企业资产的评估难度。

（二）无形资产评估对于文化产业的意义

无形资产评估对于文化企业具有重要的作用，其决定着财务报告的准确性，是确定知识产权授权价格的依据，决定着交易价格以及收藏价格，是获得投融资以及投融资金额的基础，是纳税、保险以及索赔的计算依据。[1]

首先，有利于文化企业掌握自身资产状况，并维护企业资产的完整性。文化企业与一般企业不同，自身资产多体现为以知识产权、著作权为内容的无形资产，而一般企业对有形资产的评估、利用和管理有自身有效的机制和管理制度，但是对于无形资产具体的价值及所占企业总资产的比例认识模糊，从而无法有效地利用、管理、整合企业资产。只有通过对无形资产的评估，才能使企业管理者对于资产总量做到心中有数，从而使资产管理规范化，保证企业资产完整性。

其次，有利于促进文化企业的融资。目前企业的融资主要有贷款、风险投资及上市融资三大渠道，但是无论哪种融资渠道都需要一定的资产作为是否能得到融资和融资额度的基础。对于文化企业尤其是中小文化企业而言，很难匹配融资机构的要求，因为文化企业大多数属于"轻"资产，没有厂房、土地、设备等抵押物。由于我国无形资产评估体系不完善、缺乏专业的风险评估体系，而且征信建设和监管环境不健全，这些对融资机构来说都是极大的风险，从而制约了文化企业的融资。而无形资产评估不仅可以为文化企业融资提供价值的担保，也可以为金融机构的投融资决策提供科学而有效的依据，从而有效地促进文化企业融资的发展。

最后，无形资产评估可以推动文化企业低成本扩张，促进文化企业的快速做大做强。

---

[1] Vanessa Van Coppenhagen, *The Valuation of Copyright*, 16 SA Mercantile Law Journal 335 (2004).

企业快速扩张的一个重要途径就是兼并重组其他企业,从收购方来看,其可以减少现金的投入而用无形资产投资,以较少的现金投入换来较大规模的经营和较大的收益;而且在收购其他公司后可以扩大使用注册商标的商品或服务,有助于提升商标的价值,从而扩大品牌的影响力。

二、无形资产评估中的具体法律问题

(一) 监管体制

无形资产评估作为一项单独的评估,其包括专利、商标、著作权,有些无形资产中还包括专有技术、域名等①。无形资产价值的隐形及波动性,决定了评估结果极易失真且难以察觉,因此对评估机构及评估师的监管显得尤为重要。

在美国,对于评估师的监管与其他职业不同,一般情况下对于专业职业(如医生、律师和建筑师等职业)和普通职业的监管一样都属于州政府的职权范围,但是对于评估业的监管,联邦政府承担着监管职责。美国国会 1989 年通过了《金融机构改革、恢复和强制执行法》(*Financial Institutions Reform*, *Recovery and Enforcement Act*, FIRREA),该法对美国评估管理体制进行了较大的改变,实现了联邦政府监管、州政府负责注册登记、行业协会负责有关专业技术准则的制定、金融监管机构建立评估规则。该法建立了美国特色的资产评估体系,也建立了美国特色的评估行业监督管理体系。② 《金融机构改革、恢复和强制执行法》要求各个州对评估师进行监管,成立包括一个由 5~10 位成员和候补成员组成的委员会。对公众就评估师的评估行为提出的有关申诉作出调查,并采取适当的措施;对评估机构的注册、经营和评估行为进行监管。③ 因此,美国对资产评估师的教育培训、考试准入、评估行为监管都形成了完整的体系。《欧洲评估准则》第一部分规定评估师应该避免利益冲突并保持独立性。评估师,应该在接受委托前向当事人询问利益相关方,以防止与评估师、评估师的合伙人或评估师的家人产生利益冲突。评估师应该保持独立性,应该在评估过程中客观而专业,应该对评估报告的相关利益各方的评估具有独立性。如果因为评估师失误而导致客户损失时,客户则可以采取司法措施要求评估师承担责任。关于评估师承担责任的范围和程度既可以在委托协议中约定,也可以在评估报告中说明。④

我国无形资产评估机构虽然近年来有了较大发展,但管理相对滞后,还不完善。由于

---

① Phillip A. Beutel & Bryan Rray, Grasping *the Value of Intangible Assets*, 30 International Tax Journal 36 (2004).

② *The European Group of Valuers*, *Associations*, *European Valuation Standards* (8th edn., TEGoVA 2016).

③ *Financial Institutions Reform*, *Recovery and Enforcement Act of 1989*, https：//www.fdic.gov/regulations/laws/rules/8000-3100.html, Visited on 9 October 2021.

④ *The European Group of Valuers*, *Associations*, *European Valuation Standards* 48 (8th edn., TEGoVA 2016).

历史的原因，我国多数的评估机构都挂靠于行政机关①，导致行政干预评估严重，表现为行政干预评估标准影响评估结果的客观公正，评估机构与行政机关的脱钩改制的问题亟待解决；由于评估机构挂靠于行政机关，也导致了地方和行业保护，这些依附、挂靠于行政机关的评估机构垄断了评估市场，违背了市场规律，剥夺了其他评估机构的竞争机会，因而所做的评估结果既无法保证客观公正也缺少权威性。由于对评估机构无信誉等级评定，因此无论评估机构是否具有相应领域地评估技术和专业知识，只要取得评估资质，都可以全方位多领域地竞争业务，导致了恶性竞争，加之无形资产评估市场大、利润较高，一些行政机关出于部门利益的考虑，各自为政地把无形资产评估管理的权限控制在自己手中，从而加剧了评估市场的混乱。

（二）评估师的资格准入

无形资产评估与其他资产评估有极大的不同，评估过程中不仅需要会计财务知识，也需要工程技术、法学、市场分析多门学科知识，知识含量较高，作为知识、智力密集型的无形资产，其本身具有很强的学科专业内容，如果不了解有关知识就无法进行有效的评估。在 20 世纪 80 年代，美国八个主要的全国性评估组织开始联合起来以建立一套可以供所有评估师使用的通用的资格认证和评估准则。这八个全国性的评估机构成立了美国资产评估促进会（Appraisal Foundation，AF），该资产评估促进会属于一个非营利性的组织，其任务是通过制定评估准则和建立评估师的资格认证来促进和提高美国评估师的专业水平。而这一任务是由两个独立的委员会承担的，即评估师资格认证委员会和评估准则委员会。从 1995 年起，各州举行的评估师资格考试其难度不得低于评估师资格委员会制定的大纲水平。

我国无形资产评估人员的知识结构无法满足现实的评估需要。无形资产种类较多，相互间可比性很低，而且非专利技术和商业秘密需要严格保密，因此关于评估对象的信息资料和技术经济参数的搜集比较困难，增加了无形资产评估工作的复杂性，而我国目前评估机构中的评估人员大多数是会计、财务专业，并不具有无形资产相关领域的专业知识，这可能会导致在评估中不按照规则操作、所做的鉴定不科学、有关数据不准确、评估的质量不高等问题。② 目前我国资产评估行业队伍很不完善，主要存在以下问题：

首先，资产评估人员知识构成不合理、结构单一，既懂艺术、懂知识产权又能进行文化无形资产评估的评估师十分匮乏。为了应对无形资产的复杂评估工作，需要保证资产评估人员具有丰富的知识结构。但由于评估从业人员知识结构单一，很难开展新型的资产评估业务，限制了评估业的发展。

其次，资格准入和实际工作相脱节。通过执业资格考试获得执业资格只是证明其理论知识达到了要求，但由于评估师是一门需要丰富实践工作经验的职业，因此，更需要实践经验的积累。近年来也有许多非会计专业的其他专业人才通过考试获得了注册资产评估师

---

① 2016 年 7 月颁布的《中华人民共和国资产评估法》依然延续了多头管理的模式，规定国务院有关评估行政管理部门按照各自职责分工，对评估行业进行监督管理。

② 参见刘然：《无形资产评估存在的问题及对策》，载《中国证券期货》2010 年第 8 期，第 49 页。

的执业资格，改变了我国评估师队伍中专业单一化问题。但是他们由于缺乏统计、会计等基本的理论基础，在获得执业资格后依然不能独立地对资产进行评估。甚至有些人员通过资格考试后，实际并未从事评估工作，而产生"挂证"现象。

(三) 评估过程管理的法制化

由于无形资产的特殊性使得无形资产评估复杂而多变，更容易受到评估师个人专业知识、职业态度的影响。为了确保评估结果尽可能客观而合理，制定科学的评估准则和完善的法律监管体系是无形资产评估健康发展的前提。

20 世纪 60 年代美国评估师协会（American Society of Appraisers，ASA）根据美国经济社会发展的需要，结合专利、商标、著作权在经济发展和企业资产中所占比例越来越大的实际情况，为了开拓评估业务并保障无形资产评估的科学而真实，因此设立了无形资产评估委员会。美国评估师委员会考虑到企业价值评估和无形资产评估的方式、步骤以及相关因素都有类似之处，因而用企业价值委员会取代了无形资产评估委员会。企业价值评估委员会负责组织、协调、管理无形资产评估和企业价值评估。1986 年美国的评估专业协会与加拿大的评估协会联合制定了《专业评估执业统一准则》（*Uniform Standards of Professional Appraisal Practice*，USPAP）。通过总结和分析泡沫经济导致的危机，美国国会于 1989 年通过了《金融机构改革、恢复和强制执行法案》（*Financial Institutions Reform, Recovery and Enforcement Act*，FIRREA）要求评估人员在进行评估业务时，《专业评估执业统一准则》是评估工作的依据，必须按照《专业评估执业统一准则》的规则进行操作。目前《专业评估执业统一准则》已经成为美国评估行业公认的评估规则，而且随着资产评估业的全球化发展，《专业评估执业统一准则》逐渐发展成为在国际评估界最具有影响力的评估准则之一。[①] 2009 年美国评估师协会结合《专业评估执业统一准则》和《评估实践原则和道德准则》（*The Principles of Appraisal Practice and Code of Ethics*）修订了《企业价值评估准则》（*ASA Business Valuation Standards*），在《企业价值评估准则》第九部分无形资产的评估（Intangible Asset Valuation）中规定了无形资产价值评估的内容。无形资产评估准则应重点规定以下内容：

1. 无形资产范围的界定

确定无形资产的范围是进行无形资产评估的前提，因此美国《企业价值评估准则》要求评估师在进行无形资产评估时，首先要确定与资产评估相关的无形资产。而我国台湾地区的"无形资产之评价准则"对于无形资产的界定为：无形资产是指无实际形态、可辨认性具有经济效益的非货币资产，以及商誉。无形资产主要包括：商标、商品外观、网站域名、竞业禁止协议、服务或供货协议、授权协议、订单、聘用协议、客户关系、资料库、配方、工艺流程、设计、艺术相关之无形资产（电影、音乐、书籍、戏剧所产生的收益权及著作权的保障）。我国财政部所制定的《企业会计准则》（2006 年版）则对于无形资产进行了如下定义：无形资产是指企业拥有或者控制的没有实物形态的可辨认非货币

---

① 参见中评协标准部：《境外企业价值评估准则概览之一——美国专业评估执业统一准则》，载《中国资产评估》2004 年第 8 期，第 22 页。

性资产。① 而中国资产评估协会所制定的《资产评估准则——无形资产》（2009 年版）对于无形资产的定义为：无形资产是指特定主体所拥有或者控制的，不具有实物形态，能持续发挥作用且能带来经济利益的资源。从以上《企业会计准则》和《资产评估准则——无形资产》对无形资产定义的差异可以看出，我国目前评估工作的主管机关与行业自律组织对于无形资产范围的界定存在差异，没有统一的尺度，必然会给评估工作造成一定程度的混乱。

2. 评估中应考虑的因素

无形资产是一种新型的、价值巨大而且变化速度很快的资产，因此传统资产评估所考虑的因素必须适应无形资产的变化而进行相应的调整。② 美国《企业价值评估准则》要求评估师应当搜集、分析、判断进行评估所必需的与评估相关的信息。这些信息主要包括：无形资产的特征，包括权利种类、特权、条件、影响管理的因素以及限制销售或转让的各种协议；无形资产的性质、历史以及前景；无形资产历史财务信息；基于无形资产的债权以及所担负的债务；对无形资产能产生影响的相关产业的类型与状况；影响无形资产的经济因素；能够提供相关信息的资本市场，包括投资回报的情况、相关的证券市场信息、有关并购信息；无形资产以前的相关交易情况；评估师认为需要的其他相关信息等。进行无形资产评估时，评估师应该考虑如下因素：对所评估的无形资产进行保护或限制的有关法律权利种类；无形资产的历史；无形资产未来的经济（效用）和法律生命期限；在无形资产存续期间，该文化带给其所有人有关的直接及间接经济利益；与无形资产相关的已经发生的或正在进行的诉讼；由于共有权或许可协议而导致的无形资产整体利益与部分利益之间的划分；无形资产潜在的商业开发可行性及性质；与特定种类的无形资产评估相关的其他因素。美国评估师协会《企业价值评估准则》第九部分的附则中还对无形资产评估应当考虑的因素、分类进行了详细规定。在进行专利价值评估时，评估师应该考虑如下因素：专利保护的范围；专利开发所面临的风险例如侵权、无效或技术及经济障碍等；有关的专利的公共或私人信息；在对于一个专利组合体进行评估时，评估师应当考虑相关专利集合体的权利情况。在对商业秘密进行评估时，评估师应当考虑为保护商业秘密所采取措施的合理性及有效性；商业秘密被合法披露或被竞争对手独立开发出来的可能性；在商业秘密存在授予专利的可能性的情况下，需要考虑申请专利权与作为商业秘密保护，在潜在的利益、付出的成本和面临风险上的区别。在对商标评估时，评估师应当考虑该商标在不侵犯其他商标权及其他权利的情况下，向相关产品或服务扩展运用的可能性；因任何注册或延展所产生的商标保护的性质和范围；因未使用而导致商标注销的可能性；商标丧失显著性的可能性；关于该商标及竞争者商标的任何公共或私人信息。在对版权评估时，评估师应该考虑著作权保护的范围、著作权登记状态，著作权来源于原创或者来自

---

① 参见中华人民共和国财政部：《企业财务会计准则：企业财务会计准则——应用指南》，中国财政经济出版社 2006 年版，第 1 页。

② Andrew J. Maas, *Valuation & Assessment of Intangible Assets, and How the America Invents Act Will Affect Patent Valuations*, 94 Journal of the Patent and Trademark Office Society 328（2012）.

于他人转让；关于该著作权的任何公共或私人信息。[1]

3. 评估方法

美国《企业价值评估准则》规定评估师应当综合考虑采取如下适当的方法进行评估。(1) 收益法（Income Approach）：在采取收益法进行评估时，评估师应当主要考虑与无形资产相关合理的经济利益，以及该利益实现可能存在的相关风险；应当考虑到为计提所得税目的，无形资产价值摊销而产生的经济利益；应当考虑无形资产实际经济上的存续周期是否与其法律规定权利周期不同等。(2) 市场法（Market Approach）：在采取市场法进行评估时，评估师应当考虑无形资产在不同的市场经济环境中的差异。(3) 成本法（Cost Approach）：在采取成本法进行评估时，评估师应该考虑，在重做或更换产品时而可能导致的直接或间接成本，由于功能或经济价值损毁而导致价值损失。2012 年出版的《欧洲评估准则》第七版规定评估师在进行评估时，应当确报所选用的评估方法与评估的目的、评估师的身份相适应。财产评估的方法主要有三种：收益法（income approach）、资产基础法（asset based approach）和比较法（comparison approach）。不论运用哪种评估方法，评估师应当确保评估与评估目的和评估所期望的用途、在评估基准日能够获得的有关信息相匹配。评估师应当对各种评估方法得出的结论进行综合分析，而不应当对不同的评估方法所得到的结论进行简单的加权平均计算。

4. 信息披露

美国《专业评估执业统一准则》（准则十）对于评估报告作出了专门的规定。首先，关于评估报告的形式，既可以是书面形式也可以是口头形式，但无论何种形式，在表述无形资产评估结论时，应当以不会引起误解的方式说明每一项分析、判断和结论。评估报告无论是书面形式还是口头形式应至少包括以下内容：说明委托方以及任何预定使用者的名称；被评估企业的信息；被评估企业股权构成情况；评估的目的；评估基准日以及评估报告日；进行评估业务所涉及的工作范围；影响评估分析、结论的各种假设和限定。[2] 评估师应当在评估报告中作出进行诚信评估的保证，说明评估师的报酬以及其他利益没有影响到评估结论，并说明委托方和任何期望使用者的名称或类型。《欧洲评估准则》（准则九）中规定评估报告应披露以下信息：工作说明；评估师的资格；评估的依据和目的；评估日期；关于资产的描述；有关法律内容的总结，例如占有、租赁等；对于资产有关市场状况的评述；关于评估方法和分析的描述；作出的任何假设；对于评估报告的任何限定。[3] 我国台湾地区要求评估人员在出具评估报告时，应该遵守评价准则的规定，在评估报告中应当说明无形资产是单独评估或者与其他资产合并评估，若是合并评估，应当说明合并评估的理由及合并评估的资产。[4]

---

[1]　American Society of Appraisers, ASA Business Valuation Standards: Intangible Asset Valuation 21-23 (American Society of Appraisers 2008).

[2]　参见中评协标准部：《境外企业价值评估准则概览之一——美国专业评估执业统一准则》，载《中国资产评估》2004 年第 8 期，第 23 页。

[3]　*The European Group of Valuers, Associations: European Valuation Standards* 2012, p. 62.

[4]　台湾会计研究发展基金会、评价准则委员会："无形资产之评价准则"（评价准则公报第七号草案），http://www.ardf.org.tw/html/opinion/av007.pdf，2021 年 10 月 9 日访问。

三、完善我国无形资产评估的法律建议

为完善我国无形资产评估管理体系，切实提高无形资产评估的水平和公信力，应对《中华人民共和国资产评估法》进行相应的修订，增加并完善无形资产评估的相关准则。其中应着重解决以下几方面的问题。

（一）健全资产评估行业的管理体制

目前，我国的资产评估业主要由以下几方面构成：财政部管理下的综合类资产评估、住房和城乡建设部监管下的房地产价值估价、国土资源部管理的土地价值估价和矿产价值评估、商务部管理下的旧机动车鉴定估价和保监会监管下的保险评估等。这种监管比较分散，容易造成行业垄断，从而妨碍了评估行业的发展。除了以上主管机关外，各级国资委对于国有资产的评估进行备案登记，证监会也被赋予了资产评估项目监督管理的权力①。虽然上述多个部门对于资产评估都有监督管理的权力，但是法律并没有明确监管机关的法律责任，因此造成权责不清、监管不力等问题。由于评估行业管理协会既是民政部门批准成立的社团组织，同时又是隶属于政府部门的事业单位，协会领导由政府部门任命或推荐，因此行业协会要在相应的政府部门的领导下开展工作，这就使得其实质上的独立性不足。资产评估行业采用行政管理模式是不利于无形资产评估业的发展的，首先，评估机构隶属于或者挂靠于各级行政机关，不可避免会带来行政干预以及垄断；其次，评估业是市场经济中重要的中介行业，随着全球化经济的发展，评估行业也日趋国际化，采取行政管理妨碍了评估行业的国际交流和参与国际合作。最后，对评估行业采用行政管理模式，评估机构在业务开拓、财务支出以及人事编制等方面都没有充分的自主权，无论是从发展的质量和发展规模上都受到了限制。

欧美国家对于无形资产评估行业一般是都采用行业自律性管理。由于无形资产评估属于专业性的职业，只有依靠行业自律管理，才能实现内行管理内行的目的，这也是符合行业发展规律的较为合理的管理模式。作为市场经济的重要中介组织和文化产业融资过程中的重要环节，无形资产评估机构的管理模式不仅关系到评估行业本身的健康发展，也关系到我国整个文化产业的快速稳定发展。为充分发挥评估机构作为市场经济中介服务职能，应该改变其管理模式。为促使我国无形资产评估管理走向科学化，将资产评估行业管理体制转变为一个政府与行业自律组织——中国资产评估行业协会双方共同管理的结合模式。这种模式是在政府的宏观监督、指导下以行业自律管理为主体的资产评估行业管理体制。② 应该在立法中改变资产评估行业多头管理、职责不清的状态。明确规定在国家和省级财政部门的监督和指导下成立各级资产评估行业协会，并在各级资产评估协会内部设立

---

① 2016 年 7 月颁布的《中华人民共和国资产评估法》依然确认延续了这种分散的监管模式，规定国务院有关评估行政管理部门按照各自职责分工，对评估行业进行监督管理。设区的市级以上地方人民政府有关评估行政管理部门按照各自职责分工，对本行政区域内的评估行业进行监督管理。

② 参见石恺：《我国资产评估行业管理方面存在的问题及对策》，载《商情》2013 年第 3 期，第15 页。

专业委员会，以促进评估行业的自律管理。通过立法赋予行业自律组织一定的监管权限：组织拟定注册评估师职业道德准则、注册评估师资格全国统一考试办法、执业管理办法、评估机构管理办法；行业自律组织可以对违反职业道德准则的评估师及评估机构予以训诫、通报批评、公开谴责、取消会员资格等形式的处罚。同时明确省级以上财政部门依据法定职责，负责监督资产评估行业自律管理，对注册评估师和评估机构的管理机构进行设立批准、资格授予并对于违法行为依法实施处罚。

根据 2016 年 7 月颁布的《中华人民共和国资产评估法》（以下简称《资产评估法》）规定，我国的资产评估机构应采用合伙或公司的形式。《资产评估机构审批和监督管理办法》规定，当前我国资产评估机构可以采取的组织形式为有限责任公司制、特殊普通合伙制和普通合伙制三种。资产评估机构作为市场经济中的专业中介机构，其角色定位要求评估师应该具有较强的责任意识和执业防范意识，因此使评估师的专业知识和技能在评估机构内部的决策中起主导作用，而不应以投资额的大小去划分评估机构内部的话语权。有限责任公司制是"资合"形态的公司，而不是"人和"形态的公司，因此在有限责任公司中，股东权利的大小以及股东的话语权都依照股东在公司中的投资金额来决定，而且评估机构对外承担责任也仅以公司的全部资产为限。这种组织形式容易导致评估机构中有专业能力和职业精神的股东无法掌控公司。容易忽略注册资产评估师劳力和智力在资产评估机构内部治理中的作用，所有权和决策权的分配更多地依据合伙人投入的资金资本额，① 而且对外承担有限责任不利于形成评估机构及评估师的风险意识和责任意识，这与资产评估机构的合伙治理文化要求是不相适应的。因此，在《资产评估法》中应该取消有限责任公司制评估机构的组织形式，健全合伙人进入与退出制度。为了保证评估机构的专业性，在评估机构的权利机构设置中，应该借鉴律师事务所的管理办法，要求评估机构的合伙人应该具备评估师资格。而且合伙人必须满足一定的执业年限和具备一定的专业评估资历。此外，应当通过立法赋予评估行业协会进行行业自律的权力，授权其制定评估机构以及评估师的年度考核管理办法。规定评估机构和评估师的双重注册制度，也就是说从事资产评估的评估机构和评估师必须注册成为评估行业协会的会员。应该规定评估机构必须在注册后才可从事评估业务，而且每年评估机构应参加评估业协会组织的年度考核，并根据考核成绩予以分级评定。根据《资产评估执业质量自律检查办法》等相关法规，政府主管机关应当做好外部的监督和指导，行业协会充分发挥自律组织作用全面提高评估师的评估技能，并且建立和完善评估机构的信用档案、评估师的信用记录，通过奖优罚劣合理的奖惩机制和投诉异议机制形成完善的行业协会自律管理体系。

（二）强化资产评估师资格准入和考核机制

文化产业的发展使得以技术和专业为基础的新型知识产权快速增加，例如数据、信息、组织架构、专有技术、问题解决技巧及创意等。而对于这些无形资产的评估更多地依

---

①　参见修雪嵩：《优化资产评估机构组织形式与内部治理初探》，载《中国资产评估》2014 年第 9 期，第 37 页。

赖评估师的专业知识和技术而不是硬件设备。① 在《资产评估法》的制定中充分考虑我国现实需要和未来发展趋势并合理借鉴国际上的通用专业分类方式，应科学合理地划分资产评估专业类别。参照一些发达国家的经验，可以采用"一个行业、多种专业"的资产评估行业发展模式及法律制度。

由财政部制定注册资产评估师的考试管理办法，授权资产评估行业协会结合具体的专业委员会负责考试题库建立、考试科目设置、监考、阅卷等。资格考试合格是申请注册资产评估师的前提条件并根据评估专业不同对学历水平、工作经验作出有针对性的要求。在《资产评估法》中应严格规定资产评估师注册管理制度，未经执业注册，不得以注册评估师名义执业。对于通过注册评估师资格考试并取得资格证书的人员，在符合法定资质的评估机构具有了一年以上评估实习工作经历并被该评估机构认定为合格的，可以向资产评估行业协会提出执业注册的申请。

完善对注册资产评估师的后续培训和考核机制，实行动态管理。每年资产评估行业协会应该对评估师进行年度考核，并从业务能力、理论水平、诚信记录对评估师后续管理制度作出规定，法律授权资产评估行业协会制定《注册资产评估师注册及考核管理办法》，规定注册资产评估师每年应达到一定的培训时间、完成一定的评估量，根据考核成绩分别给予优良、合格、不合格的等级评定。对于考核结果不合格的评估师暂缓注册，经过再次培训经考核合格后再予以注册。以上内容，无论是 2016 年 7 月新颁布的《中华人民共和国资产评估法》，还是 2016 年 3 月公布的《文化企业无形资产评估指导意见》均没有相关规定。

（三）细化评估准则推进评估管理的法制化

评估业在中国经过二十多年的发展，主要是通过以下法律、法规、司法解释及部门规章进行调整。20 世纪 90 年代初的《国有资产评估管理办法》对于国有资产占有单位应当进行资产评估的情形予以了规定；《企业国有资产评估管理暂行办法》对于国有企业应该进行资产评估的情形进行了明确；《国有土地上房屋征收与补偿条例》规定被征收房屋的价值应由具有相应资质的房地产价格评估机构，按照房屋征收评估办法评估确定；《建设部、中国人民银行、中国银行业监督管理委员会、关于规范与银行信贷业务相关的房地产抵押估价管理有关问题的通知》规定商业银行在发放房地产抵押贷款前，应当确定房地产抵押价值。房地产抵押价值由抵押当事人协商议定，或者由房地产估价机构进行评估；《最高人民法院关于人民法院委托评估、拍卖和变卖工作的若干规定》对评估工作也作出了司法解释；除此以外，各地也通过地方法规、地方政府规章对评估制定了相关的条例或办法。由于各方利益博弈，争议很大的《中华人民共和国资产评估法》在颁布前数易其稿，终于在 2016 年 7 月获得通过。但是其中并没有对无形资产评估作出专门规定，而且监管体制及评估机构形式等基础性问题，依然延续了固有的做法。当世界经济越来越以知识经济为基础，无形资产的数量在不断增加，而且无形资产的表现形式也越来越多样化，

---

① Wagdy M. Abdallah & Athar Murtuza, *Transfer Pricing Strategies of Intangible Assets*, *E-Commerce and International Taxation of Multinationals*, 32 International Tax Journal 6（2006）.

这不仅增加了在无形资产交易中判断标的物转移的难度，也增加了在文化产业融资中，对企业价值和还贷能力的评估难度。① 由于无形资产评估的实务和理论研究都较晚，因此我国无形资产的评估不仅与发达国家相比存在较大差距，而且也远远不能满足我国企业经营和经济发展的需求。无形资产评估体系不完善并不妨碍文化创意的产生，但是却阻碍了文化创意进入市场。而完善的无形资产评估体系，可以为文化企业融资提供更加广泛的可以利用的资源，从而支持文化企业在不同阶段的发展。②

目前我国对于无形资产评估存在评估对象和内容不明确、评估方法落后、评估质量不高的问题。对于专利、商标、商誉等无形资产只注重权利证书而忽视实际获利能力。一些评估由于过程不按照规范操作，评估报告中可供检验的数据过少，评估报告受到评估师很强的个人的主观影响。③ 由于无形资产的特性使然，其评估结果受评估师个人主观因素影响较大，评估价值的弹性空间很大，容易导致评估结果的不真实。甚至在有关利益关联的情况下，评估师为迎合有关利益方的需要而故意作出虚假的评估。宏观而原则性的法律规定和职业道德要求无法抵御私欲的膨胀，因此应该细化评估过程管理。应当在无形资产评估管理中对于评估方法、评估程序作出科学而明确的规定，要求评估师必须按照操作规则进行评估，从而合理限制评估师的自由判断和主观倾向，尽可能地使评估结果客观化。吸收借鉴发达国家成熟的管理经验和做法，由资产评估行业协会制定统一的执业标准和规范，我国应进一步细化无形资产评估准则和指南，形成完整合理的无形资产评估准则体系。中国资产评估协会于 2016 年 3 月制定的《文化企业无形资产评估指导意见》对于评估过程及评估方法进行了一定程度的规范，但信息不充分是无形资产评估面临的一个突出问题，对知识产权、商誉、艺术品实际价值的判断是评估师在进行无形资产评估时面临的重要问题，应构建无形资产评估信息网络服务体系，由资产评估行业协会建立资源分享平台，整合在技术市场收集到的各种专利、商标的价格信息供评估人员分享使用。在涉及艺术品的价值评估时可以由专业的艺术品鉴定机构出具鉴定意见，作为评估师评估的参考，并将艺术品鉴定机构出具的艺术品鉴定意见书作为鉴定报告书的附件予以列明。

第三节　文化产业融资中的著作权质押法律问题

文化产业的发展需要强有力的金融支持体系，文化产业的发展方向也受到投融资渠道和结构的限制。然而，实践中由于文化产业本身的特性所限，如可供抵押财产较少、投资风险较大、著作权难以确认等特点，文化企业很难通过传统的融资方式获得发展所需要的资金，文化企业的融资难成为文化产业发展中的一个重大难题。2014 年 2 月 26 日国务院

---

① Stephen T. Black, *Capital Gains Jabberwocky*: *Capital Gains*, *Intangible Property*, *and Tax*, 41 Hofstra Law Review 396 (2012).

② Beverly A. Beneman, *Financial First Aid for the Research and Development of Intellectual Property Assets*, 3 Landslide, 49 (2011).

③ 参见马晓君：《促进无形资产评估健康发展》，载《科技智囊》2014 年第 8 期，第 69 页。

印发《关于推进文化创意和设计服务与相关产业融合发展的若干意见》，要求增加适合文化创意和设计服务企业的融资品种，拓展贷款抵（质）押物的范围，完善无形资产和收益权抵（质）押权登记公示制度，探索开展无形资产质押和收益权抵（质）押贷款等业务。[①] 此外，《中华人民共和国文化产业促进法（草案送审稿）》第 60 条规定，国家鼓励金融机构为从事文化产业活动的公民、法人和非法人组织提供融资服务，依法开展与文化产业有关的知识产权质押融资业务。研究设计符合文化企业特性的质押融资法规体系和运行机制，成为贯彻落实国家关于文化产业发展战略部署的当务之急。

一、著作权质押的特点和意义

（一）著作权质押的特点

文化企业著作权质押融资是指文化产业经营者依法将其著作权的财产权出质，从银行等金融机构获得资金，并承诺按期偿还本金及利息的一种融资方式。在该法律关系中，文化产业经营者作为出质人如到期不能或拒绝偿还债务时，则金融机构作为质权人有权以该财产权折价或者以拍卖、变卖该财产权的价款优先受偿。著作权质押与动产质押及一般权利质押相比具有鲜明的特点。

1. 著作人身权与财产权的分割性

大陆法系与英美法系不同，大陆法系强调著作权的人身属性，例如在德国虽然认为著作权可以分为著作人身权和著作财产权，但是两种权利是统一的、不可分割的，两者都不得转让，[②] 德国著作权法虽然不允许著作权转让但著作权人可以通过许可的方式将著作使用权转让，因此在德国不能在著作权上设立质权但可以在著作使用权上设立质权。在法国认为著作权中的人身权与作者人格紧密相连，因此是不可以转让和放弃的，但是著作财产权则不具有人格属性，是纯粹的经济权利，可以转让和继承。[③] 在英美法系国家，更强调版权的经济价值，对于版权转让限制较少，《英国版权法》第 94 条规定，除作者的人身权不得让与外，版权可像动产一样依照合同形式或其他形式转让。[④] 我国著作权法在术语概念上借鉴了美法系版权法中的规则与观念，如在《著作权法》中规定了"法人作品"，在一定的条件可以将法人或其他组织视为"作者"。而在著作权的权利内容上采取了法国的"二元说"，我国《民法典》第 444 条规定：以注册商标专用权、专利权、著作权等知识产权中的财产权出质的，质权自办理出质登记时设立。2011 年 1 月 1 日开始实施的《著作权质权登记办法》第 3 条规定，《中华人民共和国著作权法》规定的著作权以及与著作权有关权利（以下统称"著作权"）中的财产权可以出质。从以上

---

① 参见国发〔2014〕10 号《关于推进文化创意和设计服务与相关产业融合发展的若干意见》。

② 1985 年修订的《联邦德国著作权及有关保护权的法律》第 29 条规定，"著作权可在执行遗嘱中或在遗产分配中向共同继承人转让，除此之外不得转让"。

③ 参见谢黎伟：《著作权质押的困境和出路》，载《现代法学》2010 年第 6 期，第 56 页。

④ 参见费安玲：《比较担保法——以德国、法国、瑞士、意大利、英国和中国担保法为研究对象》，中国政法大学出版社 2004 年版，第 408 页。

规定可以看出，我国对著作权的财产权和人身权作了严格的区分，只允许以著作财产权设立质押。

2. 质押标的权利的复杂性

结合我国《著作权法》第 10 条关于著作权的种类的规定，以及我国《民法典》第 440 条关于可以出质的权利规定，可以看出在我国著作财产权作为质押标的包括以下权利：复制权、发行权、出租权、展览权、表演权、放映权、广播权、信息网络传播权、摄制权、改编权、翻译权、汇编权、应当由著作权人享有的其他权利。从列举的数量和名称上进行分析，可以看出不但作为质押的权利数量繁多，而且权利内容也是复杂多变。具体到单个权利来看，以上列举的每一项具体权利都可以独立地为权利人所享有和使用，从而为权利所有人带来实际的经济利益或者担保利益。由于著作权属于无形资产，因而著作财产权的每一项具体权利都可以被不同的人在同一时间所行使。表现在著作权案质押领域，上述的每一项具体权利既可以被单独质押，作为质押融资的标的；也可以任意几项权利组合形成的权利集合体被质押，作为著作权质押融资的标的。这种质押权利标的的复杂性与一般权利质押标的具有很大的不同。因为在一般权利质押关系中，质押的权利一般是单一的，也就是说一般权利质押的标的具有单一性，而且在一般权利关系中，权利人对于权利的行使具有独占性。除此之外，还应当看到著作权的内容和种类也在不断变化。因为科技的进步和社会经济的发展，作品可能被利用的方式在不断更新，也就是说作品的利用方式的变化将会导致著作权种类和内容的变化。当作品新的利用方式经过开发、应用和传播后，该种新的利用方式经过国家立法确认后成为著作权的内容，因此著作权转让只及于已存在的权利，对该权利支付相应对价，在此以后如产生新的权利要么归著作权人所有，要么重新对此项权利进行议价并支付相应的对价后归原受让人所有。① 作为著作权质押的权利也是随着科技和经济的发展而不断扩大，权利数量及组合形式也在不断变化。

3. 著作权保护期限对于著作权质押的限制

著作权与基于有形财产而产生的权利最大的区别之一是著作权受到了著作权保护期限的限制。由于有形财产具有损耗性，并且具有冲突性，即有形资产随着时间的推移而从物理形态上逐渐损耗且实际利用价值也越来越低，而且同一有形财产在同一时间内只能由有限的人来使用。因此对于有形财产的保护，法律没有规定期限。但是著作权具有无形性，因此并不会随着时间而损耗，如果不从时间上对于著作权保护期进行限制，则意味着著作权具有永久存续性。这样就必然带来某一领域的垄断，而且会妨碍到基于原作品产生新作品或新创意，不利于社会经济文化的发展，从而影响到社会公共利益。著作权保护期限的设置是为了平衡社会公共利益和著作权保护两者之间的关系，它使受到保护的著作权最终能进入公共领域为社会公众服务。其实现的手段是通过在著作权保护期届满后将原来的著

① 参见吴汉东、曹新明等：《西方诸国著作权制度研究》，中国政法大学出版社 1998 年版，第 209 页。

作权作品置于公共领域。①由于著作权保护期调节着作者的个人利益与社会公众利益，过长的著作权保护期将使社会公共利益受到相当限制，但过短的保护期则会导致创作积极性的降低，也会导致对作者利益保护不周。② 我国著作权法规定，对著作人身权中的署名权、修改权和作品完整权的保护无期限限制，可以获得永久性保护，而一般作品的著作财产权及著作人身权中的发表权保护期为作者终生及其死亡后 50 年。当著作权期限届满，作品进入公有领域则著作权丧失。因此著作权的保护期对于著作权质押具有重要意义，一旦作品的著作财产权超过了保护期，则该作品的质押担保就失去了意义。著作权的价值与著作财产权的剩余期间成正比关系，著作财产权的剩余期限越长则著作权的价值越高。著作权人或其他出质人不得以保护期限届满的著作财产权设立质权，③ 因此著作权保护期限不仅影响到质押融资金额也会影响到质权的设立。

（二）著作权质押对于文化产业的意义

由于文化产业的核心资产在于其著作权的流通和价值实现，因此美国和澳大利亚将文化产业称为"版权产业"（Copyright-based Industry）。一国著作权在实施中的调整应该首先考虑到本国的实际需求，也就是说应该考虑到著作权的调整是否有利于推动本国相关产业的繁荣。④ 著作权是文化产品的价值载体和文化企业融资的关键要素。1976 年版的《美国版权法》第 201 条规定，版权所有权可以全部或部分通过任何转让方式或法律的实施来转移。从以上规定可以看出，在英美法系国家允许对著作财产权设立质权，但著作人身权不能成为质权的标的物。美国在著作权质押融资方面有着丰富的实践经验和完善的法律规制体系，1975 年美国就有了著作权质押贷款纠纷的判例。⑤《伯尔尼公约》已经被越来越多的国家所接受，而且随着经济全球化的发展，国家之间的法律也在互相借鉴，英美法系和大陆法系之间的差别也在缩小，大部分英美法系国家将作者的人身权利在立法中予以确认。而 1988 年欧盟委员会制定了《关于版权和技术挑战的绿皮书》，该绿皮书要求各欧盟成员国完善各自著作权法，以确保能在欧盟内部市场发挥合适的功能，也就是说欧洲开始重视著作财产权的功能。⑥

①　David Lange, *Copyright and the Constitution in the Age of Intellectual Property*, 1 Intellectual Property 126（1993）.

②　参见冯晓青：《著作权保护期限制之理论思考》，载《北京科技大学学报（社会科学版）》2006 年第 3 期，第 65 页。

③　参见《著作权质权登记办法》第 12 条。

④　Lauren Loew, *Creative Industries in Developing Countries and Intellectual Property Protection*, 9 Vanderbilt Journal of Entertainment and Technology 199（2007）.

⑤　"比宾之路"公司诉"四星"音乐公司一案：四星公司为解决破产问题，以其全部音乐作品的版权出质给比宾之路银行以获得贷款，随后，未经银行的同意下，四星公司擅自将已出质的版权全部转让给第三方。法院认定四星音乐公司这一行为属于恶意转让，判决比宾之路银行胜诉。参见 Pippin Way, Inc. v. Four Star Music Co.（In re Four Star MusicCo.）, 2 B. R. 454, 456（Bankr. M. D. Tenn. 1979）.

⑥　Gonter Poll, *Harmonization of Film Copyright in Europe*, 50 Journal of Copyright Society of the U. S. A. 519（2003）.

近年来，我国著作权质押融资在文化产业融资中起到了不小的作用，各地都有文化创意企业通过这种融资模式获得了资金支持。例如 2012 年江西泰豪动漫有限公司与北京银行南昌分行所签订的质押贷款合同就是以动漫作品《阿香日记》形象设计著作权为质押标的；神州图骥地名信息技术股份有限公司与中国银行昆山分行于 2013 年签订的著作权质押贷款合同，是以动漫片《阿吉的中国之旅》著作权作为质押。

二、著作权质押中的具体法律问题

我国金融机构与文化企业在著作权质押融资的实践中勇于创新，也取得了不少成绩，例如 2014 年无锡农商行太湖文化支行作为全国首家文化银行开业，针对文化产业的特点，设计并推出了动漫网游贷款、创意设计贷款、影视传媒贷款、文化旅游贷、广告出版贷等有产业特点的融资方式。但是由于相关著作权质押融资法律体系的不完善，导致著作权质押在文化企业融资中并未发挥应有的作用。对 2006—2008 年部分商业银行对文化企业的信贷支持项目（如表 3-1）进行分析。

表 3-1

单位	金额（千万元）	支持项目	银行（简称）	贷款形式	担保形式	企业性质
华谊兄弟	5	《夜宴》拍摄中流动资金需求	深发行	未来海外发行应收账款质押	中国出口信用保险公司提供保险	民营
华谊兄弟	5	《集结号》	招商银行	预期全球票房收益权质押	华谊兄弟提供完工风险担保	民营
天星际	0.6	《宝莲灯前传》电视剧制作	交行北分行	版权质押	北京森海担保有限公司全程担保	民营
华谊兄弟	10	《兵圣》《望族》《我的团长我的团》等 14 部电视剧拍摄	北京银行	版权质押打包	无专业担保公司担保	民营
万达	10	全国院线建设	北京银行		院线贷款	民营
中影	60		北京银行	意向性授信		国营
世纪佳映	1	电影《画皮》后期制作和宣传	北京银行	版权质押		民营
		《黄石的孩子》	交行北分行	固定资产抵押	第三方担保	合资

从表 3-1 可以看出，首先，商业银行对文化企业提供较大额度贷款，往往是基于对国有企业或大集团公司财力的信任而签订的无财产担保的授信协议，并未反映对于文化企业核心资产著作权的要求。其次，额度稍大的贷款项目的担保形式一般也并非是著作权质押，而是为在业界具有较大影响力和票房号召力制作团队所创作影视作品的应收账款质押。再次，融资额度较小的贷款项目所采取的模式才采用著作权质押，而且这些项目中的贷款企业多数都是中小文化企业，担保方式为著作权质押附件其他形式的担保。① 文化产业的资金回报期较长，原创性产品的开发难度较大，产品投产后现金流不稳定，这让银行很难依赖文化企业的财务报表对企业的还款能力作出评估。而且我国大多数文化企业由于自有资金不足、缺乏不动产质押物等自身限制因素，导致文化企业尤其是中小文化企业长期以来很难获得银行信贷资金的支持，因此著作权抵押融资作为一种新型的融资工具受到了文化企业的重视。但是著作权作为文化企业的核心资产却难以在文化企业融资中发挥核心作用，其主要原因是相关评估中介机构不完善、配套法律不适应新的经济发展需要、关于著作权的风险预测和控制都较难、权利转移和流通不畅，使有关金融机构在考虑文化企业的融资需求时顾虑较多。

（一）　权利冲突

著作权通常面临着平衡公共利益和作者权利的两难境地，② 除了公共利益和个人利益的冲突以外，著作财产权和人身权也存在冲突。以著作财产权作为抵押标的，但质权人在行使质权时，常会受到著作人身权的限制。这主要表现在以下几个方面：

（1）发表权对于质权的影响。如以未发表的作品作为质押标的，在债务人到期未履行债务时，质权人如想对该作品价值变现以实现质权，但出质人以发表权为由阻止该作品发表，则会导致质权最终担保的债权无法实现。由于质押的是财产权，发表权并不受质押关系的制约，这种情况下著作人身权和著作财产权就产生了直接冲突。（2）修改权对于质权的影响。在作品质押后，如出质人要求对作品行使修改权，但作品的修改直接决定着作品变现价值，就存在着修改权行使导致作品价值降低的可能性。但基于著作人身权和财产权的二元性，质权人无法通过质权阻止出质人修改权的行使，质权人的利益就无法得到切实的保障。（3）署名权对于质权的影响。著作人身权与作者本人联系紧密，作者的声誉和威望对于作品的价值具有重要的影响。在质权人行使质权时，如出质人以署名权作为对抗，拒绝在作品上署名，则质押作品的价值会受到影响，从而对质权的实现产生实质性影响。

过度强调著作人身权虽然有利于彰显作品的精神价值和人格意义，但却阻碍了作品交

---

① 参见向勇、杨玉娟：《我国文化企业版权质押融资模式研究》，载《福建论坛（人文社会科学版）》2013 年第 2 期，第 18 页。

② Dionysia Kallinikou, *Copyright Promoting Arts and Economy*, 61 Revue Hellénique de Droit International 225（2008）.

换价值的实现，也不符合市场经济的发展需要。因此各国及区域组织都倾向于对著作权的人身权利进行限制。例如《德国著作权法》《日本著作权法》对于著作权的精神权利采取了合理限制的方法，① 而英国和美国对于著作权中的精神权利采取了可以放弃的做法。②

（二）　规则冲突

传统的物权公示方式主要有登记、登录、占有、标识等几种。③ 我国关于物权担保的公示的方式，根据财产性质的不同而作出了有区别性的处理。对担保物权公示方式，因不动产和动产不同而作出区别性的规定。对于不动产担保物权的公示，考虑到不动产的不可移动性，因此规定不动产担保物权应该以登记的方式进行公示。但是动产物权担保的公示是采取交付作为公示方式。著作权质押在性质上属于权利质押的一种，在出质人与质权人签订质押协议时，著作权出质时其作为一种精神产品无实物交付的可能，而且在一般情况下也不可能有著作权证书的转移和交付。我国《民法典》规定，如在权利质押法律没有特别规定时，则关于权利质押的规定须类推适用有关动产物权的规定。但与此相矛盾作为权利质押的一种，著作权质押按照《著作权法》第 26 条以及《民法典》第 440 条均规定著作权出质应当办理登记，质权自登记而设立。

从著作权登记所保护的内容来看，著作权登记所要保护的仅仅是某种想法或创意的表达，而不是保护想法或创意本身。著作权登记是拥有著作权的初步证据，是提起著作权侵权及索赔之诉的必要条件，因而对于著作权登记应采用自愿原则。④ 我国对于著作权采取"无手续主义"，即著作权自作品完成时自动获得而无须登记，著作权转让也不需要登记，这种著作权登记的自愿性与著作权质押登记的强制性也存在冲突。基于著作权的作为无形资产和著作权不需登记而自动取得的特点，如果出质人在与质权人办理著作权出质登记之前，已经将著作权转让给他人，在这种情况下，到底是应该优先保护受让人在先取得的著作权还是应该保护办理了登记的质权，则面临利益保护顺序上的困境。从经济利益考量，著作权价值受时间及公众审美潮流影响较大，这就决定了著作权的流通和变现速度比不动产要快，如果强调著作权质权登记生效，则会影响到质押融资的速度和规模。私法自治作为私法领域最基本的原则之一，其最集中的体现是契约自由。因此美国、日本、加拿大和

---

① 德国《著作权法》第 39 规定，应允许他人依诚实信用原则对作品及其标识进行修改。第 93 条规定，电影作品的作者或邻接权人，只能对那些严重歪曲其作品或劳动成果的行为或其他严重损害行为行使禁止权。日本《著作权法》第 18 条第 2 款规定，当未发表的美术作品或照片原件转让时，当电影作品的著作权属于电影制片人时，作者不得反对作品的发表。

② 英国 1988 年颁布的《版权、专利、外观设计法》第 87 条规定，各项精神权利均可通过作者署名的书面声明被放弃。美国 1987 年《版权法》第 106 条之二规定，署名权及保护作品完整权不得转让，但作者以其签署的书面文件明示同意放弃的，此类权利可以放弃。

③ 参见［日］我妻荣：《日本物权法》，有泉亨修订，李宜芬校订，台湾五南图书出版公司 1984 年版，第 37 页。

④ Diane R. Stokke, *Financing Intellectual Property*, 14 Commercial lending Review 49 (1999).

我国台湾地区都采用了著作权（版权）登记的对抗主义。① 即著作权转让、抵押不必登记，但不经登记的转让或质押不得对抗第三人。

（三）质押登记程序

著作权质押登记仅仅是将该担保利益予以公示，并不代表著作权利的实际归属也不确保担保利益的实现，因而美国对于著作权的担保和转让登记要求比较简单。在借贷关系发生时，通过担保物来确保担保利益的实现对于出借人来说非常重要。作为确保担保利益实现的一个步骤，通常会将该担保利益在合适的机关予以备案，但如果是著作权作为担保物时，出借人担保利益实现面临更多困难，因此一般情况下出借人会要求将该担保关系在版权办公室（Copyright Office）予以登记，从而确认其担保利益。② 而根据《美国统一商法典》（*Uniform Commercial Code*，UCC）的规定进行著作权转让登记的要求更为简单，其只要求出借人在借款人经营所在地的州政府办公室，向州务卿出具一份记录了借款人及担保利益信息的书面声明即可。③

根据我国《著作权质权登记办法》第 12 条的规定，有下列情形之一的，登记机构不予登记：出质人不是著作权人的；出质著作权存在权属争议的。由于我国对于著作权的登记采取自愿原则，在此种情况下如何判断出质人是否为著作权人就成为一个难题。而中国版权保护中心在《著作权质权登记指南》中规定，申请著作权质押登记需提供著作权登记证书和其他需要提供的材料等。这个规定将著作权登记作为办理著作权质押的前置程序，不但与著作权自愿原则不符，而且由于著作权作为无形资产，作品种类繁多、权利形式及权利组合呈现多样性，使得著作权的权属判断和确认变得极为复杂，因此增加了当事人办理著作权质押的成本。在著作权质押登记时，需要证明出质人是著作权人，这条规定实际上要求对于著作权办理质押登记时的登记机构应当进行实质审查。该条体现为著作权质押登记机构在办理登记时应进行实质审查的规定，违背了私法自治，妨碍了出质人与质权人在签订著作权质押合同的自主权；而且也违背了权利义务的对等性，即此规定也显得著作权质押登记机构的权利与义务的不对等。因为虽然规定著作权质押登记机构应该在登记时进行实质审查，但是登记机构如果在进行实质审查时不尽责，故意或过失进行了错误登记从而使得有关利害关系人的利益受到损害，法律并没有规定登记机构在出现类似损失时应该承担赔偿责任；由于著作权作为无形资产的一种，其权利的转移、占有、行使不必

---

① 美国《版权法》在第 204 条和第 205 条规定，著作权转移的生效不需要认证证书，但是认证证书是著作权转移的初步证据。《日本著作权法》第 77 条和第 88 条规定，著作权的转移或处分的限制，或以著作权为标的的质权的设定、转移、变更、消亡若不在著作权登记簿上登记，则这些事项不得对抗第三人。《加拿大著作权法》第 57 条第 3 款规定，若未能真实告知受让人或被许可人，任何基于价格因素进行的版权转让或涉及版权利益的许可将会被裁决为无效，除非之前的转让或许可按照法律规定的方式进行了登记，而且登记文书记载了受让人或被许可人所主张的权利。

② Ara A. Babaian, *Striving for Perfection*：*The Reform Proposals for Copyright-Secured Financing*，33 Loyola of Los Angeles Law Review 1205（2000）.

③ Ara A. Babaian, *Striving for Perfection*：*The Reform Proposals for Copyright-Secured Financing*，33 Loyola of Los Angeles Law Review 1215（2000）.

借助于有形载体，因此可能会出现错误登记或者被侵权先登记的情形；没有规定著作权质押登记的异议程序，则可能导致权利人或利害关系第三人合法利益无法得到及时有效的保护。以上登记程序的不完善增加了银行信贷的风险，也制约了文化企业著作权质押融资的发展。

（四）著作权的价值评估

著作权是一种无形财产，作品作为一种精神产品与人的审美标准、知识水平、政治倾向、道德认知密切相关，不同人对于相同作品的著作权价值评判差异很大。因此著作权的价值评估远比一个事实的认定要复杂，它是一种预估、评价和判断①。著作权评估更多的是一种艺术而不是科学，因为著作权本身就具有主观的天然属性，② 而且著作权的价值受到多重法律因素的影响，例如著作权是否备案、权属是否清晰、权利期限存续期间对于著作权本身价值都有重要的影响。著作权价值评估直接影响到质押融资金额，是文化产业与金融市场对接的关键。

除了著作权价值评估复杂以外，文化企业自身价值的评估也很复杂。由于文化企业的竞争力和生命力在于其创意和创新，因此大多数文化产业领域的每一家文化企业的经营都有其核心价值区域。例如电影发行企业关注的重点在于电影产品在观众心理的接受程度以及导演和演员阵容的知名度；而出版发行企业则重点关注出版物作者的知名度以及作品对读者的吸引力；即使同为网络运营企业但由于业务重点不同其关注点也不尽相同，网游企业关注网络游戏玩家的年龄及收入，而网络传媒企业则关注咨询获取的渠道和权威性，网络社交运营企业关注即时通信工具的使用者的数量和频率。这些企业不同的关注点反映了文化企业经营的特殊性，也就是文化企业的核心价值，这些就需要根据不同文化企业的业务重点搜集相关著作权的信息以及著作权对于企业经营和发展所能产生的影响，同时搜集同行业其他企业的经营模式信息，进而对被评估企业经营模式及发展前景进行判断。目前我国对于包括著作权评估在内的无形资产评估管理体制不健全，评估规则不完善从而使金融机构在向文化企业提供贷款时面临着较大的难以防范的风险。尤其目前文化产业在我国属于新兴产业，它以中小企业为主，其财务、税务、经营管理信息都不透明，金融机构很难确定其发展实力和将来可能达到的业绩因而无法信任而给予帮助提供贷款。③ 现阶段，我国对于著作权评估无论是在理论研究还是在实践操作上都比较滞后，都不能有效满足文化企业融资的评估需求。

（五）质押标的范围

关于著作权质押标的范围问题，主要是指除了著作财产权以外，对于邻接权、未来作

---

① 　Lerner & Ralphe, Judith Bresler, *Art law Guide for Collectors*, *Artists*, *Investors*, *Dealers*, *and Artists* 1507（3rd edn., Vol. 3, Practising Law Institute 2005）.

② 　Vanessa Van Coppenhagen, *The Valuation of Copyright*, 16 SA Mercantile Law Journal 335（2004）.

③ 　参见王海英：《文化创意产业版权融资相关法律问题探析》，载《福建论坛（人文社会科学版）》2011年第8期，第74页。

品期待权以及著作权的重复质押是否能得到法律确认的问题。在英美法系国家将录音制作者和广播电视组织的权利都视为著作权，因此通常没有邻接权的说法。而大陆法系国家一般认为著作权和邻接权的概念及内涵不同、相互独立属于不同的两个概念，因此对于著作权和邻接权分别明确地进行了规定。英国 1988 年《版权、设计及专利法》对于未来作品的版权转移作出了明确规定，允许未来作品版权的所有人与他人签订协议，对未来作品版权进行转让。德国《著作权法》第 40 条也规定了未来作品期待权：对于著作人还未创作或只规定类型的未来著作，其用益权之授予须有书面形式的合同。双方可自签订合同起 5 年之后解除合同。如未达成更短的期限协议，解除期限为 6 个月。根据我国《民法典》的规定，著作权中的财产权可以作为质押标的。但我国对于作品的邻接权以及未来作品是否可以出质没有做明确的规定。

三、完善我国著作权质押的法律建议

在《担保法》颁布以前，我国对于抵押与质押没有做区分，不管是否转移物的占有，统称为抵押。在《担保法》制定中吸收、借鉴了《日本民法典》的规定，对于原来统称为"抵押"的担保方式划分为不转移标的物的抵押和转移标的物的质押两大担保方式。并进一步将质押区分为动产质押与权利质押，在《担保法》和《物权法》中规定如权利质权无特殊规定的部分应适用动产质权的有关条款。但著作权作为无形财产，它与动产质押存在着较大区别。首先，动产质押时质权人对于质物的保护义务，以及质物遭受损坏时，质权人对出质人的赔偿责任无法适用于著作权质押。其次，动产取得时效无法适用于著作权。动产质押以交付质物作为公示，即使出质人并非动产的真正权利人，但其自主、和平、公然地占有该动产，取得时效期限届满时，法律就承认该占有人的财产所有权，也会对该财产设立的质权效力予以保护。但是著作权是一种无形财产，因而无法适用取得时效制度。再次，著作权无法提供实物作为质物交付，而且著作权是多种权利的集合体，存在着重复设立质权可行性，对于该种重复设立质权的效力从动产质权的规则中无法找到解决之策。从以上区别可以看出著作权质押与动产质押具有本质区别，其虽解释上尚为一种质权，然有分化为特殊的担保权之倾向。权利质权，尤其以债权、股份或无体财产权为标的之权利质权，其担保的作用反近于抵押权，谓之介于一般质权与抵押权之中间区域，亦无不可。① 针对著作权质押的特点以及质押融资中存在的实际问题，我国应在以下几方面对于有关著作权质押融资的法律、法规进行修改和完善。

（一）适当限制著作人身权利以解决权利冲突

著作权的"二元论"说法认为著作权包括著作人身权和著作财产权，而且两者不同、相互对立并限制，著作权是两种权利对立而统一的结合体。其中著作人身权（精神权利）强调作品的人身属性，认为著作人身权或精神权利是著作权的基础，甚至有学者主张个人的创作和创作基础上作者对创作物所能支配的范围均具有人格权的性质，著作权就是基于

---

① 参见史尚宽：《物权法论》，中国政法大学出版社 2000 年版，第 359~360 页。

创作所生的人格权，作品上的财产利益只是作者人格的反射而已被作者的人格所吸收。[1] 综合考虑国际经济发展趋势和我国经济发展的现实，随着互联网技术的飞速发展，著作权在国民经济和人们生活中发挥的经济效用越来越大。著作人身权的重视和保护虽然有利于彰显作品的精神价值，也有利于体现作品的人格意义，可以鼓励创作和体现作者本人的自我价值。但是过度地强调著作人身权，将会妨碍作品的流通和交易，从而妨碍了作品交换价值的实现，不仅不利于作者本人经济利益的实现，而且也不符合社会经济的发展需要。因此德国《著作权法》、日本《著作权法》均对于著作权的精神权利采取了合理限制的方法。[2] 而英国和美国对于著作权中的精神权利采取了可以放弃的做法。[3] 允许精神权利放弃的做法与我国著作权理论及立法和司法传统差异太大，我国在该问题的处理上可以吸收和移植日本及德国的经验，对于著作权的人身权利（精神权利）采取一定程度的合理限制态度。

具体在著作权质押中关于适当限制著作人身权可以采取如下两种处理方式：在著作权质押协议中如果出质人与质权人已经就著作人身权的处理达成了协议，即在著作权质押协议中如果双方明确约定一旦出质人不能按照协议的约定到期偿还债务的，则质权人可以对质押的著作权进行拍卖、变卖或以其他方式行使质权，而且质权人可以行使有关的人身权利，则应当承认这种约定的效力，以尊重当事人的意思自治。如果出质人和质权人在签订的著作权质押协议中没有就著作人身权的处理达成任何协议，即质押关系双方并没有明确约定在质权人行使质权时是否可以自动行使相关的人身权利，则应该采用默示同意的解释。即应当推定出质人在与质权人订立著作权质押协议时，就已经预见到质权人在行使质权时会行使相关的著作人身权，而且推定出质人对于质权人行使相关著作人身权利是默示同意的。但是需要注意的是，为了避免质权人滥用该规定，应该规定质权人行使相关人身权利时不得违背公序良俗，不得有损作者的声誉。

（二）采取登记对抗主义并规定权利顺序以解决规则冲突

1. 从登记生效主义转向登记对抗主义

对于担保物权的公示方式，不动产抵押由于标的物难以移动因此公示采用登记方式，而动产以交付作为公示方式。著作权作为无形资产无法实际交付，为强化担保债权的可实现性，我国《民法典》和《著作权法》都规定了著作权质权应该在登记后设立，即著作权质权为登记生效主义。这一规定看似合乎逻辑，实际上存在较多漏洞，首先，其与著作

---

① 参见［西］德利娅·利普希克：《著作权与邻接权》，联合国教科文组织译，中国对外翻译出版公司 2001 年版，第 12 页。

② 德国《著作权法》第 39 规定：应允许他人依诚实信用原则对作品及其标识进行修改。第 93 条规定：电影作品的作者或邻接权人，只能对那些严重歪曲其作品或劳动成果的行为或其他严重损害行为行使禁止权。日本《著作权法》第 18 条第 2 款规定：当未发表的美术作品或照片原件转让时，当电影作品的著作权属于电影制片人时，作者不得反对作品的发表。

③ 英国 1988 年颁布的《版权、专利、外观设计法》第 87 条规定：各项精神权利均可通过作者署名的书面声明被放弃。美国 1987 年《版权法》第 106 条之二规定署名权及保护作品完整权不得转让，但作者以其签署的书面文件明示同意放弃的，此类权利可以放弃。

权取得的"无手续主义"产生冲突，如著作权人在办理著作权质押登记前，将该著作权转让给第三人，即使办理了质押登记依然无法避免质权落空。如果著作权人在与甲、乙两个人先后签订了著作权质押合同，虽然与甲签订质押合同在前但是没有办理质押登记，而与乙签订的质押登记合同在后，但是办理了质押登记。依照质权登记生效主义，在先签订的质押合同生效，但是质权并没有生效，在先的质押合同只能依照违约责任处理，该在先的质押合同所担保的债权只能作为一般债权处理，这显然是不公平的。其次，著作权交易对象的范围较小，要求著作权的变现速度灵活而快捷，登记生效主义严重阻碍了著作权的流通速度，限制了著作权质押融资的发展。最后，著作权质权的登记生效主义也违背了私法自治的基本伦理。私法自治彰显在私法上的人本色彩，给予个人广泛地依照自己的自由意愿去塑造他和其周围的法律关系，[①] 我国有必要借鉴美国、日本、加拿大和我国台湾地区都采用的著作权（版权）登记的对抗主义。即著作权转让、抵押不必登记，但不经登记的转让或质押不得对抗第三人。

将著作权转让登记和著作权质押登记纳入同一套系统，在登记效力的认定上统一采取登记对抗主义，并且在先登记的权利优先于在后登记的权利。

2. 规定已登记的著作权质权与在先转让的著作权保护顺序

由于著作权的取得不必办理登记而自动取得，因此不可避免会出现著作权人在办理质押登记前或质押登记后将著作权转让给他人的情形发生。对于在质押登记后转让的著作权，由于受让人可以通过上文提到的著作权查询系统查询质押情况，因此优先保护已登记的著作权质权，无论是从法理上还是情理上都是合乎逻辑的。但对于在办理质押登记前转让的著作权与质权冲突时，如何处理保护顺序则情形比较复杂。如果一概优先保护登记了的著作权质权，则对于已经受让著作权的善意第三人是不公平的。如果一概适用在先取得权利优先于在后取得的权利，则会导致质押登记形同虚设，无法保护质权人的利益。比较合理的做法应该是对已经办理了变更登记的著作权，如果该转让行为发生在著作权质押登记前，则优先保护在先登记的著作权人的利益，如未办理变更登记的著作权交易行为即使发生在著作权质押登记前，也应该优先保护登记的著作权质权。

（三）完善著作权质押登记的相关规定

1. 著作权质押登记机关的审查责任应以形式审查为主

从我国的《著作权质权登记办法》和中国版权保护中心的《著作权质权登记指南》规定可以看出，我国著作权质押登记机关采取的是实质审查结合形式审查的方式，但这种方式并不合理。因为著作权的完整性以及著作权的归属直接影响到质权人权利的实现，也影响到著作权质押融资的额度。作为市场经济中的"理性人"，质权人在订立质押协议前理所应当会对著作权的权属和瑕疵进行调查。即使权属发生了争议，对于权属的判断是一个依靠证据和法律并依据法定程序认定的过程，需要法院或仲裁机构的专业人员进行确认。质押的登记机关并非质押关系的当事方，质押登记仅是依照一定程序将著作权质押这一事实予以确认并公示，至于质押的著作权是否存在瑕疵以及质押协议是否合理和公平这

---

① 参见黄立：《民法总则》，中国政法大学出版社 2001 年版，第 184 页。

些责任，最终要质押关系双方进行承担而与质押登记机关无关。只要在办理质押登记时形式要件齐全，无第三人提出异议或异议不成立，不违反法律的强制性规定，登记机关都应该为著作权质押办理登记。

2. 设立著作权异议登记程序

著作权质押登记作为一种权利公示形式，其所记载的每个信息都可能对第三人的权益产生重要影响。为维护第三人的可信赖利益，著作权出质登记中应允许利害关系人提起异议登记申请，以暂时中断登记公信力，排除第三人善意取得。异议登记期届满后，申请人不起诉的，应申请异议登记的涂销登记，但是登记机构不得依职权涂销登记。异议登记，是指登记机构对于有关利害关系人针对著作权登记中有关信息的正确性提出的异议而为的登记，设立著作权异议登记的目的是给有关利益受损或可能受损的相关利害关系人的一种临时救济措施，以防止登记信息的错误给其造成损失或扩大损失。关于著作权异议的程序设计需明确以下几点：

首先，由于著作权是一种无形财产，债权人或融资机构对于著作权价值实现的信赖性相对于其他财产要低，任何潜在的权利纠纷都可能对著作权价值造成减损。为尽量减少质押登记著作权的负面影响因素，避免有关交易中利害关系人恶意提出异议登记，著作权的异议登记[1]可借鉴我国《民法典》有关不动产登记异议条款，作出以下规定：异议申请人需提供初步证据证明其与该著作权质押具有利害关系；自登记机构受理异议登记申请之日起10日内，如异议登记申请人未能提交有关该著作权的起诉、仲裁或和解证据，则登记机构不予进行异议登记；如果因申请人提出的异议登记导致有关权利人遭受损失的，则申请人应该承担赔偿责任。

其次，关于异议登记申请人的资格限制。由于著作权登记的公示效力具有对世性，受其影响的权利主体也具有不确定性，因此异议登记的申请人应为任何有利害关系的第三人。具体包括如下：作者或著作权人，以及著作权转让中的有关当事方；办理质押登记的出质人或质权人在发现登记的信息与实际事项不符时也可提出异议申请；未办理质押登记的在先质权人；有关权利共有人也可以提出异议登记。在有关行政主管机关或司法机关认为已登记的著作权涉嫌违法或侵权时也可以依职权通知登记机构进行异议登记。

最后，我国《民法典》第220条第2款规定："不动产登记簿记载的权利人不同意更正的，利害关系人可以申请异议登记。"该条款将不动产登记簿记载的权利人不同意作为提出异议的一个条件。这一规定不仅增加了提出异议的成本，而且从逻辑上也不具有可行性。因为权利人一旦愿意对登记进行更改意味着权利人对于自身权利的合法性产生怀疑，实质上主动放弃权利。我国的异议登记实际上是一种暂时的保全登记，是更正登记的前置辅助手段。[2] 设立异议登记的目的是在最终权利情形确认之前，为减少任何善意第三人以及真实权利人的可信赖利益受损失，而提供的一种警示措施。申请对著作权质权异议登记不应征得原质押登记权利人的同意。

---

① 参见高圣平：《著作权出质登记制度若干问题》，载《法学》2010年第6期，第75页。

② 参见崔建远主编：《我国物权立法疑难问题研究》，清华大学出版社2005年版，第421页。

（四）完善著作权的价值评估

对一个物品占有的最集中的特征就是可以物理形态的控制并排除他人的干涉，但著作权作为无形资产不具有上述特征，因而告诉公众偷窃著作权是不道德行为的困难程度远比偷盗有形资产难。这也就不难理解为何有些诚实的人却会通过购买盗版书籍，下载盗版音乐、盗版电影以及盗版软件侵犯他人著作权。著作权的无形性不仅导致权利易遭受侵犯，而且给著作权的价值评估增加了难度。① 为使评估结果权威和真实，建立独立、专业、竞争的第三方评估机构是基础；在考虑文化产品的类型、影响文化资产价值因素的基础上制定多层级的评估标准是关键；规范评估行业管理是保障。② 2006 年财政部、国家知识产权局下发了《关于加强知识产权资产评估管理工作若干问题的通知》对包含著作权在内知识产权的评估作出了原则性要求。中国资产评估协会于 2010 年制定的《著作权资产评估指导意见》对著作权资产评估机构的资质、评估对象、操作要求及信息披露做了初步规定。2011 年财政部、工业和信息化部、银监会、国家知识产权局、国家工商行政管理总局、国家版权局印发了《关于加强知识产权质押融资与评估管理支持中小企业发展的通知》对知识产权质押融资中的评估作出了有针对性的规定。但是著作权评估不仅具有无形资产评估的特点，也具有权利法定的性质，在实际的评估中除了应考虑到一般的资产评估所具备的因素以外，在著作权评估中还应更多地考虑到影响价值的法律因素。

在评估人员的专业结构无法在短时间内优化的情况下，可由行业协会组织骨干力量制定出著作权评估指引，对于著作权评估中涉及的以下法律因素进行框架性规定和提示。（1）规范著作权评估的范围。著作权评估范围是著作权评估首先应确定的问题，然而著作权价值评估的范围除了需要考虑作品本身，还需要考虑相关的衍生产品。而且衍生产品的商业价值对于文化企业的经营和利润都有重要影响，是评估中应考量的重要指标。但是基于著作权评估的复杂性，现实中并没有认定衍生产品及评估范围统一的规范，同一著作权由不同的评估机构或不同的评估人员作出的评估结果差异很大。有必要通过评估行业协会内部对于评估范围进行框架性规定和提示。（2）权利的类型。基于原创作品与对原创作品进行加工而产生新作品的著作权不同，在原创作品的基础上进行翻译、表演、放映、摄制、改编、汇编而形成演绎权，如果作为演绎加工基础的原创作品的著作权属于其他人时，则演绎权的行使应当经过原著作权人同意，因此加工作品的演绎权行使因受到原创作品著作权的影响，其自由度较低，对于其价值的评估以及价值是否能转化为现实经济效益都是在著作权评估中需要重点考虑的问题。（3）著作权的登记情况。著作权登记在我国采取自愿原则，但是在面临著作权纠纷时，经过登记的著作权在证据的搜集和证明力上都要比未经登记的著作权更方便有效，因此登记的著作权评估价值比未登记的著作权价值更有稳定性。(4) 著作权的剩余期限。由于著作权的法定性，著作权的种类和期限都受到

---

① Jon Garon, *Normative Copyright：A Conceptual Framework for Copyright Philosophy*, 88 Cornell Law Review 1286 (2003).

② 参见郭利华：《资产价值评估：文化产业与金融市场对接的关键》，载《光明日报》2013 年 4 月 5 日，第 5 版。

法律的保护和限制，因而著作权剩余期限越高则评估价值就越高。（5）著作权的许可使用情况。不同性质的著作权交易合同，著作权的评估价值差异很大。例如在非排他性的许可使用合同中，如果一个作品的许可使用范围越广泛，则其评估价值越高。在独占性排他许可使用合同中，权利人对于市场的垄断性越高，则其评估价值越高。① 除了以上涉及的法律因素外，还应考虑著作权被侵权以及相关诉讼情况。

（五）对质押标的物范围适当放宽

1. 允许以邻接权出质

邻接权（neighboring right）是指与著作权相邻接的权益，是指作品传播者享有的与著作权相近或相关的权利。其包括出版者、表演者、录音录像制作者、广播电台、电视台所享有的权利。② 也有学者认为邻接权，又称"相关权"，是指作品的传播者和作品之外劳动成果的创作者对其劳动成果享有的专有权利的总称。③ 在我国《著作权法》中，邻接权特指表演者对其表演活动、录音录像制作者对其制作的录音录像、广播组织对其播出的广播信号以及出版者对其版式设计所享有的专有权利。④ 邻接权对于作品价值的实现具有非常的重要意义。作品价值实现的途径在于传播和交换，在传播中不仅能提高作品著作权本身价值，并能产生和提高作品衍生产品的价值。我国电影《脱轨时代》和电视剧《亮剑》都改编自小说，但经过电影和电视的传播后，既为电影、电视传播者本身带来较大利益也扩大了原小说的影响力，同时也对小说的销售产生了推动作用。因此邻接权作为质押的标的不但可以扩大作品质押的融资额度也可以更有效地担保质权人债权的实现。但是质权作为一种担保物权，在法律没有明文规定的情况下，随意扩大著作权质押标的的范围似有违"物权法定主义"之嫌，因此我国有必要在《民法典》和《著作权法》中对邻接权设立质权进行确认。

2. 允许以未来作品的期待权出质

著作权质押融资在实践中有两种方式，一种是以已经完成的作品的著作权出质，另一种是以未完成作品的著作权出质（这种方式更多体现在电影或电视剧融资方式中），其中第二种方式就是未来作品期待权的质押融资。未来作品期待权的质押同未来作品的转让是密切相关的，我国著作权法对于未来作品的著作权是否可以转让并没有明确规定，但在实践中出版社与作者所签订的版权预售合同就是其中一类。即作者在协议中授权出版社购买作者尚未创作完成的作品的版权，或者购买作者在未来一段时间内全部版权的权利（即所谓版权卖绝）。⑤ 基于规范市场交易和促进著作权价值实现之需要，有必要对于未来作品的著作权转让作出法律上的规定。我国应该适应著作权交易的实际需要，借鉴世界通行

---

① 参见刘晓西、来小鹏：《论文化创意产业版权评估中存在的法律问题》，载《江西财经大学学报》2010 年第 6 期，第 120 页。

② 参见吴汉东等：《知识产权基本问题研究》，中国人民大学出版社 2005 年版，第 283 页。

③ 参见王迁：《知识产权法教程》，中国人民大学出版社 2016 年第五版，第 194 页。

④ 参见王迁：《知识产权法教程》，中国人民大学出版社 2016 年第五版，第 197 页。

⑤ 参见刘银良、丛璐：《未来版权及其转让辨析》，载《电子知识产权》2007 年第 1 期，第 34 ~ 35 页。

做法，对于未来作品的期待权质押予以确认。

期待权从法理上分析应包括三个构成要素：法律的保护（或者规定承认）、主体的自由选择以及可获得的利益。期待权是指实现要件尚未全部具备、待其余要件发生后才能实际享有的权利，期待权在主观上必须是民事主体对未来取得某种完整权利的期待，在客观上必须已经具备取得权利的部分要件。所谓期待权是指取得特定权利部分要件的主体所享有的，因法律的规定或当事人之间约定的其他要件的实现而取得特定权利的受法律保护的地位。① 期待权作为一项独立的权利，人们之所以对其法律地位加以研究的根源也在于现实中期待权具有独立的存在价值。作为一项权利，人们可以将其用来交易，用来质押融资，如期待权被侵犯，也可以独立地获得法律救济。

目前我国法律对于著作权质押融资有明确而详细的规定，但是对于未完成作品的期待权则没有明确的法律规定，但基于对民商事领域中的"法不禁止即自由"原则的认识，法律未予以明确禁止的，就蕴含了商业操作的可能性。因此目前部分银行对未来作品期待权融资是接受的，并已经有成功的商业案例。例如 2006 年华谊兄弟传媒股份有限公司在电影《集结号》拍摄完成前向招商银行贷款，其已经在电影的制作上投入了大量资金，而且创作团队、主演等各项前期工作都已经准备好，因而其已经具备了著作权的期待权。招行银行与华谊兄弟传媒股份有限公司签订了通过质押《集结号》将来拍出来以后的版权而签订了贷款合同。但需要注意的是，在未来作品质押融资中质押的是未完成作品的著作权，作品是否可以完成直接影响到质权人权利的实现，为了保障质权人的利益，因此有必要赋予质权人有条件的单方解除权。即在质押协议履行过程中如果出质人在约定的时间内没有完成作品，则质权人可以单方解除质押协议并要求出质人偿还债务。

3. 对于著作权重复质押在法律中予以确认

重复质押，是指债务人以同一质物分别向数个债权人为质押行为，致使该质物上有多个质权负担的质押形式。著作权质押关系中的出质人无实物交付行为，不转移著作所有权，因此使得著作权重复质押具有隐蔽性的特质。从物尽其用以及最大程度发挥著作权权能的角度考虑，著作权的重复质押应通过法律予以确认和规范。基于著作权价值的难以确定性，金融机构对于著作权质押融资一直保持着谨慎的态度，因此著作权的价值可能远大于其担保的债务额度。但为了避免信贷风险，防范出质人恶意超额质押，应在相关法律中规定，在先登记质权优先于在后登记的质权，而且出质人应在办理重复质押前向欲建立质押关系的质权人披露著作权已经质押的事实以及担保债权的金额。有关利害关系人可通过中国版权保护中心查阅平台，对著作权质押情况进行查询核实。以上规定是针对出质人就一项著作财产权重复质押的情形而作出。著作财产权作为一个多种权利的集体，各项权利之间联系紧密，每一项权利的行使或放弃都可能影响到其他项权利的价值，因此出质人对于著作财产权的每一项权利应分别设立质押，也应该履行披露义务，以避免造成质权人可信赖利益的损害。

---

① 参见王轶：《期待权初探》，载《法律科学（西北政法学院学报）》1996 年第 4 期，第 53 页。

第四节　文化产业融资中的征信法律问题

征信通常是指为了掌握企业的资金信用情况以及个人的信用程度，而进行的专门调查，并对与信用有关的信息和数据进行采集、分析、维护、管理的活动。我国台湾地区中华征信所编写的《征信手册》中对征信的定义是对客户信用能力的调查与分析了解，在了解调查对象事实真相的基础上，用以判断其信用好坏、可信赖程度，以作为未来授信、商业往来的参考。① 在美国的商业借贷中征信体系被广泛运用于各个方面，因为通过征信可以说明一个企业是否长期诚信经营，而且征信还可以客观地揭示出隐藏的风险。② 我国国务院于2013年1月21日颁布的《征信业管理条例》规定征信业务是指对企业、事业单位等组织（以下统称企业）的信用信息和个人的信用信息进行采集、整理、保存、加工，并向信息使用者提供的活动。而本书所研究的文化企业征信是指通过专业化的征信机构按照法定的步骤和方法，对于文化产业经营中的经营主体的信用信息，进行采集、归纳、分析和评价以帮助市场交易主体掌握文化产业经营主体经营能力和信用程度的活动。征信活动是一个系统化的过程，包括征信模式的确定、信用信息的管理、征信业务的规范、对征信活动的监管几个方面。

一、文化产业的征信特点及意义

（一）文化产业征信的特点

如果从文化企业自身角度和特点来看，大多数文化企业的核心竞争力在于其创意及智力成果，所以具有"轻资产"和"高风险"等特征，主要表现为：缺乏充足的固定资产作为抵押，成长周期较长而且产品收益不易确定而导致高风险，体现核心价值的无形资产比较难以评估。文化企业的这些自身特点严重阻碍了其融资机会和融资规模，导致了文化企业很难顺利获取发展过程中必要的资金支持。但是通过设计符合文化企业特质的征信和信用评级制度，并大力推广征信体系在文化行业中的使用，就可以准确而全面地展示文化企业的核心资产及其信用状况，从而为金融机构的融资决策提供有效信息。但是基于文化产业的特点，文化产业的征信具有以下特征：

1. 信用信息的碎片化

文化产业既包括影视、传媒、网游等以知识产权为主的科技密集型、智慧密集型的新型文化行业，也保护玩具制造、出版印刷等传统的劳动密集型行业，前者代表了文化产业的发展趋势。作为文化企业的一个典型特征就是规模小，而且人员和资产比较分散，例如广告媒介业可能在全国很多城市设立有分支机构，但是每个分支机构只有少量的人员和资产。这种行业复杂化、组织机构分散化的产业特点及经营特征使得有关信用信息碎片化，

---

① 参见台湾中华征信所编：《征信手册》，中信出版社2003年版，第11~15页。
② Deval L. Patrick, Robert M. Taylor & Sam S. F. Caligiuri, *Role of Credit Scoring in Fair Lending Law—Panacea or Placebo?*, 18 Annual Review of Banking Law. 369-370 (1999).

给企业征信带来很大的困难。

2. 信用信息的保密化

由于文化创意类企业的资产大多是知识密集型的资产，企业的发展和经营依赖于专利、专有技术、著作权等知识产权，因而对文化企业的信用信息的搜集往往涉及文化企业的商业秘密，甚至可能影响到被征信文化企业的生存和发展，因而文化企业信用信息的公开性相对较低。相关文化企业出于保护自身知识产权和商业秘密的考虑可能会拒绝提供或不完整提供信息，因此搜集文化企业信用信息受到诸多限制。

3. 信用信息的善变性

文化企业的经营和发展极易受到政策影响，而且上下游产业链中的任何新兴创意都可能对于文化企业造成影响。因而在对文化企业信用信息进行采集和评估时，应当结合政策趋向、产业发展方向进行综合的考量。也就是说我国文化产业的发展目前仍依赖政策导向，在评估文化企业的信用及风险时，不但要考虑文化企业所处的整个产业的发展前景，还应该关注产业政策调整以及政策变化对行业带来的影响。①

（二）征信对于文化产业融资的意义

由于文化企业固定资产少、知识资本含量高、高成长及高收益、市场风险较高、规模较小、很多文化企业难以提供抵押，所以信用融资对文化企业融资非常重要，而征信在文化企业的信用融资中起到了基础作用。因此 2014 年 3 月文化部、中国人民银行和财政部联合制定的《关于深入推进文化金融合作的意见》中强调要鼓励银行业金融机构针对文化产业、文化企业以及文化项目融资设立信用评级制度，应当充分借鉴外部评级报告，提升对文化企业或文化项目贷款的信用评级效率。国务院在《国务院关于加快发展对外文化贸易的意见》中也提到鼓励融资性担保机构和其他各类信用中介机构开发符合文化企业特点的信用评级和信用评价方法。

从文化产业整体发展的角度来看，推广文化企业的征信和信用评级制度，能够在某种程度上解决文化企业与外界沟通信息不畅的矛盾，提供了认识并评价文化产业的一个窗口。此外，通过征信和信用评级机制能够有效地约束并规范文化企业的经营和管理，有助于保护文化产业领域社会资金的安全，从而有利于文化金融市场的健康成长并促进文化产业的健康持续发展，征信对于文化产业发展的主要作用如下。

1. 增强文化企业融资市场的透明度

随着信息化的发展，目前无论规模大小的公司都开始注重建立起社会信用，通过搜集、分析个人及企业的各种经营、生活信息来判断交易的价格风险以及市场风险。② 征信产生及发展的基础是信用交易关系，信用交易关系早在罗马法时代就已经产生，罗马国内高利贷阶层（骑士）的产生即是证据之一。③ 而企业信用的建立依赖于相关企业个体特

---

① 参见孙长：《八维衡量文化企业信用》，载《经济日报》2014 年 9 月 4 日，第 8 版。
② Nathaniel Cullerton, *Behavioral Credit Scoring*, 101 Georgetown Law Journal 808（2013）.
③ 参见马俊驹、陈本寒：《罗马法契约自由思想的形式及对后世法律的影响》，载《武汉大学学报（哲学社会科学版）》1995 年第 1 期，第 65~71 页。

征、行为方式、资金实力、市场评价、经营管理、经济效益、发展前景等信息的积累，因而信用交易离不开信息的捕捉和传递。在文化企业融资的实践中，信息不对称是造成文化企业融资难的关键瓶颈。所谓信息不对称是指在交易中一方掌握的信息多于或优于另一方，而掌握较多信息或较优信息的一方在交易中处于优势地位，导致交易效率降低的现象。信息不对称可以分为事前的信息不对称和事后的信息不对称两类。

所谓事前信息不对称是指金融机构对于文化企业的资金实力、信用信息、发展潜力不能完全掌握，由于固定资产少而为了增加得到融资的可能性，作为筹资人的企业往往会隐瞒阻碍成功融资的不良信息，夸大有利于获得融资的优势信息。在这种情况下，当银行或其他金融机构预判到文化企业在融资时对于信息披露不真实，为了降低风险银行或其他金融机构往往会提高融资回报率、降低融资额度、减少提供资金的机会。当融资收益过低时，一些经营稳定、项目风险低的文化企业考虑到较高的融资成本从而不愿意参与融资交易，而风险更高、实力更弱的文化企业由于急需资金支持而更努力地争取获得贷款。基于以上博弈预期，银行或其他金融机构对其通常会选择少放款或者不放款款，就导致了逆向选择情形下文化企业融资难、融资成本高的困境。

事后信息不对称是指在成功进行融资后由于文化企业一般是中小企业，且固定资产少，企业组织架构及管理机制都较为松散，银行或其他金融机构较难获得文化企业的资金使用用途、资金使用效益、经营管理等事后的真实信息。因此部分文化企业就可能会擅自改变资金用途并不通知银行。这就增加了提供资金的银行或其他金融机构的经营风险。在事后道德风险的压力下，加之缺乏抵押品进一步降低了银行或其他金融机构向文化企业提供融资的意愿。而目前金融机构主要是根据政府的指令和指导信息。对文化企业提供融资，从而受到政府的意志主观性影响很大，其不能完全了解文化企业的资信状况，将会导致较高的不良资产比率。而建立、健全征信体系可以为金融机构的资金投向提供客观而科学的信息，使金融机构能能合理地提供资金支持那些有国际竞争能力的、技术创新力强、创意性高、有发展潜力的文化企业。[1] 征信活动能使银行或其他金融机构有效地分析文化企业的信用风险的大小，改善银行或其他金融机构对文化企业产业特征和经营信息的了解，从而比较准确地预判还款概率，不仅有利于增加文化企业融资机会而且有利于金融系统的稳定和发展。有研究表明，欧盟征信市场的统一和融合对于欧盟金融业的发展起到了重要作用，无论是个人信用贷款还是抵押贷款都离不开征信体的支持，随着欧盟政策制定者对于征信的持续重视，欧盟的个人信用贷款和抵押贷款在过去 10 年里持续而快速地增长。[2]

2. 降低文化企业和金融机构的融资成本

在征信制度未建立或征信体系不完善的情况下，考虑到信息不对称将导致交易费用剧

---

[1] 参见张雪艳：《资信评估对中国文化产业发展作用探析》，载《东岳论丛》2011 年第 7 期，第 121 页。

[2] Federico Ferretti, *The Legal Framework of Consumer Credit Bureaus and Credit Scoring in the European Union: Pitfalls and Challenges—Over Indebtedness, Responsible Lending, Market Integration, and Fundamental Rights*, 46 Suffolk University Law Review 791 (2013).

增和融资高风险的负面效应。为规避信息不对称带来的风险，银行或其他金融机构就需要花费高额成本去获取有关文化企业的资产、经营信息。为了防范融资风险并降低搜集文化企业信息的成本，银行或其他金融机构的另外一个选择就是要求所有的中小文化企业（无论其信用如何）在融资时一概提供担保，由此将会产生评估费、公证费等额外开支，而且会减缓融资的进程，将导致文化企业融资成本的增加。而通过完善文化企业的征信体系可以大规模、高效率地搜集、加工和处理文化企业的经营和资金信息，能降低交易过程中的不确定性，从而减少银行货其他金融机构为了防范文化企业道德风险所花费的信息成本、资金使用监管的成本，也能减少文化企业在融资中承担的费用，并缩短融资时间。同时完善的征信体系还能通过企业信息收集、违约信息的传播功能使不良信用企业在市场交易中，受到融资及其他交易潜在对象的抵制，从而增加了不良信用企业在市场交易中的违约成本，从而降低全社会为防范融资或其他经营风险所付出的交易成本。

3. 有助于建立文化企业信用监督和约束机制

随着互联网技术的发展以及大数据的广泛应用，企业和个人的信息越来越容易被大范围地获取。当征信系统的信息被应用于市场交易活动时，能对相关文化企业的守约经营提供监督和督促功能。征信既可以为遵守法律、诚信经营的文化企业提供展示的平台，也可以甄别虚假信息，即对信息真伪的辨别有了参照系。通过征信系统这个平台，约束文化企业的融资行为。如征信系统中有文化企业的不良信用信息，那么即使文化企业实际财务状况优良，银行或其他金融机构也会变得非常谨慎，这部分具有不良信息的文化企业就会因此失去融资的便利性，因此文化企业会自发形成纠正机制，倾向于客观真实地披露信息，最终形成社会认可的、完善的信誉交易机制。① 而且征信体系的完善有助于文化企业知识产权相关注册和备案信息的传播，从而促使文化企业尊重他人知识产权并保护自己的知识产权。

4. 有助于众筹等新型文化产业融资工具的发展

互联网金融与人们生活联系日趋密切，而以众筹为代表的互联网金融融资方式具有普惠性的特征，即互联网金融弱化了传统金融活动专业化、机构化特征，同时不具有传统金融机构在提供融资时的"嫌贫爱富"的倾向。在传统金融机构的融资体系里金融资源的配置权被少数垄断金融机构控制，普通文化企业很难进入上市融资、债权融资、私募投资、资产证券化等传统金融的融资体系中，互联网金融制度下的P2P小贷模式以及众筹融资模式可以使得文化企业通过互联网金融平台以较低的成本快捷地获得融资需求，因此互联网金融对于文化企业尤其是中小文化企业和文化创意项目融资起到了无可替代的促进作用。但基于互联网金融的匿名性特征，在文化产业互联网融资过程中，交易双方的真实性、交易动机、知识产权归属、文化产业项目的可行性、企业经营的可持续性都难以确认。正是在这样一种"互不相识"的陌生环境下，经济个体受到社会规范的约束就会弱

---

① 参见任耘：《征信系统应用对中小企业融资产生的影响及政策建议》，载《征信》2010年第6期，第45页。

化,机会主义产生的可能性就会增加。① 加之大数据时代的互联网融资随时随地都产生着大量的信息。如何从如此海量的信息中,挑选出真实的信息和有效的数据,也成为文化产业互联网融资发展的一个障碍。征信体系的建立和完善可以为文化产业互联网融资在信用评估、贷款定价、知识产权的权属确认、风险管理等方面提供有力的保障,可以促进文化产业创新融资方式的快速健康发展。

二、征信中的具体法律问题

(一) 征信模式

科学而合理的征信模式可以使各种信用信息渠道得到有效整合,从而确保信用信息的准确、充分和有效。目前国际上的征信模式主要有公共征信模式和市场化征信模式两种类型。

1. 公共征信模式

公共征信模式主要被德国、法国等欧盟成员国所采用。此种模式主要是由政府出资,不以营利为目的,全国性的数据库网络体系是由中央机构或政府职能部门建立。第一,它主要由银行监督管理机构开设,并由央行负责管理,其目的是为央行的监管职能服务。第二,公共信用征信系统要求所有的金融机构必须参加该系统,并定期将所拥有的信用信息数据提交给该系统。第三,公共信用征信系统所搜集的信息不包括市场监管机关、税务机关、公共服务机构的信息,因此其来源范围较窄。第四,从信用数据的使用看,其目的仅为信贷,依照为借款人保密、为参与机构保密原则运营。借款人有权检查并更正在公共征信系统的档案。② 第五,信用信息有限共享,共享的信息包括银行内部的借贷信息、与政府有关机构的公开记录等,成员机构提供的数据仅仅以汇总的形式传播,只在金融机构内部共享,而且共享的目的只是信贷。

2. 市场化征信模式

美国采取的是市场化征信模式,即征信是由市场化的征信机构完成,而政府对于征信业务不直接干预,而是通过制定、完善相关法律法规让征信机构自由竞争。目前美国征信市场形成了由 3 家规模庞大的征信机构,即艾可飞公司 (Equifax)、益百利公司 (Experian)、环联公司与两千多家中小型征信机构并存的局面,它们根据各自特点分别覆盖不同的市场需求。在美国,债权人在作出经营决定前有时可以从三大征信机构获得多重信用信息以供对比和分析。③ 上述三家大型征信机构的信用信息全面、权威性较高、征信的技术和设备先进、服务对象范围也广泛。其他中小型征信机构主要从事地方性征信业

---

① 参见王桂堂、闫盼盼:《互联网金融模式下的诚信与征信问题》,载《电子商务》2014 年第 4 期,第 4 页。

② 参见孟方琳、林薇:《欧洲公共征信体系的运作特征及启示》,载《时代金融》2013 年第 12 期,第 209 页。

③ Anne M. Wenninger Gehring, *Recent Developments in Credit Score Disclosures*, 67 The Business Lawyer 660 (2012).

务，主要业务是向客户提供消费者还款记录信用报告、提供来自司法机关及其他公共机构的记录，并对消费者信用进行评级。市场化的征信模式使得美国征信体系具有较大的比较优势。首先，征信对中小企业覆盖率高，比如邓白氏集团和益百利的数据库均覆盖了大多数的中小企业。其次，征信的信息来源广泛，包括有关市场经营主体的交易信息，也包括司法行政机关、公共服务机构的公共信息，还包括其他信用机构提供的信息。征信公司把分散在上述各种渠道的信息进行汇总、归纳、分析能够比较全面而客观地体现企业的信用状况。再次，征信所提供的服务多样化，除基本信用报告外，还可提供风险提示、申请受理、信用风险战略管理、关联分析、合规性服务等增值服务。① 美国征信机构所保存的信用数据在征信市场起到了重要的作用，债权人可以通过这些信用数据判断市场信用环境以及潜在债务人的信用程度，大部分分析人士都认为征信使得美国市场运作得更加高效。② 随着征信业务的全球化，征信机构的并购浪潮也席卷了欧洲各国，20 世纪 90 年代初，美国益百利（Experian）、艾可飞（Equifax）和环联（Transunion）三大公司在欧洲进行广泛的收购，甚至将欧洲的一些全国型征信机构并购，因此欧洲的征信系统逐渐趋向于美国征信体系。

目前在我国的征信机构中，政府主导的征信机构在获取信息的渠道、信息平台的建设上都占据优势。而市场化的征信机构缺少法律和政策支持，获取信息能力较弱、社会大众对于其信用报告的认同感较低，加之我国信用评级水平比较落后，评级方法缺少科学性、合理性，缺少征信的专业人才，这些都限制了企业征信业务的发展，企业尤其是中小文化企业的信用状况难以得到科学客观的评价，因此市场化征信机构发展缓慢。目前我国有2000 多家征信业务中介机构，但是只有约 5% 从事信用采集、调查和评价，且其数量和质量都不能满足当前的社会需求，没有形成竞争有效的市场化征信机制。由于市场化征信机构发展滞缓，且存在较强的垄断，从而影响到征信的服务质量和范围，征信的领域和范围较窄，大部分中小文化企业并没有进入征信系统。

（二）征信过程管理的法制化

由于征信活动可能影响到个人隐私权、企业的商业秘密权，信用信息的披露和评价可以影响到个人或企业在市场经济活动中的地位和能力。而且征信活动也是社会整体信用体系建设的基础，影响到经济、社会生活的各个方面。因而征信过程管理的法制化就显得非常重要。

美国有一套较为完整的法律体系规范征信机构、数据的原始提供者以及信用报告使用者，从而实现保护被征信人权利的目的。该多层次的立法体系包括宪法（主要是被称为

---

① 参见贺朝晖：《中小企业征信系统建设的国际经验与启示》，载《征信》2011 年第 4 期，第 64 页。

② Robert B. Avery, Paul S. Calen & Glenn B. Canner, *Credit Report Accuracy and Access to Credit*, 90 Federal Reserve Bulletin 297 (2004).

"权利法案"的宪法修正案中引申的法律规制）、联邦立法、州法、行业自律规章。① 概括而言，征信的立法体系可划分为以下几个类别：（1）关于规范信贷与租赁的法律。主要有《诚实借贷法》《消费者租赁法》《未经申请的信用卡法》《公平信用结账法》《公平信用卡披露法》《诚实借贷简化法》《家庭财产所有权及其平等保护法》《家庭平等贷款消费者保护法》等。（2）关于规范信用报告的法律。1970年美国国会制定的《公平信用报告法》（Fair Credit Reporting Act，FCRA）以及后续的修订，规定了消费者个人有了解资信报告的权利，并规定了资信调查报告的传播范围，旨在保证征信机构公正、准确地作出消费者信用报告。（3）关于规范债务催收的法律。《公平债务催收业务法》（Fair Debt Collection Practice Act，FDCPA）禁止债务催收中的不合法、不适当行为。（4）关于规范平等授信的法律。主要是美国国会于1974年颁布的《平等信用机会法》（Equal Credit Opportunity Act，ECOA），禁止信用交易中的歧视行为，消费者在申请贷款时，不能因种族、性别、婚姻状况等因素而受到银行及其他金融机构的歧视。（5）关于规范消除不良信用信息的法律。美国国会在1996年制定的《信用修复机构法》（Credit Repair Organization Act，CROA）对于纠正不正确的信息、负面信息的补救行为进行了规定。② 以上述法律为基础，形成了美国较为完整的信用管理法律框架体系，从而为保护被征信人权利、确保信用信息的完整和准确提供了有力的法制保障。

我国在征信法律体系建设方面，立法不完善，且立法层次不清晰。目前我国关于征信的全国性立法只有2013年1月21日国务院发布的《征信业管理条例》，地方性立法有《江苏省企业信用征信管理暂行办法》《海南省征信和信用评估管理暂行规定》《上海市企业信用征信管理试行办法》《上海市个人信用征信管理试行办法》《深圳市企业信用征信和评估管理办法》《深圳市个人信用征信及信用评级管理办法》等地方性政府规章。由于各个地方性立法在立法内容的详细和简略、监管标准的严格与宽松并不存在统一的标准，而征信机构出具的企业信用信息使用范围并不存在特定的地域性，必将导致由不同地区征信机构出具的企业信用信息的真实性和完整性存在差异。立法的分散性更增加了我国征信体系的杂乱和无序。

（三）信用信息的采集和管理

征信机构的征信活动涉及企业商业秘密和个人隐私的搜集、评价和传播，直接影响到被征信人的商誉或声誉，进而影响到被征信人的社会评价。而在整个征信过程中，被征信人作为个体相对于征信机构来说往往处于弱势的被动地位，被征信人的相关权益也极易受到侵害。同时个人隐私及商业秘密也对征信中信用信息的获取构成了限制，商业秘密掩盖了信用记录中的风险，加之信用评级没有受到有力监管从而导致了美国2007—2008年的

---

① Fred H. Cate, *The Changing Face of Privacy Protection in the European Union and the United States*, 33 Indiana Law Review 196-219（1999）.

② 参见浙江省赴美国信用体系建设培训团：《美国社会信用体系考察报告》，载《浙江经济》2006年第12期，第41页。

金融危机。① 因而加强对征信机构的监管，强化对被征信人的权益保护，平衡征信机构获取信用信息的权利和对个人隐私权、商业秘密的保护，日益受到世界各国的重视，欧美征信业发达国家形成了较为完善的法律体系。欧盟注重在征信过程中对个人信息主体权益采取严格的保护，先后制定出台了《欧盟个人数据保护指令》《保护隐私及跨国交流个人资料准则》《电子通讯数据保护指令》等相关法律法规。《欧盟个人数据保护指令》多年以来形成了较大影响力，甚至欧盟以外的国家例如澳大利亚也汲取和接受了其中的主要内容。② 同时各欧盟成员国依据本国征信体系和市场发展的实际需要，也制定了具有自身特点的个人数据保护法律。比如英国的《数据保护法》、德国的《联邦数据保护法》、瑞典的《个人数据保护法》等这些法律规范不仅仅是专门用来规制征信活动中的信息保护，还涉及社会生活的其他方面。在信用信息的搜集和管理中主要涉及信用信息采集范围的界定、在采集信用信息和披露信用信息时被征信人的知情权，以及出现不良信息时被征信人的异议权。

1. 信用信息的采集范围

信用信息在多大范围内被采集，也就意味着信用信息将会在多大范围内被披露，界定信用信息的采集范围也就意味着划定了隐私权的边界。因此，在各国的立法中一般都会对信用信息的采集范围作出明确的界定。例如在美国禁止采集刑事判决信息、政治和宗教信仰信息、种族信息。其他信息在征得被征信人同意后就可以采集，而且规定被征信人的同意为默示同意，即信息提供者向征信机构提供信息前必须告知信息主体，如果信息主体在30个工作日内没有表示不同意，即使是涉及个人隐私的信息数据，也可视为同意。③《美国公平信用报告法》规定可采集的信息包括：消费者身份的识别信息、贷款账户的余额信息、授信额度信息、偿还历史以及与信用有关的公共记录信息。德国关于征信机构采集信用信息的范围也是列举了禁止采集的信息，禁止采集健康信息、民族和种族信息、政见和宗教信仰以及党派信息。英国《数据保护法》及欧盟法令也都规定对种族、政治观点和党派、宗教信仰等个人信息不得采集。④《欧盟个人数据保护指令》为了保证信用信息的及时有效性，对于信用信息保留的期限做了原则性规定，要求保留数据的时间符合采集数据的目的。西班牙法律规定，征信机构对迟付或逾期贷款的信息只能保留6年。而智利法律规定，金融机构的商业债务信息，征信公司只能保留7年。⑤ 德国规定关于个人违约

---

① Breddix-Smalls, *Credit Scoring and Trade Secrecy: An Algorithmic Quagmire or How the Lack of Transparency in Complex Financial Models Scuttled the Finance Market*, 12 U. C. Davis Business Law Journal 87 (2012).

② Federico Ferretti, *The Legal Framework of Consumer Credit Bureaus and Credit Scoring in the European Union: Pitfalls and Challenges—Over Indebtedness, Responsible Lending, Market Integration, and Fundamental Rights*, 46 Suffolk University Law Review 807 (2013).

③ 参见中国人民银行龙岩市中心支行：《征信信息主体权益保护问题初探》，载《福建金融》2014年增刊第2期，第63页。

④ 参见李子白、汪先祥：《征信制度的国际比较与借鉴》，载《海南金融》2006年第11期，第63页。

⑤ 参见高克州、王娟：《国内外个人数据保护的比较研究——以〈征信业管理条例〉为视角》，载《征信》2013年第10期，第46页。

或债务未清偿的信息记录保存期限为 5 年，破产记录信息保存期限为 30 年。

2. 被征信人的知情权

通过保障被征信人的知情权可以帮助被征信任对征信人的工作进行监督，以保证相关信用信息的真实和有效。英国《数据保护法》规定，征信机构除了已经尽所能但是依然没有得到被征信人的回复，或者被征信人无法回复，具有保密义务以外，应当将信用信息的采集目的、使用者、信用信息采集的渠道，信用信息的具体内容告知被征信人，而且信用信息的使用和传递应当经过被征信人的同意。瑞典在《个人数据保护法》中规定，征信机构承担了向被征信人告知其具体信息内容和信息来源渠道的义务。美国也规定了被征信人的知情权，并规定信息采集采取默视同意的方式，信息提供者向征信机构提供信息前必须告知信息主体，如果信息主体在 30 个工作日内没有表示不同意，即使是涉及个人隐私的信息数据，也可视为同意。①

3. 被征信人的异议和纠正权

《美国公平信用报告法》对于被征信人的异议权以及异议处理程序作出了详细的规定。如果被征信人者就与其有关的信用记录中任一条款的完整性或准确性提出异议，且该异议直接向征信机构提出时，征信机构应当免费重新调查并记录信息的当前状况，或在自收到被征信人异议通知后的 30 日内，因从档案中将该异议记录删除。如果对被征信人异议的任何信息进行重新调查之后，该信息记录被发现是不准确的或不完整的或不能被核实，征信机构应当及时从被征信人的档案中删除此项信息，或根据重新调查的结果，适当更正此项信息。征信机构不得将被征信人档案中删除的信息再重新加入档案中，除非提供信息的人证明此信息是完整的和准确的。任何已从消费者档案中删除的信息再重新加入档案中，征信机构应当在重新加入后的 5 个工作日内以书面形式，或如经被征信人同意的其他方式，通知到被征信人。② 英国《数据保护法》规定对于不准确、不完整的信息数据，征信机构在收到被征信人的质疑后 30 日内应对数据进行重新调查，并在 5~30 个工作日将调查结果通知给数据提供方。通过调查如果发现被质疑的信息数据是不准确的（包括不完整的或无法证明是准确和完整的），则征信机构应立即删除该信息并且根据调查的结果对错误数据进行修改。③ 只有在确认、核实被修改后的数据是准确而完整的情形下方可使用。

我国《征信业管理条例》界定了信用信息的采集范围，虽然也在内容上设计了被征信人的知情权、异议权条款，但由于条文的模糊性和笼统性很难具有操作性。首先，《征信业管理条例》规定采集信用信息应当经被征信人同意，未经被征信人同意的不得采集，对于《征信业管理条例》列举的禁止采集的个人有关信息，在征信机构告知并取得信息

---

① 参见中国人民银行龙岩市中心支行：《征信信息主体权益保护问题初探》，载《福建金融》2014年增刊第 2 期，第 63 页。

② *Fair Credit Reporting Act*，http：//www.ftc.gov/enforcement/rules/rulemaking-regulatory-reform-proceedings/fair-credit-reporting-act，visited on 9 October 2021.

③ 参见张国柱：《美国、欧洲发达国家征信系统建设经验及启示》，载《金融会计》2013 年第 2 期，第 40 页。

主体的书面同意后也可采集。但是基于个体在办理金融机构业务以及其他机构业务时处于弱势地位，通常情况下金融机构或其他机构在办理事项时要求个人对于办理业务的所有文件批量签署，个人没有足够时间和能力去识别授权内容，去对抗金融机构或其他机构的授权要求。因此，在实际操作中，本条款对于信息主体的保护作用可能会流于形式。其次，《征信业管理条例》规定，如果信息提供者向征信机构提供被征信人的不良信息，应当事先告知被征信人本人，但由于告知的方式和告知的内容规定不明确，以及各方对于告知的标准存在不同认识，因此该条款也可能会在实践中流于形式。再次，虽然设定了信息提供者的提前告知义务，但对于信息提供者履行该告知义务的程序、方式以及时间期限都规定得不明确，导致在实际操作中就会出现理解差异，这种理解差异也削弱了本条规定的执行力。最后，关于信息使用者向第三方提供被征信人信息的规定不细致。《征信业管理条例》规定，经过被征信人同意，信息使用者可以向第三方提供被征信人的信息。但是本条规定中的"第三方"是特定第三方还是任何第三方，是批量同意还是需要每次特定的同意，这些并不明确。因为个人在金融机构或其他机构办理业务时无论认知能力还是对抗能力都处于弱势地位，而银行或金融机构在办理业务时为了操作流程化，一般不允许个人对签字文件或有关格式文件进行更改或协商，通常要求个人在所有业务文件上统一签字，授权银行或其他机构可以向第三方提供个人信息，这种操作模式就使得银行或其他机构无论向任何地方提供个人信息都符合《征信业管理条例》的规定，致使保护信息主体权利的条款再次流于形式。[1]

（四）信用评级

信用评级是由专业的机构在对信用信息进行全面了解、研究和分析的基础上，作出有关经营可靠性、安全性程度的评价。信用评级是金融机构确定贷款风险程度的基础，也是企业能否获得融资的重要参考依据，因而信用评级是征信体系中的关键环节。在 21 世纪之前，美国的信用评级机构侧重于行业自律，而外部监管较弱。直到 2006 年美国《信用评级机构改革法》（*Credit Rating Agency Reform Act of 2006*）发布后，形成了当今以行业自律为基础、全国认定的评级组织（NRSRO）注册与美国证券交易委员会（SEC）进行直接监管相结合的信用评级监管体系。[2]《信用评级机构改革法》明确了美国证券交易委员会对全国认定的评级组织具有监管权力，但是不得对评级机构的评级方法、评级程序、评级内容进行监督。

美国 2006 年开始的次贷危机暴露出评级机构监管存在较大的问题，因此 2010 年 7 月，在总结次贷危机中存在问题的基础上，制定了《多德-弗兰克华尔街改革与消费者保护法》（*The Wall Street Reform and Consumer Protection Act of 2009*）。这部被美国总统奥巴马称为"重写华尔街行为规则"的金融监管改革法案对于《消费者金融保护法》　（*The*

---

[1]　参见王婉芬：《〈征信业管理条例〉实施中存在的问题及建议》，载《征信》2013 年第 12 期，第 28 页。

[2]　参见鄂志寰、周景彤：《美国信用评级市场与监管变迁及其借鉴》，载《国际金融研究》2012 年第 2 期，第 37 页。

Consumer Financial Protection Act）中的执行和规则制定内容进行了修改。① 它旨在通过加强监管限制金融机构的冒险行为，改善金融体系问责制和透明度，并保护纳税人和消费者利益。该法第九章第三节是关于信用评级机构监管规章的完善，主要包括：每个经全国认定的评级机构都应该成立并有效执行内控机制，以保证信用评级的合规性；证券交易委员会应制定规则要求每个经全国认定的评级机构向证券交易委员会每年提供年度内控报告；对于违规的评级机构证券交易委员会有权暂停或注销其注册资格；证券交易委员会应制定规则以避免评级机构的销售和市场因素影响到评级行为，以及制定规则来增强评级机构的独立性；证券交易委员会应制定并执行评级机构分析师的资格准入，以确保评级的准确性；通过规则的完善来避免利益冲突问题；交易委员会应成立办公室管理评级行为，保护信用评级信息使用者的利益，以及维护公共利益；要求评级机构对于初步评级结论中的公共信息进行公布，以使使用者可以对信息的准确性进行评价，并可以对不同评级机构的信息进行比较。②

2007 年欧洲金融风暴使得欧洲的金融业危机重重，这次危机也暴露出欧盟的信用评级监管规则存在如下重大缺陷：第一，利益链条和市场集中度影响到评级的独立性。为了招揽和维持征信业务的发展，评级机构故意提高信用等级从而取悦付费的发行人，信用评级机构与发行人之间存在利益链条，导致信用评级机构的客观独立性受到影响。此外，信用评级市场高度垄断和集中，大的评级机构占据了绝大多数市场份额，且在很多情况下，评级机构的投资人同时又是受评企业的股东，因此评级机构的客观独立性无法保证。第二，投资者对于信用评级意见过分依赖。由于投资者缺少自己评估融资工具信用风险的渠道，只能依赖外部信用评级机构的结论和意见。但欧美金融危机证明了外部信用评级机构的意见并非总是客观而真实的，总是存在着由于利益驱动而出现虚假评级的可能性。第三，关于信用评级机构民事责任规定缺失。由于追究评级机构的民事责任所依据的法律是各成员国国内法，但各成员国民事责任法律制度存在很大差异，因此信用评级机构就比较容易逃避民事责任的追究。③ 为了解决上述问题，2009 年 12 月，欧盟委员会出台了《信用评级机构管理条例》（*Regulation on Credit Rating Agencies*（*EC*）No. 1060/2009），该条例明确规定欧洲证券交易委员会为欧盟境内信用评级机构的主管机关，其受理信用评级机构的登记，负责协调和沟通欧盟银监局、欧盟保监局和职业退休基金管理局三方对于信用评级机构相关的职责。

《信用评级机构管理条例》主要在以下几方面加强了监管：第一，要求评级机构避免利益冲突，评级机构的客观独立性不受评级机构内部利益或者商业关系的干扰；第二，评级机构的评级人员、职员应当具备相应条件，评级机构必须严格履行登记程序；第三，评级使用的方法、模式与主要评级假设应公开披露；第四，加强对结构性金融产品的评级特

① Andrew M. Smith, Peter Gilbert, *Fair Credit Reporting Act Update*-2010, 66 The Business Lawyer 473（2011）.

② H. R. 4173-Dodd-Frank Wall Street Reform and Consumer Protection Act, Subtitle C, https://www.congress.gov/bill/111th-congress/house-bill/4173/, visited on 9 October 2021.

③ 参见李兆玉：《欧盟推新例加强信用评级监管》，载《法制日报》2013 年 5 月 28 日，第 10 版。

别监管，规定对于结构性金融产品的评级需要与其他信用评级严格区分；① 第五，信用评级机构应设立管理委员会或监理会负责排除利益冲突，同时规定了信用评级机构的信息披露。② 2013 年 5 月 13 日，欧盟理事会通过了《信用评级机构管理条例》第二次修订案（欧盟理事会 462/2013 号法令），主要内容包括：第一，对发行人付费模式下评级机构开展结构化金融产品的评级，引入四年一次的强制轮换机制，每四年更换不同的评级机构。第二，结构化金融产品必须至少有两家评级机构评级。第三，加强利益冲突防范。如果持有评级机构 5% 及以上股份的股东同时也是受评企业的股东时，评级机构应该予以披露。第四，不允许同一主体同时持有两家以上评级机构的股份超过 5%，以此来维持评级机构的独立性和市场的多元化。第五，如果投资者因评级机构的故意行为或重大过失而遭受损失时，有权起诉评级机构③。除此以外，为了加强对评级结果的监督和透明度，要求所有评级机构对于金融融资工具所作出的评级结果都需要在欧盟的信用评级平台上进行公示。

但欧盟的《信用评级机构管理条例》一公布就遭到了美国学者和专家的批评，认为该条例要求欧盟市场内的信用评级必须来自于欧盟体内（the same group），该规定为非欧盟的信用评级机构增加了"额外在欧盟建立评级分支机构，并承担相应税收"的负担。而且条例要求"认可的评级机构无论定居何处，都一概受欧盟法规的监管"则会引发不同国家监管法规之间的冲突，从而导致外国评级机构不得不退出欧盟市场。④ 总体看来欧盟的信息披露制度较之美国更为严格，对于信用评级监管规定较为细致完善。

信用评级直接影响到企业的社会评价和市场中的认可度，因而在欧美发达国家信用评级属于征信体系中的重要环节，通过立法增强评级机构之间的竞争，避免利益冲突，增加评级过程的透明度。⑤ 由于我国征信系统的分散性和部门利益存在冲突，在国务院发布的《征信业管理条例》取消了原《征信业管理条例（征求意见稿）》中已有的关于信用评级的相关规定，使得我国征信体系中主要的信用评级无法可依。

三、完善我国征信体系的法律建议

（一）立法明确监管机制和征信模式

1. 监管机制

2013 年 3 月 15 日开始实施的《征信业管理条例》虽然规定了中国人民银行及其派出

---

① Regulation（EC）No. 1060/2009, http：//eur-lex. europa. eu/legal-content/EN /ALL/？uri＝CELEX：32013R0462, visited on 9 October 2021.

② 参见何敏凤：《欧盟信用评级机构监管改革及其启示》，载《东方企业文化》2013 年第 1 期，第 199 页。

③ Regulation（EU）No. 462/2013, http：//eur-lex. europa. eu/legal-content/en/all/；ELX _ SESSIONID＝GWCKJ3gQt4JCD1dNhVpGXSpYFbxDKv0sdVbnxKT5LPCF02m1RHFk！-481558503？uri＝CELEX：32013R0462, visited on 9 October 2021.

④ Securities Industry and Financial Markets Association, *Global Advocacy Issues*, http：//www. prmia. org /Chapter /Pages/Data/Files /3226_3508_Global20Advocacy20Issues. _other1. pdf. , visited on 9 October 2021.

⑤ Nick Shiren, *Credit Rating Reformed*, 29 International Financial Law Review 34 (2011).

机构是我国征信业的监管机关，但是在实施的监管实践中存在较多问题。首先，中国人民银行分支机构与征信中心在职能上划分不明确。除了中国人民银行总行以外，在其分支机构与征信中心其从人员和机构设置上并未完全分离，既负责征信系统的建设，又负责征信管理的双重职责，在依据《征信业管理条例》对金融信用信息数据库的运行机构进行监管时存在着执法主体与执法对象重合的问题。其次，根据《征信业管理条例》的规定，信息的提供者和信息使用者不仅是金融机构，还包括事业单位和公共事业机构，诸如电信、电力、水务、社保基金、住房公积金等事业机构。但是上述机构只是征信的合作机构，并没在立法上规定其提供信息的责任，如果上述机构违反了《征信业管理条例》，人民银行分支机构履行监管职能的有效性也值得怀疑。[①] 比较欧美征信业的发展，美国市场化征信模式更具有优势，美国征信业监管机制也对于我国征信业的监管具有借鉴意义。

2. 征信模式

无论采用哪种征信模式，统一征信业务的规则制定和监督管理是征信业健康发展的前提。2010 年美国的《消费者金融保护法》将原来分散于银行业协会、联邦贸易法委员会的征信规则制定权大部分转移给消费者金融保护局。[②] 由于我国征信涉及银行、司法、税务、工商及市场征信机构，因此可以将《征信业管理条例》行政规章上升为法律，制定《征信法》并在中央层面成立一个跨部门、统一的征信领导机构，其主要职责在于推动和协调各政府部门和公共机构信用信息数据库的共享，并制定规则规范各政府部门、公共机构信用信息的搜集和发布，协调市场化征信机构与政府及公共机构信息数据库的对接。同时在该机构下设专门的征信服务业监管办公室，负责推动市场化征信机构的发展、运营活动的监督及指导，制定和完善征信机构征信及评级监管规则，协调指导征信业行业协会的建立和发展，规定行业准入资格。建立政府外部监督和行业自律相结合，外部监督和征信内部监督相结合的互动机制，充分发挥征信业行业协会的自律作用，行业协会负责制定本行业的技术标准和操作规范、教育培训、信息交流与共享、职业道德准则构建，通过完善行业管理制度避免征信业的恶性竞争，有效防范征信人员执业的技术风险、道德风险，促进市场化征信机构与行政监督机关以及政府信用信息系统和公共信息系统的沟通和对接。

（二）完善信用信息采集和管理的规定

信用信息的搜集过程，也是对作为被征信人的企业或个人资金和诚信状况进行全面调查的过程，在这一过程中必然会涉及个人隐私或者企业的技术或商业秘密，以及其他与企业信用无关的信息，因此对于信用信息的界定关乎企业的合法经营权利与征信业务的平衡。尤其对于文化企业来说，其资产大多为无形资产，对于商业秘密的保护直接影响到文化企业的发展和生存。在对个人信用信息的搜集过程中也可能会涉及个人的基本信息，例如姓名、住址、婚姻状况、年龄、收入和财产状况，也会涉及个人在金融机构借贷记录或

---

① 参见王婉芬：《〈征信业管理条例〉实施中存在的问题及建议》，载《征信》2013 年第 12 期，第 30 页。

② Andrew M. Smith & Peter Gilbert, *Fair Credit Reporting Act Update*-2010, 66 The Business Lawyer (2011).

商业往来的还款记录，还涉及司法及行政机关掌握的个人信息。征信经常被两个问题困扰，一是如果被征信人的信用信息太少，则关于该被征信人的信用评估不正确，如果关于被征信人的信用信息不存在时，则征信就根本无法发挥任何作用。[①] 因而若想对被征信人进行正确地信用评估，则关于该被征信人的信用信息越多越好，但扩大对被征信人信息的搜集必然会涉及如何界定个人隐私信息以及如何处理隐私权与征信权的冲突。由于信息的无形化和流动性很难通过一部专门法律来明确界定企业及个人信息的征信范围，但是可以通过法律制度的设计来规范信用信息的搜集和管理以保护征信对象的合法权利。

1. 细化被征信人的知情权和异议权

我国应在《征信业管理条例》的基础上完善相关细节使得信息主体的权利保障具有可操作性。要求征信主体在采集个人信息时取得信息主体同意并不得批量授权，应该针对具体事项进行单独授权；细化信息提供者履行不良信息告知义务的具体程序和标准；对于信息使用者向第三方提供个人信息需取得信息主体的同意时，该第三方必须是特定明确的第三方，而且必须对该同意单独作出书面方式的意思表示。还应当对于个人信息主体的知情权、异议权作出科学而合理的规定，并设立权利救济机制。也就是说征信机构应当向个人信息主体完整披露其个人信用档案，在信息主体认为信用信息有误时，可以提出异议，征信机构应该复核，如发现确实为错误信息应该对该信息进行删除或更正，如征信机构拒不更正时，信息主体可以书面方式向征信监管机构投诉。总之，虽然征信体系有利于提前发现风险，帮助银行及其他金融机构作出正确的商业决策，但是征信也容易造成被征信人被持续歧视从而在市场经济活动中遭受损失，[②] 通过规制征信过程中被征信人信息的收集、处理以及使用程序，可以有效减少被征信人合法利益被侵犯的风险。

2. 加强隐私和商业秘密保护

关于征信过程中对企业商业秘密的保护问题，多数国家并非通过征信管理的法律进行规制，而往往通过征信法律与其他法律相结合进行规范。这有以下两个原因：首先，企业的商业秘密包含技术信息和经营信息，在社会生活各个方面具有不同的意义，难以在征信管理的法律中进行统一的界定，因此通过完善商业秘密保护的法律并结合征信管理法律进行协调保护更加合理。其次，企业是由多种专业技能的人才组成，因此企业在自身的商业秘密保护方面比个人信息保护更具有人力和机制优势。征信对于融资有事前防范和事后监督两方面的作用。在融资前，银行或其他金融机构可以通过文化企业的信用信息发现贷款是否具有风险；在融资后，信用信息及信用评价压力将会督促文化企业依约还款。[③] 从上述征信与融资的关系可以看出，企业的信用信息在征信中发挥主要作用。因此征信的目的就是不断扩大对企业信息的搜集，但这种趋势很可能侵犯文化企业的商业秘密。文化企业主要资产为知识产权、专有技术等无形资产，因而文化企业对商业秘密的保护比其他企业显得更为必要和紧迫。

① Mark Doman & James Christiansen, *Noncredit Public Record Data for Credit Decisions*, 18 Commercial Lending Review 38（2003）.

② Nate Cullerton, *Nate Behavioral Credit Scoring*, 101 Georgetown Law Journal 838（2013）.

③ Richard R. W. Brooks, *Credit Past Due*, 106 Columbia Law Review 997（2006）.

目前我国商业秘密的法律保护相对滞后，存在以下问题：一是立法分散不统一。在我国关于商业秘密的保护主要体现在《反不正当竞争法》中，《民事诉讼法》《劳动合同法》《民法典》中也有涉及。分散而不统一的法律，导致法律条文之间缺乏协调一致性，容易产生法律冲突。而且分散立法是从特定部门的角度和利益去看待问题，容易产生法律规定的漏洞，不利于商业秘密的全面保护。二是对商业秘密概念的界定模糊，难以区分商业秘密和公共信用信息。从国际法和比较法的角度看，商业秘密早已经被各国高度重视并进行立法保护，《TRIPs 协定》将商业秘密保护归入知识产权保护协议中，从而形成了以《TRIPs 协定》为核心的商业秘密保护的国际法律体系。加拿大于 1987 年颁布了《统一商业秘密法草案》，美国以《经济间谍法》《统一商业秘密法》《侵权行为法第一次重述》树立了商业秘密的法律保护制度，英国于 1982 年颁布了《保护秘密权利法草案》。我国应适应新的经济社会发展形势需要，通过吸收借鉴其他国家的商业秘密保护立法经验，完善商业秘密诉讼程序法，并在《民事诉讼法》《刑事诉讼法》《行政诉讼法》中完善相关规定，以保护商业秘密，防止在诉讼程序中泄露商业秘密，并加大对侵犯商业秘密的惩处力度，提高社会的商业秘密保护意识。

关于完善在征信中对隐私和商业秘密保护，主要应在以下几方面限定征信机构的行为，强化对企业商业秘密的保护。首先，征信机构采集企业商业的方式有三种合法形式，一是征信企业自行提供；二是从政府、司法机关、公用事业单位或其他征信机构获得企业商业秘密，这种情形下需要征得作为信息主体的企业的同意，否则泄露者应承担侵犯商业秘密的法律责任；三是从公开渠道或其他企业及个人处合法获得企业的商业秘密，这种情况下，征信机构应当对其获得商业秘密的合法性提供证据予以证实，否则应该承担侵犯商业秘密的法律责任。其次，应该对征信机构对商业秘密的管理进行法律规制，征信机构应健全商业秘密数据库的管理机制和人员配置，如果因征信机构原因导致商业秘密数据库的相关信息泄露的，征信机构应承担赔偿责任，并接受监管机关的行政处罚，如果构成刑事责任的，则应该被追究刑事责任。最后，征信机构将包含企业商业秘密的信用信息提供给第三方前必须征得作为信息主体的企业的同意，该同意必须是具体特定的第三方，不得采用批量授权、不明确指定第三方的方式。

（三）完善和规范文化企业信用信息数据库

由于征信数据是制作征信产品的原材料，也是出具信用报告的基础，因此 2013 年 8 月 8 日的《国务院办公厅关于金融支持小微企业发展的实施意见》（国办发〔2013〕87号）提出要破解小微企业缺乏信息、缺乏信用导致融资难的问题。积极搭建小微企业综合信息共享平台，整合注册登记、生产经营、人才及技术、纳税缴费、劳动用工、用水用电、节能环保等信息资源。当前我国征信有三大数据体系：银行金融机构的征信体系、市场交易中的商业征信体系和行政管理中行政机关的征信体系，而政府主导的金融征信体系居于主要地位，但随着市场经济的进一步发展，市场化征信机构的不断发展壮大，需要打破条块分割，构筑高效而统一的信用信息平台。行政管理征信的数据库以及政府主导的金融征信数据库，由于涉及不同的部门，应该由中央层面的征信监督协调机构进行统一指挥和协调，制定和完善相关的政策和法规，对于信用信息的采集、加工整理、信息共享和适用规定统一标准，促进行政管理征信数据库之间以及和政府主导的金融征信数据库之间的对接和整合。

有研究表明，针对特定类型的企业构建同类企业的信用信息数据库更加有利于该类企业获得银行及其他金融机构的资金支持。因此为破解我国文化企业融资中信用信息的欠缺的难题，征信机构应该依据行业特点构建专业化的子数据库。为破除文化产业融资的信息不对称和信用调查障碍，应由政府制定政策并予以协调，由专业化的市场征信机构建立文化企业信用信息数据库，将各个银行、小额贷款公司、担保公司、中介机构的文化企业信用信息整合。广东省已经尝试此类做法，国家可以在总结其运作经验的基础上完善相关细节，并在全国范围内构建统一的文化企业征信系统。① 针对文化企业的资产、经验和资产特点，把相关文化企业分散在银行、知识产权局、财政、税务、工商、统计、版权保护中心等领域文化企业的金融信息、行政管理信息、知识产权及商标的注册信息、版权的备案信息数据集中起来，形成文化创意企业的信息服务平台，以实现借贷双方的信息对称，建立全面高效的信用记录与查询系统为文化产业投资、融资机构的尽职调查、信贷审核提供真实的而低成本的模块化信息。有针对性地对文化企业信用信息的深度加工，增强信用信息的价值性，发挥其融资促进的功能。

（四） 建立并完善信用评级法律规范

信用评级在征信体系中占据重要的地位，信用评级相比较于信用调查、基础征信处于征信体系的最高层次，对于相关市场主体的判断和决策，以及企业融资是否成功都具有重要的作用。我国信用评级业之所以发展缓慢，信用评级机构力量较弱的重要原因是我国对于信用评级实行多头管理、分割而治。由于多个不同的监管机构分割征信市场及其评级监管，评级机构的资质、规则均不统一，很难出台支持国内评级机构发展壮大的政策。因此信用评级也是征信业中最值得和需要规范的部分。我国关于征信的立法自 2007 年进入实质操作阶段，后分别于 2009 年和 2011 年两次发布征求意见稿，并在第一次征求意见稿的通知中曾指出："考虑到信用报告、信用评分和信用评级之间存在着密切的联系，以及对征信业进行统一监管的需求，征求意见稿将征信业务定义为包含信用报告、信用评分和信用评级，将信用报告业务、信用评分业务和信用评级业务等都纳入管理的范围。"但是最终通过的《征信业管理条例》，全部删除了关于信用评级的部分，全程参与《征信业管理条例》起草和修改工作的多位人士表示，造成适用范围降格的根本原因是，相关部委之间利益格局难以协调，"说白了央行只能管自己已经管的和没人管的领域，而不能掺和其他部委的工作"。②目前随着经济全球化的发展，征信业国际化进程明显加快，建立完善我国信用评级的法律制度不仅对于我国企业投融资具有重要的意义，而且也是促进我国征信业发展并抢夺国际信用评级话语权的必要条件。而国际信用评级话语权的抢夺主要是评级

---

① 参见《广东将建文企征信系统解决文化企业资金短板》，载中国日报网：http：//www. chinadaily. com. cn/hqgj/jryw/2014-08-21/content_12238997. html，2021 年 10 月 9 日访问。

② 参见《征信业立法历时十余年终于落地》，载新浪财经网：http：//finance. sina. com. cn/money/bank/yhpl/20130311/143414790672. shtml，2021 年 10 月 9 日访问。

标准以及监管标准的抢夺，当前，征信业最发达的美国和欧盟就围绕着信用评级标准进行着激烈的竞争，还有学者提出"通过美欧双边谈判和协作来解决美欧信用评级监管之争"①，但信用评级法律制度的国际化与信用评级市场的自主性并不矛盾，规范的国际信用评级法律制度的制定有助于维护信用评级市场的自主性，建构信用评级市场的新秩序，而各国信用评级机构的数量和信用评级技术水平有差异，国际信用评级法律制度不能完全忽视这种差异。②

我国应当是在尊重国际信用评级法律原则及习惯性做法的前提下，充分考虑本国实际情况，积极完善本国的信用评级标准及监管法律体系。首先，应通过立法明确适当的监管尺度和方式。美国和欧盟在监管尺度方面表现出基本一致的立场，即监管应当既能实现对评级机构的有效约束，又能保证评级机构不受任何外力包括来自监管层的不当干扰进行独立评级，我国监管尺度应定位于只对评级方法做合规性审查，不对评级机构的评级方法细节做实质干预。其次，明确监管机制，将征信主管机关的外部监管和行业自律相结合。征信主管机关负责制定监管的原则性框架性规定，而行业自律组织根据行业特点和专业角度制定系统的风险控制准则。最后，关于监管的重点：一是立法确认评级机构的资质，并由征信主管机关强制推行注册核准制，并对公开评级机构的基本信息，以供相关利害关系方监督、评价和挑选。二是强化信息披露，对于信用评级的信息应及时披露以接受被评级企业的信息核对、异议和对不同评级机构评级内容的对比。三是通过完善付费模式、征信机构投资主体、征信人员的管理，切断利用输送，避免评级中容易出现的利益冲突。

第五节 文化产业众筹融资法律问题

一、众筹的特点及意义

众筹翻译自英文 Crowdfunding 一词，即大众筹资，也被称为小额公众募资，是指筹资人通过将数量众多的个体资金汇聚起来，以实现某个项目、某个产品或某种作品的实施、生产和创作。传统意义上的众筹起源于英国，1713 年英国诗人为翻译古希腊诗歌而寻求资金支持，在翻译前他向每位预订者承诺赠送一本英文版《伊利亚特》。类似众筹还有1784 年莫扎特为在维也纳音乐大厅表演而寻求支持者，其承诺向支持者提供乐曲手稿，并将 176 位支持者的姓名列在钢琴协奏曲的手稿上。法国为祝贺美国建国 100 周年而于1885 年向美国赠送了一尊自由女神像，但该神像因无基座而无法安放。约瑟夫·普利策为募集建造基座资金而发起众筹项目，承诺向出资者赠送一个缩小版的自由女神雕像，从而获得了 10 多万美元的建造资金。基于信息技术发展和互联网对于资源配置、支付方式、社交平台的颠覆性变革，互联网金融日渐成为经济社会生活重要的组成部分，现代众筹集

---

① Kristina St. Charles, *Regulatory Imperialism*: *The Worldwide Export of European Regulatory Principles on Credit Rating Agencies*, 19 Minnesota Journal of International Law 399（2010）.

② 参见封红梅：《信用评级法律制度的国际化发展趋势》，载《时代法学》2012 年第 6 期，第 103 页。

中体现为互联网众筹。

（一）众筹的特点

互联网领域众筹最早起始于英国，1997 年英国摇滚乐队 Marillion 通过互联网众筹的方式募集到 35000 英镑，作为去美国进行演出的费用。① 但 2009 年美国 Kickstarter 网站作为现代众筹融资模式重要推动者，真正开启了世界众筹融资时代。其融资项目从漫画书出版计划、盲文手表到构思新奇的 3D 打印机，帮助奇思妙想的文化创意项目筹集资金并顺利实施转化为产业成果。据其网站介绍，Kickstarter 网站宣布，截至 2014 年 3 月该网站已经为平台上所有众筹项目吸引了总数超过 10 亿美元的众筹融资。而且仅在 2013 年一年，它们就得到了 5 亿美元的众筹融资。如今 Kickstarter 每天都会吸引超过 100 万美元的众筹项目投资。之所以众筹发展如此迅速，主要原因在于它可以使创业者不需要借助传统金融机构就能获得创业的资金；它为被传统金融机构所嫌弃的小微企业提供发展资金；它可以让创业者把自己的创意与数国众多的潜在投资者进行分享；而且众筹融资方式费用低且交易便捷。② 从全球范围来看众筹融资发展迅速，2012 年众筹融资额达到 27 亿美元，2013 年的众筹融资额超过 51 亿美元。

众筹从参与主体角度看涉及多方主体，包括项目发起人（筹资人），通常为具有融资需求的文化创意企业；投资人即不特定的数量众多的互联网用户，通常利用在线支付的方式为自己感兴趣的文化创意项目投资，每个投资人相当于天使投资人（Business Angel）；众筹平台，作为网络信息技术的提供者和维护者，将文化创意项目通过众筹平台发布，并监督文化创意项目的开展和实施。众筹的主要特征如下：

1. 与文化产业的关联性

从传统众筹项目可以看出，西方国家众筹具有久远的历史，而且自开始即表现出低门槛的特征，即无论社会地位、专业背景如何只要有新颖的创意和创业热情都可发起众筹项目；自众筹这种融资方式产生之日起即具有鲜明的文化基因，，主要集中在音乐、电影、文学创作、政治竞选等领域，③ 目前在国内的众筹网站上的项目类别包括影视娱乐、创意设计、动漫游戏等方面，主要依靠社会大众力量，支持者通常是普通的普通网络用户，而非专业的风险投资人。

2. 融资的便捷性

众筹融资与风险投资在某种程度上具有相似性，以高风险换取高回报且不需要抵押，也不看重筹资人本身的资金实力及还款能力，而着重考虑是否投资的因素为创意项目本身

---

① Ross S. Weinstein, *Crowdfunding in the U. S. and Abroad*：*What to Expect When You're Expecting*, 46 Cornell International Law Journal 437（2013）.

② Philip de Beer, *The Law of Crowdfunding*：*Challenges to the South African Securities Law—A Comparative Perspective*, 1 Penn. Undergraduate Law Journal 20（2014）.

③ Laura Michael Hughes, *Crowdfunding*：*Putting A Cap on the Risks for Unsophisticated Investors*, 8 Charleston Law Review 486（2014）.

的新颖性、市场接纳度以及投资回报的可能性。因此就减少了传统的融资模式中的价值评估、风控审核、内外部审批等繁杂的流程。众筹融资通过互联网向公众传播资金需求信息，由于潜在投资人数量巨大因此较易快速地形成筹资与投资的匹配。

3. 兼具融资和推广两种功能

众筹平台不但为企业和项目提供了融资的平台，而且通过众筹平台，有关创意的构思和设计信息得到最大限度的传播，可以提前吸引和锁定潜在的消费者，也起到了产品和项目的市场营销功能，从而有助于项目实施和最终实现收益。

（二）众筹对于文化产业的意义

通过分析众筹的特点可以看出众筹最突出的特征是与文化产业融资具有高度的契合性。因而随着互联网和大数据的迅猛发展，众筹对于文化产业的融资具有无可替代的推动作用。文化企业，尤其作为初创期的中小文化创意企业，其可供抵押的资产少，且多为无形资产，因此很难通过传统商业贷款、发行债权、上市等渠道获得融资。而且作为文化创意企业，创意项目的作品受到时尚潮流以及社会大众审美标准的极大影响，因此文化创意企业融资需求的时效性较强，而众筹融资的快速便捷，满足了文化产业融资的时效性的需求。文化创意企业本身资金链较为脆弱，且投资项目的成败很难预料，有关无形资产权利的归属较易陷入纠纷，因此作为资金提供者的风险较高，传统商业贷款模式中一对一融资方式，使得金融机构不愿贸然放贷。而众筹融资模式中是多对一，投资风险得到了有效的分散。

众筹融资在中国兴起比较晚，2011 年才由美国传播到中国。目前，我国众筹按照回报形式来划分主要有实物回报类众筹和股权回报类众筹，其中股权回报类众筹占主导。近年来，众筹融资中的股权回报类众筹融资开始成为初创型企业的重要的融资工具，而且发展十分迅速，自 2009 年以来，融资规模每年都在翻番。① 最近两年来，众筹融资项目呈现出爆发式增长，2013 年通过众筹成功的文化项目约 150 个，而 2011 年还不足 10 个。而且单个众筹融资项目的金额也大幅增长，2013 年以《快乐男声》为主题众筹所拍摄电影的融资额度达到了 500 多万元，而在 2011 年单个众筹项目的最高融资额不过万余元。2014 年 3 月下旬娱乐宝一期融资产品上线，顺利融资 7200 万元，娱乐宝第二期融资了9200 万元。2014 年上半年，我国众筹领域共发生融资 1423 起，募集资金达 1.88 亿元。自 2014 年 7 月京东众筹上线以来，目前募集金额已经超过 1 亿元，其成为国内首个亿级权益众筹平台，京东众筹项目筹资成功率近 90%，其中筹资百万级项目有 18 个，千万级项目有 3 个。②

---

① Gerrit K. C. Ahlers, Douglas Cumming, Christina Günther & Denis Schweizer, *Signaling in Equity Crowdfunding*, SSRN Electronic Journal, http：//papers. ssrn. com/sol3/papers. cfm? abstract_id = 2161587, visited on 15 October 2021.

② 曾颂：《京东"亿元众筹"背后的信用实验》，载全景网：http：//www. p5w. net/news/cjxw/201412/t20141206_865694. htm，2021 年 10 月 9 日访问。

二、众筹中的具体法律问题

(一) 众筹的法律地位

所谓众筹的法律地位问题是指国家是否通过立法对众筹的合法性予以确认，以及是否通过颁布专门法规对众筹进行监管。目前众筹在不同国家的法律地位差异较大，主要存在两个方面的背景原因：首先，各国众筹融资市场的发展水平极不均衡。根据欧洲众筹联合网 (European Crowdfunding Network，ECN) 的统计，法国、德国和英国等一些资本市场活跃的国家的众筹已经成为其经济发展中的重要组成部分，在融资市场中扮演了重要的角色。如截至 2012 年，英国有众筹平台 44 个、法国有众筹平台 28 个①。而有些国家由于融资结构的原因，其国内没有众筹平台，例如斯洛文尼亚、立陶宛、克罗地亚、斯洛伐克和卢森堡等；有些国家虽然有众筹平台，但是基本都是捐赠类和奖励类别的众筹，意味着众筹并没起到融资作用，例如匈牙利和拉脱维亚。其次，不同的国家的经济发展水平差异较大，产业结构也不相同，众筹所主要适合的中小型文化企业在不同国家发展程度不相同，因此对众筹的意义的认识和态度也不相同。根据欧洲中央银行 (European Central Bank) 的调查报告，"客户寻找难" 和 "融资难" 是欧洲小微企业面临的两大难题，然而其困难程度在不同国家并不同。而众筹作为解决这两个问题的重要途径得到了政府的极大重视，各国的众筹发展水平不同，众筹需求也不同，因而各国对众筹市场的监管动力、措施也各有不同。

1. 众筹在欧洲的法律地位

2012 年，全球众筹市场规模达 28 亿美元，欧洲市场规模年增长 65%，达到 9.45 亿美元，占全球众筹规模总量的 90%。② 随着众筹在欧洲的快速发展，欧盟众筹融资监管也在逐步完善，但欧盟各国在众筹监管进程中的态度并不相同。如意大利和法国已经积极探索政府众筹监管的相关立法，但以德国为代表的另一些国家并不主动立法对众筹监管，而是主要依据现有的规则进行规制。但是从整体上看，欧盟各国基本都在欧盟现行金融和投资法律框架下对众筹融资所涉及的问题进行分类监管。

2013 年 10 月 3 日，欧盟委员会发布了《众筹在欧盟——发掘欧盟行动的潜在附加值》的意见征询书，向投资者、项目发起人、众筹平台、政府机构、学术机构、组织等在内的 "任何人"，就有关众筹的定义、优势、风险、监管问题等进行意见征集，以考察是否有必要在欧盟层面采取监管措施或对欧盟各成员国立法进行协调统一，并于 2014 年 3 月中旬发布了有关欧盟众筹监管意见征询的《总结报告》。但欧盟并没有针对众筹融资的专门立法，而是通过现有的法律或指令对众筹进行监管。众筹活动在欧盟各个成员国发展迅速且形式多样，而基于欧盟的 "单一市场"，成员国之间的合作及跨境业务将越来越

---

① Ross S. Weinstein, *Crowdfunding in the U. S. and Abroad：What to Expect When You're Expecting*, 46 Cornell International Law Journal 444 (2013).

② European Union, *Consultation Document*, http：//ec. europa. eu/internal_market/consultations2013 /crowdfunding /docs/consultation-document_en. pdf, visited on 18 October 2021.

密切，众筹融资在欧盟进一步发展是大势所趋，因而凸显了统一监管标准的必要性。纵观欧盟各国，监管的重点主要在于涉及金融和投资的众筹活动。目前，除了意大利和法国已经制定了专门法律外，大多数国家仍依照现存既有的法规进行规制，对于如何对众筹活动和众筹平台进行专门的监管暂无共识。欧盟委员会曾于2013年年底对欧盟众筹市场及监管措施进行了调研，得出了各国的监管标准碎片化的结论。基于该调研，欧委会成立了"欧洲众筹参与者论坛"（European Crowd Funding Stakeholder Forum，ECSF）的高级专家组，目前已有40个成员，包括15个成员国的政府部门和15个社会组织，以及企业、平台、行业组织和消费者保护组织等，专门提供信息咨询和立法建议。ECSF的第一次会议于2014年9月25日举行，欧盟各界能否对众筹监管的欧盟标准达成初步方案，有待观望。①

2. 众筹在美国的法律地位

众筹以各种形式在美国发展了很多年，众筹类网站主要分为五类：捐赠类众筹、预购式众筹、实物回报类众筹、借贷式众筹以及股权众筹。② 美国众筹融资发展虽然相对较早，但在发展的过程中也遇到阻碍其进一步发展的问题，这些问题可以归纳为以下两方面：

一是众筹投资者在交易过程中处于弱势地位，如何保护投资者成为突出问题。美国证券交易委员会对众筹要求严格的注册登记程序有其良苦用心。由于小企业大多不稳定，其投资风险很大，美国证券交易委员会也很难对其进行价值评估，故而才严格规定创业企业公开上市发行条件。小企业上市发行股票之前提供大量企业信息，进行信息披露业务成本昂贵，这很可能会阻碍股票公开发行工作，事实上也的确对发行工作非常不利。此项信息披露成本导致在过去的十年中首次公开募股的企业数量骤减。企业价值评估和信息披露费用之间的矛盾是一个让人伤脑筋的问题，我们可以把它比喻成"金戒指问题"（"The Gold Ring Problem" 指的是你看见一个闪闪发光的金戒指，至少你认为是金子做的，它可能会有价值，也可能不值一文钱，这个概念是由 Posner 大法官首先提出的，即表示对某项财产的价值不能明了）。金戒指是指一种假设的情形，在此情形下要对一项价值不明的资产在售出之前对其进行价值评估，但是我们手头上并没有足够的信息可以对其实际价值作出准确鉴定。我们很难估量在大街上随意捡到的金戒指值多少钱；同理，一名普通投资者通过众筹网站选择一个小企业众筹筹资者，投资者一样难以对筹资企业的真实价值进行判断，风险不一定低。捡一枚金戒指，找来珠宝商对其进行价值鉴定，这是不会带来任何金融风险的行为，相比之下，众筹投资者对创业企业需要投入大量资金，承担了非常大的投资风险。基于这点考虑，美国证券交易委员会在立法中将对投资者的保护列为重中之重，这点在未来的与众筹相关法规立法过程中仍然会得到贯彻执行。一些专家认为众筹投

---

① 参见顾晨：《欧盟探路众筹监管》，载《互联网金融与法律》2014年第2期，第26~32页。

② Benjamin P. Siegel, *Title iii of the Jobs Act：Using Unsophisticated Wealth to Crowdfund Small Business Capital or Fraudsters' Bank Accounts?*, 41 Hofstra Law Review 786 (2013).

资者需要承担的投资风险已经和其可能获得的收益不成正比，风险远远大于收益。[1]

二是对于股权融资限制。美国 1933 年《证券法》规定，如果发行或销售证券没有在美国证券交易委员会办理登记，就会被认定为非法，除非满足该法第 3 条和第 4 条规定的豁免条款。而在众筹融资的典型特征就是融资额度低、门槛低，如果要办理上述登记程序必然要增加大量的融资成本，因而这条规定就限制了以股权激励的形式让众筹投资者分享长期的利益。在经济的发展中众筹融资中实行长期的股权激励机制显得越来越必要，因此 2012 年 4 月 5 日美国奥巴马总统签署了《初创期企业推动法案》（*The Jumpstart Our Business Startups*，简称"JOBS 法案"），要求美国证券交易委员会修改美国 1933 年的《证券法》正式将股权众筹融资合法化，允许初创企业从没有经验的广大投资者获得资金支持，[2] 并细化相关监管规则以促进股权众筹的健康稳定发展。

3. 众筹在我国的法律地位

我国虽然尚未有专门的法律、法规对众筹予以规制，但在 2014 年 12 月 18 日，中国证券业协会发布了《私募股权众筹管理办法（试行）》的征求意见稿，对于众筹平台的地位、投资者及融资者适格条件进行了规定，在实践中对股权众筹行为发挥了一定的指引作用。2019 年 4 月 26 日，《证券法》（修订草案三次审议稿）在中国人大网公布，专门增加一条，就公开发行证券豁免核准、注册的情形予以规定。可以豁免的两种情形包括：通过国务院证券监督管理机构认可的互联网平台公开发行证券，募集资金数额和单一投资者认购的资金数额较小的；通过证券公司公开发行证券，募集资金数额较小，发行人符合规定条件的。这一条款为众筹发行、小额发行提供了便利，有利于鼓励创业创新。

众筹在我国发展迅速但股权众筹的资金缺口仍然较大。统计结果表明，我国众筹融资需求金额与实际募集的金额差距很大，例如 2014 上半年股权众筹的需求金额为 20.36 亿元，成功募集到的金额只有 1.56 亿元，这种局面体现了在我国众筹融资发展中依然面临着诸多问题。

（1）关于实物回报类众筹的法律风险。《刑法》第 176 条"非法吸收公众存款或者变相吸收公众存款罪"与 2010 年《最高人民法院关于审理非法集资刑事案件具体应用法律若干问题的解释》规定，违反国家金融管理法律规定，向社会公众（包括单位和个人）吸收资金的行为，同时具备下列四个条件的，除《刑法》另有规定的以外，应当认定为刑法规定的"非法吸收公众存款或者变相吸收公众存款"：①未经有关部门依法批准或者借用合法经营的形式吸收资金；②通过媒体、推介会、传单、手机短信等途径向社会公开宣传；③承诺在一定期限内以货币、实物、股权等方式还本付息或者给付回报；④向社会公众即社会不特定对象吸收资金。为了避免触犯上述规定，大多数众筹网站都通过声明来表述其行为不是非法集资，因为出资人所预购的项目或产品而不是获得利润回报。众筹网站以及众筹项目的发起人均不对出资者进行资金回报的承诺，而且回报的形式为产品、服务，如音乐的媒体播放

---

① Ross S. Weinstein, *Crowdfunding in the U. S. and Abroad：What to Expect When You're Expecting*, 46 Cornell International Law Journal 434-435（2013）.

② Jorge Pesok, *Crowdfunding：A New Form of Investing Requires A New Form of Investor Protection*, 12 Dartmouth Law Journal 147（2014）.

或者下载。根据多数众筹平台的运作实践可以看出其行为具有以下特点：没有吸收公众资金的法定资格，众筹网站都有给与产品、服务或其他形式回报的承诺，都通过互联网向不特定的公众进行公开宣传和推广，有募集广大互联网用户资金的行为。以上四个特点符合非法吸收公众存款罪的构成要素，体现了众筹在法律红线上行走的困境。

（2）关于股权回报类股权众筹面临的法律风险。目前股权众筹最容易触犯的是擅自发行股票罪，即未经国家有关主管部门批准，擅自发行股票或者公司、企业债券，数额巨大、后果严重或者有其他严重情节的行为。[1] 根据《国务院办公厅关于严厉打击非法发行股票和非法经营证券业务有关问题的通知》的规定，非公开向特定对象发行股票后，其股东不得超过 200 人；不得采用各种公开方式或变相公开方式向社会公众发行；严禁任何公司股东自行或委托他人以公开方式向社会公众转让股票；向特定对象转让股票，未依法报经证监会核准的，转让后，公司股东累计不得超过 200 人。[2] 首先，根据《公司法》的规定，有限责任公司的股东不得超过 50 人，股份有限公司的股东不得超过 200 人，《证券法》亦有类似规定。但众筹模式的特性决定了一个项目可能会有数百个甚至更多的投资人，极易突破股东人数的限制，同时这些投资人分布各地且互不熟悉，极易被认定为"不特定的对象"。其次，众筹平台在项目筹资过程中，众筹网站作为面向广大社会公众的平台，其对于融资项目的推广和宣传，也极易被认定为广告、公开劝诱。在实践运营中，大多数众筹平台通常以股份代持和成立有限合伙的方式规避上述规定。虽然国家法律允许股份代持，但是如何确保委托人和受托人之间的信任是难题，同时，股份代持中权属具有一定的不确定性，必然会带来较多的纠纷。成立有限合伙企业，虽然在很大程度上可以规避《公司法》《证券法》关于人数的限制，但通过设立多层级的有限合伙企业，也面临被监管部门认定为"以合法形式掩盖非法目的"的风险。

（二）众筹平台的监管

1. 众筹平台的登记

众筹平台的登记注册是对众筹进行监管的前提，因此在立法中确认了众筹地位的国家，都对众筹平台提出了注册登记的要求。2012 年 10 月 18 日意大利通过了第 18592 号法令即《初创型创意企业通过在线募集资本的管理规则》（*Regulation on "The Collection of Risk Capital on the Part of Innovative Start-ups via On-line Portals"*，以下简称为《监管规则》），规定只有在意大利证券交易委员会注册后才可以作为合法的众筹平台投入运营。如果是银行和金融中介机构从事众筹平台服务，则银行或其他金融机构只需要将其准备开始管理众筹平台的意向告知意大利证券交易委员会。相反的，如果众筹平台不是银行或其他金融机构，需要向意大利证券交易委员会提交规定的文件进行申请相关业务。意大利证券交易委员会必须在自其收到之日起 60 日内处理其注册申请。如果自意大利证券交易委员会自收到该申请之日起 7 日内向申请人没有补足缺少的文件时，该期限可以暂停；为了

---

① 参见《中华人民共和国刑法》第 179 条。

② 《国务院办公厅关于严厉打击非法发行股票和非法经营证券业务有关问题的通知》，国办发〔2006〕99 号，2006 年 12 月 12 日发布并生效。

获得申请注册的成功，申请人必须符合《监管规则》规定项下的完整性和专业化的要求。欧盟《金融工具市场指令（MIFID）》中对金融中介机构的登记进行了规定。但各成员国根据 MIFID 第 3 条的规定有权根据本国的实际情况对特定的机构进行豁免，成员国可根据国内情况作出调整。根据 MIFID 第 4 条及附件 1 的规定，提供金融服务的金融中介机构应当在其提供投资以及投资服务活动的成员国进行登记，而且该登记事项应被报告给欧洲证券和市场管理局（ESMA）。美国《初创期企业推动法案》规定众筹融资必须借助在 SEC 注册的众筹平台进行。关于众筹平台的要求如下：在美国证券交易委员会（SEC）登记为经纪人或众筹平台（Funding Portal）；在任何一个州的自律性协会（Self-regulatory Organization，SRO）进行了登记①并接受协会组织的约束。

2. 众筹平台的权利和义务

众筹平台在众筹融资中起到了中介和监管的双重作用，既能为投资者和筹资者提供信息匹配，协助交易的完成，而且也能全面接触到投资者和筹资者的相关信息。因而明确众筹平台的权利和义务，对于保障众筹的健康发展具有重要的意义。众筹平台的权利和义务主要包括以下内容：资格审核、信息披露、禁止利益冲突和投资者教育。

美国 JOBS 法案规定众筹平台应当对众筹发行人的高级管理人员、主要股东进行调查，确保其信息真实从而防止在众筹中出现欺诈。众筹平台应当尽到披露义务提前向投资者以及证券交易委员会披露有关发行人的信息（提前 21 天）；应当对投资者的隐私进行严密保护；审核投资者的投资金额不能超过规定的限额；限制对促销给予补偿，以避免利益冲突；法案规定禁止众筹平台的董事、高管、合伙人或同等地位的人与筹资者有利益关系。② 意大利《初创型创意企业通过在线募集资本的管理规则》规定一个众筹平台的公司高管不能在另外的众筹平台从事职能和地位相同的工作，即为了防止利益冲突而实行竞业禁止。在选定众筹平台后，创业公司应将所有有关众筹的项目信息连同其商业信息和组织结构披露给该众筹平台，以便于众筹平台对其进行价值评估，众筹平台应公布与创业企业协商确定后的股东协议书。③

众筹融资方式通过吸收广大互联网用户的资金，为文化创意类企业和项目的发展提供了巨大支持，但是关于如何平衡文化企业的低成本融资和保护投资者利益，④ 意大利《初创型创意企业通过在线募集资本的管理规则》对于众筹平台的信息披露以及投资者教育作出了较为详尽的规定，通过信息披露保证投资者的知情权。《监管规则》规定，网络平台必须将有关创业公司及其众筹的详细信息告知投资者，如项目信息、商业计划和创业公司内部组织结构、创业公司的股权及其权利义务、现行法规中关于对此类股份的限制转让

---

① Andrew D. Stephenson, Brian Knight & Matthew A. Bahleda, *From Revolutionary to Palace Guard：The Role and Requirements of Intermediaries Under Proposed Regulation Crowdfunding*, 3 Michigan Journal of Private Equity & Venture Capital Law 234 (2014).

② Jumpstart Our Business Startups Act, H. R. 3606, § 302 (b).

③ Portolano Cavallo Studio Legale, *Brief Overview on the New Italian Crowdfunding Regulation*, http://www.portolano.it/wp-content, visited on 10 October, 2021.

④ Gregory D. Deschler, *Wisdom of the Intermediary Crowd：What the Proposed Rules Mean for Ambitious Crowdfunding Intermediaries*, 58 St. Louis University Law Journal 1146 (2014).

条款、负责每个认购阶段的银行和其他金融机构的资料、投资者需要承担的成本费用、已经购买股份的专业投资者的信息以及在过去由该创业公司在其他网络平台发布过的众筹信息等。如有必要，此类信息需持续保持状态更新。此类措施旨在保护每位投资者对其投资活动风险充分明了。创业公司需要对该信息的真实完整性承担法律责任。网络平台将仅仅对如下普通投资者提供公开上市证券认购服务：（1）该普通投资者应对意大利证券交易委员会网站上提供的培训教育投资者的信息有所了解。（2）投资者将会要求参与一份调查问卷，该调查问卷旨在衡量投资者是否对其作出的创业公司投资风险充分了解，投资者需要在此份调查问卷中表现出其风险意识良好。（3）需要该普通投资者作出自愿承担任何投资风险的意思表示。普通投资者有权自认购股份 7 日内撤销该认购行为，但是任何撤销行为都必须有法定事由。① 如在上市发行结束前，普通投资者发现上市发行过程中出现信息披露错误，倘若该错误信息将对普通投资者是否完成其投资具有负面影响，其也可对认购行为予以撤销。

3. 关于众筹平台的定位

众筹平台在众筹中作为中介的角色而存在，如果众筹平台在众筹融资中介过程中可以控制所筹集资金的利用与流动，则众筹平台就可能存在挪用资金的可能，这无论是对投资者、筹资者以及金融市场的稳定都具有巨大的风险。因此引入第三方资金监管，避免众筹平台掌控募集到的资金就显得尤为重要。意大利《初创型创意企业通过在线募集资本的管理规则》规定，在众筹平台本身不是由银行和其他金融机构经营的情况下，投资者需要通过指定的银行或其他金融机构来完成对股权众筹的股份权认购和投资，并且所有款项的支付需要通过银行或其他金融机构完成，众筹平台管理人需将投资者的认购程序告知指定的银行或其他金融机构，同时创业公司为筹集资金需要在银行或其他金融机构公司开设自己的专门账户。②

目前我国关于众筹平台监管存在如下问题：众筹平台的权利义务不明确、信息披露不充分、投资者的利益极易受到侵害。

首先，众筹融资中容易产生大股东利用控股地位实现对公司经营管理的全垄断，从而侵害小股东权益。由于众筹投资者没有丰富的投资经验，很容易因大股东的欺骗、大股东不尽职或者投资者对投资项目性质和风险的误解，而遭受利益损失。③ 通常情况下，由于众筹平台的门槛较低，且投资者众多，因此单个的投资者所占的股份比例较小，而众筹项目的发起人是公司的实际控制人，其决定着公司重大经营、发展事项，如利润分配、并购重组、重大项目投资等。公司是否营利，以及营利的金额、是否进行利润分配基本都由实际控制人决定。股权众筹投资者是以新增股东的身份加入目标公司，与传统的有限责任公

① *Regulation on "The Collection of Risk Capital on the Part of Innovative Start-Ups Via On-Line Portals"*, the Commissione Nazionale per le Società e la Borsa, http：//www. consob. it/mainen/documenti /english/laws, visited on 10 October, 2021.

② Portolano Cavallo Studio Legale, *Brief Overview on the New Italian Crowdfunding Regulation*, http：//www. portolano. it/wp-content, visited on 10 October, 2021.

③ Laura Michael Hughes, *Crowdfunding*：*Putting A Cap on the Risks for Unsophisticated Investors*, 8 Charleston Law Review 494-501（2014）.

司不同的是股东之间难以存在较高的信任感,无法通过个人感情因素相互制约。而且众筹融资公司又不像上市公司那样严格地处于监管部门的监管之下,需承担信息公开、接受审计等义务。在股权众筹融资中进行出售股份以进行融资的公司,需要面对数量不定、真实身份和信息无法确认的广大互联网用户,公司容易面临被他人恶意收购的风险。而筹资人宁愿向投资人回报债权性证券如债券而不是股份,因为债权性债券与股份相比,减少了筹资人不少的潜在义务。① 这种风险互相防范心理及利益博弈增加了投资者和筹资人之间的不信任感。因此,参加众筹的投资者既没有基于人际关系纽带的私力救济,也没有国家对于公司经营管理信息披露的强制力约束,这使得本来就欠缺保护的投资者的权益增加了被侵害的风险。

其次,公司估值不易确定,导致投资者利益难以保障。依照我国《公司法》的规定,股东依照出资比例享有公司相应比例的股权,然而在实际众筹中怎么判断投资者所占公司股份的比例,是一个复杂的问题。在公司估值的背后,实质上反映的是新增的众筹投资者与公司原有创始人之间股权比例的划分,这涉及股东最根本的权益。在风险投资或天使投资中,通常投资方实力较强,而且具有一定的投资和财务知识,也可以对拟投资公司的资产聘请专业的评估机构进行评估,从而根据评估结果确定股权比例问题。但在文化创意产业的众筹融资中,由于文化创意项目追求的新颖性、时效性而且对于众筹项目监管不到位,很多新设公司即开始发布融资需求信息,该公司是否进行了资产评估以及资产评估是否公正合理,众筹投资者都无法掌控。在不知融资方如何确定公司估值的情况下,必将影响到新增股东所占股权的合理性。

最后,众筹平台角色定位不明,但通常实际控制着募资资金的流向和支付。通常情况下,众筹平台在对外声明中仅将自身定位为中介机构,不参与众筹项目的实际经营业,也不干预资金的使用。但是从众筹项目的发起到众筹融资完成,其有较长时间差,而且融资顺利程度各不相同,然而由于融资进度的不确定性和时间差等原因,融资款必然是先汇集到众筹平台,从而使得投资者的投资金额首先进入众筹平台中,也就是说众筹平台对融资款项的管理、划拨进行着实际控制。例如融资成功后把相应的融资款拨付到目标公司,融资失败后把认缴款退回给相应的众筹投资者等,这都取决于众筹平台的管理能力、业务水平、风险控制等因素。如果不加强对众筹平台融资款项的监控,即使强化信息披露义务也作用有限。理由如下:第一,作为众筹中的投资者没有丰富的投资经验,且缺少经济敏锐性,很难意识到众筹的高风险以及发起人欺诈的高发生概率;第二,作为初创企业的发起人,其经营期限较短,甚至是刚成立的公司,因此没有太多值得披露的信息;第三,投资者能理解发起人所披露的信息,但是对于核实信息的真实性,以及信息的价值都是非常困难的。② 而且众筹平台本身也具有风险性,这会直接影响到投资者的切身利益。

---

① Andrew A. Schwartz, *Crowdfunding Securities*, 88 Notre Dame Law Review 1459 (2013).

② Thomas G. James, *Far from the Maddening Crowd: Does the Jobs Act Provide Meaningful Redress to Small Investors for Securities Fraud in Connection with Crowdfunding Operations*, 54 Boston Colledge Law Review 1769 (2013).

（三）合格投资者制度

所谓合格投资者制度，是指参加众筹投资的投资者需满足一定资金额度和具备一定投资经验的要求。例如在美国 JOBS 法案中，为了避免投资风险过大超过了投资者自身的承受能力，而在立法中对其可能遭受的损失上限进行了明确规定，也就是说限定了众筹投资者能够投资众筹项目的最高额度。以净资产或年收入 10 万美元为界限，如果超过 10 万美元，其可以最高投资额度为净资产或年收入的 10%，而如果不超过 10 万美元，其上限为 5% 或 2000 美元。上述规则依据投资者资产实力及抗风险的能力，对于投资额度进行相应的限制，以弱化投资损失对于投资者造成的影响。此外，JOBS 法案还放宽了豁免注册的标准，如原来规定公开发行的人数超过 300 人需要登记，现在修改为 1200 人。① 作为回报，发起人可以提供普通股权、优先股债权或其组合。② 但是值得注意的是美国 JOBS 法案关于投资者限制条款并没有对投资者进行明确的定义，由学者通过与众筹中介监管局（The Crowdfunding Intermediary Regulatory Advocates，CFIRA），进行沟通，认为 JOBS 法案所规定的保护措施对于获许投资者（accredited investors）及机构投资者没有意义，因此不受上述规定的限制。如果这种解释能被采纳，则初创企业可以获得额外更多投资，获许投资者和机构投资者也可以进行更大金额的投资。③ 除了资金的额度的限制以外，美国 JOBS 法案和意大利《初创型创意企业通过在线募集资本的管理规则》都对投资者的教育和风险提示作出了明确的要求。

三、完善我国众筹监管的法律建议

众筹融资与上市融资有共同点，即通过向不特定的社会公众发行股份获得资金支持，因而众筹融资和上市融资都具有公众属性。其融资所涉及的利益不仅限于众筹项目本身，而且影响到社会大众的利益。作为上市公司具有严格的监管制度，必须履行信息披露和接受严格的财务审计。但是通过众筹融资的公司不是上市公司，无法按照《证券法》对上市公司的规定对其进行监管。作为中介机构的众筹平台对于融资成功后的公司也没有法定的监管依据，而且作为商业中介平台，众筹平台从人力、财力、资质都无法满足监管需要。公司通过众筹平台成功获得资金后，如何使用资金、公司如何经营、大股东是否损害公司利益都没有相应的监管机构和监管规范。在对于融资公司信息无法掌握的情况下，如果融资公司在融资成功后短时间内宣布破产，投资者的投资权益将受到严重损害。众筹平台筹资人的信任机制、分配机制、退出机制是否健全都是非常值得考量的重要问题，因为众筹项目的发起人可能利用虚假公司信息或虚假项目信息进行欺诈获得加之央行的征信系统并没有包括众筹平台。因此，完善众筹监管立法，对于保护投资者利益、维护金融稳

---

① Jumpstart Our Business Startups Act，H. R. 3606，§ 302（a）.

② John S. Wroldsen, *The Crowdfund Act's Strange Bedfellows：Democracy and Start-Up Company Investing*, 62 University of Kansas Law Review 367（2013-2014）.

③ Douglas S. Ellenoff, *Making Crowdfunding Credible*, 66 Vanderbilt Law Review En Banc 21-22 （2013）.

定、促进众筹业的健康发展都有重要意义。

（一）立法确认众筹的合法地位

1. 重新界定"非法集资"行为

当今，互联网金融对传统金融营业方式和监管体制提出了重大挑战，而我国的文化产业众筹融资还处于发展的初级阶段，因此需要重新对金融监管的有关法律进行分析和调整，以适应新的客观需要。首先，要重新明确合法集资与非法集资的概念和外延。随着社会经济生活的发展变化，可能出现在立法时无法预料的情形，从而导致合法集资与非法集资的范围模糊。从犯罪客体上分析，《刑法》规定非法集资类罪主要是为了保护法人和自然人的合法权益以及国家的经济管理秩序。因而只要不存在侵犯上述刑法保护的客体，只要通过正当自愿的方式募集到的资金用于生产经营，都应该属于合法的集资行为。众筹是在一个合法存续的公开平台，为了实施创意项目或为了满足生产经营而进行的自愿融资，其筹集的资金用途是用于生产经营，故而不应当将众筹认定为非法的范围。其次，目前关于非法集资的罪名表述过于简单，可解释的空间太大，这导致在实践中对于认定和惩处非法集资的范围存在较大的不确定性。因此，需要对非法集资的罪名表述具体化，犯罪的范围界限需明确，才能给众筹融资以合理的发展空间。

我国《刑法》将非法集资纳入调整范围具有特定的历史原因和计划经济的烙印。我国实行改革开放后，民营企业数量急剧上升，但生产经营资金短缺，在无法从商业银行贷款满足发展需要的情况下，部分企业以各种名义向亲朋好友及社会公众借款，有些企业由于生产经营不善无法偿还债务，给社会大众造成了较大的财产损失，影响了社会稳定和金融监管秩序。因此《中华人民共和国商业银行法》在 1995 年首次确定了非法或者变相吸收公众存款的违法性，并且规定了行政取缔与追究刑事责任的追责模式。全国人大常委会于 1995 年通过了《关于惩治破坏金融秩序犯罪的决定》，在该决定中"非法吸收公众存款罪"的罪名被确立。1997 年 3 月，在《刑法》中，增设了"破坏金融管理秩序罪"一节，增设了"非法吸收公众存款罪"的罪名。1998 年 4 月，国务院颁布了《非法金融机构和非法金融业务活动取缔办法》，该办法所规定的非法金融业务活动，是指未经批准，擅自从事的以下活动：（1）非法吸收公众存款或者变相吸收公众存款；（2）非经依法批准，以任何名义向社会不特定对象进行的非法集资。2010 年 12 月 13 日，最高人民法院出台了《关于审理非法集资刑事案件具体应用法律若干问题的解释》，在第 1 条中解释了"非法吸收公众存款或者变相吸收公众存款"的含义，在第 2 条中以列举的方式说明应以非法吸收公众存款罪论处的十一种行为。尽管打击非法集资对于国家金融稳定和经济社会发展具有重大意义，但是有以下问题值得考虑。

（1）如果扩大非法集资的打击范围，则会违背刑法的谦抑性。所谓刑法的谦抑性是指凡是适用其他法律足以抑制某种违法行为，足以保护合法权益时，就不要将其规定为犯罪；凡是适用较轻的制裁方法就足以抑制某种犯罪行为，足以保护合法利益时，就不要规定较重的制裁方法。[①] 为实现对国家金融活动的有效监管，而肆意降低入罪门槛、扩大对

---

① 参见张明楷：《刑法的基础观念》，中国检察出版社 1995 年版，第 143 页。

非法集资行为的定罪范围，混淆重罪与轻罪的界限必将会违背刑法的谦抑性。而且从文化创意企业众筹融资的动机和原因分析，如果对众筹融资按照非法集资处理，显然违背了刑法的谦抑性。由于我国金融机构在一定程度上具有垄断性，作为文化创意企业一般规模较小，资产薄弱，很难通过正常的信贷渠道获得金融机构资金支持，而且基于我国金融机构占主导地位的是国有企业，传统的金融机构和融资渠道都青睐于资金实力较强的集团公司或大型国有文化企业，但目前我国文化产业的主体为中小型文化企业，也正是这些中小型文化企业对于资金需求最大，而这种需求又往往被传统的金融机构所忽略。众筹融资不但可以为中小文化创意企业提供灵活的资金需求，而且还可以利用众筹平台推广文化创意项目，如果将有正当需求的众筹融资集资行为定性为犯罪，不但限制了互联网金融在我国的发展，使得新型金融业落后于其他国家，而且会妨碍到我国文化产业发展中的金融支持，也不符合保护投资者利益的公共政策。针对金融发展新情况，掌握其运行和发展规律，利用法律手段强化监管和引导，才是防范和控制非法集资的合理途径。

（2）对于非法集资行为的刑罚严惩，忽视了刑法的主客观相统一原则。首先，由于忽视了主客观相统一原则，以致混淆了直接融资行为与间接融资行为的界限。通常在现实生活中有的个人或企业将集资款用于生产经营，而有的个人或企业将集资款用于资本货币经营等。由此就产生了直接融资与间接融资之不同，从非法吸收公众存款罪的立法初衷看，刑法惩治的是间接融资行为而非直接融资行为。[1]其次，由于忽视了主客观相统一原则，进而导致了集资诈骗罪和非法集资之间的界限模糊。有些集资行为的目的在于非法占有，而有些集资行为的目的是吸收和使用资金，前者行为的主观恶意明显较大于后者，而且前者所造成的社会危害程度也大于后者。

2. 明确股权众筹的合法性

我国文化创意产业投资需求旺盛，却被诸如固定资产少、信贷风险高等产业特性所制约，一些好的文化创意项目苦于缺乏资金难以启动，甚至被高成本的不规范民间集资所拖垮，使得创业者信心大受打击。与此相对照的是2014年2月底余额宝用户超过8100名，而资金规模达到了5000亿元。我国股权众筹的兴起与文化创意产业投融资需求不匹配的现状密切相关，股权众筹不仅降低了融资门槛和成本，提高了资金利用效率，还扮演着项目推广的角色，有利于增进市场活力。美国在JOBS法案颁布以前股权众筹也是非法的，根据1933年的美国证券法，初创企业不得向投资者提供股份或者分红，除非这种投资回报按照证券法的规定进行了登记。[2] 但是随着经济的发展，美国顺应融资需求而对这一规定进行了修改。目前我国企业包括文化创意企业融资难，而很多民间资本却难以找到合适的投资机会，因此我国的《证券法》应当适应这一新的趋势而作出相应修改，在兼顾金融创新的同时也要进行合理的引导和监管。正如上文分析，我国股权众筹融资中存在触及证券公开发行"红线"的违法风险，即便在实际经营中没有违法，但众筹融资平台也需花费大量的成本去规避法律风险，这也成为众筹发展的实质阻碍。应对证券公开发行的条

---

① 参见刘宪权：《刑法严惩非法集资行为之反思》，载《法商研究》2012年第4期，第120页。

② Joan MacLeod Heminway, *How Congress Killed Investment Crowdfunding: A Tale of Political Pressure, Hasty Decisions, and Inexpert Judgments that Begs for a Happy Ending*, 102 Kentucky Law Journal 865 (2014).

款作出适当修改，明确股权众筹的合法地位。

2014 年 12 月 18 日，中国证券业协会公布了《私募股权众筹融资管理办法（试行）（征求意见稿）》，对于利用众筹平台以非公开发行的方式进行股权融资活动的合法性予以了确认。但是不仅其具体条文存在缺陷，而且不符合股权众筹在我国的实际发展需要，例如条文含义模糊，对于融资者限定为中小微企业或其发起人，但是并没有明确规定中小微企业的认定标准。最大的缺陷是该办法仅是一个行业协会的自律性文件，但股权融资涉及《证券法》《公司法》等基本法律多方面的规定，因而导致有些问题无法适用该办法。例如关于众筹融资后股东人数的限制问题，受到公司法的限制不能超过 200 人；再如关于众筹的监管机构，由于该行业协会文件没有权力去规定行政监管机关，因此该办法中并没有规定众筹的行政监管机关。要解决上述问题，必须在《证券法》《公司法》等基本法律的修订完善中落实相关规定。

（二）明确众筹平台的权利义务并完善监管机制

众筹平台作为众筹融资的重要参与者，是寻求投资机会者和需求资金者的撮合人[1]，是筹资人与出资人的连结中介，为投资者和筹资者提供了居间作用，而且也掌握着投融资过程中筹资方及投资者的重要信息。因此，为了细化对众筹融资的日常监管和对众筹融资整个过程的把控，应该在法律上赋予众筹平台一定的权利。基于众筹平台在融资过程中的重要作用，应该意识到对众筹融资的法律监管重点在于对众筹平台的监管，完善和强化对于众筹平台的监管机制。

1. 应从法律上赋予众筹平台一定的权利

首先，为确保将所有众筹融资纳入监管体系，应明确规定所有的众筹融资必须通过经过依法登记的众筹平台进行；其次，众筹平台对于投资者具有审核的权利，投资者应有义务如实地向众筹平台提供必需的资料和信息；最后，众筹平台对于筹资者的资格和融资项目具有审核和监督的权利，筹资者应该如实及时地向众筹平台提供资料、信息并按照众筹平台的要求定时报告项目的进展、资金的使用情况。

2. 众筹平台设立的法定资格和审批程序

众筹融资是基于互联网金融的发展而在全球范围内快速成长的，因此各国的众筹融资在模式、发展现状上都具有一定的相似性。我国可以从实际情况出发，适当借鉴欧美各国众筹平台的一些管理经验，尤其是美国 JOBS 法案中的先进做法，建立包括事前审批、事中监管和事后核查的全方位监管机制，以建立高效、统一、诚信的众筹融资平台。事前审批即严把市场准入关，从法律上明确规定众筹平台的设立应该履行审批程序。由证监会制定准入条件并承担审批职责。所谓事中监管是指通过行政机关的行政监管及行业协会的自律管理，对众筹平台在众筹融资过程中进行日常监管，主要包括对于融资项目真实性监管、信息披露的监管、资金流转划拨的监管，从融资项目进入众筹平台之前的资格审查到真实完整发布融资项目信息，再到及时跟进项目进展过程中相关信息的披露，最后到项目

---

[1]　David Mashburn, *The Anti-crowd Pleaser：Fixing the Crowdfund Act's Hidden Risks and Inadequate Remedies*, 63 Emory Law Journal 137（2013-2014）.

成功实施后兑现对投资人的承诺的监督。① 众筹平台应该承担以下基本义务：对融资项目和筹资者进行审核并真实披露相关信息的义务、对投资者教育和风险提示的义务、对投资者信息予以保密的义务、在融资目标未实现时对投资者退款的义务。

3. 强化众筹平台的中介角色，引入第三方资金托管机制

目前国内对于众筹融资所筹集的资金通常的做法是将所募集资金汇入众筹平台专门开立的账户，再分期将资金转给筹资人。但是众筹平台的主要作用在于利用互联网对相关筹资者的融资需求与投资者的投资需要之间进行中介和沟通作用，从而可以解决由于信息不匹配所带来的资本、资源和商业机会的错失。因此在众筹融资过程中，众筹平台主要是发挥着中介的作用。一旦众筹平台在众筹融资中介过程中可以控制所筹集资金的利用与流动，则众筹平台就可能存在着挪用资金的可能，这无论是对投资者、筹资者以及金融市场的稳定都具有巨大的风险。因此，出于对资金安全性的考虑，引入第三方资金监管机构独立运作，将资金管理与众筹平台管理相分离，是比较安全可行的做法。可以在法律中明文要求众筹平台建立独立的第三方资金监管机构，代理其完成资金的流转，以保障安全并提高效率。在原来的筹资人—众筹平台—出资人模式基础上，增加第三方支付平台，众筹融资流程则转变为：首先由筹资人申报发起的项目，众筹平台进行相应的审查，然后经过信息发布等环节，在出资人选定投资项目后，使用第三方平台提供的账户完成资金支付，由第三方平台进行资金托管及通知义务。筹资人从第三方平台分次获得资金。待项目完成，第三方将全部款项转至筹资人账户，筹资人才可以获得全部融资资金。②

我国《私募股权众筹融资管理办法（试行）（征求意见稿）》（以下简称《办法》）虽然对于众筹平台的资格准入、义务和角色定位进行了规定，但是条款过于笼统和原则性，不具体、不明确、操作性不强。《办法》没有规定众筹平台股东、高级管理人员的竞业禁止和利益冲突问题，没有规定众筹平台信息披露的程序和内容要求，也没有规定众筹平台对投资者和融资者资格、信息审核的程序规范；当然由于该《办法》仅是行业协会文件，因此没有也无法规定众筹平台违反《办法》后的法律责任。虽然规定了众筹平台应当对募集资金进行专门账户管理，但是对于第三方资金监管细节，以及募集资金的支付、划拨等程序问题并没有明确的规定。

（三）完善合格投资者制度

众筹融资既具有互联网投资的便利性，又符合金融创新的世界潮流，因此容易引起中小投资者的冲动和热情。众筹投资者的一个典型特征就是对于发起人的人品并不重视，也不愿意参与众筹项目的过程，而主要关心的是投资的回报。③ 众筹融资的投资门槛较低，

---

① Andrew D. Stephenson, Brian Knight & Matthew A. Bahleda, *From Revolutionary to Palace Guard: The Role and Requirements of Intermediaries Under Proposed Regulation Crowdfunding*, 3 Michigan Journal of Private Equity & Venture Capital Law 241 (2014).

② 参见吴凤君、郭放：《众筹融资的法律风险及其防范》，载《西南金融》2014 年第 9 期，第 58 页。

③ Andrew C. Fink, *Protecting the Crowd and Raising Capital Through the Crowdfund Act*, 90 University of Detroit Mercy Law Review 9 (2012).

对于无法进入私募或其他资本市场投资的中小投资者来说具有极强的吸引力，众筹的以上特点足以让投资者盲目进入、跟风投资。但众筹融资不能及时进行股权变更登记，缺乏投资后的管理，以及投资者对投资项目缺乏科学而全面的认识等诸多问题，在众筹行业发展不完善的情况下，不是所有众筹投资者都能承受股权众筹投资失败的结果。由于众筹融资模式目的就是吸引大量投资者，项目发起人为了吸引投资很可能通过欺诈的手段损害投资者利益。因此，限定每个投资者的投资额，加强对发起人的监管以及及时披露回报的信息是保护投资者利益的重要手段。① 除此以外设立合格投资制度也有助于保护投资者利益。如果对股权众筹的投资者没有相应的资格限制，有些投资者就可能受投资回报的诱惑而进行非理性投资，加之文化创意企业本身的固定资产较少，现金流不是很充足，而且互联网金融市场的开放性将会导致投资盲目性扩大，风险蔓延，一旦投资项目失败，则筹资企业会陷入经营困境甚至破产，这不仅使得大量投资者血本无归，而且会对金融市场和正常的社会秩序造成强烈的冲击。因而合格投资者对于股权众筹的健康发展就显得尤为重要。合格投资者的存在能促使形成一个具有较强风险抵抗能力和具有一定投资知识的投资者众筹融资市场，而且依靠这些合格的投资者的研究和判断可以筛选出优秀的众筹平台和有投资价值的众筹融资项目，这在一定程度上能减轻监管机构对于众筹平台和众筹融资项目的监管压力。因而，对于投资者进行法定的资格限制并对众筹投资者提供投资全过程的投资培训和教育是监管股权众筹的重要内容。监管机构要从投资者资金实力、投资经验、具体项目的投资金额等方面限定股权众筹投资者的资格，同时应该制定投资者教育指南，并明确规定对投资者进行股权众筹投资教育的义务承担主体，规定众筹平台对于投资人准入进行实质性审查，不符合规定资格的投资者不允许参与股权众筹投资。

《私募股权众筹融资管理办法（试行）（征求意见稿）》对于股权众筹合格投资者设定了以下条件：(1)《私募投资基金监督管理暂行办法》规定的合格投资者；(2) 投资单个融资项目的最低金额不低于 100 万元人民币的单位或个人；(3) 社会保障基金、企业年金等养老基金，慈善基金等社会公益基金，以及依法设立并在中国证券投资基金业协会备案的投资计划；(4) 净资产不低于 1000 万元人民币的单位；(5) 金融资产不低于 300 万元人民币或最近三年个人年均收入不低于 50 万元人民币的个人。上述个人除能提供相关财产、收入证明外，还应当能辨识、判断和承担相应投资风险；② 本次股权众筹管理办法中所规定的合格投资人制度完全照搬移植了《私募投资基金监督管理暂行办法》③，在企业及个人的资产和收入等方面基本是相同的。合格投资者资格限定条件过高，不符合有效、全方位地为社会所有阶层和群体提供服务的金融体系，让位于正规金融体系

---

① Thomas L. Hazen, *Crowdfunding or Fraudfunding — Social Networks and the Securities Laws — Why the Specially Tailored Exemption Must Be Conditioned on Meaningful Disclosure*, 90 North Carolina Law Review 1737 (2012).

② 参见中国证券业协会：《关于就〈私募股权众筹融资管理办法（试行）〉（征求意见稿）公开征求意见的通知》，http://www.sac.net.cn/tzgg/201412/t20141218_113326.html，2021 年 10 月 23 日访问。

③ 参见中国证券监督管理委员会：《私募投资基金监督管理暂行办法》，http://www.csrc.gov.cn/pub/zjhpublic/zjh/201408/t20140822_259483.htm，2021 年 10 月 23 日访问。

之外的农户、贫困人群及小微企业，能及时有效地获取价格合理、便捷安全的金融服务的普惠金融的发展理念。而且研究中国股权众筹平台会发现，大部分投资额都在 20 万元及 20 万元以下，过高的投资门槛也违背了众筹融资的互联网金融特性，符合限定的条件的投资者完全可以参加私募股权投资，没有必要参加这种主要以互联网为载体的股权众筹投资，否则必将构成众筹融资的发展障碍。合理的众筹投资者制度应当根据一定的标准（如收入水平、交易记录）对于股权众筹投资者进行分类限定，并按照不同类别设立投资者的投资权限，达到控制投资者的损失、维护金融市场稳定的目的。当然，标准的设定既需要考虑投资者的实际能力又要考虑筹资者的融资需求，标准不宜过于严格，否则会影响投资的发展空间和投融资双方的参与性。过度严格限制投资额度不仅不能起到保护投资者的作用，而且还剥夺了普通投资者利用众筹获得利益的机会。[1] 同时，标准也不宜过宽，否则设立标准保护投资者的目的则无法达到。可以在合格投资者制度中建立以投资者年收入或净资产为基础，投资损益记录为附加的复合分类标准。首先以投资者的年收入或净资产作为基础分类标准，分为年收入 12 万元以下、12 万～50 万元、50 万元以上三类投资者群体，并规定其投资金额不得超过年收入的比例分别为 10%、15%、20%，但最高不得超过 50 万元。同时，将以往投资损益记录作为附加分类标准，若上一年度投资净收益为正，则该年度投资金额占年收入的比例可向上浮动 3%～5%；若上一年度投资净收益为负，则该年度投资金额占年收入的比例需下调至少 5%。最后，还需设定融资者股权众筹的最高融资额，融资者每年通过股权众筹平台所融资金不得超过 500 万元。[2]

（四）小结

无论从众筹融资的起源还是众筹的运作特征来看，众筹与文化创意产业具有高度的契合性。众筹投资者主要关注的是项目的创意的新颖性和回报率，这符合文化企业轻资产融资需求；众筹融资过程快捷满足了文化产业时效性较强的特点；众筹融资是多对一的融资模式，可以有效地分散文化企业经营的不稳定和投资失败的风险；而且众筹平台对于文化创业项目具有快速、大范围的推广作用。随着互联网金融的快速发展，众筹将成为文化产业新型有效的融资方式。

根据我国目前的法律规定，众筹融资在一定程度上面临着"非法集资"和"非法发行股票"的法律风险；而在众筹融资过程中，投资者对于进行众筹融资的创业公司的经营、管理、财务、利润分配都难以有效地监督和管理；众筹平台对于融资款项的处理规则、信息披露以及融资结束后的监管都缺少制度性安排，因此投资者利益容易遭受损害，也会给金融市场带来不稳定因素。在众筹融资中，众筹项目的创意需要通过众筹平台披露，如何防范众筹项目创意及相关的知识产权被剽窃也是众筹融资发展中的一个难题。

欧洲国家由于各国经济状况和众筹融资市场发展情况不同，因此一些欧洲国家积极立

---

① James J. Williamson, *The JOBS Act and Middle-Income Investors: Why It Doesn't Go Far Enough*, 122 Yale Law Journal 2080 (2013).

② 参见杨东、刘翔：《互联网金融视阈下我国股权众筹法律规制的完善》，载《贵州民族大学学报（哲学社会科学版）》2014 年第 2 期，第 97 页。

法对众筹进行监管，而有的欧洲国家并没有专门立法而是利用现有规则对众筹进行规制。美国众筹融资市场发展迅速，通过 JOBS 法案对于股权众筹融资进行了较为详尽的规定。众筹平台对于众筹的风险防范及投资者保护都极为重要，因此欧盟、意大利及美国通过登记注册、竞业禁止、运作程序的完善以实现众筹平台的健康、规范经营。通过对融资金额、投资者人数的规定而对众筹发起人资格进行限制。通过信息披露、投资者教育、法律责任和可诉性对投资者利益进行保护。

我国应适应经济发展新情况的需要，对非法集资的刑罚范围进行重新界定。适时修订《证券法》，明确股权众筹的合法地位。修改和完善《私募股权众筹融资管理办法（试行）（征求意见稿）》，确立科学、合理的股权众筹合格投资者制度。强化众筹平台的设立审批和运作监管，引入第三方资金托管机制，强化众筹平台的中介角色，以实现众筹融资的健康发展，保护投资者利益，维护金融稳定和安全。

第六节　数字出版专项资金制度之重构

从竹简、丝帛到纸张，再到屏幕，出版伴随着技术进步在不断演进。数字出版提高了传播知识、传递信息的速度和效能，代表着全球出版业的发展方向。欧美韩日等国家和地区均有相关立法明确政府应支持国内数字出版业的快速健康发展，专项资金就是其中的重要手段。2010 年以来，国内各级政府及相关部门出台了 40 余部与数字出版有关的政策文件，其中有近 20 部涉及专项资金的设立和使用，本节拟在比较基础上对国内数字出版专项资金制度的完善给出建议。

一、数字出版业专项资金设立的必要性

数字出版专项资金是指是国家有关部门拨发的用于数字出版业发展的财政性资金，其具有单独核算、专款专用的特点。国家在必要时从有限预算中对特殊产业设立专项资金，能够形成产业、国内民众和国家等多主体共赢的局面。

（一）数字出版业专项资金有利于产业健康快速发展

数字出版是集信息密集、技术密集、资本密集、人才密集于一体的传播方式，充足的资金投入不可或缺。数字出版业持续健康发展需要形成数字产业链主体，包括著作权人、内容提供商、数字出版商、技术提供商、终端设备提供商、网络运营商、电信运营商、金融服务提供商、网络传播者和读者等多个构成要素，产业链中任何一个主体的作用都是不可替代、不可或缺的。[①] 国内数字出版业正处于发展初期，还缺乏一大批有实力的上述从业主体，政府层面设立专项资金，不仅能够直接帮助既有主体开展数字出版相关活动，更能够引导社会资金投入数字出版领域，形成产业蓬勃发展大好局面。

---

① 参见王鹏涛：《基于流程再造视角的数字出版产业链创新研究》，载《科技与出版》2009 年第 4 期，第 51~54 页。

(二) 数字出版业专项资金能够一定程度解决群众享受文化生活的不便

文化设施不足，文化生活内容贫瘠是公共文化服务体系建设中的突出问题，在未来相当长一段时期内，政府都应将满足人民群众的文化需要作为重要任务去抓。据工信部统计，截至 2022 年 5 月末，移动电话用户总数达 16.6 亿户，其中，4.28 亿户 (25.8%) 为 5G 移动电话用户，移动互联网用户数达 14.4 亿户。[①] 数字终端设备的高普及率为人民群众享受数字文化生活发展提供了基础。应进一步加大数字出版专项资金的支持力度，促使产业发展更大更强，使人民群众能够更便捷地享受质量更高、内容更加丰富的文化作品。

(三) 数字出版业专项资金的设立是国家产业发展规划的需要

中共中央十七届六中全会通过的《中共中央关于深化文化体制改革 推动社会主义文化大发展大繁荣若干重大问题的决定》提出，要加快发展文化产业，推动文化产业成为国民经济支柱性产业。数字出版业是文化产业的重要门类，《关于加快我国数字出版产业发展的若干意见》《关于发展电子书产业的若干意见》《国家"十二五"时期文化改革发展规划纲要》《新闻出版业"十二五"时期发展规划》等国家层面的政策性文件都对数字出版业进行了明确规划和定位，即数字出版业为国家战略性新兴产业和出版业发展的主要方向，也是国民经济和社会信息化的重要组成部分。设立专项资金，支持新兴产业做大做强无疑是政府应当履行的使命。

二、当前数字出版业专项资金存在的问题

专项资金作为促进我国数字出版业持续快速健康发展的重要推动力已被国家和地方层面的诸多文件所明确，过去几年，部分数字出版从业主体已经切实享受到资金支持；但在实践过程中，在数字出版业专项资金的出资主体、资金规模、使用范围、申请程序等方面还存在一定问题。

(一) 专项资金出资主体积极性不高

新闻出版总署《关于加快我国数字出版产业发展的若干意见》(新出政发〔2010〕7 号文) 第 16 条指出，要积极争取各级财政对数字出版产业发展的扶持。依据该文件，从中央到地方的财政性资金均可以作为数字出版专项资金使用，即各级政府都应当是出资主体。在实施过程中，中央层面仅财政部、新闻出版总署 (现为新闻出版广电总局) 和科技部 3 个部门有资金可惠及数字出版业；地方层面则有北京、湖北、贵州、上海、安徽、广西、山东、江苏、重庆、陕西 10 个省级部门以及杭州、武汉、合肥、镇江 4 个地市级部门出台有专门文件明确应给与必要资金支持数字出版。不难发现，国内大多数省级政府部门并没有设立专项资金支持本省数字产业，绝大部分地级市以及全部的县级政府都没有

[①] 中华人民共和国工业和信息化部：《2022 年 1—5 月份通信业经济运行情况》，https://wap. miit. gov. cn/gxsj/tjfx/txy/art/2022/art_84d43f3ff32c457dabf66dcedfa7996f. html，2022 年 6 月 29 日访问。

对辖区数字出版发展进行特别资金扶持。

（二）专项资金的设立规模偏小

与数字出版相关的专项资金根据惠及领域可分为文化产业专项资金和数字出版专项资金两类。目前，无论是文化产业专项资金，还是专门数字出版基金，其规模都非常有限。一方面，覆盖包括数字出版业在内的所有文化产业门类的各级各类专项资金总量明显偏低，2013 年国家层面的财政部文化产业专项资金总规模为 48 亿元；省级层面的专项资金规模分别为：北京每年 5 亿元，湖北每年 2 亿元，江苏每年 1 亿元；地市级层面的专项资金规模分别为：杭州每年 1.52 亿元，合肥每年 2500 万元，常州每年 1000 万元。另一方面，各级各类专门的数字出版专项资金总量更为有限，目前明确设立数字出版专项资金的有湖北、上海、山东、浙江、重庆等省市，其中上海、湖北每年拨出 2000 万元用于数字出版，山东省为 1500 万元，重庆则每年安排 5000 万元的"北部新区数字出版文化和科技融合产业专项资金"，此外，浙江杭州则是每年在文化创意专项资金中单独拿出 1500 万元设立杭州市数字出版产业发展专项资金。总体来说，各级各类专项资金总量尽管每年约 200 亿元，但实际用于数字出版的尚不足 10 亿元，该资金对年产值超过 1000 亿元的中国数字出版业所起的作用较为有限。

（三）专项资金使用范围偏窄

文化产业专项资金面向文化产业的全部门类，作为具体分支的数字出版业能够享受该类资金的机会相当有限，但即使专门用于数字出版的专项资金，也未能覆盖数字出版整个产业链条。以较早建立省级数字出版专项资金的湖北省为例，根据湖北省政府办公厅印发的《关于促进数字出版产业发展的意见》，"十二五"期间，省财政每年拿出 2000 万元支持"重点数字出版企业及项目和数字出版走出去重大项目、重点企业"，而数量众多的一般性数字出版企业根本没有机会获得资助。地市级层面，以华中国家级数字出版基地武汉经济技术开发区专项资金为例，武汉经济技术开发区每年提供 3000 万~5000 万元的"数字出版企业发展项目专项资金"，用于支持基地公共基础设施和功能性平台建设，优秀项目扶持、名优产品奖励等。[①] 而安徽合肥每年在其数字出版专项资金中安排 1 亿元专项资金"重点用于数字出版公共服务平台和骨干项目建设"，不难看出，一般企业的数字出版项目同样没有机会获得地市级资金的支持。

（四）专项资金的使用程序不合理

数字出版企业获得相关专项资金的主要途径是通过项目申报，但是无论是项目实施前获得资金支持还是项目完成后希望获得相关奖励，均需要相关单位自愿申请。自愿申请作为专项资金获取的主要方式本身是可行的，但操作中绝大多数专项资金的申请流程繁琐、耗时耗力，影响了资金使用的效能。专项资金的申报程序繁琐首先体现在需提交的材料繁

---

① 参见杨海平、郑林峰：《我国国家级数字出版产业基地发展理念研究》，载《科技与出版》2014 年第 7 期，第 83~86 页。

多，以张江国家数字出版基地建设专项资金之原创项目申报为例，申报企业需提交工商营业执照复印件、税务登记证复印件、上年度财务审计报告及相关材料复印件、文化创意企业（机构）认定证书复印件、项目研发方案（须同时报电子文档）、商业计划书（须同时报电子文档）、项目总预算及资金使用计划、意向性合作证明（合同、协议等）或风险投资证明、建设资金已落实的证明材料、专业技术研发人员和管理人员名录及项目负责人简历等 10 项材料。专项资金申报程序的繁琐还体现在申报获批时间过长，以中央层面的财政部文化产业专项资金申报为例，从递交申请到最终结果公布需 3 个月左右的时间，漫长的资金等待时间很可能使申报企业的创意出版项目丧失市场机遇。

（五）专项资金大多具有临时性

大多数的文化产业专项资金和数字出版专项资金都有明确的时间表，即只在一定期限内对相关数字出版项目给予支持。如《合肥市促进数字出版产业发展若干规定》（合政〔2012〕98 号）中明确规定合肥市支持数字出版产业发展的所有举措仅在 2012—2015 年度内有效；《南京市文化产业发展专项资金管理办法》则是自 2012 年起 3 年内有效。专项资金设置的临时性将影响投资的稳定性，不能起到促使数字出版产业的健康持续快速发展的目的。

三、数字出版业专项资金制度的完善

（一）制定《数字出版业促进条例》，明确专项资金的法律地位

对文化产业给予奖励是体现政府支持文化产业的最好方式，能化解资本进入文化产业领域的"政治担忧"。[①] 既有的同数字出版专项资金相关的政策文件中，中央层面的是以相关部委办法形式出台，如财政部《文化产业发展专项资金管理暂行办法》（财文资〔2012〕4 号），省级层面的文件则大多为省政府所属相关职能部门的意见或办法。从立法层面来说，上述文件既不是部门规章，也不属于地方性法规，而是临时的指导性政策文件，其效力和影响力显然不能与国务院颁布的行政法规等正式法律文件相比。数字出版产业正处于发展初期，对其扶持是一个长期的过程，任何短视行为都将错失产业发展的机遇，最终将被迫退出整个市场。出台高级别法律文件，无疑能更好地解决现行扶持政策临时性和短期性的问题，为产业持续发展提供更有力的法律保障。目前，最为实际的做法是由国务院整合现行相关部委文件，制定《数字出版业促进条例》，并在条例中明确专项资金的设置主体、使用范围、申报程序等基本问题。

（二）构建中央和地方政府相结合的出资主体制度

一方面，需明确要求相关级别政府的出资义务，并鼓励其他部门积极设立资金。当前的数字出版相关资金，半数以上的省级政府尚未设立，绝大多数的地市级以上政府也未将

---

① 参见李华成：《欧美文化产业投融资制度及其对我国的启示》，载《科技进步与对策》2012 年第 7 期，第 107~112 页。

资金支持数字出版纳入年度财政预算。资金扶持只有纳入国家、省级、地市等不同级别政府的财政预算中，同时还应鼓励有条件的县级政府加入进来，才能够在全社会形成更好的发展氛围。另一方面，应明确相关政府部门的出资比例。在欧洲，国家和地方政府资金相配套共同支持文化发展已成为常态，以 2011 年为例，奥地利中央、省级和地市三级政府文化出资分别达国家财政文化总出资额的 34.04%、37.66% 和 28.30%，波兰是 17.6%、46.6%、35.8%，乌克兰则是 37.33%、24.35%、38.32%。① 我国应借鉴欧洲这一出资方式，结合我国财税实情，国家、省级、地市级财政预算按不低于 1∶0.5∶0.2 的出资比例，要求省级和地市级政府给予资金配套。

（三）明确专项资金来源渠道，扩充资金规模

一方面，政府应从一般性财政收入资金中支出一部分纳入数字出版专项资金中来。数字出版兼具文化产业和文化事业双重属性，该行业的快速发展能够更好地满足人民群众的文化生活，政府应当从整体预算中列出一定比例投入进来。另一方面，政府应当将数字出版业所征缴的税金作为专项资金的主要来源渠道。数字出版业是新兴产业、幼稚产业，政府不应当在产业发展初期即让其承担与成熟产业同等的社会义务，在依法征缴数字出版业作为国民经济具体行业所应缴纳的相关税费后，应当在一定时期内对其全额返还以支持其做大做强。

（四）拓宽专项资金的使用范围，发挥资金使用效能

第一，应明确专项资金要面向数字出版的全部链条。市场是靠产业链来运作的，单独支持某一环节，不但不能使整个产业得到快速发展，而且还有可能造成产业链条间的不均衡，导致产业部分资源浪费。未来数字出版专项资金应无缝覆盖到内容提供、技术研发、产品销售等全部环节。第二，应避免专项资金只流向特定主体。无论是大型或龙头企业，还是小微数字出版相关企业，都是平等市场主体，都是在为群众文化享有权的实现贡献力量，排除小微数字出版相关企业获取资金的机会不仅会进一步加剧市场主体间的不平等，更是会抹杀小微企业的社会共享。第三，应有选择向特定领域倾斜使用资金，发挥其杠杆作用。有限的专项资金应当发挥最大功效，对于数字出版较薄弱环节、更有利于群众文化生活实现的方面、对数字出版业整体发展最有影响的方面等应当重点投入资金。

（五）简化资金申报程序，重视资金使用监管

第一，应进一步扩大事先扶持申请的比例。部分专项资金属于奖励性，即相关主体完成特定项目后向有关政府部门申请给予补贴，如重庆市新闻出版局设立的可以面向数字出版的"重庆出版政府奖"。相对来说，能够在相关主体开展项目前即给予资金补贴的事先扶持类专项资金，既能为企业减负，更能进一步增强企业对未来的信心。第二，应简化专项资金申请文件的要求并缩短申报批准时间，增加申报次数。数字出版类企业对资金需求

---

① 《欧洲国家各级政府文化支出统计》，http://www.culturalpolicies.net/web/statistics-funding.php?aid=118&cid=80&lid=en，2021 年 5 月 5 日访问。

是急迫的，繁琐的申报文件要求和漫长的申报时间往往使得企业最终获得资金却丧失市场机遇。第三，要建立科学完善的专项资金的申报使用监管程序。制度的生命在于实施，有效地落实需要科学的监管，应当将整个申报流程及结果纳入公示、公开、透明的环境下，对专项资金出资者和受益使用者形成内在约束。同时，还应考虑引入中立社会组织定期对专项资金的使用进行审核，只有明确有专门主体履行监管职能，才能取得更好的使用效果。

（六）小结

中国的数字出版业尚处于发展初期，过去几年，相关部委和部分省市出台的数字出版专项资金有关的政策文件，有力地推动了产业的发展，继续完善专项资金制度是产业进一步发展的现实需要。当前，数字出版专项资金还存在政策依据效力层次偏低、出资主体积极性不高、使用范围不够科学、资金规模有限、相关程序不完善等问题。未来需要出台更高法律效力层次的文件如《数字出版业促进条例》，以国务院行政法规形式明确中央、省、市级政府均有义务按一定比例出资扶持数字出版产业，应当将一般性财政收入的一部分和数字出版财政性收入的大部分直接作为数字出版专项资金的来源渠道，应当明确专项资金面向数字出版的全部环节并向关键领域重点倾斜，还应当简化专项资金申报程序并重视监管工作。

第四章 文化产业补贴的合法性问题

补贴是各国普遍采用的文化政策措施，对文化产业的发展具有重要的促进作用。从实践来看，对文化产业的补贴十分普遍。例如，美国的利亚桑拿州、阿肯色州、夏威夷州、纽约州和弗吉尼亚州等都对视听产业中的电影产业提供多种资助和税收优惠①。依据日本文化厅的报告，日本用于文化的预算自 2001 年以来（909 亿日元），一直保持较高的水平，并稳步增长，2015 年达到了 1038 亿日元。② 数字化时代，新的数字媒体能够使得文化创意的内容得到更广泛传播。与此相适应，欧盟最近的补贴政策一直比较关注数字化时代文化创意产业的发展。③ 然而，各国政府对其国内文化产业的补贴税收等激励政策是否符合国际法，是需要考量的重要问题。

第一节 文化产业补贴的基本问题

一、对文化产业补贴的理论基础

此部分探讨文化产业补贴的理论基础。对文化产业进行补贴的原因主要可以分为两种。

（一）基于经济理论

1. 外部效益理论

外部效益理论的存在和范围与公共产品理论一样，也是富有争议的。外部社会效益与公共产品的属性具有密切联系，甚至一些文化经济学家将二者互换使用。二者的本质区别在于公共产品在缺乏政府资助的情况下不能存在，而外部社会效益缘于市场上供应的产品或者服务，消费者支付的价格只反映私人利益。因此，最大值不能够通过市场供应体现（因为价格只能代表私人利益），需要额外的资助以鼓励生产者提供更多的产品。这就是基于市场失灵而给予公共补贴的情形。④ 由于文化产品在交易的过程中不能充分反映这些产

---

① WTO, G/SCM/N/95/USA.

② 参见日本文化厅颁布的《日本文化事业政策》（2015），第 7~8 页。

③ 由于数字化设备成本的高昂，一些电影院面临关闭的风险，欧盟认为需要对影院的数字化更新进行补贴，以保护文化的多样性。此外，欧盟还向文化遗产的数字化和公共图书馆的数字化等内容的数字化进行财政资助。European Commission, *A Digital Agenda for Europe*, at 30, COM (2010) 245 final/2 (26 Aug, 2010).

④ Ruth Towse, *Advanced Introduction to Cultural Economics* 18 (Edward Elgar Publishing 2014).

品对大众的文化价值，产生市场失灵的现象，因此在文化产业领域需要政府的适度干预。①

外部效益分为两种形式：一是消费的外部效益，二是生产中的外部效益或溢出效益。前者解决私人动机的消费对其他人的效益，例如观看演出这一行为属于个人的私人利益，但是能够使观众更加了解社会问题，这属于无形的社会利益。艺术生产过程中的溢出效益大部分是无形的，这一过程对于其他的商业或团体产生利益。溢出效益比外部效益更好地包含相关的过程。例如，一个城市的主管机关投资一个新的剧院，附近的餐厅等营业场所都会受益，地价也会上涨。这些益处在获得额外收入时并没有投入相应的资源。因此，原则上说，这些商业可能支付更多的税收以补贴剧院，同时获得可观的盈利和无形的外部效益。总之，补贴能够纠正市场失灵。通过评估外部性的价值，政策制定者能够知晓通过税收获得的、给予文化产品生产者的补贴的数额。这些能够为生产者提供足够的资金以激励其提供具有最大社会性的产品和服务。②

2. 公共产品理论

公共产品和服务是那些既具有消费上的"非竞争性"——即个人对产品的使用或享受不会因为另一个人而减损，又具有"非排他性"——即使用者不能被禁止"搭便车"的产品和服务。③ 公共产品理论认为，公共产品是相对个人产品而言的，不仅包含有形的物质产品，而且也包含无形产品和服务。

从这个角度来说，文化产品具有特定文化属性，之所以能够被人类消费，是因为它能够满足人们的文化精神需求，促进人的思想境界的提高。④ 实际上，文化产品的内容具有公共产品的属性，但是其以私人产品的形式为消费者所有。⑤ 大多数产品在某种程度上都同时具有公共和私人属性，只是在文化产品中公共属性所占的比例较高，因此这种属性的差异将文化产品与其他产品区分开来。⑥

（二）基于文化产业的特征

文化产业同时具有文化性和经济性的双重属性。⑦ 其文化属性反映了其具有一定的文化内涵，能反映和影响一国的文化认同，这一特征使文化产品具有区别其他产品和服务的特点。结合前述文化产业的范围，文化产业并不是单纯指市场化概念，还包括一些公益性的文化门类，例如文化遗产、图书馆、博物馆等，一国政府对这些门类进行扶持是必要的。此外，从一国文化主权来说，文化竞争力作为一国软实力的重要方面，日益成为各国追求的目标，其重要性不言自明。正因为如此，文化产业具有其他产业不具备的特征，需

---

① Tania Voon, *Cultural Products and the World Trade Organization* 33 (Cambridge University Press 2007).

② Ruth Towse, *Advanced Introduction to Cultural Economics* 19 (Edward Elgar Publishing 2014).

③ Ruth Towse, *Advanced Introduction to Cultural Economics* 16-17 (Edward Elgar Publishing 2014).

④ 参见刘元发：《促进我国文化产业发展的财税政策研究》，财政部财政科学研究所 2014 年博士学位论文，第 32 页。

⑤ Bruce M. Owen & Stephen S. Wildman, *Video Economics* 23 (Harvard University Press 1992).

⑥ W. Ming Shao, *Is There No Business Like Show Business? Free Trade and Cultural Protectionism*, 20 (1) Yale Journal of International Law (120).

⑦ 朱兵：《文化立法研究（上册）》，中国政法大学出版社 2019 年版，第 377~379 页。

要予以特别关注。正是基于此，各国在文化领域实施了各种旨在保护和扶持的措施，这些措施被称为"文化政策措施"。文化政策措施的概念非常广泛，以至于包括政府制定的旨在保护和促进其国内文化发展的财政支持和促进措施。其包括但不限于市场准入、配额、补贴和税收减免、其他措施。[①] 文化产业和文化产品具有双重属性。与这一双重属性相对应，国内文化政策措施同时具有促进文化产业的发展和保护文化多样性的双重任务。[②]

文化产业财政支持政策属于广义上"文化政策措施"的范畴，而补贴和税收优惠（税收减免）是文化产业财政支持制度中的重要措施。正如有学者指出的那样，在这些文化政策措施中，对国内文化产业的财政支持是其中最具有争议性的措施。[③] 任何一个行业要发展，资金都是必不可少的，文化创意产业也不例外。根据欧盟的调查报告，对于文化创意产业来说，获得财政资金已经成为这一行业的发展障碍之一[④]。文化产业需要政府出台一些保护和扶持措施，补贴和税收优惠是其中的重要措施。综上所述，基于文化产业的特征，对文化产业进行补贴也是必要的。

二、文化产业补贴的国际法渊源

文化产业补贴的法律渊源包括联合国《保护和促进文化表现形式多样性公约》和《经济、社会及文化权利国际公约》中的相关规则、WTO 中的补贴规则、NAFAT 中的文化产业规则、双边贸易条约中的文化产业规则以及国内立法中的文化产业和补贴规则等。这些渊源从参与主体和立法层级来看，可以分为国际公约、多边规则、双边或区域规则等国际法渊源，以及各国财税法和文化产业立法中有关补贴内容的国内法渊源。而从内容来看，可以包括三个领域的规则，一是文化法领域的渊源，主要包括联合国教科文组织《保护和促进文化表现形式多样性公约》中成员方实施文化政策措施权利的规则，以及各国国内立法中文化产业立法中的补贴和税收优惠规则；二是贸易法[⑤]领域的渊源，由于文化产业补贴一般不具有特殊性，文化产业的补贴规范适用贸易规则中的一般贸易原则（即非歧视原则，包括最惠国待遇原则和国民待遇原则）对文化产业补贴的规制，以及补贴规则对文化产业补贴的规制；三是人权法领域的渊源，在《公民权利和政治权利国际

---

①　Jingxia Shi, *Free Trade and Cultural Diversity in International Law* 165（Hart Publishing 2013）；Tania Voon, *Cultural Products and the World Trade Organization* 19-23（Cambridge University Press 2007）.

②　Jingxia Shi, *Free Trade and Cultural Diversity in International Law* 51（Hart Publishing 2013）.

③　Dirk Pulkowski, *The Law and Politics of International Regime Conflict* 161（Oxford University Press 2014）.

④　Jenny Tooth, *Mini-Study on the Access to Finance Activities of the European Creative Industry Alliance*：*Report to the European Commission*, *DG Enterprise and Industry*, https：//projects2014-2020. interregeurope. eu/fileadmin/user _ upload/tx _ tevprojects/library/Mini-Study% 20on% 20the% 20Access% 20to% 20Finance% 20activities% 20of% 20the%20European%20Creative%20Industry%20Alliance. pdf, visited on 28 June 2022.

⑤　根据国际贸易法专家施米托夫教授的观点，"国际贸易的法律涵盖的商事活动的范围异常广泛，包括国际货物销售、国外行销组织、出口融资、出口保险、出口运输、国际商事争端解决、建筑和长期合同以及海关法"。Lan Fletcher, Loukas Mistelis & Marise Cremona, *Foundationa And Perspectives of International Trade Law* 9（Sweet & Maxwell 2001）. 鉴于本章论述的问题，主要在国际贸易公法意义上使用这一词语，主要是指以 GATT/WTO 为基础的国际贸易法律体制，以及区域性的国际贸易法律体制。参见李居迁：《WTO 贸易与环境法律问题》，知识产权出版社 2012 年版，第 1 页。

公约》和《经济、社会及文化权利国际公约》中规定的文化权利，与文化产业补贴有一定关系；四是财税法领域的渊源，包括财税立法中关于补贴和税收优惠的一般立法，以及一些国家专门文化产业补贴的立法，这些主要是国内立法。鉴于本章主要讨论文化产业补贴的国际法问题，本节依据第二种思路梳理文化产业补贴的现有国际法渊源，对于国内财税法领域中关于文化产业补贴的规则，暂时不予论述，因此本章主要考察前三个领域中的文化产业补贴规则。

（一）国际文化法渊源

2005 年 10 月 20 日，UNESCO《保护和促进文化表现形式多样性公约》（以下简称《文化多样性公约》）在联合国教科文组织一般会议上绝大多数通过①，并于 2007 年 3 月 18 日生效。该公约旨在"保护和促进文化表现形式的多样性"②，鼓励不同文化之间的对话③，并加强各民族间的文化间性（文化互动)④。其"承认文化活动、货物与服务具有传达文化特征、价值与意义的特殊性"⑤，重申各国在其领域内有采取政策措施以保护和促进文化多样性主权。⑥ 该公约规定了作为文化政策措施之一的财政资助。

1. 公约第 4.5 条对文化产业的界定

公约第 4.5 条界定了文化产业的概念，将文化产业定义为"生产和销售上述第 4 项所述的文化货物或服务的产业"。而根据第 4 项，"文化活动、货物与服务"是指那些从其具有的特定性质、用途或目的考虑时，能够体现或者传达文化表现形式的活动、货物与服务，是否具有商业价值不影响其作为文化活动、货物或服务的形式。文化活动本身可以作为其目的，或者对文化、货物或服务的生产有助益。由此看出，公约对文化产业的定义是通过"文化、货物和服务"来界定的，而被认定为文化、货物和服务的关键是"体现或者传达文化表现形式"。

公约第 4 条第 3 项界定了"文化表现形式"，指个人、群体和社会创造的具有文化内容的表现形式。而根据第 4 条第 2 项，"文化内容"指源于文化特征或表现文化特征的象征意义、艺术特色和文化价值。由于"文化内容"的范围很广泛，实践中很难界定，例如，即使是一个轻微的、看起来没什么文化意义的钉子，当与具有外国影响、符合制作标准的用以制作材料的钉子进行比较的时候，可能就具有了文化含义。⑦ 对此相关争议很多，由公约的用语可以看出，公约对文化产业的定义范围是比较广泛的。

---

① 在公约投票的 156 个国家中，有 148 个投了支持票，只有美国和以色列投了反对票，澳大利亚、洪都拉斯、黎巴嫩和尼加拉瓜四个国家弃权。这在一定程度上说明支持文化多样性得到了绝大多数国家的支持。
② 《文化多样性公约》第 1.1 条。
③ 《文化多样性公约》第 1.3 条。
④ 《文化多样性公约》第 1.4 条。
⑤ 《文化多样性公约》第 1.7 条。
⑥ 《文化多样性公约》第 1.8 条。此外，第 6 条规定各缔约方可在第 4 条第 6 项所定义的文化政策和措施范围内，根据自身的特殊情况和需求，在其境内采取措施保护和促进文化表现形式的多样性。
⑦ Tania Voon, *Cultural Products and the World Trade Organization* 11 (Cambridge University Press 2007).

2. 公约第6.1条和第4.6条规定了允许的文化政策措施

公约第6.1条赋予成员方"根据自身的情况和需求，在其境内实施旨在保护和促进文化表达多样性的措施"的权利。

关于"文化政策措施"的含义，公约第4.6条进行了规定，是指地方、国家、区域或国际层面上针对文化本身或为了对个人、群体或社会的文化表现形式产生直接影响的各项政策措施，包括和创作、生产、传播、销售和享有文化活动、产品与服务相关的政策措施。① 由此可知，该公约允许并保护成员方在其境内实施旨在保护和促进文化多样性的文化政策措施的权利。

3. 公约第6.2条规定了作为文化政策措施之一的财政支持措施

公约所允许的文化政策措施是否包括财政支持措施？公约第6.2条对文化政策措施进行了列举说明，其中包括为保护和促进文化表现形式的多样性而提供"公共财政资助措施"（public financial assistance）②。

至于财政资助措施具体包括哪些，公约没有给出明确的定义。但是，在联合国教科文组织关于《文化多样性公约》文本解释说明③中公布了成员方关于公约的操作指南④，其关于公约第7条"促进文化表现形式"的内容中将"财政资助"作为文化政策和措施的一部分（cultural policies and adopt measures），并解释如下：包括税收激励在内的，为国内文化、货物和服务的创造、生产、发行和传播的财政支持机制。⑤

此外，公约第14条关于成员方"为了发展而合作"条款中规定了为促进发展中国家文化产业的发展政策，其中界定了"财政支持"（financial support）的途径：包括基金（international fund for cultural diversity）、官方援助（official development assistance）和低息贷款、奖励和其他补助机制（low interest loans, grants and other funding mechanisms）⑥。尽管用语略有差别，但是根据该词语本身的意义和财政学的基本原理，可以认为公约及其操作指南文本中"财政资助"与"财政支持"含义大致相当，包括直接的财政资助方式（基金、奖励、补助）和间接的财政资助方式（税收优惠），这与本书论述的补贴含义一致。

由此可以认为，《文化多样性公约》直接规定了成员方可以实施文化补贴的权利，这是直接规定文化产业补贴的国际法渊源。

（二）国际贸易法渊源

由于文化产业同其他产业一样具有商业性，因此，在文化产品进行贸易的过程中，需

---

① 《文化多样性公约》第4.6条。
② 《文化多样性公约》第6.2条。
③ Sabine von Schorlemer & Peter-Tobias Stoll, *The UNESCO Convention on the Protection and Promotion of the Diversity of Cultural Expressions*: *Explanatory Notes*（Heidelberg：Springer 2012）.
④ 于2013年6月11—13日第四次成员国会议通过。
⑤ UNESCO, *Diversity of Cultural Expressions Section*, *Basic Texts of the* 2005 *Convention on the Protection and Promotion of the Diversity of Cultural Expressions*, 2013, page. 27.
⑥ 《文化多样性公约》第14.4条。

要受到贸易规则的规范。作为在贸易法领域内起着基础性作用的 WTO 规则，文化产业的相关问题受 WTO 规则的规制是毋庸置疑的。由于 WTO 规则中并未明确将文化产业作为贸易规则的例外，因此 WTO 的一般规则适用于文化产业。贸易法渊源主要指一般贸易原则和相关补贴规定对文化产业补贴的规范。一般贸易原则即非歧视原则，其内容主要通过最惠国待遇、国民待遇等规则予以体现。在《关税及贸易总协定》制定之前，非歧视贸易原则的规定主要是以双边贸易关系的准则存在的，适用的范围有限。《关税及贸易总协定》确立非歧视原则的重要意义在于：它使过去这种双边贸易关系准则成为一项指导多边贸易关系的一般准则。① 《关税及贸易总协定》和《世界贸易组织章程》序言中明确规定，为实现各项宗旨，各缔约方应"在国际贸易关系中取消歧视待遇"。补贴规则主要是指《SCM 协定》中的相关规定。

此外，近年来，WTO 谈判逐渐陷入僵局，而自由贸易协定（FTAs）和区域贸易协定（RTAs）蓬勃发展。② 但实际上，新近的 FTAs 和 RTAs 基本是以 WTO 规则为基础而形成的，一般规定超 WTO（"WTO-plus"）义务，少数事项上的义务比 WTO 更少（"WTO-minus"）。一般来说，这些协定与 WTO 规则有着共同的价值和原则；吸收了 WTO 规则中一些核心的制度，例如关税、非歧视原则、一般例外等；其结构也与 WTO 规则类似。③ 因此，本书以 GATT/WTO 体制中的规则为研究基础，在涉及 FTAs 和 RTAs 中相关规则的新发展时对其予以说明。

1. 非歧视原则与文化产业补贴

迄今为止，在 WTO 争端解决机制中，与文化问题相关的案件主要有：欧盟与加拿大之间关于电影发行的争议④、土耳其电影税案⑤、加拿大期刊案、美日影响消费胶卷与相纸案、美日影响发行服务措施案、中美出版物案⑥。这些案件涉及文化与贸易的问题，与 WTO 中一般贸易原则有关。

（1）最惠国待遇原则与文化产业补贴。最惠国待遇的义务已经获得习惯国际法地位。⑦ 最惠国待遇（Most-Favored-Nation Treatment，MFN）是缔结国际经济贸易条约和调整缔约方相互之间权利义务关系时通常适用的基本法律原则。⑧

---

① 曾令良：《世界贸易组织法》，武汉大学出版社 1997 年版，第 38 页。

② 据统计，截至 2007 年 6 月，向 WTO 通报的区域贸易协定已达 380 个，其中 205 个已经生效；如果考虑那些已经生效但未通知 WTO、已经签订但尚未生效、正在谈判过程之中或者尚在拟议阶段的协定，那么到 2010 年将有接近 400 个区域贸易协定被实施。

③ Cottier T., *The Common Law of International Trade and the Future of the World Trade Organization*, 18 (1) Journal of International Economic Law 3-20 (2015).

④ Canada-Measures Affecting Film Distribution Services, complaint by the European Communities, WT/DS117/1.

⑤ WJ/DS117/1。下文有详述，此处不赘。

⑥ China-Measures Affecting Trading Rights and Distribution Services for Certain Publications and Audiovisual Entertainment Products, WT/DS363/R, WT/DS363/AB/R.

⑦ Petros C. Mavroidis, George A. Bermann & Mark Wu, *The Law of the World Trade Organization*: *Documents*, *Cases & Analysis* 8（West 2010）.

⑧ 沈四宝：《世界贸易组织法教程》，对外经济贸易大学出版社 2005 年版，第 43 页。

最惠国待遇经历了一个由双边到多边、由有条件到无条件的发展过程①，1948 年生效的《关税及贸易总协定》第一次在世界范围内将最惠国待遇纳入多边贸易体制，并将最惠国待遇作为其基石，对战后国际贸易的迅速发展起到了重大推动作用。1995 年成立的世界贸易组织管辖范围扩大了，最惠国待遇原则从货物贸易推广到其他乌拉圭回合所达成的协议中，适用于所有协议，包括货物贸易、服务贸易、知识产权、非关税壁垒等方面，是整个 WTO 规则体系的基础。②

GATT1947 第 1 条规定最惠国待遇的基本原则，它要求任一 WTO 成员给予另一成员进口产品的更优惠待遇，必须无条件、立即给予其他所有成员进口的相似产品。换句话说，所有 WTO 成员之间不得有歧视性待遇，各成员自动享有其他成员享有的所有优惠。③根据 GATT 第 1 条的条文，最惠国待遇原则的适用范围主要包括：任何对进口、出口以及服务进出口产品的国际支付征收的关税和费用；征收前述税费的方法；与进出口相关的法规和手续；直接或间接征收的国内税或其他费用；与进口商品有关的国内税和国内规章的国民待遇方面。在最惠国待遇原则的适用中，条文涉及的每个用语都存在法律解释问题，例如"优势、优惠、特权、豁免（advantage、favor、privileges and immunities）"④、"同类产品（like products）"⑤、"原产于（originating in）"⑥，相关争议大多集中在对条文含义

---

① 最惠国待遇的萌芽始于 11 世纪，当时地中海沿岸的意大利各城邦、法国和西班牙的商人在从事国际贸易时，就普遍要求拥有同等的商业竞争机会和地位。西北非国家的阿拉伯统治者们承认此要求的合理性，并颁布命令给予城邦特许权，这就是最惠国待遇的雏形。此时最惠国待遇是单方授权。到 18 世纪，国际贸易规模日益扩大，开始出现互相给予最惠国待遇的提法。到 19 世纪，欧洲各国签订了大批"友好通商与航运条约"中规定了最惠国待遇条款，但多是有条件的。这一时期的最惠国待遇原则也有其不光彩的一面，主要出现在资本主义国家与殖民地国家签订的条约中，由于双方实际上经济差距悬殊，表面上的待遇没有实际意义，从而成为资本主义国家进行殖民侵略的工具。1860 年英法两国签订的"科布登-切瑞尔条约"（Cobden-Cheralier）第一次采用了相互给与无条件最惠国待遇的现代模式，这是现代最惠国待遇的雏形。此后由于 20 世纪 70 年代直至一战后的贸易保护主义狂潮，最惠国待遇几乎被放弃。直到"二战"后，最惠国待遇在各国签订的双边条约中成为基本条款。1947 年《关税及贸易总协定》第一次在世界范围内把最惠国待遇纳入多边贸易体制。参见 John Jackson, World Trade and the Law of GATT 249（Lexis Law Publisher 1969）；贺小勇：《WTO 法专题研究》，北京大学出版社 2010 年版，第 16~18 页；沈四宝：《世界贸易组织法教程》，对外经济贸易大学出版社 2005 年版，第 44~45 页；宣增益：《世界贸易组织法律教程》，中信出版社 2003 年版，第 12 页。

② 但是在具体内容上略有差别。例如服务贸易领域中最惠国待遇可以有例外清单，列明豁免的事项。

③ 黄东黎、杨国华：《世界贸易组织法》，社会科学文献出版社 2013 年版，第 146 页。

④ Canada-Autos, WT/DS139（EC, Japan）.

⑤ EC-Bananas III, WT/DS27. Japan-Tariff on Import of SPF Dimension Lumber, BISD 36S/167（Canada）. Spain-Tariff Treatment of Unfrosted Coffee, BISD 28S/102（Brazil）.

⑥ GATT 权利义务主体是成员方政府，总协定的大多数条款都直接适用于缔约方政府，然而第 1.1 条却将"产品"作为优惠对象，规定任何成员方给予"原产于或运往"任何其他国家的产品的任何好处、优惠、特权或豁免，应当立即无条件地给予"原产于或运往"所有其他缔约方境内的同类产品。"原产于"是连接"产品"和"缔约方"的法律纽带，最惠国待遇原则通过原产地规则和缔约方政府联系起来。在进口产品时，只有证明该产品原产于 GATT 某缔约方，才能享受最惠国待遇。凡是原产于缔约方境内的产品，即使转由非缔约方进入另一缔约方境内，仍享受 GATT 最惠国待遇。反之，即使经过某缔约方进入另一缔约方境内，若产品的原产地为非缔约方，仍不能享受最惠国待遇。参见黄东黎、杨国华：《世界贸易组织法》，社会科学文献出版社 2013 年版，第 149 页。

的法律解释上。①

GATS 中的最惠国待遇原则及其例外。根据 GATS 第 2.1 条②最惠国待遇原则，成员方给任何其他国家的服务或服务提供者的待遇，应立即和无条件地给予其他成员方的同类服务或服务提供者。GATS 最惠国待遇与 GATT 最惠国待遇的区别：前者不仅适用于服务，而且适用于服务的提供者；后者只适用于来源于其他成员方的产品，而不适用于产品的提供者。在例外方面，GATS 并没有像 GATT 那样制定统一的例外规则，而是允许成员方在进行最初承诺的谈判中，将其采取的不符合最惠国待遇的措施列入协议的附件二，并要符合免责条款所规定的条件。③ 作为 GATS 基本原则的最惠国待遇，采取负面清单的方式设立了例外清单，在符合条件的前提下列明豁免于最惠国待遇的事项。因此，GATS 中最惠国待遇义务的适用范围是"因人而异"的。依据 GATS 第 29 条附件，原则上，这些列入清单的贸易法规或政策措施，成员方享有豁免于提供给其他成员方的服务提供商最惠国待遇的义务，在自协议生效之日起不超过 10 年。因而理论上，截至 2005 年 1 月 1 日成员方应就此项豁免全部取消，然而现实中却并未发生。有学者指出，大部分成员方可能基于以下两个方面的原因迟迟不肯推动视通服务贸易自由化，一是基于视听服务领域的文化相关性的考虑，担心开放贸易对其国内文化会造成影响；二是由于 GATS 领域目前尚未形成完善的保障措施和反倾销、反补贴等贸易救济措施，在此情形下遵守 10 年的时间要求而放开服务贸易领域可能会使经济面临巨大风险。④

（2）国民待遇原则与文化产业补贴。国民待遇⑤是非歧视原则的具体表现，也是最惠国待遇原则的补充。最惠国待遇强调的是"外外平等"，即外国产品、服务或服务提供者之间的平等竞争；国民待遇原则强调的是"内外平等"，即调节进口产品、服务等与国内产品、服务等在国内市场上的竞争关系，要求成员方对进口产品、服务等给予不低于本国同类产品、服务等待遇，不给进口产品以歧视，不通过诸如国内税或者其他限制措施来抵消关税减让给进口产品带来的好处。在国民待遇要求下，政府提供给国内厂商的补贴优

---

① 黄东黎、杨国华：《世界贸易组织法》，社会科学文献出版社 2013 年版，第 147 页。

② With respect to any measure covered by this Agreement, each Member shall accord immediately and unconditionally to services and service suppliers of any other Member treatment no less favourable than that it accords to like services and service suppliers of any other country.

③ Annex on Article II Exemptions of GATT. 这种条件包括定期审查保留措施的必要性是否依然存在以及保留期限不应超过 10 年，以及一成员方日后要求增加新的不符合最惠国待遇原则的措施，需要得到世界贸易组织至少 3/4 成员的同意等。

④ 李默丝、余少峰：《WTO 框架下视听产品贸易自由化的法律问题》，载《国际贸易》2011 年第 4 期，第 65 页。

⑤ 传统的国民待遇是赋予与本国有特定关系的外国人享有与本国国民同等的民事权利的一种制度。其渊源最早可追溯到 1789 年法国《人权宣言》和 1804 年《法国民法典》，从立法上明确了外国人在民事权利方面享受平等待遇的原则。随着国际经济交往的频繁，其范围、内涵和对象才突破了原有的民事权利的范畴，在国际贸易和国际投资领域表现得尤为突出。现有国民待遇原则的产生的背景可以追溯到 18 世纪中叶，当时第一次工业革命之后社会化大生产要求的社会分工国际化和市场化，国际贸易规模迅速扩大，要求实现国际通商自由，并要求外国人在国际贸易中与国内的自然人、法人享有基本相同的权利。

惠，在有同样的情况下也必须提供给外国供给者，因此补贴需要考量的层面，例如资源的多寡、分配与效率等要复杂得多，因此国民待遇原则虽未直接限制补贴的使用，却能间接控制补贴使用的频率与强度。

在 WTO 规则中，国民待遇条款旨在要求成员为进口产品提供与其国内相关产品同等的竞争条件，如果一成员仅仅针对其国内文化产业提供某种财政优惠，该措施可能存在违反国民待遇原则的潜在风险。由于文化产业补贴的国民待遇主要涉及产品和服务，因此在WTO 规则中只讨论 GATT 和 GATS 中的国民待遇原则。

GATT 中的国民待遇原则旨在要求 WTO 成员为进口产品提供与其国内同类产品同等的竞争条件。第 3 条（"国内税收与管理的国民待遇"）集中体现国民待遇原则，共有 10个条款，其中第 3.1 条（基本原则）、第 3.2 条（国内税、费）、第 3.4 条（国内法律、法规、规定）、第 3.8 条（国民待遇例外）构成了国民待遇的主要内容。第 3.1 条设立了国民待遇的总原则，成员不能以保护主义的方式设立其国内税收和其他费用，以及其法律、条例和规则。第 3.2 条和第 3.4 条对第 3.1 条的国民待遇的总原则进行了具体化。第3.1 条指出适用国民待遇的两种情况，一是国内税收和其他费用，二是国内法律、条例和规则。实践中对该条款发生的争议主要集中在第 3 条的涵盖范围有多大。其义务范围涵盖越广，对进口成员的限制就越大。① 第 3.2 条涉及成员境内的歧视性税收问题，规定成员不能以直接或间接的方式对进口产品征收高于其国内产品的国内税或其他国内费用。第3.4 条规定在关于产品的国内销售、兜售、购买、运输、分配或使用的全部法令、条例和规定方面，成员有义务给予其进口产品以不低于同类国内产品的待遇。关于该条的含义和条款之间的关系，在日本—酒精税案中有论述。该案上诉机构裁定，关于第 3 条的含义，最恰当的方式是条文解释。第 3.1 条确定一个理解和解释其他各条（款）所规定具体义务的一般原则，目的在于规范第 3 条的其他条款但又不削弱其他条款的实体内容。因此，第 3.1 条是其他款上下文的一部分。以任何一种其他的方式理解第 3 条各款之间的关系，都会使第 3.1 条的内容丧失含义，因而违反条约解释中有效解释的根本原则。

GATS 中的国民待遇原则规定在第三部分"具体承诺"第 17 条中，这说明服务贸易领域的国民待遇不是一般义务，而是一项具体承诺义务，各成员只在自己承诺开放的服务部门中给予外国服务和服务提供者以国民待遇。就 GATS 而言，其追求的是"逐步的自由化"，并以此为手段促进所有贸易伙伴的经济增长和发展中国家的发展，将国民待遇和市场准入设为特定义务即是这种逐步性的表现。②

2. 《SCM 协定》与文化产业补贴

在东京回合《补贴守则》的基础上达成的《补贴与反补贴措施协议》（以下简称《SCM 协定》）是国际补贴与反补贴规则发展中的一个里程碑。③ 正如有学者指出的那样，《SCM 协定》最重要贡献之一是对补贴的含义和专向性进行了界定，补贴定义的从无到有、补贴分类从模糊到清晰、反补贴中损害的确定和因果关系的判断等，体现出补贴与

---

① 黄东黎、杨国华：《世界贸易组织法》，社会科学文献出版社 2013 年版，第 167 页。

② 房东：《〈服务贸易总协定〉法律约束力研究》，北京大学出版社 2006 年版，第 3 页。

③ 单一：《WTO 框架下补贴与反补贴法律制度与实务》，法律出版社 2009 年版，第 51 页。

反补贴国际规则的日趋完善。①

由于 GATT 和 WTO 体制中没有明确的文化产业例外，因而文化产业补贴需要遵守《SCM 协定》。《SCM 协定》中关于补贴的认定规则、禁止性补贴和可诉性补贴、反补贴措施的规则应当适用于文化产业领域的补贴措施。不过，《SCM 协定》规定的是货物贸易领域的补贴，服务贸易领域文化产业的补贴问题应当适用 GATS 框架下补贴的规定。

（三）国际人权法渊源

《公民权利和政治权利国际公约》（*International Covenant on Civil and Political Rights*，ICCPR）第 19 条规定公民自由表达的权利。② 《经济、社会及文化权利国际公约》（*The International Covenant on Economic, Social, and Cultural Rights*，ICESCR）第 15 条规定公民参与文化生活的权利。③ 这两条规定相互补充：前者保护个人以影响公共观点为目的的沟通性的互动，后者保护公民通过沟通性的过程塑造大众价值、观念和认同。这两条规定通过各自的条约机构适用于文化政策。④ 其中，《公民权利和政治权利国际公约》明确规定了成员采取经济支持措施保障公民实现文化参与权利。

在人权委员会对《公民权利和政治权利国际公约》第 19 条的解释中，公民的文化表达属于该条自由表达的核心要素，这种文化表达包括以其民族的语言自由表达（其观点）的权利。该条还赋予国家"采取有效措施……阻止对媒体的控制，因为这可能会干预每个个体的自由表达的权利"这一义务⑤，但是第 19 条第 3 款规定的内容除外。作为沟通

---

① 欧福永：《国际补贴与反补贴立法与实践比较研究》，中国方正出版社 2008 年版，第 21 页。

② 《公民权利和政治权利国际公约》第 19 条规定：

一、人人有权持有主张，不受干涉。

二、人人有自由发表意见的权利；此项权利包括寻求、接受和传递各种消息和思想的自由，而不论国界，也不论口头的、书写的、印刷的、采取艺术形式的、或通过他所选择的任何其他媒介。

三、本条第 2 款所规定的权利的行使带有特殊的义务和责任，因此得受某些限制，但这些限制只应由法律规定并下列条件为必需：

（甲）尊重他人的权利或名誉；

（乙）保障国家安全或公共秩序，或公共卫生或道德。

③ 《经济、社会及文化权利国际公约》第 15 条规定：

一、本公约缔约各国承认人人有权：

（甲）参加文化生活；

（乙）享受科学进步及其应用所产生的利益；

（丙）对其本人的任何科学、文学或艺术作品所产生的精神上和物质上的利益，享受被保护之利。

二、本公约缔约各国为充分实现这一权利而采取的步骤应包括为保存、发展和传播科学和文化所必需的步骤。

三、本公约缔约各国承担尊重进行科学研究和创造性活动所不可缺少的自由。

四、本公约缔约各国认识到鼓励和发展科学与文化方面的国际接触和合作的好处。

④ R. O'Keefe, *The "Right to Take Part in Cultural Life" under Article* 15 *of the ICESCR*, 47（4）The International and Comparative Law Quarterly 904（1998）; E. Stamatopoulou, *Cultural Rights in International Law: Article* 27 *of the Universal Declaration of Human Rights and Beyond*, Section II. B（Martinus Nijhoff 2007）.

⑤ Human Rights Committee, General Comment, CCPR/C/79/Add. 78, 10（1998）.

自由的必然结果，第 19 条保护个体包括通过媒体实现追求和获得信息的权利。①

经济社会文化权利委员会以一种更加具体的方式强调文化创造的政策。根据《经济、社会及文化权利国际公约》第 2 条第 1 款，"每一缔约国家承担尽最大能力个别采取步骤或经由国际援助和合作，特别是经济和技术方面的援助和合作，采取步骤，以便用一切适当方法，尤其包括用立法方法，逐渐达到本公约中所承认的权利的充分实现"。正如所有的文化权利一样，对每一个成员国来说，公民参与文化生活的权利属于为达到权利的全部实现而利用"一切适当方法"这样一种尽最大努力的义务。经济社会文化权利委员会明确指出，成员国促进公民文化参与最显著的方法，是通过补贴和基础设施投资。补助是促进文化发展和大众参与文化生活的有效方法，包括公共支持（public support）、鼓励私人投资积极性在内的措施，也是实现文化参与权不可或缺的一部分。此外，国家还必须建立一些诸如文化中心、博物馆、图书馆、剧院、电影院和传统艺术和手工业等场所，以"促进大众参与到文化当中"。文化基础设施不限于这些传统场所。此外值得注意的是，经济社会文化权利委员会指出"大众媒体和沟通媒体在促进文化生活参与方面扮演重要角色"。② 由上可知，《经济、社会及文化权利国际公约》中赋予缔约国采取"一切适当方法"促进"公民文化参与"。根据公约制定的背景和其他材料，而"一切适当方法"包括公共资助的方法，文化产业中的核心文化产业部门以及包括媒体在内的门类是"公民文化参与"的重要组成部分。因此，尽管不是直接规定，该公约对文化产业补贴起到一定的间接规范作用。

三、文化产业补贴的合法性条件

由于一国的补贴在国际法层面主要涉及贸易中的规则，因而本章在区分货物和服务的基础之上，重点对贸易领域的文化产业补贴的合法性予以考察，包括但不限于 WTO，在涉及 RTA 和 FTA 中的相关新发展时也一并予以论述。本部分探讨文化产业补贴在国际法视野下的合法性问题，包括但不限于贸易法领域中的 WTO 规则，还包括晚近的区域自由贸易协定，文化法领域的《文化多样性公约》和人权法领域的《公民权利和政治权利国际公约》《经济、社会及文化权利国际公约》等。

第二节　文化产业货物贸易补贴

一、文化产业补贴的认定

补贴的认定是涉及补贴的案件面对的首要问题，因此有必要先讨论这一问题。《SCM

---

① Gauthier v. Canada, 633/95, Views of the Human Rights Committee, 7 April 1999, UN Doc. CCPR//65/D/633/95 (1999).

② Committee on Economic, Social and Cultural Rights, Revised Guidelines regarding the Form and Content of Reports to Be Submitted by States Parties under Article 16 and 17 of the International Covenant on Economic, Social and Cultural Rights, Report on the Fifth Session, 26 November-14 December 1990, E/1991/23; E/C.12/1990/8, at 108.

协定》第 1 条明确对补贴进行了界定①，据此，补贴只有在满足下列三个条件时才构成 WTO 规则所规范的补贴：第一，补贴是由政府或公共机构提供的财政资助（financial contribution）；第二，补贴使产业或企业得到了利益；第三，补贴需具有专向性（specificity）。在 WTO 实践中，DSB 对主体（"政府或公共机构"）、补贴形式（"财政资助"）和补贴效果（"利益"）这三个方面进行具体的解释与界定。实践中文化产业补贴的形式多样，尽管尚未出现对于文化产业补贴认定的争议，但是《SCM 协定》的规则和 WTO 实践为文化产业补贴的认定提供了依据。

（一）《SCM 协定》下文化产业补贴的界定

1. 主体：政府或公共机构的认定

尽管《SCM 协定》第 1 条规定了主体标准，但是如何判断一个主体是否属于该规定的"政府"或"其他公共机构"，定义中并未明确指出，因此需要参考专家组和上诉机构的实践。

（1）控制标准/职能标准。Korea-Commercial Vessels 案中提供财务补助的单位是公营的金融机构，其小组报告采用了"控制"标准②，即某一实体若为政府或其他公立机构所控制，则构成所谓的"公共机构"。也就是说，不论是在财务上还是决策上，只要该实体实际上为政府或其他公共机构所控制，其采取的措施即归属于政府的措施。

在"美国对来自中国某些产品最终反倾销和反补贴税措施 WTO 争端案"中，专家组采用的标准与此一致，然而上诉机构推翻了专家组的意见，认为公共机构必须是一个拥有、能实施或被授予政府职权的实体。公共机构的核心特点是被授权和履行相关的政府职能，"国有"并不是一个决定性标准，但可以和其他要素一起作为判断政府授权的证据。③

（2）受政府委托或指示的机构。此外，根据第 1 条第 1 款第（a）（1）（iv）项的规

---

① "1. 为本协议之目的，以下情况应视为存在补贴：

（a）（1）在某一成员的领土内由政府或任何公共机构（在本协议中统称"政府"）提供的财政资助，即：

（i）涉及资金直接转移的政府行为（如赠与、贷款、投股）、资金或债务潜在的转移（如贷款担保）；

（ii）政府本应征收收入的豁免或未予征收（如税额减免之类的财政鼓励）；

（iii）政府不是提供一般基础设施而是提供商品或服务，或收购产品；

（iv）政府通过向基金机构支付或向私人机构担保或指示后者行使上述所列举的一种或多种通常应由政府执行的功能，这种行为与通常的政府从事的行为没有实质性差别，或

（2）存在 1994 年关贸总协定第 16 条规定所定义的任何形式的收支或价格支持，和

（b）由此而给予的某种利益。"

2. 上述第 1 款所定义的补贴应遵守第二部分条款的规定，如果该项补贴根据第二条规定是属于专向性的，则仅遵守第 3 部分或第 5 部分规定。"

② Panel Report on Korea-Measures Affecting Trade in Commercial Vessels，WT/DS273/R，para. 7.50.

③ Appellate Body Report on United States-Definitive Anti-Dumping and Countervailing Duties on Certain Products from China，WT/DS379/AB/R，para. 322.

定，除了政府或公共机构以外，筹资机构（funding mechanism）与私营机构（private body）也可能成为补贴的主体，只要筹资机构接受政府的资金、私营机构受政府的委托（entrust）或者指示（direct），从事与政府实施第 1 条第 1 款第（a）（1）（i）项至第（iii）项规定的行为无实质差异的行为。

根据 US-Exports Restraints 案争端解决小组的解释，"私营机构"是"政府"或"公共机构"的相对词，只要非政府也非公共机构，即为民营机构，两个名词所涉及的主体反而有重合之处。①

而"委托"或"指示"通常指政府的行为，须同时具备三个条件：（1）明确而肯定的授权（delegation，在"委托"的案件中具备）或命令（command，在"指示"的案件中具备）；（2）针对特定的主体；（3）委托或指示的内容为一项特定的任务或责任。② 而 Korea-Commercial Vessels 小组认为，授权或命令的形式可以是明示的，也可以是默示的，只要具备证据力和说服力（probative and compelling），不需明确（explicit），也不需事无巨细（specified in great detail）。③

2. 形式：财政补助的认定

《SCM 协定》第 1 条第 1 款第（a）（1）项列举了财政资助的几种形式，据此，财政资助主要有四类方式：

第一，涉及资金的直接转移（如赠款、贷款和投股）、潜在的资金或债务的直接转移（如贷款担保）的政府做法。"资金"包括广义上的各种"财产性资源"和"财产性主张"；同样，任何可以引起债务人财务状况改善的并包含财产性权利、主张转移的行为，都可以构成资金的"转移"。④

在巴西—飞机案（Brazil-Aircraft）中，加拿大政府抗议巴西政府利用"出口融资计划"对巴西飞机的出口提供补贴。专家组认为："只要存在这种政府行为，就可认定存在补贴，至于该行为涉及的是资金的直接转移还是潜在的资金直接转移，则与判断补贴是否存在无关。如果要求只有在资金的直接转移或潜在的资金直接转移实际发生时，才能认定补贴存在，那么该协定（即《SCM 协定》）将因此而完全失效……"⑤ 因此，此处"资金的转移"并不需要实际发生。

第二，放弃或未征收在其他情况下应征收的政府税收（如税收抵免之类的财政鼓励）。在对"原本应当征收"的理解上，美国外销公司税收案的专家组和上诉机构作出了很好的分析。专家组以"如果没有"为标准进行认定，比较美国一般法律规定和外国销

① Panel Report on United States-Measures Treating Exports Restraints as Subsidies，WT/DS194/R and Corr. 2，para. 8.25.

② I bid.，para. 8.26.

③ Panel Report on Korea-Measures Affecting Trade in Commercial Vessels，WT/DS273/R，para. 7.369-7.372.

④ 朱榄叶：《世界贸易组织国际贸易纠纷案件评析 2007—2009》，法律出版社 2010 年版，第 272~273 页。

⑤ Panel Report on Brazil-Export Financing Programme for Aircraft，WT/DS46/R，para. 7.13.

售公司免税法规。① 上诉机构则认为，本应支付表明争议措施应征收的措施与在其他情况下应征收的措施进行比较，比较的基础是该成员方本身的税收规则。同时认为该案专家组标准不能作为一个普遍适用的标准。②

第三，政府或公共机构提供除一般基础设施外的货物或服务，或者购买货物。在美国—软木案 IV 中，上诉机构认为，《SCM 协定》第 1.1 条规定了两类交易：一是政府提供除一般基础设施外的货物或服务，二是政府从私人机构购买货物。③

第四，属于受政府委托的主体实施的上述方式。即政府或公共机构向一筹资机构付款，或委托或指示一私营机构履行上述一种或多种通常应属于政府的职能，且此种做法与政府通常采用的做法并无实质差别。此外，符合 GATT 第 16 条规定的补助形式，亦为财政资助的方式。财政资助的实质是政府或公共机构利用行政权力的直接或间接指引完成的经济资源和利益的无对价或低对价转移。

在 WTO 争端解决机制的裁决中，认定了许多属于财政资助的形式，例如利息抵扣（reductions）和递延（deferrals）、利息或债务免除与债权转股权④、使用者行销给付、行销贷款计划给付、收成保险给付等⑤，由此可见，财政资助的具体表现形式非常广泛。资金直接转移与租税减免是 WTO 成员最常使用的补贴方式，也是文化产业补贴的常用方式。

3. 条件：受有利益的认定

认定授予一项利益的关键在以下三方面：

（1）利益的认定。《SCM 协定》第 14 条规定了在认定利益授予时的几项准则，但是没有对"利益"的具体含义作出界定。加拿大飞机案上诉机构认为"利益"一词隐含着某种比较关系，若接受者接受财务补助的条件优于其他接受者在市场上所能取得的条件，则该接受者即受有利益。⑥ 必须有人实际上收受了某些东西才能产生利益，即"利益"隐含着接受者的存在。⑦

（2）财政资助与授予利益相互独立。此外，加拿大飞机案还指出，不能将"财政资助"与"授予利益"相混淆，两者应相互独立，但都能决定补贴的存在。区分二者的标准在于前者侧重于政府的具体措施，后者则是站在利益接受者的角度衡量其未接受政府补

---

① Panel Report on United States-Tax Treatment for "Foreign Sales Corporations", WT/DS108/R, para. 7.45.

② Appellate Body Report on United States-Tax Treatment for "Foreign Sales Corporations", WT/DS108/AB/R, para. 90.

③ Appellate Body Report on United States-Final Countervailing Duty Determination with Respect to Certain Softwood Lumber from Canada, WT/DS257/AB/R, para. 53.

④ Panel Report on Japan — Countervailing Duties on Dynamic Random Access Memories from Korea, WT/DS336/R, para. 7.446.

⑤ Panel Report on United States-Subsidies on Upland Cotton, WTO Doc. WT/DS267/R and Corr. 1, modified by Appellate Body Report, WT/DS/267/AB/R, paras. 7.1153-7.1155.

⑥ Appellate Body Report on Canada-Measures Affecting the Export of Civilian Aircraft, WT/DS70/AB/R, para. 157.

⑦ Appellate Body Report on Canada-Measures Affecting the Export of Civilian Aircraft, WT/DS70/AB/R, para. 153-154.

贴措施之前、后之利益差异。① 如果从政府而不是利益接受者的角度诠释"利益",将与《SCM 协定》多边规则的目标和目的不一致。

(3)利益具有传递性。一般而言,政府给予补贴,接受者就获得利益。但在一定条件下,补贴的接受者和实际受益人可能不一致。② 比较典型的是国企私有化,原国有企业的利益可能在私有化过程中传递给私有化之后的企业。对此,美国商务部发展出若干不同的判断标准。③

以上述补贴的定义来审视现有实践中的文化产业补贴,实践中大量的文化产业补贴基本属于《SCM 协定》规定的补贴定义。例如,加拿大针对电影和视频制作服务的税收优惠(the Film or Video Production Services Tax Credit, PSTC)④ 规定的电影产业税收优惠激励措施,在文化产业补贴领域广泛存在的各种基金会等补贴措施,从主体条件上看,可以属于受政府委托或指示的机构;从形式要件来看,认定补贴的形式非常广泛,包括实践中大部分文化产业补贴的类型。一般而言,文化产业补助措施的形式主要有:a. 税收优惠;b. 贷款贴息;c. 项目补助;d. 奖励;e. 保费补助等。由前述分析可知,这些形式一般属于《SCM 协定》补贴定义之下的财政资助方式。

(二)专向性与文化产业补贴

根据《SCM 协定》第 2 条,并非所有的补贴均受 WTO 之约束,只有具有专项性的补贴才受到 WTO 的规则。因为若一项补贴不具有专项性,国内各企业或产业均可获得,则受到利益的企业或者产业并未因此获得竞争优势,便不会对贸易产生扭曲,也不受 WTO 规则的约束。⑤ 依据《SCM 协定》规定,补贴的专向性分为四种类型。⑥

认定专向性的标准主要是区分"法律上"(de jure)的专向性和"事实上"(de facto)的专向性。一国政府为了规避法律规定,给予的补贴在表面上是没有特定目的的,是针对许多部门提供利益,但实际上只有少数部门从中获得利益,因此在实践中法律上的专向补贴越来越少,而多数表现为事实上的专向性补贴。认定事实上的专向性更为困难,需要结合案件的客观情况加以分析。

---

① Appellate Body Report on Canada-Measures Affecting the Export of Civilian Aircraft, WT/DS70/AB/R, para. 156.

② 甘瑛:《WTO 补贴与反补贴法律与实践研究》,法律出版社 2009 年版,第 23 页。

③ 甘瑛:《国际货物贸易中的补贴与反补贴法律问题研究》,法律出版社 2005 年版,第 316~330 页。

④ Canadian Audio-Visual Certification Office, Film or Video Production Services Tax Credit (PSTC), adopted on 2 Aug. 2004, http://www.pch.gc.ca/progs/ac-ca/progs/bcpac-cavco/progs/cisp-pstc/index_e.cfm, visited 30 March 2021.

⑤ Pietro Poretti, The Regulation of Subsidies within the General Agreement on Trade in Services of the WTO: Problems and Prospects 121 (Kluwer Law International, 2009).

⑥ 一是企业专向性,即一国政府挑选一个或几个特定公司进行补贴;二是产业专向性,即一国政府针对某一个或几个特定产业进行补贴;三是地区专向性,即一国政府对其领土内特定地区的生产进行补贴;四是拟制专向性,即《SCM 协定》第 3 条规定的禁止性补贴。

依据《SCM 协定》第 2.1 (c) 条，在认定专向性时有四项应当考虑的因素①。至于这四项因素是需要全部考虑，还是只要足够认定事实上的专向性因素即可而不必考虑所有因素。在美国软木案中，争议双方对此曾发生过分歧。加拿大认为，证明事实上的专向性应当至少审查所有四项因素；但美国持相反观点，认为只需有限的使用者使用补贴，就足够认定事实上的专项性。专家组最终支持了美国的立场。②

而对于文化产业补贴是否具有专向性的认定，需要在实践中区分情况，在个案的基础上进行考察。不过，总体来说，针对文化产业整体的补贴很难被认定为具有专向性，因为文化产业涵盖的范围广泛。但是针对其具体领域的补贴有可能被认定为具有专向性。此外，针对某些特定地区或者某些文化企业进行的补贴，也可能被认定为具有地区专向性和企业专向性。需要指出的是，即使文化产业的补贴被认定为具有专向性，其也不一定在 WTO 框架下被诉，应该视具体情况是否满足《SCM 协定》第二部分和第三部分规定的禁止性和可诉性补贴的其他条件而定。

二、补贴的类型与文化产业补贴

《SCM 协定》规定了三种补贴的类型，以下结合这三种类型的补贴对文化产业补贴进行分析。

(一) 禁止性补贴与文化产业补贴

《SCM 协定》第 3.1 条规定了两种类型的禁止性补贴，即"出口补贴"和"进口替代补贴"。

1. 出口补贴③

出口补贴是迄今为止争议最多、最复杂的一类补贴。国际反补贴规则在形成初期就对出口补贴进行专门规制，GATT1947 第 16 条就专门针对出口补贴进行了规定。《SCM 协定》中认定出口补贴的关键在于"在法律上或事实上以出口实绩为条件"。DUS 实践中大量案例发展了如何认定"法律上"或者"事实上"以出口实绩为条件。④

(1) 《SCM 协定》对"contingent"的定义。对于《SCM 协定》第 3.1 条关于"contingent"的含义，Australia-Automotive Leather II 案的专家组将其认定为"其存在依赖

---

① 即有限数量的企业使用补贴的计划；某些企业主要使用补贴；给予某些企业不成比例的大量补贴；授予机关在作出给予补贴的决定时行使决定权的方式。

② Panel Report on United States-Preliminary Determinations with Respect to Certain Softwood Lumber from Canada, WT/DS236/R, para. 7.11.

③ 所谓出口补贴，是"法律上或事实上视出口实绩为唯一条件或多种其他条件之一给予的补贴，包括《SCM 协定》附件 1 列举的补贴"。

④ 具体论述详见单一：《WTO 框架下补贴与反补贴法律制度与实务》，法律出版社 2009 年版，第 56 页；甘瑛：《WTO 补贴与反补贴法律与实践研究》，法律出版社 2009 年版，第 35 页；彭岳：《贸易补贴的法律规制》，法律出版社 2007 年版，第 28 页；卜海：《国际经济中的补贴与反补贴》，中国经济出版社 2009 年版，第 23 页等。

于其他事项的存在"，"有条件的；依据……；当……"① 加拿大飞机案还指出，无论是对法律上对还是事实上的视出口而定，"contingent to"表达出的法律标准是一样的。②

（2）法律上对出口补贴的认定。如果立法、规章或其他法律文件的措辞能够证明补贴的给予是视出口实绩而存在的，则能够认定是在法律上给予的出口补贴。至于措辞如何规定才被视为符合这一要求，加拿大汽车案的上诉报告③中指出，只要是法律文件对出口条件作出了清楚的规定，即使其没有明确措辞要求必须在满足一定的出口实绩条件后才可以获得补贴，就可以被认为是在法律上视出口实绩而给予的补贴。由此看出，DSB 对法律上的出口补贴的认定采取比较宽松的"必要"标准。④

从 DSB 实践⑤还可以看出，认定法律上出口补贴还需区分法律文件的强制性规范和任意性规范。如果涉案法律文件属于强制性规范，那么申诉方可以直接针对该规范本身进行申诉，即满足了举证责任；如果涉案法律文件属于规定主管机构一定自由裁量权的任意性规范，该文件本身不构成法律上的违反，还需要证明事实上实施该措施，才可能构成违法。⑥

（3）事实上的出口补贴认定。对于"事实上以出口为实绩"的认定较为困难，相对而言要考虑的因素更多，需要对相关事实进行综合评估。但是由于评估标准的缺乏，专家组和上诉机构在此问题上有较大裁量权。⑦ DSB 实践中发展出以下两个标准：一是"紧密联系"标准，在澳大利亚皮革案中，专家组认为应该要求在补贴的给予与出口实绩之间存在紧密联系；⑧ 二是三要素标准，加拿大飞机案中上诉机构在审查《SCM 协定》注脚4地位的基础上，提出判断的三要件，即"给予或维持一项补贴""实绩或预期出口或出口收入""联系"，必须区分这三个不同的实质因素。⑨

（4）出口补贴可能采取的形式。对于出口补贴可能采取的形式，《SCM 协定》附件一列举了十二种典型的出口补贴，⑩ 主要分为四种类型。为出口补贴的认定提供了参考。

---

① Panel Report on Australia-Subsidies Provided to Producers and Exporters of Automotive Leather, WT/DS126/R, para. 9.55.

② Canada-Aircraft（AB），paras. 166-167.

③ WT/DS142/AB/R, para. 100.

④ 彭岳：《贸易补贴的法律规制》，法律出版社 2007 年版，第 133 页。

⑤ 美国—烟草案专家组报告第 9.124~9.129 段。

⑥ 单一：《WTO 框架下补贴与反补贴法律制度与实务》，法律出版社 2009 年版，第 156 页；甘瑛：《国际货物贸易中的补贴与反补贴法律问题研究》，法律出版社 2005 年版，第 28 页；龚柏华：《WTO 有关禁止性出口补贴规则研究——以中美"知名品牌产品出口补贴"WTO 磋商案为视角》，载《国际商务研究》2010 年第 2 期。

⑦ 单一：《WTO 框架下补贴与反补贴法律制度与实务》，法律出版社 2009 年版，第 157 页。

⑧ Panel Report on Australia-Subsidies Provided to Producers and Exporters of Automotive Leather, WT/DS126/R, para. 9.55.

⑨ Canada-Measurs Affeeting the Export of Civilian Aircraft, WT/D57/AB/R（1999），paras. 169-180.

⑩ Annex I of the SCM Agreement.

2. 进口替代补贴①

如果给予补贴是以产品的投入中大部分为国产货物为条件，那么此类补贴就可能构成进口替代补贴。印尼汽车案专家组曾指出，《SCM 协定》第 3.1（b）条是禁止以使用国产货物为条件，而不是禁止国家使用国产货物。② 加拿大汽车案上诉机构将该条解释为包括法律上和事实上的出口条件性。③

由于进口替代补贴属于国内补贴，在国内和国外存在差异，因而还与 GATT 第 3 条国民待遇原则有关。对于二者的关系，印尼汽车案的专家组④曾指出，二者的着眼点不同，具有不同的目的和适用范围。在具体规则上，提供的救济不同、争端解决的时间不同、执行要求也不同。GATT 第 3 条重点在于禁止在国内货物和进口货物之间造成歧视，而《SCM 协定》则旨在规范成员方提供补贴。在二者的适用关系上，应当适用特别法优先原则（*lex specialis*），即《SCM 协定》第 3.1（b）条。⑤

3. 禁止性补贴与文化产业补贴

那么，文化产业补贴是否具有构成禁止性补贴的可能性？有学者认为，目前来说没有迹象表明文化产业领域的补贴会构成禁止性补贴。⑥ 因为通常说来，国家对文化领域提供补贴的目的主要是促进其领域内的文化多样性的发展。就出口补贴而言，尽管文化产业的出口增长是其带来的客观结果，但是其补贴的数量并不取决于出口的规模。同样，就进口替代补贴而言，对大多数文化产品的生产者来说这也并非其选择，因为文化产品更多的是一种劳动密集型产业而并非资源密集型产业，那种基于视使用国内产品多于进口产品而定的补贴对文化产业其实没有太大的影响。但是也有学者指出了文化产业补贴可能构成禁止性补贴的情形。⑦ 例如，法国政府给予法国出版商的资助，如果是以促进法国图书及其销售的出口为条件的，将可能构成《SCM 协定》禁止的出口补贴。又如，荷兰政府对荷兰的书店征收的所得税优惠措施，假若以要求其进购比进口图书更多的国内图书来销售为条件的话，则此种措施可能属于《SCM 协定》中的进口替代补贴。

虽然在 WTO 争端实践中尚未出现文化产业补贴构成禁止性补贴的案件，但依据上述分析，本书认为文化产业领域内针对货物的补贴是具有属于出口补贴和进口替代补贴可能

---

① 所谓进口替代补贴，是"视使用国产货物而非进口货物的情况为唯一条件或多种其他条件之一而给予的补贴"，又称禁止当地含量补贴（local content subsidy）。

② WT/DS54/R，WT/DS55/R，WT/DS59/R，WT/DS64/R，paras. 14. 50-14. 51.

③ WT/DS142/AB/R，paras. 139-143.

④ WT/DS54/R，WT/DS55/R，WT/DS59/R，WT/DS64/R，paras. 14. 33-14. 39.

⑤ WT/DS142/R，para. 10. 125. Gustavo E. Luengo Hernández de Madrid，*Regulations of Subsidies and State Aids in WTO and EC Law：Conflict in International Trade Law* 157（Kluwer Law International 2006）.

⑥ Dirk Pulkowski，*The Law and Politics of International Regime Conflict* 169（Oxford University Press 2014）.

⑦ Peter Van den Bossche，*Free Trade and Culture：A Study of Relevant WTO Rules and Constraints on National Cultural Policy Measures*，http：//papers. ssrn. com/sol3/papers. cfm？ abstract_id = 979530，visited on 15 August 2021.

性的。就出口补贴来说，尽管文化产业领域的补贴一般来说是为了促进本国的文化发展所实施的，但是不排除为了使本国文化产品出口的目的和进口替代的目的实施的补贴。假如某国的补贴措施在用语上就表明为了出口，很可能被认定为"法律上"以出口为业绩。就进口替代补贴来说，对国产化程度较高的产品给予一定补贴会有利于国内产业发展，因而进口替代补贴在不同时期都曾经普遍地和经常地被一些发达工业国家使用。可是发展中的成员方没有意识到这一问题，在多哈规则谈判中没有积极争取对该条款的例外适用。① 当然，具体是否构成禁止性补贴需要在个案中予以具体分析和认定，但是不排除有这种风险存在。

（二）可诉性补贴与文化产业补贴

1. 可诉性补贴的构成要件

《SCM 协定》第 5 条规定，成员方不得通过使用该协议第 1 条所规定的专向性补贴，而对其他成员方的利益造成不利影响。构成可诉性补贴需要具备下列因素：（1）构成《SCM 协定》第 1 条规定的"补贴"；（2）具有"专向性"；（3）对其他成员方的利益造成不利影响。②

不同于禁止性的出口补贴和进口替代补贴，大部分补贴是不被禁止但是又可以被起诉的。即便是构成可诉性补贴，也不导致自动禁止。第 7 条第 8 款允许提供补贴的成员方选择撤销补贴或者采取适当措施消除不利影响。③ 与最初的以出口为导向的禁止性补贴相比，可诉性补贴有很强隐蔽性。尤其是发达国家，在工业品领域大部分产业已经具有很强的竞争力，无须再提供被禁止的补贴，大量的补贴以可诉性补贴的形式存在。因而，对可诉性补贴的研究具有重要的现实意义。④

2. 不利影响的认定

认定可诉性补贴的关键在于如何认定"不利影响"，《SCM 协定》第 5（b）条规定了三种"不利影响"的情况。

一是对另一成员方的国内产业造成损害，对此，需要检验"损害""国内产业"等用语的含义。对于"损害"的含义，《SCM 协定》的注脚 45 解释了"损害"包括三种情况：（1）对一国国内产业的实质损害（material injury）；（2）对一国国内产业的实质损害威胁（threat of material injury）；（3）对此类产业建立的实质阻碍（material retardation）。《SCM 协定》第 15 条对这三种情况作出了具体的规定，相关的案例也进行了解释。

对于第一种情况，举例来说，假如加拿大对其国内的出版产业进行补贴，这些享有补贴的图书被美国进口，并造成了美国国内相同出版产业的实质损害，或者对美国国内出版

---

① 单一：《WTO 框架下补贴与反补贴法律制度与实务》，法律出版社 2009 年版，第 173 页。

② 李晓玲：《WTO 框架下的农业补贴纪律》，法律出版社 2007 年版，第 69 页。

③ Gustavo E. Luengo Hernández de Madrid, *Regulations of Subsidies and State Aids in WTO and EC Law: Conflict in International Trade Law* 166 (Kluwer Law International 2006).

④ 单一：《WTO 框架下补贴与反补贴法律制度与实务》，法律出版社 2009 年版，第 196~197 页。

产业造成了实质损害威胁，加拿大可能有义务消除这种不利影响，或者取消该补贴措施。①

二是使其他成员根据 GATT 所获得的直接或者间接利益的丧失或者减损。这里的"利益"与 GATT 第 2 条下约束减让的利益的适用相同。GATT 第 23 条中关于"利益的丧失或者减损"之规定，对于确定不利影响具有指导作用。举例来说，假如加拿大对其国内出版行业给予补贴，那么这种补贴可能消除或者减少本应当在正常情况下由于加拿大对图书的关税减让而享有的业已提高的外国图书的市场准入待遇。② 这时可能构成第二种情况下的其他成员方根据 GATT 所获得的直接或者间接利益的丧失或者减损，加拿大可能消除这种不利影响，或者取消该补贴措施。

三是严重侵害另一成员方的利益。对此《SCM 协定》第 6 条进行了规定。其中第 6 条第 1 款"表面证据测试法"已于 1999 年 12 月 31 日失效，故主要依据第 6 条第 3 款的"后果测试法"进行认定。该款是认定"严重侵害"的示例，其他几款都是对第 6 条第 3 款的补充解释。③ 根据第 6 条第 3 款④，一方面如果起诉方能够证明另一成员方实施的补贴具有该条规定的影响，则"严重侵害"可能成立；另一方面，如果补贴实施方能够随后证明其补贴并没有造成这些结果，则其补贴可能不被视为造成"严重侵害"。需要注意的是，严重侵害的存在应当依据提交专家组或者专家组获得的信息来决定，包括依照附录 5⑤ 的规定提交的信息。对其认定需要在个案的基础上进行。美国—陆地棉补贴案⑥和韩国—影响商用船舶贸易措施案⑦的专家组和上诉机构对"严重侵害"作出过解释。以 WTO 成员对其国内艺术家的补贴而言，这些对作家、画家、雕塑家等的补贴，很难构成

---

① Peter Van den Bossche, *Free Trade and Culture: A Study of Relevant WTO Rules and Constraints on National Cultural Policy Measures*, http://papers. ssrn. com/sol3/papers. cfm? abstract_id=979530, visited on 15 August 2021.

② Peter Van den Bossche, *Free Trade and Culture: A Study of Relevant WTO Rules and Constraints on National Cultural Policy Measures*, http://papers. ssrn. com/sol3/papers. cfm? abstract_id=979530, visited on 15 August 2021.

③ 单一:《WTO 框架下补贴与反补贴法律制度与实务》，法律出版社 2009 年版，第 201~207 页。

④ 第 6 条第 3 款规定：如存在以下一种或几种情况，即存在第 5 条（c）款所指的严重损害：

（a）补贴的影响是取代或阻碍另一成员方某一同类产品进入提供补贴成员方的市场；

（b）补贴的影响造成在第三国市场中取代或阻碍另一成员方同类产品的出口；

（c）补贴的影响在于与同一市场中另一与成员方同类产品的价格相比，补贴产品造成价格明显下降，或对同一市场的同类产品造成了严重的价格抑制、价格压低或销售量损失等情况；

（d）与以往 3 年的平均市场份额相比，补贴的结果造成了实施补贴成员的特定受补贴的初级产品或商品在世界市场上的份额增加，并且这一增加是自实施补贴后呈持续上升趋势。

⑤ 为了支持可诉性补贴的申诉机制，《SCM 协定》附录 5 设置了一种类似于反倾销程序中使用的信息收集程序以及其他程序手段。例如，对于信息收集过程中涉及的任何一方不予合作的事例作出不利推定，使用最佳可获信息，寻求正确解决争端所需的额外信息等。详见甘瑛:《WTO 补贴与反补贴法律与实践研究》，法律出版社 2009 年版，第 38 页。

⑥ WT/DS267/AB/R.

⑦ WT/DS273/R.

经济意义上的"严重侵害"另一成员的利益。这些补贴对另一成员的利益的影响是低于上述"严重侵害"标准的。①

3. 可诉性补贴与文化产业补贴

本书认为，可以说实践中大量的文化产业补贴都属于可能构成可诉性补贴的范畴，至于是否构成可诉补贴，需要在个案中结合实际情况认定对其他成员的利益是否造成不利影响。

由于可诉性补贴的成立要求起诉方证明对其国内的文化产品造成了不利影响，而起诉方一般来说可能是文化产品出口的大国、或者是出口较多的国家，对其而言这种不利影响往往更难被证明。以美国为例，美国自 20 世纪 20 年代以来便成为文化产品的出口大国，其视听产业一度占据了加拿大以及欧盟国内市场的绝大多数份额，尽管加拿大和美国实施了补贴措施，但是与其他的贸易限制措施比起来，补贴的影响相对较小。此外，正如有学者曾指出的那样，实践中大量的对电影和其他文化产品的补贴目前应该受到《SCM 协定》的规制，但是在实践中并没有引起成员的关注和担心，原因是由于补贴措施对美国贸易利益的影响有限。② 另外，由于实践中各国对文化产业补贴的大量存在，对其他国家实施的可能属于可诉性补贴范畴的文化产业补贴提起诉讼的话，有可能会导致其他国家对本国也提起同样的报复性诉讼，因此现实中对其他国家的文化产业领域的补贴提起诉讼的可能性非常小。

（三）　不可诉补贴与文化产业补贴

依据《SCM 协定》第 31 条，关于不可诉补贴的确认和磋商等规定于《WTO 协定》生效之日起适用 5 年，即于 1999 年失效。尽管多哈回合中有成员方提出激活该条款的建议，但最终无果。因此，该类补贴对分析现有的文化产业补贴作用有限，此处不过多展开论述。

三、GATT 国民待遇原则与文化产业补贴

尽管有学者担心，电影领域的非歧视待遇不仅将会削弱欧盟电影政策的目标，而且会使其实现变得不可能。③ 但是如前所述，由于 WTO 规则中没有明确规定文化属于一般例外，仅在 GATT 第 4 条中规定了电影享有一定条件下的配额例外，对文化产业的支持政策措施而言，内容十分有限。因此本书认为，文化产业补贴仍然应当受到 WTO 中非歧视原则的约束。

---

① Peter Van den Bossche, *Free Trade And Culture: A Study of Relevant WTO Rules and Constraints on National Cultural Policy Measures*, http://papers. ssrn. com/sol3/papers. cfm? abstract_id＝979530, visited on 15 August 2021.

② Michael Hahn, *A Clash of Cultures? The UNESCO Diversity Convention and International Trade Law*, 9 (3) Journal of International Economic Law 521 (2006).

③ Herold Anna, *European Public Film Support within the WTO Framework*, 6 Iris Plus Legal Observations of the European Audiovisual Observatory 4 (2003).

（一）GATT 国民待遇原则对文化产业补贴的一般要求

就国民待遇原则而言，GATT 第 3 条要求 WTO 成员在其实施的国内税收和规章方面给予符合条件的外国产品以国民待遇。以电影产业为例，只要电影支持措施以有偏向性地针对国内电影产品的税收减免或者对进口电影产品附加任何要求的形式实施，都可能与 GATT 规则不相符合。①

根据 DSB 实践，判断违反 GATT 第 3 条一般需要满足三个条件：一是同类产品要求；二是涉案措施属于一项"影响产品的国内销售、标价出售、购买、运输、分销或使用的法律、规章或要求"；三是对进口产品的待遇低于同类国内产品。② 而其中面对的首要问题是本国的文化产品与外国的文化产品是否属于"同类产品"。据此，一国实施的针对国内文化产品的补贴可能间接造成进口的文化产品低于其国内同类产品享有的待遇之后果，具有违反 GATT 的国民待遇原则之可能性。在货物贸易领域，一国对本国文化产品的财政支持措施，不可避免地会形成对本国产品的优待从而对外国同类产品造成歧视。尤其是税收和其他多种多样的被视为补贴的财政支持措施，包括对票房收入、广播公司或者电影放映者的收入的征税等，值得注意。③

对国内文化产品的生产者进行补贴，可能会违反国民待遇原则，因为这会间接使进口文化产品低于本国同类文化产品的待遇。然而 GATT 第 3 条第 8 款（b）项④明确指出第 3 条不应禁止"专门向本国的生产者给予的补贴"。其中特定的支付是否属于第 3 条第 8 款（b）项的情形取决于该项支付的确切情况，包括由谁向谁支付、付款的程序和是否有其他人从该项支付中获利。⑤ DSB 的案例对此作出了具体阐释，文化贸易案件之一的加拿大期刊案也涉及这一问题。

（二）DSB 实践中的文化产业补贴

美国和土耳其之间关于电影放映税收的案件，以及美国和加拿大关于分销期刊争议的案件，均涉及文化产业与 GATT 国民待遇原则。此外，欧洲法院还审理过关于美国公司是

---

① T. Cottier, *Die Völkerrechtlichen Rahmenbedingungen der Filmförderung in der neuen Welthandelsorganisation WTO-GATT*, 38 Zeitschrift für Urheberund Medienrecht Sonderheft 752（1994）.

② 石静霞：《"同类产品"判定中的文化因素考量与中国文化贸易发展》，载《中国法学》2012 年第 3 期，第 51 页。

③ Herold Anna, *European Public Film Support within the WTO Framework*, 6 Iris Plus Legal Observations of the European Audiovisual Observatory 4（2003）.

④ "（b）The provisions of this Article shall not prevent the payment of subsidies exclusively to domestic producers, including payments to domestic producers derived from the proceeds of internal taxes or charges applied consistently with the provisions of this Article and subsidies effected through governmental purchases of domestic products."

⑤ Tania Voon, *Cultural Products and the World Trade Organization* 153（Cambridge University Press 2007）.

否能够获得欧盟电影基金的案件①。

1. 土耳其电影税案②

美国和土耳其之间关于外国电影收入税收的争端说明了这一问题。土耳其采取了限制外国电影进入国内市场的政策以及确保准入限制的税收措施，对外国电影的放映收益征收52%的税款，而未对本国电影放映收益进行征税。

美国认为这一行为违反了GATT1994第3条关于"国内税与国内法规的国民待遇"的规定，于1996年6月12日依DSU第4条向土耳其提出就土耳其对外国电影放映收益征收税款的措施进行磋商的要求。③ 1997年1月9日，美国要求建立专家组。④ 1997年2月25日的会议上，争端解决机构建立了专家组。加拿大保留作为第三方的权利。

该案随后以双方磋商中土耳其同意尽快在票房收入的征税上对放映的国内和进口电影征收相同的税率告终。⑤ 1997年7月14日，美土双方达成统一解决方案。土耳其同意对国产电影与国外电影的票房征收等额税款，美国决定撤销对土耳其的起诉。土耳其最终对国内电影和本国电影的放映都实施同样的10%的税率。⑥

2. 加拿大期刊案

加拿大期刊案作为WTO实践中文化与贸易问题的标志性案例，涉及加拿大的相关措施是否违反GATT第3条规定的国民待遇原则的第2款和第3条第4款的问题。在这一案件中，美国依据WTO争端解决规则成功地起诉了加拿大期刊产业的保护措施，包括加拿大对本地生产者提供的现行税的征收、关税规则、商业邮费税率和邮费补贴。

美国提出：（1）9958号关税条例与GATT第11条不符合。（2）税收实施法案第6部分与GATT第3条第2款或者是第4款不符合。（3）加拿大邮政公司实施的对国内期刊的邮政税率低于进口期刊的邮政税率的措施，与GATT第3条第4款不符合，且不属于第3条第8款规定的例外。其要求专家组建议加拿大实施与GATT义务相符合的措施。加拿大要求专家组驳回美国的诉求，其认为：（1）9958号关税条例依据GATT第20条（d）项是合法的。（2）GATT第3条并不适用税收实施法案第6部分，就算专家组认为适用，也没有违反其内容。（3）加拿大邮政公司实施的"商业"税率不适用第3条第4款，因为其是商业和市场政策不受政府的公共政策影响，并且"补贴"税率属于第3条第8款

---

① 　In this context see the controversy about the possibility for American companies to obtain EU film distribution funding, EFDO v. UIP litigation before the European Court of Justice, case C-164/98 P, DIR International Film Srl and Others v. Commission, ECR［2000］I-00447.

② 　Turkey-Taxation of Foreign Film Revenues, WT/DS43.

③ 　Request for Consultations by the United States on Turkey-Taxation of Foreign Film Revenues, WT/DS43/1.

④ 　Request for the Establishment of a Panel by the United States on Turkey-Taxation of Foreign Film Revenues, WT/DS43/2.

⑤ 　Notification of Mutually Agreed Solution on Turkey-Taxation of Foreign Film Revenues, WT/DS43/3, G/L/177.

⑥ 　USTR, US Trade Representative Charlene Barshefsky Announces Resolution of WTO Dispute with Turkey on Film Taxes, Press Release 97-108, 19 December 1997.

（b）项规定的可以被允许的补贴。

（三）GATT 第 3 条第 8 款（b）项补贴的例外与文化产业补贴

据加拿大期刊案上诉机构的报告，任何未采取直接以支付的方式给予国内生产者的补贴方式，均与 GATT 第 3 条第 8 款（b）项不相符合。具体到电影补贴的情形，这对间接给予电影生产者的财政资助有深远的影响。

1. GATT 第 3 条第 8 款（b）项与《SCM 协定》的关系

GATT 第 3 条第 8 款（b）项规定了给予国内生产者的补贴享有国民待遇例外。GATT 第 3 条与第 16 条并存，《SCM 协定》是对第 3 条的加强。那么这二者的关系为何？对货物贸易领域的文化产业补贴来说，是否意味着应当同时遵守二者的规定？

对于二者的关系，在印尼汽车案中争议双方发生过争议。印尼认为，GATT 第 3 条和《SCM 协定》之间存在冲突，该案的争议措施只受《SCM 协定》调整，而不受 GATT 第 3 条约束。并且即使适用 GATT 第 3 条，该案的补贴措施也应通过第 3 条第 8 款（b）项获得例外适用。专家组不同意印尼的意见，认为"自 GATT 制度诞生以来，GATT 第 3 条和第 16 条一直并存"。"两协议或两规定之间存在冲突，必须包括相同的实质事项，否则即不存在冲突。"第 3 条和第 16 条两者具有不同的目的，GATT 第 3 条继续禁止国内产品与进口产品间在国内税和其他国内管理方面的歧视，它并没有规定也没有禁止提供补贴本身；而《SCM 协议》禁止依赖于出口业绩和满足当地成分要求的补贴，规定了补贴对其他成员的利益造成不利影响的救济，并免除某些补贴的可诉性。二者具有不同的范围、不同的义务，不存在一般性的冲突。①

国内理论界有学者认为，GATT 第 3 条第 8 款（b）项旨在从国民待遇的角度出发，确认对生产商的补贴不引起国内产品和进口产品间的歧视；而《SCM 协定》规范的是向企业、产业或地区提供补贴的行为。② 因此，一项补贴受 GATT 第 3 条约束的事实不必然排除《SCM 协定》的适用，对文化产业补贴来说，应当同时遵守二者的规定。

2. 符合第 3 条第 8 款（b）项的条件

（1）支付的方式：直接还是间接？在加拿大期刊案中，加拿大主张补贴邮费率（funded rates）只是符合第 3 条第 8 款（b）项的合理补贴，美国则认为第 3 条第 8 款（b）项在此处不能适用，因为加拿大并没有向本国期刊发行商支付"专门的"补贴，而只是对加拿大邮报进行支付。美国依据 EEC-Oilseeds I 案，认为"专门的"补贴指的是"直接的"补贴。

专家组并没有反对美国援引的专家组报告，但是认为补贴是"专门"针对国内生产商的，其理由是加拿大邮局没有从补贴邮费率之中获取任何经济利益。上诉机构表示 EEC-Oilseeds I 专家组对于支付的补贴的"直接"性的评论是附带意见。这似乎表明，通

---

① 韩立余编著：《WTO 案例及评析》（1995—1999）（上卷），中国人民大学出版社 2001 年版，第 140 页。

② 彭岳：《贸易补贴的法律规制》，法律出版社 2007 年版，第 9 页；龙英锋：《世界贸易组织协定中的国内税问题》，法律出版社 2010 年版，第 49 页。

过"间接"的方式支付给本国生产商的补贴也是符合第 3 条第 8 款（b）项的。

（2）认定的关键：一项"支出"。加拿大期刊案上诉机构对该条认定的关键不在于是直接还是间接给予国内生产者，而是"政府收入的支出"。其认为对第 3 条第 8 款（b）项的认定应当基于对该条的文义、内容、目标和目的进行仔细审视，得出结论认为该条旨在将涉及一国政府收入的开支的补贴支付排除在第 3 条之外。① 上诉机构还援引了 US-Malt Beverages 案②中的认定，同意该案专家组"将税收减免与补贴规则分开有经济和政治上的合理性"这一意见。上诉机构指出，政府资金的内部转移允许加拿大邮报提供补贴税率给本国期刊发行商，并且这些发行商们从更低廉的邮费税率中获取利益，但是加拿大实际上并没有支付任何东西给他们。因此加拿大的补贴税率并非补贴，据此推翻了专家组的结论。

同样，在印尼汽车案中专家组指出，"专门向生产商支付的补贴"这一用语是为了确保只有提供给生产商的补贴而不是对产品的税收或其他歧视，才能够被视为第 3 条第 8 款（b）项意义上的补贴。并且指出，"如果对产品的国内税歧视能够据第 3 条第 8 款（b）项获得正当性，第 3 条第 2 款规定的禁止歧视性国内税收就会无效"。③

据此，本国商品或商品生产商的税收减免被排除在第 3 条第 8 款（b）项范围之外，而是由第 3 条第 2 款和第 4 款支配。一国政府虽然按照国民待遇原则对进口产品和国内产品征收同等的税负，但是同时又被允许将税收所得的一部分，以补贴的形式资助给国内生产者。

3. 文化产业补贴与 GATT 第 3 条第 8 款（b）项

由上述分析可知，GATT 第 3 条第 8 款（b）项为成员方通过直接补贴的方式补贴其国内文化产业提供了灵活性，前提是这项支付满足必须含有一项政府开支等相关需求。而税收优惠由于不涉及政府收入的支出而被要求必须符合国民待遇原则，不能享有例外。因此，一国政府以直接补贴的形式仅仅给予其国内文化产业生产者的补贴，尽管可能对外国同等的生产者造成歧视，但是由于符合国民待遇原则的例外而被免责；而对其国内文化产业的税收减免等优惠措施，也需要符合国民待遇原则，不能对国内文化产品实施更优惠的税收措施而造成对外国同类产品的歧视。④

但是亦有学者指出，对文化产业的直接补贴尽管可能被解释为国内补贴，在某些情况下不能忽视潜在被诉的风险。文化产业直接补贴的存在目前尚未依据国民待遇原则被起诉，尚未被起诉背后的原因是多种多样的。⑤ 一是直接补贴可以被看做是国内政策措施的一种，GATT 无权干预。二是 GATT1947 第 4 条明确规定电影产业的条款可以看做是某种

---

① WTO Appellate Body Report on Canada-Certain Measures Concerning Periodicals, WT/DS31/AB/R, at 34.

② WTO Panel Report on US-Measures Affecting Alcoholic and Malt Beverages, DS23/R-39S/206, para, 3.12.

③ WT/DS54/R, WT/DS55/R, WT/DS59/R, WT/DS64/R, paras. 14.50-14.51.

④ Dirk Pulkowski, *The Law and Politics of International Regime Conflict* 161 (Oxford University Press 2014).

⑤ Herold A., *European Public Film Support within the WTO Framework*, 6 Iris Plus Legal Observations of the European Audiovisual Observatory 4-5 (2003).

程度上在 GATT 框架中承认电影的"文化特殊性"，可以被视为允许成员方在多边贸易规则中重新思考文化的地位问题。① 根据某些成员方的政治立场（主要是欧盟和加拿大），国内文化政策（至少是关于电影的）似乎是属于 GATT 事项范围之外的。此外，考虑到美国对放开视听产业的观点，文化产业在这一 GATT 之下不确定的法律地位可能成为未来争议的一个导火索。上述讨论的 GATT 条款的模糊性在其适用到电影产业中时起了作用，因为允许的国内补贴与禁止补贴（原则上是出口补贴）在实践中很难区分。②

四、GATT 最惠国待遇原则与文化产业补贴

最惠国待遇适用于文化产品，这一点已被 WTO 实践案例证明。此外，在美欧之间关于欧洲《电视无国界指令》的争议中，美国提出该指令中的本地内容限制违反了 GATT 的最惠国待遇原则③。而在文化产品补贴领域，适用最惠国待遇原则意味着给予原产于其他国家的补贴应当要给予产自成员方的同类文化产品，否则即有违反 GATT 最惠国待遇原则之嫌。由于实践中文化产业补贴通常是一国为了支持国内文化产业的发展而给予国内的财政支持措施，一国对于给予外国文化产品税收补贴优惠的情形比较少，但是也不排除为了国际间文化交流实施的一些文化资助项目。只要财政支持或者补贴不是针对某一特定外国或地区，该条款被提出质疑的可能性就非常小。

在货物贸易中，最惠国待遇义务对成员方普遍适用，除非特别规定的例外情形。这些例外中与文化产业补贴问题相关的当属 GATT 第 24 条规定的关税同盟或者自由贸易区的例外。GATT 第 24 条第 8 款将关税同盟定义为以一个单一关税领土取代两个或两个以上关税领土。其特征简而言之即对内取消关税，对外设置统一关税。④ 自由贸易区是指由两个以上的关税领土组成的一个贸易组织，成员之间取消关税和数量限制等贸易壁垒，促进区域内商品自由流动⑤。二者的区别在于对外是否设置统一关税，自由贸易区成员对非成员不采用相同的关税税率，在关税问题上保留部分关税主权。⑥ 相对于 WTO 内部成员来说，类似关税同盟和自由贸易区这样的区域经济一体化安排，对其他 WTO 成员造成了实

---

① Rostam J. Neuwirth, The Cultural Industries and the Legacy of Article IV GATT: Rethinking the Relation of Culture and Trade in Light of the New WTO Round, https://papers.ssrn.com/sol3/papers.cfm?abstract_id=1352171, visited on 28 June 2022.

② E. g. the Agreement on Interpretation and Application of Articles VI, XVI and XXIII of the GATT, 12 April 1979 and the Understanding on the Interpretation of Article XVII of the GATT 1994.

③ US Requests Consultations on EC TV Broadcast Directive, 66 GATT Focus 3 (Nov. 1989); 135 Cong. Rec. H7, 326-27, at 3; Generally U. S. Int'l Trade Comm'n, 1992: The Effects of Greater Economic Integration Within the European Community on the United States: First Follow-Up Report 6-114 (1990) (recognizing formal U. S. challenge to the Directive under GATT in October 1989).

④ 例如欧盟。其旨在通过共同贸易政策，建立无内部边界的经济空间，加强经济、社会的协调发展和建立最终实行统一货币的经济货币联盟，促进各成员国经济和社会的均衡和进步；实行最终包括共同防务政策的共同外交和安全政策。

⑤ 例如，1960 年欧洲自由贸易联盟（European Free Trade Association, EFTA）、《北美自由贸易协定》、《东南亚经济联盟》；《拉美自由贸易协定》等 FTAs 和 RTAs。

⑥ 黄东黎、杨国华：《世界贸易组织法》，社会科学文献出版社 2013 年版，第 161~164 页。

际上的贸易歧视，但是理论上通常认为，这种区域经济一体化安排，旨在消除其成员之间的贸易壁垒，有助于实现贸易自由化的目标，只要不妨害其他国家的贸易①则是可以被允许的，其优惠无须向非成员提供。因此，一些关税同盟或者自由贸易协议制定的针对区域性文化产业支持措施，比如欧盟制定的关于文化产业的进口规则或者国民待遇规则等，因能够符合最惠国待遇第 24 条的例外而享有正当性。美欧之间关于视听无国界指令的争议中，就有此争议②。而文化产业领域的一些以文化合作协议形式存在的组织，常见的如成立的旨在促进文化产业或其中某一行业的发展而提供资金的组织，例如欧盟委员会成立的关于电影支持的基金 Eurimages③，乃至依据《文化多样性公约》成立的文化基金，均不符合上述的关税同盟或者自由贸易协议的例外情形。不论其是以双边协议或以政府间组织存在，都很难符合上述要求。这种情形从应然的法理上来说，有可能被第三国提起诉讼，因为这些原则仅赋予这些协议的成员方。④ 但是这仅仅是从理论上进行分析，从实践中看，设立各种类型的文化基金来促进文化产业的发展是普遍的做法，一国针对其他国家的这类做法提出这种质疑的可能性也很小。

第三节 文化产业服务贸易补贴

一、服务贸易补贴规范与文化产业

（一）GATS 第 15 条

1986 年 9 月，《埃斯特角城部长宣言》中将服务贸易列入乌拉圭回合谈判议程，从此拉开服务贸易多边谈判的序幕。乌拉圭回合历时八年，各成员方就服务贸易自由化达成一致，正式签署的《服务贸易总协定》于 1995 年 1 月 1 日起与世界贸易组织同时生效。但是，GATS 并未完成所有服务部门市场开放的谈判，并且其关于国内规章、安全措施、政府采购和补贴等措施成为服务贸易理事会的"内置议题（build-in agenda）"，待乌拉圭回合谈判之后再建立详细的规范内容。⑤

---

① GATT 第 24 条第 4 款指出，这种一体化形式不得在便利成员之间贸易的同时，增加其他缔约方与此类一体化组织之间的贸易壁垒。

② John David Donaldson, *Television Without Frontiers：The Continuing Tension Between Liberal Free Trade And European Cultural Integrity*, 20（1）*Fordham International Law Journal*, 112-113（1994）.

③ Eurimages 是欧洲理事会成立的文化支持基金，其成立于 1989 年，至今有 37 个成员，是部分协议（Partial Agreement），与欧盟的成员国并不相同。该基金通过为在欧洲制作的电影、动画片、纪录片的制作、发行和展览等提供财政支持来支持欧洲视听产业的发展，鼓励欧洲国家内的专家之间的合作。

④ Herold Anna, *European Public Film Support Within The WTO Framework*, 6 Iris Plus Legal Observations of the European Audiovisual Observatory 4（2003）.

⑤ Pierre Sauvé, *Completing the GATS Framework：Addressing Uruguay Round Leftover*, 57. Jahrgang, Heft III, Zürich：RüEgger, S. 301, 302-303（2002）, http：//www. cid. harvard. edu/cidtrade/Papers/Sauve/ sauvegats. pdf, visited 11 October, 2021.

1. GATS 中的补贴规定

由于《SCM 协定》属于《WTO 协议》附件 1A "货物贸易多边协议"项下的一个子协议，因而它仅适用于货物贸易领域，而不适用于服务贸易领域的补贴和反补贴救济规则。二者是两个平行的协定，互不干涉。[①]　因而，服务补贴问题应当适用 GATS 相关规则。

GATS 中明确提到补贴的条款只有一条，即第 15 条。[②]　该条第 1 款指出："成员承认在一定的经济状况下，补贴对于服务贸易有消极影响。"为了回应该项承认，也因为在乌拉圭回合最后阶段关于服务补贴规则未能达成一致，第 15 条第 1 款还声明："成员应当进入谈判程序来发展必需的多边规则从而防止这类贸易产生的扭曲作用。"据此，GATS 在对服务或服务提供者的补贴上并没有附加强制性的义务。其对补贴的特别义务仅仅体现在第 15 条第 2 款，是当一个成员"认为受到另一国家的补贴的不利影响"并要求和补贴方进行磋商的时候，补贴方应当"积极考虑"该项要求。

由此看出，GATS 关于补贴的规定实际上并未包括限制补贴的承诺，除了成员国承诺进行旨在发展必要的多边规则来避免补贴可能带来的扰乱贸易后果的谈判。然而，这是一个相当有限的义务。正如上诉机构和专家组在认定成员违背"友好诚信"义务时表现出的谨慎态度那样，他们极有可能在认定成员没有遵守 GATS 第 15 条第 2 款规定的请求协商的积极考虑义务方面表现出犹豫的审慎。因此，该条若不进行修改的话，在一个成员相信自己受到另一成员补贴的不利影响时，无论是在视听领域还是在其他服务领域，这项规定不可能起到太大作用。[③]

实际上，服务补贴为 WTO 成员所普遍使用。不少国家还对服务出口提供补贴，出口补贴的形式或适用于所有服务行业的出口，或给予特定服务。例如，文莱对所有的服务出口都给予优惠的税收待遇。[④]　关于视听产品的服务贸易补贴也很常见，在 1993 年乌拉圭回合接近尾声的时候，《关贸及贸易总协定》总干事 Peter Sutherland 发表声明来回应对于视听领域的辩论。Sutherland 强调，除了其他原因以外，《服务贸易总协定》"没有任何条款阻止政府对视听产业给予资金支持。很明显，多数本土电影制作依赖于政府的支持，并且这种情况还将持续"。

---

① 甘瑛：《WTO 补贴与反补贴法律与实践研究》，法律出版社 2009 年版，第 8 页。

② GATS 第 15 条　补贴

（1）各成员认识到，在某些情况下，补贴可对服务贸易产生扭曲作用。各成员应进行谈判，以期制定必要的多边规则，以避免此类贸易的扭曲作用。谈判还应处理反补贴程序适当性的问题。此类谈判应认识到补贴在发展中国家发展计划中的作用，并考虑到各成员特别是发展中成员在该领域需要灵活性。就此类谈判而言，各成员应就其向国内服务提供者提供的所有与服务贸易有关的补贴交换信息。

（2）任何成员如认为受到另一成员补贴的不利影响，则可请求与该成员就此事项进行磋商。对此类请求，应给予积极考虑。

③ Tania Voon, *Cultural Products and the World Trade Organization* 98 (Cambridge University Press 2007).

④ 张智勇：《自由贸易区的所得税问题研究：中国的视角》，载《中外法学》2015 年第 5 期，第 1249～1270 页。

2. GATS 补贴规则的谈判

有学者曾指出，成员自由补贴其视听产业的权利在目前尚未被挑战，这主要是因为 GATS 的谈判并没有如期取得进展。不能保证在这一轮谈判甚至是下一轮谈判中，能够建立有效的避免具有贸易限制影响的补贴的多边法律规则。[1]

GATS 第 15 条的注释说明 "未来的工作计划将决定如何以及在什么时间框架内，关于此内容的多边谈判将进行"。WTO 于 1995 年 1 月 1 日成立后，同年 3 月 30 日 GATS 规则工作小组 WPGR 在服务贸易总理事会下成立，第 15 条补贴谈判是其三大任务之一。1996 年 3 月 28 日，WPGR 第一次针对服务贸易补贴开始正式谈判，很多成员积极参加。然而，谈判的内容较为庞杂，谈判的根本问题没有理清，服务贸易补贴谈判非常艰难，实质进程缓慢。[2] 2001 年 3 月 28 日在服务贸易的特别小组会议上通过的 *Guidelines and Procedures for the Negotiations on Trade in Services* 说明 "成员需要设立目标以在关于特别承诺的谈判结束前完成……第 15 条款下的谈判"。[3] 然而，到目前为止，关于服务贸易的补贴仍在谈判中，但是尚未达成一致的意见，因此关于成员自由补贴其视听服务权利的法律规定尚未明确。

WTO 成员对视听服务补贴的情况，在关于服务补贴的报告中有所提及。WTO 秘书处根据成员提供的贸易审议中包含的补贴信息，作出有关服务贸易补贴的报告。尽管这些报告有一定的局限性，但是还是能够在一定程度上反映出一些问题。根据报告，在 1998 年的时候，试听服务业是其主要的补贴行业之一，并且是补贴最多的行业，其他行业是海运、旅游和银行。对视听产业的关注主要是欧盟、加拿大和挪威这些工业化国家。[4] 而依据 2015 年更新的服务贸易补贴报告，服务补贴不限于上述 4 种，而是增加到了 19 种。[5] 与文化产业相关的服务贸易补贴不只在视听服务，还包括在与旅游业相关的服务业、体育服务业，以及其他性质的服务业中，这些与文化产业的范围有交叉。另外，服务补贴亦呈现新的趋势，一是软件、ICT 相关、数据处理和电话服务中心服务补贴日益成为政府税收激励和特别经济区或自由经济区的资金支持的重点；二是在一些成员的自由经济区内，制造业日益融合服务业而呈现出一体化趋势，制造业因而能够享受服务补贴。[6]

---

[1]　Ivan Bernier, *Audiovisual Services Subsidies Within the Framework of the GATS：The Current Situation and Impact of Negotiations*, http：//www. diversite-culturelle. qc. ca/fileadmin/documents/pdf/update0308. pdf, visited August 22 2021.

[2]　关于 WPGR 谈判的内容和文件，详见 WTO 官网：https：//docs. wto. org/dol2fe/Pages/FE_Browse/FE_B_009. aspx？TopLevel＝8660#/，2021 年 9 月 10 日访问。

[3]　OMC, Report of the Working Group on GATS Rules Chairperson, doc. S/WPGR/10.

[4]　Working Party on GTAS Rules, Background Note By the Secretariat：Subsidies for Services Sectors Information Contained in WTO Trade Policy Reviews, S/WPGR/W/25, paras. 6-7.

[5]　Working Party on GATS Rules, Background Note by the Secretariat：Subsidies for Services Sectors Information Contained in WTO Trade Policy Reviews, S/WPGR/W/25/Add. 7/Rev. 1, para. 1. 1.

[6]　Working Party on GATS Rules, Background Note By The Secretariat：Subsidies for Services Sectors Information Contained in WTO Trade Policy Reviews, S/WPGR/W/25/Add. 7/Rev. 1, para. 3. 2.

（二）其他参考

1. 学理讨论

由上述分析可知，GATS 中关于补贴的具体规范实际上是缺失的，因而在服务贸易的文化产业补贴领域，尚无像货物贸易领域那样明确具体地界定补贴的定义，以及禁止性和可允许的补贴的规则。有学者在探讨国民待遇原则与文化产业补贴时，认为可以参考《SCM 协定》中的补贴规范，同时结合服务贸易的一些特点。① 假如依此观点，参考《SCM 协定》的规范对服务贸易领域的补贴进行界定，那么，欧盟的某些许可费，尽管被欧盟不认定为属于国家资助（state aid）的范围，由于《SCM 协定》补贴范围的广泛，也可能被认定为属于补贴的范围，需要受到补贴规则的规制。②

2. TISA 的最新发展

《服务贸易总协定》（Trade in Service Agreement，TISA）谈判由美国和澳大利亚发起。总体来看，同其他区域贸易协定类似，TISA 以 WTO 框架为基础进行谈判，在市场准入、国民待遇原则等方面规定了相对更高的义务，可以被称为 WTO-plus。另外，TISA 采取的是否定清单的模式，与 GTAS 相比，这在 TISA 中体现了相对更加严格的义务。尽管文本尚未公布，但是可以预见，TISA 会在服务贸易自由化基础上有所发展。据目前 TISA 谈判的部分内容判断，谈判会在补贴方面作出较高水平的规范。

二、GATS 国民待遇原则与文化产业补贴

（一）GATS 中文化产业服务领域的具体承诺

以视听服务为例，WTO 成员在视听服务领域作出了特别承诺的还是占少数。大部分成员是依据 CPC 分类表对视听服务的分类作出承诺，也有少数成员使用的是其本国和地区的部门界定。③ 依据联合国分类表④，视听服务领域包括：（1）电影和唱片的制作、发行（CPC 9611），包括促进或者广告服务（CPC96111）、电影和唱片的制作服务（CP96112）、电影和唱片的发行服务（CPC96113），以及其他与电话和唱片的制作、发行有关的服务（CPC96114）；（2）电影的放映服务（CPC9612），包括电影（CPC961121）和唱片的放映服务（CPC96122）；（3）广播和电视服务（CPC9613），包括广播服务、电视服务，以及结合的节目制作和广播服务；（4）广播和电视传输服务（CPC7524），包括电视节目的传输服务和广播的传输服务；（5）唱片录制（sound recording）；（6）其他。

---

① 黄如玉：《论〈文化创意产业发展法〉与服务贸易总协定之互动关系——以奖补助与租税优惠措施为主》，台湾政治大学 2011 年硕士学位论文，第 35 页。

② Christoph Beat Graber, *Audiovisual Media and the Law of the WTO*, in Christoph Beat Graber & Michael Girsberger & Mira Nenova（Hrsg.）, *Free Trade versus Cultural Diversity* 57-58（Schulthess：Zürich 2004）.

③ WTO, Council for Trade in Services, Background Note by The Secretariat On Audiovisual Services, S/C/W/40, para. 25.

④ 详见 MTN. GNS/W/120；UN Provisional Central Product Classification（CPC）, UN Statistical Papers, Series M, 795 No 77, Ver. 1. 1, E. 91. XVII. 7, 1991.

截至 2022 年 3 月，在此领域作出承诺的国家和地区有 40 个，其承诺的具体内容①详见表 4-1：

表 4-1　　　　　　　　　　　文化产业服务领域的特别承诺表

成员	2. D. a.	2. D. b.	2. D. c.	2. D. d.	2. D. e.	2. D. f.	总计
阿富汗	✓						1
亚美尼亚	✓	✓	✓		✓		4
佛得角	✓		✓		✓		3
柬埔寨	✓	✓					2
中非共和国	✓	✓	✓	✓	✓	✓	6
中国	✓	✓			✓		3
多米尼亚				✓		✓	2
萨尔瓦多				✓		✓	2
冈比亚	✓	✓	✓	✓			4
格鲁吉亚	✓	✓	✓		✓		4
中国香港	✓				✓	✓	3
印度	✓						1
以色列	✓						1
日本	✓	✓			✓		3
约旦	✓	✓	✓				3
哈萨克斯坦	✓	✓	✓				3
肯尼亚	✓	✓					2
韩国	✓				✓		2
吉尔吉斯斯坦	✓	✓	✓	✓	✓		5
莱索托	✓	✓	✓	✓			4
利比里亚	✓	✓					2
马拉西亚	✓			✓			2
墨西哥	✓	✓					2
新西兰	✓	✓	✓	✓		✓	5

---

①　资料来源于 http：//i-tip. wto. org/services/SearchResultGats. aspx。

续表

成员	2. D. a.	2. D. b.	2. D. c.	2. D. d.	2. D. e.	2. D. f.	总计
尼加拉瓜	✓	✓					2
阿曼	✓	✓					2
巴拿马	✓	✓	✓		✓		4
俄罗斯	✓	✓	✓				3
萨摩亚	✓	✓	✓		✓		4
沙特阿拉伯	✓		✓				2
塞舌尔	✓	✓					2
新加坡	✓				✓		2
中国台湾	✓	✓	✓		✓		4
塔吉克斯坦	✓	✓	✓				3
泰国	✓		✓				2
汤加	✓	✓	✓		✓		4
美国	✓	✓	✓	✓	✓	✓	6
瓦努阿图	✓						1
越南	✓	✓			✓		3
也门	✓				✓		2
总计	38	26	19	9	17	6	

说明：

02. D. a.　Motion Picture and Video Tape Production and Distribution（CPC9611）电影和录像的制作和分销

02. D. b.　Motion Picture Projection Service（CPC9612）电影放映服务

02. D. c.　Radio and Television Service（CPC9613）广播和电视服务

02. D. d.　Radio and Television Transmission Services（CPC7524）广播和电视传输服务

02. D. e.　Sound Recording 录音

02. D. f.　Other 其他

由表4-1可以看出在文化产业领域作出承诺的成员具有以下几个特点：

（1）从作出承诺成员的总体数量来看，与其他服务领域的国民待遇承诺相比，在视听服务领域作出承诺的成员数量较少。在乌拉圭回合谈判结束后，只有19个成员作出承诺；而截至2016年，数量增加为40个。尽管数量增加了一倍，与其他领域的服务承诺作对比仍然较少，例如，截至2021年1月旅游服务部门作出承诺的成员有132个。① 究其原因，主要是大部分成员基于视听产品的文化特殊性和高度的政治敏感性，并未作出太多的自由化贸易承诺。大部分成员在视听服务领域没有作出国民待遇承诺。在乌拉圭回合的

_____

① 具体内容参见 https：//www. wto. org/english/tratop _ e/serv _ e/tourism _ e/members _ tourism _ commitments. pdf。

谈判中无论是欧盟还是其成员均没有在视听产品领域作出承诺，加拿大等成员由于反对文化产品贸易的无限自由化，本着文化特殊性立场，未作出任何承诺。而对这些没有在视听领域作出承诺的成员，则不受国民待遇原则的规制。

（2）从作出承诺的成员的承诺内容来看，已作出承诺的部分成员也大多是在有限的范围内。①全部承诺。只有美国和中非共和国在视听服务领域的 6 项范围内作出了全面承诺。②部分承诺。大部分作出承诺的成员作出的承诺内容也有限。依据表 4-1，作出 5 项承诺的只有新西兰和吉尔吉斯斯坦；作出 4 项承诺的有中国台湾、巴拿马、冈比亚等 8 个成员；作出 3 项承诺的有日本、中国香港等 9 个成员；作出 2 项承诺的成员数量最多，有15 个，大部分是后加入的发展中国家和地区。

（3）从成员的经济实力来看，除了美国、日本、新西兰之外，作出承诺的成员大部分是发展中国家和地区。并且，1998—2016 年，新增作出视听服务承诺的成员大部分为发展中国家和地区。

（4）从子部门的具体承诺来看，对电影领域的相关服务作出的承诺多于广播电视等。

（二）GATS 中视听服务承诺的补贴保留

此外，关于文化产业补贴与 GATS 国民待遇原则问题，还应当考虑成员是否对补贴作出限制。据 WTO 报告，在 GATS 承诺表中最普遍的限制包括将国内补贴排除在国民待遇原则之外。① 而观察上述对视听产业作出承诺的成员，发现很多即使对视听产业或其子部门作出了承诺，但也在关于视听产业补贴的事项中作出了补贴项目仅给予其国民的限制。以美国为例，其在视听领域的特别承诺中也包括一项关于由国家 Endowment 艺术基金提供只给与美国国民和永居者的补贴的保留②。新西兰③对在其境内制作的电影的补贴做了同样的规定，以色列④对其国内电影的补贴亦是如此。中国在 GATS 承诺表的水平承诺中，明确在模式三下对视听领域国内服务提供者的补贴国民待遇原则作出保留。⑤

由上述分析可以看出，以主要文化产业补贴大国为对象考察其国民待遇原则的补贴限制，发现大部分国家都有关于补贴的国民待遇原则保留。在此情形下，对本国文化产业的补贴措施可以说并不违反 GATS 国民待遇原则的要求。

（三）FTAs 和 BITs 中的文化产业补贴例外

在一些 FTAs 和 BITs 中，服务贸易领域关于文化产业补贴的例外包括两类，一是将补贴排除在整个服务贸易规则之外；二是在非歧视原则中对补贴进行保留。

1. 服务贸易规则的补贴例外

这种方式将补贴排除在服务贸易规则的整体之外，补贴的规则不受服务贸易规则的制

---

① Audiovisual Services Background Note by the Secretariat，S/C/W/40，para. 29.
② GATS/SC/90，p. 46.
③ GATS/SC/62，p. 13.
④ GATS/SC/44，p. 9.
⑤ The People's Republic of China：Schedule of Specific Commitments，GATS/SC/135，p. 2.

约。目前采取这种方式的有：美国和新加坡自由贸易协定第 8 条第 3 款①将补贴排除在服务贸易规则之外。美国和新加坡的双边投资协定第 15 条第 4 款和第 9 款②将补贴和政府采购排除在国民待遇原则和最惠国原则之外。美国和澳大利亚自由贸易协定第 10 条第 4 款将补贴规则排除在服务贸易之外。

中国—东盟自贸区服务协议和投资协议都将补贴排除在外。中国—东盟自由贸易区《服务贸易协议》第 14 条第 1 款规定："服务贸易协议并不适用于中国—东盟自由贸易区成员的补贴，即使补贴只给予国内服务、服务消费者和服务提供者。"

2. 非歧视原则的补贴例外

美国与智利 FTA 第二附件中智利部分第 5 项专门规定了对文化产业投资和跨境服务的最惠国待遇进行保留，明确政府提供的促进文化活动的补贴项目不受本协议限制或约束③，并且还对"文化产业"进行了界定，内容与 USCFTA 一致。

美国与澳大利亚 FTA 中附件二澳大利亚部分第 5 项规定的是广播和视听服务、广告服务、表演服务的跨境服务和投资贸易，明确保留其对文化活动投资获得补贴和资助资格的本地或者生产要求。④

此外，在数字文化产品领域，TPP 第 14 条第 4 款"数字产品的非歧视待遇"中规定："各缔约方理解，本条不适用于缔约方提供的补贴或赠款，包括政府支持的贷款、担保和保险。"因此，数字文化产品的补贴问题不必适用于 TPP 中国民待遇原则和最惠国待遇原则。

三、GATS 最惠国待遇原则与文化产业补贴

（一）GATS 中视听领域的最惠国待遇豁免

GATS 第 2 条的最惠国待遇在某种程度上也限制明显地赋予成员补贴其视听服务业的自由，即使该条没有明确提到补贴。依据第 2 条第 2 款，一成员可以实施不符合义务的措

---

① This Chapter does not apply to：

（b）government procurement；

（d）subsidies or grants provided by a Party, including government-supported loans, guarantees and insurance.

② Articles 15. 4 and 15. 9 do not apply to：

（a）government procurement； or

（b）subsidies or grants provided by a Party, including government-supported loans, guarantees, and insurance.

③ "Chile reserves the right to adopt or maintain any measure that accords differential treatment to countries under any existing or future bilateral or multilateral international agreement with respect to cultural industries, such as audiovisual cooperation agreements. For greater certainty, government supported subsidy programs for the promotion of cultural activities are not subject to the limitations or obligations of this Agreement. "

④ 其第 5 项规定："……（g）Subsidies or grants

Subsidies or grants for investment in Australian cultural activity where eligibility for the subsidy or grant is subject to local content or production requirements. "

施，只要这一措施被列在第 2 条例外之中并且符合其条件。这一附件只适用于检验在加入该协议之前的例外，在加入《WTO 协议》之后的新的例外是由第 IX 条规定的，只要 3/4 的成员同意，允许成员排除其义务。

在最惠国待遇的豁免事项中，视听服务领域尤为特殊。这一领域以有相当数量的成员作出最惠国待遇的豁免为重要特征。① 视听服务领域的最惠国待遇原则例外也是数量最多的，这些为数众多的例外常被成员以保护本国文化政策目标而合理化。②

就主体来看，现已有 58 个国家作出了专门针对视听服务的最惠国待遇豁免③；此外还有 8 个国家在所有的服务领域都作出了豁免④，视听服务领域也包含在内。

就豁免的内容来看，这些豁免大多包含电影或电视制作的合作协议，尤其是在赋予获得财政支持、税收减免的资格以及简化自然人进入的程序方面的国民待遇。⑤ 这些协议主要是基于一国或地区性的文化保护所达成的，通过为签署者提供在电影电视领域的现有国内补贴项目，明确地与最惠国待遇不相符合。

从对豁免的时间要求来看，对于允许超过 5 年的例外必须在《WTO 协议》生效后至少 5 年内被审视。此外重要的是，作出如此广泛的保留，尤其是那些具有一定时间限制的，是否与 GATS 第 2 条第 2 款以及议定书例外的第 2 条相符合是有争议的，附件说明"原则上"一成员依据第 2 条第 1 款享有的最惠国待遇义务的例外不得超过 10 年。也就是说，严格说来最惠国待遇的豁免的例外于 2004 年过期。在 2003 年的时候，欧盟曾有学者关注过例外由于 10 年的期限届满可能产生的视听领域的补贴与 GATS 不相符的这一问题。当时作者的结论是，不论这一广泛的视听产品对于 GATS 的例外该如何评价，至少在当时的阶段，对欧盟电影服务以及相关人员的支持和财政补助与国际贸易法是相符合的。⑥ 这

---

① Audiovisual Services Background Note by the Secretariat, WTO, S/C/W/40, para. 31.

② Audiovisual Services Background Note by the Secretariat, S/C/W/310, para. 69.

③ 这些国家包括：阿富汗、阿尔巴尼亚、亚美尼亚、澳大利亚、奥地利、玻利维亚、巴西、文莱、保加利亚、柬埔寨、加拿大、佛得角、智利、哥伦比亚、克罗地亚、古巴、塞浦路斯、捷克、厄瓜多尔、埃及、爱沙尼亚、欧盟、芬兰、格鲁吉亚、匈牙利、冰岛、印度、以色列、约旦、哈萨克斯坦、老挝、拉脱维亚、列支敦士登、立陶宛、摩尔多瓦、黑山、尼泊尔、新西兰、挪威、巴拿马、波兰、俄罗斯、萨摩亚、塞舌尔、新加坡、斯洛伐克、斯洛文尼亚、瑞典、瑞士、塔吉克斯坦、马其顿、汤加、突尼斯、乌克兰、美国、委内瑞拉、越南、也门。数据统计截止日期是 2022 年 3 月。此外，根据 1998 年 WTO 秘书处关于视听服务做的说明，当时有 33 个国家专门针对视听服务行业作出了最惠国待遇的豁免（详见 Audiovisual Services Background Note by the Secretariat, S/C/W/40, para. 31）约占当时成员国数量的 1/3。而据笔者大致统计，2008 年之后加入 WTO 的国家有 29 个，可见，这些新加入的国家基本上大部分都对视听服务产业作出了最惠国待遇的豁免声明，而中国是少数几个没有作出豁免的国家之一。这值得我们思考。

④ 在服务贸易领域作出了最惠国待遇原则整体上的豁免成员有萨尔瓦多、马来西亚、秘鲁、菲律宾、塞拉利昂、泰国、土耳其、阿联酋。Audiovisual Services Background Note by the Secretariat, S/C/W/40, para. 31.

⑤ Audiovisual Services Background Note by the Secretariat, S/C/W/40, para. 31.

⑥ Herold Anna, *European Public Film Support Within The WTO Framework*, 6 Iris Plus Legal Observations of the European Audiovisual Observatory 4（2003）.

一规定不可避免地具有模糊性，尽管第 2 条例外暂时明确规定在附件中，但其超过是 10 年被视为是不可避免的。然而从现有实践中可以看出，尽管这一条最惠国待遇原则例外是有期限的，在期限过后视听服务领域的补贴依旧存在。随着谈判的深入，目前期限已过但事实上该条继续起作用，正如有学者指出："有趣的是，有关地区合作协议的例外经常被视为具有不确定的期限，好像十年的规定不存在似的。"①

此外，这些例外一般被解释为在 WTO 生效之前和之后的协议均包含在内，导致作出例外保留的成员在尽管有时间限制的情况下继续签订新的合作协议。② 然而，在何种程度上的发展在目前 GATS 框架下能够被质疑尚待证明。对于那些没有将例外适用于有关合作协议的 WTO 成员来说，它们不再有选择能够签订那样的协议。③

（二）WTO 中视听服务最惠国待遇原则的实践

在 WTO 争端解决机制中，1998 年欧盟与加拿大之间关于电影发行服务的争议（Canada-Measures Affecting Film Distribution Services）④ 是文化贸易领域与 GATS 最惠国待遇原则有关的案件。该案涉及 1987 年加拿大关于电影发行的政策决议，这些决议规定了影响加拿大的电影发行服务的措施，这些措施也对美国的发行商以较其他 WTO 成员更优惠的待遇产生了影响。美国电影发行商被允许在加拿大发行电影，而欧盟电影商作为新兴者，不享有这些权利。欧盟认为这些措施使得欧洲公司在加拿大市场上的待遇低于美国同类竞争公司，违反了 GATS 第 2 条和第 3 条的规定，因此于 1998 年 1 月 20 日向加拿大提出就此进行磋商的要求。因为加拿大在 GATS 的附件中没有在电影发行服务方面列举最惠国待遇豁免，所以加拿大的这一行为应受到 GATS 第 2 条第 1 款最惠国待遇等原则规制。但是讽刺的是，该案的磋商最终由于提起诉讼的欧盟公司被加拿大公司收购，以欧洲方面撤诉而中止。由于该案没有成立专家组，因而无法作为将来争端解决机构裁决同类案件的基础。然而，该案可以证明 GATS 最惠国待遇原则在电影领域的适用性。这不意味着 GATS 框架中文化目标不能得以实现，成员可以尝试援引国民待遇原则的一般例外，来解释文化的特殊性。

如果该案发生在对视听服务领域作出最惠国待遇豁免的国家（地区），案件会有所不同，可能很难成立对 GATS 的违反。以欧盟为例，依据 GATS 第 5 条提出了很多关于欧盟成员国与第三国签订的视听产品协议的最惠国待遇例外。

① Ivan Bernier, Audiovisual Services Subsidies Within the Framework of the GATS: The Current Situation and Impact of Negotiations, http：//www. diversite-culturelle. qc. ca/fileadmin/documents/pdf/update0308. pdf, visited on 11 October, 2021.

② For the European Community（GATS/EL/31）, for Chile（GATS/EL/18）and for the Czech Republic（GATS/EL/26）.

③ Ivan Bernier, Audiovisual Services Subsidies Within the Framework of the GATS: The Current Situation and Impact of Negotiations, http：//www. diversite-culturelle. qc. ca/fileadmin/documents/pdf/update0308. pdf, visited on 11 October, 2021.

④ Canada-Measures Affecting Film Distribution Services, complaint by the European Communities, WT/DS117/1.

这也许是由补贴的复杂性问题导致的，还可能是由于 GATS 中缺乏有约束力的措施导致的。但是这一问题值得仔细思考，因为 GATS 的普遍目标是服务贸易领域的自由化①。将视听领域整体作为 GATS 的例外长远来看，从美国出口利益的角度来说越来越难以得到支持，而且在跨区域的贸易谈判中越来越有压力。②

第四节　文化产业合法补贴的条件

由于补贴规则与国际贸易领域的一般原则和补贴规则息息相关，因此本章前两节重点论述了上述问题。而本节的内容不仅包括对上述问题的总结，还包括对《文化多样性公约》和国际人权法领域中规定的文化产业合法补贴的条件进行的分析。

一、符合《文化多样性公约》规定的文化产业补贴

如前述分析可知，《文化多样性公约》第 6 条第 1 款赋予了成员实施"保护和促进文化表达多样性的措施"的权利，第 6 条第 2 款进行了列举，其中明确地包括"公共财政资助"的文化政策措施形式。

尽管《文化多样性公约》没有直接具体规定符合公约要求的"财政资助"措施的条件，然而，从公约第 4 条第 6 款"文化政策措施"的定义和第 6 条第 1 款赋予成员权利的内容中还是可以总结出符合公约要求的补贴的限制条件。

（一）符合《文化多样性公约》的文化产业补贴的条件

概括而言，符合公约要求的文化产业补贴在补贴的对象、主体、目标等方面需要满足一定的条件。

1. 补贴的对象

就文化产业补贴的对象来说，根据《文化多样性公约》第 4 条第 6 款对"文化政策措施"的解释，包括与创作、生产、传播、销售和享有文化活动、产品与服务相关的政策措施。由此可以看出，依据公约，可以实施的文化政策措施的对象比较宽泛，包括文化活动、文化货物与服务等。因此，文化产业实施补贴的对象包括文化活动、文化货物与服务。

2. 补贴的实施主体

就实施的主体来说，根据公约第 4 条第 6 款对"文化政策措施"的界定，对文化产业的补贴由地方政府、国家、区域或者国际层面均可以实施。

3. 补贴的实质要求

就文化产业补贴的目标来说，符合公约规定标准的财政支持措施必须是直接基于文化目的而作出的，即"针对文化本身或为了文化表现形式产生直接影响"，并且"旨在促进

---

① 参见 GATS 第四部分。

② Communication from the United States, 18 December 2000, S/CSS/W/21.

文化表达多样性"。这是公约规定的实质性条件。这一点在公约中多次进行了强调,例如第 1 条第 8 款规定公约的目标之一是重申成员方在其境内有实施文化政策措施的权利,其限定是这些政策措施是旨在保护和促进文化表现形式多样性的;第 4 条第 6 款对"文化政策措施"中规定的是那些针对文化本身或为了对个人、群体或社会的文化表现形式产生直接影响的措施。第 6 条规定的成员方在其境内的权利时,亦强调了其目的是保护和促进文化表现形式的多样性。

此外,除了《文化多样性公约》第 6 条第 2 款 d 项直接涉及补贴措施之外,一些其他的情形也可能与补贴有关。例如,对电影学院和戏剧学校的结构性补贴,可以被认为属于公约第 6 条第 2 款 b 项规定的"为国内文化活动、货物或服务提供机会的措施"。又如,为国内文化产品的数字化传播而进行的门户网站建设,可能被认为符合公约第 6 条第 2 款 c 项规定"旨在为国内独立的文化产业和非正规产业部门的文化活动提供有效地进行文化活动、产品与服务的生产、传播和销售所采取的措施"的内容。而从贸易法的角度进行分析,在这种情况下要面对的问题不是这一措施是否属于国家援助,而是这一基础设施的补贴是否只保留给国内产品或者国内生产者。①

从上述分析可以看出,《文化多样性公约》赋予成员采取一种相对宽泛的文化补贴的权利,不论这些补贴是给予货物还是服务,给予商品还是生产者,给予国内的还是国外的文化产品,其实质要求是补贴符合"直接文化影响"这一标准。②

(二) 对"直接文化影响"标准的分析

所谓"直接文化影响"标准,具体来说包括两项要求:一是一项措施必须与文化内容有关;二是该项措施造成一定的文化影响,这一影响必须是该措施的主要目标,而不能是附带影响。实践中如何认定《文化多样性公约》的"直接文化影响",其实也充满了不确定性。例如,有学者认为,欧盟的"媒体计划",由于其为相关产业的制作发展、发行服务、推广和节目组织等提供结构性资金等支持,目的是提高电影产业的竞争力,尽管欧盟的知识经济可能因此而得益,但是该补贴计划实施的主要目标是促进欧盟及其成员国国内的文化表达,因此可以受到《文化多样性公约》的保护。而加拿大对其国内制作的视听产品实施的税收优惠政策,例如影视服务税收优惠法案,其税收优惠的力度是基于加拿大劳动力的投入因素所决定的。③ 这一措施在实施效果上的确极大地促进了加拿大电影产业的发展,基于地缘的接近,有相当一部分美国电影公司被这一政策所吸引从而在加拿大境内拍摄电影,例如《断背山》《独立日》等著名电影都是在加拿大境内拍摄完成的。类

---

① Dirk Pulkowski, *The Law and Politics of International Regime Conflict* 162 (Oxford University Press 2014).

② Dirk Pulkowski, *The Law and Politics of International Regime Conflict* 161 (Oxford University Press 2014).

③ *Canadian Audiovisual Certification Office*, *Film or Video Production Services Tax Credit* (PSTC), http://www.pch.gc.ca/eng/1268740529145; Vssited on 28 June 2022; C. Wright, *Hollywood's Disappearing Act: International Trade Remedies to Bring Hollywood Home*, 39 (3) Akron Law Review 739 (2006).

似的对电影产业的税收优惠措施在澳大利亚、南非、爱尔兰、英国以及美国的大部分州都存在。① 然而，Drik 认为这一类措施对待国内外的公司都一视同仁，并且缺乏加拿大文化的内容；而且该措施的要求是以雇佣加拿大的劳工为条件，其主要目标是促进第二产业和第三产业的就业，对加拿大视听产业环境的改善只能说是其附带的影响而已，因此该税收优惠措施不能被认定为属于《文化多样性公约》规定的文化政策措施。② Drik 认为，电子游戏等互动娱乐产业，也属于文化与经济之间的灰色地带。一方面，很难将互动娱乐产业排除在"文化"范围之外，毕竟电子游戏"构成了具有说服力和影响力的叙事艺术"，这一形式具有与传统叙事形式相同的特征。基于此，华盛顿博物馆进行过以"电子游戏的艺术"为主题的展览。③ 但是另一方面，如果《文化多样性公约》要保持其稳定性，必须制止那种将商业产品包括在文化保护范围之内的行为。政府应当积极鼓励创意，但是不能以文化为名、实则对为其追求经济保护而合理化。④

根据《文化多样性公约》第 4 条第 2 款，"文化内容"系指那些源于文化特征或表现文化特征的象征意义、艺术特色和文化价值。依据 UNESCO 的报告，符合公约要求的文化内容需要与身份认同有关，即"享有共同的价值、信仰和行为方式"⑤。此外，借助知识产权领域中对表现形式的认定，公约所保护的对象在表现形式上也有要求，即需要将那些价值、信仰和行为方式创造性地转变成具有象征性或者艺术性意义的表现方式。最典型的例子是视听产品（货物和服务）、图书或者是现场表演；而对期刊和报纸的文化内容不能一概而论，需要在个案分析的基础上进行认定。⑥ 对于食物和烹饪等，尽管可能在广义上具有文化性，但正是由于缺乏这种具有文化意义的表现方式，食物、地理标志等不属于《文化多样性公约》所要保护的文化。⑦

二、符合 WTO 规则的文化产业补贴条件

与《文化多样性公约》不同，WTO 仅给予某一类型的补贴措施以"绿灯"。有学者

---

① I. Bernier, *Trade and Culture*, in P. F. J. Macrory, A. E. Appleton & M. G. Plummer, *World Trade Organization: Legal*, 2 *Economic and Political Analysis* 747, 762 (2005).

② Dirk Pulkowski, *The Law and Politics of International Regime Conflict* 165 (Oxford University Press 2014).

③ *Smithsonian American Art Museum*, *Announcement*, http://www.americanart.si.edu/exhibitions/archive/2012/games/, The exhibition was held from 16 March 2012 to 30 September 2012.

④ Dirk Pulkowski, *The Law and Politics of International Regime Conflict* 166 (Oxford University Press 2014).

⑤ UNESCO, World Culture Report: Culture, Creativity and Markets (1998) 22.

⑥ Dirk Pulkowski, *The Law and Politics of International Regime Conflict* 163 (Oxford University Press 2014).

⑦ Tomer Broude, *Taking "Trade and Culture" Seriously: Geographical Indications and Cultural Protection in WTO Law*, 26 (4) University of Pennsylvansa Journal of International Economic Law 623 (2005).

提出，文化产业补贴是符合GATT的一种文化保护政策措施,① 也有学者对此提出了质疑。②

根据前述分析，本书认为，符合 WTO 规则的补贴是需要具备一定条件的，笼统地认为对文化产品的补贴是符合 WTO 规则说法可能是不准确的。由于历史的原因，WTO 体制内货物贸易规则和服务贸易规则的差别较大，货物贸易领域的自由化程度较高。总体来说，在 GATT 中，需符合国民待遇原则第 3 条第 8 款例外的条件和《SCM 协定》的条件；在 GATS 中，虽然缺乏如货物贸易领域那样明确的补贴规则，但是应当符合一国在 GATS 中关于国民待遇和市场准入的承诺，以及考察是否作出了有关文化产品补贴的最惠国待遇豁免的例外。

首先需要说明的是，基于文化产业外延的广泛性，在一些国家可能将具有公益性的文化遗产以及公共文化服务提供场所等包括在其中，那么对待这一部分的补贴，很难说是否符合条件。这里论述的补贴指的是可能进入国际贸易领域的文化产品的补贴的条件。

具体来说，在货物贸易领域，符合 WTO 规则要求的文化产业补贴需要的是非禁止性补贴，即不能以出口补贴和进口替代补贴的形式进行文化产业补贴。从实际来说，文化产业领域的补贴构成出口补贴和进口替代补贴的情况可能较少，大部分补贴都是以可诉性补贴的形式存在。从目前的情况来看，实际上除禁止性补贴外，只要国内补贴具有专向性，则都为可诉性补贴。③ 专向性补贴或者受到禁止或者受到限制，非专向性补贴则被纳入"不可诉性补贴"范畴。④ 可诉性补贴需要起诉方证明补贴实施成员方造成"不利影响"，考虑到文化产业领域补贴的普遍性，提出这种诉讼的可能性很小。因此，不必扮演"WTO 模范生"的角色，严格遵照《SCM 协定》的要求对可诉性补贴进行全面清理，只需要注意其不属于禁止性补贴即可。

此外，依据 GATT 国民待遇原则的要求和 DSB 实践，GATT 第 3 条第 8 款（b）项为成员通过直接补贴的方式补贴其国内文化产业提供了灵活性，前提是这项支付满足必须含有一项政府开支等相关需求。而对文化产业的税收优惠由于不涉及政府收入的支出而被要求必须符合国民待遇原则，不能享有例外。因此，一国政府以直接补贴的形式仅仅给予其国内文化产业生产者的补贴，尽管可能对外国同等的生产者造成歧视，但是由于其符合国民待遇原则的例外而被免责；而对其国内文化产业的税收减免等优惠措施，也需要符合国民待遇原则，不能对国内文化产品实施更优惠的税收措施而且造成对外国同类产品

---

① 　Daniel Schwanen, *A Matter of Choice*: *Towards a More Creative Canadian Policy on Culture*, 91 C. D. Howe Institute Commentary 1, 20-21（1997）; Trevor Knight, *The Dual Nature of Cultural Products*: *An Analysis of the WTO's Decisions Regarding Canadian Periodicals*, 57（2）University of Toronto Faculty of Law Review 165（1999）; Tania Voon, Cultural Products and the World Trade Organization 218-219（Cambridge University Press 2007）; 郭玉军、李华成：《国际文化产业财政资助法律制度及其对中国的启示》，载《河南财经政法学院学报》2013 年第 1 期，第 53 页。

② 　Chi Carmody, *When "Cultural Identity Was Not At Issue"*: *Thinking About Canada-Certain Measures Concerning Periodicals*, 30（2）Law and Policy in International Bussness 305（1999）.

③ 　单一：《WTO 框架下补贴与反补贴法律制度与实务》，法律出版社 2009 年版，第 150 页。

④ 　甘瑛：《WTO 补贴与反补贴法律与实践研究》，法律出版社 2009 年版，第 24 页。

的歧视。

在服务贸易领域，由于 GATS 中缺乏《SCM 协定》中那样严格的补贴规则，因此符合 WTO 要求的补贴需要审视各个成员的国民待遇原则承诺，以及最惠国待遇原则豁免。如前所述，在视听服务领域，作出国民待遇承诺的成员数量较少，而又有相当一部分成员作出了最惠国待遇原则的豁免。即使对视听领域作出了国民待遇承诺的成员，也普遍将国内补贴排除在国民待遇原则之外。因此，服务贸易领域的文化产业补贴纪律相对宽松，成员享有较大的自主权。

三、符合人权法要求的文化产业补贴

如前所述，《经济、社会及文化权利国际公约》中的相关规定对文化产业补贴具有一定的间接规范作用。公约赋予缔约国采取"一切适当方法"促进"公民文化参与"。"一切适当方法"包括公共资助的方法，而文化产业中的核心文化产业部门以及包括媒体在内的门类是"公民文化参与"的重要组成部分。那么，符合公约要求的补贴应当具备什么条件，这需要通过公约的规定予以明确。

（一）补贴是促进公民文化参与的重要方法

根据经济、社会、文化权利委员会的报告，其中对文化活动的财政促进和支持措施在某种程度上应当符合公约第 15 条规定的义务。委员会认为，公约缔约国有义务采取"旨在促进能够享有这份自由的各项措施，包括为了创意活动的创造所必需的条件和便利"。[1] 其中，国家的财政资助对公民文化参与具有重要的作用，这是不言而喻的。没有财政支持，社会中的一些成员或者是一些处于不利地位的成员，例如少数民族、原住民群体等，可能就没有充分的机会表达和传播其独特性的文化。[2]

（二）表达自由是公约对补贴的限制条件

与此同时，委员会还指出，成员国应当限制对"艺术创作和表现形式的自由，包括对这些活动予以宣传的自由"的干预。[3] 公民的文化参与并不只是公民的消极消费，《经济、社会及文化权利国际公约》第 15 条第 3 款规定了"成员国应当尊重创造性活动必不可少的自由"，《公民权利和政治权利国际公约》第 19 条第 2 款也规定了成员国保障表达自由的义务。艺术表达自由当然被包括在内。因此，一国对文化产业可能采取的补贴措施应当具有一定的范围限制。这要求成员国在进行文化产业补贴的实质要求和条件上，基于

---

① Committee on Economic, Social and Cultural Rights, Revised Guidelines regarding the Form and Content of Reports to Be Submitted by States Parties under Article 16 and 17 of the International Covenant on Economic, Social and Cultural Rights, Report on the Fifth Session, E/1991/23; E/C. 12/1990/8, 1990, p. 109.

② Dirk Pulkowski, *The Law And Politics of International Regime Conflict* 175 (Oxford University Press 2014).

③ Committee on Economic, Social and Cultural Rights, Revised Guidelines regarding the Form and Content of Reports to Be Submitted by States Parties under Article 16 and 17 of the International Covenant on Economic, Social and Cultural Rights, Report on the Fifth Session, E/1991/23; E/C. 12/1990/8, 1990, p. 108.

相对客观的、能证实的标准进行。那种具有实质性政府干预内容的补贴标准有可能违反表达自由的要求，因此是有问题的。例如，澳大利亚政府建议一项电影放映计划的"澳洲内容"依据的标准是"澳大利亚的身份认同、特征和文化"①；而澳大利亚《电影发展戏剧基金指导守则》中要求的具有"澳洲内容"的标准是依据一系列的形式和实质条件，例如创意制作者和版权所有者的国籍等因素。② 有学者认为，后者的标准要求就比前者更加客观中立，国家干预的内容更少。③

总体言之，依据《经济、社会及文化权利国际公约》，政府应当有尽最大努力的义务为文化性的创造建立基础设施，并应当提供合适的财政资助；与此同时，也要注意不能干预文化活动的开展和组织。④ 不遵循这一标准的文化补贴将不被允许。

（三）小结

本章讨论了文化产业合法补贴在贸易法、文化法和人权法领域所应当具备的条件。

在文化法视域下，《文化多样性公约》赋予了成员采取一种相对宽泛的文化补贴的权利，从公约上下文的内容来看，其对文化产业补贴限定的合法条件是"直接文化影响"标准，而不论这些补贴是给予货物还是服务，给予商品还是生产者，给予国内的还是国外的文化产品。⑤

在贸易法视域下，文化产业补贴的认定、类型及合法的条件问题是所要解决的核心问题。对于文化产业合法补贴的条件，不能一概而论，应当做三个层面的区分：首先，货物规则和服务规则的区分——在 GATT 中，需符合国民待遇原则第 3 条第 8 款例外的条件和《SCM 协定》的条件；在 GATS 中，虽然缺乏如货物贸易领域那样明确的补贴规则，但是应当符合一国在 GATS 中关于国民待遇和市场准入的承诺，以及考察是否作出了有关文化产品补贴的最惠国待遇豁免的例外。其次，直接形式的补贴与间接形式的补贴的区分——基于 WTO 争端解决机构对 GATT 第 3 条第 8 款（b）项的阐释，仅包括涉及"政府的支出"的情形，故此，以直接补贴的形式仅仅给予其国内文化产业生产者的补贴，尽管可能对外国同等的生产者造成歧视，可以基于该条的规定而被免责；以间接形式进行的税收减免等优惠措施，则需要符合国民待遇原则，不能对国内文化产品实施更优惠的税收措施

---

① Project Blue Sky v. Australian Broadcasting Authority, Decision of the High Court of Australia, [1998] HCA 28, S41/1997.

② Australian Film Commission, Film Development Drama Funding Guidelines 2007/08, 8. What constitutes "Australian" programmes is determined according to a mix of formal and substanive criteria: nationality of the principal creative positions; nationality of the copyright holders; content and location of the story; likely sources of production; likely location for the production and post-production of the project.

③ Dirk Pulkowski, *The Law And Politics of International Regime Conflict* 175 (Oxford University Press 2014).

④ The Recommendation on Participation by the People at Large in Cultural Life and Their Contribution to It, note 130, para. 4 (b) (p).

⑤ Dirk Pulkowski, *The Law And Politics of International Regime Conflict* 161 (Oxford University Press 2014).

而造成对外国同类产品的歧视。再次，还应当结合对文化产业范围的梳理，对不同门类的文化产业补贴予以分情况讨论。如文化产业外延广泛，在一些国家可能将具有公益性的文化遗产以及公共文化服务提供场所等包括在其中，那么对待这一部分门类进行的补贴，很难说是符合 WTO 规则的。因此，贸易法领域论述的文化产业补贴的合法条件针对的是本章归纳的第二类补贴门类，它们的"文化—经济"双重属性表现得最为明显，并且大量进入国际文化产品贸易领域。

在人权法视野下，《经济、社会及文化权利国际公约》和《公民权利和政治权利国际公约》中的相关规定对文化产业补贴具有一定的间接规范作用。公约赋予缔约国采取"一切适当方法"促进"公民文化参与"。"一切适当方法"包括公共资助的方法，而文化产业中的核心文化产业部门以及包括媒体在内的门类是"公民文化参与"的重要组成部分。依据《经济、社会及文化权利国际公约》第 15 条第 3 款和《公民权利和政治权利国际公约》第 19 条第 2 款规定的成员国保障公民表达自由的义务。这一表达自由要求对一国对文化产业补贴措施提出了限制，具体而言，一国在实施文化产业补贴措施时，应当基于相对客观、公正的标准进行，不得通过该措施间接干预公民的表达自由。

可见，文化产业补贴规则涉及的法律问题层次多、范围广、内容庞杂，就法律渊源而言，包括国际公约、多边规范、双边规范等国际法渊源，以及国内法渊源。就内容而言，包括文化法领域的规则、贸易法领域的规则、人权法领域的规则、财税法领域的规则。就问题而言，既有国际法领域的问题，也有各国财税法和文化产业立法中有关补贴的问题；既有旧有体制中难以定论的问题，又涉及新兴规则中的最新发展问题。就我国而言，《文化产业促进法（草案送审稿）》第 17 条、第 65 条、第 67 条均涉及文化产业补贴规则。这三条规定了基金、财政扶持和税收扶持措施，从宏观上表明了我国对文化产业予以财政支持的态度。同时，这三条规定兼具灵活性，为我国今后其他立法制定具体的配套措施奠定了基础。《文化产业促进法（草案送审稿）》中的这三条内容属于原则性规定，不涉及具体措施。从国际法相符性的角度来看，目前的规定符合我国加入的国际公约义务。但是在今后的相关具体立法中仍需注意严格遵循本章总结出的具体条件，以免引起不必要的纠纷。

第五章 文化产业税收优惠法律问题

税收优惠是重要的产业促进手段，该手段对尚处于发展初期的文化产业更为重要。法理上，给予文化产业适度税收优惠属于主权国家行政管理的范畴，同时，该措施也在一定程度上契合《经济、社会及文化权利国际公约》《文化多样性公约》等国际公约的精神。实践中，即使在文化产业比较发达的欧美国家，税收优惠也被长期广泛采用，并分门别类建立了对特定文化产业、特定文化产品、特定文化人员的文化产业税收优惠体系。当然，税收优惠作为国家产业扶持的具体手段，也需要对其予以规范，关于文化产业税收优惠对象、优惠范围、优惠程度、优惠期限等问题也必须符合 WTO 等相关国际法的要求。

第一节 文化产业税收优惠的合法性问题

当今世界文化发展呈现出多样化的态势，文化软实力成为衡量一国综合国力的重要组成部分，引起了越来越多国家的重视。文化产业作为一个新兴的战略产业，各国通过顶层设计、财政扶持多举齐下促进其发展，而税收优惠作为最为常见的财政扶持措施，对文化产业的发展起到了举足轻重的作用。税收优惠在国际上也是促进文化产业发展的通行做法。例如，美国的利亚桑拿州、阿肯色州、夏威夷州、纽约州和弗吉尼亚州等都对视听产业中的电影业提供多种税收优惠。然而，各国政府对其国内文化产业所实施的税收优惠政策是否具备合法性，是值得我们考量的重要理论问题。

一、文化产业税收优惠概述

（一）税收优惠的概念

税收优惠是指国家在税收方面给予纳税人和征税对象的各种优待的总称，是政府按照预定目的通过税收制度来减轻或免除纳税义务人税收负担的一种形式。[①] 国家在税法中作出某些特殊规定，比如免除某些地区、企业或行业应缴纳的全部或部分税款，或者按照其缴纳税款的一定比例予以返还等方式来减轻其税收负担，从而达到扶持某些特定地区、行业、企业的发展或者照顾某些具有实际困难的纳税人的目的。

从狭义层面看，税收优惠主要是指减税、免税、出口退税以及优惠税率；而广义上的税收优惠还包括先征后返、税额抵扣、税收抵免、税收饶让、加速折旧、税项扣除、投资抵免、亏损弥补等其他实际减轻纳税人和征税对象税收负担的鼓励性和照顾性规定。随着

---

① 参见伍舫：《中国税收优惠指南》，中国税务出版社 2001 年版，第 38 页。

经济的发展以及税收理论研究与实践经验总结的不断深入,人们更加倾向从广义的角度认定税收优惠政策,以下关于税收优惠的论述主要采取广义理解。

(二) 税收优惠的形式

税收优惠具体而言有以下三种形式:一是税率式优惠,税率式优惠也就是人们通常所说的差别税率,即对某些纳税人或征税对象实际采取的征税税率低于某一税种的基本税率,从而达到激励和照顾的目的,如低税率、零税率等。二是税基式优惠,税基式优惠是指通过直接缩小计税依据的方式来实现减税、免税的优惠方式,如项目扣除、跨期结转、提取特定准备金等税前扣除方式。三是税额式优惠,税额式优惠是指对纳税人的应纳税额直接减除或免除的优惠方式,如再投资退税、退税抵免等。①

在以上三种税收优惠方式中,税率式优惠和税额式优惠侧重于事后优惠和直接激励,而税基式优惠侧重于事前优惠和间接激励。事后优惠方式虽然操作简便、透明度高,但从中受益的通常是那些已经取得收益的企业。事前优惠能够使企业在研发初期就享受到税收优惠,具有导向作用,这使得企业能够享有的优惠与税前的生产活动联系起来,通过影响税基,间接地引导和调节企业的生产活动。

(三) 文化产业与税收优惠的逻辑关系

文化产业发展对民族文化发展、对国家发展战略、对公民的文化权利保护都至关重要,国家通过制度设计、财政扶持等多种方式来予以支持。而税收优惠作为财政扶持最为重要的措施之一,起到了举足轻重的作用,是国家权力对激励文化产业发展最为直接的体现,同时文化产业税收优惠能实现诸多价值功能。

1. 有利于保障公民文化权利

《世界人权宣言》将公民的文化权纳入人权的范畴,成为各国公民的基本权利之一。《经济、社会及文化权利国际公约》不仅明确了缔约国应当承认公民的文化权,而且在相关条款中进一步明确了缔约国有责任通过各种方式发展文化以保障公民文化权利的实现。② 个人的基本权利是国家的基础,是公权力的起点和终点。③ 公民的自由以及权利的实现需要国家制度予以保障。国家应当积极推动文化产业的发展,繁荣社会主义文化,从而保障公民文化权利的实现。在众多的财政手段中,税收优惠法律为各国所普遍运用,对产业的发展起到了举足轻重的作用。文化产业税收优惠措施有利于实施公共政策、保障公民的文化权利。此外,我国宪法中也明确了公民享有基本文化权利,保障公民的基本权利是税收立宪主义的根本宗旨。文化产业实行税收优惠法律措施对保障公民文化权利的实现必不可少。

---

① 参见韩仁月、马海涛:《税收优惠方式与企业研发投入——基于双重差分模型的实证检验》,载《中央财经大学学报》2019年第3期,第3页。

② 参见郭玉军、李华成:《国家文化产业财政资助法律制度及其对中国的启示》,载《河南财经政法大学学报》2013年第1期,第51页。

③ 参见〔日〕大须贺明:《生存权论》,林浩译,吴新平审校,法律出版社2001年版,第12页。

2. 有利于维护国家文化安全

随着经济一体化的全方位推进，文化领域的交流往来日益频繁，文化输出成为国家新一轮竞争的重要方式，世界各国的文化产品都在借助全球化这一平台向外扩张。在这一背景下，国家间的文化壁垒逐渐瓦解，一些发达国家文化产业领域中的"巨无霸"企业向全球其他国家伸展触角，拓展市场份额。由于文化产品的特殊属性，公众在消费文化产品的同时，也会潜移默化地受到其中蕴含的价值观念、意识形态等的影响，对输入国民族精神的根基、传统文化的精髓以及政治底蕴等都会产生不可估量的影响，进而威胁到国家安全。越来越多的国家意识到文化战略的重要性，将其上升为国家主要发展战略之一。

我国加入世贸组织之后，国外的文化产品与文化资本大量涌进国内，国家间的文化渗透与竞争日益激烈。我国文化产业起步较晚，目前尚处于幼稚期，其竞争力难以抗衡国外处于发展成熟期的产业。国外文化产品的输入，对我国的文化市场和文化人才都产生了消极影响，可能会威胁我国的国家安全。文化产业税收优惠政策的实施，可以引导和扶持我国文化产业的发展，繁荣我国的文化市场，使我国独具特色的文化产品传递中国特色社会主义思想，进而维护我国的文化安全。

3. 有利于促进文化产业转型升级

当代社会经济的增长方式已经由粗放型转向集约型，第三产业在促进经济增长方面发挥着越来越重要的作用，文化产业由于其自身绿色环保性的特点，在促进经济增长方面发挥着不可替代的作用。我国文化产业的发展层面有待提高，且主要集中于传统领域，技术水平有待提高，产业结构急需转型升级。产业结构的转型升级是以一个从低层次向高层次转变的过程，一般通过产业结构的调整及完善来实现。新兴的高科技文化产业具有极大的风险性与不可预期性，市场调节处于失灵状态，社会资本流向分散，不利于优化资源配置、促进经济的长远发展，这就需要国家的宏观调控发挥作用。税收是国家宏观调控的重要手段，国家通过在文化产业领域实行税收优惠政策，引导社会资本的流向。一方面使发展基础薄弱的文化企业能够降低税收负担，吸引社会资本及文化人才流向文化产业；另一方面，对具有风险性和不可预期性的新兴文化产业而言，可以降低文化企业的投资风险，鼓励社会资本流向文化产业，扶持新兴高科技文化产业的发展，实现文化产业转型升级的目标。这也有利于提高我国文化软实力，增强我国文化产品的国际竞争力。

二、文化产业税收优惠的理论基础及国际法律渊源

(一) 文化产业税收优惠的理论基础

1. 文化产业的双重属性

文化产业兼具经济性和文化性的双重属性。文化产业自身所具有的文化性反映了文化产品有别于其他产品的独特价值，更从深远意义上反映了一国自身的文化认同感。文化产业不仅包括电影、游戏、数字媒体等能够带来较为直接经济效益的门类，还包括图书、博物馆等具有明显社会公益性的文化门类。因此，一国政府对文化产业的扶持是非常必要

的。在当今的世界大舞台中，各国文化的发展并非朝着同一个方向，迈着同一个步伐，而是各种不同的民族文化以自己的独特姿态熠熠生辉，呈现出文化多样化的格局。基于文化产业所具有的双重属性，各国政府在对文化产业进行扶持时，一方面要为文化产业的茁壮成长注入活力，在财政上给予大力支持，另一方面还要兼顾保护文化多样性的重任，促使文化产业的发展体现出本民族特色。文化产业的财政资助措施属于广义的"文化政策措施"的范畴，而税收优惠是财政资助制度中的重要措施。虽然有的学者认为，对国内文化产业进行的财政资助措施具有争议。① 但从行业发展的角度来看，资金往往是助力发展的重要动力，文化产业也不例外。文化产业的发展离不开一国政府的保护和扶持，而税收优惠属于典型的财政资助措施，因此，税收优惠政策的实施对文化产业的发展而言不可或缺，其存在具有合理性与合法性。

2. 外部效益理论

外部效益理论是经济学中的一个重要理论，其与公共产品理论具有交叉性。外部社会效益与公共产品的属性非常相似，因此，经济学者在使用某些文化时存在混同的情况。外部社会效益来自于市场所供应的产品或服务，而消费者所支出的价格仅反映了私人利益。因此外部效益的最大值无法通过市场供应来实现，这就需要对其进行额外的资助来鼓励生产者提供更多的产品。文化产品在交易的过程中不能充分体现其自身对于大众的文化价值，这就导致了市场失灵现象的出现，政府对文化产业进行适度干预的必要性由此凸显。② 例如一个公民出于个人娱乐消遣的需要，在电影院观看了一场电影。电影作为文学艺术的一个重要载体，其创作灵感归根结底来自社会生活，该公民在观看电影时在一定程度上也是在加深对社会的认知，了解社会问题，这就属于无形的社会效益。艺术生产过程中的溢出效益大部分都是无形的，这一过程也会对其他的商业或团体产生利益。通过评估文化产业的外部性价值，政策制定者能够计算出给予文化产品生产者的税收优惠幅度，从而可以激励文化产业的发展，创造具有更大社会化效益的文化产品。

3. 幼稚产业理论

幼稚产业理论产生于 18 世纪中后期，最早是由美国经济学家亚历山大·汉密尔顿所提出的，他主张对一些行业采取过渡性保护和扶持措施。该理论是指当一国出现某种新兴产业，该产业处于初创阶段，相关企业数量较少、规模较小，可能会面临严重的市场壁垒，竞争力较弱，难以对抗国外相关产业在国际市场上立足。正是基于此，政府应当采取适当的措施来加以扶持和保护，促进该产业的发展，提高市场竞争力，在某种程度上有利于促进国民经济的发展。③ 结合我国文化产业发展的历程来看，自从 2000 年中共十五届

---

① Dirk Pulkowski, *The Law and Politics of International Regime Conflict* 161（Oxford University Press 2014）.

② Tania Voon, *Cultural Products and the World Trade Organization* 33（Cambridge University Press 2007）.

③ 参见杨京钟：《中国文化产业财税政策研究》，厦门大学出版社 2012 年版，第 38 页。

五中全会正式提出"文化产业"概念以来①，文化产业的发展时间不长，根据产业周期理论，我国的文化产业正处于初创阶段，属于幼稚产业。这主要表现为，我国文化企业的数量不足、规模与世界其他发达国家相比仍存在一定的差距，竞争力较弱。在经济全球化的浪潮中，外国的文化产品纷纷涌入我国市场，我国的文化产品在竞争中处于劣势地位，这就需要政府对我国的文化产业进行扶持和鼓励，税收优惠政策自然包含在内，这样可以使我国的文化产业在国际竞争中赢得主动。

（二）文化产业税收优惠的国际法律渊源

从表现形式上看，文化产业税收优惠的法律渊源包括国际法渊源和国内法渊源两大部分。国内法渊源主要是指国家在财税立法中关于文化产业发展税收优惠的一般立法以及专门针对文化产业的特定税收优惠立法。就国内法渊源而言，各国立法层次不一，内容较为繁杂。国际法渊源则主要是以国际条约形式出现，目前有多个国际条约涉及文化产业税收优惠这一重要问题。

1. 文化条约

联合国教科文组织通过的若干文化公约，与文化产业税收优惠最为相关的当属《文化多样性公约》。该公约第 6 条第 1 款规定，成员方拥有"根据自身的情况和需求，在其境内实施旨在保护和促进文化表达形式多样性的措施"的权利。该公约允许并保护成员方在其境内可以实施旨在保护和促进文化多样性的文化政策措施。该公约中列举的文化政策措施当然包括"公共财政资助"②，根据《文化多样性公约》的相关文本解释和实践考察，税收激励属于一国可以采取财政资助的重要措施。③

2. 贸易条约

文化产业兼具文化性和商业性的双重特征。文化产品和文化服务在贸易领域的流通很显然也需要受到国际贸易规则的调整，当前最为重要的国际贸易规则是 WTO 相关规定，WTO 一般规则对文化产业在贸易领域相关问题显然具有适用性。WTO 首倡的是非歧视性原则，其主要表现为最惠国待遇原则和国民待遇原则。最惠国待遇原则强调的是"外外平等"，要求任一 WTO 成员给予另一成员的进口产品和服务的优惠待遇，须无条件给予其他所有成员的相似产品和服务。所有 WTO 成员方之间不得有歧视性待遇，各成员自动享有其他成员享有的所有优惠。④ 国民待遇原则强调的则是"内外平等"。国民待遇原则要求成员对进口的文化产品和服务给予不低于本国同类产品和服务的待遇。在国民待遇原则的要求下，一国给予其国内文化产品和服务的税收减免等优惠政策，在同等条件下也应当给予外国同类文化产品和服务。

---

① 参见周刚志、姚锋：《论中国文化产业的立法模式——以社会主义核心价值观为价值引导》，载《湖南大学学报（社会科学版）》2019 年第 2 期，第 134 页。

② 参见《文化多样性公约》第 6.2 条。

③ UNESCO, Diversity of Cultural Expressions Section, Basic Texts of the 2005 Convention on the Protection and Promotion of the Diversity of Cultural Expressions, 2013, p.27.

④ 参见黄东黎、杨国华：《世界贸易组织法》，社会科学文献出版社 2013 年版，第 146 页。

3. 人权条约

人权公约中有条款涉及文化产业税收优惠问题。《经济、社会及文化权利国际公约》第 15 条规定 "公民有参与文化生活" 的权利,[1] 该公约还赋予成员可以 "采取一切适当方法" 保障其国民文化参与权实现的权利。经济社会文化权利委员会指出,成员促进公民文化参与方法包括补贴和基础设施投资,以及通过 "公共支持" 提高私人投资的积极性。显然,该人权公约所说的 "一切适当方法" 包括公共资助政策在内,而税收优惠政策属于公共资助的一种形式。

三、文化产业税收优惠的域外法治实践

通过考察域外国家和地区与文化产业相关的法律法规以及政策,针对文化产业税收优惠问题进行深入考究。通过对美国、英国、加拿大、法国、意大利、墨西哥、韩国、日本等国家和地区进行考察可以看出,各个国家和各地区由于自身自然禀赋、历史文化、发展战略不同,文化产业发展相关法律政策也各具特色,但不同中又具有一定的共性,总体而言可归纳如下三个方面:

(一) 针对特定文化行业的税收优惠政策

以电影行业为例,电影产业属于营利性文化产业,可以带来可观的经济效益与社会效益,同时还是展现一国政治话语权与创造性表达的重要途径,[2] 这可以视为各国扶持电影产业发展的现实依据,各国普遍采取了积极的财税政策来促进电影产业的发展。在美国的许多州,电影税收所享有的优惠政策远远高于其他行业,电影税收的抵免规模甚至高于研发方面的税收减免规模。[3] 法国《电影动画形象法典》旨在推动电影产业的发展,建立了系统的税收制度,包括对电影降低增值税和实施税收抵免等税收优惠政策。韩国为振兴电影产业而制定了《电影产业振兴法》,其中规定影像产业可以享受金融税制优待权利,给予其税收优惠。

英国对具有公益性的文化行业采取税收优惠政策,例如为促进图书出版业的发展,对

---

[1] 《经济、社会及文化权利国际公约》第 15 条规定:

1、本公约缔约各国承认人人有权:

(甲) 参加文化生活;

(乙) 享受科学进步及其应用所产生的利益;

(丙) 对其本人的任何科学、文学或艺术作品所产生的精神上和物质上的利益,享受被保护之利。

二、本公约缔约各国为充分实现这一权利而采取的步骤应包括为保存、发展和传播科学和文化所必需的步骤。

三、本公约缔约各国承担尊重进行科学研究和创造性活动所不可缺少的自由。

四、本公约缔约各国认识到鼓励和发展科学与文化方面的国际接触和合作的好处。

[2] Emma Blomkamp, *Discourses of Legitimation in New Zealand's Film Policy*, 15 (6) International Journal of Cultural Studses 629-644 (2012).

[3] 参见解学芳、臧志彭:《国外文化产业财税扶持政策法规体系研究:最新进展、模式与启示》,载《国外社会科学》2015 年第 4 期,第 93 页。

图书、期刊、报纸的出版不征收增值税。在美国，艺术博物馆不需要承担联邦所得税，并且可以享受免除财产税的优惠政策。① 加拿大安大略省对图书出版业、音乐业以及交互式数字媒体、杂志出版、电视等行业提供税收抵扣的优惠政策，以此来提高其文化产业的竞争力②。韩国针对创新文化产业也采取了多种支持措施，其中包括对新建的具有特定风险的数字游戏、创意企业免除 3 年的税务负担，以及高新技术文化企业在 2 年内免除与税务征管相关的税务调查所得税类等税收优惠措施③，此举有力地促进了韩国文化产业的发展。

（二）针对文化产品的税收优惠政策

意大利为了鼓励文化产品的生产，规定如果期刊内容主要是文化方面的内容，即可享受税收优惠政策；德国也对文化产品实行减征税收政策。在墨西哥，画家和雕塑家等艺术家甚至可以使用艺术作品进行税款缴纳，前提是该艺术作品经由专家小组的评定。荷兰允许使用重要的艺术品来支付遗产税，以此来防止艺术品流落国外。法国的《企业参与文化赞助税收法》《文化赞助税制》《共同赞助法》等减免税收的优惠政策对法国文化的发展起到了重要作用，艺术品、演出、游览、图书业等大部分的文化艺术产品可以享受 5.5% 的税率，相当于正常税率的 1/4。④ 德国针对图书等部分文化产品征收 7% 的增值税税率，远低于普通商品的税率。

此外，针对文化产品进行市场推广的税收优惠政策，使本国的文化产品在满足本国国民的消费需求的同时，也加快了文化产品"走出去"的步伐。例如，韩国对进入市场初期文化产品给予较大的税收减免优惠政策，之后税率依据时间逐年递增，直至该文化产品在市场上流通后的第七年才开始进行正常收税，⑤ 该举措是韩国"文化立国"政策的体现，大大加快了韩国文化产品向外输出的步伐。由此可见，国家不仅针对文化产品给予税收优惠政策，对于文化产业发展所需的原材料也给予税收优惠政策，以此来促进文化产品的生产和发展。

（三）针对文化产业相关人员的税收优惠政策

根据文化产业相关人员在推动文化产业发展中的方式不同，可以细分为文化产业的从业人员和文化产业的捐助者。对于文化产业从业人员给予税收优惠基本上已得到大多数国

---

① 参见李妍：《美国税收政策如何助力艺术博物馆的发展》，载《中国博物馆》2016 年第 1 期，第 61~62 页。

② 参见李本贵：《促进文化产业发展的税收政策研究》，载《税务研究》2010 年第 7 期，第 13 页。

③ 参见刘元发：《促进我国文化产业发展的财税政策研究》，财政部财政科学研究所 2014 年学位论文，第 105 页。

④ Council of Europe / ERICarts，Compendium of Cultural Policies and Trends in Europe—France，2007，p. 32.

⑤ 参见申国军：《发达国家促进文化产业发展税收政策及其借鉴》，载《涉外税务》2010 年第 4 期，第 58 页。

家的共识。加拿大对作家、艺术家、制片人、音乐人、演员及其他创意产业人才实施税收减免的优惠政策，例如在魁北克省，所得不超过 2 万加元的艺术家，其中 1.5 万加元部分减半缴纳所得税；对收入超过 2 万加元的部分减半征收所得税，减免的最高额度为 3 万加元。① 与此类似的，爱尔兰《艺术家所得税豁免法》规定，从事具有文化价值和艺术价值的创意性和原创性工作的艺术家，经过国家认定，其文化所得年收入不超过 25 万磅，则就其所得免予征收所得税。若年收入超过 25 万磅，则就其超过部分按正常税率减半征收。② 韩国则对在游戏、动漫、影像、创意产业取得国家所认可重大成就的文化人才，给予免征两年个人所得税的税收优惠政策。③

除此之外，针对文化产业资助者的税收优惠政策在许多国家都有所体现，即捐助文化产业者减免所得税。捐助文化产业者减免所得税名义上的受益人为捐助者，但真正的受益的是文化行业。④ 美国《联邦税法》第 501 条 c 款，针对文化产业、文化事业的资助者，联邦税法规定减免资助者的税额，并鼓励各类基金会、公司和个人主体投资文化产业，引导市场资本涌入文化产业与文化事业领域。⑤ 英国倡导在私营部门和文化艺术行业之间搭建互利共赢的合作关系，私营部门对从事艺术与公共文化以及相关慈善性质的组织捐助资金的，可以享受税收减免政策，从而鼓励私人或营利性组织对文化产业进行资助，引导私人资金流入艺术、博物馆、文化遗产等具有慈善性质的机构，同时以税收减免政策鼓励公私文化机构进行合作。国家通过对捐助文化产业者给予税收优惠政策，调动了社会资源，使得私人资金有效地助力文化产业发展壮大。

通过对域外国家和地区文化领域法律法规、政策的考察可以看出，域外国家和地区对文化发展予以高度重视，从文化行业、文化产品乃至文化从业者多个层面和维度，全方位地提供有力支持，出台诸多激励措施，税收优惠覆盖全面、力度大，并上升至法律的层面予以有效保障，其实施效益十分可观，经济效益也不断攀升。美国好莱坞电影、日本动漫、韩剧等都成为享誉全球的文化名片，对于国家文化战略的发展起到了极大的促进作用。回首我国的文化产业税收优惠法律法规以及政策，同样取得了长远效果，但相较于美、日、韩等文化产品输出大国，还存在不少的差距。我国文化传承历史悠久、文化资源十分丰富，而如何将已有的文化资源充分开发，使之转化成经济可观的文化产品，是需要进一步研究和探讨的问题，同时也需要充分借鉴域外的成熟发展经验，将其转化为本土切实可行的举措，使其得以有效贯彻实施。

---

① M. Auburn, *Utilizing Tax Incentives to Cultivate Cultural Industries and Spur Arts-Related Development*, http：//www. docin. com/p-305194001. html, visited on 29 Novermber 2019..

② Clare McAndrew. Artists, Taxes and Benefits-An International Review, Arts Council England Research Report, 2002.

③ 参见刘元发：《促进我国文化产业发展的财税政策研究》，财政部财政科学研究所 2014 年学位论文，第 105 页。

④ 参见郭玉军、李华成：《欧美文化产业税收优惠法律制度及其对我国的启示》，载《武汉大学学报（哲学社会科学版）》2012 年第 1 期，第 6~7 页。

⑤ 参见卢超：《比较法视角下我国文化行政法制的建构挑战》，载《治理研究》2018 年第 1 期，第 122 页。

四、中国文化产业税收优惠政策的现状及存在的问题

(一) 中国文化产业税收优惠政策的现状

当前中国的文化产业发展规模与世界其他国家相比仍有一定的差距，文化产业组织发展程度不高，需要国家在政策上予以扶持，尤其是财政税收方面。与此同时，基于我国的国情，我国大多数的文化产业机构是由事业管理模式转变成产业经营的，这个转变过程离不开国家财政的支持。财政税收是国家调控的有效手段，优惠的财政税收政策是促进文化产业发展的重要措施。2019 年 6 月 28 日公布的《文化产业促进法（草案征求意见稿）》第 67 条规定，国家依据税法规定实行促进文化产业发展的税收优惠政策。2019 年 12 月 13 日司法部发布的《文化产业促进法（草案送审稿）》第 67 条规定的内容保持不变。税收优惠政策是促进文化产业发展的有力措施。

为了进一步深化我国的文化体制改革，推进国有经营性文化事业单位转为企业制，财政部和国家税务总局自 2004 年开始先后制定出台多种税收优惠政策助力文化产业的发展。具体来说主要包括以下三个方面：一是经营性文化事业单位转制为企业后的税收优惠政策，现行有效的政策有《财政部、国家税务总局、中宣部关于继续实施文化体制改革中经营性文化事业单位转制为企业若干税收优惠政策的通知》（财税〔2014〕84 号）；二是支持文化企业发展的税收优惠政策，即《财政部、海关总署、国家税务总局关于继续实施支持文化产业发展若干税收政策的通知》（财税〔2014〕85 号）；三是对特定宣传文化产品及单位的税收优惠政策，如《财政部、国家税务总局关于延续宣传文化增值税优惠政策的通知》（财税〔2018〕53 号）、《关于延续动漫产业增值税政策的通知》（财税〔2018〕38 号）。文化产业的税收优惠政策呈现出延续性及不断细化的特征。[①]

1. 鼓励经营性文化事业单位转为企业制的税收优惠政策

经营性文化事业单位是指从事新闻出版、广播影视和文化艺术的事业单位。转制既包括整体转制也包括剥离转制。整体转制包括图书、音像、电子等出版社、非时政类报刊出版单位、新华书店、艺术院团、电影制片厂、电影发行放映公司、影剧院、重点新闻网站等整体转制为企业。剥离转制包括新闻媒体中的广告、印刷、发行、传输网络等部分，以及影视剧等节目制作与销售机构，从事业体制中剥离出来转制为企业。并非所有的经营性文化事业单位转制为企业均可享受税收优惠政策，还需要满足一定的条件，条件主要包括：一是根据相关部门的批复进行转制；二是转制的文化企业已经进行了企业工商注册登记；三是整体转制前进行了事业单位法人登记的，转制后已核销了事业编制、注销事业单位法人；四是已经与在职的全部职工签订了劳动合同，按照企业办法参加社会保险；五是转制的文化企业引入非公有资本和境外资本的，必须符合国家法律法规和政策规定；六是变更资本结构应批准的，需要经过行业主管部门和国家文化资产监管部门的批准。只有在满足以上前提条件的情况下才可以享受相应的税收优惠政策。

经营性文化事业单位转制为企业的，自转制注册之日起可以免征企业所得税；由财政

---

① 参见张书勤：《文化产业政策与法规》，中国政法大学出版社 2018 年版，第 18~21 页。

部门划拨事业经费的文化单位转制为企业的，自转制注册之日起对其自用房产免征房产税；党报、党刊将其发行、印刷业务及相应的经营性资产剥离组建的文化企业，自注册之日起所取得的发行和印刷收入免征增值税；经营性文化事业单位转制中资产评估增值、资产转让或划拨涉及的企业所得税、增值税、营业税、城市维护建设税、印花税、契税等，符合现行规定，可以享受相应的税收优惠政策；转制为企业的出版、发行单位处置库存呆滞出版物产生的损失，可以按照税收法律法规的规定在缴纳企业所得税前予以扣除。

2. 支持文化企业发展的税收优惠政策

新闻出版广电行政主管部门（包括中央、省、地市及县级）按照各自职能权限批准从事行业的企业取得的销售电影拷贝（含数字拷贝）收入、转让电影版权（包括转让和许可使用）收入、电影发行收入以及在农村取得的电影收入，予以免征增值税。一般纳税人提供的城市电影放映服务，可以按照现行政策规定，选择按照简易计税办法计算缴纳增值税。对广播电视运营服务企业收取的有线数字电视基本维护费和农村有线电视基本收视费，免征增值税。用于国家鼓励类文化项目而进口国内不能生产的自用设备及配套件、备件，在政策规定范围内，免征进口关税。支持文化产品和服务出口的税收优惠政策由财政部、税务总局会同有关部门另行制定。对从事文化产业支持技术等领域的文化企业，按照规定认定为对国家需要重点扶持的高新技术企业按照15%的税率征收企业所得税；开发新技术、新产品、新工艺产生的研究开发费用，允许按照税收法律法规的规定，在计算企业应纳税所得额时加以扣除。文化产业支撑技术等领域的具体范围和认定工作由科技部、财政部、财务总局和中央宣传部等部门另行明确。出版、发行企业处置库存呆滞出版物产生的损失，允许按照税收法律法规在缴纳企业所得税前扣除。

3. 对特定宣传文化产业及单位的税收优惠政策

国家对机关报纸和机关期刊在出版环节执行增值税100%先征后退政策。机关是指中国共产党和各民主党派各级组织、各级人大、政协等，但不包含其所属部门。机关报纸和机关期刊增值税先征后退的范围控制在一个单位一份报纸和一份期刊以内，具体包括专为老年人出版发行的报纸和期刊；少数民族文字出版物，盲文图书和盲文期刊；经批准在内蒙古、广西、西藏、宁夏、新疆五个自治区内注册的出版单位出版的出版物；政策文件列明的图书、报纸和期刊。除按规定可以增值税100%先征后退的出版物之外，其他各类图书、期刊、音像制品、电子出版物及政策文件列明的报纸，在出版环节执行增值税先征后退50%的政策。对少数民族文字出版物的印刷或制作业务及政策文件列明的新疆维吾尔自治区印刷企业的印刷、制作业务执行增值税100%先征后退的政策。国家继续免征图书批发零售环节的增值税。国家对属于增值税一般纳税人的动漫企业销售其自主开发生产的动漫软件，按16%的税率征收征增值税后，对其增值税实际税负超过3%的部分，实行即征即退政策。动漫软件出口免征增值税。

（二）中国文化产业税收优惠政策实施存在的问题

基于我国文化产业税收优惠的现状，我国现有的文化产业税收优惠政策仍存在一些需要完善的地方，具体而言包括以下几个方面：

1. 新时期税权界限有待进一步明晰

考究我国文化产业税收优惠制度时，应当立足于法定税权问题。税权是税法的核心，作为税法组成部分的税收优惠法律制度也是如此。但是，税权的含义十分广泛，包括国家的课税权力、国家的税收债权，还包括纳税人作为整体享有的税收权力，以及纳税人作为个体享有的税收权利。国家的课税权力的分配包括横向配置与纵向配置两个向度。前者主要是国家所享有的税收权力在同一级次的国家机关之间分配的方式，后者则是指不同级次之间的国家机关分享税收权力的方式。就横向配置而言，主要是指可以将国家的课税权力分为税收立法权、税收征收权、税收司法权和税收违宪审查权。纵向配置，主要是指可在中央政府与地方政府两个层面进行配置，包括税收立法权、税收收益权、税收征收权。

具体到文化产业税收优惠领域，尤其是在现今的大数据时代，新技术的发展导致文化产品摆脱传统固定媒介，呈现数据化表征趋势，而在此背景下如何确定征税的对象，如何重新划分征税权限，如何通过税收加大对文化产业的财政资助等新问题都是亟待需要解决的。这其中最为基础的问题，就是大数据时代的税权界限问题。大数据时代税法会发生根本性变化，不同于传统的有形物产品税收制度，大数据时代大多数文化产品呈现数据化形态，以往的税权界限趋于模糊，传统的税权界定方法也已失效，而面对新时代文化产业税权划定的严重挑战。随着国家大数据战略和人工智能战略进一步的推进，此间问题也愈加凸显，亟待解决。

2. 税收优惠体系繁杂无序

观察我国现有的文化产业税收优惠体系，其规定主要是财政部、国家税务总局等部委以"通知"形式发布，文化产业的税收优惠主要以政策为载体而存在。这与我国文化产业的发展程度不高具有密切关系，"政策的增长和盛行导因于经济社会生活的日益复杂化以及人们对于政府期望的增加"[①]。改革开放以来，我国一直面临税收优惠政策尤其是区域优惠政策内容过滥、形式过多、种类过杂、"政出多门"等混乱局面。[②] 当前，有关中国税收优惠的文件数量十分庞大，涉及面也相当宽广，基本涵盖现行所有税种。[③] 而就文化产业而言，在其发展初期，由于产业发展程度较低，加之长期受到传统观念的影响，国家的财税政策并未对文化产业和文化事业进行明确的区分，如《关于进一步支持宣传文化事业单位的通知》（国税办〔1993〕059号）中不仅包括对宣传文化事业单位给予税收优惠支持其发展，还涉及对出版行业实行税收优惠的相关规定。根据国家统计局印发的《文化及相关产业分类（2018）》，文化产业是指为社会公众提供文化产品和文化相关产品的生产活动的集合。由于文化产业自身的文化属性，离不开国家政策的扶持，但是在税收方面可以对文化事业单位和文化企业进行适当划分。文化产业税收优惠以促进文化产业发展为目的，属于税收调控的范畴；而文化事业税收优惠以支持文化事业的发展为目的，

---

① 参见邢会强：《政策增长与法律空洞化——以经济法为例的观察》，载《法制与社会发展》2012年第3期，第122页。

② 参见熊伟：《法治视野下清理规范税收优惠政策研究》，载《中国法学》2014年第6期，第154页。

③ 参见叶金育：《税收优惠统一立法的证成与展开——以税收优惠生成模式为分析起点》，载《江西财经大学学报》2016年第2期，第124页。

属于社会税法的范畴。中共中央、国务院发布的《关于深化文化体制改革的若干意见》(中办〔2005〕14号)明确指出应当"根据文化事业和文化产业的不同特点,提出不同要求,制定不同政策",由此可知,对税收优惠体系边界的进一步细化也是文化体制改革的要求之一。尤其在大数据、信息化时代,对于文化产业税收问题需要深入探讨,相应的税收优惠法律法规政策体系也需要重新梳理,从而形成协调有序高效的整体,有力推进文化产业的快速发展。

3. 税收优惠的公平性稍显不足

我国现有的文化产业税收优惠对象集中于企业,而对文化产业相关人员给予的税收优惠稍显不足。不可否认,文化产业的发展主要以企业为主体,但是文化产业的相关人员对文化产业的发展壮大具有不可忽视的重要作用。以个体为单位存在的文化产业从业者,如从事创意工作的艺术家,在一定程度上可以与文化企业分享税收优惠,但其所享有的税收优惠的程度相对较低,并且其收入波动性较大,有时可能会出现在收入较高时随之产生较高的边际税率,这不利于文化产业的多样化发展局面的形成。

即使是文化企业,其在享受税收优惠时也可能出现税收优惠不公平的问题。例如转制文化企业和普通文化企业之间出现税收优惠不公。根据财税〔2009〕34号文件,经营性文化事业单位转制为企业的,可以享受免征企业所得税等多种优惠,这与普通的文化企业相比稍显不公。税收优惠的不公平现象还可能发生在文化产业与文化事业之间以及各个行业内部。在自媒体时代,个人作为文化发展的主体地位逐步提高,个人在自创、供给层面对丰富社会文化产品体系和纵深文化传播都起到了突出作用,针对个人的文化创作和产品供给过程的税收区别于文化企业,因此必须引起足够的重视和关注,并对此予以积极的应对。

五、我国文化产业税收优惠遵循原则及法律完善对策

(一)我国文化产业税收优惠遵循原则

从法律层面来讲,我国文化产业税收优惠的完善应以建立法律化、制度化的体系为基本思路,这也是税收法定原则的基本要求。我国税收优惠不仅应当遵循税收法定原则,还应当包括量能课税原则。

1. 税收法定原则

我国文化产业税收优惠主要以部委通知的形式发布,还停留在国家政策层面,在形式上与税收法定原则的要求仍有距离。我国目前总共规定了18种税收类别,包括增值税、消费税、车辆购置税、营业税、关税、企业所得税、个人所得税、土地增值税、房产税、城镇土地使用税、耕地占用税、契税、资源税、车船税、船舶吨税、印花税、城市维护建设税以及烟叶税。但是,我国仅有三部税收法律,即《企业所得税法》《个人所得税法》《税收征收管理法》,只有企业所得税和个人所得税是具有直接法律依据的,这显然不符合税收法定原则的要求。在完善我国税收优惠法律制度时,在实现税收优惠由政策向法律的转变的同时,还应当重视基本税法制度缺失问题,只有作为基准税制的税收制度法律化,才能真正使税收优惠符合税收法定原则的要求。

我国在《立法法》中确立了税收法定原则的精神。为使该精神落实到实处，可以利用我国文化产业税收优惠政策实施期限较短的特点，利用税收优惠措施失效的时机，在立法时机成熟时由立法机关制定相应的税收立法，实现文化产业税收优惠的法律化，这也是国家运用税收工具对文化产业进行调控的必然要求。落实文化产业中的税收法定原则有助于解决我国现阶段文化产业税收优惠存在的不稳定性问题，保证税收优惠发挥实效，并为文化产业的发展提供持久、稳定的税收法律环境，以适应文化产业的发展规律。

2. 量能课税原则

量能课税原则是指依据纳税人的负税能力来决定其依法应承担的税负总量。税收优惠服务于一定的政策目标，而量能课税原则强调纳税人的负税能力，两者之间存在着一定的矛盾性。此时就需要比例原则发挥作用，要想实现税收优惠与比例原则的对接，必须以比例原则为指引，从观念上和制度上对税收优惠予以规制。① 具体而言主要包括以下三点：一是税收优惠的实施应当具备差别待遇的正当理由，即该项税收优惠是否能对特定的政策目标有所助益；二是税收优惠的实施不得侵害纳税人或第三人的基本权利；三是需要评估税收优惠所助益的政策目标，是否值得突破量能课税原则。② 量能课税原则是对税收优惠制度内容的限制，只有具备以上条件，才能突破量能课税原则设立一定的税收优惠制度。

（二）我国文化产业税收优惠法律完善对策

1. 转变观念明晰税权边界

新时代新发展，既是机遇也是挑战。现今是大数据时代且逐步进入智能时代，在如此时代，科技的发展反向作用于个人生产生活方式的转变。随之而来的是社会治理方式的固化与新时代治理制度供给需求不足之间矛盾的尖锐对撞。随着国家电子政务的进一步推动，国家治理能力体系和能力现代化已经成为全民的直面要求。在此基础上，科技发展速度不减，而随之应当进一步解放思想，转变传统观念，以新的心态和新的作为回应才能真正地实现民族复兴的宏伟目标。而对于文化产业发展而言，税收优惠如何才能在大数据时代真正发挥其设计本质功能，进一步促进文化产业的快速发展，使之成为国家可观的经济效益，不仅需要进一步转变观念，主动接纳新事物，而且需要深入充分了解其机理，运用现有的技术，在保障立法本意的基础上，开拓新的路径。

现今全国在推进税收大数据改革，如广东税务部门创新运用大数据思维和工具，探索实施《"互联网+税务"行动计划》，应用云计算、大数据、移动互联网等技术建设云上电子税务局，实现线上线下融合、前台后台贯通，努力为纳税人提供规范、高效、稳定、泛在的纳税服务体系，挖掘海量税收数据的价值，运用大数据补齐税务部门"放不开""管不好""服务不到位"的短板。③ 利用新技术和新方法能有效弥补科技发展带来的税收困境，广东的有效尝试为全国税收改革提供了有力例证。同时对于文化产业而言，税收的对

---

① 参见叶金育、顾德瑞：《税收优惠的规范审查与实施评估——以比例原则为分析工具》，载《现代法学》2013 年第 6 期，第 171 页。

② 参见刘剑文：《财税法学前沿问题研究》，法律出版社 2012 年版，第 91 页。

③ 参见蒋琳珊、刘超：《税收大数据"活起来了"》，载《中国税务》2019 年第 6 期，第 18 页。

象也有所改变，传统的有形产品被无形产品所替代，税权所指向的征税主体、纳税主体、征税方式都发生了改变，能否通过大数据来有效征税，这是文化产业税收优惠的基础问题。有学者提出了以数据为基础的数据税概念，在学界引起了很大的声讨。但是税权界定的基本价值追求仍未改变，只有在基本价值保障的基础上利用技术进一步来完善相关的税收优惠政策，实质保障文化产业的健康快速发展。

2. 构建合理法律体系

完善合理高效的法律体系是文化产业健康快速发展的基本保障。而构建合理的法律体系需要建立在对我国现存规范性文件的梳理基础上，一方面立足于我国文化产业发展的实践基础，另一方面结合我国已有的规范体系，以此为样本，在此基础上构建合理法律体系更为有效合理。而构建我国文化产业税收优惠法律体系主要包括两个维度：税收优惠法律制度维度、文化产业促进法律制度维度。

在税收优惠法律制度层面，针对我国现有的行政规范性文件仍未完全将文化产业与文化事业相分离的现状，应当着重区分文化产业税收优惠立法与文化事业税收优惠立法。在立法模式上，对文化产业税收优惠法律制度则可以实行单独立法，即不仅与文化事业税收优惠法律制度相分离，还与其他产业税收优惠法律制度相分离。这是因为文化产业与其他产业在发展程度、发展规律上均有不同之处，与其他产业税收优惠制度相分离更有利于立法者针对不同情况更加灵活地选择调控方式。同时在税收优惠方式上，应当调整税收优惠政策，选择科学合理、积极有效的税收优惠方式，如今后要逐步减小直接减免税的方式，多采取一些间接的税收优惠方式，即由直接优惠为主转为以间接优惠为主。①

在文化产业促进法律制度层面，需要指出的是，文化产业税收优惠法律制度是文化产业促进法律制度中的具体制度设计之一，包含于文化产业促进法律制度中，是其下位概念。在这个意义上，文化产业税收优惠法律体系的构建也离不开整体上文化产业促进法律体系的构建。文化产业税收优惠制度本身也有赖于文化产业促进法的指导。因此，在构建文化产业税收优惠法律制度时，也应注重将其放在文化产业促进法律制度的体系下进行。文化产业税收优惠法律制度设计应当以《文化产业促进法》为基础，才能有效通过税收优惠促进我国文化产业的健康快速发展。

3. 解决税收优惠公平性问题

在现行税收优惠政策下，经营性文化事业单位转制为企业，享有免征企业所得税的待遇，这对其他文化企业显然不公平，也损害了文化企业创新的原动力②，尤其是通过产业政策对特殊的企业予以特殊税收照顾，是不利于文化产业市场的发展的，且影响税收优惠公平。经营性文化事业单位在转制之前，虽然属于事业单位但是从事的大多都是经营性的活动，与普通的文化企业本来无异，转制为文化企业后理应与普通文化企业享有同样待遇。但是，在我国普通的文化企业中，只有新办软件企业享有自获利年度前三年免征、第三年至第五年减半征收企业所得税的待遇，范围相当有限。可参考软件产业的做法，在更

---

① 参见王选汇：《调整税收优惠政策 完善税收优惠方式》，载《涉外税务》2004 年第 2 期，第 16 页。

② 参见张维迎、王勇：《企业家精神与中国经济》，中信出版集团 2019 年版，第 182 页。

大的范围上考虑对各类文化企业的企业所得税减免。对文化事业单位转制后的文化企业，则在当前税收优惠政策过期后与普通文化企业适用同样的税收政策，不应继续保持现在享有的免征企业所得税的待遇。

文化产业从业人员的税收优惠制度设计也是税收优惠公平中的重要一环，如何提高文化产业从业者的个体作用，激励其创造性的发展。在我国而言，可采取提高起征点、特定收入免税、收入平均法、高比例特定费用扣除等几种方式。而对比这几种方式，采取特定收入免税的方式，完善收入平均法与高比例特定费用扣除制度更为妥当。第一，特定收入免税与提高起征点均是针对文化产业从业者、基于税基的优惠方式，两者择一即可，其认定标准更为精准，可操作性强。第二，就文化产业税收优惠法律制度的角度而言，确立收入平均法的出发点乃是降低文化产业中收入波动较大、容易适用较高边际税率的艺术家等职业者的税负，从而间接提高他们的收入，吸引更多人从事这些职业，也鼓励其生产出更优质的文化产品。产品生产周期长，征税分阶段增加了其操作成本，其在一个纳税年度里收入的多少并不能真实反映其负税能力，若任由税法对他们课以较高的所得税额，则是对量能课税原则的违反。高比例特定费用扣除制度也是如此，不仅出于税收优惠的角度需要设立，也是量能课税原则本身的要求。

第二节　欧洲图书出版业财税激励制度及其对中国的启示

商业风险较大的图书出版业承担着重要的文化传承使命，这一性质特点决定国家应对其进行必要支持。欧洲多数国家对图书出版业采取的定价销售、税收优惠和定向财政基金资助等手段有效地维护和促进了本国产业的快速健康发展。图书出版业的发展是文化振兴繁荣的重要内容，我国应当适度借鉴欧洲国家的成熟有益做法，确立完善的图书定价基准和销售制度，建立更合理的图书税收优惠制度，构建更公正的图书财政基金定向资助制度。

图书在文化积累与传承中居于主体地位。图书出版产业作为文化产业的核心层，在推进社会核心价值体系建设、提升国民教育水平、传播精神文化等方面具有重要作用。[1] 中国已将图书出版列为重要的文化产业门类，在电子出版加速发展、阅读率回升缓慢、网络书店恶意竞争等因素影响下，对传统纸质图书出版业给予必要的财税扶持非常重要。本章将对欧洲纸质图书财税激励立法实践进行考究，在对我国图书出版业财税支持现状分析的基础上，拟对构建完善中国图书出版财税激励机制提出相关建议。

一、欧洲图书出版业财税激励的立法与实践

图书包括电子图书和纸质图书，相对于物质产品行业，图书出版存在着市场风险难以预估的特点。物质产品行业因有着固定的消费对象及明确的消费质量要求，完全可以依订单生产，市场风险相对较小。[2] 因此，若没有一定的政策扶持，图书出版业可能很难健康

① 参见盛虎：《我国图书出版产业链的演化研究》，载《中国出版》2013 年第 12 期，第 67~71 页。
② 参见李华成：《中小文化企业融资难的成因与对策》，载《湖北社会科学》2011 年第 7 期，第 74~77 页。

发展下去。当前，纸质图书仍占据图书市场的绝大份额，据统计，2010 年电子图书的销量在英国、法国和德国等主要欧洲国家图书市场中所占的比例分别为15%、3%和2%。鉴于纸质图书的重要性，也为防止其受到电子图书和市场竞争的过度冲击，欧洲许多国家均建立了较为完善的图书出版财税激励体系，主要包括合理的图书定价销售、有效的税收优惠以及完善的图书出版财政基金资助。

（一）完善的图书定价销售机制

图书市场秩序很可能因为打价格战而被破坏，原本承载了精神价值的图书若被当做一般商品销售，势必对国家出版业造成冲击。[①] 欧洲国家很早就开始实行图书定价销售，图书市场发展受到较好保护，其出版业也得到了健全发展，目前欧洲有 11 个国家仍继续施行图书定价销售机制。[②] 定价基准、定价销售范围以及定价销售折扣是图书定价销售制度的重要内容，相对于北美、韩、日等出版产业发达国家地区，欧洲国家的定价销售图书的范围更广泛，定价的标准和执行更有利于出版业发展。

欧洲国家纳入定价销售的图书范围十分广泛。图书本身就是一个范围广泛的术语，按其市场需求量的大小不同，可分为畅销书和非畅销书，前者主要包括教材、考试资料等，后者主要包括历史、法律法规、学术专著。按其是否已被使用可将其分为新书和二手书。图书定价销售的宗旨决定其应当尽可能覆盖更广的范围，欧洲国家在这一方面的做法走在国际社会前列，如墨西哥 2008 年通过的图书价格法案明确将小学和中学低年级的教科书排除在统一定价范畴，德国、法国等欧洲国家的立法则明确国内市场全部的图书都属于统一定价销售的范畴。[③]

欧洲国家图书定价基准制度更为合理。在欧洲，有权决定图书价格的主体为政府和出版社，鉴于图书价格对出版商、书店和读者都有重要影响，如何合理确定图书价格至关重要。欧洲很多国家均在较高层面的法律文件中要求定价主体在决定图书价格时，应考量出版所需的资金、信息、技术、劳动力、利润，国民的文化素质、购买能力等多种因素；要求定价权主体定价时兼顾图书出版商、销售商以及图书消费者等利益。

欧洲国家图书定价销售制度执行比较严格。既定的图书价格能否得到较好执行是图书定价销售制度的关键。德国、法国、西班牙、葡萄牙、希腊等国都有专门立法规定图书要按照定价销售，违反图书定价的销售将受到法律制裁。德国的立法规定，除二手书与旧书外的所有图书贩售都不得打折，法国 1981 年出台《朗恩法》规定新书在出版两年内的销售折扣最多只能是 5%，禁止书店对读者在零售终端打折。

---

① 参见陈玲：《试论我国实行图书统一定价制度的必要性》，载《中国出版》2012 年第 18 期，第 30~32 页。

② 这 11 个国家分别是奥地利、保加利亚、克罗地亚、法国、德国、希腊、摩尔多瓦、荷兰、挪威、葡萄牙、西班牙，参见欧洲理事会欧洲文化研究所 2011 年发布的《欧洲文化政策纲要》（第 12 版），http：//www.culturalpolicies.net/web/comparisons-tables.php？aid＝33&cid＝45&lid＝en。

③ Hanlon, Michelle & Laplante, S. Kelly & T. Shevlin, *Evidence for the Possible Information Loss of Conforming Book Income and Taxable Income*, 48 (2) Journal of Law and Economics 407-442 (2005).

（二）有效的图书出版业税收优惠机制

税负过重对行业的持续发展会造成不利影响，因此为支持特殊行业发展，对其给予适当的税收减免优惠十分必要。在图书出版商需要承担的所得税、增值税、营业税等多个税负中，增值税影响最大，因此，实行图书出版税收优惠的国家最常见的有效手段即减免图书增值税。目前，欧洲共有33个国家施行图书增值税优惠，减免力度很大，受益范围很广。

欧洲图书增值税优惠制度最大的特点是优惠力度大。免于征税是力度最大的税收优惠，欧洲目前共有9个国家对图书施行免征增值税，它们是阿尔巴尼亚、克罗地亚、爱尔兰、摩尔多瓦、挪威、波兰、圣马力诺、英国和乌克兰。英国增值税标准税率为20%，但图书等文化产品适用零税率，这一政策使英国出版业得到了长期、稳定的增长，也使英国跻身世界出版大国之列。此外，为促进学术出版，英国政府给予牛津大学出版社和剑桥大学出版社等一些大学出版社以"慈善机构"的地位，它们的经营全部是免税的。①

税收优惠的力度大还体现在征纳税率上，有24个欧洲国家按不超过一般增值税应缴税率的一半对图书进行征收增值税，如法国一般物品增值税的税率为19.6%，而图书增值税则按5.5%征收。②

欧洲图书增值税优惠实施中享受优惠的图书范围十分广泛。在33个已施行图书增值税优惠的国家中，除拉脱维亚外，均对受惠图书的种类不做具体区分，即原则上属于图书范畴的所有作品都能享受国家规定的减征或免征优惠。③所有进入出版发行市场的图书无差别地享受增值税优惠能够避免图书出版从业者有选择地发行、销售图书，无疑更能维护市场秩序，促进图书文化整体协调发展。

（三）系统的图书出版业基金资助机制

根据基金募集资金的来源不同，图书出版业资助基金可分为财政基金和民间基金。民间基金多属于投资性资金，对图书出版的健康持续发展所起的作用通常不如财政基金。欧洲国家更为重视财政型基金在图书出版业中的激励作用，目前已有21个国家设有财政图书出版基金。欧洲财政图书出版基金具有资助力度大、资助范围广的特点。④

欧洲大多数国家的财政图书出版基金体系严密。从受资助图书的种类来看，欧洲国家

---

① 参见马衍伟：《税收政策促进文化产业发展的国际比较》，载《涉外税务》2008年第9期，第34~38页。

② Mills, L. F., *Book-tax Differences and Internal Revenue Service Adjustments*, 36（3）Journal of Accounting Research 343-356（1998）.

③ 拉脱维亚施行图书优惠政策，但能够享受按普通物品减半征收的图书仅限于教育书籍和隶属于拉脱维亚的文学作品。

④ 欧洲有21个设有图书出版基金的国家，包括奥地利、阿塞拜疆、保加利亚、克罗地亚、丹麦、爱沙尼亚、格鲁吉亚、希腊、爱尔兰、拉脱维亚、立陶宛、马其顿、罗马尼亚、俄罗斯、圣马力诺、塞尔维亚、斯洛伐克、斯洛文尼亚、西班牙、瑞典、乌克兰，信息来源于 http：//www.culturalpolicies.net/web/comparisons-tables.php？aid=33&cid=45&lid=en。

财政图书基金能够涵盖语言文学类、教材教辅类、政治法律类等各种图书,如爱沙利亚、丹麦等国有财政基金支持本国文学作品的翻译出版,希腊、罗马尼亚等国有财政基金资助教材教辅类图书。从图书基金资助的领域来看,欧洲国家不仅在图书出版发行时给予资助,还将资助延伸到销售领域,如丹麦文学艺术委员会有专门基金资助图书首发式和图书巡回宣传活动。图书财政基金十分活跃的法国,基金的资助形式十分多样,有向出版企业提供经济贷款、补助出版商出版高质量的图书、向出版商提供零税率贷款以降低作品的发行成本、补助出版商因实施大型的出版计划而引起的超额的设计费用和协作费用等。①

欧洲国家财政图书出版基金资助力度效果明显。图书出版基金资助力度的大小主要取决于资助费用的多少。以图书对外翻译资助为例,从爱沙尼亚到匈牙利,几乎每一个欧洲国家都对本国文学作品翻译介绍到海外提供资助,并大多通过政府的文化事务管理部门来实施,平均资助额度为翻译总费用的 40% ~ 70%。充足的资金为图书的顺利出版发行奠定了坚实的物质基础,使得图书能更快更好地实现其价值。②

二、中国图书出版业财税激励中存在的问题

经过从计划经济到市场经济的转型,中国图书出版产业群逐步形成,正面临全球化、数字化和市场化的挑战,需要更多来自国家政策层面尤其是财税领域的支持。相对于成熟的欧洲国家来说,中国图书出版业尚未形成定价销售机制,同时既有的税收优惠以及图书出版基金机制也都不够合理。

(一) 图书定价销售机制缺位

中国的图书出版业缺乏合理的定价基准制度。现阶段,政府部门主要审批和控制中小学教材相关图书价格,完全放开其他门类图书的定价权限,图书价格主要由市场机制形成即各出版社自行定价。出版社作为市场经营主体,自行决定图书价格时可能较少考虑读者购买能力,可能会忽视图书的文化传承功能,更多的时候主要是基于自身利益决定图书价格,这种态势的发展有可能对图书出版行业持续健康发展造成不良影响。

中国图书出版业缺乏严格的定价销售制度。图书经出版社定价进入书市后,在销售市场则是由销售商自行决定销售折扣。今天的中国图书市场完全是买方市场,供大于求,竞争惨烈无序不仅体现在书市各门类大量相同、相近的图书产品的堆积上,也体现在书市中屡见不鲜的价格战中。销售商的任意折扣彻底使原有的价格体系面目全非,这对图书作为一种精神产品的文化象征意义也是极大的损害。

(二) 图书税收优惠机制效果不显

中国图书出版业税收优惠的受惠主体有限。根据财税〔2009〕34 号文规定,图书出

---

① 参见张鲁娜:《法国新闻出版业财税政策分析》,载《中国财政》2010 年第 24 期,第 63 ~ 64 页。

② Christopher Nobes & Hans Robert Schvoencke, *Modelling the Links between Tax and Financial Reporting: A Longitudinal Examination of Norway over 30 Years up to IFRS Adoption*, 15 (2) European Accounting Review 63-88 (2006).

版商等文化企业能够享受到包括增值税、营业税和所得税在内的多个税种优惠，但实际上，真正享受到税收减免的主体却非常有限。该文件明确将受惠主体限定于转制为企业的文化体制改革中的那些经营性文化事业单位，排除了民营出版机构的受惠资格。在我国，国有出版企业的创新能力远远低于民营出版机构。① 中国图书出版业中数量和作用最大的群体正是那些民营股份制文化出版发行企业，这些活跃在图书市场的主要从业者根本不可能依据相关文件享受税收减免。既有政策将把握市场能力更强、反应更为迅速的民营出版企业排除在受惠主体之外显然不合适。

中国图书出版税收优惠的图书种类有限。以图书增值税优惠为例，根据财税〔2011〕92 号文规定，出版环节能够享受到免征增值税的图书限于专为少年儿童出版发行的报纸和期刊，如中小学的学生课本、少数民族文字出版物、盲文图书等；销售环节能够享受到免征增值税的限于对县（含县级市、区、旗，下同）及县以下新华书店和农村供销社在本地销售的出版物。

中国图书出版税收优惠机制缺乏持续性且程序繁琐。上述两个主要的税收优惠政策文件除对受惠主体和受惠范围进行严格限定外，还存在持续性差和程序繁琐的弊端。两个政策文件均规定了明确的施行期限，财税〔2009〕34 号文件和财税〔2011〕92 号文件执行期限分别为 5 年和 1 年，② 明显缺乏连续性。同时，两个政策文件都采取严格审批制，都要求相关单位对图书业务进行独立核算财务，对优惠施行先征后退，这种减免税程序的优惠效果十分有限。

（三）图书出版基金资助机制不健全

条块化的中国图书出版基金严重不利于出版业整体有序发展。基金的条块化主要体现在设立部门的多元化，当前图书出版财政基金有国家基金和地方基金、政府基金和部门行业基金等，相互交织的出版基金各自为政，不成体系。如国家层面的有 2008 年新闻出版总署、财政部设立的国家出版基金，部门行业层面的有中央政法委机关设立的政法图书出版基金，以及军队、航空、铁路等部门设立的国防科技图书出版基金、航天科技图书出版基金和铁路科技图书出版基金等。在地方层面，上海、湖北等地还各自设立有支持地方图书的政府基金。国内文化基金资助的一大弊端是偏爱"不差钱"的文化企业，只愿意考虑实力雄厚的大企业，忽视绝大多数真正需要资助的中小文化企业。③ 图书出版基金条块化使得图书资助乱象丛生，不同出版社和不同图书受到资助的机会完全不均等，这在一定程度对图书出版业的正常秩序起到了负面影响。

中国图书出版基金资助的图书数量偏少和力度偏小不利于出版业快速发展。从受资助

---

① 参见陈婧思：《浅析转企改制后国有出版企业核心竞争力构建》，载《中国连锁》2013 年第 1 期，第 97~98 页。

② 财税〔2009〕34 号文执行期为 2009 年 1 月 1 日至 2013 年 12 月 31 日，现已停止执行；财税〔2011〕92 号文执行期为 2011 年 1 月 1 日起至 2012 年 12 月 31 日，现已全文废止。

③ 参见李华成：《欧美文化产业投融资制度及其对中国启示》，载《科技进步与对策》2012 年第 7 期，第 107~112 页。

的图书数量来看，2007 年设立的国家出版基金是国内最高级别的图书出版基金，2021 年全国范围内资助图书仅 405 本。从图书受资助的力度来看，2021 年国家出版基金平均资助金额为 69.8 万元，为历年来最低①。

中国图书出版基金资助的图书种类限制较严且程序繁琐。大多数基金均规定资助图书的类别范围，行业部门设立的出版基金只对所在行业领域的图书予以资助，地方基金则只支持本地方出版的图书，而国家出版基金目前资助项目有限。出版基金当然应明确资助范围，但若过于严格进而排除市场绝大多数种类图书受资助的机会，则可能降低资助的意义。

三、中国图书出版业财税激励机制的建构

在建设社会主义文化强国、增强国家文化软实力的进程中，必须振兴中国图书出版业，这就需要进一步加强相关制度设计，尽快完善图书出版业的财税激励机制。

（一）加快建构完善的图书定价销售机制

第一，应确定商政结合的图书定价主体机制。在谁有权确定图书价格的问题上，对于已走向市场的图书出版业来说，必须承认出版社是图书定价的主要主体。任何否定出版商定价权，认为应由政府相关部门确定所有图书价格的主张将使得图书出版市场化进程停滞乃至倒退。当然，也应当适度承认国家对部分特定图书的定价指导权，对于那些受国家财政基金资助的图书、国有出版单位出版的图书以及对中华文化传承具有重要影响的图书，应考虑实施政府指导价。

第二，应确立合理的图书定价基准机制。承认出版商是图书定价的主要主体的同时，还应当出台定价基准制度以引导、管理出版社合理确定图书价格。应引导出版社不仅要考虑图书出版过程中各个环节的成本和利润，还需要考虑图书市场情况以及图书的文化和社会功能。应建议图书出版商在以成本定价的基础上，以市场因素为导向，不同类别的图书施行不同的定价策略，尽可能按教育类图书、大众图书施行"保本微利"，专业图书适当提价的原则定价。

第三，应确立严格的图书定价销售机制。定价销售是图书交易市场稳健发展的基础性制度，在国家图书定价基准制度指导下，出版商综合考虑多种因素合理确定图书价格后，就应当按已确立的价格在市场上销售。图书定价销售能够有效地稳定图书市场的秩序，避免及减轻市场间的恶性竞争。对于一个不成熟的图书市场来说，这一点尤为重要，中国图书市场正处于并将长期处于发展阶段，确立严格定价销售，才能真正有利于中国书业的健康发展。

（二）加快建构完善的图书出版税收优惠机制

第一，应进一步扩大图书出版业税收优惠的主体范围。尽管我国出版业税收优惠的税

---

① 《激励精品力作涌现　助推出版业高质量发展》，载国家出版基金网站：https：//www.npf.org.cn/spDetail.html？id＝2026&categoryld＝43，2022 年 3 月 8 日访问。

种范围并不少，但实质上能够享受到特定税收优惠的主体远小于欧洲国家。让更多乃至全部图书出版从业者都能够享受到税收优惠既是税法普遍平等原则的要求，也更有利于出版行业的整体发展。未来应将民营文化出版发行单位纳入优惠主体范围中，对传统的、有利于文化发展的出版企业给予税收优惠，对于高新技术出版企业给予税收减免，对于国家重点培育领域也可以直接进行财政补贴。①

第二，应进一步扩大税收优惠中受惠图书的范围。无论是专业类图书或大众通识类图书都有自身的文化价值，将有较高学术价值的专业类图书排除在税收减免受惠图书范畴之内，显然不妥。专业类图书的目标购买群小，若该类图书不能享受税收减免，出版发行商为保证利益，该类图书销售价格可能将上抬，则不利于该类图书的持续发展，也会降低该类专业图书应发挥的价值。

第三，应构建持续性的图书出版税收优惠机制。以相关部门文件形式出台的图书出版税收优惠依据的最大弊端是效力层次偏低，变动性过频。欧洲国家的做法表明，税收优惠理应是出版业的一项重要制度，应当长期持续存在。未来应从中央政府层面立法，明确税收优惠在图书出版业促进中的支柱性地位。

第四，应进一步优化图书出版税收优惠程序机制。繁琐的扶持程序阻碍了扶持进度并最终会影响扶持效果，因此，需要构建合理的扶持措施执行程序，并尽量简化已成业界共识。② 效率、合理、透明是程序正当的基本要求。未来应明确并尽可能缩短税收优惠申报的批准时间，应简化图书出版从业者提交税收优惠申请的材料数量，应考虑建立网络化电子申报以降低申报单位的申报成本，应实施申报材料和申报结果的双公开以保证税收优惠结果的公正性。

（三）加快建构完善的图书出版基金机制

第一，应加快理清现有图书出版基金体系。对图书出版业来说，需要有更多的基金扶持，但基金之间应当是体系化的有机整体。未来在进行制度构建时，应鼓励各级政府及相关部门积极建立更多专项基金，同时应实现基金之间的协调。应考虑成立专门的高级别部门统一协调现有图书出版基金的使用，使各图书出版基金最大程度发挥支持出版业的作用。

第二，应扩大图书出版基金的资金规模。基金规模的大小直接影响资助的力度，现有大多数图书出版基金的设立没有下限要求，大多为设立单位量入为出自主设立。应考虑建立图书出版基金成立的下限制度，并从制度上明确将来自图书出版业税收及其他收入中的一部分拿出来直接反哺支持图书出版业继续发展。

第三，应扩大受资助图书的范围并简化图书出版基金的资助程序。应该说，图书间文化价值的差异难以界定，享受专项基金资助的图书不应区分图书的性质种类而施行差别待遇。在制度设计中，要从图书的政治价值、文化价值、学术价值和经济价值等多维度予以

---

① 参见白荣洲：《我国出版业的财政扶持政策研究》，载《中国报业》2013 年第 5 期，第 124~128 页。

② 参见李华成：《动漫产业扶持政策评析》，载《学习与实践》2011 年第 6 期，第 118~123 页。

考虑，适度扩大受资助图书的范围和种类，避免在制度上出现对某类图书的"歧视"。同时，必须注重资助程序的公正、透明和效率，以保证资助政策的公平和资助效果的最大化。

第四，应优化图书出版基金的资助程序。根据资助的时间点不同，图书出版基金可以设立出版前补助资助和出版后奖励资助两个不同类别，但无论哪一类别资助，都需要有适当的程序进而起到激励作用。要避免资助程序的不公开，要给予申请人足够的时间，要简化申请资助审批流程，要引入第三方参与资助评审，要将资助结果公示，要慎重处理公众对资助结果的质疑。

总之，图书出版业承载着文化传承的重要使命，完全由市场竞争的机制不利于图书出版业健康有序发展，国家应当给予必要的财税扶持。欧洲国家大多对图书出版业采取定价销售、税收优惠和财政基金资助，有效维护和促进了本国图书出版业的快速发展。中国图书出版业尚未构建定价销售机制，同时，税收优惠和基金资助机制也不健全。在图书定价机制上，我国未来应考虑形成以出版社定价为主、政府为辅的定价主体制度，应构建合理的定价基准制度，形成严格的定价销售制度。在税收优惠机制上，在未来应进一步扩大税收优惠的主体、客体范围，并加大税收优惠的力度，应形成制度稳定且程序合理的税收优惠机制。在图书出版基金机制上，在未来应形成系统的基金资助体系，并扩大基金的资金规模使更多出版商和图书有机会受到资助。

第六章　文化产业出口促进措施

第一节　文化产业出口促进措施的分类与合法性

一、文化产业出口促进措施的分类

出口促进措施是由政府采取的，旨在提升本国文化产业与文化服务出口贸易额的一系列措施。推动文化产业出口的增长是一个庞大的工程。其中，既要打造出过硬的文化内容从而提升自身文化的国际竞争力，也要在国际市场上对本国文化进行营销，从而推动本国文化产品与文化服务贸易额的增长。同时，出口能够拉动本国文化产业的进步与发展。以版权出口为例，版权出口有利于改善我国贸易逆差现象，促进中国文化产业发展。[①]

出口促进的目标是提升本国文化产品和文化服务在国际市场上的竞争力，提升本国文化产品和文化服务海外市场贸易额的增长。在这个过程中，政府需要协助本国企业积极开拓海外市场。相比于一般商品和服务的国际贸易，文化产品与服务贸易具有特殊之处，政策措施也有一定的差别，但也有相同之处。文化产品和服务出口本质上仍然是产品与服务贸易，因此需要遵循国际贸易的市场规律；而且，由于其特殊之处，也要相应调整文化产品和贸易的政策措施。

政府为推动文化产业发展和文化交流所采取的措施，可分为物质性措施和非物质性措施。[②] 目前来看，物质性措施包括提供促进基金和税收优惠的财政类措施、支持文化基础设施建设等。非物质性措施则包含一系列旨在提升文化产业"软实力"的措施，如提升项目管理、文化内容资源数字化、支持研发计划（devolopment of reseerch）、制定相应技术标准，协助建立人际关系网络等，除此之外，这类措施还包括支持文化创新措施，如创意经纪人激励，以提升文化产业活力。

二、文化产业出口促进措施的合法性

文化产业出口促进措施的合法性分析主要集中在政府所采取的措施是否符合国际贸易规则，即以 WTO 规则为核心的多边贸易规则。

[①] 王丽：《版权贸易与文化产业发展之间的关系研究——基于中美两国的经验数据考察》，载《价格月刊》2019 年第 9 期，第 59 页。

[②] Lee, H. & Kim, H., *Guidelines for Cultural Policy Change in the Network Society*, KISDI Issue Report, 2007.

文化和贸易之间的紧张关系，是国际贸易中经久不衰的问题。WTO 乌拉圭回合谈判中，就文化贸易自由化问题，各国观点分歧较大。以英法为代表的国家反对文化产品和文化服务贸易自由化，主要论点在于自由的文化贸易不利于保护本国文化多样性。比如美国好莱坞电影、肯德基可乐饮食文化的文化输出便不利于保护本国文化的多样性。但是美国、日本等国家则强调文化产品和文化服务的自由贸易，认为文化产品和服务不应当与普通商品和服务具有差距，应当适用同等的贸易规则，实现贸易自由化。① 尤其是在联合国经社文组织推动制定《保护和促进文化表现形式多样性公约》（《文化多样性公约》）之后，文化多样性与贸易自由化之间的矛盾有增无减。如何协调贸易与文化的紧张关系成为国际贸易法的难点问题。

在政府的文化产业出口促进措施中，争议最大的便是政府的补贴措施。WTO 反补贴规则和 GATT 第 3 条、GATS 第 17 条国民待遇条款均对出口补贴措施进行了限制。但是值得注意的是 GATS 所限制的出口补贴措施仅限于具有针对性的特定补贴措施，如在针对特定企业或者特定区域内企业进行的补贴措施，则是违反 WTO 反补贴规则的措施。根据 WTO 争端解决机制实践，判断违反国民待遇一般需要满足以下条件：一是案涉产品与国内产品属同类产品；二是涉案措施属于一项"影响产品的国内销售、标价出售、购买、运输、分销或使用的法律、规章或要求"且该措施产生了不利影响；三是对进口产品的待遇低于同类国内产品；四是该措施属于国内措施。② 一国政府以直接补贴的形式仅仅给予其国内文化产业生产者的补贴，尽管可能对外国同等的生产者造成歧视，但是由于符合国民待遇原则的例外而被免责。而对其国内文化产业的税收减免等优惠措施，也需要符合国民待遇原则，不能对国内文化产品实施更优惠的税收措施而造成对外国同类产品的歧视。③

其他类型的文化产业出口促进措施，并非多边贸易规则规制的对象，因此只需要符合本国法律的规定即可。

第二节　文化产业出口促进措施的域外实践

一、文化产业出口的财政支持

（一）基金支持

1. 美国国家艺术基金

与大多数国家情况不同，美国没有专门的文化管理行政机关，如宣传部、文化部、广

---

① Michael Hahn, *A Clash of Cultures? The UNESCO Diversity Convention and International Trade Law*, 9 (3) Journal of International Economic Law 520 (2006).

② "中美音响制品和出版物措施争端案"（WT/DS363）专家组报告。

③ Dirk Pulkowski, *The Law and Politics of International Regime Conflict* 161 (Oxford University Press 2014).

电总局等部门。政府对文化产业的管理主要通过基金会来进行，以基金会的方式向文化产业投入资金，提供资助。这其中关键的两部法律分别是《国家艺术及人文事业基金法》《联邦税收法》。美国联邦政府以基金的方式，推动州政府以及民间资本如企业和个人投资文化产业。1965年，美国国会在约翰逊总统的建议下，通过了《国家艺术及人文基金法》，自此美国确定了以基金方式管理、推动文化产业发展的模式。国家艺术和人文基金的主要目的是制定国家政策，以支持美国艺术和人文的发展，以及保护美国文化遗产。目前，国家艺术及人文基金包含四个分支机构：国家艺术基金、国家人文基金、博物馆和图书馆服务署、联邦艺术与人文委员会。①

以国家艺术基金为例，该基金的资助项目包括：具有实质艺术性与文化意义、强调美国创造力并达到专业成就的作品；符合专业水准或原创性、传统性标准，且无有此项补助则某些区域公众将不能得见的作品；鼓励与协助艺术家追求专业成就的计划；鼓励与发展公众欣赏与享受艺术的研习班；其他关于艺术的调查、研究与计划。② 该基金向非营利性的组织机构进行资助，为作者和翻译家提供奖金，并且为国家和地方的文化部门合同项目提供资金支持。申请者可通过各种渠道了解基金的资助项目，甚至可以通过推特等社交媒体与基金工作人员进行沟通。申请项目也分为三类，即针对组织、个人和合作项目三类。并且，国家艺术基金并非仅资助高精尖项目，据其基金会统计，基金会65%的基金支持流向了中小型组织，这类组织更倾向于资助原本可能无法得到支持的艺术项目；40%的基金支持活动发生在极度贫困社区；36%的基金支持流向了关注社会弱势群体的组织，如关注残疾、生活在福利院中的人以及退伍军人，超过半数的基金支持项目针对的是家庭收入中位数低于5万美元的群体。③

更重要的是，国家艺术基金能够起到一定的"杠杆作用"，刺激民间投资。国家艺术基金所资助的项目都需要经过基金会的管理者即国家艺术基金委员会的审查，国家艺术基金会的良好声誉和专业素养是对项目质量的保证。因此，能够得到国家艺术基金的资助，在一定程度上也说明了受资助项目前景良好，从而能吸引民间资本的进入。根据国家艺术基金会统计，基金会所支出的每1美元资助，都可以带来近9美元的非官方民间资助。④

2. 韩国母基金制度

韩国政府加大了对文化内容产业的财政预算扶持力度，韩国文化体育观光部计划大幅度地追加预算和投资支援，采用的方式是以"母基金"（Fund of Funds，FOF，又称"基金的基金"）为主。⑤

---

① 参见美国联邦公报网站：https：//www.federalregister.gov/agencies/national-foundation-on-the-arts-and-the-humanities，2021年10月12日访问。

② 冯佳、李彦篁：《美国文化管理体制研究》，载《山东图书馆学刊》2012年第6期，第29页。

③ 参见美国国家艺术基金会官方网站，https：//www.arts.gov/sites/default/files/FAQ_Facts&Figures_FY20-19_budget_update8.2.18.pdf，2021年10月11日访问。

④ 参见美国国家艺术基金会官方网站，https：//www.arts.gov/sites/default/files/FAQ_Facts&Figures_FY20-19_budget_update8.2.18.pdf，2021年10月11日访问。

⑤ 参见刘宝全：《韩国文化内容产业的新发展及其对外输出战略》，载牛林杰、刘宝全主编：《韩国发展报告（2012）》，社会科学文献出版社2012年版。

韩国文化内容产业领域的"母基金"是由以前的"文化产业振兴基金"转变而来的。为了完善韩国文化产业基金支持方式,韩国"文化产业振兴基金"发展成为"母基金"。母基金的建立目的在于促进对文化产业的投资。母基金由专门的投资管理机构主持运作,在性质上可以界定为投资基金。母基金促进文化产业发展的主要方式是对中小企业和风险较大的企业进行投资。母基金的资金来源是政府投资,在得到政府投资之后,母基金制订相应的投资计划向投资基金进行投资,并监督投资基金的运作。投资基金直接面向文化企业,向文化企业进行投资。该基金的重点投资领域有电视剧、电影、音乐、游戏等。据统计,截至 2009 年年末,母基金规模已达 1.2 万亿韩元。2011 年年末,该基金的规模已达到 8.2 亿多韩元,已经在电影、音乐、电视剧等方面投资了 1010 个项目,注资额为 6430 亿韩元。

母基金的设立存在诸多好处。第一,母基金的设立可以降低投资风险。设立分级证券投资,通过对投资对象的分级,以组合投资方式实现投资收益目标,有利于降低风险,更有利于吸纳资金。第二,母基金的设立可以避免政府直接介入文化市场。政府投资设立母基金,母基金再投资于各个子基金,子基金最终投资于文化企业,这种投资方式将政府与文化企业之间进行隔离,避免了政府对文化企业的直接干预。一方面避免政府因不熟悉行业特点增加管理成本,另一方面也避免了道德风险。第三,母基金的设立可以实现资源的整合利用。从韩国经验来看,母基金的设立者除政府以外,还包括文化行业的领导者,他们掌握着文化产业的投资信息。母基金可与子基金之间实现信息互通、资源共享,母基金指导并监督子基金的运作和发展,从而提升资源配置效率。

我国学者也有注意到文化产业基金的发展问题,建议我国也积极引导以母基金为纽带,构建基金群生态圈。[①] 现在,我国广州地区已经初步建立了文化产业基金,但是仍然面临诸多问题,如金融服务与文化产业融合不足,缺乏了解文化创意产业特点的金融从业者等。母基金的设立将进一步整合现有的金融资源,打造基金群,形成合力助力文化产业的发展。我国其他地区有的结合区域特点利用区域资源,有的利用广州等发达地区的现有资源,创新政府对文化产业的资金支持方式,实现政府对文化产业的治理方式和治理能力的现代化。

(二)财政转移支付

政府间财政转移支付制度是当今世界分税制国家普遍采用的一项财政平衡手段。[②] 中央可以通过财政转移方式,平衡各地区公共收支,推动专项事业发展。以美国为例,美国通过转移支付的形式支持文化产业发展,每年独立用于文化产业的转移支付金额约占地区政府转移支付总额的 11%,转移支付资金由政府部门核算,交由议会审批,再由法院裁定。其转移支付资金途径是从联邦政府转移支付到州级政府,再由州级政府转移支付到郡

---

① 参见蔡进兵、林瑶鹏:《提升文化产业基金服务广州文化产业发展能力的研究》,载徐咏虹主编:《广州文化创意产业发展报告(2019)》,社会科学文献出版社 2019 年版。

② 宋槿篱、谭金可:《外国经验对我国财政转移支付立法的借鉴与启示》,载《财经理论与实践》2008 年第 2 期,第 123 页。

县地方政府。① 这些资金再以专项资金的形式分配到文化产业出口阶段。美国通过财政转移支付的方式为文化产业注入大量资金,推动了文化产业的出口和发展。

(三) 出口保险制度

出口信用保险是保险公司为出口商企业对其在出口经营过程中的商业风险和政治风险进行承保,保障出口商的贸易安全从而推动本国出口贸易的保险制度。同时,出口保险可作为融资工具进行融资,更有利于出口企业的发展。值得注意的是,世贸组织规则中并不反对各国所提供的出口保险措施。现如今,出口保险制度已经成为一项重要的出口促进措施。②

世界上很多国家已经建立出口保险制度,根据中国出口信用保险公司《出口信用保险——操作流程与案例》,世界信用保险市场的经营机构可以分为 5 种模式,包括政府设立特别机构办理出口信用保险、政府设立全资公司、政府控股的有限责任公司、政府委托私人办理、进出口银行模式。③

以韩国为例,韩国的出口保险计划始于 1969 年,旨在通过保护出口商免受意外损失的影响,帮助它们提高海外销售量。韩国政府也成立了出口保险基金以支持出口保险项目,韩国消防再保险公司 (Korea Fire Re-Insurance Corporation) 在 1969—1976 年代表韩国政府运作该项目,1977 年之后直至 20 世纪 90 年代则由韩国进出口银行取而代之。此外,在 1972 年还增加了外国投资保险,以避免因外国直接投资外流带来的政治风险而造成的损失。然而直到 20 世纪 90 年代初,出口保险在促进出口方面的作用仍微不足道。④

在 1968—1972 年,由出口保险支持的出口价值 (即出口保险的利用率) 低至 0.8%。在整个 20 世纪 80 年代,这一比例仍然保持在大约 3%。⑤ 由于乌拉圭回合谈判禁止将直接出口补贴,因此政府开始强调间接出口补贴 (例如出口保险) 的作用。1992 年韩国政府成立了韩国出口保险公司,该公司是韩国的独家出口保险提供商,取代了韩国进出口银行。

一方面,随着韩国出口保险公司的成立,出口保险的利用率在 1992 年至 1999 年间持续增长,达到了 9.6%。这其中,针对付款周期低于两年的出口合同的短期出口保险数量最多,达到了总量的 80%。⑥ 另一方面,一旦韩国出口保险公司出现赤字,出口保险法要求出口保险基金对保险项目进行出资。韩国的出口保险费率一开始仿照日本设立,但是后

---

① 李季:《我国文化产业财税政策研究》,东北财经大学 2013 年博士论文,第 81 页。

② 朴贤珠:《出口信用保险与出口贸易的相关性分析》,复旦大学 2013 年硕士论文,第 4 页。

③ 中国出口信用保险公司:《出口信用保险:操作流程与案例》,中国海关出版社 2008 年版,第 3~5 页。

④ Jai S. Mah, *Export Promotion and Economic Development: The Case of Korea*, 40 (1) Journal of World Trade 153-166 (2006).

⑤ Korea Export Insurance Corporation (KEIC), Twenty-five Years History of Export Insurances: 1969-1994, 1994.

⑥ Korea Export Insurance Corporation (KEIC), Ten years History: 1992-2002, 2002.

来多次降低保险费率以支持文化产业的发展。随着韩国出口保险公司的成立，投保人所缴纳的保费与其所得到的保险赔付间的比率，从 1991 年的不足 100% 上升到了 1995 年的 300%，政府在其中发挥的作用不可忽视。① 同时，政府也在向出口保险基金投资。出口保险基金是目前韩国最重要的出口促进措施。同时，韩国出口保险制度有着良好的监察体制，以防范贪腐行为。韩国出口保险公司的财务预算和决算必须经政府主管部门批准，政府指定的审计官有权随时审核韩国出口保险公司的一切账务和文件。② 更重要的是，尽管 WTO 反补贴规则禁止了大部分的出口补贴，而出口保险这种措施却未被禁止。

（四）文化产业税收优惠

从美国经验来看，要区分营利性文化企业和非营利性文化企业来施行税收优惠政策。③ 其中，针对非营利性文化企业的税收优惠力度更大。其原因在于美国认为营利性文化企业应当完全市场化，政府应当减少干预。尽管对营利性企业没有直接的税收优惠，但是美国也采取了相关措施，间接提升了美国文化企业的国际竞争力。这些措施包括投资抵免、税项扣除、研发退税、出口退税等。另外，为鼓励文化企业的研发和创新，美国规定了直接税收优惠和间接税收优惠。直接税收优惠包括税率优惠、税额优惠、期限优惠，间接优惠则有税收抵免、投资抵免、加速折旧、税收抵扣、税项扣除等。

（五）政府对优秀文化出口企业进行奖励

政府对于文化企业奖励的形式和标准，各国做法则不一致。以韩国为例，在 2002 年韩国文化观光部和文化创意产业振兴院设立"大韩民国文化创意产业出口奖"，奖励在过去一年韩国文化创意产品和文化服务出口获得优异成绩的企业和部门。奖项设置分为十项，分布范围广泛，涉及多个文化产业领域。④

二、政府推动对外文化交流

推动对外文化交流，从而带动文化出口的制度逻辑在日本体现得尤为明显。事实上，多个国家也采取了积极推动对外文化交流的措施。以韩国为例，21 世纪初的韩流热潮带动了韩国电影、电视、音乐等文化产业的出口。甚至有学者指出，并非是政府的出口支持措施带动了文化产业的出口，反而是文化潮流带动文化出口从而导致政府开始对文化产业进行政策支持。⑤

---

① Jai S. Mah & Yunah Song, *The Export Insurance System of Korea: Its Implications on the Trade Regulations in the Global Trading System*, 35（14）Journal of World Trade, 609（2001）.

② 《韩国出口信用保险体系》，载《国际商务财会》2010 年第 11 期，第 69 页。

③ 张慧娟：《美国文化产业政策研究》，学苑出版社 2015 年版，第 127 页。

④ 陈桂玲、牛继舜、白静：《日韩文化创意产业国际化发展经验解读及启示》，经济日报出版社 2019 年版，第 202 页。

⑤ Ah Park, Kang, *The Growth of Cultural Industry and the Role of Government: The Case of Korea*, Master's Thesis of Massachusetts Institute of Technology, May 2008.

（一）免费向外国市场提供本国文化产品

2005 年，日本外务省利用"政府开发援助"中的 24 亿日元"文化无偿援助"资金，从本国动漫制作商手中购买动漫片播映权，无偿提供给世界各国特别是发展中国家的电视台播放。类似于培养消费习惯的营销策略，日本政府积极推动本国文化产品向国外输出，以一种近似于极端的免费赠送方式，对外宣传本国文化产品。当前，面向发展中国家，尤其是东南亚、中东、非洲市场，可以借鉴日本的这种以产品宣传文化的方式，积极推动本国优秀文化走出去，培养文化市场基础，为将来文化产品和文化服务的出口奠定基础。

（二）通过音乐节、电影节等文化节会推动文化交流

举办文化节能够发掘和传播优秀文化，有利于增强国际间文化交流，带动相关产业发展。从日本、韩国等文化产业大国的经验来看，日本和韩国一方面积极举办享誉业内的音乐节、电影节，如釜山电影节、红白音乐节等，另一方面也积极支持本国文化企业参加在国外举办的文化节会。这既能够通过国际平台让国际社会了解本国文化，也能够推动本土文化企业与外国文化企业的交流合作。

通过举办各类文化节会，打造多种文化宣传平台，有助于发挥我国文化企业"主场优势"，提升我国文化产品的国际竞争力。

三、政府指导企业出口

在企业走出去的过程中，需要了解目标市场信息，比如目标市场的需求、目标市场规模、目标市场的政策法规，同时还需要与当地企业建立合作关系。这些信息由企业自身搜集存在一定的困难，政府可以就此予以一定的协助。比如日本政府就会定期发布海外目标市场信息，日本贸易振兴机构每季度定期发布日本动漫、电影、电视节目、游戏等在中国播放、上映、销售的最新情况，以及中国政府有关文化内容的相关法令的发布情况。①

四、打击海外盗版活动

海外市场上猖獗的盗版活动不利于本国文化产业的出口。本国文化产品和服务需要在目标市场上获取利润，才能够进一步推动本国文化产业走出去。如果海外市场上盗版活动猖獗，不仅损害本国文化企业的利润，而且加大了本国文化企业打击盗版的成本，不利于本国文化企业的发展。

从日本等国家的经验来看，打击盗版活动与对外文化交流往往同步进行。一方面向外国展示本国文化，另一方面也与目标市场政府协同打击盗版活动。首先，政府可以采取措施，支持本国企业在当地进行知识产权维权。其次，政府可以通过多边或者双边协定的方式，加强国际间协作，共同打击盗版活动。最后，完善本国知识产权立法，加强对知识产权侵权的打击力度。

---

① 陈桂玲、牛继舜、白静：《日韩文化创意产业国际化发展经验解读及启示》，经济日报出版社 2019 年版，第 99 页。

五、国家文化产业战略

(一) 酷日本战略 (Cool Japan)

酷日本战略是日本政府为推动本国文化创意产业发展而制定的包含一系列措施的文化产业战略计划。2010年，日本政府设立酷日本室，开始将文化产业置于国家发展战略地位。酷日本战略涵盖的文化产业范围广泛，包含传统文化、现代流行文化、饮食、旅游、时尚产业等。酷日本战略主要分为三个阶段：第一阶段是向海外传达日本的魅力，包括动漫、时尚、饮食文化等内容；第二阶段是让本国企业通过在海外开发动漫、时尚等关联产业的商品而获利；第三阶段则是吸引更多的海外游客来日本观光消费。

酷日本战略作为日本的文化产业发展战略，具有如下几个特点：第一，以产业领域作为重点，这与我国以企业和项目为重点的做法形成对比。我国文化产业政策以扶持一批大企业和重点项目为出发点，设计文化产业政策，日本则以重点文化产业领域为出发点。日本这种做法的优点在于能够培养具有日本特色的文化产业，对外输出文化更有针对性。目前来看，日本在动漫、饮食等领域具有明显的文化优势。而我国以企业为中心的做法，难以真正做到以产业类型为出发点，打造重点文化产品。第二，以文化输出带动文化产业发展。当本国文化在目标市场上得到认同之后，才会产生相应的文化消费。第三，以文化产业的发展带动旅游业的增长。

(二) 你好！来自芬兰的声音 (MOI！Sounds from Suomi)

"你好！来自芬兰的声音"是芬兰政府为推动本国音乐产业发展所进行的旗舰项目，该项目以对外出口为核心要点。之前芬兰音乐产业面临诸多限制其发展的困境，比如其国内市场小。① 对于芬兰这种国内市场受限的小型开放经济体，鼓励小型和微型文化创业产业组织出口以获取增长便显得十分重要。因此芬兰政府为发展本国文化产业，积极推动文化产业出口，制定了大量的文化政策。该项目为芬兰音乐企业确定了目标市场，即北欧地区。同时，该项目为芬兰音乐企业的国际化发展提供了各项支持，包括融资、出口辅导、咨询、销售培训、支持参与旨在沟通关系的国际活动、产品展示等。满足条件的企业可向项目组织者进行申请，与项目组织者之间建立合作关系。申请时，项目参与者需要汇报自己的目标、计划和具体措施，并且在项目具体执行过程中向项目资助者定期汇报项目的进展情况。该计划的主要资助者是芬兰就业与经济部和文化教育部。值得注意的是，该项目与学术机构之间也有合作，如与芬兰文化学术研究所建立了合作关系。该项目重点为企业提供融资，创办企业的资金来源部分由创业者自筹，部分由政府出资。在自筹部分，小型企业最低为35%，中型企业为50%，大型企业则为75%。②

---

① 邱美艳：《芬兰的音乐文化产业》，载林拓主编：《世界文化产业发展前沿报告（2003—2004）》，社会科学文献出版社2004年版。

② Miia Paakkanen, *Best Practices of Public Export Promotion in the Finnish Music Industry：Case MOI！ Sounds from Suomi*, Master's Thesis of Aalto University, 2012.

第三节　我国促进文化产业出口措施现状

一、逐渐开展与文化产业特点契合的财政支持与金融支持

我国目前对文化产业的财政支持力度较大。从文化产业的税负来看，2015 年我国税收收入占 GDP 比重为 19.8%，不包括收费、养老金，第三产业的税负为 21.7%。文化产业的税负 2012 年为 10.4%，2013 年为 9.6%，2014 年为 9.4%，大大低于第三产业税负。[①] 在降低文化产业税负的同时，为贯彻落实打造一批优质精品文化企业和文化项目的目标，我国采取了重点支持的税收优惠策略，对重点企业和重点项目给予更加优惠的支持。

这些支持的政策基础为国务院先后颁发的《关于进一步加强和改进文化产品和服务出口工作的意见》（2005 年）、《国务院关于推进文化创意和设计服务与相关产业融合发展的若干意见》（2014 年）、《国务院关于加快发展对外文化贸易的意见》等基础文件，以及各部委与地方对于相关问题的细化及实施意见。

（一）重点支持

目前我国对文化产业的财政支持，采取了重点支持的方式。2007 年，商务部、外交部、文化部、广电总局、新闻出版总署、国务院新闻办联合发文《文化产业和服务出口指导目录》，并于 2012 年进行修订。《文化产业和服务出口指导目录》中对我国出口文化产业和服务的种类进行了列明，并在文件中规定了国家文化出口重点企业的认定标准以及在目录中的产品和服务种类中认定一批国家文化重点出口项目。[②] 重点企业和重点项目的评审工作分开进行，重点企业的项目并不一定是重点项目。目前该项工作仍在进行，商务部、中央宣传部、财政部、文化和旅游部、广电总局每年定期联合组织进行国家文化出口重点企业和重点项目的评审工作。[③] 根据商务部公告，2021—2022 年度的国家文化出口重点企业共计 369 家，国家文化出口重点项目共计 121 项。[④]

列入重点企业和重点项目的企业和项目可得到一系列的支持措施。以金融支持为例，《关于金融支持文化产业振兴和发展繁荣的指导意见》中要求金融机构对纳入《文化产业投资指导目录》"鼓励类"的文化产业项目、优先予以信贷支持，对"限制类"的文化产业项目要从严审查和审批贷款。《关于保险业支持文化产业发展有关工作的通知》中明确

---

① 付广军：《中国文化产业发展的税收状况及税收政策》，http：//www.sohu.com/a/219424051_160257，2021 年 10 月 27 日访问。

② 《文化产业和服务出口指导目录》，商务部、中宣部、外交部、财政部、文化部、海关总署、税务总局、广电总局、新闻出版总署、国务院新闻办公告 2012 年第 3 号。

③ 《商务部办公厅、中央宣传部办公厅、财政部办公厅、文化和旅游部办公厅、广电总局办公厅关于组织申报 2021—2022 年度国家文化出口重点企业和重点项目的通知》，商办服贸函〔2021〕146 号。

④ 《关于 2021—2022 年度国家文化出口重点企业和重点项目的公告》，商务部、中央宣传部、财政部、文化部、国家广播电视总局公告 2021 年第 23 号。

指出中国出口信用保险公司对于符合《文化产品和服务出口指导目录》条件、文化主管部门重点扶持的文化出口企业和项目，应给予积极的支持。此外，文化部（现文化和旅游部）与农业银行等多家银行达成战略合作关系，对重点企业和重点项目的出口提供全面、高效、优质的金融服务。[1] 在财政支持之外，海关对于重点企业和重点项目的出口可采取简化手续、进行出口培训等支持措施。

（二）税收优惠

出口退税作为一项贸易促进措施，对于调整国家出口结构有着非常重要的作用。我国对于文化产品和服务的出口执行出口退税早已有之，国务院早在 2000 年出台的《关于支持文化事业发展若干经济政策的通知》中就指出各级财税部门要认真落实各项文化经济政策。从目前来看，针对文化产业的税收政策主要有增值税收优惠和企业所得税税收优惠。同时，对文化产品出口给予一定的出口退税、免税。通过一系列的直接税收优惠和间接税收优惠，降低文化企业成本，提高文化企业的竞争力。典型例子有财政部和国家税务总局于 2014 年发布的《关于支持文化服务出口等营业税政策的通知》明确规定，对纳税人为境外单位或个人在境外提供的下列服务免征营业税：（1）文物、遗址等的修复保护服务；（2）纳入国家级非物质文化遗产名录的传统医药诊疗保健服务。2018 年的财政部、财务总局发布了《关于延续动漫产业增值税政策的通知》，继续对动漫软件出口免增增值税等。

（三）出口奖励

早在 2006 年《关于鼓励和支持文化产品和服务出口的若干政策》文件中便提到，对出口规模较大、出口业务增长较快的文化企业，对积极引进我国版权的国外文化机构和企业，对将我国文化产品推向海外市场作出贡献的国内外媒体、中介机构和友好人士要给予相应的表彰和奖励。近年来，对出口规模较大、出口业务增长较快的文化企业的奖励工作一直在推进当中。

中央财政自 2008 年以来便设立"扶持文化产业发展专项资金"，中央和 31 个省（区、市）以及有条件的县级政府均设立了文化产业发展专项资金，大多对核心文化产品（服务）出口的资助进行了规定。自 2017 年，财政部率先调整了专项资金的运行模式，设立中国文化产业投资基金，将市场化引入文化产业，更好发挥专项资金的产业带动作用。地方也在已有的专项资金的模式中逐步引入市场化机制。而在地方层面，深圳市颁布的《深圳市文化产业发展专项资金资助办法》第 24 条明确对国家文化出口重点企业、重点项目和深圳市文化出口重点企业、文化贸易基地，给予最高 100 万元奖励。厦门自贸区发布的《关于推进厦门自贸片区国家文化出口基地建设的若干政策》也对文化出口示范企业等进行奖励。

---

[1] 《中国农业银行关于加强全面战略合作的通知》，文化部文产函〔2010〕1818 号。

（四）金融支持

金融对文化产业的重要性不言而喻。国务院多次发文要求建立与文化产业相契合的金融服务体系。《关于金融支持文化产业振兴和发展繁荣的指导意见》中要求积极开发适合文化产业特点的信贷产品，改进和完善对文化企业的金融服务。如中国出口信用保险公司的保险产品中就有对我国对外文艺演出中特殊重要人员的人身保险产品。同时，该公司也可对海外演出和会展设施提供海关关税担保。

值得指出的是，最新《文化产业促进法（草案送审稿）》中专设第七章金融财税扶持，从金融到财政、税收，规定了多项支持措施。而且，在第 17 条中规定，国家发挥现有专门基金的作用，资助文化艺术、哲学社会科学等创作活动。这表明，我国目前已经注意到了基金在促进文化产业发展中的重要作用。

（五）出口基地建设

2017 年，商务部会同中央宣传部、原文化部、原新闻出版广电总局等部门启动了国家文化出口基地建设。为加强国际传播能力，进一步发挥基地在引领对外贸易，推动中华文化的走出去的作用，商务部、中央宣传部等 17 部门于 2021 年发布了《关于支持国家文化出口基地高质量发展若干措施的通知》①，从健全共建机制、完善财政支持措施、优化金融服务、提升服务水平以及深化国际合作五个方面就基地建设提出了具体的工作措施。在此之前，已采取了认定国家文化出口基地、举办国家文化出口基地论坛、建立国家文化出口基地联席机制以及印发《国家文化出口基地首批创新实践案例》等多种举措。

各地也相继出台了相应政策支持出口基地建设。如深圳市商务局印发《深圳市商务局〈关于加快推动服务贸易创新发展的若干措施〉实施细则》，其中提出支持文化创意等领域的国家文化服务出口基地，对此实施最高不超过 300 万元的一次性的事后奖励。② 四川发布了《四川省推动国家文化出口基地高质量发展工作方案》，在财税支持、优化金融服务及支持跨境贸易等方面提出了相应的奖励与其他举措。

除这五项之外，中央和各地还采取简化出境、结汇手续以及提供通关便利等措施。

二、积极推动文化交流

首先，我国目前正积极与"一带一路"沿线国家开展文化节会和文化合作。"一带一路"倡议的推进，为我国文化产业走出去创造了良好的机会，搭建了良好的平台。与"一带一路"沿线国家之间的文化交流，不仅能够实现文化产业的经济价值，还能够实现"一带一路"沿线国家的民心相通。推进"一带一路"建设工作领导小组办公室在 2019

---

① 《商务部、中央宣传部等 17 部门关于支持国家文化出口基地高质量发展若干措施的通知》，商服贸函〔2021〕519 号。

② 深圳市商务局关于印发《深圳市商务局〈关于加快推动服务贸易创新发展的若干措施〉实施细则》的通知，深商务规〔2022〕5 号。

年发布的《共建"一带一路"倡议：进展、贡献与展望》的报告中指出，中国与沿线国家互办艺术节、电影节、音乐节、文物展、图书展等活动，合作开展图书广播影视精品创作和互译互播。丝绸之路国际剧院、博物馆、艺术节、图书馆、美术馆联盟相继成立。中国与中东欧、东盟、俄罗斯、尼泊尔、希腊、埃及、南非等国家和地区共同举办文化年活动，形成了"丝路之旅""中非文化聚焦"等十余个文化交流品牌，打造了丝绸之路（敦煌）国际文化博览会、丝绸之路国际艺术节、海上丝绸之路国际艺术节等一批大型文化节会，在沿线国家设立了 17 个中国文化中心。中国与印度尼西亚、缅甸、塞尔维亚、新加坡、沙特阿拉伯等国签订了文化遗产合作文件。中国、哈萨克斯坦、吉尔吉斯斯坦"丝绸之路：长安-天山廊道的路网"联合申遗成功。积极推进"一带一路"新闻合作联盟建设。丝绸之路沿线民间组织合作网络成员已达 310 家，成为推动民间友好合作的重要平台。从目前来看我国已经开始逐渐依托"一带一路"平台，初步展开了与"一带一路"沿线国家之间的文化合作与文化交流。这有利于向"一带一路"沿线国家传播中华文化，为下一步的文化产业合作打下基础。

其次，积极打造文博会等文化交流平台。由中共中央宣传部、商务部、文旅部、广电总局、贸促会和广东省政府以及深圳市政府联合主办的中国（深圳）国际文化博览交易会是我国对外文化交流的主要平台之一。在 2019 年举办的第 15 届文博会上，有来自全球 52 个国家和地区的 132 家海外机构参展，推动国际文化交流的效果显著。同时，还有地方政府主办的文化博览交易会，如山西文化产业博览交易会在宣传文化、促进贸易方面也效果显著。

最后，为我国文化企业对外交流提供支持。文化企业的对外交流是文化企业出口的基础。根据日本、韩国等国家的经验，文化产业的出口总是以本国文化的流行为基础。本世纪初的韩流风靡亚洲，带来了韩国文化产业对外输出的迅速增长。而日本则以其漫画、电视剧等为基础使日本文化在亚洲得以流行，从而推动日本文化产业的对外出口。

国务院在 2006 年的《关于鼓励和支持文化产品和服务出口的若干政策》中指出，可以对参与境外文化节的文化单位根据情况予以经费资助，对参加境外商业性演出的人员和道具的国际旅运费、参加境外博览会的场馆租金可予以一定补贴。为贯彻落实中央政策，上海市制定的《上海市文化"走出去"专项扶持资金管理办法》中明确规定，专项扶持资金予以支持的范围包括参加境外文化节庆、项目投标、市场调研、会议研讨等国际文化市场前期拓展活动；组织、策划赴境外开展商业性演出；组织、策划境外推介活动，租用境外文化博览会等场馆进行展示，宣传并推广我国文化产品或服务。

第四节　我国促进文化产业出口措施的完善建议

一、加大对中小企业的支持力度

我国目前对文化产业的支持采取重点支持的思路，选取一批有代表性的重点文化企业和文化项目进行重点支持。但是问题在于，重点支持的方式并不契合文化产业的发展模式。文化创意产业与技术密集型产业不同，企业规模并非衡量企业产品的标准。相反，加大对中小型文化企业的支持力度，能够增加文化产业的从业人员数量，进一步繁荣文化产业市场。创意的出现并非是一蹴而就，但是提供良好的创业环境在一定程度上能够催生创意。

二、加强对文化产业出口的政府指导

从目前来看，我国对文化产业出口的政府指导工作做得不是很到位。出口商很难从政府处获取到相应的目标市场信息，商务部网站上的公告信息很少涉及文化产业出口目标市场。中国出口信用保险公司虽然提供目标市场调查，但是费用较高。目前企业与外国签订文化产品和文化服务销售合同的渠道较少，企业自身也缺乏开拓海外市场的能力。政府应当进一步加强对企业出口的指导，协助企业制定出口策略。

三、找准文化优势，确定重点文化产业发展方向

以市场为导向确定文化产业的发展方向。日本出版业在对外出口的过程中，就能够以目标市场的需求为导向确定自身的出口策略，如美国市场上漫画多为彩色印刷，日本出版业便一改本土黑白印刷习惯，适应美国市场。在确定重点出口内容时，要结合目标市场对本国文化的需求，打造出既能够宣传本国优秀文化同时也契合当地消费需求的文化产品和文化服务。

四、推进对外文化交流

（一）完善推进对外交流的方式

《文化产业促进法（草案送审稿）》第25条规定，国家支持适合对外传播的优秀文化产品和服务的创作生产、翻译、国际合作制作，综合利用外交、旅游、商务、教育等对外交流渠道，开展优秀文化产品和服务境外推广、营销活动。相较于此前国务院和地方人大、政府施行的政策和地方法规而言，《文化产业促进法（草案送审稿）》的规定更具有原则性。由于该法在文化产业领域的基本法地位，其对文化交流的规定不宜过细。应当肯定的是，该法第25条为此前国务院政策和我国地方政府的政策、法规提供了上位法的依据。至于向哪些对外文化交流项目提供支持，提供何种形式的支持，则有两种立法选择。第一，可由国务院出台行政法规，确定具体的实施规则；第二，由地方人大制定地方法规或者由地方政府暂时制定规范性文件的形式，完善后续的实施细则。笔者认为，第二种方式更为可取。我国各地经济发展不平衡，各地文化产业发展状况不一致，难以确定统一的标准。这在《文化产业促进法（草案送审稿）》第34条中便有所体现。第34条规定，有条件的地方人民政府可以出台相关政策，为文化企业提供服务保障。对第34条的解读可以发现，由于我国经济发展区域差距明显，《文化产业促进法（草案送审稿）》并未将为文化产业发展提供服务保障规定为地方政府义务。根据对条文的体系解释，不应当将支持文化交流作为地方政府的义务，仅应当要求有条件的地方人大或政府根据自身情况制定相应的地方性法规或规范性文件，确定支持对外交流的方式和范围。

（二）拓宽对外文化交流渠道

当今世界的文化传播手段多样，社交媒体、视频网站等都可以起到传播的作用，而不仅仅局限于电视、广播。新媒体的出现，为文化传播开辟了新的方式。以互联网为例，互联网已经成为当今传播媒介的重要工具。① 在当今移动互联网飞速发展的背景下，媒介方式有了翻天覆地的改变。以"网红"李子柒在海外视频网站 YouTube 上获得的巨大成功为例，视频网站等新兴媒介正在成为文化传播的有力渠道。② 在推动文化交流的过程中，既要注重传统的展览会、音乐节、电影节等方式，同时也要给予新兴媒体同等的重视。在制定支持措施时，应当对新兴媒体加以考虑。

网络文化产品往往能够在互联网上大规模快速传播，应加大对适合网络传播的文化产品的研发，如网络小说、网络游戏、网络短视频等。以游戏市场为例，2021 年中国自主研发游戏海外市场实际销售收入达 1146 亿元，同比增长 16.59%。③ 游戏开发商将中国文化元素嵌入其中，展现中国文化魅力，能够起到很好的文化传播作用。同时，传统文化公司也要积极利用网络媒体平台，推动传统文化产品数字化、网络化、智能化，以"数字敦煌展"为例，通过将敦煌文物数字化，大大扩展了敦煌文化的传播空间和影响力。④ 同时也要善于利用大数据技术提升我国对外文化传播的智能化水平，对文化传播的偏好进行分析，切实提升传播效果。

---

① 邹波：《新媒体背景下传统文化的传播策略研究》，载《传媒》2019 年第 19 期，第 92 页。

② 王朝、徐祥达：《品读"李子柒"此中有真意》，载微信公众号"新华社"，2019 年 12 月 11 日。

③ 《游戏"出海"成爆款 中国文化不能少》，载萧湘晨报官方百家号：https://baijiahao.baidu.com/s？id＝1719378656022763991&wfr＝spider&for＝pc，2022 年 7 月 11 日访问。

④ 《数字化技术重现敦煌艺术》，http：//www.thepaper.cn/newsDetail_forward_18972810，2022 年 7 月 11 日访问。

第七章　文化产业外资准入的法律规制

2019 年 6 月《文化产业促进法（草案征求意见稿）》在最后的"附则"部分（第 74 条）规定了文化产业"外资准入"条款："境外投资者在中华人民共和国境内投资文化产业，按照国家有关规定执行。"2019 年 12 月 13 日《文化产业促进法（草案送审稿）》第 74 条规定的内容保持不变。这一规定表明，我国文化产业快速发展需要外资助力，并且将"文化产业外资准入"的法律规制问题交由外商投资法、有关文化资本的法律法规等予以调整。我国外商投资法体系由多个法律、法规和规章构成，有关文化资本的法律、法规和规章约有 20 多个，其中涉及"文化产业"或"外商投资"的条目众多。只有细致梳理、严密整合，才能总结出我国文化产业外资准入法律规制的内容，并结合文化产业外商投资实践，探索促进我国文化产业高质量发展的法律对策。

第一节　概　　述

一、文化产业与外资准入

关于文化产业的概念，《文化产业促进法（草案送审稿）》第 2 条规定："本法所称文化产业，是指以文化为核心内容而进行的创作、生产、传播、展示文化产品和提供文化服务的经营性活动，以及为实现上述经营性活动所需的文化辅助生产和中介服务、文化装备生产和文化消费终端生产等活动的集合。前款所称经营性活动的类别包含内容创作生产、创意设计、资讯信息服务、文化传播渠道、文化投资运营、文化娱乐休闲等。"这一规定重点强调了文化产业的内涵，突出表达了文化产业的"产业"特质。国家统计局编制的《文化及相关产业分类（2018）》列出了文化产业的具体类别，包括新闻信息服务、内容创作生产、创意设计服务、文化传播渠道、文化投资运营和文化娱乐休闲服务六大类文化核心领域，以及文化辅助生产和中介服务、文化装备生产和文化消费终端生产（包括制造和销售）这三大类文化相关领域。在每一大类下面又分设中类和小类，总共有 43 个中类和 146 个小类。除了传统的影视制作业、出版业、发行业、印刷复制业、广告业、演艺业、娱乐业、文化会展业、数字内容和动漫产业等文化领域之外，广播电视集成播控、互联网搜索服务、互联网其他信息服务、互联网游戏服务、数字出版软件开发、增值电信文化服务、其他文化数字内容服务、互联网广告服务、互联网文化娱乐平台、版权和文化软件服务、娱乐用智能无人飞行器制造、可穿戴智能文化设备制造、其他智能文化消费设备制造等文化新业态逐渐进入人们的视野。

文化产业兼具物质性和非物质性。文化本身表现为非物质性，体现为精神、创意、意识形态等，而这些精神财富总是以物质性的"文化产品"承载并呈现出来。文化产品所蕴涵的文化价值内容才是文化产业的精髓和灵魂，文化产品正是兼具这两种性质才得以以产业的形式存在和发展。文化产业的特殊性表现为其所独具的文化属性和产业属性相结合的双重属性。文化属性是其区别于其他产业的特殊属性，文化产业担负着文化传承和发展的功能，文化可以改变一个民族的命运，文化的力量深深熔铸在民族的生命力、创造力和凝聚力之中，是团结人民、推动发展的精神支撑。

文化产业发展的方向代表着一个国家或民族的价值取向和意识形态，甚至关涉文化安全问题。为此，各国在文化产业的制度和立法设计上非常谨慎，特别是对外资进入本国文化产业的规则和政策，都或多或少地施加了一些限制，这也为WTO中"国家安全例外"所允许。产业属性则是"文化产业"与"文化事业"相区别的特性，产业性体现为通过文化产品和服务的生产、复制、市场营销等方式来进行文化传播，即经营性和准经营性文化活动。① 经营性也决定了文化产业的投融资渠道、方式的多元化，也使利用外资成为可能。② 文化产业的文化属性决定了发展此种产业必须将"社会效益"放在首位，而其兼具的产业属性又要求同时兼顾经济效益，做到社会效益和经济效益相统一。十九届四中全会明确提出"建立健全把社会效益放在首位、社会效益和经济效益相统一的文化创作生产体制机制"，实际上对文化产业发展的目标进行了指导设计。"高质量发展导向"为文化产业体系、文化产业法律政策的完善和健全提供了方向性指引。

具体到文化产业外资准入问题，在法律政策的制定、完善方面，应该时刻以十九届四中全会、《文化产业促进法（草案送审稿）》中的上述规定为指导原则，并与外商投资法等法律、法规、规章进行合理有效衔接。

二、外商投资对我国文化产业发展的意义

近年来，我国文化产业将续保持较快增长速度，文化产业规模不断壮大。根据国家统计局数据，2018年我国文化产业实际利用外资总额13 496 600万美元，实际签订外商直接投资项目60 533个。相比其他产业，文化、体育和娱乐业投资增长更加明显，表现抢眼。2018年我国文化产业实现增加值38 737亿元，比2004年增长10.3倍；文化产业增加值占GDP比重由2004年的2.15%提高到2018年的4.30%，在国民经济中的占比逐年提高。从对经济增长的贡献看，2004—2012年，文化产业对GDP增量的年平均贡献率为3.9%，2013—2018年进一步提高到5.5%。③ 文化产业投资大幅增长与我国文化消费增长和文化产业结构进一步优化密不可分。同时，文化产业进一步扩大开放也为吸引更多外资进入文化产业创造了条件。

我国文化产业领域早已允许外资进入。我国在入世谈判的具体承诺中，承诺在录音录

---

① 参见赵玉忠：《文化产业法学通论》，云南大学出版社2009年版，第10页。

② 参见郭玉军、王卿：《我国文化产业利用外资的法律思考》，载《河南省政法管理干部学院学报》2011年第4期，第72页。

③ 数据来源于中华人民共和国中央人民政府官网：http://www.gov.cn/xinwen/2019-07-26/content_5415564.htm，2021年9月2日访问。

像产品的销售、电影院的建设、拥有及经营等文化产业领域在一定时期后准许外商直接投资，但所占股权不得超过49%。履行入世承诺，吸收外资进入所承诺的文化产业门类中，是善意履行国际义务的要求和体现。① 早在 2005 年，由文化部等 5 个部门联合制定的《关于文化领域引进外资的若干意见》就将外资进入中国文化产业领域的条件予以明确。2009 年国务院审议通过的《文化产业振兴规划》，将文化产业的发展又一次推向顶峰，并再次重申吸引外资进入政策允许的文化产业领域。历经十几年的发展，《外商投资准入负面清单》中的文化产业领域限制逐渐减少，甚至还将文化制造业设置成鼓励外商投资的文化产业领域。

文化产业的融资主要有两个渠道，一是国内投资，另一个则是外来投资。逐步放开对文化产业外资准入的限制，根本原因是外资能够给我国文化产业的发展带来强大的经济效益和社会效益，也是提升我国综合国力、促进经济社会和谐发展的强有力的手段。十九届四中全会提出"健全现代文化产业体系和市场体系，完善以高质量发展为导向的文化经济政策"。推动我国文化产业高质量发展，融资问题尤为重要。而外商投资的合理引入，对我国文化产业的发展具有重要意义。

首先，外商投资文化产业可以产生一定的社会效益。社会效益通常是指最大限度地利用有限的资源满足社会上人们日益增长的物质文化需求。文化产业发展的根本目的就是生产出能够满足老百姓精神文化需求的产品，增强国家的文化软实力，增强人民群众的文化自信。随着中国人均国民生产总值的不断提高，公众的文化消费需求开始大幅增长。据文化部统计，2013 年，全国居民用于文化娱乐的人均消费为 570 元，到 2017 年，提高到850 元。② 目前，中国已经处于文化消费需求快速释放的进程当中，文化消费需求的增长会吸引更多外商投资投向我国文化产业。文化产业适当引入外资，充分发挥外商投资所带来的资金、技术、先进的管理经验，不断提升我国文化产业发展的质量，满足公众日益提高的文化消费需求。

其次，外商投资文化产业可以为我国带来一定的经济效益。从经济学角度来分析，经济效益是指生产成本与生产总值之间的比例关系，更直接的表现为利润，即如果利润增长幅度大于生产成本的增长幅度，这就说明经济效益提高了。文化产业引进外资，应该注重外资所带来的经济效益。尤其是在经济全球化和共建"一带一路"背景下，我国与其他国家文化产业的发展联系日益紧密，文化资金、技术、人员等要素在世界范围内流通，对我国文化产业的国际竞争力产生了重要的影响。文化产业中的互联网信息服务、文化产业园区管理、互联网广告服务、电子出版物、互联网文化娱乐平台等基于互联网平台和现代信息技术的文化新业态营业收入增长速度均在 20%~40%，表明文化新业态已成为引领和推动文化产业发展的重要力量，而其文化新业态也是资本追逐的重点。

如前所述，十九届四中全会强调，发展文化产业，应该将社会效益放在首位，实现社

---

① 参见郭玉军、王卿：《我国文化产业利用外资的法律思考》，载《河南省政法管理干部学院学报》2011 年第 4 期，第 72 页。

② 数据来源于中华人民共和国文化部官网：https：//www.mct.gov.cn/whzx/bnsj/dwwhllj/201903/t20190318_837824.htm，2021 年 9 月 2 日访问。

会效益和经济效益相统一。"文化产业发展是为了满足人们对美好生活追求的需要、人的全面发展的需要，而不是用来满足 GDP 增长的需求。文化产业发展的 GDP 增长，应当是在满足人们对美好生活的向往的需求和人的全面发展的需要中实现，而不是相反。"① 这一要求体现在文化产业外资准入问题上，即表现为引导外资尽量投入社会公众文化消费需求强烈、我国国内发展又比较滞后、对文化安全影响较小的领域，而不能仅顾及"经济效益"进行盲目的、低质量的外资引进。

具体而言，对于博物馆、文化产业园区、娱乐休闲、动漫产业等具有一定营利性且对文化安全影响较小的项目，可以适度引进外资，既可以解决国内资金短缺问题，又可以从中吸取外国的成功经验，促进我国文化产业快速高质量发展。发改委《鼓励外商投资产业目录（2020）》将"演出场所经营、体育场馆经营、健身、竞赛表演及体育培训和中介服务以及旅游基础设施建设及旅游信息服务"列入全国鼓励外商投资的文化产业门类。2022 年正在修订的《鼓励外商投资产业目录》拟新增"游览景区管理、智慧化景区建设与服务业；户甸运动营地等健身场地设施的建设、运营和管理；智能体育产品和服务的研发、普及和推广"。此外，在发改委发布的《中西部地区外商投资优势产业目录（2020）》之中，各省（市、自治区）分别以正面清单方式列出本地区的鼓励外商投资产业目录，在文化产业领域，几乎所有省份均将旅游景区（点）保护、开发和经营及其配套设施建设作为鼓励类门类；有不少省份还将动漫创作设置为鼓励外商投资产业门类；而对于少数民族众多的省份，大多允许或鼓励外商投资者进入民族文化产业领域。

三、文化产业外资准入的负面清单模式

文化产业外资准入需有一定限制，当今世界，没有哪个国家能够对外资采取绝对的国民待遇，或多或少都会施加一定的限制。我国的《外商投资法》外商投资及实践正在经历划时代的变革，2020 年 1 月 1 日生效的《外商投资法》明确规定我国普遍采用"准入前国民待遇加负面清单制度"，取消以往的逐个特殊审批制度。这一重大改变，为文化产业外资准入提供了契机，意味着除负面清单所列项目外，其他领域均只需备案即可，使得投资更加便利、快捷。负面清单制度体现的是"原则上自由，例外时限制"，而最重要的限制就是来自负面清单。具体而言，文化产业外商投资准入需要遵循《市场准入负面清单》《外商投资准入负面清单》《自由贸易试验区外商投资准入负面清单》三个负面清单。这三个负面清单经过多次修订，目前实施的是 2021 年版本。投资负面清单内的许可类领域，须经过外资准入审批程序；投资有股权要求的领域，不得设立外商投资合伙企业。需要注意的是，《外商投资准入负面清单》（2021 年）在"说明"中强调"《外商投资准入负面清单》中未列出的文化、金融等领域与行政审批、资质条件、国家安全等相关措施，按照现行规定执行"，这就意味着即使在负面清单之外，相关部门仍然需要依据文化产业领域的特别法等对外商投资企业进行管理。我国与文化资本相关的现行法律包括《著作权法》《专利法》《商标法》《广告法》《出版管理条例》《娱乐场所管理条例》《音像制品管理条例》《广告管理条例》《营业性演出管理条例》《电影管理条例》《中外合作摄制

---

① 参见胡惠林：《改革开放与中国文化产业研究》，载《长白学刊》2019 年第 3 期，第 151 页。

电影片管理规定》《中外合作制作电视剧管理规定》等，这些特别法中所规定的诸多外资进入的条件和限制，则需要在负面清单之外另行遵守。

由于发改委为自由贸易试验区专门制定了特殊的《自由贸易试验区外商投资准入负面清单》，因此在外资准入问题上，在中国事实上形成了《外商投资准入负面清单》和《自由贸易试验区外商投资准入负面清单》两个不同的负面清单，前者通行于全国，而后者只适用于自由贸易试验区。这两个负面清单的区别主要是，《自由贸易试验区外商投资准入负面清单》比《外商投资准入负面清单》的禁止性和限制性清单要少一些，前者构成后者的特别法，根据特别法优于一般法的原则，如果某一外商投资者预计将资本投向自由贸易试验区，那么其需要遵守的是《自由贸易试验区外商投资准入负面清单》，如此一来，也就形成了"区内外"相区别的制度。具体到文化产业领域，两个负面清单存在如下区别：

第一，两个负面清单均禁止投资新闻机构（包括但不限于通讯社），但是在下列方面，在自由贸易试验区放开了限制：（1）外国新闻机构经过中国政府批准，在中国境内设立常驻机构、向中国派遣记者；（2）外国通讯社经过中国政府批准，在中国境内提供新闻服务业务；（3）中外新闻机构可经中国政府批准，在中方主导下进行业务合作。

第二，两个负面清单均禁止投资图书、报纸、期刊、音像制品和电子出版物的编辑、出版、制作业务。但在自由贸易试验区内，在合作出版方面，在满足了中国政府批准、中方主导等要素的情形下，外方仍可与中方进行新闻出版项目的合作。

第三，两个负面清单均禁止投资各级广播电台（站）、电视台（站）、广播电视频道(率)、广播电视传输覆盖网（发射台、转播台、广播电视卫星、卫星上行站、卫星收转站、微波站、监测台及有线广播电视传输覆盖网等），禁止从事广播电视视频点播业务和卫星电视广播地面接收设施安装服务。但在自由贸易试验区内，允许境外卫星频道经过审批之后落地。

第四，两个负面清单均禁止投资广播电视节目制作经营（含引进业务）公司。但在自由贸易试验区内，下列方面准许外资有条件地进入中国市场：（1）在向广电总局指定的单位申报后，可以引进境外电视剧或其他电视节目；（2）对中外合作制作电视剧（动画片）实行许可制度。

第五，两个负面清单均禁止电影制作公司、发行公司、院线公司以及电影引进业务。但在自由贸易试验区，虽禁止上述投资，但经过批准后，允许中外企业合作拍摄电影。

第六，两个负面清单均禁止投资文物拍卖的拍卖公司、文物商店和国有文物博物馆。但在自由贸易试验区，负面清单规定得更加细致，如禁止特定文物转让、出租给外国人、禁止设立与经营非物质文化遗产调查机构等，仍然允许境外组织或者个人经过专门审批许可后，与中国合作进行考古或遗产调查等活动。

第七，在文艺表演团体方面，全国性的《外商投资准入负面清单》禁止投资文艺表演团体；而《自由贸易试验区外商投资准入负面清单》则允许文艺表演团体引进外资，但须由中方控股。

从以上对比，不难看出，自由贸易试验区的文化产业外资准入方面的限制较少，契合我国对自由贸易试验区的如下定位：积极发挥其"排头兵"作用，在深化"放管服"改革、提高贸易投资便利化水平、促进创新发展等方面积累试点经验，并在全国推广。

需要说明的是，即使满足《外商投资准入负面清单》《自由贸易试验区外商投资准入负面清单》，外资进入中国也需要遵守《市场准入负面清单》中的"许可"要求。因为后者是适用于境内外投资者的一致性管理措施，是对各类市场主体市场准入管理的统一要求，境外市场主体在中国的投资经营，需要首先遵循《外商投资准入负面清单》，然后还要按照国民待遇原则，遵守《市场准入负面清单》，两张清单保持内在衔接。①

四、文化产业外资准入的限制

在国际投资法中，东道国依主权管理投资准入事项。从东道国的角度看，准入即准许进入，包括是否允许外资经营以及外资进入东道国的条件和程序等。② 对于外商投资者来说，东道国的综合投资环境（可包括东道国的产业政策、经济制度、法治因素、社会秩序、人民心理等多重因素）决定了其投资兴趣或信心。如果说负面清单制度解决的是外国投资者可以在我国从事的产业范围、领域、业务问题（即除了负面清单内的领域之外，其他范围内的领域允许外国投资者以简单备案方式投资），那么，在多大程度上允许外国投资者在我国投资经营，则与我国对外资准入的具体形式、股权比例限制、国家安全审查等投资法制问题相关。"意识形态逻辑与市场经济逻辑成为典型的文化产业发展的中国问题，成为中国文化产业发展必须跨越的'意识形态之坎'。这个问题如影随形，构成了20年来中国最重要的文化产业发展问题。"③ 外资是一把"双刃剑"，在带动我国文化产业快速发展的同时，也存在危及文化安全的风险。文化产业的文化属性决定了此种产业必须承担起正确价值取向和意识形态引领、优秀文化传承、文化自信树立的历史使命。外资投入我国文化产业必须符合这一历史使命要求，这也是最基本的底线。国家对文化产业外资准入进行必要的限制和审查，是我国文化产业健康、高质量发展的基本保障。

（一）投资方式和控股比例限制

在允许外资进入本国文化产业的国家，几乎都只是采取直接投资的投资方式。由于直接投资很多是外商通过与东道国企业合作、合资或独资设立、经营文化产业领域的企业，从而在法律上获得东道国之国籍，其文化产品被视为东道国的国内产品，不受东道国进口文化产品配额的限制，而且在产品对外贸易领域可以受到东道国贸易保护法律和政策的保护。此外，由于在直接投资方式下，外商一般直接参与企业的经营管理，这样可以引导资金合理流动，推动资金的合理配置，也会吸引外商更加放心地投入，从而使缺乏资金的东道国获得资金长期来源。④ 所以，外商的直接投资具有加速资本积累的杠杆作用，使社会

---

① 参见中华人民共和国改革和发展委员会官网：https://www.ndrc.gov.cn/fggz/tzgg/sczrfmqd/zcjd/201901/t20190107_1022315.html，2021 年 9 月 2 日访问。

② 参见韩立余主编：《国际投资法》，中国人民大学出版社 2018 年版，第 48 页。

③ 参见胡惠林：《改革开放与中国文化产业研究》，载《长白学刊》2019 年第 3 期，第 147 页。

④ 参见郭玉军、王卿：《我国文化产业利用外资的法律思考》，载《河南省政法管理干部学院学报》2011 年第 4 期，第 73 页。

生产规模迅速扩大，从而推动资金（资本）的积累和国民经济的发展。而外商间接投资是证券投资，并不参与其投资的使用和经营管理，对东道国境内的文化产业的长远发展的促进作用不及直接投资。在很大程度上，如今的美国文化产业更多是由跨国公司来运作的，而这些跨国公司的大部分又都不以美国为主体。① 这些跨国公司是通过直接向美国市场注入和投入大量资本，使得美国的电影产业、音乐产业等称霸世界。从我国现行文化法律、政策来看，一般通过区分行业，分别允许外商以合作、合作或合资、独资或合资或合作等方式在我国设立或经营相关文化产业。

在演艺产业领域，我国演艺产业主要包括三类活动主体：文艺表演团体、演出经纪机构和演出场所经营单位，对此，我国《营业性演出管理条例》（2020）第 10 条规定，外国投资者可以依法在中国境内设立演出经纪机构、演出场所经营单位；外商投资的演出经纪机构申请从事营业性演出经营活动、外商投资的演出场所经营单位申请从事演出场所经营活动，应当向国务院文化主管部门提出申请。国务院文化主管部门应当自收到申请之日起20 日内作出决定。批准的，颁发营业性演出许可证；不批准的，应当书面通知申请人并说明理由。外商不得设立文艺表演团体。需要注意《自由贸易试验区外商投资准入负面清单》（2021 年版）对"文艺表演团体"进行了特殊规定，允许文艺表演团体引进外资，但须由中方控股。

在文化娱乐业和旅游服务业领域，《娱乐场所管理条例》（2020）第 6 条规定，外国投资者可以依法在中国境内设立娱乐场所，但外商独资企业依旧需要遵循其他的行政法律法规的管理规定。从该条内容看，我国对娱乐场所的外资准入方式仅限于中外合资或合作，禁止外商独资方式。《旅行社条例》（2020）专设一章对"外商投资旅行社"进行详细规定。② 从其内容来看，外商投资者投资旅行社领域的投资形式上不受任何限制，但是必须经过我国相关管理部门的审批才能设立，同时在经营范围上一般不允许其经营中国内地居民出国出境旅游业务。此外，近年来，文化产业中外合作、合资项目的方式和领域也发生了诸多变化，如在文化产业园区和大型主题公园建设领域已经开展了多个中外合作项目，我国在合作项目上基本采取的是出资比例和中方控股的限制形式。比较成功的案例是上海迪士尼主题公园，所有投资中 40% 的资金为国有企业和迪士尼双方共同持有的股权，其中国有企业申迪集团占 57%，迪士尼占 43%。

在电视电影产业领域，根据《中外合作摄制电影片管理规定》《中外合作制作电视剧

① 参见刘悦笛：《美国文化产业何以雄霸全球？》，载《粤海风》2006 年第 2 期，第 15 页。
② 《旅行社条例》第 21 条规定：外商投资旅行社适用本章规定；本章没有规定的，适用本条例其他有关规定。前款所称外商投资旅行社，包括中外合资经营旅行社、中外合作经营旅行社和外资旅行社。第 22 条规定：外商投资企业申请经营旅行社业务，应当向所在地省、自治区、直辖市旅游行政管理部门提出申请，并提交符合本条例第六条规定条件的相关证明文件。省、自治区、直辖市旅游行政管理部门应当自受理申请之日起 30 个工作日内审查完毕。予以许可的，颁发旅行社业务经营许可证；不予许可的，书面通知申请人并说明理由。设立外商投资旅行社，还应当遵守有关外商投资的法律、法规。第 23 条规定：外商投资旅行社不得经营中国内地居民出国旅游业务以及赴香港特别行政区、澳门特别行政区和台湾地区旅游的业务，但是国务院决定或者我国签署的自由贸易协定和内地与香港、澳门关于建立更紧密经贸关系的安排另有规定的除外。

管理规定》等规定，外商投资者与我国国内企业合作制作电影、电视剧的主要方式包括：第一，联合摄制/制作，即由中外双方共同投资、共同制作、共同分享利益及共同承担风险的摄制形式；第二，协作摄制/制作，即外方出资，在中国境内拍摄，中方有偿提供设备、器材、场地、劳务等予以协助的摄制形式；第三，委托摄制/制作，外方出资，外方委托中方在中国境内代为摄制的摄制形式。此外，根据仍然有效的《外商投资改造影院暂行规定》的相关规定，外国的公司、企业和其他经济组织或个人按照平等互利的原则，经中国政府批准，同中国境内的公司、企业设立中外合资、合作企业，新建、改造电影院，从事电影放映业务，并且合资、合作期限不超过30年；外商不得设立独资电影院，不得组建电影院线公司。《外商投资电影院暂行规定》的补充规定对于香港和澳门特别行政区则放宽了投资方式的限制，允许香港、澳门特别行政区的投资者可以在内地以合资、合作或独资的形式建设、改造及经营电影院。需要注意的是，在外资控股电影院政策方面，经历了几番波折，从2003年的不超过49%，过渡到试点城市75%，又在2005年《关于文化领域引进外资的若干意见》后回归到49%，而《自由贸易试验区外商投资准入负面清单》早在2019年就取消了中外企业合作摄制电影须由中方控股的限制。

综上所述，我国限制外资进入文化产业的投资形式、控股比例，特别是对外商独资方式的禁止或限制，实际上是出于对文化产业发挥其价值观、意识形态引领功能的必要保障。

（二）国家安全审查

在外资准入阶段，对外资进行"国家安全审查"是当前各国普遍采取的外资限制措施，而且这也是国家主权的合理行使。进入数字经济时代，一些敏感产业、敏感的技术、敏感的设施等都有可能被纳入外资国家安全审查中。对于灰色地带的外资，国家会以可能威胁国家安全拒绝外资进入东道国国内，因此常常启动外资国家安全审查。"文化产业，不仅具有经济属性，更具有文化属性、文化功能。当这种文化功能表现为一个国家和民族文化身份和文化认同时，它就成为国家主权的重要象征和重要内容。"[1] 文化产业所承载的"国家文化安全"使命，使得各国对文化产业引进外资保持高度警惕。当然，并非所有投入文化产业的外资都会对国家安全造成威胁，"只有那些可能导致和造成国家文化安全能力不足，威胁国家文化安全的那一类文化资源安全，才会构成国家文化安全问题"[2]。文化产业的高质量发展需要外资的补充，外资准入负面清单制度给予外资进入文化产业领域更多便利，但这种"便利"并非绝对的，还必须受制于"许可"制度的约束，即如果相关法律、行政法规、规章有特殊审批要求，外资准入需通过特殊审批程序。在文化产业领域，"国家安全审查"是最重要的审批事项。

《外商投资法》第6条明确规定："在中国境内进行投资活动的外国投资者、外商投

---

①　参见胡惠林：《为何要强调"国家文化安全"》，载《人民论坛》2013年第11期中旬刊，第63页。

②　参见胡惠林：《新时代应尤其注重维护国家文化资源安全》，载《人民论坛》2018年第11期下旬刊，第70页。

资企业，应当遵守中国法律法规，不得危害中国国家安全、损害社会公共利益。"第 35 条更是明确指出："国家建立外商投资安全审查制度，对影响或者可能影响国家安全的外商投资进行安全审查。依法作出的安全审查决定为最终决定。"外商投资安全审查制度的初步确立，说明我国在"外商投资准入负面清单规定限制投资的领域"对外商投资进行常态化的国家安全审查。然而，仅仅凭第 35 条这一原则性规定远远未能建构起我国外资国家安全审查制度，其需要具体化的规则以对审查主体、审查程序、实体标准、被审查对象等予以细化规制。2015 年国务院发布《自由贸易试验区外商投资国家安全审查试行办法》，但该办法仅适用于自贸区，并不能通行于全国。反观国外，美国于 2017 年专门制定了《外国投资与国家安全法》，其规定了对外资进行国家安全审查的 12 项标准；2019 年 4 月生效的《欧盟外资审查条例》也在法律层面为外国直接投资设置了更加牢固的审查基础和更加严密的审查网络。我国的外资国家安全审查立法的滞后导致相关部门对外资准入审查的法律依据不充分、不统一，当然也同样体现在文化产业外资准入的国家安全审查之中。谁来审查？怎么审查？审查的依据又是什么？这些问题在实践中常常给国家安全审查部门带来困扰。

我国 2015 年生效的《国家安全法》第 3 条明确将"文化安全"作为国家安全的重要保障，第 13 条将这一保障具体化——"国家坚持社会主义先进文化前进方向，继承和弘扬中华民族优秀传统文化，培育和践行社会主义核心价值观，防范和抵制不良文化的影响，掌握意识形态领域主导权，增强文化整体实力和竞争力"。对文化产业发展而言，外资对国家安全的威胁主要表现为外资对国家文化安全的威胁。《国家安全法》第 13 条在宏观上对"国家文化安全"进行了界定。具体到文化产业外资准入领域，"国家文化安全"应该被具体化和细化，只有如此，才能使有关行政部门对外资国家安全审查具备可操作性。首先，我们需要厘清一个前提问题，即"文化安全"与"文化产业安全"的关系。对文化产业外资准入进行安全审查，究竟是审查什么？有人指出："实际上，从内涵上看，文化安全是比意识形态安全更大的概念。文化安全包括意识形态安全，但不等同于意识形态安全……涉及文化安全的情况主要有四类：违反四项基本原则、激化民族矛盾和宗教冲突、有违社会公德、侵犯个人权利。上述四类都属于危及文化安全的行为，而涉及意识形态安全的主要是前两者。"[1] 也有人用量化分析和数据模型，总结出影响文化产业安全的五个因素，即文化产业竞争力生成能力、文化产业生态环境、文化产业国际竞争力、文化产业控制力和文化产业对外依存度五个指标。[2] 我们认为，"文化产业安全"这一表述侧重的是"产业"发展视角的安全，更加注重经济学范畴内（比如反垄断）的安全问题；而"文化安全"的表述范围更广，不仅仅包括文化产业发展安全，还包括意识形态领域的安全问题。在我国相关部门的工作实践中，更加注重的是意识形态领域的安全问题。以我国国家电影局发布的《电影审查规定》条文来看，其中的第 12～14 条对审查

① 参见祁述裕、陆筱璐：《论放宽文化市场准入——扩大文化市场开放的若干思考》，载《山东大学学报（哲学社会科学版）》2018 年第 3 期，第 4 页。
② 参见范杨洲：《我国文化产业安全评价指标体系与评价方法研究》，安徽工程大学硕士论文 2017 年，第 23～36 页。

重要事项进行了详细规定，基本上都是从电影片的思想内容、社会影响等方面予以规制的。① 《中外合作摄制电影片管理规定》第 6 条要求，中外合作摄制电影片应当遵循以下原则：符合中国宪法、法律、法规及有关规定；尊重中国各民族的风俗、宗教、信仰和生活习惯；有利于弘扬中华民族的优秀文化传统；有利于中国的经济建设、文化建设、思想道德建设和社会安定；有利于中外电影交流；不得损害第三国的利益。

事实上，无论是文化产业抑或其他产业，对外资进行国家安全审查应当满足基本的正当性标准，并且正当性标准应从实体和程序两个方面进行界定。首先，在实体方面，国家有关部门对文化产业外资准入进行国家安全审查时，应遵守公正、平等、平衡原则和相对差别原则，防止形成歧视待遇的嫌疑。在审查目的方面，尽量采取比较严格的标准，即确实对我国的文化安全造成威胁，避免以国家安全为由设置投资壁垒。其次，在程序方面，直接启动外资国家安全审查容易让外商投资者产生敌对情绪，可以事先调查和磋商，了解、核实外资在哪些方面可能威胁到我国的文化安全，督促外商投资者及时采取改进措施。对外资进行国家安全审查，应保证程序的法律化和稳定性，并且审查过程应透明化，以便于外界进行监督，外商投资者也能实时了解审查进程。

五、我国文化产业外资准入法律规制存在的问题及对策

文化产业是文化生产与传播的主要载体，在社会主义市场经济条件下，充分发挥好文化产业在传承和弘扬中华优秀传统文化中的作用，实现两者之间的良性互动，是创新传承中华优秀传统文化体制机制的重要手段，也有助于实现经济建设与文化建设的协同发展。② 在我国，与文化产业外资准入相关的法律主要包括文化产业法律、法规和规章，以及外商投资法律制度。我们注意到，近十年来，我国文化产业立法和外商投资立法进程不断加快，立法、司法和执法质量也有显著提高，但仍然存在诸多问题。

（一）文化产业立法

令人欣慰的是，经过多年酝酿，我国终于在 2019 年 6 月发布了《文化产业促进法（草案征求意见稿）》，又于 2019 年 12 月发布了《文化产业促进法（草案送审稿）》，在指导原则、发展方向上为文化产业法律规制提供了指引。由于文化产业涉及多个领域、多个部门，在具体实施细则上，只能由不同部门根据产业具体门类和领域各自进行规制。

1. 问题：规则混乱

由于我国目前规制文化产业发展的法律多散见在具体法律、行政法规或规章中，制定

① 《电影审查规定》第 13 条规定："电影片禁止载有下列内容：（一）违反宪法确定的基本原则的；（二）危害国家统一、主权和领土完整的；（三）泄露国家秘密，危害国家安全，损害国家荣誉和利益的；（四）煽动民族仇恨、民族歧视，破坏民族团结，侵害民族风俗、习惯的；（五）违背国家宗教政策，宣扬邪教、迷信的；（六）扰乱社会秩序，破坏社会稳定的；（七）宣扬淫秽、赌博、暴力、教唆犯罪的；（八）侮辱或者诽谤他人，侵害他人合法权益的；（九）危害社会公德，诋毁民族优秀文化的；（十）有国家法律、法规禁止的其他内容的。"

② 参见封英：《发挥好文化产业在传承中华优秀传统文化中的作用》，载《红旗文稿》2017 年第 7 期，第 33 页。

主体多且分散，不可避免地造成法律规范的冲突或重复，行政立法呈现碎片化，文化产业立法的基本框架仍未形成。有关文化产业外资准入的法律或政策也缺乏前瞻性，导致变动过快，朝令夕改现象严重，造成了不应有的资源浪费。诸此种种，给外商投资者的投资规划带来诸多不确定性因素。

如 2005 年五部委联合发布的《关于文化领域引进外资的若干意见》第 3 条中将港澳服务提供者在内地对音像制品分销企业的股权限定在 70% 以内，但 2009 年新闻出版总署和商务部又联合下发了《关于〈中外合作音像制品分销企业管理办法〉的补充规定》，其中明确赋予港澳服务提供者在内地对音像制品分销企业可以以独资的形式提供。这一更改对其他三部委的效力如何并不确定。此外，在我国文化部、电影局、广电总局等部门官方网站上，对各自有关的政策法规进行公开，并且经常发布《关于废止、修改和宣布失效部分规章、规范性文件的决定》，尽管在一定程度上让民众知悉了政策法规的变动信息，但也从侧面反映出某些政策法规缺乏应有的稳定性，让人眼花缭乱。比较典型的案例是华纳进入中国市场案，2004 年 12 月，华纳兄弟影业公司与中国电影集团、横店集团共同投资成立了中影华纳横店影视有限公司，这是中国第一家中外合资的电影娱乐公司。但2005 年五部委联合下发《关于文化领域引进外资的若干意见》，明确禁止外商投资设立和经营电影制作公司，该政策导致华纳兄弟不得不退出我国市场。由此可见，政策决定的过于武断，朝令夕改，造成了资源的巨大浪费。

2. 对策：加强协调和统一

完全依赖分散式行政立法的方式显然不能适应我国文化产业高质量快速发展的需要，必须从法律层面加以推动。当前最重要的方案应该是，尽快推进《文化产业促进法》的通过。该法的实施，既可以提高我国文化立法的位阶，提升立法的权威性，又可以从宏观上为其他行政性法律文件的制定提供统一的法律依据。只有如此，才能给外商投资者以稳定的预期，同时也有助于政府职能部门依法管理。以《文化产业促进法（草案送审稿）》为普通法，对有关文化产业法律文件进行全方位的梳理、修订，与之根本抵触的条款应该尽快清理。

具体到文化产业外资准入问题，《文化产业促进法》在主体部分并未予以规定，只是在附则第 74 条规定"按照国家有关规定执行"。笔者认为，这里的"国家有关规定"应该主要指的是文化产业行政性法律文件和外商投资法律规范。外商投资的法律规制本就是十分复杂的问题，出于立法的科学性考虑，作为文化基本立法的《文化产业促进法》不宜将文化产业外资准入问题细化规制。尽管如此，文化产业外商准入的法律规制至少不能与《文化产业促进法》的基本精神相抵触，比如应该与该法总则部分所规定的"立法目的""发展方针""内容合法"等保持严格一致，坚持弘扬社会主义核心价值观，坚持社会效益优先、社会效益与经济效益相统一，推动文化产业高质量发展。

此外，完善的文化产业法律体系可以为外商投资我国文化产业提供比较稳定的法律环境，《外商投资法》并没有单独列明文化产业相关制度，一些具体化的法律规范仍然需要文化类行政性法律文件予以明确，这就涉及规制外商投资的法律制度与文化管理制度的衔接问题。我国目前解决这两种制度衔接的方法是，"先由国务院通过专门的行政法规确定是否允许外资进入该行业，如果允许设立外商投资企业，再授权文化产业主管部门会同负责外商投资事宜的商务部制定具体的规定"。① 文化类行政性法律文件中关于外资准入的规定，在执行上和具体实施中具有很强的针对性，这类规则既属于文化管理制度，也属于外资法律制度，所以在事实上也构成了《外商投资法》的特别规则。除此之外，随着负面清单模式在全国的推广，《市场准入负面清单》《外资准入负面清单》《自由贸易试验区外商投资准入负面清单》需要与其他行政法规、部门规章之间进行合理衔接。三个负面清单的制定主体是国家发展改革委和商务部，而且是以"令"的方式对外发布，② 因此负面清单在性质上应属于商务部、发改委制定的非规范性法律文件。从效力位阶上来看，《著作权法》《出版管理条例》《电影管理条例》《中外合作摄制电影片管理规定》等文化类法律、法规、规章和规范性文件要比"负面清单"的效力位阶更高一些。这一点需要行政部门和外商投资者形成正确认识，不能颠倒。

（二）外商投资立法

我国统一的《外商投资法》的颁布实施，为我国进一步扩大对外开放、积极促进外商投资、保护外商投资合法权益、规范外商投资管理提供了统一的立法保障，必将推动形成全面开放新格局，促进社会主义市场经济健康发展。尽管如此，仍有许多问题需要后续的实施细则、司法解释、法规规章予以具体化。与文化产业外资准入相关的问题主要体现为国家安全审查标准不明确。

1. 问题：国家安全审查标准不明确

如前所述，文化产业所承担的是文化传承、建设文化强国的特殊使命，这决定了文化产业外资准入国家安全审查的必要性。事实上，文化产业中的很多门类都属于外商投资审查中的"敏感产业"，各国在引进外资时都非常谨慎。然而，政府对外资进行国家安全审查的界限又是不明确的，在国际投资争端实践中，往往形成国家管制权与投资壁垒、间接征收之间的辩驳。因此，对国家安全审查实体标准、程序标准予以适度的规定，显得尤为必要，以尽量避免可能出现的国际投资争端。

2020年生效的《外商投资法实施条例》对《外商投资法》实施中可能存在的重要问题进行了详细阐明，但对比较敏感的"国家安全审查"这一问题，该条例并没有进行解释。如前所述，我国并没有像美国、加拿大、欧盟那样专门制定外商投资国家安全审查法案，不可避免地会造成外商投资准入的国家安全审查法律依据缺失、法律程序不正当等问题。此外，在缺乏直接规范外资国家安全审查的基本法前提下，现有的条文之间联系不够紧密，配合程度不够。③ 文化行政管理部门对外商投资的文化安全审查的具体依据并不明确，面临解释不统一、权威性缺失的问题，程序上是否要求征求上级部门以及国家安全部门的意见等，也都尚未明确。这些法律制度上的不健全，导致审查机构多元、审查范围不

---

① 参见颜煊：《文化产业的法律制度之研究》，北京大学2008年硕士学位论文，第52~53页。

② 如《外商投资准入特别管理措施（负面清单）（2021年版）》的编号是"发展改革委 商务部令2021年第47号"。

③ 参见张哲畅：《我国外资国家安全审查制度的法律困境分析》，载《齐齐哈尔大学学报（哲学社会科学版）》2018年第3期，第86页。

明、审查标准不一，在一定程度上影响到我国营商环境的优化。

2. 对策：联席会议机制的推广

早在 2011 年国务院办公厅颁布的《关于建立外国投资者并购境内企业安全审查制度的通知》中，就明确指出建立部际联席会议制度以实现对外国投资者并购境内企业的安全审查，同时指出由发展改革委和商务部牵头会同相关部门开展并购安全审查。黑龙江、吉林、新疆维吾尔自治区、天津市等多省市也相继建立外商投资审批或投资保护联席会议机制，以统筹协调外商投资审批和保护工作，推动解决外商投资政策性、制度性问题，促进各区域、各部门之间信息共享和工作协同。2015 年国务院发布了《自由贸易试验区外商投资国家安全审查试行办法》，尽管该办法仅适用于自贸区，但其是专门的"国家安全审查"法律文件，具有一定参考意义。特别是，该办法中创建了"联席会议机制"，在联席会议机制下，国家发展改革委、商务部根据外商投资涉及的领域，会同相关部门开展安全审查。联席会议机制是对传统工作方法的改进，通过沟通、协商，在充分发扬民主的基础上，达成共识，以避免单独开展工作可能导致的冲突或疏漏。

更为重要的是，在《自由贸易试验区外商投资国家安全审查试行办法》第 1 条设置的"审查范围"中，明确将"重要文化"领域作为国家安全审查的范围之一，其中强调了"文化安全"的重要性。具体到文化产业外资准入领域，"联席会议机制"将形成发改委、商务部、文化和旅游部、电影局、广电总局等多方联动机制，可以防止多头立法、多头执法带来的混乱。另外，可以考虑设立一个多部门组成的对外资进行综合审批窗口，集中办理审批业务，这样既可以保证审批标准的统一，又可以大大节省审批时间，提高办事效率。

3. 小结

世界银行发布的《2020 年营商环境报告》显示，中国的总体排名比上年上升 15 位，名列第 31 名；中国加强少数投资者保护机制，全球排名上升至第 28 位。《营商环境报告》是全球的投资风向标，被全球各国和投资者密切关注，影响全球投资布局。一国对待外资的态度、法律政策、执法和司法生态，都会影响到本国的评分，最终影响本国的营商环境。坚决维护贸易、投资多边主义，推动贸易和投资的便利化，这是我国当下最基本的对外政策。探讨文化产业外资准入问题，不能脱离国际、国内大背景，不能与我国反复倡导的基本立场相矛盾，不能与基本法律相违背。文化产业外资准入的法律规制，至少应当理顺以下四对关系：第一，文化产业的产业属性和文化属性的关系；第二，文化产业发展的社会效益和经济效益的关系；第三，文化产业外资准入便利化和文化安全保护之间的关系；第四，文化产业外资准入负面清单与一般市场准入负面清单的关系。"文化强国"的长远战略，需要进一步完善市场准入制度，破除壁垒，通过制度设计，让外商投资者有机会参与公平竞争，共同促进我国文化产业高质量发展。

第二节　文化产业外国直接投资准入的清单模式

文化产业领域的外国直接投资已经在国际投资领域占据越来越重要的地位，对其法律规制成为无法回避的问题。由于各国经济水平不同、产业发展的程度不同，以及不同国家的文化特征不同，文化产业领域的外国直接投资准入，在准入的领域、准入的程度等问题上难以协调统一，有关国际条约通过作出具体的开放外资准入的承诺、负面清单或者规定概括性排除文化产业条款的方式作出保留，将有关文化产业外国直接投资准入问题留给各国国内法规制。在各种保留方式中，以美国为首的一些国家开始推行负面清单模式，并在其对外缔结的双多边协定中大量使用，意图扩大外资准入领域的范围，提高准入程度。一些国家为了与发达国家接轨，在其国内法层面也开始尝试采用负面清单的模式管理本国外资准入事项。

文化产业领域内外资准入清单设置相比于其他行业具有明显的特殊性，呈现出多样化、复杂性的特点。

第一，清单模式选择的多样化。各个国家和地区有以《服务贸易总协定》（GATS）为代表的正面清单模式，也有以美国的自贸区协定（FTA）或双边投资条约（BIT）为代表的负面清单模式。正面清单对文化产业内的具体部门作出准入承诺，而没有列入清单的部门则意味着不予外资准入；负面清单则是通过列明部分开放或不予开放的行业和部门，对没有列入清单的行业和部门实行完全的外资准入。

第二，清单设置方式的多样化。从当前国际社会实践来看，即使选定了正面或负面清单的模式，对清单的具体设置也存在不同做法。如采用负面清单模式的《内地与香港CEPA服务贸易协议》，对文化和电信产业设置专章，沿用正面清单模式。加拿大对外签订的FTA中规定了概括性例外条款，将文化产业整体排除于负面清单外。具体文化产业负面清单的设置呈现了多样化选择路径，更为文化产业外资准入清单的设置增添了难度。

第三，清单设置考虑因素的复杂性。复杂性的原因之一在于文化产业的内涵广泛。文化产业所容纳的行业和领域众多，并非所有的行业和领域都对国家文化利益至关重要，它与科技发展关系紧密，未来可能容纳的行业和领域以及开放的风险不可预估。另外，一些国家在国内法层面也采用负面清单模式，如菲律宾、印度尼西亚等国家，这与条约中的负面清单设置又有所不同，其所包含的内容、形式、透明度要求也不同，为清单设置的选择增加了难度。因此，文化产业外资准入的清单设置需要考虑行业特色、未来发展、法律渊源、透明度等众多因素，故呈现出复杂的特点。

文化产业具有灵活性、开放性和包容性，产业类别下容纳的行业和领域多种多样，科学技术的发展也为产业类别的扩展提供了更广阔的空间，这意味着该领域外资准入清单的设置并非易事。文化产业领域内的外资应当选择哪种清单模式、涵盖哪些行业和领域才能够既实现产业充分快速发展又维护国家文化利益与安全，兼能为未来出现的行业领域留有足够发展空间？产业发展和国家文化利益的平衡是文化产业外资准入清单设置的目标，更是难点所在。

一、正面清单模式

现有的不少国际条约采用正面清单的模式，对开放的文化产业领域作出有限的承诺。WTO框架下的GATS是采用正面清单模式的典型代表。也有一些自贸区协定或双边投资协定中采用正面清单模式对文化产业的有关领域作出承诺。正面清单有以下几个组成部分：具体承诺开放的部门、对该部门市场准入的限制措施、对该部门国民待遇的限制措施以及最惠国待遇例外等。

(一)《服务贸易总协定》的有限承诺

GATS 项下各成员作出的承诺主要采用"正面清单"模式，即对承诺的项目予以开放，开放的程度视各国承诺具体内容而定。成员主要对三个方面作出承诺，即市场准入、国民待遇和最惠国待遇例外。成员需要对四种提供服务的形式（跨境提供、跨境消费、商业存在和自然人存在）作出承诺。有关文化产业的承诺主要集中在两个领域，即承诺表第 2 类 D 项的视听服务（audiovisual services）和第 10 类娱乐文化体育服务（recreational, cultural and sporting services），第 10 类中不包括视听服务。介于 GATS 中与投资有关的服务形式主要为商业存在，因此在本部分主要以上述两个领域中商业存在形式为研究对象，主要研究文化产业有关领域中商业存在形式的市场准入、国民待遇和最惠国待遇的具体承诺。

GATS 要求每个成员对其他成员的服务和服务提供者所给予的待遇不能低于在具体承诺表中同意和列明的条款、限制和条件。其中第 16 条第 2 款规定了 6 种禁止采取的市场准入限制措施。[①] 限制措施的第 5 种是限定服务提供者通过特定的企业形式提供服务。在实践中，东道国多是规定外国投资者在本国内通过商业存在方式提供服务时，应当采取合资或者合作、设立子公司的企业形式，而不是独资、设立分支机构等企业形式。第 6 种措施是限制外资对特定服务提供的参与程度，通过设定外国股权的最高百分比、最高投资总额等方式来限制外资对本国服务市场的参与程度。在实践中，这种参与程度的限制往往与企业形式的限制结合在一起，尤其是在国内敏感部门或者需要保护的幼稚产业中。

作出承诺的成员并不在文化产业有关领域内实现全部市场准入和国民待遇。成员一方面为了保护国内的政治、经济、文化安全，另一方面也为了本国文化企业拥有更多的发展机会，对市场准入和国民待遇作出一定程度的保留。在市场准入方面，主要是对商业存在的形式作出有限承诺，对国外投资在国内设定企业的股份或者权益比例作出限制，或者对企业的组织形式作出限制。也有的是对本国内容、语言使用或者雇佣本地艺术家有配额要求。在国民待遇方面，主要是对少数民族语言文化或本国幼稚产业予以特定补贴。成员也出于特殊文化利益考虑，对最惠国待遇提出例外保留，在其承诺的内容中不提供对第三国的最惠国待遇，而对特定国家提供优惠待遇。这主要是为了保证双边或者多边投资条约或条款的优先效力，有的是为了维护特定地区如北欧、欧盟保护同一类型文化与族群的特殊利益，也有的成员要求在放开的领域只有互惠才能达到较高的准入标准。

1. 视听服务

根据从 WTO 官方网站上收集到的数据，[②] GATS 产业分类中第 2 类是通信业，其中 D

---

① 这 6 种限制措施包括：限制服务提供者的数量、限制服务交易或者资产总值、限制服务业务总数或者产出量、限定特定服务部门或服务提供者的雇佣人数、限制企业的法律组织形式、限制外国资本投资服务企业。

② Statistic from WTO Services, http://i-tip.wto.org/services/searchresultgats.aspx., visited on 11 October, 2021.

项是视听服务。视听服务包括：（A）电影和电视录像制作和分销服务；（B）电影放映服务；（C）广播电视服务；（D）广播电视传送服务；（E）录音服务；（F）其他。视听服务是 WTO 成员作出承诺最少的部门。作出承诺的多为视听服务发达的国家和地区。对电影有关的服务作出的承诺要比对广播电视有关的服务多得多。只有 36 个国家和地区对之作了承诺，而中国、中国香港、中国台北、印度、日本、韩国、马来西亚、墨西哥、新西兰、俄罗斯、新加坡、泰国、美国、越南对其做了承诺。澳大利亚、巴西、加拿大、埃及、欧盟、秘鲁等没有对视听服务作出承诺。对市场准入 6 项禁止措施全部作出承诺的有阿尔巴尼亚、中非共和国和美国。

有成员对境内商业存在的组织形式作了例外承诺。有承诺只能采取分支机构形式的，如印度；有承诺只能采取法人形式的，如俄罗斯还涉及了一定程度的公共利益考量。

有成员规定了对外资比例和雇佣人员的限制，还有对外资并购的限制。美国对视听服务的全部领域作了开放承诺，包括电影与录像的制作分销、电影放映、广播电视及传送、录音以及其他视听服务。但在上述领域，美国并不是任何准入的限制，主要有以下两种限制：第一，跨媒体集中的限制①，在广播电视传送上，单个企业禁止在同一本地市场拥有大型的跨报纸、广播和电视的媒体集团。第二，外国投资股权比例限制。广播和电视执照不能发放给外国政府、非美国公民担任高管、超过 20% 股份由非美国公民所有的依照外国法律成立的公司。根据美国法成立的企业，其超过 25% 的股份由非美国公民或外国政府所有，或是由非美国公民持有超过 25% 股份的公司所有。

有的成员还要求互惠。如进入意大利的外国资本或超过公司资本或者投票权的 49% 需要互惠。还有的要求共同体内部追求文化目标而制定的各项措施、行动计划的例外。这一点在北欧和欧盟尤为突出。由于这些国家和地区之间存在相对高的文化认同，国内市场又相对狭小，因此国家和地区之间出于共同利益考虑，在这些国家和地区之间相互提供便利条件。

2. 娱乐、文化及体育服务

GATS 产业分类中第 10 类产业是娱乐、文化和体育服务（排除视听服务，因为视听服务落于第 2 类通信业下 D 项），分为 ABCDE 五个子项目。A 是娱乐服务，包括剧院、现场乐队马戏服务；B 是新闻机构服务；C 是图书馆、档案馆、博物馆或其他文化服务；D 是体育和其他娱乐服务；E 是其他类型。对 A 类作出承诺的有 49 个成员，对 B 类承诺的有 31 个成员，对 C 类承诺的有 23 个成员，对 D 类承诺的有 4 个成员，对 E 类承诺的有 4 个成员。澳大利亚对 B 和 D 子项作了承诺，日本对 ABCD 四个子项作了承诺，新加坡对 C 子项作了承诺，台湾地区对 B 和 D 子项作了承诺，美国对 ABCD 四个子项作了承诺。②

---

① 跨媒体集中限制是指在媒体领域，为了防止媒体过分集中垄断对社会言论和公众知情权造成不良影响，对特定实体同时拥有不同媒体种类和类型予以一定限制的制度。跨媒体集中限制制度是外国投资并购媒体领域中十分重要的问题。

② Statistic from WTO Services, http://i-tip.wto.org/services/ReportResults.aspx, visited on 1 October, 2021.

有成员对外资进入本地新闻媒体行业的资本、股权或投票权作出限制。欧盟国家中，法国要求外资参与法语出版印刷公司的资本或投票权不能超过 20%。意大利对日报出版和广播领域适用特殊的反集中规则，对跨媒体所有权也有特殊的限制。外国企业不能控制出版或广播企业，外国资本不能超过 49%。葡萄牙对外国自然人或法人参与出版企业，包括报纸行业，其资本不能超过 10%，并不享有投票权。新闻公司在葡萄牙注册为"Sociedade Anónima"，应当有记名股票形式的社会资本。

有的成员为了促进本国艺术家能够拥有更多就业机会，对本国艺术家有数量限制。还有的成员为了保证媒体领域能够受到国家有效监管，要求公司的高管应当具有本国国籍。秘鲁对娱乐服务做了承诺，包括戏剧制作、合唱团、乐队、管弦乐服务；作家、作曲家、雕刻家、演艺人员以及其他个人艺术家提供的服务；其他辅助的戏剧服务；马戏、游乐园等类似服务；舞厅以及跳舞指导服务。在市场准入的商业存在方面，秘鲁对现场娱乐规制的法规是第 19479 号法令和最高 13-87-ED 号法令。在公共场所的艺术生产和娱乐表演，秘鲁国籍表演者的比例不低于 80%，其他的 20% 为外国人，但应当持有艺术家执照或具有相应许可与资质，外国演出团体除外。俄罗斯在新闻机构商业存在的市场准入方面，大众传媒的建立者应当是俄罗斯的公民，娱乐服务的商业存在市场准入应当是俄罗斯法人。也有成员提出互惠要求，如欧盟对新闻机构服务提出最惠国待遇的两项例外：进入法国市场需要互惠；外国参股法国从事法语出版物服务的公司，如果资本或投票权超过 20%，其市场准入需要互惠。[1]

虽然参与 GATS 的国家和地区中已经有不少陆续放开了有关行业服务的市场准入，但 WTO 并不止步于此，而是在寻求更加开放的准入与合作。在始于 2000 年 1 月的新一轮磋商中囊括了视听服务。美国、瑞士和巴西均提交了有关视听服务的磋商建议。2005 年有关视听服务的联合声明由中国香港、日本、墨西哥、中国台北和美国共同作出。这些国家和地区的代表们呼吁视听服务的进一步自由化，并提出了希望放开的有关措施，如内容份额、所有权限制的"经济需要测试"（利用经济标准来决定是否批准市场准入）、国籍或者住所地要求、最惠国待遇例外等。代表们承认视听作品所包含的经济属性和文化属性。[2]

在 2005 年 10 月和 11 月服务贸易理事会特别会议上，为了向贸易谈判委员会提交报告，以准备在香港举行的第六次部长级会议，部分发展中国家和发达国家起草了一份多边请求。该请求关注与电影和音像制品有关的服务，希望其他成员能够就跨境服务和跨境消费作出承诺。对于商业存在，该请求希望成员能够尽最大努力作出承诺，承诺不对包括内容份额、外国股权限制、供应商数量、歧视性税收等问题作出限制，减少最惠国待遇例外

---

① Statistic from WTO services, http：//i-tip. wto. org/services/SearchResultGats. aspx, visited on 11 October, 2021.

② Chairman to the Trade Negotiations Committee, Special Session of the Council for Trade in Services, World Trade Organization TN/S/20, 2005, p. 8.

的适用范围。①

（二）　自贸区协定或投资协定的承诺

目前，一些自贸区协定或者投资协定中依旧采用了正面清单的模式，其内容也和 GATS 承诺中包含的内容基本一致，包括具体承诺部门、对市场准入和国民待遇的限制规定，以及最惠国待遇的例外。

1. 国际自贸区协定或投资协定

中韩自贸区协定中的中韩两国依旧是采用正面清单的模式。韩国在出版服务方面，排除了报纸和期刊出版，对其他没有限制。在视听服务方面，承诺了电影和录像制品生产和分销服务以及录音制品分销服务，但不包括有线电视广播服务，予以全面的准入和国民待遇。中国与新加坡、新西兰、秘鲁的自贸区协定也是采用正面清单具体承诺表方式。

2015 年生效的智利与泰国的自贸区协定同样采用正面清单模式，不过其中开放的文化产业领域非常少。如智利承诺体育和其他娱乐服务项下，在国民待遇方面，国内法可能存在对外资投资体育企业的所有权份额限制。泰国则承诺在广告行业的完全外资准入。②

值得注意的是，欧盟对外谈判与签订的 FTA 中也有部分采用正面清单模式，明确排除视听服务的适用，而文化产业中其他行业和部门的外资准入依照相关承诺。在 2011 年生效的欧盟—韩国 FTA 中采用正面清单模式，第 7 条第 4 条"范围与定义"明确规定排除视听服务，③ 交由韩国与欧盟签订的文化合作议定书规制。④ 类似的还有已经谈判结束的欧盟—新加坡 FTA 第 8 条第 3 款，⑤ 欧盟—越南 FTA"服务、投资和电子商务"子协议第二章"投资"中第 1 条第 2 款⑥等。

---

① Chairman to the Trade Negotiations Committee, Special Session of the Council for Trade in Services, World Trade Organization TN/S/23, 2005, p. 15.

② Free Trade Agreement between Chile and Thailand, http：//www. sice. oas. org/Trade/CHL＿THA＿Final/CHL_THA_Index_PDF_e. asp, visited on 11 October, 2021.

③ 2011/265/EU, Council Decision of 16 September 2010 on the signing, on behalf of the European Union, and provisional application of the Free Trade Agreement between the European Union and its Member States, of the one part, and the Republic of Korea, of the other part, http：//eurlex. europa. eu/legalcontent/EN/TXT/HTML/? uri＝OJ：L：2011：127：FULL&from＝EN#ntc17-L_2011127EN. 01000601-E0017, visited on 11 January 2021.

④ Protocol on Cultural Cooperation, Official Journal of the European Union 14. 5. 2011, https：//eur-lex. europa. eu/legal-content/EN/TXT/? qid＝1539486082083&uri＝CELEX：22011A0514（04）, visited on 11 January 2021.

⑤ Free Trade Agreement Between the European Union and the Republic of Singapore, Authentic Text as of May 2015, http：//trade. ec. europa. eu/doclib/docs/2013/september/tradoc_151743. pdf, visited on 11 January 2021.

⑥ EU-Vietnam Free Trade Agreement：Agreed Text as of January 2016, Trade in Services, Investment an E-Commerce, http：//trade. ec. europa. eu/doclib/docs/2016/february/tradoc＿154210. pdf, visited on 11 January 2021.

2. 国内区际自贸区协定或投资协定

我国将香港、澳门、台湾地区的投资视为外商投资，并适用我国有关外资准入的规定。我国内地与香港、澳门与台湾地区也签订了一系列的经贸关系安排，其中引人注目的是 2015 年《内地与香港 CEPA 服务贸易协议》依旧对文化产业领域采取正面清单模式。

2015 年 11 月 27 日，内地与香港签署了《内地与香港 CEPA 服务贸易协议》，并于 2016 年 6 月 1 日起实施。该协议是首个内地全境以准入前国民待遇加负面清单方式全面开放服务贸易领域的自由贸易协议。但是该协议中内地承诺表四是文化专章，依旧以正面清单方式规定开放措施。《CEPA〈服务贸易协议〉常见问题》中解释了为何在通篇采用负面清单模式背景下，对文化服务领域却依旧采用正面清单的模式：由于文化服务领域的开放在任何自由贸易协议中都是较为敏感的内容，这些领域有特殊的行业属性，相关的法律法规繁杂，监管压力大，同时可能涉及公共利益和安全，因此继续采用正面清单方式开放。[①]

在文化服务方面，该协议是在《内地与香港 CEPA 关于内地在广东与香港基本实现服务贸易自由化的协议》先行试验的基础上形成的，该协议约定双方同意就逐步减少歧视性措施保持磋商。内地承诺的文化领域专章包括：印刷出版服务，图书、报纸、杂志、文物的批发和零售，音像制品分销，电影院服务，有线电视技术服务，华语和合拍影片，合拍电视剧，电影制作，文娱服务，图书馆档案馆博物馆和其他文化服务等服务。该协议囊括了以往 CEPA[②] 中的有关承诺，并在文化及娱乐方面有以下新发展[③]：对于同一香港服务提供者如果在内地累计开店超过 30 家，如经营商品包括图书、报纸、杂志等商品，且上述商品属于不同品牌，来自不同供应商的，允许其以独资合资形式从事图书、报纸、杂志的零售服务，不再受以前股权比例 65% 的限制；允许在广东独资设立娱乐场所；允许香港服务提供者在内地从事游戏游艺设备销售服务。

综上所述，正面清单作为文化产业外资准入管理制度中最为传统和占据重要地位的准入模式，其逻辑的基点是"以不准入为原则，准入为例外"，国家能够很好地把握对外资开放的节奏，能够最大程度地防止和减轻由于外资的大量涌入而对本国文化利益和文化多样性造成的损害。故而，这种清单模式在国内法规重重限制的文化产业领域备受青睐，就连通篇采用负面清单模式的《内地与香港 CEPA 服务贸易协议》都对文化产业设置了正面清单专章，可见在国家文化产业外资准入管理模式中采用正面清单早已成为根深蒂固的

---

① 详细内容见《CEPA〈服务贸易协议〉常见问题》，http：//www.tid.gov.hk/tc_chi/aboutus/faq/files/FAQ_Chi.pdf，2021 年 10 月 11 日访问。

② 内地与香港自 2003 年起就开始签订经贸协议，并不断开放和扩大服务贸易范围，截至 2012 年共签署了 9 个补充协议，陆续作出了 9 个《内地向香港开放服务贸易的具体承诺补充和修正》。内地与澳门自 2004 年开始签订经贸协议，截至 2012 年共签署了 9 个补充协议，陆续作出了 9 个《内地向澳门开放服务贸易的具体承诺补充和修正》。这种协议是在一国领土内的不同关税区之间的协议，不同于在其他不同国家之间不同关税区之间的协议。中华人民共和国的全部关税领土是指"内地全部关税领土"，不包括香港特区关税领土、澳门特区关税领土以及台湾、澎湖、金门、马祖单独关税区（中国台北）。

③ 参见《内地与香港关于建立更紧密经贸关系的安排》附件一，内地向香港开放服务贸易的具体承诺，详细内容见 http：//www.tid.gov.hk/tc_chi/cepa/legaltext/files/sa27-11-2015_annex1_c.pdf，2021 年 10 月 11 日访问。

做法。

伴随着进一步开放服务贸易和投资自由化的呼声，原是"铁板一块"的文化产业领域也出现了松动，文化产业领域的外资准入水平也越来越开放，正面清单列举的部门和措施也可能越来越广泛。另外，从国际上正面清单普遍规定的内容来看，多是列举或者笼统概括对领域内国民待遇、市场准入和最惠国待遇的限制，并没有披露限制措施所依据的国内法规定，甚至没有披露详尽的限制措施，因此在透明度要求上普遍偏低。

二、负面清单模式

负面清单模式总是与"国民待遇提前至外资准入前阶段"相联系。早期国际投资条款中东道国承诺是基于外国投资者准入后国民待遇，在外资进入本国之后，在运营阶段予以保护，以保证东道国不会滥用征收行为，对征收行为予以相应赔偿和补偿。晚近以来，国民待遇范围开始延伸到准入前阶段①，外国投资在设立、并购、扩大、运营方面都享有与国民的同等待遇。这从侧面反映了经济全球化和资本自由流动的需求，外资在进入一国时意图尽可能不受限制。然而对一国需要保护的幼稚产业或需要维护的敏感行业，则要作出保留，保留的形式即负面清单模式。

美国是首推准入前国民待遇加负面清单的国家之一。美国 2012 年 BIT 范本第 3 条明确规定，缔约方给予外国投资者在其领土内设立、取得、扩大、管理、经营、运营、出售等有关的待遇不低于相同情形下给予本国投资者的待遇。而中国的 2010 年 BIT 范本草案第 3 条②则尚未规定准入前阶段，如"设立""并购""扩大"等。国际上也有越来越多的国家开始采用负面清单的模式来规制文化产业的外国投资准入，如澳大利亚、日本等。在负面清单内的行业，缔约国对其投资与贸易作出对不符措施的保留，在负面清单外的行业一律实现自由化。

自中国与瑞典签订第一个 BIT 以来，中国对外签订的 BIT 中基本上没有赋予准入前的国民待遇，也没有采用负面清单方式。不过在近期中美 BIT 谈判和中欧 BIT 谈判都开始对准入前国民待遇加负面清单方式予以磋商，这意味着中国对外缔结的投资条约即将采用新

---

① 有学者指出，这种"准入前"的国民待遇，应当是"市场准入的国民待遇"，"待遇"总是与特定事项相联系，"准入前国民待遇"也要明确在何种事项上给予内资和外资相同待遇，目前从美国的投资范本上看是与设立、并购和扩大方面相联系的待遇，仅仅依靠时间先后来表述，是难以确定有关国家在国民待遇上的权利和义务。但是将国民待遇前置到市场准入阶段，也不意味着外资可以在市场准入阶段享受与东道国投资者相同的待遇，因此需要与负面清单相结合，对那些不能在市场准入阶段予以国民待遇的领域列出清单。参见车丕照：《中国（上海）自由贸易试验区的"名"与"实"——相关概念的国际经济法学解读》，载《国际法研究》2014 年第 1 期，第 72 页。笔者十分赞成这种观点，但为了叙述方便，依旧采用"准入前国民待遇"这一表述。

② 中国 2010 年 BIT 范本草案第 3 条规定，在不损害缔约一方可适用的法律法规的前提下，对其境内投资的运营、管理、维持、使用、享有、出售或处分缔约一方确保给予缔约另一方的投资者及其投资的待遇应不低于其在相同情势下给予本国投资者及其投资的待遇。参见温先涛：《〈中国投资保护协定范本〉（草案）论稿（一）》，载陈安主编：《国际经济法学刊》第 18 卷第 4 期，北京大学出版社 2011 年版，第 182 页。

的清单模式。

（一）　国际条约中的负面清单

在现有的国际条约实践中，一般有两种类型的负面清单，一种是清单内所列的行业，现有国内法对其规定的限制措施与条约规定义务不符，多规定于附件Ⅰ，本书称之为"既有措施清单"；另一种是清单内的行业，对事后政策法律的更新没有限制，可以继续保持原状，也可以更加严格，多规定在附件Ⅱ，本书称之为"可变措施清单"。①

1. 既有措施清单

既有措施清单在形式上主要列举了以下内容：文化产业中具体禁止或限制的部门，涉及违背条约中的具体义务如国民待遇、最惠国待遇、履行要求等；不符措施所依据的国内法规定名称，不符措施的详细描述。

美国虽然崇尚投资自由化，但是对于文化产业领域也并未完全采取一概开放的态度，不过其开放程度与那些与之缔结条约的国家相比，的确深刻地体现了自由主义的经济思想。美国与乌拉圭在 2006 年生效的投资协定中的附件Ⅰ规定，乌拉圭对平面媒体（print media）作出保留，只有乌拉圭国籍人才能担任乌拉圭报刊的责任编辑或经理。在广播电视方面，免费无线电视和广播服务只能够由乌拉圭国籍人提供，所有提供广播服务的广播企业的股东或者合伙人应当是在乌拉圭有住所的乌拉圭国籍人。广播企业的高管、董事会成员、责任编辑或经理应当具有乌拉圭国籍，付费订阅电视企业的责任编辑或经理应当具有乌拉圭国籍。美国对无线电的国民待遇作了保留，保留限制无线电执照所有权份额的权利，其中无线电包括广播。2008 年美国与卢旺达的双边投资协定也做了类似规定。美国在媒体领域尤其是广播电视行业依旧予以保留国民待遇，在无线与广播执照方面，依照美国法典以及 FCC 的有关规定。②

澳大利亚向来注重本国的文化产业发展，2004 年美澳两国订立的美澳自贸区协定（AUSFTA）已经极力平衡注重文化多样性的澳大利亚与自由市场至上的美国之间的利益。AUSFTA 附件Ⅰ规定，澳大利亚政府对涉及报纸、广播、通信等媒体行业对外国投资进行审查。（1）在通信领域，外资比例不超过 35%，外国个人投资比例不超过 5%。董事会主席和高管应当为澳大利亚国籍人，且该企业的总公司、主要营业地、公司注册地应当在澳大利亚。（2）在广播领域，外国人不能享有商业电视广播执照的控制权。两个或两个以上的外国人不能享有超过 20% 的公司利益，公司外国高管人数不能超过总数的 20%。外国个人不能享有超过公司付费电视广播执照利益的 20%，如果是多个外国人，总比例不超过 35%。（3）在报纸领域，对国家级或者大都市级别报纸的外国直接投资（不包括投资组合）最大比例为 30%，如果是个人最多不超过 25%。对地区级或者乡村城郊报纸的最大比例不超过 50%。

---

① Gilbert Gagné, *Free Trade, Cultural Policies, and the Digital Revolution：Evidence from the U. S. FTAs with Australia and South Korea*, 9 (1) Asion Journal of WTo & International Health Law and Policy 257, 265 (2014).

② 47 U. S. C. 310 and Foreign Participation Order 12 FCC Rcd 23891 (1997).

在 2007 年订立的美韩自由贸易协定（KORUS）中，韩国在附件 I 中大量规定了文化产业的内容。在通信领域，外国政府及其代表、外国个人不能获得或者持有广播站执照，外国人不能提供跨界的公共通信服务，除非与韩国本土有资格的服务提供商签订商业协议。在韩国的外国新闻机构不能由下列人员设立：（1）外国政府；（2）外国个人；（3）根据韩国法设立的企业的 CEO 没有韩国国籍或在韩国没有住所；（4）外国人持有韩国企业 25% 以上的利益。外国公民或者韩国公民在本地没有住所的，不能担任新闻机构的编辑或者 CEO、韩国联合通讯社（Yonhap News）的高管或者新闻机构促进委员会（News Agency Promotion Committee）成员。① 期刊出版企业的发行人或者主编应当具有韩国国籍。外国政府或个人、依照韩国法设立的企业的 CEO 无韩国国籍或者该企业外国人持有超过 50% 的股份或者利益，不能在韩国出版期刊。在获得韩国文化旅游观光部（Culture and Tourism of South Korea）部长的授权之后，外国期刊出版商可以在国内设置分支机构。外国政府或者个人，不能持有：（1）地面广播运营商、有线中继系统运营商、多种类型节目或新闻播报提供商的企业利益；（2）卫星广播服务运营商超过 33% 的总发行股票权益或企业利益；（3）有线系统运营商、信号传输系统运营商、非从事多类型节目或新闻播报节目服务提供商的超过 49% 的总发行股权权益或企业利益。在 FTA 签订 3 年之内，韩国允许"拟制外国人"（deemed foreign person）② 在非从事多类型节目或新闻播报、家庭购物服务提供商持有 100% 企业利益。出于透明度目标，个人不能持有地面广播运营商或从事多类型节目或新闻播报服务提供商超过 30% 的总发行股权权益或企业利益。③

同样注重文化产业发展的加拿大，虽然也在对外缔结的条约中采用负面清单的形式，但是依旧沿袭了以往的传统，概括性地将文化产业从协定中整体排除。加拿大是应用概括排除文化产业条款的典型代表。早在 1988 年《美加自由贸易协定》中，第七部分"其他条款"第 2005 条第 1 款规定，本协定排除文化产业，并在第 2012 条则给出了文化产业的定义。《北美自由贸易区协定》中也继续沿袭了其规定。在 1996 年《加拿大与厄瓜多尔促进和互相保护投资协定》中，第 6 条第 3 款明确将文化产业排除出该协定。第 1 条"定义"中，对文化产业作出了规定，文化产业是指自然人或企业从事下列活动：（1）出版、分销、销售书籍、期刊、报纸（纸质版以及其他方式可读版本），但不包括纯粹的打印和排版行为；（2）生产、分销、销售或展览电影及视频录像；（3）生产、分销、销售或展览音像制品；（4）出版、分销、销售或展览打印或其他可读形式的音乐；（5）公共接收的无线电通讯、所有的广播电视、所有的卫星节目和广播网服务。④《中国与加拿大政府关于促进和相互保护投资的协定》第四部分第 33 条也有同样规定。

在 2014 年生效的加拿大与洪都拉斯自贸区协定中，整个协定采用负面清单的模式

---

① United States-Korea FTA, Annex I-Korea, 2007, pp. 19, 46-49, 51.

② 是否为"拟制外国人"，取决于该企业持有的外国投资股比或者利益比例。

③ United States-Korea FTA, Annex I-Korea, 2007, pp. 54-57.

④ SICE, Agreement between the Government of Canada and the Government of the Republic of Ecuador for the Promotion and Reciprocal Protection of Investments, adopted on April 1996, http://www.sice.oas.org/Investment/BITSbyCountry/BITs/CAN_Ecuador_e.asp, visited on 11 January 2021.

列举了有关部门的禁止性或限制性投资规定；但依旧在第 22 条第 7 款中排除了文化产业领域投资适用本协定。① 类似的规定如 2015 年生效的加拿大与韩国自贸区协定第 22 条第 6 款②、2013 年生效的及加拿大与巴拿马自贸区协定的第 23 条第 6 款、③ 2009 年加拿大与秘鲁自贸区协定第 2205 条都排除了文化产业领域投资的适用。④ 且各协定中对文化产业概念的界定与前述加拿大与厄瓜多尔投资协定中的文化产业定义一致。

2. 可变措施清单

可变措施清单中列举了那些将来可能出台新的或者更加严格措施的领域。其在形式上包括以下内容：具体部门、涉及的条约义务、不符措施的描述。与既有措施清单的形式相比，可变措施清单缺少列举国内法依据这一项。由于可变措施清单中所涉领域的限制措施可能发生变化，因此尚且无法将有关国内法依据一一列明，故仅仅在清单中作出不符措施的描述。这种清单的好处在于对于那些发展迅速的又与国家利益息息相关的领域，可能目前尚无法预见到将来出现的新型服务形式，故有必要予以列明，为将来出台限制措施留有余地。这种清晰明了的形式，一方面提高了缔约国之间对未来限制措施的可预见性，另一方面也降低了缔约成本，缔约国之间不用再因为国内法措施的修改而再进行冗长的谈判磋商。这种形式尤其适合文化产业这种发展迅速又与关涉国家文化利益的领域，从有关实践也可以看出，在可变措施清单中，对文化产业有关部门的列举相比其他产业在数量上有绝对优势。

如美韩自贸区协定中，韩国对广播服务的国民待遇、履行要求、高管与董事会组成、市场准入作出保留，并规定将来可能出台限制跨媒体集中的措施、要求广播服务提供商的董事会组成成员为韩国国籍人或永久居民等。在可变措施清单中，相对于其他行业，韩国对文化产业领域的有关服务作出最多的保留，涉及广播服务、视听服务、数字音频与视频服务、报纸出版、动画片及广告后期制作、博物馆及其他文化服务等十余项文化产业的具体领域。⑤

在美国与乌拉圭的双边投资协定中，在负面清单附件 II 中，乌拉圭保留采取或维持任何有关组织或发展国家传统节日的权利，美国保留有关有线电视的权利，即采取或维持

① Free Trade Agreement Between Canada and the Republic of Honduras, Art. 22. 7, http：//www. sice. oas. org/TPD/CAN_HND/Texts_FTA_05. 11. 2013/ENG/Text_e. asp#a222, visited on 11 January 2021.

② Free Trade Agreement between Canada and the Republic of Korea, Art. 22. 6, http：//www. sice. oas. org/Trade/CAN_KOR/English/Text_e. asp#c22_a22. 6, visited on 11 January 2021.

③ Free Trade Agreement Between Canada and the Republic of Panama, Art. 23. 6, http：//www. sice. oas. org/Trade/CAN_PAN_Texts_e/Text_e. asp#a2306, visited on 11 January 2021.

④ Free Trade Agreement between Canada and the Republic of Peru, Art. 22. 5, http：//www. sice. oas. org/Trade/CAN_PER/CAN_PER_e/CAN_PER_text_e. asp#Cha22Art05, visited on11 January 2021.

⑤ Free Trade Agreement between the United States of America and the Republic of Korea, Korea Annex II：Non-Conforming Measures for Services and Investment, http：//www. sice. oas. org/TPD/USA_KOR/Draft_text_0607_e/asset_upload_file355_12750. pdf, last visited on11 January 2021.

对任何国家的公民限制有线电视系统所有权的平等措施。① 在中美 BIT 谈判中，美国提出在家庭消费及直接广播电视服务、数字视听服务、有线电视运营方面，基于互惠，保留对非美国公民的非国民待遇；在无线广播方面，保留限制无线与广播执照外资份额的权利。上述领域，美国不排除将来可能会出具更加严苛的措施。②

中澳自贸区协定中，虽然中国采用的是以正面清单模式作出承诺，而澳大利亚则是采取负面清单的模式。娱乐文化和体育服务，被规定在可"维持现行措施或者采纳新的更加严苛的措施"的清单内。娱乐、文化和体育服务方面，澳大利亚保留权利，采取或维持以下方面的措施：创意艺术③、文化遗产④及其他文化产业，包括视听服务、娱乐服务与图书馆、档案、博物馆及其他文化服务；广播与视听服务，包括规划、许可与频谱管理方面的措施，并包括：（a）在澳大利亚提供的服务；（b）始于澳大利亚的国际服务。

（二）国内法上的负面清单

负面清单不仅仅是国际条约中列明投资承诺的方式，也有国家将其作为国内法上管理外国直接投资的手段。从大部分国家的立法与实践来看，在国际条约中积极主张和采纳负面清单的国家，如美国、澳大利亚并没有在国内法上设置负面清单，仅有少数国家，如菲律宾、印度尼西亚，采取了国内法意义上的负面清单的管理模式。在我国，外资准入负面清单模式已经在全国开展，后文将会对此进行详细论证。

菲律宾在国内法上采用负面清单模式管理外国直接投资准入。菲律宾的负面清单分为AB 两种，A 清单中列举的行业来自宪法或专门立法对外资份额限制的强制性规定，B 清单中列举是出于国家安全与国防、公共健康、公共道德以及保护中小企业利益的目的，限制外资份额的行业。A 清单的修改应当伴随着有关立法的修订而及时更新，而 B 清单的修改则不能过分频繁，最短每两年修改一次。菲律宾负面清单中规定的都是对外资份额的限制，在 A 清单中分为绝对禁止外资进入（份额为 0）、不超过 20%、25%、30%、40%份额五类；B 清单中规定的是外资份额不超过 40%的行业。其中涉及文化产业的被规定在 A 清单中，除了录音以外的大众媒体不允许外资进入，广告行业外资份额不超过 30%。⑤

---

① SICE, Treaty between the United States and the Oriental Republic of Uruguay Concerning the Encouragement and Reciprocal Protection of Investment, http：//www. sice. oas. org/Investment/BITSbyCountry/BITs/URU_US_e. asp, visited on 11 October 2021.

② The US-CHINA Business Council, Summary of US Negative Lists in Bilateral Investment Treaties 3-4, https：//www. uschina. org/sites/default/files/Negative%20list%20summary. pdf, visited on 11 October, 2021.

③ "创意艺术"包括：表演艺术，包括戏剧、舞蹈与音乐；视觉艺术与制品、文学、电影、电视、视频、广播、创意在线内容、原住民传统习俗与当代文化表达、数字互动媒体以及采用新技术来超越离散艺术形式的混合艺术作品。

④ "文化遗产"包括：人种、考古、历史、文学、艺术、科学或技术的可移动或建成的遗产，包括博物馆、艺术馆、图书馆、档案馆及其他遗产收藏机构所记录、保存和展览的收藏品。

⑤ The President of the Philippines Executive Order No. 184, Promulgating the Tenth Regular Foreign Investment Negative List, http：//www. gov. ph/downloads/2015/05may/20150529-EO-0184-BSA. pdf, visited on 11 October 2021.

与国际条约层面的负面清单相比，菲律宾的国内负面清单具有以下特点：第一，负面清单中所列的文化产业部门虽然只有两类——大众媒体与广告，但实质上则是相对笼统。大众媒体也包含大量的子行业，而这些行业在许多国际法层面的负面清单中并不是一概禁止外国资本进入的。第二，菲律宾的负面清单的限制手段仅为外资份额的限制，相比于国际法层面的许多负面清单，限制手段僵化而严格。它其实是一刀切地限制了国民待遇和市场准入，而许多行业可以通过限制企业组织形式、高管的国籍和住所或者是履行义务要求等，不一定全部通过限制外资比例的手段，况且菲律宾所规定的文化产业领域的外资准入份额也很低，最多不超过30%。第三，在菲律宾负面清单中值得肯定的是，其对清单列举的行业都附上了相应国内法规定的名称和具体的条文编码，这有利于外国投资者查询相应的措施，透明度水平较高。虽然其没有如同国际条约中负面清单一般，对限制措施作出具体的描述，这是国内法负面清单本质使然，其能够给予外国投资者明确指导并提供条文索引供外国投资者查询，已经能够实现管理外国投资准入的目的。第四，菲律宾将对文化产业的限制规定在宪法中，这不符合文化产业的发展所需。宪法作为国家的根本大法，修改程序要比一般的行政规范复杂得多，不能对文化产业的迅速发展和对外融资需要作出及时反应，这制约了菲律宾文化产业领域的外国投资进一步对外开放的进程。

印度尼西亚也采用负面清单的方式管理外资准入，在2021年新的外资管理综合立法出台之前，值得一提的是其2016年的负面清单。相比于2014年负面清单，2016年清单有以下三点变化。第一，清单形式由原来的两个附件增加为三个附件。附件一依旧是禁止投资的领域清单（list of business fields closed to investment），将原有的附件二拆分成附件二和附件三，将专门为小微企业合伙以及合作企业形式设置的有条件开放清单设为附件二，其他有条件的开放投资领域清单（list of business fields open, with conditions, to investment）列为附件三。附件一中，禁止投资的文化产业领域为公共博物馆、文化遗产以及博彩业。附件二中专门规定对于旅游代理、民宿、艺术工作室、旅游向导、社区电视广播、家庭有限电缆和网吧限于小微企业。第二，除了附件形式变化之外，分类也更加明确和详细。将文化产业主要归位于"旅游和创意经济部门"和"通讯信息部门"，并对每一个部门中的具体行业都加以列明，甚至对酒店按照星级和类别分别列举。第三，外资比例的提升。附件三中，对于旅游和创意部门的外资比例由最多不超过51%（2014年负面清单）增加为67%，一些领域东盟国家投资可以达到70%。

从印度尼西亚负面清单的内容可以看出，其最大的特点就是将内资与外资一并规定在清单中。但是其设置的限制条件中，还侧重考虑小微企业以及在特定的区域投资的利益。总的来说，印度尼西亚的负面清单设置相对精巧，内资与外资一并规定更增加了清单的复杂程度。与菲律宾的负面清单相比，印度尼西亚的负面清单设定的限制措施不限于对外资份额的规则，更加灵活多变，体现了对本国提升就业水平、促进地区经济发展的考虑；在透明度要求上，印度尼西亚的负面清单并没有充分地披露其国内法依据。不过有学者也指出，印度尼西亚在负面清单改革的过程中，呈现出了"立法先行"[①] 的特点，负面清单的修改每次都是先行立法，使其有法可依、依法执行。从其整个负面清单的规定来看，在

---

① 顾晨：《印度尼西亚"负面清单"改革之经验》，载《法学》2014年第9期，第47页。

罗列具体的部门清单之前，其负面清单以立法条文的形式对后续的各项规定措施作了界定和解释，充分体现了立法的严谨性。

印度尼西亚于 2021 年 4 月生效的 10 号法令（PR 10/2021）中的混合式的鼓励清单（positive investment list）取代了之前的负面清单，成为政府综合经济改革立法的一部分。该清单的基本原则就是尽可能地开放对外投资，但外资准入依旧受到特定的限制，具体分为四种投资：（1）优先领域（priority sectors），245 个领域全面对外开放；（2）受到特定限制的 46 个领域，包括只限于国内投资、部分外国投资、要求特殊执照三种；（3）对大型企业开放的投资，但在所有权问题上应当与中小企业合作，涉及 51 个领域；（4）只对中小企业开放、不对外资开放的领域，涉及 112 个领域。其中文化产业主要涉及第二类，新闻、报纸、杂志出版要求 49% 以内的拓展业务的外资、私人广播机构、付费广播机构、社区广播与社区电视机构要求 20% 以内的拓展业务外资。[1]

综上所述，负面清单的逻辑基点在于，以"普遍开放为原则，禁止限制开放为例外"。从这一角度上讲，负面清单确是将国民待遇提前到外资准入前，平等对待内外资。不过，负面清单也深刻地体现了国家意志，对文化产业列举的内容大有不同；且同一个国家与其他国家订立条约的过程中，可能采取不同的清单形式，如韩国与美国订立自贸区协定采用负面清单模式，与中国订立自贸区协议则采用正面清单模式，一些国家与加拿大缔结协定还要规定加拿大设置的整体排除文化产业的条款，这一切都体现出国家间磋商的结果。负面清单可能由于文化产业的特殊性和限制措施多而在文化产业的事项上十分冗长。但是负面清单相比于正面清单，其透明度很高，不但对限制措施有详细描述，还全面地披露了限制措施的国内法依据，只要是与条约规定具体义务不符，都可以作出规定，不限于针对市场准入、国民待遇和最惠国待遇的不符措施。更重要的是，可变措施清单弥补了既有措施清单"不列举即开放"的僵化，灵活地对国家需要规制的重要领域作出保留，更加提升了可预见性和国家利益的保障程度。既有措施清单与可变措施清单的结合充分发挥了负面清单的优势，将消极影响降到最低程度，是十分值得推广与借鉴的清单模式。

正面清单在 WTO 框架体制内被广泛运用，也有一些跨境的自贸区协定或投资协定采用正面清单模式。我国《内地与香港 CEPA 服务贸易协议》尽管采用负面清单模式，但是依旧设置文化产业的正面清单专章。目前不少国家开始探索采用负面清单模式，[2] 负面清单在国际条约中被愈来愈频繁地使用，一些国家在国内法层面采用负面清单模式管理外资，且各具特色。

---

① 参见 https：//peraturan. bpk. go. id/Home/Details/161806/perpres-no-10-tahun2021 #：～：text = Peraturan%20Presiden%20（PERPRES)%20NO.，go. id%20%3A%2013%20hlm. &text = Perpres%20ini%20mengatur%20mengenai%20bidang，terbuka%20bagi%20kegiatan%20penanaman%20modal，visited on 22 May 2022.

② 目前采用负面清单模式的非发达国家有两类，一类是国内经济和产业发展基础薄弱，希望与美国等发达国家以负面清单方式换取本国其他方面利益，也希望能够在充分市场竞争中发展本国产业，如越南；另一类是经济实力强、开放程度高，但是本国产业体系并不完善，如新加坡，旨在在高度开放中提升本国优势产业。参见聂平香：《中国实施负面清单管理面临的风险及对策》，载《国际经济合作》2015 年第 1 期，第 68 页。

正面清单与负面清单并没有本质上的好坏之分，只是立法模式与效率的选择。"两种模式都有助于投资自由化，只不过分别体现了自上而下与自下而上的不同路径。"① 负面清单更加适合限制少、鼓励放宽的行业，正面清单适合限制多、开放需谨慎的行业。对负面清单模式缔约方承担的义务水平要求更高。② 正面清单模式下，如果某产业不在清单之内，东道国可以自主决定是否允许外资进入，而负面清单模式是"一次性协议"，一旦协议达成，除了清单内部门外资准入有限制外，其他部门自动自由化，实质上是"将原本可以自行决定的问题转换为必须与缔约对方协商确定的事项"③。负面清单列举能力有限，不可能将未来发展产业全部纳入其中，各国在设置负面清单时尤其须谨慎，将来一旦更改清单，涉及国家间利益的再平衡，将要付出更多成本。为此，不少国际条约中除了既有措施的负面清单以外，还设置了可变措施清单，为将来产业发展及国家重要政策措施留有余地，大大提升了负面清单的可预见性。

设置负面清单已经成为国际投资领域外资准入的潮流。而有关国家实践也反映出，各国在设定清单时要尤其谨慎，要根据东道国自身的特殊监管与发展环境以及国内产业的竞争力设置限制条件。④ 在设置清单的过程中，要注意提高透明度要求和可预见性：在既有措施清单中，尽可能地详细描述不符措施和披露国内法依据；在可变措施清单中，切实考虑到本国产业的发展和重要利益的维护，为将来更新措施或出具更严格措施留有余地。对于国内负面清单的设置来说，作为本国管理外资准入的重要手段，负面清单设置深刻地反映了国家意志，其设置目的要逐步扩大引入外资规模和利用外资水平，为本国产业经济和区域发展服务，给予外国投资者以明确指引。

第三节　文化产业外国直接投资准入的限制条件

自 2010 年以来，我国文化企业的海外投资呈现迅速增长趋势，我国文化产业海外投资的行业领域不断扩展，企业走出去步伐不断加快。著名的文化对外投资事件如：在影视行业，温州西京集团收购英国 PROPELLER 卫星电视台，北京松联国际传媒与天星传媒联手收购美国天下卫视华语电视台，俏佳人传媒并购美国 ICN 国际卫视，凤凰卫视设立欧洲美洲分公司，东方卫视在日本、澳洲、北美、亚洲、欧洲设立分台，万达以 26 亿美元并购了美国第二大影院 AMC；在新闻报刊与演艺服务领域，昆明新知集团在柬埔寨、老挝、马来西亚投资书局，北京天创国际演艺并购美国白宫剧院；在网络游戏领域，腾讯先后并购韩国 StudioHon、ReloadedStudios、Topping、Nextplay、EyedentityGames、GH

---

① UNCTAD, *Preserving Flexibility in IIAs: the Use of Reservations* 19, http：//unctad. org/en/Docs/iteiit20058_en. pdf. , visited on 11 October, 2021.

② 韩冰：《准入前国民待遇与负面清单模式：中美 BIT 对中国外资管理体制的影响》，载《中国经济评论》2014 年第 4 期，第 104 页。

③ 车丕照：《中国（上海）自由贸易试验区的"名"与"实"——相关概念的国际经济法学解读》，载《国际法研究》2014 年第 1 期，第 73 页。

④ UNCTAD, *Preserving Flexibility in IIAs: the Use of Reservations* 19, http：//unctad. org/en/Docs/iteiit20058_en. pdf. , visited on 11October, 2021.

HopeIsland 等企业。①

　　但是我国文化企业"引进来"却没有如"走出去"那般如火如荼。尽管也有不少外资流向我国企业的事件，如香港 Tom 集团收购华谊兄弟 35% 股权，美国新闻集团购买国内电影发行商博纳影业 19.9% 股权等，但公共财政补贴和国内民间资本依旧在我国文化企业资本来源中占绝对比例。中国入世以后逐步允许外国资本进入文化产业。2005 年《关于文化领域引进外资的若干意见》出台，全文只有简简单单 13 个条文，却是我国目前为止唯一针对文化领域引进外资的框架性描述。该意见对开放以及禁止外资进入的文化领域予以列举，并对开放领域外资进入的方式作了规定，如股权比例要求中方控股、企业组织形式为合作或合资形式以及审批要求与程序等。2017 年国务院印发《关于促进外资增长若干措施的通知》，主张进一步扩大市场准入对外开放范围并具体提出在互联网上网服务营业场所和演出经纪领域扩大开放。借此，相关省市也尝试出台措施引入外资进入地方文化领域，文化产业逐步成为地方经济的新增长点。如 2018 年日本爱贝克思集团控股公司出资设立爱贝克思（北京）文化传媒有限公司，落户北京朝阳区国家文化产业创新实验区。上海自贸区也设立了首家外商独资演出经纪机构信德前滩文化发展有限公司。2020 年 6 月，青海省发布了《青海省进一步做好利用外资工作 20 条措施》，在文化旅游行业鼓励外资进入；海南省在观光农业、乡村民宿、旅游景区开发等方面，都加快了外资开放的步伐。

　　无论是"引进来"还是"走出去"都绕不开国家对外国投资进入本国文化产业领域的限制。传媒大亨默多克拥有横跨澳大利亚、英国、美国的庞大传媒帝国，当年为了进军美国广电行业，不得不放弃原有澳大利亚国籍，因为美国法律规定非美国公民无法成为美国电视台的所有者，非美国公民无法取得许可执照，而这仅仅是冰山一角。鉴于文化产业的特殊性，国家为了维护本国利益，对文化产业有关领域外国投资准入设定了各式各样的限制。外国资本通过商业存在形式进入后，国家尤其关心外国资本对企业的控制权是否会对本国利益造成负面影响，因此往往对外国资本进入予以限制。各国在对外缔约过程中，通过有限承诺或保留的方式，力保本国重要文化利益和产业利益不对外让渡。对外保留本国利益的立足点有明确的国内法依据，在外国直接投资准入问题上，无论如何都绕不开对国内法的深入研究。

　　十九大报告指出，要"推动文化事业和文化产业的发展""健全现代文化产业体系和市场体系，创新生产经营机制，完善新型文化业态""推进国际传播能力建设，提高国家文化软实力"。这要求文化产业对内满足"人民日益增长的美好生活需要"，提供更为优质的精神文化资源，对外积极响应"一带一路"重大倡议，积极"走出去"，参与境外文化力量竞争，增强文化自信。西方国家文化产业经过长期积累，已经形成巨大的"航母"效应，而我国文化企业欲在国际竞争中取得优势，需要大量融资、拓展域外渠道和影响力、吸收先进管理经验和制度，而域外资本恰恰能够提供这些资源。不过外资在带来产业优势效应的同时，也对我国文化资源造成负面冲击。因此，如何充分利用外资，又能够减少其带来的负面影响成为一个十分重要的问题。

---

　　①　数据与事件来自中央文化企业国有资产监督管理领导小组办公室、中国社会科学院文化研究中心编：《中国文化投资报告（2014）》，社会科学文献出版社 2014 年版，第 20~23 页。

了解和研究域外立法经验，对完善我国文化产业外资立法具有重要意义。但是目前国内对文化产业领域内外国直接投资的国内法制度研究尚未引起足够重视，并且与我国目前大量文化企业"走出去"与"引进来"的现状存在隔阂。文化产业在国际投资领域被视为敏感行业，各国都对外资进入予以一定程度限制。不同国家对于这一问题的规制采用了不同的立法模式，也设置了多样化的限制条件，其蕴含的价值理念和制度方法值得我国借鉴。当前研究文献主要是从外资对行业的影响，针对具体国家介绍文化产业政策等角度阐述外资准入问题，少有专门针对域外立法模式和限制条件的阐述。本节将从立法模式和立法规定的具体限制条件两个方面，总结有关国家的立法经验，以求对我国相关外资立法的完善有所助益。通过重点研究文化产业领域外资准入的各种限制条件，意图对我国企业"走出去"起到重要指引作用，同时相关国家经验又可以为我国"引进来"的特定行业外资管理制度提供借鉴。

一、文化产业外国直接投资准入条件的立法模式

文化产业在国际投资领域被视为敏感行业，出于对本国文化利益的考量，需要对外资进入予以一定程度限制。国际条约对于这一领域的外国直接投资没有采取直接规制的方式，而是通过多种保留形式，将其留给国内法规制。国内法对于这一问题的规制也采用了不同的立法模式，根据不同国家的不同情形，主要体现为三种类型：没有特殊规定适用一般外资准入规则；适用有关文化产业专门的个案审查规则；有成文立法对具体的限制条件作出专门规定。由于文化产业所容纳的范围十分广泛，外资准入也并非在文化产业的所有领域都受到限制。因此，本节选取其中最具有代表性的几个领域，如广播电视、报纸出版、视听服务等，因为它们直接影响着一国的公共意识与公共道德，故而有关国家对该领域的外国直接投资限制尤其突出。

（一）适用一般外资准入规则

一些国家对文化产业领域的外国直接投资准入，尚没有专门规定予以特别限制，在这一领域开放准入，外国资本与国内资本享受相同待遇，如英国和新西兰。

英国没有在文化产业领域对外国直接投资予以特殊规定，因此在文化产业领域的外国直接投资适用于与其他领域的外资相同的规则。《2003 年通讯法》（*Communications Act*）删除了对非欧盟成员国投资者的投资的限制规定，[①] 导致美国迪士尼、时代华纳和维亚康姆等大公司在英国电视行业占有一席之地。[②] 英国主管广播媒体网络等服务的机构是通讯管理局（Office of Communications, Ofcom）。公司若要提供电视或者广播服务需要 Ofcom 的许可证，公司在变更股权或控制权时有通知 Ofcom 的义务。

---

① 英国《2003 年通讯法》第 348 条规定，《1990 年通讯法》附件 2 第 2 部分"无权持有执照"第 1 段第 1 款的（a）项和（b）项（有关成员国境外的个人及机构）失效。

② Australian Government Department of Communications, Media Control and Ownership Policy Background Paper No. 3 46, http：//www. presscouncil. org. au/uploads/52321/ufiles/Control _ Background _ Paper _ Australian _ Government_Department_of_Communications. pdf, visited on 11 October, 2021.

正是由于英国对文化产业领域的外国直接投资予以开放的限制，再加上本国对文化产业的大力支持，英国成为全球文化产业最具影响力的国家，也是最激烈的投资市场。

不过虽然有些国家在文化产业领域对外国直接投资没有特别限制，但是外资准入依旧要在该国外资管理制度框架内进行。较大规模的外资设立或者并购国内企业等行为可能仍然要受到事先审查或者获取相应许可资质方能继续进行。这种限制并不专门针对文化产业领域，而是所有外资都要履行的义务，因此在本章中并不作为重点问题予以讨论。

如新西兰对文化产业领域的外国直接投资准入同样没有特殊限制，但依旧要受到事先的外资管理审查。其《2005 年海外投资法》（*Overseas Investment Act* 2005）规定，外国直接投资需要得到海外投资办公室（Overseas Investment Office, OIO）的许可。海外投资办公室获得国土信息部行政长官的授权，代其依照《2005 年海外投资法》审查外国投资是否涉及敏感土地（包括与文化遗产有关的土地）或重大经营资产（Significant Business Assets）等敏感事项。"重大经营资产"是指：（1）个人通过证券持有获得 25% 以上的所有权或控制权，并且该证券的价值或收益超过 1 亿新西兰元；（2）在新西兰设立营业机构，从事该营业连续或总共超过 90 天并且法定资本额超过 1 亿新西兰元；（3）在新西兰诚信合法经营或者获得其他无形资产而取得的财产，并将其用于在新西兰从事营业的，总价值超过 1 亿新西兰元的。[①]

上述国家没有对文化产业领域的外国直接投资准入作出特别限制规定，与其他领域的外资审查无异，其采用相同的审查机构和审查标准。这种将文化产业的外资准入与其他领域一视同仁的做法与这些国家所具有的良好的自由市场竞争环境和高度发达的文化产业程度有关。不过仅仅是对外国直接投资准入方面的限制予以放开，并不意味着在文化产业领域，外资的各项活动没有任何障碍，外国直接投资进入文化领域还可能受到其他限制。

（二）适用数额或净收益标准的个案审查

一些国家对文化产业领域的外国直接投资准入采取个案审查的方式。虽然许多国家都设置了外资审查制度，但文化产业领域并没有采用特殊标准，而是适用与其他领域相同的外资准入审查标准，如上文所述的新西兰。实践中却有一些国家专门对文化产业领域设置特殊的个案审查标准，如澳大利亚、加拿大。澳大利亚对文化产业领域的外国直接投资准入的审查标准相比其他领域更加严格，而加拿大则突出地表现为专门针对文化产业领域的多个行业规定了具体的净收益规则。

1. 澳大利亚个案审查的数额标准

澳大利亚对文化产业外国直接投资采取逐案审查（Case by Case Approach）的方式，认为文化产业属于"敏感行业"，超过 5% 的外国投资应当得到事前批准。所有的外国个人投资者，无论是否自贸区协定中规定的投资者，无论投资额度多少，只要在媒体领域（Media Sector）的投资比例达到 5% 及以上就需要获得事先许可，而其他的行业则需要达到较高的投资数额才需要获取事先批准。媒体领域是指日报、电视、广播以及提供上述服

---

① Overseas Investment Act 2005 § 13, http：//www. legislation. govt. nz/act/public/2005/0082/latest/DLM356881. html, visited on 11 October 2021.

务的互联网站。财政部长有权在 30 天内决定是否批准申请，在情形复杂或需要更多信息的情形下，可以再延长 90 天。申请者将在决定作出后的 10 天内获悉决定结果，可能有三种类型：许可、附条件许可、不予许可。

2. 加拿大的文化产业净收益标准

加拿大对文化产业的重视程度不仅在国际条约文件中有所体现，在国内立法与政策层面体现得更加明显。加拿大遗产部（Department of Canadian Heritage）是专门审查文化产业的国际投资的机构，并且采取了极其特别与详尽的审查标准——文化产业领域的"净收益规则"（Net Benefit Test）。加拿大区分文化产业类投资与非文化产业类投资，并对每种投资采用不同的"净收益"规则。

根据《加拿大投资法》（The Investment Canada Act），外资被划分为两种：一种是只需通知的投资，另一种为需要审查的投资，即需要联邦政府审查的投资。联邦政府主要审查以下三种投资：（1）投资者来自 WTO 成员，投资类型为获取所有权或控制权的直接投资，投资领域为非文化类行业，资产超过 6 亿美元。① 对于非 WTO 成员的投资者，超过500 万美元的直接投资或 5000 万美元的间接投资。（2）投资类型为直接投资，投资领域为文化类行业，资产超过 500 万美元，或加拿大政府认为该种文化类投资将影响到公共利益的。（3）加拿大政府认为该投资可能有损于国家安全的。

非文化产业的"净收益规则"是指：（1）该投资对加拿大经济活动的影响；（2）加拿大人在该投资活动中的参与程度；（3）该投资对加拿大生产力、生产效率、技术发展、产品更新以及产品多样化的影响；（4）该投资对竞争的影响；（5）该投资与国家工业、经济、文化政策的兼容性；（6）该投资对加拿大全球竞争力的贡献。工业部长不仅需要咨询各地方政府、其他联邦部门以及加拿大竞争署的多方意见，还要详细审查外国投资者在加拿大未来的商业计划，投资者需要作出有法律约束力的保证（如增加就业机会、进行研发设计活动或增加新的投资等）来证明对加拿大有净收益，综合以上各项因素才能批准该投资申请。第三种类型的投资，根据《加拿大投资法》并没有关于"国家安全"的定义和考虑因素，所以这赋予了政府决策极大的灵活性。如果不属于上述三种投资，非加拿大的投资者只需告知加拿大工业部的有关部门，并提供相应信息即可。

第二种文化类的直接投资，需要经过加拿大遗产部的批准。自 1999 年 6 月起，文化产业类的投资审查都由遗产部处理。根据《加拿大外资法》第 14.1 条的规定，文化类营业（cultural business）主要包括出版、发行或销售书籍、期刊、报纸、音乐，还包括生产、发行、销售、展览电影或其他视听产品、唱片等，以及公共广播、电视、付费电视广播和卫星广播服务。"净收益规则"除了要考虑上述的各种因素外，还要考虑该投资与遗产部有关政策的兼容性。

第一，文化产业领域一般性净收益规则。

---

① 对于 WTO 成员只审查直接投资，并且其资产额度门槛随着 GDP 的增长将有所调整。6 亿美元额度是 2015 年 4 月 24 日确定的；2017 年 4 月 24 日，额度将提高到 8 亿美元；2019 年 4 月 24 日将提高到 10 美元，到了 2021 年将每年调整一次。详情参见加拿大投资法网站：http://www.ic.gc.ca/eic/site/ica-lic.nsf/eng/h_lk00050.html，2021 年 10 月 11 日访问。

加拿大遗产部网站上详细列出了文化类投资需要考虑的"净收益"规则，主要有四项：（1）促进加拿大内容的传播（Promoting Canadian Content），该投资应当通过传统或新媒体形式，促进那些反映加拿大传统文化产品的创作、生产、分配、流通和保存。（2）加强文化参与（Cultural Participation），该投资应当注重培养和雇佣本土人才，推动本土公司高管自治的企业氛围，为员工提供更多学习机会，与本土公司或研究机构密切合作，特别是通过技术知识、电子商务、培训实习等方式加强本土基础设施建设。（3）活跃公众参与（Active Citizenship and Civic Participation），为文化培训机构、研习活动、计划项目等提供慈善捐助或实物礼品，以优化本土市民生活；适当时候，加拿大遗产部会要求投资者提供关于某一项目的报告，投资者应当用文字和统计数据来说明某本土制造产品相比外国制造产品的不足之处；除了部门战略目标，加拿大遗产部致力于兼顾投资审查程序的透明化与保密性，特殊情况下会要求投资者将其核心项目信息向公众披露。尽管投资者在投资审查时作出的承诺是定量有限的书面形式，但加拿大遗产部相信，投资者将通过实际行动履行承诺，持续不断地为本土文化生活做贡献。（4）加强本土人民之间的联系（Strengthening Connections among Canadians），通过分配与流通反映本土文化的产品、赞助文化活动及项目，该投资将充分展现加拿大人民的智慧，加强本土人民之间的联系。[①]

与非文化产业领域的净收益规则相比，文化产业领域的净收益规则具有以下特点：（1）审查机构不同，文化产业领域有专门的审查机构，即由遗产部审查，而其他领域的则由工业部予以审查。（2）文化产业领域的净收益规则具有兼容性，它只是在文化产业领域的一般性规定，在投资审查时还需要考虑与文化产业其他政策的兼容性。（3）文化产业领域的净收益规则不限于国家发展经济的需要，更加侧重本土化内容的传播、公众参与等文化利益，旨在增强文化认同感和促进本国文化的发扬，不单单追求经济利益。（4）文化产业净收益规则除了一般性的规定以外，还有专门针对具体文化产业领域的净收益规则。

第二，具体文化产业领域附加净收益规则。

加拿大除了规定在文化产业领域总的"净收益规则"以外，还针对文化产业领域内的不同部门，结合不同部门的特点，分别规定了附加"净收益规则"。

在图书出版与发行方面，如果是收购现有的加拿大控股企业，必须有足够的证据证明：该企业陷入明显的财政危机；加拿大人有充分和公平的收购机会，否则非加拿大国籍人不得收购。如果非加拿大国籍人是最终成功的中标者，则他应当满足下述的附加"净收益"规则。同理，若非加拿大国籍人要出售现有的加拿大企业，也要保证加拿大国籍人有公平和充分的竞标机会，若非加拿大国籍人中标，同理应当遵守附加"净收益规则"。如果是间接收购，则需要依照外资法的相关规定来审查决定其是否满足对加拿大和对加拿大目标公司的"净收益"。加拿大投资局还会要求外国投资者作出特别承诺：承诺致力于加拿大籍作者的发展，如与加拿大出版商成立合营企业，将与出版商有合作的加拿大籍作者推向国际或国内新市场；承诺支持图书发行系统的基础建设，如通过加拿大出版商或代理商分配进口资格、在加拿大为重点图书和再版书维护完整的仓储与订单操作系

① Canadian Heritage, Net Benefit Undertakings and Canadian Cultural Policy, http：//www.pch.gc.ca/eng/1360158482694/1360158670409, visited on 11 October 2021.

统、积极参与行业合作；保证企业在加拿大营销设施的可接触性，使其能够吸引加拿大出版商并与之兼容；为出版业的科研机构及研究项目提供财政和技术支持。①

在电影发行方面，为了支持本土发行产业，有以下几点须注意：（1）不允许收购加拿大国籍人所有或控制的发行企业。（2）在加拿大建立新的发行企业只能限于从事专有产品（Proprietary Products，即进口人完全拥有该项权利或者是主要投资者）的进口和发行活动。（3）外国发行企业在加拿大进行直接或间接收购的前提应当是，投资者依照国家政策和文化政策，对其在加拿大的营业进行再投资。（4）所有在 1987 年 2 月 13 日以后的申请都应当依照新政策。②

在期刊出版方面，加拿大政府意识到期刊应当密切联系本土生活与文化、反映本土视角、满足本土读者的信息需求。因此加拿大重视加强本土期刊的出版发行能力，由多个出版商在多个区域出版发行不同题材的期刊。许多政策框架围绕着增强本土期刊实力、保证和促进加拿大本土期刊发展而开展实施；同时也注重期刊内容本土市场化与广告收入的关系。投资者不允许收购加拿大所有或控制的期刊出版企业。对于期刊的发行，主要有以下几点政策：首先，要符合对加拿大的净收益，外国投资者的营业应当保证每种期刊大部分的内容都是针对加拿大本土的原创内容，其数量要依照各期刊本身的版面而定。原创内容（Original Editorial Content）是指不含有广告的，作者为加拿大籍人，不局限于作家、记者、插画师、摄影师；且面向加拿大市场，没有在加拿大以外的地方发表过的内容。其次，净收益还包括有关在加拿大的投资或业务拓展所雇佣的编辑或其他雇员是加拿大居民；或所从事的发行业务是在加拿大编辑、排版、印刷的。③

这些具体领域的文化产业净收益规则主要是针对非加拿大国籍人收购拥有加拿大国籍的人所拥有或控股的企业而设置的。这些净收益规则是附加的净收益，即在满足上述文化产业领域一般的净收益规则以外，在特定情形内还需要满足的"净收益规则"。这些规则伴随着履行义务要求，旨在提升本国艺术家的就业水平，提升艺术家的创意技能，保证本国获取国外先进经验与技术，发展本国市场所需。

综上所述，同为个案审查的立法模式，澳大利亚与加拿大的个案审查却有很大区别。首先，两者审查机关不同，加拿大是由遗产部进行审查，而澳大利亚是由外国投资审查委员会审查。澳大利亚外国投资审查委员会（Foreign Investment Review Board, FIRB）具有半官方特点，由 1 名全职执行成员和 4 名兼职成员组成，兼职人员分别为投资、银行、税务及贸易等领域专家。FIRB 主要职责是向财政部长及政府就外资政策及监管措施提供建议。④ 其次，两者审查标准也不同。澳大利亚审查的标准基于"国家利益"，对于何为

---

① Canadian Heritage, Investment Canada Act: Revised Foreign Investment Policy in Book Publishing and Distribution, http://www.pch.gc.ca/eng/1359570626539, visited on 11 October 2021.

② Canadian Heritage, Investment Canada Policy on Foreign Investment in the Canadian Film Distribution Sector, http://www.pch.gc.ca/eng/1359658212774/1395330258203, visited on 11 October 2021.

③ Canadian Heritage, Canadian Content in Magazines, A Policy on Investment in the Periodical Publishing Sector, http://www.pch.gc.ca/eng/1359658949974/1359659050050, visited on 11 October 2021.

④ 参见施明浩：《中国（上海）自由贸易试验区外资安全审查机制的探索与创新》，载《亚太经济》2015 年第 2 期，第 113 页。

"国家利益"审查机构具有较大的自由裁量权,体现在文化产业领域,则是有具体的数额限制。加拿大的审查标准基于"净收益",对于"净收益"有明确的政策指引。文化产业具有不同于一般产业的"净收益"要求,文化产业领域的"净收益"主要是为了促进本国内容传播、本国文化行业人员的就业与发展以及本国公众参与目的,并且文化产业的"净收益"在不同的子行业内部呈现出不同的政策考量。

(三) 适用文化产业专门立法规定

除了上述两种类型的立法例以外,还有一些国家选择对文化产业领域的外国直接投资准入采取专门立法规定的模式,这种立法例在实践中被广泛运用。虽然有关国家实践中鲜见专门的文化产业法典,但是在文化产业具体领域的专门立法中,往往对该领域外国直接投资准入问题作了规定。

专门立法规定的法律渊源具有分散性的特点。这些规定主要分散在有关国家涉及广播电视、期刊、电影等专门的立法规定中,如日本的《放送法》《电波法》、新加坡的《广播法》、韩国的《广播法》《报纸促进法》《期刊促进法》等,还有的国家在宪法中规定了媒体行业的外国投资准入问题,如菲律宾等。

与个案审查的立法例不同,这些立法规定具有明确性和可预见性的特点,赋予行政机构的自由裁量权十分有限,给予投资者以十分明确的投资指引。这些专门的立法规定设置了外国直接投资进入文化产业有关领域的具体限制条件,外国投资者若想要对有关领域予以投资,应当满足立法规定的条件,否则无法获得相应许可。

二、文化产业外国直接投资准入限制的具体条件

文化产业外国直接投资准入限制的具体条件多源于文化产业具体领域的专门立法规定。大部分国家对于文化产业门类中,尤其是广播电视、报刊、图书出版等行业均通过法律法规设定了明确限制。不同国家设置的限制有别,主要体现为四种限制:限定国际投资比例、限定高管国籍或住所、限定企业组织形式和限定特殊管理股权制度。其中限定投资比例最为常见,不少国家均有此类限制,并根据行业的不同设定不同的外资股权比例。部分国家要求高管应当为本国居民或在本国有住所,还有一些国家为了学习外国先进经验和技术要求外国投资企业应当采取合营形式。少数国家,如新加坡对媒体行业设置特殊管理股制度,以保证政府对敏感行业的控制权。

(一) 设定国际投资比例限制

一些国家对文化产业有关领域内的投资比例设置了具体的数额限制。一般规定某领域内的外国直接投资不能超过一定数量的百分比。百分比的单位根据不同国家规定的不同,可能是指外国投资数额占企业资产总额的百分比,或者是占投票权或股权份额的百分比等。

日本规定了广播行业外国投资的投票权比例的限制。日本主管媒体的部门是内部事务与通讯部 (Ministry of Internal Affairs and Communications, MIC)。外国投资人可以获得包

括卫星核心广播的核心广播公司（Core Broadcasters）20%的投票权。[1] 外国投资者可以获得受广播公司委托的无线电台供应商1/3的投票权。[2] 外国个人或企业投资者如果超过上述的最大比例，也不能成为股东，也无法享有日本法上股东所享有的权利。然而对于一般广播公司和非广播媒体（如报纸）则没有特别限制。

马来西亚规定了广播行业外资数额所占企业份额的比例限制。马来西亚主管媒体的部门为通讯与多媒体委员会（Communications and Multimedia Commission，MCMC）。在广播与视听领域，地面广播网络禁止外商投资，有线和卫星广播外资份额限于20%。[3] 在报纸和其他出版领域，允许提供服务的新加坡报纸行业经营者在马来西亚设立营业地，也允许其在马来西亚授权他人从事授权范围内的经营活动。[4]

菲律宾宪法第16章一般条款的第11条规定外资不能进入大众媒体。[5] 从事广告行业的外国投资所占份额限于30%。类似的还有美国对广播行业的限制，在广播领域，外国投资不能享有超过25%的投票权。法国对于非欧盟成员国的投资限制为在日报、地面法语电视广播不超过20%的资本份额，全国无线电视、地方无线电视、地面广播方面，外国投资份额不能超过20%。[6]

韩国对于文化产业领域国际投资准入规定得更加详细。外国个人、企业、组织或者政府机构实体等，在韩国发行报纸或在线报纸等其他出版物需要有韩国代理人。对免费广播及电视的投资或捐助不得来源于以下几点：（1）外国政府机构或组织；（2）外国人；（3）外国政府机构或组织以及外国个人拥有50%以上份额的经营实体。接受外国组织为促进国际关系以教育、体育、宗教、慈善等类似目的的捐助，但要经过韩国通讯委员会（Korea Communications Commission，KCC）的批准。对有线电视（Cable TV），外国人不能拥有综合有线电视广播公司超过49%以上的份额，外国人不能拥有转播有线广播公司

---

[1]　日本《放送法》第93条，原文见日本法库：http://www.houko.com/00/01/S25/132.HTM#s5，2021年10月10日访问。

[2]　日本《电波法》第5条，原文见日本法库：http://www.houko.com/00/01/S25/131.HTM#014，2021年10月10日访问。

[3]　US Bureau of Economic and Business Affairs，2013 Investment Climate Statement-Malaysia，http://www.state.gov/e/eb/rls/othr/ics/2013/204686.htm，visited on 11 October 2021.

[4]　Baker & Mckenzie，*Guide to Media and Content Regulation in Asia Pacific* 47，http://www.commsalliance.com.au/__data/assets/pdf_file/0016/42136/Guide-to-Media-an-Content-Regulation-in-Asia-Pacific.pdf，visited on 11 October，2021.

[5]　该条规定：（1）大众媒体的所有权和管理权只限于菲律宾公民，或由菲律宾公民全部所有或管理的公司、合作社或组织所有。国会应在公共利益需要时，管制或禁止商业大众传媒的垄断。任何限制交易的合并行为或不正当竞争都是不允许的。（2）广告业对公众利益有影响，应以法律管制，以保护消费者利益、促进公共福利。广告业必须由菲律宾公民，或其资本百分之七十以上为菲律宾公民所有的公司或组织经营。外国投资者在广告公司董事会成员中比例不得超过他们在资本中所占份额的比例。广告公司的所有行政人员和管理人员应为菲律宾公民。参见陈云东主编：《菲律宾共和国经济贸易法律选编》，中国法制出版社2006年版，第34页。

[6]　臧具林、卜伟才：《中国广播电视"走出去"战略研究》，中国国际广播出版社2014年版，第50页。

(relay cable broadcasting company) 20%以上股权份额。① 外国个人、实体和组织不能拥有报纸出版商50%及以上的股权份额，而日报出版商不超过30%。② 有关投资的细节应当向知识经济部（Ministry of Knowledge Economy）报告，有关的文件证明应当提交到有关地方政府部门。其他的出版行业，外国个人、实体和组织不能拥有出版商50%及以上份额。③

具体的比例数额限制，各个国家情形不同，并无规律可循。但是一国文化产业领域的外国投资比例限制并非无依据地设定比例限制，主要是综合考虑一国的公司法制度。国际上通行的外国资本比例达到10%以上才能称之为直接"投资"，一些国家将25%作为外资有效控制的最低比例，在此比例下的为被动投资者（Passive Investor）。④ 我国规定中外合资、合作经营企业外商投资比例不得低于25%。公司法上规定对一般事项通过需要经过资本额或表决权过半数的股东决定，因此50%或49%是对企业一般事项控制权的基准线；重大事项决议可能需要三分之二或者四分之三比例以上的股东通过。

（二）设定高管国籍或住所限制

一些国家和地区对外商投资企业中的高管的国籍或住所有限制，保证本国和本地区的人或本国和本地区的居民在企业的董事会中占有多数地位，或者董事会主席、首席执行官等重要职位由本国人和本地区的、本国和本地区的居民担任，继而能够在企业的各种决定事项中处于主导地位，以维护本国文化利益。

新加坡立法对广播企业的董事会成员住所有限制规定。新加坡外资进入新加坡媒体行业需要得到媒体发展部（The Media Development Authority，MDA）的批准，无论外资来源于外国政府、外国个人还是外国公司。如果MDA认为该外资是基于善意商业目的进入本国，则将予以许可。在广播电视领域，《广播法》规定，新加坡的广播企业至少半数的董事都为新加坡居民，除非MDA另有许可，MDA有权任命广播企业的首席执行官、董事和董事会主席。⑤

我国香港地区对企业高管住所的限制在其法律制度中体现得尤为明显。其《广播条例》第8条⑥"可批给牌照的人"第4款规定，就本地免费电视节目服务牌照或本地收

---

① Republic of Korea Broadcasting Act, Art. 14, http：//elaw. klri. re. kr/eng_mobile/viewer. do？hseq=25243&type=part&key=17, visited on 11 October 2021.

② Republic of Korea Act on the Promotion of Newspapers, Art. 13（4）, http：//elaw. klri. re. kr/eng_service/lawView. do？lang=ENG&hseq=34967, visited on 11 October 2021.

③ Republic of Korea Act on the Promotion of Periodicals Including Magazines, Art. 20（3）, http：//elaw. klri. re. kr/kor_service/lawView. do？lang=ENG&hseq=16722, visited on 11 October 2021.

④ 王宏军：《印度外资准入制度研究——兼论外资法的建构》，法律出版社2013年版，第92页。

⑤ Singapore Broadcasting Act, Art. 33, http：//policy. mofcom. gov. cn/PDFView？id=9eb07e1d-0a33-43d4-bf3f-06f3886b3370&libcode=flaw, visited on 11 October 2021.

⑥ 第8条前三款规定如下：（1）行政长官会同行政会议可应任何公司以指明格式向其提出的申请，按照本条例批给牌照，以准许提供本地免费电视节目服务或本地收费电视节目服务。（2）管理局可应任何公司以指明格式向该局提出的申请，按照本条例批给牌照，以准许提供非本地电视节目服务或其他需领牌电视节目服务。（由2011年第17号第28条修订）（3）在不抵触第4款的条文下，如任何公司属某法团的附属公司，则本地免费电视节目服务牌照不得批给该公司。

费电视节目服务而言，公司每次董事会议的法定人数中，过半数董事均在当时通常居于香港，并曾于一段不少于 7 年的连续期间通常居于香港的个人；该公司过半数董事及该公司过半数主要人员（包括负责挑选或制作电视节目或安排电视节目播放时间的主要人员）均是在当时属通常居于香港，并曾于一段不少于 7 年的连续期间通常居于香港的个人，但经管理局事先以书面批准者除外；就非本地电视节目服务牌照或其他须领牌照的电视节目服务而言，不少于一位该公司的董事或主要人员是在当时属通常居于香港，并曾于一段不少于 7 年的连续期间通常居于香港的个人。

香港地区《电讯条例》第 131 条①还明确规定了"不合资格的人"，如果不是"通常居于香港，并曾于任何时间连续居于香港不少于 7 年；或是通常居于香港的公司"，则属于不合资格的人。如不合资格的人对持牌人有表决权的股份或在该股份中直接或间接享有任何权利、所有权或权益，则该有表决权股份的总和，在任何时间均不得超逾持牌人有表决权股份总数的 49%。

相比于新加坡的有关规定，我国香港地区规定更加严格，除了该人在香港有惯常居所以外，还对其中的时限予以规定，其在香港连续居住的时间不能少于 7 年。虽然也有不少国家立法对高管的国籍或住所予以限制，但这种限制通常与外资比例限制规定相结合，极少情况下才单独使用。至于国籍与住所的认定，还要依据该国有关的法律规定，如《国籍法》等。

（三）设定企业组织形式限制

一些国家还对外国直接投资设立的企业类型予以限定。根据越南加入 WTO 的承诺，在广告服务领域，外国投资者在越南若要从事广告行业，应当与越南合伙人建立合营企业（Joint Venture）。在特定的视听服务领域，涉及动画片制作、动画片分销、动画片播放（Projection）服务，外国实体应当与官方许可的越南籍合作者缔结商业合同或成立合营企业。动画片播放服务方面，越南的文化中心、电影中心、公共电影俱乐部以及移动放映团队等不能与外国服务提供者缔结商业合同及设立合营企业。② 加拿大对图书出版与发行方

---

① 该条规定：（1）如不合资格的人对持牌人的有表决权股份或在该等股份中直接或间接享有任何权利、所有权或权益，则该等有表决权股份的总和，在任何时间均不得超过持牌人有表决权股份总数的 49%。（2）第（1）款适用于持牌人以下的有表决权股份，即就可在持牌人的股东大会上借投票而决定的任何问题或其他事宜而言，该等股份所附有的表决权当其时是可行使的。（3）就本条而言，任何人除非符合下述条件，否则均属不合资格的人（unqualified person）——（a）他当其时通常居于香港，并曾于任何时间连续居于香港不少于 7 年；或（b）该人是通常居于香港的公司。（4）就本条而言，根据条例而设立的或成立为法团的法团，须在（但仅在）以下情况下视为通常居于香港的公司——（a）当其时积极参与该法团的管理的每一人，或如有多于 2 名此类人士，则其中过半数的每一人均当其时通常居于香港，并曾于任何时间连续居于香港不少于 7 年；并且（b）当其时该法团的管理是真正在香港作出的。（5）就本条而言，凡于 2 名或多于 2 名对有表决权股份或在有表决权股份中享有联权共有权利、所有权或权益的人士中，有任何一名或多于一名属不合资格的人，则该名或该等不合资格的人即视为摒除任何其他人而独享全部权利、所有权或权益。

② Vietnam GATS Commitments on Audiovisual Services，http：//i-tip. wto. org/services/DetailView. aspx/? id=Viet%20Nam&isGats=1&sector_code=2. D，visited on 11 October 2021.

面的绿地投资，也限于加拿大方控股的合营企业。

不少国家都乐于对外资进入的企业组织形式予以限制，大部分国家都是采取"合营"方式。对东道国来说，可以在获取外国强大资本与技术支持的前提下又保有对敏感行业或幼稚产业的控制。采取合资形式，主要是为了获得大量的资金；采取合作方式，则主要是为了获取先进技术和管理经验。东道国也可以利用外国投资来扩展国际市场，促进本国产品出口，扩大外汇收入来源，加快本国企业走出去进程。对于海外投资者来说，与东道国政府或者私人合营，一般皆可以取得东道国法人资格，享受东道国国民待遇和投资优惠政策，避免进口关税负担和其他贸易壁垒阻隔。由于合营也有东道国的资本参加，这样可以减少由于东道国政策法律变化而带来的政治风险。另外，外国投资者可以通过合营的形式了解当地政治、经济、文化情况，有助于因地制宜地进行生产与销售活动，也有助于减少由于不了解当地政策法律而难以获取当地信贷融资的情形，充分利用当地便利化条件，降低成本，提高效益；从而最终有助于扩大企业品牌在东道国的辐射和影响，占领市场。[①]

（四）设定特殊管理股权限制

特殊管理股权主要源于政府在国有企业私有化过程中以及文化传媒企业在上市后创始人保留控制权的工具，与"同股同权""一股一权"相对，是指股份所享有的权利不均等的股权管理模式。特殊管理股权有很多表现形式，常见形式如黄金股（Golden Shares）、管理股（Management Shares）等。特殊管理股权的目的"通常是政府为了达成某些政策目标，这种政策目标的理由是为了公共利益"，[②] 或者是企业创立者或高层管理者为了确保对公司的控制权，免于恶意收购。

黄金股制度最早源于欧洲，国家可以在企业享有名义股份，如1英镑的股份，从而在公司享有一票否决权，以避免涉及民生的关键行业如国防、交通、能源、通信等被海外收购。管理股权制度是在企业内部设置特殊股权制度，设置普通股与管理股，普通股代表的投票权通常为一股一权，管理股所代表的投票权要远高于普通股，从而保证少数人对企业的控制权。

在立法层面，新加坡在新闻报纸和其他出版物领域规定了管理股权制度，外国人不能持有管理股，以保证国家对于新闻舆论的有效管理。在其《新闻出版法》（The Newspapers and Printing Presses Act，NPPA）第10条明确规定，报纸企业设立双重股权——管理股（Management Shares）和普通股（Ordinary Shares）。无论是发行还是转让，管理股只能由新加坡居民或者特许的公司持有。企业发行管理股应占其所有发行股份或资本的1%及以上。管理股每股代表200个投票权，用于企业人事任免事项。[③]

在实践层面，许多报业大亨，如美国《纽约时报》《华盛顿邮报》、英国《每日邮

---

① 参见甘培忠：《企业与公司法学（第七版）》，北京大学出版社2014年版，第119~120页。

② 张立省：《欧洲黄金股研究及对我国的启示》，载《管理现代化》2012年第1期，第9页。

③ Singapore Newspaper and Printing Presses Act, Art. 10, Singapore Statutes Online, http://statutes. agc. gov. sg/aol/search/display/view. w3p; page = 0; query = DocId%3A%224a71c728-6dbf-4de2-a730-a121b679ffac%22%20Status%3Ainforce%20Depth%3A0; rec = 0; whole = yes, visited on 11 October 2021.

报》《每日电讯报》以及 Google 和 Facebook 也都设置了管理股权制度，将重要表决权的股票由企业创始人及其家族持有，其他股票上市流通，以保证创始人或其家族对公司的控制权。新浪微博的母公司新浪同样获得了 3 倍于普通股的投票权，因此获得了新浪微博 80% 的投票权。[1]

不过特殊管理股权制度的合理性也存在诸多争论，反对特殊管理股权制度者主要认为其限制股权流动与并购，阻碍资本自由流动，挑战了传统公司法中的同股同权、股东民主原则，导致管理层利用控制权获取不当收益或作出损害中小股东的决策。而特别管理股权的优势也在于能够保证公共利益的有效实现和管理者反并购的需求，也能够保证原始投资人或创始人对企业的控制权，更能够放开企业吸收外来资金的能力，满足投资者的多样化需求。部分投资者并无意愿参与企业管理，只是想获得利润收益，同股不同权制度正好满足了他们的需要。

特殊管理股权制度在欧洲国有企业股份制改造过程中发挥了比较积极的作用，作为一种有效的制度创新在欧洲各国广为流传。然而它意味着政府可以行公共利益之名来阻止任意一场海外收购，被视为与欧盟立法相悖，违反了资本自由流动原则。随着欧盟一体化进程的加速，特别是 1994 年《马斯特里赫特条约》生效后，欧盟委员会开始参照该条约第 56 条 "禁止在欧盟成员国之间以及欧盟成员国和第三国之间对资本和支付进行任何限制" 的规定，先后在 1997 年和 2004 年进行了两次调查，并责成各国限期修改其政府特权的限制性规定。在欧盟的压力下，部分国家修订了有关法律和法规，也有的国家认为黄金股是为了国家和社会公众的利益并未违反欧盟法律的相关规定，并由此产生一些诉讼，欧盟委员会陆陆续续向欧洲法院提起针对意大利、葡萄牙、法国、比利时、西班牙、英国及德国的黄金股诉讼，不少国家败诉后不得不撤出本国政府所有的黄金股。

由于被欧盟委员会起诉，意大利被欧洲法院要求出具更加明确的规则，从而为有关企业实现预估可能受到的限制提供更多的可参考性和预见性意见。故而 2012 年 3 月意大利发布第 21 号令，对黄金股的有关制度予以限制和更加明确的规定。其中黄金股限于在与国家安全有关的具有战略意义的行业，主要是在能源、交通和通信行业；但是规定只有在严重损害本国根本利益时才能够适用一票否决权。[2] 可见，欧盟并不绝对反对各国使用黄金股制度，但是要有足够的克制和足够的透明度。

特别管理股权制度的确存有争论，虽然在欧洲黄金股制度已经走向没落，但是在亚洲地区则并不会就此消亡。[3] 由于亚洲国家普遍还处在发展中阶段，资本的自由流动尚比不上欧美发达地区，加上长久以来的政府集中管制的悠久传统，因此特殊管理股权制度在亚

---

[1] 参见李朱：《特殊管理股制度的理论与实践思考》，载《江西社会科学》2014 年第 6 期，第 230 页。

[2] Guido & Alessandro Piermanni, *From "Golden Share" to "Golden Powers"*, https：//www. dlapiper. com/~/media/Files/Insights/Publications/2012/07/Italy% 20From% 20golden% 20share% 20to% 20golden% 20powers/Files/From_golden_share_to_golden_powers_EN/FileAttachment/From_golden_share_to_golden_powers _EN. pdf, visited on 11 October 2021.

[3] 我国台湾地区 2000 年修订 "公营事业转移民营条例" 时，在第 17 条明文引进 "黄金股" 制度。韩国在经历东南亚金融危机重创后，在 2006 年考虑实行黄金股制度，以协助本国企业抵御敌意收购企图，防止原始资产在金融危机中被贱卖。

洲地区依旧可以发挥很大作用。尤其是在传媒产业领域，虽然不少国家对于传媒领域外资准入十分严格，但是依旧可以通过特殊管理股权制度，放开外资限制，在引入资本的同时又能够保证政府的控制权。

综上所述，除了少数国家没有专门限制以外，大多数国家还是对文化产业领域的外国直接投资准入予以限制。在立法模式上主要体现为三种方式：适用一般外资准入规则、适用个案审查方式、适用专门的立法规定。不过个案审查方式与成文法专门规定这两种途径并不相互排斥，由于文化产业领域众多，一国可能在不同领域分别采用上述两种路径，一国也可以在同一领域中同时采用上述两种规制模式。对于外国直接投资准入的具体条件，主要体现为四种限制，即股权比例、高管国籍或住所、企业组织形式、设定特殊管理股。这四种限制也往往被有关国家立法混合使用。即使是采用净收益标准个案审查的加拿大，也对企业组织形式有要求，如在图书出版与发行领域，绿地投资需要设立加拿大控股的合营企业。除了特殊管理股权限制以外，另外三种限制都十分常见，特殊管理股权只是在部分国家如新加坡有规定。虽然特殊管理股权不是国家专有的管理方式，但是这种制度依旧值得我国借鉴。

第四节　我国的文化产业外资准入制度

一、文化产业外国直接投资准入的清单模式

我国在文化产业领域对外国直接投资准入清单模式区分国际法和国内法，表现为不同的清单模式。在国际法层面主要采用正面清单模式，具体表现为 GATS 和 FTA 的具体承诺，即正面清单模式；在国内法层面，需要满足《外商投资准入负面清单》，若在自贸区投资，则需适用《自由贸易试验区外商投资准入负面清单》。

（一）国际条约中的正面清单模式

中国一直以国际条约所追求的价值为践行目标，遵守对 GATS 的具体承诺，不断按照条约要求和承诺逐步放开市场准入。中国也一直寻求与其他国家的友好合作关系，并对外签订了大量的双边投资协定和自由贸易区协定，其中有不少关涉文化产业。对文化产业领域作出具体承诺的主要是 GATS 和 FTA，而 BIT 中鲜有专门针对文化产业的具体承诺。

中国对 GATS 有关文化产业的领域作出了承诺，中国内地的承诺集中于部分视听服务领域，对娱乐文化体育领域没有作出具体承诺。而中国香港、中国台湾相对开放，对娱乐文化体育领域作出了部分承诺。

1. 视听服务领域

在 GATS 中，中国内地对录像视频（包括娱乐软件）分销服务、录音制品分销服务、电影院服务作了承诺。视听服务中的录像视频（包括娱乐软件）、分销服务以及音像分销服务中，对商业存在的市场准入提出保留，除了电影以外的视听产品的分销自加入时起，外国服务供应商只能与中国合伙人成立合作企业。中国对视听产品的内容有审查的权利。在电影院服务方面，外国供应商可以建立或修缮电影院，外资比例不超过 49%。

中国香港对视听服务以下三项作出完全市场准入和国民待遇承诺：电影、录像带的生

产与销售、租赁（排除广播服务），限于原声带的音像服务，限于电影及录像带从一种语言转换到另一种语言的配音。

中国台湾在电影及录像带制作与分销、电影放映、广播电视服务、录音服务方面做了承诺。在广播电视方面，跨境服务和商业存在的市场准入方面，70%的无线广播和电视节目应当是本地生产，20%有线电视节目应当为本地生产，上述比例以在系统内频道播出的时间计算。

2. 娱乐、文化及体育服务

中国内地没有对这一类别作出承诺，这意味着在这领域不适用 GATS 的各项规则。中国香港在这一项下只对"图书馆、档案馆、博物馆以及其他文化服务"作了承诺，在这一类别下予以完全准入和国民待遇。图书馆及档案馆服务限于维护、排序、存储出版物和文献，以备记录和将来参考及有关咨询服务之用。中国台湾对 B 项新闻服务、D 项体育和其他娱乐服务作出了承诺。在新闻服务中，要求编辑或者出版商为台湾地区居民，其他项下予以完全准入和国民待遇。中国澳门没有对上述两类作出市场准入、国民待遇承诺。

中方对外签订的自贸区协定①中承诺也基本采用了正面清单的模式，与在 GATS 中的承诺基本一致。在视听服务方面，中国东盟自贸区协定、智利与中国自贸区协定都没有对此作出专门承诺。在中国与哥斯达黎加自贸区协定中，关于录像（包括娱乐软件）及分销服务、录音分销服务、电影院戏剧院服务与中国入世议定书一致。巴基斯坦与中国自贸区协定、秘鲁与中国自贸区协定也作了同样承诺。2015 年的中澳自贸区协定作出了与 WTO 一致的承诺。在娱乐、文化体育服务方面，上述协定中除了在东盟和中国自贸区协定中柬埔寨作了准入承诺外，其他均没有作出承诺。② 在新闻服务，如图书馆、档案馆、博物馆服务方面，也没有作出具体承诺。在体育娱乐服务方面，东盟与中国自贸区协定中，中国允许外国全资公司准入，不过要遵守"经济需要规则"。中国与哥斯达黎加、巴基斯坦与中国、秘鲁与中国自贸区协定均有承诺，没有特殊限制。2015 年中澳自贸区协定同样对体育和其他娱乐服务作出承诺，没有限制，但是排除了高尔夫场地建设。③ 中韩自贸区协定中，中国对其他娱乐服务的商业存在作了承诺，允许韩国服务供应商与中国伙伴设立合资或契约式合资的演出经纪机构或演出场所企业，韩国投资不得超过 49%。中方在契约式合资企业中将有决策权。演出经纪机构可通过中介、佣金代理和代理的形式从事商业演出。演出场所企业可在其场地内举办商业演出。

中国对外自贸区协定中承诺基本与 GATS 一致，并延续采用了正面清单的模式，但外方承诺却并非都采用同中方一样的正面清单模式。韩国、新加坡、新西兰、秘鲁采用正面

---

① 目前我国已经签订的有中国-东盟、中国-巴基斯坦、中国-智利、中国-新西兰、中国-新加坡、中国-秘鲁、中国-哥斯达黎加、中国-冰岛、中国-瑞士、中国-韩国和中国-澳大利亚自贸区协定等。正在谈判的有中国-挪威自贸区协定、中日韩《区域全面经济合作伙伴关系》（RCEP）、中国-东盟自贸协定（10+1）升级谈判、中国-斯里兰卡自贸区协定、中国-巴基斯坦自贸区协定第二阶段谈判、中国-马尔代夫自贸区协定、中国-格鲁吉亚自贸区协定、中国-摩尔多瓦自贸区协定等。中国对外签订的双边投资协定有百余个，但是鲜见具体的文化产业有关承诺。

② 加拿大在 NAFTA、智利在 TPP 中也都作出了准入承诺，均没有提出特别保留。

③ 参见中国自由贸易区服务网：http://fta.mofcom.gov.cn/Australia/annex/xdwb_fj3-B_cn.pdf，2021 年 10 月 11 日访问。

清单模式，而澳大利亚则采用负面清单模式。

（二）国内法层面的负面清单模式

我国也是国内法层面采用负面清单模式的国家之一。十余年内，我国的《外商投资指导目录》经历了数次更新，分别对各行业鼓励、限制和禁止外资作了规定。2018 年开始发布《外商投资准入特别管理措施（负面清单）（2018 年版）》，此后每年修改一次。2015 年国务院颁发了《自由贸易试验区外商投资准入特别管理措施》（后续定期修改），采用了负面清单的立法模式，标志着我国开始尝试在外资管理过程中采用负面清单模式。负面清单适用于上海、广东、天津和福建四个自由贸易实验区。在负面清单中，将与文化产业有关的行业分为六个类型：文化娱乐、广播电视播出、传输、制作、经营，新闻出版、广播影视，电影制作、发行、放映，非物质文化遗产、文物及考古，互联网和相关服务。2018 年发改委、商务部发布 2018 年自贸区版负面清单，这是自自贸区挂牌成立以来第五版负面清单，自贸区负面清单与全国外商投资指导目录的内容基本一致。

对比负面清单和外商投资指导规定，两者的立法模式不同。负面清单是对清单上规定的行业予以限制或禁止，对于清单未列出的行业采取开放的态度，不过依旧要受到国家安全审查，在满足不危害国家重大安全的前提下，与现有法律法规不冲突的情况下，可以完全准入。而投资指导目录采取的是"混合清单"的模式，不仅对于禁止和限制的行业有规定，也有对特定行业鼓励外资进入的规定。投资指导目录是引导外商投资的产业政策，对于其中没有规定的行业仍然依照现有法律法规的有关规定来执行。

负面清单并没有高度放开文化产业领域的国际投资准入，但相比之前的投资指导目录更具发展之处。主要体现在：首先，产业的分类更加具体，原本投资指导目录中只属于一类的"文化、体育、娱乐"的内容，仅仅列出了产业门类，并规定有哪些限制性措施，但是在负面清单中扩充到了五类，每一门类下的禁止规定也更加细化明确。负面清单相对系统地整理了我国文化立法中的有关规定，将其中的禁止性与限制性措施予以列举，更具系统性与全面性。其次，负面清单也在现有立法基础上，依据现有产业的发展，增加了新的内容。负面清单更加关注文化遗产的保护，2015 年投资指导目录只规定了禁止投资文物拍卖企业和商店，而在负面清单中扩展到了国有博物馆、非物质文化遗产调查机构等，更加凸显了文化产业的文化特征。

自贸区清单在形式和内容上，相比以往的外商投资指导目录有明显突破，但仍在一定程度上存在缺陷，且与之相配套的国内法依据也存在明显不足之处。

首先，对国际区际层面以及国内法层面的清单定位不明。我国在自贸区采用负面清单模式的目的是在对外签订自贸协定中采用负面清单模式，却忽略了国际区际层面与国内层面负面清单的区别。现有的国际区际层面的负面清单，除了列明"减码清单"，还要列明"加码清单"，甚至还包括概括性排除文化产业条款，并具有较高的透明度要求，而国内法层面的负面清单可能只需要列举产业类别和简要描述限制措施即可。因此，目前现有的自贸区负面清单无论是内容还是模式都难以直接应用到国际区际层面。

其次，负面清单的透明度水平低。我国负面清单既没有披露国内法依据，又没有阐述具体的限制措施、用语模糊。国际区际层面的负面清单的透明度可能比国内法层面的负面清单还要高。我国自贸区负面清单中的一些限制措施难以找到明确的立法依据。负面清单相比外商投资指导目录虽然更加系统与全面，但其中用语依旧含糊不清，如"大型主题公园建设属于限制类"，无法从字面意思中明确具体限制措施。

二、文化产业外国直接投资准入的具体条件

我国自 2000 年第一次明确提出"文化产业"概念以来，逐渐认识到其市场属性。在加入 WTO 过程中，对音像制品的分销服务和电影院服务作了部分开放的承诺。尽管我国最初对文化产业领域引入外资十分小心翼翼，但是自 2005 年《关于文化领域引进外资的若干意见》出台之后，文化产业领域外资进入的幅度和水平大大提升，我国也经历了一系列法律法规和政策的变迁。

下文将区分具体行业展示我国在具体的文化产业领域对外国直接投资准入予以规制的脉络，并由此总结归纳在该领域外国直接投资准入的具体条件。

（一）出版物分销

我国对于出版物国际投资准入仅仅开放了分销领域，对于出版物和音像制品的出版、制作属于禁止类。出版物包括图书、电子出版物、期刊、报纸、音像制品等，其中仅仅涉及分销、发行或者总发行。所谓发行包括总发行和分销、出租、展销等活动。总发行即总发行单位统一包销出版物，分销即批发和零售。

在图书、期刊与报纸方面，在刚加入 WTO 时，我国允许跨境邮购和境外消费，在加入后一年，允许外资企业从事图书、报纸、期刊零售。外国服务提供者可以在 5 个经济特区（深圳、珠海、汕头、厦门、海南）和 8 个城市（北京、上海、天津、广州、大连、青岛、郑州和武汉）设立中外合营书报刊零售企业，在北京和上海合营零售企业数量不超过 4 家，其他地区不超过 2 家，允许北京合营企业中两家企业在同一城市设立分店。加入两年内，允许外资控股，开放所有省会城市以及重庆、宁波。加入三年内，取消对外资从事图书、报刊零售企业在地域、数量、股权以及企业设立形式方面的限制，超过 30 家分店的销售来自不同种类品牌、多个供应商的连锁店不允许外资控股。

根据 2003 年《外国投资图书、报纸、期刊分销企业管理办法》，外商可以在我国设立图书、报纸、期刊分销企业，可以设立中外合资、中外合作的分销企业，也可以设立独资的分销企业。因此，在图书分销方面，外国所有权比重可以达到 100%。2005 年《关于文化领域引进外资的意见》也作出了同样规定。不过需要注意的是，在 2004 年和 2007 年的《外商投资指导目录》中，禁止外商从事图书、报纸、期刊的总发行与总进口业务，但是自 2011 年《出版物市场管理规定》出台之后，外商可以投资图书、报纸、期刊的发行业务，外国所有权比例达到 100%。2011 年的《外商投资指导目录》也删去了关于总发行与总进口的禁止性规定。主要原因在于 2007 年中美视听出版物之后，中国根据 WTO 专家组和上诉机构的裁决修改了国内与 WTO 承诺不符的立法与规定，总发行与总进口属于分销与发行的范围之内，自此不再区分"总发行"与"分销"而一律属于允许外资完全进入的领域。

在音像制品方面，根据 2004 年文化部《中外合作音像制品分销企业管理办法》，中国合作者的权益不低于 51%，即外资比例不超过 49%，并且合作期限不超过 15 年。2005

年《关于文化领域引进外资的若干意见》也规定允许外商以合作且中方占主导地位的方式设立除电影以外的音像制品分销企业。2004 年《外商投资指导目录》禁止外商从事进口和总发行业务，2007 年禁止进口业务，不过自 2011 年起这些禁止性规定都被取消，其原因与上述 2007 年中美视听出版物中国败诉有关。2011 年《出版物市场管理规定》取消了外国投资音像制品分销只能享有 49% 合作权益以及合作期限的规定，音像制品发行可以中外合作经营的形式，并未规定需要中方占主导地位。不过依旧禁止外国投资设立电影的发行公司。2020 年修订后的《音像制品管理条例》第 35 条规定，国家允许设立从事音像制品发行业务的外商投资企业。

我国对于香港地区和澳门地区的投资视为外资，但是相比来源于其他国家和地区的投资享有更加优惠的待遇。根据 2006 年《关于〈外商投资图书、报纸、期刊分销企业管理办法〉的补充规定》，对于同一香港或澳门地区服务提供者在内地累计开店超过 30 家，如果经营的出版物属于不同品牌，来自不同供应商，允许其控股，但出资比例不超过 65%。根据 2010 年《关于〈外商投资图书、报纸、期刊分销企业管理办法〉的补充规定（三）》允许香港地区服务提供者在内地设立的分销企业分销香港出版的图书。允许澳门地区服务提供者在内地设立的分销企业分销澳门出版的图书。其销售的香港、澳门版图书须由国家批准的出版物进口经营单位代理进口。允许香港、澳门地区永久性居民中的中国公民依照内地有关法律、法规和行政规章，在内地各省、自治区、直辖市设立个体工商户，从事漫画图书、动漫电子游戏租赁服务，无须经过外资审批，不包括特许经营，其从业人员不超过 8 人；但应当在取得营业执照后 15 日内持营业执照复印件及经营地址、主要负责人情况等材料到当地县级人民政府新闻出版行政部门备案。

允许香港地区和澳门地区服务提供者以合资或合作形式设立音像制品分销企业，并且可以享有多数股权，但是不得超过 70%。根据 2010 年颁布的《关于中外合作音像制品分销企业管理办法的补充规定（二）》，允许香港、澳门地区永久性居民中的中国公民依照内地有关法律、法规和行政规章，在内地各省、自治区、直辖市设立个体工商户，从事动画音像制品租赁服务，无须经过外资审批，不包括特许经营，其从业人员不超过 8 人；但应当于取得营业执照后 15 日内持营业执照复印件及经营地址、主要负责人情况等材料到当地县级人民政府新闻出版行政部门备案。

自 2011 年《出版物市场管理规定》出台之后，根据其第 45 条，此前新闻出版总署和有关部门颁布的《出版物市场管理规定》《音像制品批发、零售、出租管理办法》《外商投资图书、报纸、期刊分销企业管理办法》《中外合作音像制品分销企业管理办法》及有关补充规定同时废止，不过《出版物市场管理规定》基本上整合了上述的规定，主要集中在第 41 条①和

①　第 41 条规定："香港特别行政区、澳门特别行政区、台湾地区的投资者在其他省、自治区、直辖市设立出版物发行企业，按照本规定第十六条办理，并作如下补充规定：（一）允许香港、澳门服务提供者在内地以独资、合资形式提供音像制品（含后电影产品）的发行服务；（二）对于同一香港、澳门服务提供者在内地从事图书、报纸、期刊连锁经营，允许其控股，但出资比例不得超过 65%；（三）香港、澳门服务提供者应分别符合《内地与香港关于建立更紧密经贸关系的安排》及《内地与澳门关于建立更紧密经贸关系的安排》中关于'服务提供者'定义及相关规定的要求，取得香港、澳门服务提供者证明书。"

第 16 条①。2016 年该规定修改后放宽了限制，第 14 条规定，国家允许外商投资企业从事出版物发行业务。设立外商投资出版物发行企业或者外商投资企业从事出版物发行业务，申请人应向地方商务主管部门报送拟设立外商投资出版物发行企业的合同、章程，办理外商投资审批手续。地方商务主管部门在征得出版行政主管部门同意后，按照有关法律、法规的规定，作出批准或者不予批准的决定。予以批准的，颁发外商投资企业批准证书，并在经营范围后加注"凭行业经营许可开展"；不予批准的，书面通知申请人并说明理由。第 41 条规定，允许香港、澳门永久性居民中的中国公民依照内地有关法律、法规和行政规章，在内地各省、自治区、直辖市设立从事出版物零售业务的个体工商户，无须经过外资审批。

（二）广告

在广告方面，我国承诺在加入 WTO 时，允许外国服务提供者设立中外合营广告企业，外资比例不超过 49%，2003 年 12 月 10 日之后允许外资控股，2005 年 12 月 10 日之后取消在中国设立合资公司的限制，允许独资进入中国广告市场。根据 2004 年《外商投资广告企业管理规定》第 23 条，自规定施行之日允许外资拥有中外合营广告企业多数股权，最多不超过 70%，自 2005 年 12 月 10 日起，允许设立外资广告企业。2008 年修改后的《外商投资广告企业管理规定》删去了股权比例限制，2014 年该规定被废止，根据《国务院关于推广中国（上海）自由贸易试验区可复制改革试点经验的通知》②，为了促进和保障政府管理由事前审批更多转换为事中事后监管，工商总局废除了该规定。

（三）电影与电影院

电影方面，根据 2004 年《电影企业经营资格准入暂行规定》，外资可以设立合资合作的电影制片公司、电影技术公司，外资注册资本比例不超过 49%。合资合作的电影技术公司经过国家批准的省市外资可以控股。根据 2005 年《电影企业经营资格准入暂行规定的补充规定》，自 2005 年 1 月 1 日起，允许香港地区、澳门地区服务提供者经内地主管部门批准后，在内地试点设立独资公司发行国产电影片。发行公司的注册资本不少于 100

---

①　第 16 条规定，国家允许设立从事图书、报纸、期刊、电子出版物发行活动的中外合资经营企业、中外合作经营企业和外资企业，允许设立从事音像制品发行活动的中外合作经营企业；其中，从事图书、报纸、期刊连锁经营业务，连锁门店超过 30 家的，不允许外资控股；外国投资者不得以变相参股方式违反上述有关 30 家连锁门店的限制。设立外商投资出版物总发行、批发、零售、连锁经营企业应具备的条件及新闻出版行政部门的审批程序按照本规定第六条至第 15 条的有关规定执行；申请人获得新闻出版行政部门批准文件后，还须按照有关法律、法规向商务主管部门提出申请，办理外商投资审批手续，并于获得批准后 90 日内持批准文件和外商投资企业批准证书到原批准的新闻出版行政部门领取出版物经营许可证。申请人持出版物经营许可证和外商投资企业批准证书向所在地工商行政管理部门依法领取营业执照。

②　根据该通知（国发〔2014〕65 号），上海自贸区可复制改革试点经验在全国推广和复制的有关事项中，与文化产业有关的主要包括：在投资管理领域，推广外商投资广告企业项目备案制；在服务开放领域中允许内外资企业从事游戏游艺设备生产和销售，经文化部门内容审核后面向国内市场销售。

万元人民币。根据 2002 年开始施行的《电影管理条例》第 18 条和第 19 条，境外组织和个人不能在中国境内独立从事影片摄制活动，允许中外合作摄制电影。

电影院方面，根据 2003 年颁布、2004 年实施的《外商投资电影院暂行规定》允许外国服务提供者建设或者改造电影院，设立中外合资、合作企业，应当由中方控股，外资比例不超过 49%。在全国试点的北京、上海、广州、成都、西安、武汉、南京设立中外合资电影院，外资在注册资本中的投资比例最高不超过 75%。合资合作期限不超过 30 年。外商不能独资投资电影院，不能组建电影院线公司。自 2004 年起允许香港和澳门地区服务提供者在内地合资、合作建设、改造和经营电影院，允许控股但不超过 75%。2005 年 1 月 1 日起，取消了港澳地区投资比例限于 75% 以内的限制，可以在内地合资、合作、独资建设改造以及经营电影院。根据《〈外商投资电影院暂行规定〉补充规定二》，自 2006 年 1 月 1 日，允许香港、澳门服务提供者在内地设立独资公司，在多个地点新建或改建多个电影院。

（四）演出场所与机构

在演出机构方面，2005 年《关于文化领域引进外资的若干意见》允许外商以合作、合资且中方主导或控股方式设立和经营演出场所、演出经纪机构。2004 年《外商投资指导目录》中对演出场所经营和演出经纪机构没有规定；2007 年《外商投资指导目录》开始将演出场所经营归为鼓励类，但需要由中方控股；2015 年将之规定为鼓励类，没有中方控股的规定；将演出经纪机构归为限制类，需要中方控股；2007 年和 2011 年指导目录限制类还包括娱乐场所经营，限于合作合资形式；2015 年目录没有规定娱乐场所经营，仅仅规定了演出经纪机构由中方控股。

根据 2020 年修订后的《营业性演出管理条例》第 10 条规定，外国投资者可以依法在中国境内设立演出经纪机构、演出场所经营单位；不得设立文艺表演团体。第 11 条规定，香港特别行政区、澳门特别行政区的投资者可以在内地投资设立演出经纪机构、演出场所经营单位以及由内地方控股的文艺表演团体；香港特别行政区、澳门特别行政区的演出经纪机构可以在内地设立分支机构。台湾地区的投资者可以在大陆投资设立演出经纪机构、演出场所经营单位，不得设立文艺表演团体。2022 年《营业性演出管理条例实施细则》修订后对外资放宽了限制，第 10 条规定，香港特别行政区、澳门特别行政区投资者在内地依法登记的演出经纪机构，台湾地区投资者在大陆依法登记的演出经纪机构，外国投资者在中国境内依法登记的演出经纪机构，申请从事营业性演出经营活动，适用本实施细则第 8 条规定。第 12 条规定，香港特别行政区、澳门特别行政区的演出经纪机构经批准可以在内地设立分支机构，分支机构不具有企业法人资格。香港特别行政区、澳门特别行政区演出经纪机构在内地的分支机构可以依法从事营业性演出的居间、代理活动，但不得从事其他演出经营活动。香港特别行政区、澳门特别行政区的演出经纪机构对其分支机构的经营活动承担民事责任。香港特别行政区、澳门特别行政区的演出经纪机构在内地设立分支机构，必须在内地指定负责该分支机构的负责人，并向该分支机构拨付与其所从事的经营活动相适应的资金。第 13 条规定，香港特别行政区、澳门特别行政区投资者在内地依法投资设立的由内地方控股的文艺表演团体申请从事营业性演出活动，除提交本实施细则第 7 条规定的材料外，还应当提交投资信息报告回执等材料。

娱乐场所方面，2006 年《娱乐场所管理条例》（2020 年修订）第 6 条规定，外国投资者可以依法在中国境内设立娱乐场所。2013 年《娱乐场所管理办法》（2022 年修订）第 9 条规定，依法登记的外商投资娱乐场所申请从事娱乐场所经营活动，应当向所在地省级人民政府文化和旅游主管部门提出申请，省级人民政府文化和旅游主管部门可以委托所在地县级以上文化和旅游主管部门进行实地检查。

（五）广播电视

在广播电视台设立方面，我国禁止外资进入广播电台、电视台、广播电视频道和传输覆盖网等。早在我国 1997 年《广播电视管理条例》第 10 条即规定，禁止设立外资经营、中外合资合作经营的广播电台、电视台。2004 年《广播电台电视台审批管理办法》（2017 年修订）第 4 条也作出了同样规定。2004 年《境外机构设立驻华广播电视办事机构管理规定》第 3 条和第 4 条规定，境外机构设立驻华广播电视办事机构要经过广电总局许可，并不得设置广播电视代理机构或编辑部。

在广播电视节目方面，根据 2004 年《广播电视节目制作经营管理规定》第 5 条的规定，禁止外商独资企业、中外合资或合作企业设立广播电视节目制作经营机构或从事广播电视节目制作经营活动。不过 2004 年 11 月出台的《外商投资指导目录》规定允许外商投资广播电视节目制作与发行，但是限于中方控股。这实质上放了广播节目制作的外资准入，但是依旧不允许以商业存在的形式设置广播节目制作公司。2004 年《广播电视视频点播业务管理办法》（2021 年修订）第 4 条也规定，禁止外资企业申请开办视频点播业务，不过三星级以上宾馆饭店除外。在广播电视信号传输方面，根据 2004 年《广播电视节目传送业务管理办法》（2021 年修订）第 7 条的规定，禁止外国资本进入和从事广播电视节目传送业务。

（六）互联网文化服务

2002 年《互联网出版管理暂行规定》第 6 条规定，从事互联网出版活动应当经过审批。2017 年《互联网新闻信息服务管理规定》第 7 条规定，任何组织不得设立中外合资经营、中外合作经营和外资经营的互联网新闻信息服务单位。互联网新闻信息服务单位与境内外中外合资经营、中外合作经营和外资经营的企业进行涉及互联网新闻信息服务业务的合作，应当报经国家互联网信息办公室进行安全评估。2008 年《互联网视听节目服务管理规定》第 7 条也规定从事互联网视听节目服务需要获得相应许可证。2015 年《互联网文化管理暂行规定》第 21 条也规定，从事经营性互联网文化服务应当经过审批。而我国 2005 年《关于文化领域引入外资的若干意见》第 4 条也规定禁止外资设立和经营网络视听节目服务、新闻网站与出版上述领域被纳入《外商投资指导目录》的禁止类中。

（七）文化遗产与文物保护

我国 2017 年《文物保护法》第 55 条规定，禁止设立中外合资、中外合作和外商独资的文物商店以及文物拍卖企业。2015 年《外商投资指导目录》也新增了这一类别。

2011 年《非物质文化遗产保护法》第 15 条规定，境外组织若在中国境内进行非物质文化遗产调查，应当与境内非物质文化遗产研究机构合作。2015 年自贸区负面清单增加了"禁止投资和运营国有博物馆""禁止设立和经营非物质文化遗产调查机构"。

总之，我国对文化产业门类中具体领域的外资进入具有较多的限制，并且 10 年中较少有变动。其行业主要集中在媒体行业如广播电视、新闻出版等，以及视听作品，如电影，且主要分为限制类和禁止类。限制类允许有限的外资进入，禁止类禁止外资进入。总的来说，禁止国际投资进入的行业较多。同行业区分不同的生产流通环节，可能受到不同的限制，如图书、音像制品的出版业务属于禁止类，而对其发行则属于限制类。

除此之外，前述我国《内地与港澳关于建立更紧密经贸关系安排》（CEPA）中也陆陆续续在视听和文化娱乐等方面放开市场准入，对港澳地区的投资企业取消股权限制、允许独资经营，降低在内地设立商业存在的门槛，放宽了对注册资本、企业资质和经营范围的限制。除了 CEPA 外，内地与台湾地区的《海峡两岸经济合作框架协议》（ECFA）自 2010 年开始谈判签署。2013 年签署的《海峡两岸服务贸易协议》在文化领域投资方面，相对于 WTO 的承诺以及中国国内的外商投资政策并没有太大突破，开放程度和力度与 CEPA 相比稍显薄弱。不过该协议在促进大陆与台湾之间的经济合作方面具有重要意义，为两岸投资者提供了明确指引。①

纵观我国在文化产业领域外资准入的历史沿革和现有规定，可以看出我国在文化产业外资准入限制方面存在以下特点：

第一，对文化产业引入外资的领域开放有限，管制力度大。允许外资进入的主要是商业属性特征突出的、对公民精神文化生活影响不占主导地位的领域，如演出场所经营、演出经纪机构，广播电视、电影的制作业务，电影院的改建和建设，出版物和音像制品的发行以及广告行业。对涉及价值认同的核心文化产业领域依旧以禁止外资进入为主，涉及广播电视台设立、广播电视传输网建设、新闻出版、广播电视电影的制作公司、文艺表演团体、互联网文化有关业务等。

第二，我国对于文化产业外资准入的有关规定，在一定程度上体现了与国际实践接轨的倾向。目前我国现有的规定遵守了中国加入 WTO 的入世承诺，以及内地与港澳台地区有关经贸安排的规定。对于港澳台地区投资者予以更优惠的待遇。我国也正在尝试采用负

---

①　在 ECFA 中，内地作出的具体承诺有：视听服务中电影或录像带制作服务不作承诺，但是允许大陆电影片及合拍片在台湾进行后期制作及冲印。对于录像的分销服务，包括娱乐软件以及录音制品的分销服务中，允许台湾设立合资、合作或者独资企业，从事音像制品的分销服务。对于文娱服务，允许台湾服务提供者在大陆设立由台方控股或占主导地位的合资、合作经营音乐厅、剧场等演出场所经营单位。对于体育和其他娱乐服务，允许台湾设立合资、合作或独资企业，提供体育活动的推广、组织和体育设施（高尔夫球场除外）的经营活动。台湾方面在电影或录影带之行销服务业（进口大陆电影）方面没有对商业存在作出承诺。在娱乐服务业（演出场所经营）方面允许大陆在台湾以合资、合伙形式设立剧场、音乐厅等演出场所的经营单位，大陆服务提供者总持股比例应低于 50%，不具有控制力。在运动及其他娱乐服务业（运动场馆运营）方面允许大陆以独资、合资、合伙或设立分公司等形式设立商业据点，提供运动场馆运营服务（高尔夫球场除外）。在其他游乐园及主体乐园（非属深林游乐区）允许大陆以独资、合资、合伙或设立分公司等形式设立商业据点，提供游乐园及主题乐园服务。

面清单的方式对文化产业外资准入问题予以规制。不过内地与香港地区的《服务贸易协议》虽然以采用负面清单方式为主，但是在文化领域依旧采用正面清单的方式予以规制。

三、我国文化产业外国直接投资限制立法的缺陷

（一）外国直接投资准入的限制方式相对单一

我国近十年几乎对文化产业领域的外资准入限制没有过多变化。我国文化产业迅速发展，必然出现了新情况、新问题，而立法上对于利用外资的限制却依旧没有多大更迭，这在很大程度上与现状有出入。比如我国目前虽然对外资进入重要媒体行业严格限制，但是外资通过 VIE 架构入股互联网经营、控制门户网站广告、合办杂志从而控制编辑权等方式，绕过现有法律禁止性规定或者不断扩张渗透，进入我国原本禁止外资进入的传媒领域。虽有"禁止之名"，行"准入之实"，间接地对我国传媒业造成影响。许多文化企业，尤其是互联网企业，为了绕开国家禁止外资进入的限制获取外国投资，同样采用了 VIE 架构模式，架空现有的立法规定，游走在立法灰色地带，时刻有被宣布无效的风险。这些现象都与我国现有的限制规定相对单一有关，在一定程度阻碍了企业获取更多资金、获得更广阔发展空间的现实需要。

虽然文化产业与国家文化安全、核心价值观息息相关，但并不意味着存在许多行业严格管制。根据前述的有关国家的立法与实践，我国可以采取更加多样化的限制方法，既能够活跃企业参与市场竞争，吸引更多投资，也能够维护国家在关键事项上的控制权。

目前不少国家已经或者正在逐渐放开文化产业领域中最传统苛刻的领域即广播电视行业外资准入的限制，如 G20 发布的第 13 期投资措施报告中，墨西哥引入了广播业外资准入规则，并简化了外国人持股公司的程序性要求，对于其他的商业性活动更是没有外资准入的限制。[①] 事实上，不少文化产业领域更加具有经济属性，其文化属性并不再占绝对主导地位。因此我国可以考虑继续放宽对文化产业外资准入有关行业的限制。对于那些需要限制的领域，可以考虑多样化的限制措施，以达到国家维护文化利益需要与企业发展需要的平衡。立法者需要进一步审视现有企业发展和国家利益的平衡关系，对于在某些行业限制外国投资进入是否有必要，需要进一步地论证和调研。

（二）文化产业具体领域立法技术有待提高

目前我国有关外资的法律主要有两部分，一即外商投资；二是行政法规和各部门规章为补充。基本法中对于文化产业领域鲜有规定，对文化产业外国直接投资的限制主要分散在各个文化产业具体领域的立法中。

从产业内容看，有关文化产业的规定涉及了多个领域，如出版物、音像制品、广播电视制作、电影制作等多个领域，并且每个领域又包含多种行为，如出版物的制作、发行等均有专门规定，立法文件如此庞杂，难以收集与查询。

---

① OECD & UNCTAD, Thirteenth Report on G20 Investment Measures 7, adopted on 12 June 2015, http：//unctad. org/en/PublicationsLibrary/unctad_oecd2015d13_en. pdf, visited on 11 October 2021.

从颁布机关来看，现有的不少有关文化产业的规定，颁布机关涉及国务院、文化部、原新闻出版总局、原广播电视总局、商务部、发改委、工商总局等，机构繁多，相互之间协调性差。

从立法及有关文件效力来看，有的是行政规章，有的是规范性文件；有的是现行有效，但是有的又被其他规定废止；有国务院决定废止的立法文件，也有新闻出版广电总局、文化部等决定废止的立法文件。由于颁布机关的多样化，规范性文件效力又低，废止其他规定的通知十分容易被忽略。一些具体的条例是否有效不易查明，而政策又多有反复，可预见性差。如《电影企业经营资格准入暂行规定》中明确规定可以设立中外合资、合作的电影制片公司，但在 2015 年《投资指导目录》中又列为禁止事项。我国曾经允许外资进入广播电视节目制作公司，但是后来又禁止，这反映出我国尚且对广播电视领域所需要维护的利益不明，继而出现立法政策反复、前后矛盾冲突的情形，对外国投资者来说，政策不够公开透明、可预见性差。

立法与国际接轨性差，不仅表现在与 WTO 承诺之间可能产生冲突，立法的用语也与国际标准相差甚远。我国文化产业立法本身十分庞杂。虽然没有一部专门调整文化产业的法律法规，但是文化产业外国投资的规定分散在我国外商投资的产业政策与意见、行政审批和管理条例等规定中。文化产业的政策与规定常常变动更新，就更容易产生与 GATS 承诺不符的问题。从前述中美出版物案可发现，中国被诉的重要原因就在于本国立法的用语与国际立法上用语的意思难以统一，在国际条约缔结以及国际诉讼过程中引发歧义而造成败诉。

（三）准入清单设置内容有待斟酌

我国目前对外缔结的条约当中采用的是正面清单的模式，国内法层面管理外国投资准入主要采用的是负面清单的模式。我国设置负面清单依旧需要考虑以下问题：

首先，要经历思维的转换。目前我国已经从单纯的资本输入国转变为资本输入和资本输出二者兼具的"双料大国"，采用准入前国民待遇加负面清单方式在一定程度上能够符合我国对外投资的需要。在设置负面清单时需要转换思维，更加平衡、客观地从引资国和出资国两个角度来确定基本立场。① 我国一直以来存在区分内资与外资的管理模式，而负面清单意味着对内资和外资同等对待。设置负面清单，就要明确文化产业领域外资限制背后所保护的利益为何、是否真正有存在必要，或者是否能够通过其他合理的、可替代的、符合 WTO 承诺的措施予以规制，兼顾我国资本输入与输出的双重需要，这需要立法者和决策者进一步予以论证。

其次，要注意规避产业风险。负面清单意味着更高水平的开放，同时意味着让渡了更多国家外资管理权，让渡了一国的核心安全和利益。我国国内四大自贸区负面清单中均涉及了文化产业。然而文化产业与一国意识形态、本土文化以及科学技术发展紧密，可能随着科技的发展不断涌出新的类型，如果采用负面清单的模式，相比其他产业将面临更多

---

① 参见田丰、谢宜泽：《中美双边投资协定谈判进程与基本立场》，载《中国外资》2015 年第 12 期，第 67 页。

困难。制定有关文化产业负面清单，尤其要注意产业风险，包括开放后可能导致竞争力下降的产业、开放后无力在国际市场上抗衡而全军覆没的产业、开放后新兴的增长困难的产业等。

最后，要注意提升负面清单的透明度要求。外国投资以最直观指导的负面清单和《外商投资指导目录》存在明显的不足之处，即流于"指导"，没有"指引"，相比于印度尼西亚和菲律宾的国内法层面负面清单，透明度低。透明度低表现在两方面，一是没有披露依据的国内法规则，二是没有阐述具体的限制措施。负面清单和《外商投资指导目录》中的有关规定尚不能找到明确的立法依据。《外商投资指导目录》作为适用全国的外国投资准入领域的重要文件，仅仅列出了行业目录，对于在一个具体门类下作出哪些限制却没有明确规定，也没有列明援引的立法文件。负面清单虽然相比《外商投资指导目录》更加系统与全面，但其中的用语依旧含糊不清，如"大型主题公园建设属于限制类"，并无法从字面意思中明确具体限制措施。

四、我国文化产业外资准入制度的完善

（一）完善负面清单准入模式的设置

我国目前对待文化产业领域的外国直接投资拟采取负面清单的准入模式，无论是国内法规定还是对外缔结国际条约，均意图尝试采用负面清单模式。新《外商投资法》草案废除了外资三法所确立的逐案审批制度，对外资准入采取以备案制为主，以特殊管理措施清单为例外，列入特殊管理措施清单的产业需要经许可行政程序，旨在构建准入前国民待遇加负面清单的外资准入制度。在国际层面，目前投资自由化的呼声越来越高，我国与美国、欧盟已进行了多轮投资协定谈判，均采用的是准入前国民待遇加负面清单方式，如果不顺应趋势，中国可能面临着被边缘化的风险。因此，完善负面清单准入模式成为我国文化产业领域外国直接投资的关键，继而我国的负面清单模式将区分为国际与国内两个层面。

1. 国际条约中的负面清单模式设置

我国国际条约中文化产业负面清单，可以将负面清单与一般例外条款相结合，并设置好两种类型的负面清单——既有措施清单和可变措施清单，将开放文化产业国际投资准入的风险降到最低。除了将现有的文化产业外国直接投资的限制规定纳入既有措施清单以外，还可以将文化产业的一些领域规定在可变措施清单中，为将来可能出现的不符措施加以修改或设置更严格的限制措施保有余地。而一般例外条款，作为一项兜底条款，可以保证在合理限度内对文化产业类投资保有国内管理权。具体来说，国际条约中的负面清单设置，应当注意以下几个问题：

（1）清单中产业分类及用语国际化。提升对外缔约技术能够在很大程度上减少未来的投资纠纷。在对外谈判过程中，尤其是在负面清单的协商过程中，要注意在条约的用语与解释方法上与其他缔约国达成一致。中美出版物给我们重要的启示就在于，要用国际法视角来运用和缔造国际法。首先，在负面清单的制定过程中，要遵循国际上通行的产业分类模式和方法，避免使用一国特殊的产业分类方法。其次，要使用国际上通用的术语，表

达缔约国达成共识的含义,不能继续运用本国特殊的术语来表达。最后,如果本国出现了特殊的行业分类或者术语表达,尚不能纳入国际通行标准中时,一定要有明确清晰的说明,有必要作出保留的领域应当作出保留。

(2)提升透明度要求。负面清单模式需要与高标准的透明度要求相配合。① 这要求对保留的行业及领域的有关法律法规、有关投资限制性措施的形式、范围、水平等都予以充分说明。根据前述的其他国家的负面清单的构成,其中包括具体限制措施的详细描述和明确的国内法依据。因此我国在设置负面清单时,也应当指明其所依据的立法文件,说明具体的限制措施;而不是仅仅列出对某行业有限制,但具体限制什么却语焉不详。

(3)设置可变措施清单。缔约过程中要用发展的眼光看待产业利益与文化利益的维护,不限于眼前利益。从中美出版物专家组报告中可以看出,中国在承诺音像制品分销服务过程中,尚未考虑到以互联网形式分销音像制品,然而在缔约之时,中国早已经出现了以互联网形式贩售音乐 CD 与 DVD 的实例。这反映出在一定程度上,我国对外缔约之时缺少产业发展的眼光。尤其是国际条约,一旦缔结之后,对其修改需要花费非常高昂的成本,因此必须具有前瞻性,为产业发展提供更大空间。

文化产业的特殊性要求在设置负面清单时,对涉及公民道德及意识形态的敏感行业予以重点关注。列举在既有措施清单中的领域,意味着将来不会出现变更或更加严格的措施,因此在设置既有措施清单过程中应当十分谨慎,不过这也依赖于国内相应负面清单的设置。对于那些关涉公民道德、国家核心文化利益的领域,如广播电视、新闻出版以及未来发展的产业等可以列入可变措施清单当中。目前可以将我国禁止类的产业全部纳入可变措施清单当中,主要为广播电视业务、新闻出版业务、电影制作发行与放映服务、非物质文化遗产、文物以及考古;也可以将目前尚无把握开放的领域,如互联网有关服务等纳入可变措施清单中。

2. 国内法上负面清单模式的设置

负面清单所规定的措施应当依赖于现有的国内法规定。由于国内法层面的负面清单并非一劳永逸,而是应当伴随着国内法律法规及相关政策的修改而不断修订的,因此与国际法层面的负面清单有所区别。国内法层面的负面清单设置应当注意以下几点:

(1)对现有立法进行系统废改立。设置负面清单有必要对现有我国立法中有关文化产业的限制措施作出系统的归纳与整理,因此有必要对于有关文化产业外资准入的各项法律、法规、规章及规范性文件等进行系统地"废、改、立",废除不符合经济发展的过时条款、删除重复立法条款、理顺冲突内容、顺应现实需要制定新法填补立法空白。切实做好对文化产业有关领域的外资进入影响评估工作,充分听取市场主体的意见,为负面清单提供实证依据。新《外商投资法》通过之后,还要注重建立与其他程序的协调机制。采取准入前国民待遇与负面清单模式,事先不再严格把关,因此有必要加强事后监管,完善国家安全审查与反垄断审查制度。

(2)注重国内法与条约承诺的对接。在国内法与国际条约承诺对接问题上,首先要清

---

① 龚柏华:《中国(上海)自由贸易试验区外资准入"负面清单"模式法律分析》,载《理论参考》2015 年第 2 期,第 43 页。

楚地了解我国具体做了哪些承诺,其次要清理我国有关的不符规定。一方面要对我国文化产业领域,涉及外国投资的规定进行全面地审查与清理;另一方面,立法者和决策者在修改或出台新规定时,要仔细甄别是否与条约中的承诺相符合。主要参考的领域不仅仅限于GATS 的 2D 项视听服务和第 10 项娱乐文化体育领域,还要考虑第 4 项分销以及与其他文化产业的有关的上游或下游行为。

从中美出版物案得到的重要启示是,要将中国的承诺放在 WTO 的框架下去理解,运用国际法的解释规则来解释其中用语的含义,而不能将之完全放在中国语境下理解。理清中国入世承诺,才能够明确在国内立法与政策制定之时,哪些是"雷区",从而避免无意识地出台了与 GATS 不符的措施。在对现有规定作修改或出台新规定同时,也要兼顾中国特色用语与国际标准用语和分类相一致,遵循国际标准,完善立法技术与方法,尤其是在文化产业兴起发展之时,考虑未来技术实现的可能性,为立法留有余地。

(3) 提升透明度要求。从前述印度尼西亚和菲律宾的负面清单设置来看,其具有相对较高的透明度。它们具有的相似之处,即对于限制措施具有比较清晰的表述,对限制措施所依据的国内法也有披露。而我国目前设置的负面清单透明度要求较低。尤其是文化产业立法十分庞杂,仅仅依靠现有的负面清单并不能查询到相应的立法依据。负面清单不是立法,也没有创设限制措施的权力,其仅仅是指引和公开现有国内法上的限制措施的清单,因此在负面清单中披露依据的国内法规定是有必要的。

因为文化产业立法具有分散性和复杂性的特点,我国可以建立有关文化产业领域立法文件的数据库或网站,定时更新与维护,建立各个领域的索引链接,对已经失效的规范性文件予以系统性地列明整理,方便外国投资者查询。如果要颁布新规则,则要保证其能够在指定官方网站上检索到法律草案,保证一定的公开收集评论与意见的时间,确保公众能够在平台上加以评论以及查看他人评论。还可以设立专门的文化产业外商投资办公室,定时发布投资咨询报告、立法文件更新报告,对有关法律法规和实务案例予以编撰出版。

(二) 具体领域立法中适度放开限制条件

立法应当建立在保护国家文化利益的基础上,但也不能忽视鼓励企业提升创造力、生产力,对于那些幼稚产业来说,只有发展壮大才是治本之道,在这些行业内限制外资进入仅仅是一时之计,久而久之并不利于激发企业创造力和竞争力,反而有过度保护之嫌。对于那些经营性、商品性强的领域和行为予以放开外资准入,对于那些需要严格控制的部门也尽量不要完全禁止外资进入,要考虑到行业的长远发展和融资需求,结合其他制度,有的放矢、张弛有度。综合利用双重股权制度、内容审查制度、实际控制人标准来实现规制的目的。因此在限制外资之时,采取能够激发企业活力的组织形式,可以加强有限合伙制度的实现,为将来企业发展壮大后,外资的全面进入或全面退出提供可能,不至于因政策变动导致对企业造成极其不稳定的影响;也能够充分发挥生产者的创造力和执行力,促进产业全面升级。

1. 鼓励有限合伙形式

采用有限合伙的方式对于引进外资以及促进文化产业的发展更加有利。台湾地区自2015 年开始起草"有限合伙法",其主要目的就是吸引外资、增加就业率,因其对于文创、创投以及研发服务等产业发展具有正面效益。①"有限合伙法"立法说明指出，创投业、电影、舞台剧等文创产业，大多不是采永续经营模式，营运一段时间就解散。以拍电影为例，拥有"金头脑"的导演、编剧或制作人为普通合伙人，承担无限责任；提供资金的"金主"为有限合伙人，承担有限责任，若有损失"不会赔到脱裤"。②

有限合伙合伙人由负无限连带责任的无限合伙人和负有限责任的有限合伙人组成，有限合伙人以出资额为限承担有限责任，有限合伙人只能以资金或其他财产出资，不能以信誉、劳务出资，有限合伙人不直接参与合伙事务的经营与管理。有限合伙最大的法律特征就在于责任混合制，它具有的无限责任与有限责任并存的构架，吸收了普通合伙与公司的优点，体现有限权利和有限风险。③有限合伙能够满足没有资本但需要从事商事活动的生产者和艺术家，以及有资本而又不愿具体从事企业事务管理、不愿承担更多风险的投资人的要求。

我国一方面需要扩大文化产业引入外资的领域，另一方面应当在允许外资进入的领域，鼓励采用有限合伙的方式。有限合伙具有巨大的优势：第一，设立门槛低于有限责任公司，在出资比例、出资方式和额度、利润分配等方面都具有极大的灵活性。第二，运营具有灵活性，无须遵照公司法的各种严格程序，允许有限责任和无限责任共存，满足中小企业扩大融资和管理的需要。第三，有限合伙人在其出资比例内承担有限责任的"安全港"条款，能够降低投资人风险，便于保护投资人，更便于中小企业吸引投资，为投资者解除了后顾之忧。第四，有限合伙的退伙制度和出资转让制度相对普通合伙简单易行，具有稳定性和长期存续性特征，有限合伙是资合与人合的结合，由于投资人的责任有限性以及不参与日常经营，出资具有可移转性、可兑换性和可替代性。

2. 引入双重股权制度

2013年第十八届三中全会《关于全面深化改革若干重大问题的决定》就已经指出，要建立健全现代文化市场体系，"对按规定转制的重要国有传媒企业探索实行特殊管理股制度"。

英国《每日邮报》《每日电讯报》采取了双重股权制度。《每日邮报》报纸的股权分为投票股和非投票股两种，只有5%的股权是投票股，其他的95%都是非投票股，只有非投票股才能在股票市场上流通。罗斯米尔持有75%的投票股，他有能力对任何经营管理的重大决策说是或不。他同时还持有40%的非投票股。这种股权结构保证了罗斯米尔家族对公司拥有绝对的控制权，同时也为公司撑起一把保护伞，防止被家族外人员收购。《每日电讯报》在美国纽约上市，跨国报业集团霍林格公司持有报社68%的股份。霍林格公司采用类似《每日邮报》"双重股权制度"的"AB"股制。拥有投票权的B股是非流通股，被牢牢控制在家族成员手中。④

① 台湾新闻传播处：《"行政院会"通过"有限合伙法"草案》，http：//www.ey.gov.tw/News_Content2.aspx？n=F8 BAEBE9491FC830&s=DCC28EAA9C4E8077，2021年10月3日访问。

② 台湾经济日报：《"有限合伙法"催生更多"聂隐娘"》，http：//udn.com/news/story/7238/949141-%E6%9C%89%E9%99%90%E5%90%88%E5%A4%A5%E6%B3%95-%E5%82%AC%E7%94%9F%E6%9B%B4%E5%A4%9A%E3%80%8C%E8%81%B6%E9%9A%B1%E5%A8%98%E3%80%8D，2021年10月3日访问。

③ 马强：《合伙法律制度研究》，人民法院出版社2000年版，第311页。

④ 周成华、文远竹、曹苏宁：《英国报业的股权制度及治理结构》，载《青年记者》2013年第17期，第79页。

我国可以借鉴"双重股权"制度，充分利用国内民间资本和外国资本，保证国有股权具有一票否决权，保证国家在广播电视领域中的正确引导，而不需要占 51% 的绝对优势，既能解放国有资金，扩大对整个社会资本的支配程度，又能充分活跃企业融入市场竞争。同时建立双重股权制度还能够降低企业受到股价波动和收购的影响，保证国家的控制权。

3. 进一步放开准入行业限制

一般来说，各国对外国直接投资准入施加限制目的在于产业保护。具体产业部门立法应当"充分反映产业实际需求，着眼于产业未来发展"①。这需要立法与政策制定者明确本国文化产业需求，明确产业利益所在。对需要保护的利益予以监管，尽量放开那些对产业利益保护可有可无的措施的管制。文化产业所要维护的利益特殊，不限于简单的经济利益，还涉及一国的文化利益。设置负面清单时，我国需要明确文化产业关涉的经济利益与文化利益具体为何，政府应当建立通畅的利益表达机制，构建固定的产业利益表达程序，组织企业、行业协会集中讨论，听取意见和建议，明确我国对外需要维护的产业利益和文化利益。

对于我国向来严格控制的广播电视领域，也不一定要禁止外资进入。以往广播电视领域作为稀缺资源，政府不得不对频率、频道等资源进行控制；同时其作为一种具有意识形态属性的产品，也必然需要政府予以引导。广播电视领域不能被少数人掌握手中不当运用，因此需要政府予以适当限制，但是随着我国传媒改革进一步深入，媒体内部的不同职能被拆分，"时政"媒体与"非时政"媒体之间差异显现。② 我国可以将除了时政类媒体等以外的营业全部纳入市场，组建公司，建立现代企业制度，推动企业上市，③ 允许社会资本和外国资本有序进入。

从准入的领域来看，我国可以尝试允许私人经营商业性质的商业频道、新闻出版业务，在不涉及时政新闻的领域，允许外资进入。媒体的政治属性和经济属性决定了实行公营和私有并轨体制的合理性。政治属性决定了一部分媒体内容是公共产品，经济属性决定了一部分媒体内容是商品，"越接近纯公共产品，越需要政府来提供，因为存在市场失灵；越接近私人产品，越需要市场来提供，因为市场最有效率"。④ 传播时事观点与评论或者提供高雅艺术，引领社会主义文化核心价值的内容应当由政府提供，由政府财政资助的媒体来提供服务，而那些满足大众文化消费需求的娱乐内容可以由私人媒体来提供，通过参与市场竞争，为公众提供高品质的娱乐服务，而不是现有的广播电视"泛娱乐化"、节目雷同、抄袭严重、质量低下。

---

① 韩立余：《世贸规则与产业保护》，北京大学出版社 2014 年版，第 352 页。

② 对于"时政"与"非时政"的区分应当把握是否具有"首发、首评"资格。以报刊为例，"时政报刊是承担当党和国家时政宣传任务的，有指令性要求，有首发、首评国家时政资格的报刊。非时政类报刊可以刊载重要时政新闻，可以自愿宣传但不具备首发、首评党和国家时政的资质"。参见陈绚、张文祥、李彦：《新闻传播与媒介法制年度研究报告（2014）》，中国人民大学出版社 2014 年版，第 28 页。

③ 目前比较突出的文化传媒上市企业如广州日报报业集团借壳上市为粤传媒、解放日报报业集团借壳上市为新华传媒、浙江日报报业集团借壳上市为浙报传媒以及辽宁出版传媒集团、中南出版传媒集团通过 IPO 上市等。

④ 吴克宇：《电视媒介经济学》，华夏出版社 2004 年版，第 64 页。

我国目前互联网有关服务严格禁止外资进入。然而互联网行业竞争激烈，不少企业为了寻求长远发展又急需大量资金，苦于国内上市集资的门槛偏高，不少中小互联网企业无法达到要求，不得不采用特殊的 VIE 架构（Variable Interest Entity）①，企图绕开国内对外资进入互联网产业的限制，到海外获取大量资金。这种模式由新浪首创，不少互联网企业如百度、网易、优酷等皆采用这种模式。

2014 年 1 月 13 日，工信部发布《关于在中国（上海）自由贸易试验区放开在线数据处理与交易处理业务（经营类电子商务）外资股权比例限制的通告》，决定在上海自贸区内试点放开在线数据处理与交易处理业务（经营类电子商务）的外资股权比例限制，外资股权比例可达至 100%。② 2015 年工信部 6 月 19 日发布 196 号文，决定就全国范围内放开在线数据处理与交易处理业务的外资股比限制，可以达到 100%。③ 这意味着主要从事电子商务的网站，如阿里巴巴、京东、当当、聚美优品、唯品会等跨境电商在境外融资和上市时可不必采用 VIE 架构，如已包含外资的公司回归 A 股，外资也不必退出而拆除 VIE 架构。

不过需要注意的是，这些主要从事电商的网站中，如果从事有关文化产业的具体领域，如图书和音像制品分销等，依旧要满足我国《外商投资指导目录》以及其他行政法规、规章所要求的资质。电子平台拍卖中的文物拍卖、文物商店、视频网站、新闻网站、游戏网站同样不允许外资进入。但是目前依旧有不少海外上市的互联网企业从事上述业务，原因是其采取 VIE 架构，由外商企业投资的境内企业主营这些业务，从而规避了外资不能进入有关领域的规定。国内不少行政规章及规范性文件对这种架构采取否定态度，④ 部分裁判实践也对

①　协议控制模式是由境内的实际控制人设立境外特殊目的公司（SPV），再由 SPV 设立外商投资企业（WOFE），WOFE 以提供垄断性咨询、服务或管理，与境内企业签订一系列协议，以达到控制该企业的目的，并以收取服务费的形式从境内经营实体中获得利润，故称为"协议控制"。

②　早在 2013 年 9 月 27 日，国务院印发《中国（上海）自由贸易试验区总体方案》中开放特定形式的部分增值电信业务，包括互联网信息服务、数据处理和存储、呼叫中心以及其他电信业务。2014 年 1 月，工信部与上海市政府联合发布《关于中国（上海）自由贸易试验区进一步对外开放增值电信业务的意见》指出，信息服务业务中的应用商店业务、存储转发业务两项业务外资可以独立经营，在线数据处理与交易处理业务中的经营类电子商务业务外资股比不超过 50% 放宽到 55%。外商可以独资经营应用商店业务、存储转发业务、呼叫中心业务、国内多方通信业务、互联网接入服务业务等增值电信服务，除了互联网接入业务以外，其他业务可以面向全国。

③　在线数据交易与交易处理业务是指利用各种与通信网络相连的数据与交易/事务处理应用平台，通过通信网络为用户提供在线数据处理和交易/事务处理的业务，实践中应用最广的是电子商务平台。

④　如《新闻出版总署、国家版权局、全国"扫黄打非"工作小组办公室关于贯彻落实国务院〈"三定"规定〉和中央编办有关解释，进一步加强网络游戏前置审批和进口网络游戏审批关系的通知》（新出联〔2009〕13 号）。该文第 4 条规定，禁止外商以独资、合资、合作等方式在中国境内投资从事网络游戏运营服务。外商不得通过设立其他合资公司、签订相关协议或提供技术支持等间接方式实际控制和参与境内企业的网络游戏运营业务。也不得通过将用户注册、账号管理、点卡消费等直接导入由外商实际控制或具有所有权的游戏联网、对战平台等方式，变相控制和参与网络游戏运营业务。违反规定的，新闻出版总署将会同国家有关部门依法查处，情节严重者将吊销相关许可证、注销相关登记。

其采取否定态度。① 但是从本质上看，VIE 架构的广泛存在根源于我国外资准入制度略有严格之处，与产业迫切融资、扩大规模的现实需要有差距。尽管如此，根本上还是要进一步开放我国外资准入领域，尤其是在互联网产业上，允许中方享有实际控制权的情况下，企业从事特定业务能够获得相关资质，而不仅仅看重外国资本的股权比例。强调中方的实际控制权，尽管有外资进入，但是外国投资者并不具有实际控制权，这样既能够满足企业融资的需要，也能够保证我国所追求的保护本国幼稚产业、保护文化多样性的要求。

从准入的程度看，我国不断对行政立法文件予以修改和废止，意在简化行政手续，下放行政审批权力，放开不必要的限制，更多地将事前审批转为事中或事后审批，旨在进一步激发市场活力。② 我国目前开始借鉴自贸区的成功经验，在投资问题上简政放权，转变原有的复杂审批程序为备案制度。这是一个良好的开始，但不能仅仅限于广告行业和游戏设备生产和销售。

---

① 上海国际经济贸易仲裁委员会某仲裁庭在 2010 年至 2011 年间，在两起涉及同一家互联网游戏运营公司的案件中，认定该公司采用的 VIE 模式无效。该公司是国内一家互联网游戏公司，境外投资方通过一家英属维尔京群岛公司（简称 BVI 公司）在境内设立了外商独资企业（WOFE），WOFE 与该公司签订了一系列利益输送协议，并与该公司股东签订一系列控制类协议。仲裁庭最终裁决认定，WOFE 通过与该公司创始人签订利润输送协议以及控制协议方式，取得了对该公司的控制权，目的是"本无网络游戏运营资格的 WOFE 能够参与中国网络游戏的运营并获得相应收益"，违反了我国"外商不得签订相关协议或提供技术支持等间接方式实际控制和参与境内企业的网络游戏运营业务"的规定，仲裁庭认为其"以合法形式掩盖非法目的""违反国家行政法规的强制性规定"，裁决 VIE 无效。

② 如 2015 年 8 月国家新闻出版广电总局令第 3 号，《关于修订部分规章和规范性文件的决定》经 2015 年 8 月 20 日局务会议审议通过，其中《设立外商投资印刷企业暂行规定》（新闻出版总署、对外贸易经济合作部令第 16 号）、《出版物市场管理规定》（新闻出版总署、商务部令第 52 号）、《外商投资电影院暂行规定》（广电总局、商务部、文化部令第 21 号）、《电影企业经营资格准入暂行规定》（广电总局、商务部令第 43 号）、《〈电影企业经营资格准入暂行规定〉的补充规定》（广电总局、商务部令第 50 号）经商务部同意修订，《互联网视听节目服务管理规定》（广电总局、信息产业部令第 56 号）经工业和信息化部同意修订。对涉及注册资本登记制度改革的现行规章和规范性文件进行了清理。2013 年第 638 号国务院令删去《出版管理条例》第 35 条第 4 款有关行政审批的规定，删去《营业性演出管理条例》第 9 条第 1 款中的"和演出经纪机构"。将其第 12 条第 3 款修改为："依照本条规定设立演出经纪机构、演出场所经营单位的，应当依照本条例第 11 条第 3 款的规定办理审批手续。"将其第 16 条第 1 款修改为："举办外国的文艺表演团体、个人参加的营业性演出，演出举办单位应当向演出所在地省、自治区、直辖市人民政府文化主管部门提出申请。"2013 年第 645 号国务院令将《广播电视管理条例》第 13 条第 1 款修改为："广播电台、电视台变更台名、台标、节目设置范围或者节目套数的，应当经国务院广播电视行政部门批准。但是，县级、设区的市级人民政府广播电视行政部门设立的广播电台、电视台变更台标的，应当经所在地省、自治区、直辖市人民政府广播电视行政部门批准。"将第 45 条修改为："举办国际性广播电视节目交流、交易活动，应当经国务院广播电视行政部门批准，并由指定的单位承办。举办国内区域性广播电视节目交流、交易活动，应当经举办地的省、自治区、直辖市人民政府广播电视行政部门批准，并由指定的单位承办。"将《音像制品管理条例》第 21 条第 1 款修改为："申请设立音像复制单位，由所在地省、自治区、直辖市人民政府出版行政主管部门审批。省、自治区、直辖市人民政府出版行政主管部门应当自受理申请之日起 20 日内作出批准或者不批准的决定，并通知申请人。批准的，发给《复制经营许可证》，由申请人持《复制经营许可证》到工商行政管理部门登记，依法领取营业执照；不批准的，应当说明理由。"

　　在准入比例程度上，可以适当增加外资准入的比例。对于商业性、经营性成分重的领域，如演艺经营场所、经纪机构等放开准入。对于需要内容审查的领域，如出版物与音像制品的发行，由于有事先内容审查制度作为入门保障，放开准入并不会对公民的精神文化生活造成不良影响。

　　我国已经通过以法律法规形式确立准入前国民待遇加负面清单管理制度，构建了新时代外商投资法律制度基本框架。我国正处在利用外资发展的新阶段，在国内层面，正加快构建以国内大循环为主体、国内国际双循环相互促进的新发展格局，消费市场规模持续扩大，高质量商品和服务需求不断升级；在国际层面，正加快生效实施《区域全面经济伙伴关系协定》（RCEP），中欧投资协定完成谈判，国际经贸合作不断深化，新产业、新业态、新模式不断涌现，数字经济、绿色经济等加快发展，文化产业在其中的角色不可忽视。而如何进一步吸引和利用外资，优化外商投资结构与布局，充分发挥开放平台的辐射带动效应，求得经济高速稳定发展与国家文化核心利益及文化安全之间的完美平衡，是未来持续需要思考的问题。在法律层面，要根据外商投资准入负面清单修订进程，及时清理清单之外的外商投资准入限制措施，推动修订相关法律、法规、规章和规范性文件，结合外商投资发展新形势新要求，及时制定、修订相关管理规定；关注对文化领域外商投资的监测，及时发现和识别国家文化安全风险，对影响或可能影响国家安全的外商投资依法开展安全审查，兼顾灵活性与确定性。此外，还要注意加强国际经贸投资合作，推动《区域全面经济伙伴关系协定》（RCEP）在文化领域的实施，积极推动加入《全面与进步跨太平洋伙伴关系协定》（CPTPP），参与构建符合中国文化利益和需求的高标准国际投资规则，营造更加稳定、可预期、优越的投资环境。

第八章　文化产业与文化遗产保护

非物质文化遗产涉及文化、生产、生活、民间工艺、表演艺术、礼仪习俗等多个领域，其传承保护、开发利用与文化产业发展有着密不可分的联系。非物质文化遗产保护如何与文化产业发展对接、融合、融入文化产业开发利用可持续发展的进程，是非物质文化遗产保护与文化产业发展领域的重要课题。

英国非物质文化遗产保护独具特色，英国目前尚未加入2003年《保护非物质文化遗产公约》，但在重大节日、传统手工艺和语言方面都存在十分丰富的非物质文化遗产，并实质上已经将非物质文化遗产保护和发展文化创意产业结合起来。英国非物质文化遗产的保护可总结为三条路径的结合体：立法规制、政策支持和民间参与。英国分散而有针对性的立法、多样化的资金支持、注重非物质文化遗产与地域的联系，充分发挥博物馆的作用，与发展创意产业相结合，扩大公众参与的做法对我国有十分重要的借鉴意义。

第一节　文化产业与非物质文化遗产保护：英国的启示

一、英国非物质文化遗产保护概况

英国向来注重历史环境的保护，出台了许多法律法规保护历史文物古迹，《21世纪文化遗产保护》[1]（*Heritage Protection for the 21 Century*）将保护"历史文化环境"视为核心任务。英国自诩"对文化遗产的保护让整个世界都欣羡不已"[2]，但是对于"非物质文化遗产"则没有全国基本法立法或直接政策。目前全球已经有146个国家加入2003年《保护非物质文化遗产公约》，而英国对于该公约的态度却异常沉默。虽然英国加入该公约的可能性很小，但对其的态度并无敌意。[3] 目前，英格兰和北爱尔兰对非物质文化遗产保护没有明确表态，但也不反对；苏格兰和威尔士有意愿更好地实现非物质文化遗产保护。[4]

---

[1]　English Heritage, *National Heritage Protection Plan*: *Framework* 3（English Heritage 2013）.

[2]　Simon Thurley, *Lost Building of Britain* 19（Viking 2004）.

[3]　David Howell, *The Intangible Cultural Heritage of Wale*: *A Need for Safeguarding?*, 8 International Journal of Intangible Heritage 105（2013）.

[4]　Alison McCleery, Alistair McCleery, Linda Gunn & David Hill, *Scoping and Mapping Intangible Cultural Heritage in Scotland*: *Final Report*, https://www.napier.ac.uk/-/media/worktribe/output-229389/ichinscotlandfullreportjuly08pdf.ashx, visited on 29 June 2022.

（一）英国非物质文化遗产保护现状

在国际公约层面，英国于 1984 年加入了《保护世界文化和自然遗产公约》，没有加入 2003 年《保护非物质文化遗产公约》（以下简称 2003 年公约）。在区际公约层面，英国尚未加入《保护视听文化遗产的欧洲公约》，但它于 2001 年 3 月加入了《欧盟保护少数民族语言宪章》，因此英国也比较注重作为非物质文化遗产类别之一的少数民族语言的保护。在国内法层面，英国没有像我国一样颁布《非物质文化遗产法》之类的基本法律，有关文化遗产保护的立法也多涉及历史环境，① 但苏格兰和威尔士针对其本民族的特色手工艺和语言，颁布了相应立法文件，如《2009 年苏格兰威士忌条例》《2008 年苏格兰格子注册法》《2005 年苏格兰盖尔语法》《2011 年威尔士语措施》。

有学者整理了英国官方有关访谈，结果显示英国官员对于英国非物质文化遗产保护含糊其辞。对于不加入 2003 年公约的原因，英国官方解释说该公约不适合英国，文化遗产都应当是物质性的，英国注重保护的"历史文化环境"是对国际公约中"非物质文化遗产"的修正。但是在 2004 年 11 月的一次访谈中，有关"英国遗产"的管理者透露，"他们不是考古学家，他们是文化遗产的管理者，他们的工作有在地上的，也有在地下的，很多时间也在处理非物质文化遗产……"但是当被问到是谁在处理他们提到的"非物质文化遗产"，他们则说没有人。② 英国并不否认境内非物质文化遗产的存在，只是对于非物质文化遗产的概念理解有差异。困扰英国的问题不在于是否存在非物质文化遗产，而是从如何管理保存的角度理解文化遗产。文化遗产是"有形的"已经深入人心，只有"有形的"文化遗产才能管理保存，这才是英国对此问题的基本观点。尽管这只是一种思维模式上的不认同，但不能否定公约意义上非物质文化遗产的存在。

就收集到的资料来看，英国有许多非物质文化遗产。根据 2003 年《保护非物质文化遗产公约》的定义，③ 英国在语言、表演艺术、社会风俗礼仪与节庆活动、传统手工艺方面有丰富多彩的非物质文化遗产。语言方面如威尔士语、康沃尔语、苏格兰盖尔语；表演艺术如莫里斯舞蹈；社会风俗礼仪与节庆活动如庄亚玛丽（Mari Lwyd）、圣火节（Up Helly Aa）、威尔士诗歌大会（*Eisteddfod Genedlaethol Cymru, or The National Eisteddfod of*

---

① 如《1979 年古迹和考古遗址法》（*The Ancient Monuments and Archaeological Areas Act* 1979）、《1990 年规划（建筑物和保存地区名录）法》（*The Planning（Listed Buildings and Conservation Areas）Act*）、《1953 年历史建筑和古迹法》（*The Historic Buildings and Ancient Monuments Act*）、《1973 保护历史残骸法》（*The Protection of Wrecks Act*）。

② Laurajane Smith & Emma Waterton, "*The Envy of the World*?": *Intangible Heritage in England*, in Laurajane Smith & Natsuko Akagawa（eds.）, Intangible Heritage 298（Routledge 2008）.

③ 2003 年公约第 2 条规定，非物质文化遗产是指被各社区、群体或者个人视为文化遗产组成部分的各种社会实践、观念表述、表现形式、知识、技能及相关的工具、实物、工艺品和文化场所。它世代相传，在各社区和群体适应周围环境与自然和历史的互动中，被不断地再创造，为这些社区和群体提供持续的认同感，从而增强对文化多样性和人类创造力的尊重。非物质文化遗产包括以下方面：口头传统和表现形式，包括作为非物质文化遗产媒介的语言，表演艺术，社会风俗、礼仪和节庆活动，有关自然界和宇宙的知识和实践，传统的手工艺。

Wales)；传统手工艺如苏格兰威士忌、苏格兰格子等。在传统手工艺和语言方面，英国出台了有关立法或政策予以保护和支持。各民间组织和民间力量也纷纷参与社会风俗礼仪与节庆活动、表演艺术的筹备与传播。

（二）英国非物质文化遗产保护现状的原因

2003年公约将"非物质文化遗产"视为继自然文化遗产（Natural Heritage）和世界文化遗产（Tangible Heritage）以外的第三类文化遗产。英国对于自然文化遗产和世界文化遗产保护都十分到位，建筑物古迹以及水下文化遗产的保护是英国文化遗产保护的重点内容。但对于第三类非物质文化遗产，英国的态度则十分保守，主要是对其概念缺乏基本理解。① 英国许多博物馆学家认为，文化遗产是以"物质"的形式存在的，应当侧重保护"有形"的"物质"文化遗产，对非物质文化遗产保护的有关理论半信半疑。② 英国采取如此态度的原因主要有以下几点：

1. 认为文化遗产是"有形的"

16世纪欧洲宗教改革强化了人类认知世界过程中人文与自然的两极分化，从而衍生出主观存在和客观存在的二分法。启蒙运动早期出现的新科学认识论受到这种客观化范式（Objectivating Paradigm）影响，奠定了人们理解文化遗产内涵的基调，即认为其是有形的、物质性的。这种历史过渡时期的文化深深影响了19世纪的英国，那些修复和保存传统艺术的实践被认为是文化遗产继承中"以人为中心"的形而上学思想。③ 在这种观念的束缚下，不承认非物质形态的文化遗产成为必然。

2. "非物质"（Intangible）的用词含义模糊，容易引起歧义

世界上没有离开物质载体而独立存在的事物，意识和思想也要通过物质载体表现出来，英国人刻板的性格不接受这个概念也在情理之中。但"非物质文化遗产"同样有外在物质表现，表现形式是物质的、有形的，但是载体却是多样的、不唯一的。"非物质文化遗产"更侧重于精神内容的传达而非外在形式的表现，是特定历史时期特殊环境和人群精神面貌与价值观的集中表现。

3. 非物质文化遗产具有形式的局限，难以固定和保存

西方资本主义工业化生产注重物质结果，而传统的非物质文化遗产随着时代发展而不断革新，很难用固定形式保护继承下来。因为，一是随着时代的发展，它也不断演变发展，它的形式和内容不断发生变化，难以记录；二是特殊形式的非物质文化遗产，如舞蹈、音乐、戏曲很难只用文字形式展现，需要综合多种技术手段；三是非物质文化遗产本身根植于当地的风土人情，无法将其与地域割裂开来，脱离地域的保存反而会导致精神内

---

① Frank Hassard, *Intangible Heritage in the United Kingdom*: *The Dark Side of Enlightenment?*, in Laurajane Smith & Natsuko Akagawa（eds.）, Intangible Heritage 270（Routledge 2008）.

② Rhianedd Smith, *Finding the "First Voice" in Rural England*: *The Challenges of Safeguarding Intangible Heritage in A National Museum*, 4 International Journal of Intangible Heritage 16（2009）.

③ Frank Hassard, *Intangible Heritage in the United Kingdom*: *The Dark Side of Enlightenment?*, in Laurajane Smith & Natsuko Akagawa（eds.）, Intangible Heritage 285（Routledge 2008）.

核的缺失。非物质文化遗产形式的局限决定了它不易保存，如何保护是个难题。它不能离开其产生的特殊环境和人群，而英国注重对历史环境整体的保护与之不谋而合。

4. 英国现有的知识产权制度在一定程度上为非物质文化遗产提供了保护

英国《1988年著作权、设计和专利法》（*United Kingdom Copyright, Designs and Patents Act 1988*）第169条第1款规定，如果有证据表明未公开出版的、作者身份不明的文学、戏剧、音乐和艺术作品的作者（或者关系到合作作品，则作者中的任何人）因与联合王国以外的国家有联系而具备合格的主体资格，在得到反证之前应该推定其具备主体的资格，其作品应受到版权保护。但是利用知识产权保护非物质文化遗产有局限性：一是它们年代久远，早已属于公有知识范畴；二是它们的创造主体不明确，只能依照某群体长期以来对其保存流传的事实来推定主体；三是知识产权保护期有限，而非物质文化遗产是不断发展延续的。私法保护并非完全适合非物质文化遗产，依旧需要寻求其他途径如公法保护。

尽管英国官方对"非物质文化遗产"这一分类沉默不语，但并不意味着英国没有"非物质文化遗产"保护措施。事实上，英国更多地通过博物馆、画廊或者申请资金项目来保护非物质文化遗产，英国文化、媒体和体育部（DCMS, The Department for Culture, Media & Sport）也出台有关政策，如对国家重大事件予以纪念。虽然只字未提"非物质文化遗产"，但它的保护已经融入文化遗产保护和创意产业开发的方方面面。英国人或许更注重"活的遗产"（Living Heritage），而不是刻板的禁锢非物质文化遗产的表现形式，更多地是在发展中保护与完善。

二、英国非物质文化遗产保护的途径

英国的非物质文化遗产保护路径有三条：一是立法规制，如苏格兰和威尔士颁布立法条例，注重保护传统手工艺和语言；二是政策支持，如 DCMS 推行的创意产业政策；三是民间参与，如民间博物馆与研究机构对非物质文化遗产的保护与研究工作。

（一）立法规制

英国的非物质文化遗产保护主要借助三个制度体系：知识产权制度、欧盟区际条约义务和创意产业促进机制。在三个制度体系下的立法文件中，知识产权制度和创意产业促进机制下的出发点是立足于商业行为规制，但它们都间接地为非物质文化遗产提供了具体的保护措施。

《苏格兰威士忌条例》和《苏格兰格子注册法》主要借助知识产权制度。《苏格兰威士忌条例》利用地理标志制度实现对苏格兰威士忌的保护。根据规定，苏格兰威士忌协会可针对其他国家公司的仿冒行为提起诉讼。《苏格兰格子注册法》借助版权制度，是英国1988年《版权、设计与专利法》第47条关于"法定要求"的具体执行性规定。① 《2011年威尔士语措施》《2005年苏格兰盖尔语法》为履行《欧盟保护少数民族语言宪

---

① 参见周方：《英国非物质文化遗产立法研究及其启示》，载《西安交通大学学报（社会科学版）》2013年第6期，第99页。

章》义务要求制定，苏格兰盖尔语和威尔士语正是英国批准加入宪章时提交的宪章所保护的语言门类。根据宪章规定，所有签署国必须指定受保护的语言，并采取多种保护行动。《2012 年现场音乐法》是英国创意产业立法项下促进现场表演的重要立法。

1. 《2009 年苏格兰威士忌条例》

苏格兰威士忌是产自苏格兰的麦芽威士忌或谷物威士忌。苏格兰地区生产威士忌的历史已经超过了 500 年，被视为威士忌的发源地。威士忌的木桶贮藏源于 18 世纪，一些不满英政府麦税的苏格兰造酒商为了逃税将酒用木桶装好藏起来，经过一段时间打开品尝发现酒味更加醇厚，因此苏格兰威士忌也因木桶贮酒更加出名。苏格兰自身的气候与地理条件适宜大麦的生长，其地区还有一种被称为泥煤的煤炭资源，它在燃烧时会发出特有的烟熏味道，在苏格兰威士忌的制作过程中需要用泥煤烘烤麦芽，使之具有烟熏气味。苏格兰蕴藏的丰富矿物质水也对酒的稀释起到重要的作用。悠久的历史和便利的自然条件使得苏格兰威士忌成为世界上最好的威士忌之一。英国出台有关立法保护威士忌的酿造工艺，规制严谨的管理方法，保证它的品质。

《2009 年苏格兰威士忌条例》（*The Scotch Whisky Regulations* 2009）共有 41 条，其中对苏格兰威士忌的定义和分类、生产、销售、运输、地理标志、衍生产品、包装、广告推广等一系列过程有详尽规定。（1）定义与分类。苏格兰威士忌是指在苏格兰境内生产的威士忌，整个蒸馏的过程都在苏格兰；只能使用水和大麦为原料，这些原料必须在蒸馏厂磨碎；只能自身发酵或添加酵母发酵、酒精浓度低于 94.8% 以此才能保证香气和口味都来自原料；只能在不超过 700 公升的橡木桶中发酵并且发酵期不少于 3 年、发酵地点在苏格兰保税区或者其他指定区域；除了水和纯焦糖色素以外不能添加其他物质且酒精度不低于 40°（第 3 条第 1 款）。苏格兰威士忌共有单一纯麦威士忌、调和麦芽威士忌、谷物威士忌、调和谷物威士忌与调和威士忌五个品种，条例对这五个品种予以了解释和界定（第 3 条第 2 款）。根据该条例，在苏格兰只能生产苏格兰威士忌，不能生产其他类型的威士忌，并且在苏格兰生产威士忌一定要满足第 3 条所规定的条件。（2）运输方面。任何人都不能用木桶运输谷物威士忌、调和麦芽威士忌、调和谷物威士忌和调和威士忌，单一麦芽威士忌目前可以用惰性材料制成的瓶子（made of any inert material）灌装零售运输至其他国家（第 7 条）。（3）标识方面。威士忌的品种应当在容器前方有明确醒目的标识，特定地区的地理标识的使用应当满足相应的地域条件，并且"纯麦芽"（Pure and Malt）以及有关用语的使用受到严格限制。任何两种或者两种以上不同年份的威士忌调和而成的苏格兰威士忌的年份标识应当以其中醇化年份最短的威士忌为准。英国税务海关总署可以应要求提供有关年份的证明。（4）主管与执行机关。英国税务海关总署及有关食品管理机构、港口卫生管理机构在其职权范围内行使有关职能。各机构之间应当给予必要的协助。有关机关可以采取入室检查、提取样品、没收、罚款等措施，有关人员有抗辩、采取救济措施的权利。每项权利义务的行使都有具体程序和相应限制。苏格兰威士忌协会（Scotch Whisky Association，SWA）还专门为生产者和灌装者出台了详细指南，帮助其能够依照法律生产销售、设计商标、包装和推广威士忌。

2. 《2008 年苏格兰格子注册法》

考古学发现最早出现在苏格兰中部的格子图案，距今有一千多年的历史。据说，自公元 5 世纪，苏格兰人开始用格子来区分人的等级。苏格兰格子带有明显的地域特征，同一地域的人身穿相同格子，根据人身上的格子就可以知道他们来自什么地方。不同的姓氏也有不同的格子图案，尤其是一些古老而显赫的家族，会以他们的姓氏命名专属于他们的格子。维多利亚女王的日尔曼丈夫是苏格兰格子的狂热爱好者，由他设计的格子图案成了英国皇室的代表格子，被称为皇家格子。可见，格子是苏格兰人身份的象征。参加的活动不同，穿着的格子样式也可能不同，有打猎格子、正装格子、葬礼格子等。进入现代社会以后，许多企业和社会团体都有了自己的格子图案，甚至美国、加拿大和新西兰的一些州都选择了代表性的格子图案。你可以根据苏格兰人身上穿什么样的格子判断出他的姓氏、家庭背景、要去参加什么活动。苏格兰格子承载了苏格兰地区和苏格兰人的兴衰荣辱，是他们文化与精神最好的展现。

《2008 年苏格兰格子注册法》（*Scottish Register of Tartans Act* 2008）旨在建立苏格兰格子目录，有助于苏格兰格子的保存和信息资源存档。注册采用电子形式。该法第 2 条明确对苏格兰格子（Tartan）作了定义，苏格兰格子是将两条及以上不同颜色的条纹横竖交汇，形成多个方格的图案。苏格兰格子设有管理人（Keeper），管理人的职责是保存和维护注册的格子。管理人必须用网站或者其他电子公开的方式向公众展示注册的格子，为保存维护格子而从事合理必要行为，妥善保管有关文件，以保证注册格子能够有效利用。管理人可以许可他人有偿查看或复制有关文件；向已付费并有合理请求的申请人提供有关信息、允许其从事有关研究。任何人都可以向管理人申请注册格子式样，提出申请应当采用书面形式，并证明自己对该格子式样享有权利。申请应当包括申请人的姓名、地址、一张格子式样的彩色照片、格子名称等信息，也可能会应管理人要求附有一个格子式样的实物。申请人主张的格子名称不能与之前注册过的格子名称相同。申请者可以是个人，也可以是群体。（第 6 条）根据第 7 条规定，管理人在以下情形不能注册格子式样：申请人不满足第 6 条要求、申请注册的花纹不是格子、申请的格子名称已经被注册或与已注册的名称十分相近、申请人与格子名称的关系不充分或不是实质关系、申请的格子名称不受欢迎、申请的有关问题不明，更适合诉诸法院的。管理人需书面告知是否申请成功，如果拒绝申请，应当说明理由。被拒绝注册的申请人可以要求管理人重新考虑，重新考虑的申请应当在两个月内提出，并陈述重新考虑的理由，支付相应的费用。权利人可以要求管理人变更登记，主要内容是姓名和地址的修改。第三人也可以对登记提出异议，此时管理人应当将有关材料副本发送给权利人和第三人，要求书面说明情况。申请成功没有异议后，管理人向申请人发放权利证书。

3. 《2011 年威尔士语措施》

威尔士语曾经是欧洲最古老的语言之一。公元 16 世纪时威尔士语在大不列颠得到十分广泛的适用，但是 1536 年亨利三世颁布《合并法》（*Act of Union*）并禁止在公共行政机构和立法机构使用威尔士语。只会使用威尔士语言的威尔士人无法谋得公职甚至无法获得报酬，使得威尔士语使用人数锐减。1911 年调查显示只有 43.5% 的威尔士人口使用威尔士语，首次成为少数人口使用的语言。但威尔士人没有放弃拯救他们的语言，1939 年在阿波利斯特维斯（Aberystwyth）成立了第一所私立威尔士语学校，1942 年《威尔士法院法》（*The Welsh Courts Act*）确立了在威尔士法院有限地适用威尔士语的权利。《1967 年威尔士语言法》确立了在法院用威尔士语作证和使用威尔士语官方表格的权利。《1993 年威尔士语言法》设立威尔士语委员会（Welsh Language Board），确立英语与威尔士语的同等地位。2003 年威尔士议会政府发布"双语威尔士"国民计划，宣布"威尔士议会政府致力于支持和促进威尔士语言的使用，双语威尔士意味着人们可以选择使用英语或者威尔士语，这两种语言的存在是所有人的骄傲和力量"①。

《2011 年威尔士语言措施》（Welsh Language (Wales) Measure 2011）旨在将现有的《1993 年威尔士语言法》②与时代发展相适应。该措施共有 157 条，赋予威尔士语在威尔士的官方地位，设立威尔士语合作委员会（Welsh Language Partnership Council）和威尔士语专员办公室（Office of Welsh Language Commissioner），规定了威尔士语行政专员的职责，建立了一个顾问小组为威尔士语行政专员提供咨询。该措施十分详尽地规定了促进和便利威尔士语使用的有关条款、威尔士语的使用标准、威尔士语与英语地位平等原则、妨碍威尔士语使用自由行为需要接受调查、设立威尔士语裁判庭（Welsh Language Tribunal）、废除威尔士语委员会等内容。威尔士语的使用标准包括：提供服务的标准、政策制定的标准、执行的标准、促进的标准、记录的标准。即在提供服务、政策制定、执行、促进和记录过程中如何便利和促进威尔士语的使用。行政专员有权通知（compliance notice）个人或组织机构执行有关威尔士语的使用标准。个人或组织机构有权对行政专员的通知提出异议，若其对行政专员重新作出的通知仍存异议，可以向威尔士语裁判庭申诉。该措施还详细规定了裁判庭审理过程中各方当事人的权利义务和调查程序；该措施将促进威尔士语使用的标准进一步细化，并且赋予了行政专员和威尔士语裁判庭保障威尔士语标准实施的权力，具有较强的可操作性和执行力。

4.《2005 年苏格兰盖尔语法》

盖尔语是一种凯尔特语言，最早发源于爱尔兰西北角。苏格兰盖尔语曾经是苏格兰的主要语言，苏格兰高地普遍使用盖尔语。随着苏格兰低地势力的强大不断向北侵犯，英语得以传入苏格兰高地地区。虽然盖尔语在几个世纪一直在抵御英语的侵蚀，但 1707 年

---

① Welsh Language, *History*, *Facts and Figures*, http: //gov. wales/topics/welshlanguage/publications/historyfactsfigures/? lang=en, visited on 11 October 2021.

② 《1967 年威尔士语言法》首次提出将威尔士语与英语置于同等地位，它在序言宣誓威尔士语在威尔士和蒙茅斯郡法院诉讼程序中应当得到自由适用。对于在公共事务方面威尔士语与英语的同等地位应当由法律进一步规定。该法一出台就受到广泛的批评，被认为它过于笼统、效力较弱、适用自由裁量因素太大。《1993 年威尔士语言法》希望弥补《1967 年威尔士语言法》的缺陷，它对公共机构苛以义务要求其在提供公共服务时将威尔士语置于与英语同等地位；赋予威尔士语在威尔士法院充分使用的权利；设立威尔士语委员会监督该法的实施，促进和便利威尔士语的使用。《1967 年威尔士语言法》和《1993 年威尔士语言法》都是适用英国全境的一般公法（UK Public General Act），立法机构是英国议会，属于一级立法（Primary Legislation）。而《2011 年威尔士语措施》立法机构是威尔士国民议会，虽然《2006 年威尔士政府法》赋予威尔士相应的立法权，但对于威尔士语事项仅仅有根据现有威尔士语法规定措施的权利（Measure-making Power）。详情请参见英国立法官网：http: //www. legislation. gov. uk/all? title=Welsh%20Language。

《与英格兰合并法》和高地大清洗给盖尔语沉重打击。①维多利亚时代 1872 年《教育法》（*The Education Act of* 1872）完全无视盖尔语，使盖尔人后代在教室内不能使用本民族语言。② 2005 年苏格兰《盖尔语法》承认了盖尔语在苏格兰的官方地位。苏格兰政府为了推广盖尔语成立了盖尔语委员会（Bòrd na Gàidhlig）③，该组织还出台了盖尔语言计划 2012—2017（Am Plana Cànain Nàiseanta Gàidhlig 2012—2017）。苏格兰政府认为盖尔语对于文化继承、文化身份认同、文化多样性有着重要的意义，对苏格兰乃至世界的其他国家和地区了解其独特文化、发展地区经济都十分有益。

相比于《2011 年威尔士语言措施》，《2005 年苏格兰盖尔语法》（*Gaelic Language (Scotland) Act* 2005）相对简单得多，其主要是框架性规定，条文也只有 13 条。该法规定设立盖尔语委员会（Bòrd na Gàidhlig），规定了委员会的职责，即为促进和推广盖尔语的使用，加强盖尔语教育，传播盖尔语文化，保障盖尔语与英语的同等地位。该法第 2 条规定了国家盖尔语计划（National Gaelic Language Plan），委员会应当能尽快咨询议会，在 5 年内出台该计划草案提交给内阁。内阁则应当在计划草案出台的 6 个月内批准或者提出相应的修改意见，修改后的草案应当在 3 个月后批准。第 3 条规定了盖尔语计划，该条规定委员会可以书面通知有关公共机构在一定期限内起草一份盖尔语计划，要求其列出在职责范围内能够采取的推广盖尔语使用的措施。有关公共机构可以对委员会要求的期限提出异议，委员会可以对有关公共机构起草的盖尔语计划予以批准或要求修改。该法第 6 条规定了对计划实施的监督。在内阁或者委员会通过了一项盖尔语计划后，有关机构要积极执行，在一定时间内提交实施报告，一旦委员会认为有关机构没有尽到勤勉责任，将提交内阁一份总结文件说明情况。内阁在收到文件后将斟酌对有关机构予以相应的指导和管理。在委员会或内阁通过计划之后，有关机构要在 5 年内重新审查计划作出必要修改提交到委员会。

5. 《2012 年现场音乐法》

《2012 年现场音乐法》（*Live Music Act* 2012）规定部分现场音乐表演不再需要许可证。这类不需要许可的现场音乐表演需要满足以下条件：表演时间在早 8 点到晚 11 点之间，在法律允许的场所，观众数量少于 200 人。卡拉 OK、街头卖艺（busking）、即兴演唱、配乐、排练等情形可以不需要许可。与 2003 年的《许可证法》相比，《2012 年现场音乐法》在以下几个方面放宽了限制：第一，在法律允许的以提供酒精饮料消费为目的的场所中，早 8 点到晚 11 点之间，观众人数少于 200 人高分贝现场音乐表演不再需要许可证，发放许可证的机关有权检查有关场所是否有法律许可。第二，即使不是提供酒精饮料消费的场所，如工作场所，哪怕只提供深夜的点心，在早 8 点到晚 11 点之间，观众人数少于 200 人高分贝现场音乐表演也不再需要许可证。第三，在任何地点在早 8 点到晚 11 点之

---

① Gaelic History and Origins，http：//www.visitscotland.com/about/arts-culture/uniquely-scottish/gaelic/about-gaelic，visited on 11 October 2021.

② The Gaelic Language，http：//www.cranntara.org.uk/gaelic.htm，visited on 11 October 2021.

③ 更多资料请参考盖尔语委员会官方网站：http：//www.gaidhlig.org.uk/bord/en/the-bord/about-bord-na-gaidhlig/。

间，观众人数少于 200 人正常分贝现场音乐表演不再需要许可证，但是可能依然受到发证机关对其有特殊条件的限制。第四，提供娱乐设施不再需要许可证。值得注意的是，它扩大了许可豁免的范围，如莫里斯舞蹈等类似的舞蹈所必需的现场音乐。第 2 条所提到的工作场所包括学校、村落、教堂。第 1 条提到的提供酒精饮料消费的场所，如夜店、酒吧，如果在晚上 11 点之后继续播放高分贝的音乐依旧需要许可，哪怕这些场所不再出售酒精。夜店如果播放的不是现场音乐，而是唱片，依旧需要许可。①

《2012 年现场音乐法》的立法目的是鼓励现场音乐表演，在一些公共场所进行现场音乐表演不需要许可证，减少了冗繁的程序，这也与英国促进创意产业发展的国家政策相适应。自此传统节日舞蹈等非物质文化遗产表现形式也不再需要许可，这在极大程度上促进了非物质文化遗产的传播。虽然它未直言规制非物质文化遗产保护，它所针对的对象也不限于非物质文化遗产，但它无疑有利于非物质文化遗产的发扬与传承。活的表演总是比无声的记录要好得多，英国注重发展创意文化产业，对非物质文化遗产具有极大的促进作用。

（二）政策支持

英国的创意产业可谓世界领先。英国丰富而悠久的非物质文化遗产资源本身就是创意产业中"创意"的重要来源。非物质文化遗产的保护与传承本身与发展创意产业并不矛盾，反而相辅相成。"非遗可以作为传统文化的遗传基因，通过现代文化创意，生发出全新而又不失传统神韵、核心价值与精神内涵的创意作品，通过现代商业市场的运作加以传播，形成由文化传承人、文化事象到市场，再由市场反哺文化传承人的良性循环发展模式。"② 尽管英国没有保护非物质文化遗产的直接政策，但是其促进创意产业发展的纷繁政策中总是能够从侧面促进非物质文化遗产的传承与发扬。

1. 扶植博物馆与画廊

英国众多博物馆是非物质文化遗产保护的中坚力量。博物馆往往依托特定地域，对地域内的非物质文化遗产予以研究、保护和开发。博物馆和画廊成为唤起民众保护意识、扩展公众参与的重要渠道。2013 年 2 月 27 日，DCMS 出台了"维护保持世界领先博物馆和画廊，支持博物馆部门"的有关政策，包括通过提供大量资金，资助国有博物馆和画廊；扩大公众参与渠道，使公众免费参观永久性收藏；资助艺术委员会，为非国有博物馆提供支持；继续资助改良维护基础设施，更新展品。同时 DCMS 还致力于提高博物馆和画廊的收藏品和展出质量，希望民众捐助对国家有重要文化历史意义的文物，并对捐助文物的民众予以部分纳税豁免或者全部豁免。③

① DCMS, Entertainment Licensing Changes Under the Live Music Act, https://www.gov.uk/entertainment-licensing-changes-under-the-live-music-act, visited on 11 October 2021.

② 刘宇、张礼敏：《非物质文化遗产作为文化创意产业本位基因的思考》，载《山东社会科学》2012 年第 11 期，第 96 页。

③ DCMS, Maintaining World-leading National Museums and Galleries, and Supporting the Museum Sector, https://www.gov.uk/government/policies/maintaining-world-leading-national-museums-and-galleries-and-supporting-the-museum-sector, visited on 11 October 2021.

2. 注重文化艺术培养

2013 年 DCMS 出台了"支持充满活力和可持续性的艺术文化"政策，主要包括：通过英国艺术委员会为国内艺术提供大量资金；保证所有的青年一代能够接触到高水平的文化活动；帮助文化艺术组织寻找新的融资渠道，包括各类慈善捐款等。① 其中尤其鼓励青少年参与艺术活动以提高文化素养、增强创造力。为了保证青少年能够接触到高质量的文化活动，2013 年 7 月，它出台了《文化教育》报告，列举了一系列文化教育项目。其中第五类"纪念国家的文化和历史"项下有许多项目促进非物质文化遗产的传承。如汉普郡（Hampshire）的 Buckler's Hard 小镇，是博利余河畔世代以造船为生的小村庄，它重建了海洋博物馆和古老悠久的小房屋，重点向青少年推广它的造船技术，向他们展示了 18 世纪时的生活。巴斯（Bath）的时尚博物馆收集了世界上从古代到现代的服饰，让儿童了解服装的过去与现在，探索服装不同的款式和面料。② 有关机构还组织学生了解莎士比亚戏剧和狄更斯的作品，对有兴趣的作品排练成话剧，增强趣味性。这些项目设置无形之中向青少年传播了非物质文化遗产，有效地推动了非物质文化遗产的传承。

3. 提供财政和基金资助

盖尔语委员会（Bòrd na Gàidhlig）在每个财政年度都会接受苏格兰政府的财政资助。这些财政资助主要为盖尔语机构和其他符合要求的项目申请者提供资金。例如"盖尔语戏剧发展基金 2014/2015"资助从事盖尔语戏剧表演、写作、制作、新媒体等工作的个人与组织。"盖尔语教育奖金"支持从事盖尔语教育的教育工作者。③ 康沃尔语协会（The Cornish Language Partnership）在 2005 年成立，并在 2008 年确立了标准书写格式。④ 政府已经拨付康沃尔语协会 150000 英镑用来支持来年的工作计划，乐透遗产基金（Heritage Lottery Fund）也提供了 34000 英镑用于康沃尔语的研究。⑤ "国家遗产纪念基金"（The national Heritage Memorial Fund，NHMF）曾经在 1989 年对存放在赫里福大教堂的链式图书

---

① DCMS, Supporting Vibrant and Sustainable Arts and Culture, https：//www. gov. uk/government/policies/supporting-vibrant-and-sustainable-arts-and-culture, visited on 11 October 2021.

② Department for Education & Department for Culture Media & Sport, Cultural Education：A Summary of Programmes and Opportunities, pp. 52-53, https：//dera. ioe. ac. uk/19454/1/Cultural-Education. pdf, visited on 29 June 2022.

③ Funding Opportunities, http：//www. gaidhlig. org. uk/bord/en/funding-opportunities/, visited on 11 October 2021.

④ 康沃尔语是罗马征服时期前康沃尔部落适用的语言，公元 5 世纪至 6 世纪盎格鲁撒克逊入侵，将康沃尔人驱逐到大不列颠群岛西岸一带。康沃尔语形成于罗马时期，自西南不列颠与威尔士、坎布里亚分离之后。使用地区主要分布在锡利群岛、西德文郡、艾克萨特郡、康沃尔郡。由于康沃尔人与西撒克逊人连年交战，公元 936 年撒克逊国王阿瑟尔斯坦划定泰玛河为双方边界，自此康沃尔人成为一个独立族群，有自己的语言和社会风俗。1549 年《统一法》（The Act of Uniformity）宣布除了英语以外其他语言的宗教仪式都不合法，导致康沃尔人被迫接受英语成为他们宗教生活的重要部分，这是导致康沃尔语言灭绝的重要原因。20 世纪人们开始尝试拯救这门语言，在课余教授康沃尔语，发行康沃尔语的书籍和杂志。康沃尔 BBC 广播还实行了每周双语计划。

⑤ Cornish Language Partnership, http：//www. magakernow. org. uk/default. aspx, visited on 11 October 2021.

馆和地图（Hereford Mappa Mudi）予以 2000000 英镑的资助。① 赫里福德地图是古老的中世纪欧洲地图，时间可以追溯到 1285 年，是目前世界上现存的最大的中世纪地图。它反映了中世纪人们对于世界地理的认知实践，是重要的非物质文化遗产。

（三）民间参与

英国的博物馆对于非物质文化遗产的保护十分重视，很多博物馆专家主张英国应将非物质文化遗产纳入保护体系，博物馆也为非物质文化遗产保护作出了许多实质性努力。英格兰东北部历史悠久，非物质文化遗产丰富，在该地区有 6 家博物馆，紧紧依托该地区的人文环境，对有关非物质文化遗产加以保护，如说唱舞蹈（Rapper Dance），就是结合乡村音乐、诺森伯兰小管（Northumbrian Small Pipe）、许多方言和该地区煤矿开采等因素为一体的舞蹈，还有很多如烹饪艺术、手工艺等。② 苏格兰博物馆画廊（Museums Galleries Scotland）③ 旨在引导苏格兰境内的博物馆和画廊贯彻国家战略，它曾经在 2008 年 7 月联合纳皮尔大学文化创意产业研究中心（Napier University Centre for Cultural and Creative Industries）共同撰写了一份《界定和划定苏格兰非物质文化遗产》（*Scoping and Maping Intangible Cultural Heritage in Scotland Final Report*）的报告。苏格兰博物馆画廊组织的首席执行官乔安妮·奥尔（Joanne Orr）表示，苏格兰开始尝试从"发展延续"与"物质保存"两个维度接受文化遗产继承，相比于英国传统的忽视非物质文化遗产的思维已经有了很大进步。

很多学者也呼吁英国政府重视非物质文化遗产保护，赫瑞瓦特大学（Heriot-Watt University）的库瑞斯教授（Múiréad Nic Craith）在就职演说中呼吁，苏格兰有很丰富的非物质文化遗产，纳皮尔大学已经编纂了一个非物质文化遗产名录。他呼吁社区与科研机构建立伙伴关系，努力收集资料档案进行编纂和保护。博物馆也要帮助社区保存和发扬它们所拥有的非物质文化遗产。④

民间组织积极组织有关非物质文化遗产的活动。圣火节（Up Helly Aa）是在苏格兰设特兰群岛举行的盛大节日，⑤ 无数的志愿者贡献自己一年的时间准备来年的盛会，还有专门的筹备委员会筹备每年的盛事。威尔士诗歌大会（Eisteddfod Genedlaethol Cymru, or The National Eisteddfod of Wales）是一个旨在促进威尔士语言发展的盛会，⑥ 诗歌和散文奖项都由英国吟游诗集会赞助支持，许多知名人士身穿威尔士风格的华丽服装，伴有花

---

① NHMF，http：//www. nhmf. org. uk/ProjectSearch/Lists/NHMFProj/ProjectDetail. aspx？ID = 670，visited on 11 October 2021.

② Michell L. Stefano, *Safeguarding Intangible Heritage：Five Key Obstacles Facing Museums of the North East of England*，4 International Journal of Intangible Heritage，115（2009）.

③ 苏格兰博物馆画廊是博物馆业有关的国家发展部门，http：//www. museumsgalleriesscotland. org. uk/。

④ *Scotland's Living Heritages：A Global Persperctive*，http：//www. befs. org. uk/news/66/49/Scotland-s-Living-Heritage-s-A-Global-Perspective/d，Blog，visited on 11 October 2021.

⑤ 参见圣火节官网：http：//www. uphellyaa. org/。

⑥ 参见威尔士诗歌大会官网：http：//www. eisteddfod. org. uk/english/2014/。

舞、小号和丰饶羊角（Horn of Plenty）助兴。

不少文学作品记录了非物质文化遗产的有关内容，扩大了其影响力和知名度。莫里斯舞蹈（Morris Dance）是传统英国乡村舞蹈的一种形式。英国导演露西·阿科斯特拍摄了电影《莫里斯舞：生生不息》（*Morris：A Life With Bells On*），讲述了几位莫里斯舞蹈团的领军人物是如何将之传承和发扬光大的故事。为了传承莫里斯舞蹈，莫里斯摇铃协会经常在乡村、教堂和学校组织表演，希望招募更多的年轻人学习该舞蹈。美国作家吉姆哈里森（Jim Harrison）的小说《燃情岁月》（*Legends of the Fall*）讲述了20世纪早期美国一个康沃尔人家庭的故事。①

英国群众曾在网络上发起要求英国政府加入《非物质文化遗产保护公约》的签名活动，目前已经有将近1万人参加了此次活动。② 民众认为，英国有大量丰富多彩的传统习俗，它们面临消失的危险，这些习俗活动的开展受到健康安全立法、高额保险费用、安保费用等种种限制，这样最终会使传统习俗永远消失。兰卡夏郡（Lancashire）流传了150多年的椰子舞（Bacup Coconut Dance）正面临着消失的危险，因为组织者承担不起封路的费用；苏塞克斯篝火传统（Sussex Bonfire）也因为越来越严苛的安全立法和高额的保险费，以及那些专门怂恿伤者打事故官司律师（ambulance chasers）的咄咄逼人而不再开展。虽然保护公共安全是应有之义，但政府应当在公共安全与文化传承之间求得更好的平衡。

英国民间对非物质文化遗产保护意识正在提升。英国古迹遗址保护协会于2014年9月20日首次举办了有关非物质文化遗产的会议，会议在英国伦敦达克兰博物馆（Museum of London Docklands）举行。参会的70余名代表涵盖了学者、博物馆员、档案馆员、舞者、音乐家等众多行业人士，齐聚一堂探讨英国对非物质文化遗产的概念与分类等问题。会议强烈呼吁，因为非物质文化遗产传承的特殊性以及对环境人文的依赖性，应当将其视为继自然文化遗产、世界遗产之外的一项类别。尽管英国加入非物质文化遗产公约还遥遥无期，但是本次会议彰显了在英国对非物质文化遗产观念的认同感非常强大，具有广泛的群众基础，也有保护的必要性和紧迫性。③

三、英国经验对我国的启示

英国官方虽然对"非物质文化遗产"概念持怀疑态度，也无意加入2003年公约，但其并非无视非物质文化遗产保护。笔者认为，英国的"保存历史环境"的文化遗产理念和发达的创意产业融入了2003年公约意义上的非物质文化遗产保护。它已经将非物质文化遗产的保护分散到社会生活的方方面面，真的使非物质文化遗产"活"了起来。总结英国非物质文化遗产保护的特色，主要有：

---

① Ben Johnson, *The Cornish Language*, http：//www.historic-uk.com/CultureUK/The-Cornish-Language/, visited on 11 October 2021.

② 参见 https：//you.38degrees.org.uk/petitions/the-uk-government-ratifies-the-unesco-convention- on-intangible-cultural-heritage, visited on 11 October 2021.

③ Intangible Cultural Heritage in the UK-Promoting and Safeguarding our Diverse Living Cultures, http：//www.touchtd.com/news/intangible-cultural-heritage-uk-%E2%80%93-promoting-and-safeguarding-our-diverse-living-cultures, visited on 11 October 2021.

第一，分散性立法规制。英国没有统一的非物质文化遗产保护基本法，但各地区不乏根据地方特色、针对具体保护对象而量身定做的条例、措施，充分抓住保护对象特点，有的放矢、细致详尽地规定保护措施，形式、方法多样。

第二，立法具有较强的针对性和可操作性。这一特色从前述诸多保护规定和管理措施中可窥见一斑。多数立法措施都规定设置专门机构，对专门机构的权利义务、履行职责的程序都有比较系统的规定，专门机构在非物质文化遗产保护方面有较多的实权。

第三，具有多渠道的资金支持。政府对立法设置的专门机构有直接的财政拨款，专门机构还针对非物质文化遗产的传播与发展的各个环节设置不同的资助项目。另外还有各种国家基金对文化遗产提供资助，尽管英国没有设置专项非物质文化遗产基金，但英国遗产乐透基金（Heritage Lottery Fund，HLF）主席卡罗尔·索特（Carole Souter）在首届英国非物质文化遗产大会上指出，基金项目对英国历史环境保护的资助导致潜在地对非物质文化遗产保护予以资助。①

第四，非物质文化遗产保护与发展创意产业关系密切。英国创意产业发达的一个重要原因就在于它具有非物质文化遗产的精神内核，如传统手工艺产品商品化，传统习俗、重大节日成为旅游观光重要项目，古老传说故事甚至语言成为电影和畅销书的素材。英国大力扶植创意产业虽间接但有力地促进了非物质文化遗产的传承，扩大了非物质文化遗产保护的公众参与程度，为经济创造新增长点的同时也传承了传统文化。

第五，公众参与程度广泛。英国扶植创意产业，支持博物馆和画廊，无形中扩大了公众参与程度。英国对于青少年的创意文化意识培养十分注重，有传统技艺的传授，也有文化情结的培育，对于非物质文化遗产传承与发展大有裨益。

反思中国现状，我国于2011年出台了《非物质文化遗产法》，各省市也纷纷依据此法出台了本地区的非物质文化遗产保护条例。无论是全国性立法还是地方性法规都规定了非物质文化遗产的类型、名录项目申报与评审、传承与传播等内容。内容大同小异，均是针对所有非物质文化遗产代表性项目的笼统规定，针对具体的非物质文化遗产保护项目的专门性规定有《苏州市昆曲保护条例》（后文简称昆曲条例)②、《杭州市西湖龙井茶基地保护条例》（后文简称西湖龙井条例)③、《2012年成都市促进川剧发展工作实施办法》（后文简称川剧办法)④。但相比于地方丰富多彩的非物质文化遗产，现有地方性规定无

---

① Intangible Cultural Heritage in the UK-Promoting and Safeguarding our Diverse Living Cultures，http：//www. touchtd. com/news/intangible-cultural-heritage-uk-% E2% 80% 93-promoting-and-safeguarding-our-diverse-living-cultures，visited on 11 October 2021.

② 该条例自2006年10月1日起施行。条例全文见http：//fgk. chinalaw. gov. cn/article/dffg/200607/20060700314593. shtml。

③ 该条例自2001年7月16日起施行。条例全文见http：//www. law-lib. com/lawhtm/2001/17486. htm。

④ 参见http：//www. chuanju. com. cn/news_show. asp? id=646。昆曲与川剧同为表演艺术门类，但川剧的有关规定比昆曲要详尽很多。昆曲条例多是框架性、笼统性规定，未见具体保护措施；川剧办法则详尽罗列了重点项目，对重点项目的申报程序、项目进度管理与审查、财政资金支持额度都做了具体规定。西湖龙井条例也详尽地规定了龙井茶基地的划定程序、财务管理、公众义务和法律责任等。

论在数量和质量上都有待进一步提升。

　　我国对非物质文化遗产保护的资金采取国家投资的方式，将该部分投资纳入国民经济预算中。2012 年我国财政部发布了《国家非物质文化遗产保护专项资金管理办法》①，各省市地区如上海、湖北等也纷纷依照该办法出台了本地区的专项资金管理办法。虽然我国有专门针对非物质文化遗产的专项资金而英国尚无，但其在管理模式上仍有值得借鉴之处。首先，英国是由政府设立的专门机构负责资金的审批与拨付。而我国主要由政府文化主管部门负责，主要是非物质文化遗产司和财务司联合处理有关事项，在时间精力和人员配备上都十分有限，程序也相对复杂，在职能上尚不能凸显专业性和针对性。其次，专项资金资助项目范围有限，它重点支持已入选 UNESCO "急需保护的非物质文化遗产名录" "人类非物质文化遗产代表作名录" 的国家级项目。而其他国家级项目的申报比例不得超过本地区国家级非物质文化遗产代表性项目总数的 30%。最后，社会资金参与非物质文化遗产保护项目不足。国内有关于非物质文化遗产保护的基金会，如中国华夏遗产基金会；地区性的有北京非物质文化遗产发展基金会、河南省荆浩非物质文化遗产传承发展基金会等。但基金会水平参差不齐，基金会资助项目公开程度低，几乎在网站上检索不到资助项目。基金会也不够贴近民众生活，影响范围有限。

　　综上所述，借鉴英国经验，对我国非物质文化遗产保护工作提出以下建议：

　　第一，我国应建立以《非物质文化遗产法》为主导，以具有针对性和可操作性的地方性立法为基础的非物质文化遗产保护法律体系。由于非物质文化遗产多具有地域特征，各地应当结合本区域内的非物质文化遗产保护现状制定具体保护对象的保护实施细则。现有基本法和多数地方性立法规定宏观全面，针对所有非物质文化遗产的共性加以规定，但是对具体非物质文化遗产项目来说针对性不够、操作性不强、灵活性不高，不利于非物质文化遗产的保护与传承。学习英国经验，对一些具体非物质文化遗产项目制定具有针对性和可操作性的保护措施和保护标准，对非物质文化遗产保护有重要的意义。

　　第二，完善国家非物质文化遗产专项资金建设，扩大社会保护资金来源。可以设立专门机构处理国家非物质文化遗产保护专项资金的申报审批与拨付。对于那些尚未选入国家级项目的非物质文化遗产，由于专项资金容纳能力有限，可以扩大社会保护资金的参与渠道，鼓励各个公益性非物质文化遗产基金会参与资助，并加强对资助项目的公开与监督。

---

　　①　该办法规定，专项资金由中央财政设立，专项用于国家非物质文化遗产管理和保护。专项资金主要分为两大类，组织管理费和保护补助费。组织管理费是指组织开展非物质文化遗产保护工作和管理工作所发生的支出，具体包括规划编制、调查研究、宣传出版、培训、数据库建设、咨询支出等。保护补助费是指补助国家级非物质文化遗产代表性项目、国家级代表性传承人、国家级文化生态保护区开展调查、记录、保存、研究、传承、传播等保护性活动发生的支出，具体包括三类：国家级非物质文化遗产代表性项目补助费、国家代表性传承人补助费、国家级文化生态保护区补助费。专项资金的拨付需要申报和审批，保护补助费的申报单位必须具备以下条件：（1）具有独立法人资格；（2）具有固定的工作场所；（3）具有专门从事非物质文化遗产保护的工作人员；（4）具有科学的工作计划和合理的资金需求。财政部和文化部可根据项目实施情况，组织或委托有关机构对专项资金的使用进行监督检查和绩效评价。

可以设立专门的彩票基金，吸纳社会闲散资金，扩大民众参与渠道，支持非物质文化遗产的保护。

第三，树立"生态链保护"的理念。非物质文化遗产保护不能脱离其原有的历史环境，将它和特定的环境割裂开来不利于其发扬与传承，应当重点发挥博物馆的作用。有学者提出生态博物馆（ecomuseum）的概念，传统的博物馆＝建筑物＋收藏品＋专家员工＋参观公众，而生态博物馆＝有关地域＋文化遗产＋文化记忆＋人口。文化遗产保护的本意就是帮助人们更好地理解他们所生活的世界，无论是物质的文化遗产还是非物质的文化遗产都是由一系列的情感、记忆、文化知识与经验等元素交织构成，这些元素反映出来的就是一个地区的精神（spirit of place），是一种文化的归属感和认同感，因此文化遗产的保护不能将其与来源的地域割裂开来。①

第四，健全促进发展文化创意产业的机制和措施。非物质文化遗产可以是创意的来源，发展创意产业一方面能够宣扬传播非物质文化遗产，另一方面也可促进经济转型、拉动经济增长，形成双赢局面。

第五，重视公众参与和互动。非物质文化遗产若仅仅是记载、归档，而不与公众引发共鸣也不利于保护与传承。非物质文化遗产的确无法用特定形式固定下来，而保存它最好的方式就是扩大公众参与。特别要充分发挥文化场馆的宣传教育功能，提高公众的保护意识。

第二节　欧美博物馆文物托管制度对我国的启示

与一般图书馆不同，博物馆不仅仅是作为一种现代意义上的开放式公共文化场所而存在，其本身还承担着集托管、陈列以及教育三大功能为一体的职责，在保护国家文化遗产的过程中发挥着巨大作用。然而，中国民间盛久不衰的私人文物收藏热使得国内众多收藏家乃至普通民众拥有数量可观的文物或艺术品，这与目前国内博物馆文物资源分布严重不均的局面形成鲜明对比。② 尽管我国在 2017 年新修订的《中华人民共和国文物保护法》

---

① Gerard E. Corsane, Peter S. Davis, Stephanie K. Hawke & Michelle L. Stefano, *Ecomuseology：A Holistic and Integrated Model for Safeguarding "Spirit of Place" in the North East of England*, p. 7, https：//www. icomos. org/quebec2008/cd/toindex/77_pdf/77-7kft-231. pdf, visited on 29 June 2022.

② 现在我国有 3400 座博物馆，拥有藏品总量约为 800 万件，全国文管所约有 200 万件，合起来号称拥有 1000 万件文物。如果加上全国文物商店所有的 1000 万件，全国已知文物或称可见文物总共也不过 2000 万件。而美国史密森学会拥有自然科学、历史和艺术等方面的博物馆 16 座，藏品总量就超过 1.4 亿件。其所属的国立自然历史博物馆的藏品有 800 多万件。美国只有 200 多年历史，国家历史博物馆却拥有 1700 万件文物。我国馆藏最多的北京故宫博物院也只有 180 万件，其他大馆和各省馆也不过二十几万件。目前全国除了上海等经济发达地区的博物馆拥有较充裕的文物征集费能征集到一定数量和质量的文物外，绝大部分博物馆由于征集经费极少很难增加馆藏文物。陈国民：《谈文物托管、博物馆托管的作用和意义》，载《博物馆研究》2013 年第 1 期，第 47 页。

（以下简称《文物保护法》）①　以及新颁布的《博物馆条例》②　中均明文规定博物馆可接受社会文物捐赠，但现实中对博物馆的文物捐赠却是少之又少，文物托管发展停滞不前。文物托管作为解决博物馆文物资源匮乏的积极举措，具有文物捐赠制度所不具有的优势。通过对欧美国家博物馆文物托管立法考察，检视我国相关立法现状，构建完善我国文物托管制度，有利于进一步丰富我国博物馆文物资源，向公众提供高水平的文物展览，提高我国博物馆公共文化服务水平。

一、国外博物馆文物托管立法现状与特点

文物托管这一概念在国外许多国家的博物馆文物资源管理制度中由来已久，经过长期的探索、实践与积累，包括英国、美国、法国、意大利、希腊在内很多历史文化遗产资源极为丰富国家，逐步形成颇具特色的历史文化遗产保护模式，文物托管机制尤为完备。尽管这些国家依照各自的国情和文化资源实际所采取文化托管策略各有侧重，但某些博物馆带有普遍性的成功管理经验以及与文物托管相关的博物馆立法，对于文物托管制度相对匮乏的我国来说，具有宝贵的立法启示作用。如英国文化领域极具特色的"文化托管"制度，以及法国在历史文化遗产保护领域的文物普查及"古迹信托"等，并使其内国博物馆在历史文化遗产保护中扮演着极其重要的角色，值得深入探讨。

（一）文物托管机构——文化托管理事会

文物托管并非政府文化部门的专门职责，而是交由相应的博物馆内部机构来负责实施。西方的国家公共文化托管制度是由大英博物馆在 18 世纪中期创立的，目前在西方国家已经成为一种较为普遍的公共文化服务制度。英国在这方面的制度具有代表性，英国政府对公共文化的管理奉行"一臂之距"（Arm's Length）③　原则，国家并不直接参与公共文化管理，仅限于每年对文化事业 30% 的财政资助比例，其余的运行资金筹措主要通过由公共团体组织来进行，这就为英国诸多文化遗产信托组织如国民信托、历史保护信托协会（The Association of Preservation Trusts，APT）等成立与发展创造了条件，这也使得托管制度成为英国公共文化管理的基本制度。英国公共文化事业中的"文化托管"（Cultural

---

①　2017 年新修订的《中华人民共和国文物保护法》于 2017 年 11 月 4 日第十二届全国人民代表大会常务委员会第三十次会议通过。

②　第 659 号国务院令，自 2015 年 3 月 20 日起施行。

③　为避免直接干预文化艺术创作活动，防止资金分配上的政治影响，中央政府采取经由中间环节拨款的方式，把资金间接地分配给艺术组织或艺术家。具体而言，就是中央政府主管部门只负责制定文化政策和财政拨款，没有直接管辖的文化艺术团体和文化事业机构，具体管理事务交由中介机构（非政府公共文化机构，即各类艺术委员会）负责执行，对文化团体和组织进行评估和拨款。这些中介性质的非政府公共文化机构通过具体分配拨款的形式，负责资助和联系全国各文化领域的文化艺术协会、组织、团体、机构和个人，形成全社会文化事业管理的网络体系。政府虽然不能对文化单位直接提供资金支持，但可以通过具体拨款方式对非政府公共文化机构在政策上加以协调，体现政府对文化艺术的管理目标和支持重点。这种在政策上由国家对文化拨款的间接管理模式，被称为"一臂之距"。参见陆晓曦：《英国文化管理机制："一臂之距"》，载《山东图书馆学刊》2012 年第 6 期，第 38 页。

Trust）是一种通过公益财产信托法律关系建立的一种商业信用制度，由委托人将其财产委托给某一公共文化托管理事会（Board of Trustees）代为保管、经营，通常由信托证书、政府法令等条款规定相关的托管事宜，以及受托者和受益者的权利与义务。① 而托管理事会是协助政府保持"一臂之距"管理方式的重要部门，就博物馆（包括拥有永久收藏的美术馆）领域而言，托管理事会的主要责任是对博物馆的藏品负责，并确保博物馆在馆长和博物馆馆员的主持下正常运行。

以大英博物馆为例，根据 1963 年《大英博物馆法》（*British Museum Act* 1963）及 1992 年《博物馆和美术馆法》的规定，大英博物馆实行文化托管制，并设立大英博物馆托管理事会（British Museum Trustees）为博物馆的常设机构，负责博物馆的管理工作，25 名理事分别由英国女王、首相和内阁大臣等任命，任期 5 年，任满后可连任;② 理事会每三年发布一次托管报告。③ 托管理事会在接收英国政府财政拨款的同时，将私人的艺术文化遗产通过托管的方式转换为公共文化遗产，从而拓宽国家的公共文化资源。④ 另外，国家、政府可以将国有文化遗产委托给大英博物馆的托管理事会，进而从公共文化部门的经营管理事务中摆脱出来，实现博物馆经营管理的独立化。⑤ 与此同时，托管理事会还建立大英博物馆发展基金（The British Museum Development Trust），其为非营利性信托组织，专门处理博物馆托管基金的募集，由托管理事会选出三名成员独立组成受托人会议，独立管理信托基金，更有利于实现博物馆经营管理的专业化。⑥

---

① 王列生、郭全中、肖庆：《国家公共文化服务体系论》，文化艺术出版社 2012 年版，第 271 页。始于 20 世纪 70 年代的"新公共管理"的潮流也扩及西方国家的公共文化领域，从文物遗址、博物馆、档案馆等国家文化遗产到歌剧、芭蕾舞、戏剧等民族艺术遗产，乃至公共广播电视等公共文化传播媒体和国家艺术文化中心等公共文化活动场所，西方国家的各类公益性文化服务部门都不同程度地受到影响。陈鸣、谭梅：《中国公共文化发展服务报告（2007）》，http://www.china.com.cn/culture/zhuanti/07ggwhfubg/2007-12/21/content_9416305_3.htm，2021 年 10 月 15 日访问。

② British Museum Act 1963（Royal Assent 10th July 1963），Article 1：From the commencement of this Act, the body known as the Trustees of the British Museum shall continue to exist as a body corporate, with perpetual succession and a common seal, having the general management and control of the British Museum, but shall consist of twenty-five persons appointed as follows, that is to say：

（a）one appointed by Her Majesty；

（b）fifteen appointed by the Prime Minister；

（c）four appointed by [the Secretary of State] on the nominations of the Presidents of the Royal Society, the Royal Academy, the British Academy and the Society of Antiquaries of London respectively；and

（d）five appointed by the Trustees of the British Museum.

③ British Museum Act 1963（Royal Assent 10th July 1963），Article 7：The Trustees of the British Museum shall within three years after the commencement of this Act and subsequently at intervals of not more than three years prepare and lay before each House of Parliament a report on the Museum.

④ The Museum's Story：British Museum-The Museum's Story, http://www.britishmuseum.org/about_us/the_museums_story.asp, visited on 11 October 2021.

⑤ Henry C. Shelley, The British Museum：Its History and Treasures 213（L. C. Page & Co. 1911）.

⑥ 《国际博物馆智慧财产之经营》，http://www.britishmuseum.co.uk/default.aspx, visited on 18 October 2021.

大英博物馆托管理事会虽然是接受政府委托，但却可以独立履行其职能，从而尽可能使博物馆的发展保持自身连续性，避免受到更多的行政干预以及各种党派纷争对于文化经费政策的不良影响，那么大英博物馆就拥有对文物托管的绝对独立掌控权，与委托人之间建立起信托法律关系，这一方面保证了博物馆合法且丰富的社会藏品来源；另一方面，托管理事会以法律认可的市场经营模式保证文物托管资金的来源，吸引收藏家将其收藏的文物置于大英博物馆展览且获得有利回报，一定程度上避免了英国民间文物的流失，在保护国家文化遗产方面作出巨大贡献。

作为公共文化服务重要提供者的博物馆，其托管制度体现了公共文化服务运营的有效性原则。一方面，通过文化财产托管的方式，将私人的、社团的和国家的文化遗产和艺术文化产品引入公共文化供给领域，由专门的托管理事会聘请专家维护和运营，从而能够更为有效地收集、利用和传播人类的艺术文化资源，使更多的人能够享受到人类的精神文明成果，以此实现公共文化服务的社会效益；另一方面，通过国家艺术文化基金协议等托管人与受托人之间的洽谈方式和法律程序，引入公共服务的竞争机制，在资金投入、维护保养和经营管理等方面降低公共文化服务机构的运营成本，提升服务的经济效益，从而最大限度地发挥公共文化服务的运营效率。①

（二）文物托管的前提——文物普查与登记

社会流散文物登记是做好文物托管的前提要件，只有通过建立文物登记制度来全面掌握民间收藏文物的真实保存状况，博物馆下一步才能根据自身文物资源需求，掌握文物持有人所持有文物资源的真实情况并与之做好文物托管工作。法国在文物普查与登记方面，一直居于世界前列。法国对文物的法律保护最早可追溯至 1840 年《历史性建筑法》，这也是世界上最早的一部关于文物保护方面的法律。由于法国国内历史建筑众多，法国政府又极其重视对这些历史建筑的立法保护，在一个世纪的时间里颁布了十部关于历史建筑保护的法律。② 为确保对相关法律的贯彻落实，法国自 20 世纪初开始第一次全国范围内的文化遗产普查登记工作，但当时因为受技术限制而导致这次普查工作流产。③ 随着计算机技术的不断进步，以及 1964 年《文化遗产大普查法》的颁布，法国在规划第四个经济社会开发计划（1962—1965）时，文化艺术遗产委员会提出对法国现有文物及艺术品等文化遗产实施总目调查提案获得了政府的批准。此次文物普查的目的就是对法国现有文化遗

---

① 陈鸣、谭梅：《中国公共文化发展服务报告（2007）》，http：//www. china. com. cn/culture/zhuanti/07ggwhfubg/2007-12/21/content_9416305_3. htm，2021 年 10 月 15 日访问。

② 主要包括：1887 年《历史建筑服务局任务法》、1913 年《定级和登记历史建筑保护法》、1930 年《保护自然建筑、艺术、历史、科技、传说和风景场所法》、1943 年《定级和登记历史建筑周围 500 米区域法》、1962 年《历史保护街区和不动产修法》（《马尔罗法》）、1964 年《文化遗产大普查法》、1983 年《建筑和城市保护区域外省化法》、2001 年《定级和登记历史建筑所有附属装饰物品的保护法》、2004 年《历史建筑外省化试点法》。参见侯聿瑶：《法国文化产业》，外语教学与研究出版社 2007 年版，第 288 页。

③ 顾军：《法国文化遗产保护运动的理论与实践》，载《江西社会科学》2005 年第 3 期，第 137 页。

产（主要指艺术品）进行总量调查，对已登记的文物的法定地位不会产生任何影响，加上各地文化艺术委员会对民众的充分发动，积极争取个人和团体的参与，使得普查工作顺利结束。通过这次普查，法国政府新发现一批国宝级文物和许多重要的文化遗产，并对每件登记文物作出详细的、明确的和标准化的说明，对此后法国博物馆的文物托管工作的开展带来了极大的便利。

不仅法国在文物普查与登记上的立法与实践较为突出，很多国家也都对民间收藏文物鉴定、登记及注册等程序也进行了立法规定：西班牙第 16/1985 号皇家法令第 12 条就规定，在可移动物品被宣布为有文化价值之后，应将它们登入文化财产总登记册；① 意大利1939 年《关于保护艺术品和历史文化遗产的法律》第 3 条规定，私人文物必须登记注册并备案，且登记名册可供全民查阅；② 埃及文化部为配合 2010 年新修订的《文物保护法》的实施，成立了一个专门的常委会来调查私人持有文物情况及开展登记工作。③ 希腊、日本、印度等国都对私人收藏、转让文物作出了相应的登记造册或报告审批等规定。④

从登记模式看，一些国家根据本国实际采纳不同模式，可分为强制登记模式、自愿模式和混合模式。强制模式如希腊、西班牙和意大利；自愿模式如法国、埃及和日本；混合模式以自愿为主、强制为辅，如韩国。登记对象各国也有所不同，分为登记可移动文物，如希腊、西班牙、意大利和埃及，登记不可移动文物，如法国，以及可移动和不可移动均须登记，如日本和韩国。登记文物的筛选工作一般委托专业机构。如韩国《文化财保护法》第 45 条规定，对各种文化财的筛选工作则由文化财厅下的独立机关——文化财研究所来执行。对相关资料的纪录、出版、搜集等任务，都由文化财研究所委派相关领域的专业人士来进行。由专业机构提供专业化的服务。

（三）文物托管的方式——国民信托、古迹信托及公益信托

在欧美国家，文物托管主要集中表现在对历史文化遗产的信托制度构建和相关立法上。英国在历史文化遗产托管上实行"国民信托"（National Trust），其主要源于 1907 年《国民信托法》第 4 条规定："国民信托的目的乃是为了全体国民的利益而保存优美或有历

---

① Christopher D. Cutting, *Protecting Cultural Property Through Provenance*, 32 Seattle University Law Review 943 (2009).

② Peter K. Yu, *Cultural Relics*, *Intellectual Property*, *and Intangible Heritage*, 81 Temple Law Review 433 (2008).

③ Leah J. Weiss, *The Role of Museums in Sustaining the Illicit Trade in Cultural Property*, 25 Cardozo Arts & Entertainment Law Journal 837 (2007).

④ 依据希腊 5351 号《古物法》第 24 条，私人收藏者必须持有一份有关古物的准确说明目录和照片，其在建立古物藏品时应向教育部递送一份目录单，并每隔 6 个月更新一次目录；日本《文化财保护法》第 27、28 条规定，经文部大臣命名的重要文化财或国家财富应在政府公报上预告，并发给其所有人一份命名证书；印度《古物和艺术财富法》第 14 部分详细规定了古物的登记、清单、列表、公布等程序。韩国《文化财保护法》第 45 条规定，对各种文化财的筛选工作则由文化财厅下的独立机关——文化财研究所来执行。对相关资料的纪录、出版、搜集等任务，都由文化财研究所委派相关领域的专业人士来进行。

史价值的土地及建筑物",以及第 21 条规定,"受信托的资产不能转让(Inalienable)",此条款使得捐赠人能安心地将土地或建筑物信托给基金会。1937 年经修订后的《国民信托法》进一步扩大了信托范围,即由点到面——建筑物的周边环境也一并成为信托的范围,由外到内——建筑物内部的家具、绘画也一齐纳入信托。大力支持信托的税收(优惠)政策和土地私有,可以自由转让、买卖、赠与的权利成为国民信托得以施行和推广的必要条件。①

在法国,文化遗产保护的权力主要集中于文化部,作为文化遗产保护的最高决策机构,其部下设立文化遗产司,专门负责文化遗产的保护。自 1913 年《文化遗产保护法》和 1924 年《文化遗产保护法施行细则》颁布后,"古迹信托"(La Caisse Nationale des Monuments Historiques et des Sites)② 则逐渐从文化部文化遗产司分离出来,从 1995 年起托管上百处国有历史古迹,包括所有的管理、营运及推广活动,政府在继续尽到硬件维修责任的同时,不进行财务干涉。"古迹信托"也使得法国国立古迹建筑博物馆、文化遗产专门性博物馆、古迹地图平面图及模型博物馆等受其托管的博物馆纷纷建立。③ 2002 年颁布的《法国博物馆法》第 8 条明确规定,"法国博物馆可以以协议的形式与旨在为法国博物馆提供支持的非营利性私有法人建立合作关系"④,因此,对博物馆馆藏文物的无偿提供,可以通过托管协议的法律方式进行。

与英法两国相比,美国的公益信托(Charitable Trust)较为硬性,因为"国民信托"和"古迹信托"拥有较大的自由裁量权,而公益信托则受制于其信托契约中的既定内容,信托手段只能依据法院命令才能被改变,因为只有法院才具有衡量文物信托的"公益性"标准的权力。以 Museum of Fine Arts v. The White Fund, Inc. 案为例,White Fund 公司于 1907 年将包括莫奈、毕加索所作的 17 幅名画交由劳伦斯市美术馆,其公益性目的是提升劳伦斯市市民们的艺术品位,但托管的前提条件是除非劳伦斯市美术馆能够在限定时间内提供合适的画廊,否则这些画将会被送至波士顿美术馆展览。但劳伦斯市美术馆并未能在期限内提供画廊,并意图获取当地检察官的支持来出售这些画,用来支持劳伦斯市的艺术教育。后来 Suffolk 高等法院裁定禁止美术馆销售这些画。⑤ 由此可见美国对托管的文物

① Sara Tam, *In Museums We Trust: Analyzing the Mission of Museums, Deaccessioning Policies, and the Public Trust*, 39 Fordham Urban Law Journal 849 (2012).

② 在法国,文化遗产的保护工作绝大多数是通过委托民间社团组织托管的方式实现的。这一制度始于 1914 年,而最早的试点工作又是从对古迹的托管开始的。法国最大的古迹托管组织"古迹信托"在过去的 20 余年中不但较好地完成了国家所赋予的对各类古迹的托管工作,在管理与活用过程中使法国的文化遗产保护工作进入良性循环状态,同时也使有关文化遗产保护的科学理念更加深入人心。

③ 石雷、邹欢:《城市历史遗产保护:从文物建筑到历史保护区》,载《世界建筑》2001 年第 6 期,第 47 页。

④ 《法国博物馆法》,2002 年 1 月 4 日于法国国民大会以及参议院通过,共和国总统颁布该法令。

⑤ The Museum argued that the closest interpretation of the donor's intent was to keep the paintings available for public exhibition, regardless of the location, rather than to sell them for another purpose. In the background of this case is the fact that the collection of paintings, including works by Monet and Pisarro, now has an estimated value of \$ 5 to 7 million. The case is currently on appeal. Museum of Fine Arts v. The White Fund, Inc., No. 98-2425, Suffolk Superior Court.

秉持着极为谨慎的态度，"公益性"不能通过博物馆、美术馆等文化机构来解释，只有法院才有权决定被托管的文物通过何种手段来实现社会公益。

（四）文物托管的缔结——托管契约

法国 1973 年通过的《文化协定法》（*Cultural Pact Act*）规定法国政府对公共文化的财政投入，通过签订文化契约的形式确保实现政府的目标，这是法国公共文化管理的独特之处。法国中央政府为实现巴黎与外省、城市与农村、市区与郊区的公共文化发展平衡，与地方政府文化部门和文化团体签订各类文化契约，如国家和大区计划契约、国家与文艺院团签订的契约等，[1] 中央政府赋予政府资助的部门和团体以平等主体身份，其仅发挥监督职责。美国的国家艺术基金会（National Endowment for the Art，NEA）是美国政府赞助艺术家和学者的最大公共资金来源，其通过资助非营利艺术组织，与各州的艺术机构及其他地区组织建立合作基金协议，吸引社会的资金和资源加入国家和地区重点文化发展规划。[2] 可见美国是通过文化基金会，以文化契约的方式向公共文化部门发放文化基金，与法国的文化契约制度有着异曲同工之妙。

英国的大英博物馆在文物托管契约的立法上较之美法两国则更为具体化。根据 1963 年《大英博物馆法》第 2 条，大英博物馆托管理事会有权订立契约或其他协议，获得土地并持有其他财产，并有权实施以满足其基本需求或运行为目的的其他事项。[3] 该条明确了大英博物馆托管理事会有权从获取博物馆文物资源的目的出发，同民间文物收藏者缔结托管契约，以满足博物馆基本的文物展览和研究需求。

二、我国博物馆文物托管立法现状和存在的问题

自 1979 年 6 月 29 日我国文物事业管理局颁发的《省、市、自治区博物馆工作条例》明确博物馆是"文物与标本的主要收藏机构、宣传教育机构和科学研究机构"以来，经过数十年摸索，我国不断出台与博物馆馆藏文物相关的法律法规，如 1982 年《文物保护法》[4]、

---

①　王列生、郭全中、肖庆：《国家公共文化服务体系论》，文化艺术出版社 2012 年版，第 279 页。

②　Donna M. Binkiewicz, *Federalizing the Muse*：*United States Arts Policy and the National Endowment for the Arts* 1965-1980, 24（Chapel Hill Press 2004）.

③　British Museum Act 1963（Royal Assent 10th July 1963），Article 2：The Trustees of the British Museum shall have power, subject to the restrictions imposed on them by virtue of any enactment（whether contained in this Act or not），to enter into contracts and other agreements, to acquire and hold and land and other property, and to do all other things that appear to them necessary or expedient for the purposes of their functions.

④　1982 年 11 月 19 日第五届全国人民代表大会常务委员会第二十五次会议通过的《中华人民共和国文物保护法》，第四章为"馆藏文物"管理条例，着重对馆藏文物的收集途径、陈列展览、分级管理和修复原则等作出明确法律规定。

1986 年《博物馆藏品管理办法》①、2005 年《博物馆管理办法》② 以及 2015 年《博物馆条例》，均对博物馆文物的接收、展览以及管理作出详细规定。但值得注意的是，我国馆藏文物资源的获取途径仍是一个相对薄弱的环节，历经半个世纪的发展仍停留在购买、捐赠、交换以及国家调拨等传统方式，托管则一直被忽略。尽管现有的国内博物馆均以国家财政支持作为文物资金投入的主要来源，但这并未从根本上解决博物馆文物资金窘迫的局面，这在很大程度上也与文物托管相关法律概念和法定范围的缺失，以及文物登记制度的非强制性有关。此外，有些私人所有的不可移动文物，由于年久失修、长年闲置等原因面临极大安全隐患和灭失的风险，探讨文物托管机制保护和利用好私人文物，发挥其文化传播功能，使更多的人能够享受到人类的精神文明成果，具有重要现实意义。

（一）文物托管概念界定模糊

"文物"二字始见于先秦左丘明的《臧哀伯谏纳部鼎》："夫德，俭而有度，登降有数。文物以纪之，声明以发之"，但此"文物"并非现代意义上的文物。③ 直至唐代，文物的含义才开始接近今人的理解，有了古代遗物、古物之意，如颜师古的《等慈寺碑》："即倾许之人徒，收亡隋之文物。"④ 在中华人民共和国成立以后，尽管中央人民政府政务院以及后来的国务院所颁布的一系列有关保护文物的法规，都沿用了"文物"一词，但是指向却不尽相同。直至 1982 年公布《文物保护法》，才把"文物"一词及其所包括的内容用法律形式固定下来，概念较之以往更为明确。但文物托管往往是通过博物馆与民间文物收藏者之间的约定而形成的合同关系，所以这种关系需要以民事"托管合同"来界定双方当事人的权利义务，然而民事"托管合同"这一概念在我国立法上的空白，导致"文物托管"概念的法律界定也存在盲区。

我国《文物保护法》第 52 条规定："国家鼓励文物收藏单位以外的公民、法人和其他组织将其收藏的文物捐赠给国有文物收藏单位或者出借给文物收藏单位展览和研究。"许多博物馆研究学者将"捐赠""出借"这两个概念扩大解释为"托管"。但捐赠是捐赠人对文物所有权的丧失，托管并非要求剥夺民间文物收藏者的文物所有权。而出借是民事主体之间的租赁关系，是一种以一定费用借贷实物的经济行为，出租人将自己所拥有的某种物品交与承租人使用，承租人由此获得在一段时期内使用该物品的权利，物品的所有权仍保留在出租人手中，而承租人为其所获得的使用权需向出租人支付一定的费用。但托管可以是有偿的，也可以是无偿的，更何况博物馆可以行使对被托管文物进行研究、公开展

---

① 1986 年 6 月 19 日，国家文物事业管理局颁布《博物馆藏品管理办法》，对藏品的接收、鉴定、登账、编目、建档、提用、注销、统计、保养、修复和复制作出规定，确保藏品保管做到制度健全、账目清楚、鉴定确切、编目详明、保管妥善、查用方便。

② 2005 年 12 月 22 日，文化部部务会议审议通过《博物馆管理办法》，对博物馆设立条件、申报程序，藏品的管理与展示，博物馆公共服务的标准作出明确规定。

③ 这里的"文物"在当时仅指礼乐典章制度。魏晋南北朝时期，"文物"一词增加了"文彩物色""车服旌旗仪仗"等新的含义。朱嫦巧：《文物——一个带有时间维度的文化认同物》，载《四川文物》2007 年第 3 期，第 82 页。

④ 乾旭：《从文物到文化遗产》，载《陕西文化遗产》2012 年第 6 期，第 38 页。

览等知识产权权利，因此"出借"与"托管"这两者之间无法等同。目前我国针对托管方面的立法主要集中于股权托管、企业托管、资金托管等经济领域，缺乏对文物托管等相关概念的具体界定，加之目前我国文化遗产保护工作主要集中于政府部门，并未下放至社会组织，这使得博物馆文物托管在我国并不顺利。①

（二）文物普查登记立法的缺失

2002年国家文物局在其公布的《文物事业"十五"发展规划和2015年远景目标（纲要）》中提出："要加强社会文物管理，制订《民间收藏文物保护管理办法》，开展社会流散文物登记工作，为全面掌握社会流散文物的保存状况，建立合理的社会流散文物保护管理体制奠定基础。"但遗憾的是，该规定至今仍为选择性规定，相关管理办法至今仍未出台。2003年由国务院颁布的《中华人民共和国文物保护法实施条例》也仅对文物进出境实行登记，并未提及国内文物登记。② 即使2015年新修订的《文物保护法》对文物登记也是只字未提。从立法趋势来看，立法的缺失使得未来民间收藏文物的登记工作不免陷入僵局，而博物馆文物托管更是步履维艰。

另外，事实上主动到文物行政管理部门登记收藏文物的也寥寥无几。③ 究其原因，主要有三点：一为"安"，担心文物的公开暴露会影响自身安全及文物安全；二为"忌"，不少收藏家收藏的文物的来源并非合法；三为"公"，担心文物法律政策不稳，文物会被政府强行征收或没收。即使《文物保护法》鼓励"公民、法人和其他组织将其收藏的文物捐赠给国有文物收藏单位或者出借给文物收藏单位展览和研究"，④ 但相关文物捐赠和文物出借的法律程序存在空白，造成博物馆缺乏对民间收藏文物基本情况的了解和收藏动态的掌握，加上民间文物收藏行为本身的广泛性、复杂性和不稳定性等特点，直接导致国家无法制定切合实际的文物工作方针、政策、法律和法规。1978年联合国教科文组织

---

① 山西省大同市因多年来的大规模古城复建、御东新城开发和其他基础设施建设，其投资规模大大超出城市财政的承受能力，欠下了110多亿元的债务，欲以5亿元人民币的价格将世界文化遗产云冈石窟托管给市场。但《文物保护法》明文规定，国有不可移动文物不得转让、抵押。……不得作为企业资产经营。此前，深圳锦绣中华与云冈石窟曾有过低调但相当短暂的合作，便后来也终止了原来签订的5年期合作协议，因为该合同显然违背了相关法规，在国务院发布《关于进一步做好旅游等开发建设活动中文物保护工作的意见》后不得不提前结束这项合作计划。参见张松：《文化遗产托管给谁？》，《东方早报》2013年10月21日，第3版。

② 《中华人民共和国文物保护法实施条例》第46条规定：文物进出境审核机构应当对所审核进出境文物的名称、质地、尺寸、级别，当事人的姓名或者名称、住所、有效身份证件号码或者有效证照号码，以及进出境口岸、文物去向和审核日期等内容进行登记。

③ 2002年5月1日，浙江省制定并公布了《浙江省文物流通管理条例》，该条例第一次明确提出了民间收藏文物的登记制度。在此后的一年中，浙江全省按照《浙江省文物流通管理条例》的要求分别对民间收藏的出土文物进行了登记，但最终杭州市只有24个人登记。参见田永福：《关于建立民间收藏文物登记制度的若干思考》，载《四川文物》2005年第3期，第65页。

④ 《中华人民共和国文物保护法》第52条规定：国家鼓励文物收藏单位以外的公民、法人和其他组织将其收藏的文物捐赠给国有文物收藏单位或者出借给文物收藏单位展览和研究。国有文物收藏单位应当尊重并按照捐赠人的意愿，对捐赠的文物妥善收藏、保管和展示。

《关于保护可移动文化财产的建议》第14条要求"各成员国应根据其立法和宪法制度通过邀请物主编制其收藏的目录并向负责保护文化遗产的官方机构递送目录来促进对属于私人机构或个人的收藏的保护",① 因此,无论从国际层面来看,还是从国家有效规范民间文物收藏与流通、更好地保护与管理社会流散文物的角度出发,在我国建立民间收藏文物登记制度十分必要,这也是建立起文物托管机制的重要环节。

(三) 博物馆法人治理结构有待推进

目前我国博物馆存在的一个主要问题是以理事会为核心的博物馆法人治理结构有待发展完善,博物馆独立性较弱,自主性不足,经费来源渠道简单,限制了其发展空间,开展文物托管的动力不足,因此难以提供有效的公共文化服务。

三、建立我国博物馆文物托管制度建议

虽然目前我国已有《民法典》对私有产权文物提供了法律保护,《文物保护法》也对民间收藏文物的合法方式进行界定,并允许公民、法人和社会组织的合法文物流通,但博物馆文物托管的管理体系和法律法规仍相对滞后。值得注意的是,近年来我国已出现博物馆文物托管的实践。2007年,广东省开平市碉楼群业主决定将开平碉楼群委托当地政府管理,由文物部门对碉楼进行维修保护,此举开启了我国政府文化遗产托管之先河;② 2011年6月,全国重点文物保护单位司马第(理坑民居)被该房屋继承人全权委托给婺源县文物局管理,充分发挥了政府在文物托管中的积极作用。③ 由此看来,文物托管在政府管理层面还是能被接受,博物馆文物托管的实现也并不遥远。我们基于前文对国外博物馆文物托管相关立法的分析,针对我国现有的博物馆立法,提出如下几点建议:

(一) 界定文物托管的概念

我国在博物馆立法中并未对文物托管概念予以规定,但实践中却不乏对此概念的运

---

① 蔡达峰:《文物学基础》,载复旦大学文物与博物馆学系编:《文化遗产研究集刊》,上海古籍出版社2000年版,第147页。

② 文化遗产托管的首次尝试是广东开平碉楼群的保护。2007年,广东开平的碉楼被列入世界文化遗产名录,而这些碉楼大多属于私产,因为种种原因而得不到很好的保护。开平市决定碉楼业主可以把碉楼委托政府管理,由政府对碉楼进行维修保护。具体做法是政府与碉楼业主签订托管合同,期限为50年,在这50年内,由政府对碉楼进行管理和维修保护。目前在开平由政府托管的私人碉楼一共有60多座,当地政府先后投入4000多万元对碉楼进行了维护整治。政府花钱达到文物保护目的,同时得到了管理权。这种托管碉楼的做法得到了联合国专家和国家文物局的充分肯定,认为开创了文物保护的新模式。参见钱红:《关于社会文物托管的思考》,载《致力于社会和谐的江苏博物馆事业:江苏省博物馆学会2012学术年会论文集》,文物出版社2013年版。

③ "司马第"位于婺源县沱川乡理坑村,该建筑系清初兵部主事余维枢所建,至今基本保存完整。余维枢第十代后人余邦铎及兄妹六人现居上海,他们愿意将父亲余春江祖传的"司马第"房屋全权委托婺源县文物局管理,并签订托管合同,期限为20年。婺源县文物局严格遵循《文物保护法》及相关规定,加强对"司马第"的保护和管理,充分发挥了文化遗产的作用,同时也更好地普及了文物知识,服务了地方经济。

用，如 2008 年广东省顺德博物馆作出"免费托管社会文物，文物所有权归私人，博物馆可展出及研究"的决定，博物馆可以通过文物托管补充馆藏不足和更为妥善保存民间散落的珍贵文物。世界文化遗产开平碉楼采用"托管模式"，即私人委托政府无偿代管、使用其所拥有产权的文物，或者把文物有偿出租给政府，政府以租金方式获得文物的使用权与管理权。碉楼群业主与开平市政府双方通过委托书，除了规定私人业主必须承担必要的保护责任之外，还通过政策和经济杠杆，立足实际，把文物无偿委托给当地政府进行代管，由政府出资、维修、管理和利用私有不可移动文物，即"产权托管"，政府可以获得文物在一定条件下的管理权和使用权，便于对其进行保护修缮和利用。① 这种托管给博物馆文物托管工作的开展起到了率先示范作用，并在文化遗产保护实践中初步明确了文物托管的概念。

鉴于我国现有的《文物保护法》缺乏对文物托管的相关立法规定，结合上述文物托管实践，文物托管应从法律角度出发被定义为，博物馆在自身条件允许的情况下，有效而科学地保护和管理民间收藏的文物、艺术品。文物托管期间文物的原产权、所有权不变，文物的管理权、保护权和使用权依据双方约定时间移交给博物馆。这一概念将文物所有权和管理权区分开，从而实现民间文物资源的重新整合，以促进博物馆文物资源的流通。

（二）建立文物普查登记制度的区域试点

一方面，《文物保护法》对于民间收藏文物的界定较为模糊，对民间收藏文物的流通限制也较为严格；另一方面，文物走私出境活动却日益猖獗，大量赝品文物冲击真品文物。如果国家开展民间收藏文物的普查登记工作，可以让一些有档次的文物收藏品拥有合法身份并受到法律的保护。况且，博物馆文化托管面临的最大风险并非文物来源不足，而是文物来源的是否合法或文物鉴定的真实性，而文物普查登记充分保障了博物馆的文物托管有了合法的文物来源，避免博物馆因托管非法文物或赝品文物引发的纠纷。

浙江省颁布的《浙江省文物流通管理条例》首次提出民间收藏文物的登记制度，虽收效甚微，但也为文物普查登记起到了良好的立法示范。② 我们还可以充分借鉴法国、意大利、西班牙、埃及、希腊、印度、日本的文物普查或登记制度，建立民间收藏文物地方先行试点。第一，文物普查登记工作应当由地方各级文物主管行政部门负责。第二，我国文物普查登记以自愿为主，强制为辅。一般是根据民间收藏文物实际拥有者的自愿请求进行。登记认证之后的文物收藏品权属不变。第三，明确登记的标准，具体的筛选、鉴定工

---

① 《私有不可移动文物考虑政府托管》，载搜狐焦点网：http：//news. focus. cn/gz/2012-12-06/2609289. html，2021 年 10 月 15 日访问。

② 其内容主要包括三方面：一是规定文物收藏者之间转让其合法文物必须经当地文物部门登记后方可进行；二是规定民间收藏的中华人民共和国成立以后出土的文物的所有权属于国家，收藏者必须在管理条例施行一年内向当地文物主管部门登记（登记的上述文物，收藏者本人可以保留收藏，但不得继承、转让、经营或作担保物。收藏者要接受文物主管部门的管理和指导）；三是规定文物经营者对其经营的单件价值 2000 元以上的文物，要按照有关规定予以登记。同时，对违反登记规定的行为明确了处罚措施。

作可以委托专业机构,如文物鉴定中心。① 第四,文物普查登记的范围不能超越《文物保护法》所界定的范围。如《文物保护法》明文规定不能合法拥有和流通交易的文物收藏品,不具备登记认证的条件。另外,针对某些盗掘文物、非法交易文物或其他不符合《文物保护法》规定的来源途径的文物,文物普查登记无法发挥其应有作用,因为非法文物收藏者惮于被没收的风险并不会轻易公开登记,这就需要强制登记,当义务登记人拒不履行登记义务时,为达到预定的工作目标可以采取必要的强制性措施。②

(三) 完善博物馆文物托管契约立法

大英博物馆托管理事会是英国政府"一臂之距"的产物,法国文化契约是法国政府将文化中央集权下放至地方的产物,两者的发展经验表明博物馆具有较强的独立性和自主性,均有可借鉴之处。我国应该积极推进博物馆法人治理结构,通过建立良好的博物馆体系和博物馆管理体制,强化博物馆的公益性,遵循"分类推行、循序渐进、积极稳妥、不断完善"的基本原则,建立和完善以理事会及其领导下的管理层为主要架构的事业单位法人治理结构,独立承担民事责任,实现由封闭型向开放型转变的发展理念和发展模式,以期提高博物馆公共文化服务有效性和服务水平。

我国的现有立法并未有关于文物托管的明确规定,《文物保护法》第25条的"出借"是否可以扩大解释为"包含托管在内"?租赁关系与托管关系两者间难以等同,加之现实中的博物馆文物托管越来越为人们所接受和关注,③ 这就需要相关的健全法律作为支撑,而从我国现有规定看,文物托管并无法律上障碍。只要不违反强制性法律、法规,博物馆

---

① 日本在文物登录制度上是先依靠地方公共团体提出意见,再咨询文化财保护议会,最后再由行政工作人员登录。参见张松:《国外文物登录制度的特征与意义》,http://www.doc88.com/p-796551383175.html,2021年10月15日访问。

② 一般来讲,强制性登记措施由两阶段构成:第一阶段是对拒不申报的登记义务人给予行政性罚款等经济处罚,第二阶段对进行了罚款之后仍拒不主动申报的登记义务人进行行政性没收等财产罚或权利罚。如希腊第5351号"古物法"第6条规定:古物的占有人没有按规定的期限申报,但在两个月内报告了发现的情况,该持有人将被处以500德拉克马以上、2000德拉克马以下的罚款。如果占有人在两个月之后申报的,占有人将被处以1000德拉克马以上、4000德拉克马以下的罚款。如果在两个月之后亦未作申报的,古物的占有人除受到上述处罚外,还应没收其所持有的古物,并将其存入国家博物馆。此外,英国对于已经登录的建筑,如发现需要紧急修缮时,会给业主下发修缮通知,如在规定期限不履行修缮义务,经过法院判决可以采取强制收买措施。参见张松:《国外文物登录制度的特征与意义》,http://www.doc88.com/p-796551383175.html,2021年10月15日访问。

③ 2011年9月,中山舰博物馆与市民万学工签订文物托管协议,万学工将其耗时20余年收藏的1000余件与抗日战争、辛亥革命有关的文物,以免费托管的方式进驻到中山舰博物馆,文物所有权仍属万学工,博物馆可以研究、展览这批文物。馆里为万学工无偿提供一处独立的文物库房,用于存放其私人收藏的文物,并随时向其提供文物鉴定、保护、修复等方面的咨询及指导。万学工在馆方举办相关专题陈列展览及开展相关学术研究活动时,及时向馆方提供文物。在文物的托管理过程中,馆方和万学工达成共识,文物库房的钥匙只有万学工拥有,文物存于库房时,相关问题由万学工负责,如果在展览期间出现问题,则由博物馆负责。《市民将文物交博物馆托管,博物馆欢迎文物局存疑》,载荆楚网:http://news.cnhubei.com/ctdsb/ctdsbsgk/ctdsb39/201109/t1833446.shtml,2021年10月9日访问。

和收藏者可以合同方式约定文物托管。不过为了方便博物馆获取民间文物资源，丰富馆藏文化资源，如有明确规定，会有利于推动博物馆文物托管的开展，降低发生纠纷的风险。具体应注意：第一，博物馆可以通过适当渠道发布文物托管要约邀请，有托管意向的民间文物收藏者也可自行联系博物馆表明文物托管的意愿；第二，博物馆须组织专家对托管的文物进行真伪鉴定，确保文物的真实性以及来源的合法性；第三，博物馆必须在文物托管协议中注明有关托管文物的等级标准、入库标准、文物分类、文物编目，以及对文物鉴定、维护、修复等方面的咨询与指导，确定文物受到严格且合法的保护；第四，民间文物收藏者在契约约定期间内拥有托管文物的所有权，可以约定博物馆拥有托管文物的管理权、使用权以及展览权等；第五，针对文物的风险转移，当托管文物自交付存于博物馆时起风险转移至博物馆；第六，托管在博物馆的文物，在其所有人死亡后，鼓励继承者将相当部分文物捐赠给博物馆，民间文物形成"托管—登记—捐赠"。

　　在当下，如何建立起合理的社会流散文物保护管理体制，促进我国文物博物馆事业的全面、持续、协调发展，已然成为当前我国文物管理部门和学术界无法回避且须迫切解决的一个难点问题。其所要解决的关键在于博物馆文物资源的匮乏问题，因为目前在我国除北京、上海等经济发达地区的博物馆拥有较充裕的文物征集经费，能征集到一定数量和质量的文物外，绝大多数博物馆则很难增加馆藏文物。文物托管作为社会流散文物登记的一种形式，为建立合理的社会流散文物保护管理体制奠定基础，它也是博物馆为解决文物匮乏而增加藏品的创新性举措，将文物所有权和管理使用权分开，试图从法律角度取得突破，寻求解决问题之路。文物托管是对社会文物资源的有效整合，有利于国家文物的保护和管理，为文物管理体制的创新和博物馆管理体制创新起到先行作用和铺垫作用。尽管目前我国博物馆的文物托管制度尚处于起步阶段，但无可否认的是，博物馆文物托管是有效的文物管理机制的推广，是行业内部对博物馆各种资源要素的优化，作为国家博物馆应该对民间收藏群体进行调查研究，发现民间收藏的珍稀古董文物，以托管的方式让它进入博物馆。在整个过程中，社会无须投入过多的新资源，就能将民间文物聚拢起来，借助博物馆优良的库房条件，使收藏家们的文物能长久地存在下去，从而发挥这些文化遗产自身应有的文化价值和社会价值。

第九章　欧洲国家公共文化立法对我国的启示

　　"一带一路"建设为中欧文化合作交流提供了新的发展机遇。以英国、比利时以及法国为代表的欧洲国家历经诸多市场性变革，不断蜕变，形成了符合自身文化发展实际的公共文化立法模式。比较研究欧洲不同国家公共文化立法在政府与市场、法律与政策、授权与融资、激励与保障、监管与问责关系方面的不同实践，对于公共文化立法初始起步的我国来说具有重要意义。在分析我国公共文化立法现状及借鉴欧洲经验的基础上，建议我国应从公共文化投入、文化机构、文化产品、人才队伍以及问责等方面完善公共文化立法。

　　欧洲文化产业①萌芽于 13 世纪末 14 世纪初的意大利佛罗伦萨文艺复兴运动，古登堡印刷术的进步促使佛罗伦萨出版业内开始了大规模流水线作业，从而使得以出版印刷为主的文化产品呈规模化走势，并扩大至罗马、威尼斯等其他欧洲国家城市。② 18 世纪工业革命时期蒸汽机的应运而生，以及其对汽船、火车等交通运输工具的革新，使得欧洲文化产业逐步迈入机器化大生产时代，进而加速了欧洲乃至整个世界的文化发展进程。19 世纪中后期，工业革命在英法等国的迅速开展使得欧洲率先进入工业化社会。③ 以产业化为显著标志的工业革命在推动社会生产形式和经济结构发生了翻天覆地变化的同时，也促使欧洲民众的思想文化观念以及消费观念发生转变，他们更加注重文化产品带来的精神和心理方面的需求，进而成为拉动欧洲文化产业发展的内在动力。但自 20 世纪中期以来，西欧政府在制定文化政策的同时，亦承担各种文化项目及相关设施的经营与管理，文化管理负荷过重。国内各项文化开支日益繁冗，而相应的政府内部管理体制过分僵化，官僚架构过度扩张，导致其财政负担也在持续加重。因而欧洲各国民众希望通过市场经济来创造文化产业的经济效益，以及鼓励社会力量参与政府文化事务，以满足不断涌现的新文化需求以及新文化形式。而北欧五国自新世纪以来，开启从"无限政府"走向"有限政府"的政府文化治理变革进程。在这场变革进程中，文化的公益性日益凸显，公共文化的生产过程和提供形式也在变革中愈发受到重视。近年来，中国与欧洲诸国在"一带一路"倡议推动下大力开展文化交流，开启中欧文化合作"黄金时代"。同时，我国立法机关顺应时势制定颁布了《中华人民共和国公共文化服务保障法》（以下简称《公共文化服

---

　　① 学术界一般认为，"文化产业"一词来源于 1947 年 Theodor Adorno 与 Max Horkheimer 共著的《文化产业：欺骗公共的启蒙精神》一文。在第二次世界大战结束后，各国政府对文化产业的扶持领域仅限于传统的艺术领域。随着民主化进程的推进和经济的发展，政府才将更多的文化领域纳入支持范围内。

　　② 参见傅才武、宋丹娜：《文化市场演进与文化产业发展——当代中国文化产业发展的理论与实践研究》，湖北人民出版社 2008 年版，第 102 页。

　　③ 胡惠林：《文化产业学：现代文化产业理论与政策》，上海文艺出版社 2006 年版，第 22 页。

务保障法》）。① 从文化立法层面来看，我国与欧洲国家公共文化立法各具特色，而比较不同国家间公共文化立法在政府与市场、法律与政策、授权与融资、激励与保障、监管与问责关系方面的不同实践，对于公共文化立法尚未成熟的我国来说，对于实现我国推动公共文化立法方式与观念的转型，推动我国公共文化立法的发展，具有极其重要的意义。

第一节　欧洲国家公共文化法制化特征

1993 年《欧洲联盟条约》为欧洲在文化领域的行动首次奠定法律基础，1997 年《阿姆斯特丹条约》在较多沿袭前者对文化相关规定的基础上，要求在"尊重和促进文化多样性"的前提下实现更多"文化层面考虑"。2009 年《里斯本条约》指出欧盟"应该尊重其丰富的文化和语言多样性，应该保证欧洲的文化遗产得到保护和强化"。尽管欧盟文化立法在欧洲各国得到落实，但由于欧洲各国的文化市场化程度的不同，间接导致各国公共文化法制化的路径受市场影响的程度不同，从而呈现出市场化或中央集权化或地方政府化等不同的公共文化法制化特征。

一、市场发展模式——以英国为代表

一直以来，英国就具有从根本上解决社会问题的法治主义传统。② 在处理政府与市场在公共文化中的角色孰轻孰重这一关键问题上，早在 1980 年撒切尔政府的英国公共服务改革中就得以解决——在新右派"自由的经济，强大的国家"的理论指导下制定《地方政府计划与土地法》，首次在地方政府提供的社会服务领域引入市场机制，即在英国各城市设立"城市发展公司"（UPCs），激励地方当局与私人投资者以合作形式共同发展公共文化。③ 1991 年约翰·梅杰（John Major）政府仍承袭撒切尔政府的以经济和效率为重点的改革，发布了《竞争求质量白皮书》，④ 将竞争机制视为提高公共文化服务的水平和质量的根本性措施，但公共文化的过于市场化和私人化容易导致文化公平分配的缺失。在布莱尔政府的力挽狂澜下，2000 年《公共民营合作制——政府新举措》得以颁布，它指出要实现公共文化服务的提升，必须强调公共文化服务与市场力量合作的重要性，以形成政府、市场、社会力量等主体共同协作的公共服务多元治理模式。至此，英国的公共文化立法才逐渐步入正轨。⑤ 英国公共文化立法主要具有以下特征：

（1）文化管理体制上的分权。1998 年英国国会相继颁布《苏格兰法》《北爱尔兰法》

---

① 2016 年 12 月 25 日第十二届全国人民代表大会常务委员会第二十五次会议通过，于 2017 年 3 月 1 日起施行。

② Jim Grossman, Citizenship, History, and Public Culture 32 (Pespective Online 2011).

③ Paul Jeffcutt & Andy C. Pratt, *Managing Creativity in the Cultural Industries*, 11 Creativity and Innovation Management 424 (2002).

④ Henri Angelino & Nigel Collier, *Comparison of Innovation Policy and Transfer of Technology from Public Institutions in Japan*, *France*, *Germany and the United Kingdom*, 8 NIJ Journal 159 (2004).

⑤ 徐奉臻：《英国政治现代化的历程及特点——读阎照祥关于英国政治制度史的几本论著》，载《史学月刊》2001 年第 10 期，第 149 页。

《威尔士政府法》，使得英国地方自治政权合法化，这也就使得英国的文化体制本身带有较为明显的地方自治色彩，形成了较为完善的中央和地方三级文化管理体制，即首先由英国中央政府负责制定统一文化政策和统一划拨文化经费；其次是由各类非政府公共文化管理机构和地方（基层以上）政府执行文化政策并具体分配文化经费；最后则由基层文化管理部门和艺术组织、艺术家根据自身实际需求来使用经费。① 而英国地方文化管理机构除地方政府内的相关行政部门以外，起主要作用的是由中立专家组成的非政府公共机构（Non-Department Public Bodies），而该机构的职能则由各级艺术理事会（Arts Council）来施行。以中介机构来代替政府管理部分文化事业，也是英国在公共文化领域的匠心独造。

（2）财政支持上的"一臂之距"（Arm's Length）。英国政府虽然不对文化单位直接提供资金支持，但由非政府公共机构负责向政府提供咨询，并协助政府制定具体文化政策，把政府对英格兰、苏格兰、威尔士和北爱尔兰四地投入的公共文化经费公平、间接地分配给其下属艺术团体，这种在政策上国家对文化拨款的间接管理模式，被称为"一臂之距"。虽然非政府公共机构是接受政府委托，但其职能却是相对独立的，从而使得文化发展保持自身独立性，以避免受到更多行政干预，以及党派纷争对文化财政政策或立法的不良影响。然而英国政府对公共文化的财政资助却是极其有限的，其余部分则靠艺术团体自力更生和社会力量的援助。这一文化管理原则也在奥地利、比利时、芬兰、瑞典和瑞士等其他欧洲国家的公共文化立法中被广泛运用。② 因为其在减少政府冗繁行政事务的同时，不直接与文艺团体产生关系，有利于从根源上避免文化腐败。

（3）博物馆认证的最低标准。英国是世界上博物馆历史最为悠久的国家之一，其自1759年就建立起当时世界上最大的首座综合性博物馆——大英博物馆。③ 1945年英国议会通过《博物馆法》并大力鼓励国家级博物馆、公共博物馆、大学博物馆、地区性政府博物馆以及独立博物馆等各种类型博物馆的发展。④ 博物馆事业的蓬勃发展也使得博物馆之间良莠不齐，1988年《英国博物馆认证制度之认证标准》（以下简称《认证标准》）对英国博物馆认证的最低标准采取明确规定，其目的在于"鼓励所有的博物馆（包括美术馆）在行政管理、公共服务、基础设施及藏品管理等方面达到法律所认同的最低标准"⑤。《认证标准》要求设立"国家设认证委员会"，由该委员会赋予英国境内博物馆委员会、档案馆委员会以及图书馆委员会等认证机构以认证职责。为保持认证的长期有效性，在博物馆通过委员会认证后，博物馆委员会须在"国家设认证委员会"下设的评估

---

① 王列生、郭全中、肖庆：《国家公共文化服务体系论》，文化艺术出版社2012年版，第260页。

② Prewitti Kenneth, Foundations as Mirrors of Public Culture 42, 45 (American Behavioral 1999).

③ 1963年由国会通过、英女王签署的《大英博物馆法》，规定了"大英博物馆理事会"为"大英博物馆"的法人团体，拥有管理和控制大英博物馆的权利。

④ 迄今为止英国约有2500家博物馆，其中有28家国家级博物馆、200多家公共博物馆、300家大学博物馆、800多家地区性政府博物馆以及1100家以上的独立博物馆。参见《英国：博物馆资源与文化产业》，载中华人民共和国财政部网站：http://wzb.mof.gov.cn/pdlb/tszs/201304/t20130412_818412.html，2021年10月18日访问。

⑤ 1988年《英国博物馆认证制度之认证标准》，http://www.87994.com/read/27d3c48333ddaeca66b09b69.html，2021年10月19日访问。

机构所要求的时限内提交认证资格报告,若委员会审查中发现其不再符合最低标准,则可取消认证资格。

(4)公共文化的市场化。英国政府对于公共文化的管理主要是运用政策手段或法律手段为文化艺术的积极发展培养潜在的文化消费市场,不断提升国内公共文化的市场化程度。1963年《大英博物馆法》对大英博物馆率先实行文化托管制进行规定,在接收英国政府财政拨款的同时,使私人的艺术文化遗产通过托管的方式转换为公共文化遗产,从而拓宽国家的公共文化资源。1992年《博物馆和美术馆法》将这种制度推广至全英国。①与此同时,大英博物馆托管理事会为实现公共文化经营管理的专业化,设立了"大英博物馆有限公司"(The British Museum Company Limited),其主要承担与博物馆及其藏品有关的各种图书的出版、批发、售出以及版权许可等事务,使带有"国有"性质的文化部门转化为半自主的文化运营社团,从公共文化市场化层面来看,这也是以市场推动文化的典范。

二、地方政府推动模式——以比利时为代表

比利时的文化政策框架在20世纪60年代初步形成,但由于比利时并不推崇文化市场化和文化行政化,因而"文化民主"成为该政策框架的显著目标。70年代中后期,比利时国内的政治体制改革带动具体文化政策的形成。比利时联邦政府拥有国家外交、国防事务、财政政策等方面的决策权,但每个行政区政府也拥有宪法认可的或根据宪法制定的法律权限——拥有包括环境保护、能源分配、房地产和文化教育等方面的自治权。② 可以说,比利时的文化实权掌握在地方政府手中,由地方政府制定文化方面的某些具有法律效力的方案和命令,这就使得比利时的公共文化立法模式带有明显的地方主义色彩,因此,各行政区政府在公共文化的立法上结合自身语言文化特点,实现地方文化全自治。比利时公共文化立法具有如下特征:

(1)鼓励文化参与。1831年2月7日比利时通过的《宪法》是该国的最高法律,也是比利时文化领域参照的一般性立法。现行的《宪法》③ 以基本法形式确认比利时公民言论自由的权利(第14条)、出版自由(第18条)和文化发展的权利(第59条)。为保障公民基本文化权利的实现,1973年《文化协定法》(Cultural Pact Act)对政府文化资助的形式及内容进行了规定,以保证比利时公民享有平等的文化权利;要求每个地方区政府都必须建立文化咨询机构,使公民都能够参与到文化政策的制定与实施中。④ 此外,《参

---

① British Museum—The Museum's Story, http://www.britishmuseum.org/about_us/the_museums_story.asp, visited on 11 October, 2021.

② Rosenauer, A. & Winther, P., *Cultural Policies in the EU Member States*, Brussels: *European Parliament*, DG for Research (Working Paper), May. 1 2002, at A1.

③ 1993年7月14日比利时对《宪法》进行了重大修改,将比利时政府由单一制国家变更为联邦国家。2012年再次修订《宪法》,目前系第29版,是比利时联邦立法的最基本的部分,也是各个行政区文化立法的基础。

④ Home Brussels, Belgium—Embassy of the United States, http://belgium.usembassy.gov/, visited on 11 October 2021.

与法令》(*Participation Decree*)（2008 年 1 月 1 日生效）构建了一个便于比利时公民获取地方政府文化服务的政策框架，对广大民众参与的项目和大规模文化事件有经费支持。①

（2）文化政策法令化。比利时于 2001 年 7 月 13 日颁布的《本地文化政策法令》(*Local Cultural Policy Decree*) 极大地促进了国内各项文化政策的有效整合，推动本国文化政策的法令化进程。② 2004 年 4 月 2 日《艺术法令》(*Decree concerning the Subsidising of Arts Organisations*, *Artists*, *Arts Education and Social-artistic Organisations*, *International Initiatives*, *Publications and Support Centres*, 简称 Arts Decree) 可谓文化政策法令化的典范，其可以看做对文化政策文件《Culture 2009—2014》的积极响应，开始将跨文化交流作为文化政策的首要策略，从而推动艺术组织、艺术家、艺术教育的跨国合作;③ 并从 2006 年起（音乐领域是从 2007 年起），该法令代替了先前与表演艺术、视觉和视听艺术、新媒介以及混合艺术等相关的艺术条例与规则。

（3）彰显地方特色。比利时联邦政府的文化立法主要涉及文化遗产、文学和图书馆、大众传播媒介、业余艺术等公共文化领域。各行政区政府在这些领域的立法首先应遵循国家公共文化一般立法的要求，在此基础上可以结合本区文化发展实际来制定相关法令。以图书馆立法为例，弗拉芒语区依据比利时《版权法》④ 制定了公共出借权法令（Public Lending Rights Decree），瓦隆区出台了公共图书馆法令（Public Libraries Decree），在保证国家图书馆法律制度在地方的有效施行的同时，一定程度上也促进了比利时地方公共文化建设绩效的提升。

三、中央集权模式——以法国为代表

法国自 17 世纪波旁王朝时起，政府就在国内艺术和文化事业领域扮演着极为重要的角色，并以"集权者"身份管理本国文化艺术资助体系。在历经法国大革命后，法国政局呈动荡状态，政权更迭频繁，但从复辟王朝到法兰西第三共和国的历届中央政府，都将制定有利于发展文化艺术的政策视为重中之重，文化被视为实现法兰西民族团结和民族精神同一性的强有力保证。戴高乐总统在法兰西第五共和国成立后，将国家的文化事务交由

---

① Belgium : 5. 2 Legislation on Culture, http：//www. culturalpolicies. net/web/belgium. php? aid = 52, visited on 11 October 2021.

② Nick Schuermans & Marten P. J. Loopmans & Joke Vandenabeele, *Public Space*, *Pubic Art and Public Pedagody*, 19 Social & Cuitural Geography, 133（2012）.

③ 早在 1993 年，比利时瓦隆区成立了一个专门处理文化关系的公共机构（比利时法语文化区国际关系的委员会，General Commission forthe International Relations of the French Community of Belgium，简称 GCIR）。这个机构负责实施法语文化区的外交政策，管理同其他国家、地区和省份签订的文化协议，优先促进和传播在法语文化区内建立的文化和艺术，发展同 UNESCO、欧洲委员会、欧盟等组织的多边关系，发展同南部国家的战略合作。

④ 比利时 1994 年通过的《版权法》(*Belgian Copyright Act*) 覆盖了版权、次要权利（secondary rights）、复制自用权、借贷权利等内容，保护作品以及作者和作品间的关系，此外还对文化作品的复制进行了规定。复制支付金额由《皇家法令》(*Royal Decree*) 决定，复制费用按作者、表演艺术家和生产者各 1/3 的比例分配。《版权法》本来应该与欧盟指令（European Directive 2001 /29 /EG）保持一致，但由于对教育领域和文化领域中保护作品使用讨论的不足而滞后。

中央文化部统一管理，文化部下设"大区文化事务管理局"，负责各大区内公共文化服务与产品，但决策事项仍由文化部负责。① 这就使得法国的行政管理体制由中央向地方分权转型，国家主要集中致力于发展新的公共文化项目与活动，对地方通过立法、财政等方面加以调控和监管；地方政府拥有有限文化自治权，保证区内创造性文化活动的广泛开展。

法国公共文化立法具有如下特征：

（1）文化赞助税制。文化赞助（mécénat）在法国起步较晚，直至1981年杰克·让担任法国文化部长后才开始引进这一概念。法国国民议会于1987年通过了《文化赞助税制》《共同赞助法》两部法律，又于1990年通过了《企业参与文化赞助税收法》，使社会力量赞助文化有了充分的法律依据，从而极大地促进了文化赞助的发展。② 但这些立法对赞助者尤其是企业的所得税减免幅度不高，且免税申报程序复杂，这就使得文化赞助税制一度陷入困顿。基于此，国民议会于2003年再度通过较为全面的《文化赞助法修正案》。较之先前立法，该法案的进步主要体现在加大了对各收入阶层的文化赞助者的减税额度，并加倍减免赞助文化的企业的额度，这就使得国内企业文化基金会数量猛增。③ 政府的财力往往有限，公共文化基础设施布局难免出现漏洞，而文化基金会在平衡文化财政、推动各级文化普及等方面发挥着重要作用。

（2）中央集权管理。为确保每个法兰西公民都能平等地拥有和行使文化权利，法国没有像英国那样通过中介代理机构转变政府职能，而是由中央政府向地方派遣文化代表，代表中央管理地方文化事务，并接受大区政府的领导。与此同时，中央政府不断加强国内公共文化产品的立法监督。1981年8月10日颁布的《图书统一价格法》（修订版）是有关国内图书定价的法律，该法强制规定了图书价格的制定主体以及折扣范围④，从而建立起政府对图书出版的全面干预体制；2002年1月4日颁布的《法国博物馆法》使得法国

① 在密特朗总统执政期间，颁布了1982年《市镇、省、大区权力和自由法案》，将法国的行政区划分为大区、省和市镇三个层次，三级地方政府之间没有直接隶属关系。Henri Angelino & Nigel Collier, *Comparision of Innovation Policy from Public Institutions in Japan, France, Germany and the United Kingdom*, 8 NII Journal 53 (2004).

② Kevin V. Mulcahy, *The Public Interest in Public Culture*, 21 The Journal of Arts Management and Law 5-27 (1991).

③ 此后，法国基金会的数量开始增多，仅2007年一年，法兰西基金会名下就创立了77家基金会。截至2013年，法国共有约2100个基金会，绝大多数的基金会涉及文化艺术，其中21%为专注于文化艺术领域的基金会。企业基金会的资金来源主要是企业的自有资金或者企业高管的资金投入。2012年，法国企业赞助蓬勃发展，共约1/3即4万家法国企业参与赞助，高于2010年的3.5万家，企业赞助总预算额为19亿欧元；32%的百人以下小企业与27%的中型和大型企业参与赞助，中小企业参与赞助的数量占所有赞助企业的93%（2010年为85%）；文化赞助预算占公益事业赞助总预算的26%，达到4.94亿欧元，与2010年的3.8亿欧元相比有了大幅提升。参见张丽：《法国公共文化发展政策研究》，载《山东图书馆学刊》2013年第5期，第40页。

④ 曹爱军：《公共文化服务：理论蕴含与价值取向》，载《湖北社会科学》2009年第3期，第39页。

大部分博物馆的称号得以统一①，将文化藏品聚集在一个行政大区，统一区级文化政策，并由国家和市政府签订合约，国家对市政府直属博物馆给予经济或技术上的支持。

（3）突出历史建筑保护。法国对历史建筑的立法保护可追溯到 1887 年，其制定了世界上第一部近代意义上的历史建筑法《历史建筑服务局任务法》。② 在之后整整一个世纪的发展中，法国对文化遗产的保护由当初的文物建筑保护拓展至周边地区，1913 年 12 月 31 日《定级与登记历史建筑保护法》即为显著代表。该法对历史建筑实行定级制，对其内外部的任何改造、拆除、建设等工程必经文化部部长的许可方能进行。由地区文化事务局来负责执行历史建筑的登记工作，登记建筑的所有者须对建筑进行修复，且修复进程由国家机构监督。③ 但这种过于激进的中央集权保护措施给政府所造成的财政负担亦与日俱增，中央政府在全法国 4400 座受保护历史建筑面前显得愈加无力，于 1983 年 1 月 7 日颁布了《建筑和城市保护区域外省化法》直接把管理权下放至市级政府，在一定程度上缓解了法国的文化财政危机。④

第二节　欧洲国家公共文化立法异同

纵观欧洲历史，欧洲民族国家之间在政治观念、宗教信仰、文化取向以及社会文化模式上的相对多样性和差异性使得在欧洲"多少个世纪以来，文化一直作为一种反分裂运动，一种乌托邦世界，一种像艺术一样既虚幻又真实的统一体在这个一直处于分裂状态的欧洲大陆顽强延续"⑤。但在古希腊和古罗马的文明趋于衰落后，欧洲各地对于基督教的共同信奉，使得欧陆国家文化出现了"统一化"色彩，并随着时间的推移逐渐产生了可观的共同文化传统。欧洲国家的文化在历史进步中差异性与同一性共存，多元化与"大欧洲化"共存，这就使得在公共文化领域的立法也有了求同存异的趋向，那么进行欧洲不同国家的公共文化的比较分析就显得极为必要。

一、政府与市场的地位协调

欧洲诸多国家的文化实践经验表明，公共文化服务效率的高低与否取决于政府体制是否能够在完全市场竞争环境下实现公平目标，提供制度化乃至立法化的平台。而基于市场导向的公共文化财政资助体制，是政府致力于文化管理体制创新的必经之路。近年来欧盟经济、文化一体化趋向明显增强，公共文化财政投入的市场化改革逐渐成为欧洲各国拓展文化资金来源、提升文化资金使用效益的当务之急，因此现代公共财政对于文化事业的资

---

① 沈军：《现代与传统的融合发展——法国文化法律制度评析》，载《浙江学刊》2011 年第 1 期，第 157 页。

② 陈鸣：《西方文化管理概论》，书海出版社、山西人民出版社 2006 年版，第 67 页。

③ 侯聿瑶：《法国文化产业》，外语教学与研究出版社 2006 年版，第 299 页。

④ ［英］丹尼尔·贝尔：《资本主义文化矛盾》，严蓓雯译，江苏人民出版社 2007 年版，第 146 页。

⑤ Ulf Hannerz, *Transnational Connections: Culture, People, Places* 266 (Routledge 1996).

助模式应当逐步从政府单独直接拨款向市场吸引项目投资、购买社会服务等方面转变，促使多元化、市场化文化资助方式的形成，赋予市场和政府在公共文化领域同等重要的地位，公共文化资助格局趋于政府直接文化资助与市场间接文化资助相结合，这也是一种符合公共经济学财政投入原理的财政资助方式。

在确立政府与市场的边界问题上，英国在公共文化领域给予市场的自由化程度远大于比利时和法国，受英国延续数百年的由封建私人贵族赞助文化艺术的历史文化传统影响，英国政府在公共文化领域的职能仅处于次要地位，因此英国艺术委员会在相关立法支持下被赋予对文化财政分配的决定权。尽管比利时和法国极力将文化行政管理权下放至地方政府，但还是无法挣脱政府在公共文化领域局限性的枷锁，因此本书认为，以立法形式着力提升市场在两国公共文化领域的地位，以市场吸引文化资金的投入显得极为必要，这项举措可以保障文化资源在市场的有效配置下达到最大程度的利用。

二、法律与政策的相互推动

在整个公共文化服务财政系统中，法律与政策作为上层建筑的重要组成部分均承担着各自的职能，发挥着不可替代的独特作用。[1] 法律与政策两者之间的关系是辩证统一的。任何一项法律的制定都不可避免受到执政党政策影响；与此同时，执政党政策对一国法律法规起着重要的弥补性作用。"在西方国家的民主与法制发展的漫长历史过程中，每一项法律规则或多或少蕴含着隐晦或明显的国家政策因素，否则我们无法知晓法律的渊源以及法律在社会生活中的实际运用过程。实际上，许多西方国家制定法都在潜移默化中寻求促进本国经济社会发展的某些同步性、积极性政策。"[2] 可以说，欧洲国家在公共文化立法上坚持国家文化政策的调整作用，反之，用文化政策引导文化立法，以文化立法促进文化政策贯彻落实，亦是法律与政策在公共文化领域共同存在和发展的轨迹。

综合比较英国、比利时及法国在文化立法和文化政策的微妙关系处理上，英国多倾向于采用原则性政策解决问题，法国更倾向于制定保护和发扬民族文化的政策，但两者极少实现文化政策向文化立法的转变。而比利时则以立法形式促进本地文化政策的法令化，一方面使得那些经受住考验的政策以立法形式具有法律约束力，更加普及化；从另一方面来看，比利时文化立法更加贴合国内现有的文化发展实际，使文化立法摆脱了形式主义的窠臼，从而促进国内文化政策以灵活方式被运用至国际间的文化合作。

三、激励与保障的相互补充

强调对公共文化的激励，是为了确保为满足自身的文化需求而推动公共文化的进步，

---

① 参见陈历幸：《对政策与法律差异性的反思与重构》，载《毛泽东邓小平理论研究》2010 年第 2 期，第 33 页。

② 转引自张晋平：《论中国特色信息化道路的发展路径》，载《甘肃社会科学》2006 年第 6 期，第 25 页。

但这种进步若仅依赖激励体制，加上公共文化的每个受益者的实际收益额难以确定，则不可避免地会产生个人功利化，而保障机制能在一定程度上抑制这种现象。公共文化保障机制以实现公共文化服务体系供需平衡及满足全体公民基本公共文化需求为目标，可以在财政、人力以及物力上保障每一个致力于公共文化建设的人得到有力的支持。因此，激励机制与保障机制在公共文化领域将个人文化利益与社会群体利益相结合，是一国文化发展的必然要求，也是提升一国公共文化服务水平的必要物质前提条件。

英法两国对于公民参与文化活动的激励与保障主要是通过具体政策体现，但法国的"文化民主"更独树一帜。法国政府把享受文化的权利当成公民意识来培养，通过对文化设施的定期免费开放等措施来加强公民对公共文化活动的参与；而英国更多集中在发展新观众和对艺术参与者的支持上。比利时以《参与法令》为契机，开始对鼓励民众参与的文化项目和大规模文化事件进行经费资助，将公共文化激励和财政保障以立法形式确定下来，使得比利时的公共文化激励与保障机制较之英法更加完善，这与比利时联邦政府不干预文化政策有关，地方政府可以结合各区的文化发展实际制定鼓励公民参与文化的法令，在这一点上值得借鉴。

四、监管与问责的关系衡量

公共文化体系的建设是一个系统工程，往往涉及多方利益，如果没有强有力的监督，没有明确的问责，文化财政投入很难实现既定效果和目标。而且，公共文化保障机制和激励机制的实施可能存在环节上和实施效果上的问题，那么监管机制的建立有利于及时发现问题和解决问题，为公共文化立法体系的构建提供坚强而有力的后盾。[①] 但值得注意的是，公共文化领域的监管往往不具有正式的法律约束力，这就成为限制文化财政收益明确化、文化保障与机制的标准化的"阿克琉斯之踵"。问责机制的存在，恰巧弥补了监管后的责任追究问题，保证了监管机制乃至保障机制和激励机制的有效运行。

英国政府对公共文化机构的监管是通过制定符合本国文化发展实际的一系列非强制性方案，从而为博物馆、美术馆及其有关公共文化机构的规范化运营，提供一个全面系统的政策性框架。尤其依据 1988 年《英国博物馆认证制度之认证标准》施行的达标登记制度，其要求英国各博物馆在自我评估的基础之上由登记委员会进行评议，并实行定期复查，以督促登记过的博物馆保持其公共文化服务水平，无法达标的博物馆则面临被整改；法国博物馆、美术馆在文化中央集权体制下实行董事会领导下的馆长负责制，馆长由文化和通讯部长任命，政府则通过董事会来了解公共文化机构的经营管理情况，行使监督职能。由此看来，英法在监管与问责上倾向于前者，问责则被分散至各部门法，两者并未被同时放在同一天平加以衡量。

---

① 曹爱军：《公共文化服务：理论蕴涵与价值取向》，载《湖北社会科学》2009 年第 6 期，第 44 页。

第三节　对我国公共文化立法的启示

我们发现，精神领域的多样性以及文化的多样性贯穿欧洲历史的全部，并成为欧洲文明的象征性标志。① 欧洲各国公共文化在本国统治阶级重视精神上的统治，在特有的文化意志渲染下，便具有了迥然不同的立法方式，并逐步推动国家文化改革，促使公益性文化事业服务于民众的覆盖面不断拓宽。就公共文化而言，欧洲国家在漫长历史实践中积累了宝贵的经验，也通过各种立法给予其以保障。我国于 2016 年出台的《公共文化服务保障法》使得国内公共文化服务体系法制建设不再局限于地方层面②。本书结合我国公共文化发展现状及《公共文化服务保障法》具体条文规定，从政府与市场的协调互动、公共物品的生产与供给等角度予以探讨，针对目前立法存在的不足提出完善建议。

一、实现公共文化市场化，重视引进社会力量

近年来，在党和国家财政支持下，特别是"东风工程""西新工程"等重大公共文化建设工程的推动下，西部地区基层公共文化服务的投入逐年上升，增长速度高于全国平均水平，从而使得我国东、中、西部地区的公共文化投入差距在逐渐缩小。值得注意的是，我国在对公共文化的财政投入整体上并未呈现出保持稳步上升的趋势。③ 这主要归咎于国内公共文化投入存在着较为明显的空间外溢效应，即公共文化产品带来的与人力资源素质提高有关的间接经济收益并不一定归属于本地区，也有可能使其他地区受益。④ 这类公共文化投入如果仅由地方政府来筹资，可能会造成公共文化服务和产品投入在维持一定总量之后，由于缺乏进一步提升和完善建设水平的意愿，易造成人均资源相对匮乏的局面。

《公共文化服务保障法》对公共文化投入的规定主要集中在第 4、5、45、46、48 条以及第 50 条，这些条款以"促进城乡公共文化服务均等化"为目标，分别规定了政府、公民、法人和其他社会组织在公共文化投入中的角色。该法要求我国地方各级政府作为公共文化服务的提供主体，将公共文化财政经费归入本级财政预算，国务院也将公共文化服务作为重要内容纳入一般性转移支付中来，并实现对贫困落后偏远地区以及少数民族地区

---

① 张生祥：《欧盟的文化政策：多样性与同一性的地区统一》，中国社会科学出版社 2008 年版，第 17 页。

② 截至目前，我国地方性公共文化机构法规主要包括广东省十一届人大常委会于 2011 年 9 月 29 日通过的《广东省公共文化服务促进条例》，江苏省人民政府于 2012 年 1 月 4 日第 82 次常务会议讨论通过的《江苏省农村公共文化服务管理办法》，以及上海市第十三届人民代表大会常务委员会于 2012 年 11 月 21 日通过的《上海市社区公共文化服务规定》。

③ 就全国 31 个省、市、自治区 2013 年文化事业经费占财政支出比重来看，全国平均为 0.4%，这与欧洲国家的公共文化财政投入 3% ~ 4% 的比重有着较大差距；但与 2012 年相比，全国 31 个省、市、自治区文化事业经费占财政支出比重的全国平均水平较上年同期下降了 4.76%。参见孙逊主编：《2013 年中国公共文化服务发展报告》，商务印书馆 2014 年版，第 10 页。

④ 李真、刘小勇：《外溢性、公共产品与经济增长——基于空间面板模型的实证检验和效应分解》，载《统计与信息论坛》2012 年第 10 期，第 65 页。

的倾斜。①　虽然《公共文化服务保障法》对公共文化投入的重点集中于国家和地方财政，但对社会力量在公共文化投入中的地位和作用仅是采取"鼓励"态度②，即使采取政府购买服务等措施来鼓励公民、法人和其他组织参与提供公共文化服务，然而各级地方政府公共文化投入资金有限，不可能满足所有的地方文化需求，因此我们需要对社会力量以及公共文化市场化予以重视。如何发挥社会力量的作用，实现文化资金渠道多元化成为我们所面临的严峻挑战之一。英国公共文化市场化以及法国的文化赞助税制等方式值得借鉴，在公共文化立法中可以适当将市场运作方式引入公共文化服务提供模式中去，在降低企业准入门槛和扩大企业准入范围的同时，对发展公益性文化事业的企业予以税收优惠，而那些公益性文化项目可在当地政府主导下，交由符合法律规定的企事业单位、社会团体等来承办，在减轻政府财政负担的同时，也间接推动我国公共文化事业的市场化运作。

二、释放公共文化机构空间，实现文化供给平衡

公共文化机构是政府公共文化投入的重要对象，也是政府向公民提供公共文化服务的主要载体和途径。近年来，我国不断完善公共文化服务机构网络，在建设骨干公共文化设施的同时，以"两馆一站"为基础构筑基层公共文化机构网络体系，以促进城乡和区域间文化协调发展为目标，不断推进地方各级公共文化设施建设③，可见我国对于公共文化机构建设高度重视并着力推动。公共文化机构的规模和数量迅速发展的同时，机构设施供需结构失衡、供给失效等问题却难以避免，而造成这些现象的原因包括公共文化机构的公共物品属性所造成的群众需求偏好显示难，以及公共文化机构维护不当等因素，这从根本上决定了我国要在适当释放公共文化机构空间的同时，也要将群众文化需求作为实现公共文化供给平衡这一职责的重中之重。

《公共文化服务保障法》第4条针对一些地方存在的"重设施建设，轻管理利用"现象，把"提高公共文化服务效能"作为政府的保障责任写入总则，凸显国家对公共文化设施利用效能的重视；第7条对从中央到地方的公共文化主管部门的职责作出了明确界定；将公共文化机构的利用和维护纳入地方各级人民政府的职责中。至于如何有效实现文化设施建设落入实处，第15条要求结合当地经济社会发展水平、人口状况、环境条件、文化特色等，来合理确定公共文化设施的种类、数量、规模以及分布。另外值得注意的

---

①　《公共文化服务保障法》第8条规定："国家扶助革命老区、民族地区、边疆地区、贫困地区的公共文化服务，促进公共文化服务均衡协调发展。"《公共文化服务保障法》第46条规定："国务院和省、自治区、直辖市人民政府应当增加投入，通过转移支付等方式，重点扶助革命老区、民族地区、边疆地区、贫困地区开展公共文化服务。"

②　《公共文化服务保障法》第48条规定："国家鼓励社会资本依法投入公共文化服务，拓宽公共文化服务资金来源渠道。"第53条规定："国家鼓励和支持公民、法人和其他组织依法成立公共文化服务领域的社会组织，推动公共文化服务社会化、专业化发展。"

③　2013年我国31个省、市、自治区群众文化机构平均数量为1415个，较上年同期增长0.46%；文化馆机构数平均数量为94个，较上年同期增长0.45%；文化站机构数平均数量为1308个，较上年同期增长0.46%。参见孙逊主编：《2013年中国公共文化服务发展报告》，商务印书馆2014年版，第91~101页。

是，第 14 条首次明确公共文化机构的数字化建设，第 33 条尤其注重基层公共文化机构的数字化建设，利用数字化来保障公共文化机构的文化普及工作。然而通过对上述条文的分析不难看出，该法过于强调对公共文化机构自身的建设，却忽略了民众对公共文化机构的实际需求，往往会使得许多耗费巨资而建成的大量公共文化设施因供过于求或无法贴合当时群众的实际文化需求而得不到有效利用。法国在对文化机构开放化程度上尤为突出，中央政府赋予地方政府文化自治权，明确政府对文化基础设施进行维护的义务，且各文化机构将普及文化当成一项社会工程来完成，采取"价格优惠"以及"文化设施定期免费开放"等措施，吸引低收入民众参与文化艺术活动。① 这提醒我们在公共文化机构的产品与服务供给当中，应充分加强底层群众的参与，让群众的文化需求得到切实有效的反映，并且能够贯彻到政府决策和公共文化立法和运用实施中来。

三、激励文化人才自我管理，充分保障人才优势

公共文化队伍是政府与公共文化机构提供公共文化服务的具体实施者，而公共文化队伍成员的数量和队伍的素质直接关系到公共文化服务的品质。如一国图书馆、群艺馆、文化馆、文化站从业人员数，既反映其在公共文化服务方面的投入状况、公共文化机构的建设规模，又反映了公共文化服务的受众人群范围及深度。所以说，公共文化队伍中的人才承担着群众娱乐、文化思想宣传与核心价值体系构建的社会功能。目前从总体来看，我国各省、市、自治区都高度重视公共文化服务体系中的人才队伍建设，不断加大文化人才的开发力度，扶持新型公共文化人才的成长。但我国目前公共文化人才队伍建设上存在一些不足：一是由于机构改革等原因造成人才总量不足，结构失衡；二是编制和人才管理的条块分离，造成人才流动体制不畅；三是文化财政对人才的倾斜仍不够，文化人才引进、培养和发展机制不健全。

《公共文化服务保障法》对人才队伍管理方面规定主要集中在第 43 条、第 51 条、第 52 条以及第 54 条，这些条款为全面有效的文化志愿服务机制，以及人才管理评价、教育培训和激励保障机制的建立奠定了有利前提。在公共文化行政人员编制方面，县级以上地方各级人民政府应当按照公共文化设施所承担的职能、任务及服务人口规模，合理设置公共文化服务岗位，配备相应专业人员；在公共文化人才吸纳上，国家鼓励和支持高校毕业生、文化专业人员和志愿者到基层从事公共文化服务工作。但仅仅"鼓励与支持"人才从事公共文化工作以及加强专业人才教育和培训是远远不够的，因为我国现有的公共文化管理仍是地方各级政府行政部门的形式化管理，在政府部门控制下的公共文化人才队伍没有被赋予自我管理职能，更无法充分发挥出文化人才的专业优势。因此，可参考借鉴英国的艺术理事会制度并结合我国文化发展实际，由文化人才队伍内部评议和自我管理，充分发挥文化人才的专业优势，在公共文化立法中明确文化人才队伍建设的目标、重点、路径和保障措施，以现有的公共文化人才队伍为基础，根据公共文化服务机构的功能设置和服务人口基数来实现人才的有效配置。

---

① 参见张丽：《法国公共文化发展政策研究》，载《山东图书馆学刊》2013 年第 5 期，第 40 页。

四、监管机制与问责机制结合，保障文化建设法制化

问责机制的趋于完善亦为我国的文化事业发展与繁荣创造了必要的保障条件，因此公共文化服务责任追究机制的构建势在必行。纵然国内一些文化行政法规确立了有效的行政责任机制和刑事责任机制，但也仅限于文化市场管理人员、非物质文化遗产保护工作机构的工作人员等有限的文化服务主体；责任机制的建立离不开监督机关的有效监督，但由哪些部门来作为监督机关却是仁者见仁，智者见智。①《公共文化服务保障法》对公共文化监管的规定主要集中在第 55 条、第 56 条以及第 57 条。第 55 条确立了公共文化服务资金使用的监督和统计公告制度，以确保资金落入实处；第 56 条将监管职责集中于"各级人民政府"，这是较之先前草案中由"上级人民政府"对下级人民政府公共文化服务工作进行督查有所不同，更有利于建立起全民征询反馈制度以及公众普遍参与的公共文化服务评价体系；第 57 条赋予了新闻媒体在公共文化服务中的舆论监督的权力，这就形成了政府、公众、新闻媒体三位一体的全方位公共文化监管格局，这种监管较之于上海、广东以及江苏的地方公共文化监管立法，着实迈出了一大步。但新闻媒体的监管未必是能够如实反映现有的公共文化建设实际，这些监管中不排除个别新闻媒体丢失中立立场而将某些失真的事实大加渲染，反而加剧政府部门与民众之间的公共文化联系破裂；况且公众往往对政府公共文化建设的实际情况并不了解，仅靠公众进行征询反馈和评价难以发挥公众在公共文化监管中的作用，我国《宪法》已赋予公民对国家行政机构及其行政工作人员的监督权，那么在公共文化监管立法中，有效的公众监督与国家机关的监督相结合必不可少。

基于以上讨论，我们应将公众监督扩展至以下两点：一方面，针对于公共文化服务资金使用的监督，应当将人民群众以及参与公共文化建设的社会力量纳入监督主体当中，因为人民群众和社会力量在作为公共文化服务的主要受益者的同时，应当自动承担起监督者的职责，这就赋予人民群众和社会力量的双重角色和功能；另一方面，虽然立法对于政府对文化事业的财政投入、社会力量的捐赠财产、公共文化服务设施的建设及运用，乃至对行政机关在实施公共文化服务过程中可能产生的玩忽职守、徇私舞弊等违法行为进行法律监督和问责，但行政机关究竟能在多大程度上实现面向社会的信息透明和公开以接受其监督，以及立法赋予人民群众及社会力量的监督职责是否会与行政机关自身的监督职责有效调节以避免发生冲突，也是问责机制能够有效施行的重要前提。

《公共文化服务保障法》的通过，是我国公共文化服务法律保障的历史性突破，它构筑起我国公共文化服务基本法律制度体系的框架。该立法中有不少亮点，有的是将经过长期社会主义特色文化实践中发展成熟的政策上升为法律制度，有的是源于我国公共文化服务的创新实践，也有对国际经验的借鉴吸收。因为"文化本身具有动态性，各种文化交流为各种形态的文化创新与多样发展创造了必要条件。任何一种文化体系和系统相互依

---

① 《广东省公共文化服务促进条例条例》第 45 条规定的公共文化监督机关是"上级机关或检察机关"。《上海市社区公共文化服务规定》第 30 条规定公共文化监督机关是"文化行政部门"或"本级人民政府"。

存、借鉴与学习才能焕发出一种新的生命力"①。学习和借鉴欧洲国家公共文化立法，为我国公共文化立法注入更多合理的因素，有助于当前公共文化立法水平的进一步提升。因为只有这样，才能使我国未来的现代化公共文化服务体系建设，更加符合国内文化发展实际以及国际文化立法发展主流趋势。

　　加强公共文化服务体系建设，是党中央在新时期作出的重要决定，是提高综合国力，建设社会主义文化强国，实现中华民族伟大复兴的重要举措。当前，党和国家极为重视公共文化投入在公共文化服务体系建设中的作用，并不断颁布相关法律法规，以巩固和完善现有的公共文化投入体制。现阶段，值得肯定的是，我国近年来不断加大对公共文化事业的资金投入力度，确保基础性公共文化服务的优先供给，优先保证公民享有基本的文化权利。一方面，随着我国经济的不断发展，为公共文化事业奠定了坚实的经济基础；另一方面，政府有效地进行资金投入，加大对基础性的公共文化服务资金的投入与倾斜，有力提升了公共文化服务水平。公共文化服务的持续健康发展离不开法治的保障，公共文化法律对公共文化投入、公共文化服务的各个环节和不同方面具有重要的指引和保障作用，对于建立行之有效、稳步增长的公共文化投入机制，与时俱进、覆盖全面、社会效益突出的现代化公共文化服务体系意义重大。

---

① Ulf Hannerz, *Culture Complexity*: *Studies in the Social Organization of Meaning* 226（Columbia University Press 1992）.

第十章 结 论

加强"文化产业促进法"立法，对于推动文化产业繁荣发展发挥举足轻重的作用。

一、探讨文化产业促进法基本问题，推动文化产业促进法立法发展

我国出台促进文化产业发展的相关立法，首先要解决的问题是如何界定"文化产业"。通过比较考察有关国家和地区的立法与实践，从促进法的角度出发，我国在立法上界定文化产业时，应采用概括列举陈述的立法模式。此外还要考虑立法本意，做到具有前瞻性的同时张弛有度。目前《中华人民共和国文化产业促进法（草案送审稿）》中已经明确文化产业为"以文化为核心内容"的"经营性活动"。

立法对文化产业进行定义时需要注意，不宜过宽、不宜过窄、要张弛有度。"不宜宽"意味着立法需要把握文化产业的基本特征——文化属性和经济属性。而在我国文化产业具体包括哪些行业，则需要结合实际情况具体判断。"不宜窄"意味着不能够将文化产业的定义限定死板，从而阻碍产业新业态纳入其中。文化产业的界定更无法"一蹴而就"，必然随着科学技术和社会环境的变化而变化，但无论如何变化也应当把握"张弛有度"的态度，为了满足科技和人类精神需要的迅速发展，对于处于核心的创意生产领域应当予以开放包容的态度，以适应未来需要，但是对于分配流通以及复制的环节应当严格掌握，否则很多产业都可以被纳入文化产业这一领域中，而违背最初的立法宗旨。

在基本属性方面，"文化产业促进法"是文化产业法律体系中的基础性法律，具有综合法、软硬法结合的混合法的特点。在基本框架方面，我国应构建由宪法提供法律依据进行统领，以文化基本法为指导，以文化产业促进法、文化产业市场主体法、文化市场管理法等为统帅，以文化行政法规和部门规章为主体，以文化地方性立法为补充的文化产业立法体系。在基本内容方面，应该包括金融财税扶持措施、人才培养措施、鼓励文化企业发展措施、文化市场监督管理措施、文化产业主管机关职权及限制措施、对外交流合作传播措施、创作生产促进措施等内容。其中，应当重点关注的问题是，投融资支持、税收优惠措施、文化出口、知识产权保护、外资准入等。最后，在立法技术上，建议立法语言技术保证较强的逻辑性和用词的严谨性，同时应坚持"能细则细，宜粗则粗"的原则，目前《中华人民共和国文化产业促进法（草案送审稿）》立足于"促进"，采用原则性立法模式，关于文化产业促进政策的规定多为原则性规定较为笼统，今后需要加快专门制定或修改相关法律法规、规章或规范性文件才能加以贯彻实施。

二、保护创意设计，促进文化产业创新发展

创意在文化产业中具有重要地位，对创意提供行为的法律保护有助于创意资源在社会

主体间的流通，实现创意价值的最大化，促进文化创意产业的蓬勃发展。对创意发展形成的创意设计产品，可根据不同情形，归入著作权法、专利法、商标法、商业秘密法等保护范围加以保护；除通过知识产权保护创意外，其他途径的法律保护在相当程度上也有助于文化创意产业的发展。对于尚未形成创意设计产品的创意，我国司法机关应当关注创意及创意提供行为的价值，在司法实践中考虑通过合同理论对创意予以保护，其中特别要注意对默示合同成立的判断。对于创意的新颖性与具体性要求，一方面在明示合同与默示合同情形下其并非必需的要素，更多的是发挥证据性的辅助功能；另一方面认定新颖性与具体性也不应采取过高的标准。

时尚设计是将设计学、美学以及自然美和人文传统文化等综合应用于服装及各类配饰之上的一种艺术创作行为，具有创新性、分散性、时效性、艺术性等特征。从立法保护模式看，以美国为代表的分散立法模式和以欧洲为代表的专门立法模式具有代表性，专门立法模式又包括制定单行法的保护模式和制定专门条款的保护模式。美国多个旨在变更著作权法的草案都未能扭转美国依据传统知识产权法律体系保护时尚设计现状。欧盟创新性地区分注册式共同体外观设计和非注册式共同体外观设计并分别予以保护，法意英日韩等国在知识产权相关法律中明确设立相关条款予以保护，在认定条件、保护期限、临时措施、举证责任等方面作出了创新性规定。在我国司法实践中，一般依据现有的《著作权法》《专利法》《商标法》《反不正当竞争法》对时尚设计予以保护实践，但各法出发点不同，很多时尚设计以及时尚设计作为一个整体都得不到保护。何种时尚设计应得到我国知识产权法保护，这涉及利益平衡。采取扩大时尚设计保护的范围，使其能够囊括更多的设计，为设计分级，降低对部分设计的保护力度的策略更为可取。总体上可采外观设计的路径，在扩大临时禁令申请主体、设置临时外观设计授权制度以及拓宽临时禁令解除的范围上进行突破。

三、完善文化产业融资制度，促进文化产业繁荣发展

文化产业发展需要畅通的金融支持体系，然而由于文化产业的投资风险大、无形资产价值评估难等问题，文化企业融资成为产业发展的难点。著作权作为文化产品的价值载体，是文化企业融资的关键，因而著作权的质押问题也成为文化企业融资的重中之重。然而，作为文化企业核心资产的著作权却难以在文化企业融资中发挥核心作用，其主要原因在于相关评估中介机构不完善、配套法律不适应新的经济发展需要、著作权的风险预测和控制较难、权利转移和流通不畅，使有关金融机构在考虑文化企业的融资需求时顾虑较多。

为理顺权利关系，解决我国文化产业著作权质押融资面临的困境，可以考虑借鉴有关国家或地区经验，探讨适当限制著作人身权利以解决著作人身权和财产权的冲突；探讨完善著作权质押登记规则，对于著作权质押登记从登记生效主义转变为对抗主义，即著作权质押不必登记，但未经登记不得对抗第三人。规定已登记的著作权质权与在先转让的著作权保护顺序，从而减少权利保护顺序的模糊性。进一步探讨在质押登记时从实质审查转变为形式审查，并建立和完善著作权的异议登记程序。

此外，我国应针对著作权的特点，完善著作权的评估制度。健全资产评估行业的管理

体制，强化资产评估师资格准入和考核机制，细化评估准则推进评估管理的法制化，同时对文化产业质押标的物的限制适当放宽，允许以邻接权和未来作品的期待权出质，并在立法上对于著作权重复质押予以确认。

我国立法应明确众筹监管机制和征信模式，完善信用信息采集和管理的规定，完善和规范文化企业信用信息数据库，完善信用评级法律规范；我国立法应确认众筹的合法地位，重新界定"非法集资"行为，明确股权众筹的合法性，明确众筹平台的权利义务并完善监管机制，建立包括事前审批、事中监管和事后核查的全方位监管机制，以建立高效、统一、诚信的众筹融资平台。

四、充分利用国际法中的补贴规则，促进文化产业和文化贸易发展

文化产业合法补贴涉及贸易法、文化法和人权法领域。研究文化产业补贴合法性，特别是各类补贴的条件，有助于规避潜在的法律风险，完善我国的政策性金融支持，增强我国文化企业的国际竞争力。

在文化法视域下，《文化多样性公约》赋予了成员采取一种相对宽泛的文化补贴的权利，从公约上下文的内容来看，其对文化产业补贴限定的合法条件是"直接文化影响标准"，而不论这些补贴是给予货物还是服务，给予商品还是生产者，给予国内的还是国外的文化产品。

在贸易法视域下，对文化产业补贴的认定、其类型及合法的条件是核心问题。对于文化产业合法补贴的条件，不能一概而论，应当进行三个层面的区分：首先，是货物规则和服务规则的区分——在GATT中，需符合国民待遇原则第3条第8款的例外条件和《SCM协定》的条件；在GATS中，虽然缺乏如货物贸易领域那样明确的补贴规则，但是应当符合一国在GATS中关于国民待遇和市场准入的承诺，以及考察是否作出了有关文化产品补贴的最惠国待遇豁免的例外。其次，是直接形式的补贴与间接形式的补贴的区分——基于WTO争端解决机构对GATT第3条第8款（b）项的阐释，仅包括涉及"政府的支出"的情形，故此，以直接补贴的形式仅仅给予其国内文化产业生产者的补贴，尽管可能对外国同等的生产者造成歧视，可以基于该条的规定而被免责；以间接形式进行的税收减免等优惠措施，则需要符合国民待遇原则，不能对国内文化产品实施更优惠的税收措施而造成对外国同类产品的歧视。最后，还应当结合对文化产业范围的梳理，对不同门类的文化产业补贴予以分情况讨论。如文化产业外延广泛，在一些国家可能将具有公益性的文化遗产以及公共文化服务提供场所等包括在其中，那么对待这一部分门类进行的补贴，很难说是不符合WTO规范的。因此，贸易法领域论述的文化产业补贴合法条件"文化—经济"双重属性表现得最为明显。

在人权法视野下，《经济、社会及文化权利国际公约》和《公民权利和政治权利国际公约》中的相关规定对文化产业补贴具有一定的间接规范作用。公约赋予缔约国采取"一切适当方法"促进"公民文化参与"，而"一切适当方法"包括公共资助的方法，文化产业中的核心文化产业部门以及包括媒体在内的门类是"公民文化参与"的重要组成部分。依据《经济、社会及文化权利国际公约》第15条第3款和《公民权利和政治权利国际公约》第19条第2款规定成员有保障公民表达自由的义务。这一表达自由要求对一

国对文化产业补贴措施提出了限制，具体而言，一国在实施文化产业补贴措施时，应当基于相对客观、公正的标准进行。

五、发挥税收优惠功效，激发文化产业发展活力

文化产业作为一个新兴战略产业，各国通过顶层设计、财政扶持多举齐下促进其发展。《中华人民共和国文化产业促进法（草案送审稿）》中就明确规定了专项基金支持的财政扶持方式，而税收优惠作为重要的财政扶持措施之一，对文化产业发展也起到了举足轻重的作用。通过比较考察域外及我国的法律法规和政策，分析我国文化产业发展中存在的问题并提出相应的完善对策。

一是转变观念明晰税法关系边界，夯实文化产业税收优惠基础。大数据时代要求我们进一步转变观念，在保障基本价值的基础上利用技术完善相关的税收优惠政策。二是整合协调构建完善法律体系，严格明确文化产业税收优惠权责。要立足于我国文化产业发展的实践基础，从税收优惠法律制度维度和文化产业促进法律体系维度进行合理架构。三是精准扶持优化税收优惠方式，平衡税收优惠主体利益分配。我国的税收优惠期限各异，对于文化产业则更为有限，可以适当扩大文化产业税收优惠的范围，加大力度并保持深度。

六、优化文化出口促进措施，开拓国际文化市场

文化产品和文化服务出口不仅能够推动文化产业发展且具有重要的经济价值，同时对于传播我国优秀文化，促进文化交流具有重要意义。文化产品和文化服务出口增长依赖于政府采取的文化产业出口促进措施。在文化产品与文化服务国际市场上，文化与贸易之间素来有着紧张的关系，存在促进贸易自由化和保护文化多样性两种主张。在这两种主张的不断碰撞和融合的基础上，形成了以《关税及贸易总协定》《服务贸易总协定》《反补贴规则》等多边贸易体制为代表的文化产业出口促进措施的规制措施，确定了文化产业出口促进措施的合法性边界。

综合来看各国所采取的文化产业出口促进措施，可以分为两大类：物质性措施和非物质性措施。前者以政府财政手段为代表直接向文化产业"输血"，直接为文化企业出口提供资金支持；后者则以文化交流、指导出口、打击盗版等为代表，间接为文化企业出口提供保障措施。从日韩等国经验来看，以文化交流推动形成文化潮流，进而促进文化出口的做法值得借鉴。从我国实践历程来看，我国已经逐步建立起适合文化产业特点的财税和金融措施，服务文化产业出口。同时积极推动以"一带一路"平台为基础的文化交流，采取文化节会、合作项目、资金支持等多种措施向外传播我国优秀文化。但是，以重点文化企业和重点文化项目为出发点的重点支持模式固然具有其现实意义，却弱化了对中小型文化企业的扶持力度。应进一步以《文化产业促进法》为依托，完善对文化产业出口的财税和金融支持。同时可以学习日本和韩国的经验，找准文化优势确定重点文化产业发展方向。此外，应结合新媒体的发展完善促进对外文化交流的措施和方式。

七、健全文化产业外资准入法律规制，促进文化产业高质量发展

近年来，我国文化产业发展规模不断壮大，但资金不足的掣肘仍然存在。我国现有法

律文件允许外商投资进入文化产业领域，可以在一定程度上弥补资金短缺，推动我国文化产业高质量快速发展，助力"文化强国"建设。尽管如此，文化产业的文化属性决定了文化产业发展应当将"社会效益"放在首位，以满足人们对精神文化的需求。在文化产业外资准入的法律规制问题上，宜将"高质量发展"作为导向，贯彻《外商投资法》中的准入前国民待遇加负面清单模式。文化产业外商投资准入需要遵循《市场准入负面清单》《外商投资准入负面清单》《自由贸易试验区外商投资准入负面清单》三个负面清单，投资负面清单内的许可类领域，须经过外资准入审批程序。总体来看，负面清单中涉及文化产业的具体门类较多，体现了我国对文化产业、外资准入仍然保持十分谨慎的态度。负面清单制度解决的是外国投资者在我国所从事的产业范围限制问题，然而在多大程度上允许外国投资者在我国投资经营，则与外资准入的具体形式、股权比例限制、国家安全审查等投资法制问题相关。出于对文化产业发挥其价值观、意识形态引领功能的必要保障，我国通过多部法律文件，区分不同行业领域，对外资进入相应领域的投资形式、控股比例等进行了不同程度的限制。同时，根据《外商投资法》第6条规定，需要经过特别审批的文化产业，外商投资还要接受国家安全审查。

我国现有的文化产业外资准入法律规制仍然存在一些问题，如行政立法呈现碎片化现象依然严重；我国外资国家安全审查制度尚不健全，缺失具体化的规则，因此不可避免会导致审查的法律依据不充分、不统一。我们认为，应尽快推进"文化产业促进法"的实施，提高我国文化立法的权威性；具体的文化产业外商准入法律规制应与《中华人民共和国文化产业促进法（草案送审稿）》总则中的"坚持弘扬社会主义核心价值观，坚持社会效益优先、社会效益与经济效益相统一，推动文化产业高质量发展"的总体目标相一致。对外资进行国家安全审查应当满足基本的实体正当性和程序正当性，既要保障我国社会主义先进文化的前进方向，也要防止违反国际投资法构成投资壁垒的嫌疑；应当将自贸区的"联席会议机制"推广到全国范围内，形成文化产业部门间的多方联动机制，减少多头立法、多头执法带来的混乱。

八、大力发展文化产业，推动文化遗产保护

需要指出的是，在一些国家文化产业外延广泛，可能将具有公益性的文化遗产以及公共文化服务提供场所等包括在其中。文化产业发展与文化遗产保护密不可分，互相促进。首先，非物质文化遗产保护如何与文化产业发展对接、融合，融入文化产业开发利用可持续发展的进程，是非物质文化遗产保护与文化产业发展领域的重要课题。英国非物质文化遗产保护独具特色，并实质上已经将非物质文化遗产保护和发展文化创意产业结合起来。英国非物质文化遗产的保护可总结为三条路径的结合体：立法规制、政策支持和民间参与。英国分散而有针对性的立法、多样化的资金支持、注重非物质文化遗产与地域的联系，充分发挥博物馆的作用，与发展创意产业相结合，扩大公众参与的做法对我国有十分重要的借鉴意义。其次，文化遗产保护是文化产业重要的组成部分。博物馆是公共文化服务的重要场所，博物馆事业发展对于文化遗产保护、文化产业发展具有重要意义。

九、健全公共文化立法，促进公共文化服务与文化产业协同发展

欧洲不同国家公共文化立法在政府与市场、法律与政策、授权与融资、激励与保障、监管与问责关系方面的不同实践独具特色。对于公共文化立法不够成熟的我国来说，欧洲的经验具有重要意义。我国应从公共文化投入、文化机构、文化产品、人才队伍以及问责等方面完善公共文化立法，促进公共文化服务与文化产业协同发展。

文化具有内在价值，是人类发展的重要组成部分。在国内外经济、疫情及地缘环境多变的情况下，文化是重启经济繁荣、社会凝聚力和人民福祉的基础。文化产业本身是重要的经济驱动因素，是就业和收入的重要来源；它们对更广泛的经济领域产生重要的溢出效应，是推动创新和创造性技能的源泉，在可持续发展中可以发挥变革性作用，有助于解决经济、社会和生态方面的压力和需求。

文化产业对社会的影响力不可小觑。文化产业有益于提升每个人的生活质量，维持健康富裕，促进社会包容、性别平等和赋予妇女权力，改变行为定势，促进向更可持续的生产和消费实践转变，提高生活环境质量。

文化产业部门的就业、社会保障、创业、创新、投融资、税收等政策具有十分的重要性，应确保文化和创意专业人员和企业能够获得就业、创业、社会保障、创新、投融资、税收、数字化和商业支持措施等方面的政策支持。考虑到文化产业发展的内在逻辑和需要，必须通过法律和政策支持促进文化产业发展，通过文化产业促进的法治化发展，对经济复苏特别是当下因疫情而遭受的经济困难，充分释放文化的变革力量和创新能力。

习近平总书记强调："要围绕国家重大区域发展战略，把握文化产业发展特点规律和资源要素条件，促进形成文化产业发展新格局。"当前，新技术飞速发展，数字化、网络化、智能化的发展前景广阔、日新月异。数字环境和新技术为新时期文化产业发展提供新的发展机遇，数字环境在文化和创意内容的传播中日益重要。数字转型是文化产业发展的新驱动力，有益于促进文化多样性和包容性，促进跨文化的知识生产和传播，以及全球文化市场的发展。我国文化产业要抓住这一重要战略机遇，全面推动文化产业转型升级。

现在是时候充分发挥文化、文化产业的潜力，以塑造未来了。在这一过程中，构建安全、健康、法治化的文化产业促进体系的重要性毋庸赘言。我国应加快《文化产业促进法》的立法进程，因应时代的挑战与需要。《文化产业促进法》恰逢其时，将大有可为。

参 考 文 献

一、中文著作

（一）著作

1. 徐咏虹主编：《广州文化创意产业发展报告（2019）》，社会科学文献出版社 2019 年版。

2. 陈桂玲、牛继舜、白静：《日韩文化创意产业国际化发展经验解读及启示》，经济日报出版社 2019 年版。

3. 祁述裕：《国家文化治理现代化研究》，社会科学文献出版社 2019 年版。

4. 张维迎、王勇：《企业家精神与中国经济》，中信出版集团 2019 年版。

5. 朱兵：《文化立法研究（上册）》，中国政法大学出版社 2019 年版。

6. 冯玉军主编：《完善以宪法为核心的中国特色社会主义法律体系研究（下册）》，中国人民大学出版社 2018 年版。

7. 韩立余主编：《国际投资法》，中国人民大学出版社 2018 年版。

8. 祁述裕主编：《十八大以来中国文化政策与法规研究》，社会科学文献出版社 2018 年版。

9. 张书勤：《文化产业政策与法规》，中国政法大学出版社 2018 年版。

10. 《党的十九大报告辅导读本》，人民出版社 2017 年版。

11. 黄晖、朱志刚译：《法国知识产权法典（法律部分）》，商务印书馆 2017 年版。

12. 柳斌杰、聂辰席、袁曙宏主编：《中华人民共和国电影产业促进法释义》，中国法制出版社 2017 年版。

13. 许安标主编：《中华人民共和国电影产业促进法释义》，法律出版社 2017 年版。

14. 曹海晶：《中外立法制度比较》，商务印书馆 2016 年版。

15. 傅才武主编：《文化创新蓝皮书：中国文化创新报告（2016）》，社会科学文献出版社 2016 年版。

16. 陶信平主编：《文化产业法概论》，中国人民大学出版社 2016 年版。

17. 王迁：《知识产权法教程》，中国人民大学出版社 2016 年版。

18. 杨临宏：《立法学：原理、制度与技术》，中国社会科学出版社 2016 年版。

19. 中共中央宣传部政策法规研究室编：《外国文化法律汇编（第一卷　文化基本法、文化产业振兴法律）》，中国国际广播电台对外交流中心、新华社世界问题研究中心译，学习出版社 2015 年版。

20. 张慧娟：《美国文化产业政策研究》，学苑出版社 2015 年版。

21. 甘培忠：《企业与公司法学（第七版）》，北京大学出版社 2014 年版。

22. 韩立余：《世贸规则与产业保护》，北京大学出版社 2014 年版。

23. 孙逊主编：《2013 年中国公共文化服务发展报告》，商务印书馆 2014 年版。

24. 臧具林、卜伟才：《中国广播电视"走出去"战略研究》，中国国际广播出版社 2014 年版。

25. 中央文化企业国有资产监督管理领导小组办公室、中国社会科学院文化研究中心编：《中国文化投资报告（2014）》，社会科学文献出版社 2014 年版。

26. 黄东黎、杨国华：《世界贸易组织法》，社会科学文献出版社 2013 年版。

27. 王宏军：《印度外资准入制度研究——兼论外资法的建构》，法律出版社 2013 年版。

28. 王家新、刘萍等：《文化企业资产评估研究》，中国财政经济出版社 2013 年版。

29. 张京成、沈晓平、张彦军：《中外文化创意产业政策研究》，科学出版社 2013 年版。

30. 胡大武、杜军等：《征信法律制度研究》，法律出版社 2012 年版。

31. 梁剑兵、张新华：《软法的一般原理》，法律出版社 2012 年版。

32. 李居迁：《WTO 贸易与环境法律问题》，知识产权出版社 2012 年版。

33. 刘宝全：《韩国文化内容产业的新发展及其对外输出战略》，载牛林杰，刘宝全主编：《韩国发展报告（2012）》，社会科学文献出版社 2012 年版。

34. 刘剑文：《财税法学前沿问题研究》，法律出版社 2012 年版。

35. 王列生、郭全中、肖庆：《国家公共文化服务体系论》，文化艺术出版社 2012 年版。

36. 杨京钟：《中国文化产业财税政策研究》，厦门大学出版社 2012 年版。

37. 赵阳、徐宝祥：《文化产业政策和法规》，中山大学出版社 2012 年版。

38. 祁述裕、王列生、傅才武主编：《中国文化政策研究报告》，社会科学文献出版社 2011 年版。

39. 柳立子：《〈文化产业促进法〉立法思路研究》，载王晓玲主编：《广州蓝皮书：中国广州文化创意产业发展报告（2011）》，社会科学文献出版社 2011 年版。

40. 欧阳坚：《文化产业政策与文化产业发展研究》，中国经济出版社 2011 年版。

41. 温先涛：《〈中国投资保护协定范本〉（草案）论稿（一）》，载陈安主编：《国际经济法学刊》第 18 卷第 4 期，北京大学出版社 2011 年版。

42. 贺小勇：《WTO 法专题研究》，北京大学出版社 2010 年版。

43. 张晓明、胡惠林、章建刚主编：《2010 年中国文化产业发展报告》，社会科学文献出版社 2010 年版。

44. 龙英锋：《世界贸易组织协定中的国内税问题》，法律出版社 2010 年版。

45. 詹成大：《民营资本与中国影视文化产业发展》，中国广播电视出版社 2010 年版。

46. 卜海：《国际经济中的补贴与反补贴》，中国经济出版社 2009 年版。

47. 单一：《WTO 框架下补贴与反补贴法律制度与实务》，法律出版社 2009 年版。

48. 赵玉忠：《文化产业法学通论》，云南大学出版社 2009 年版。

49. 傅才武、宋丹娜：《文化市场演进与文化产业发展——当代中国文化产业发展的理论与实践研究》，湖北人民出版社 2008 年版。

50. 李清池、郭雳：《信用征信法律框架研究》，经济日报出版社 2008 年版。

51. 李庆生、吴慧勇：《欧盟各国文化产业政策咨询报告》，大象出版社 2008 年版。

52. 欧福永：《国际补贴与反补贴立法与实践比较研究》，中国方正出版社 2008 年版。

53. 张生祥：《欧盟的文化政策：多样性与同一性的地区统一》，中国社会科学出版社 2008 年版。

54. 中国出口信用保险公司：《出口信用保险：操作流程与案例》，中国海关出版社 2008 年版。

55. 侯聿瑶：《法国文化产业》，外语教学与研究出版社 2007 年版。

56. 李晓玲：《WTO 框架下的农业补贴纪律》，法律出版社 2007 年版。

57. 彭岳：《贸易补贴的法律规制》，法律出版社 2007 年版。

58. 孙有中等编著：《美国文化产业》，外语教学与研究出版社 2007 年版。

59. ［英］丹尼尔·贝尔：《资本主义文化矛盾》，严蓓雯译，江苏人民出版社 2007 年版。

60. 张讴：《印度文化产业》，外语教学与研究出版社 2007 年版。

61. 陈鸣：《西方文化管理概论》，书海出版社、山西人民出版社 2006 年版。

62. 陈云东主编：《菲律宾共和国经济贸易法律选编》，中国法制出版社 2006 年版。

63. 房东：《〈服务贸易总协定〉法律约束力研究》，北京大学出版社 2006 年版。

64. 侯聿瑶：《法国文化产业》，外语教学与研究出版社 2006 年版。

65. 胡惠林：《文化产业学：现代文化产业理论与政策》，上海文艺出版社 2006 年版。

66. 中华人民共和国财政部：《企业财务会计准则——应用指南》，中国财政经济出版社 2006 年版。

67. 崔建远主编：《我国物权立法疑难问题研究》，清华大学出版社 2005 年版。

68. 甘瑛：《国际货物贸易中的补贴与反补贴法律问题研究》，法律出版社 2005 年版。

69. 沈四宝：《世界贸易组织法教程》，对外经济贸易大学出版社 2005 年版。

70. 吴汉东等：《知识产权基本问题研究》，中国人民大学出版社 2005 年版。

71. 费安玲：《比较担保法——以德国、法国、瑞士、意大利、英国和中国担保法为研究对象》，中国政法大学出版社 2004 年版。

72. 邱美艳：《芬兰的音乐文化产业》，载林拓主编：《世界文化产业发展前沿报告（2003—2004）》，社会科学文献出版社 2004 年版。

73. 叶取源、王永章、陈昕主编：《中国文化产业评论（第二卷）》，上海人民出版社 2004 年版。

74. 吴克宇：《电视媒介经济学》，华夏出版社 2004 年版。

75. ［西］德利娅·利普希克：《著作权与邻接权》，联合国教科文组织译，中国对外翻译出版公司 2001 年版。

76. 韩立余编著：《WTO 案例及评析》（1995—1999）（上卷），中国人民大学出版社

2001 年版。

77. 黄立：《民法总则》，中国政法大学出版社 2001 年版。

78. ［日］大须昭：《生存权论》，法律出版社 2001 年版。

79. 伍舫：《中国税收优惠指南》，中国税务出版社 2001 年版。

80. 蔡达峰：《文物学基础》，复旦大学文物与博物馆学系编：《文化遗产研究集刊》，上海古籍出版社 2000 年版。

81. 马强：《合伙法律制度研究》，人民法院出版社 2000 年版。

82. 史尚宽：《物权法论》，中国政法大学出版社 2000 年版。

83. 吴汉东、曹新明等：《西方诸国著作权制度研究》，中国政法大学出版社 1998 年版。

84. 曾令良：《世界贸易组织法》，武汉大学出版社 1997 年版。

85. 张明楷：《刑法的基础观念》，中国检察出版社 1995 年版。

86. ［日］我妻荣：《日本物权法》，有泉亨修订，李宜芬校订，台湾五南图书出版公司 1984 年版。

（二）论文

1. 贾旭东、宋晓玲：《论文化产业促进法的调整对象》，载《山东大学学报（哲学社会科学版）》2021 年第 2 期。

2. 米传振：《〈公共图书馆法〉的立法技术》，载《图书馆论坛》2020 年第 1 期。

3. 韩仁月、马海涛：《税收优惠方式与企业研发投入——基于双重差分模型的实证检验》，载《中央财经大学学报》2019 年第 3 期。

4. 黄秋生、毛志远：《我国社会主义现代化文化强国建设：发展、成就与启示》，载《山西高等学校社会科学学报》2019 年第 4 期。

5. 胡惠林：《改革开放与中国文化产业研究》，载《长白学刊》2019 年第 3 期。

6. 蒋琳珊、刘超：《税收大数据"活起来了"》，载《中国税务》2019 年第 6 期。

7. 齐益：《试析我国文化产业立法之完善》，载《行政与法》2019 年第 10 期。

8. 秦宣：《建设社会主义文化强国必须面对的问题》，载《湖北大学学报（哲学社会科学版）》2019 年第 6 期。

9. 沈岿：《社会信用体系建设的法治之道》，载《中国法学》2019 年第 5 期。

10. 宋文婷、任锋：《人类命运共同体视角下韩国文化产业国际化发展政策对中国的启示》，载《中国海洋大学学报（社会科学版）》2019 年第 2 期。

11. 王丽：《版权贸易与文化产业发展之间的关系研究——基于中美两国的经验数据考察》，载《价格月刊》2019 年第 9 期。

12. 习近平：《坚定文化自信，建设社会主义文化强国》，载《求是》2019 年第 12 期。

13. 杨宗科：《论〈国家安全法〉的基本法律属性》，载《比较法研究》2019 年第 4 期。

14. 周刚志、姚锋：《论我国文化产业立法模式——以社会主义核心价值观为价值引导》，载《湖南大学学报（社会科学报）》2019 年第 2 期。

15. 邹波：《新媒体背景下传统文化的传播策略研究》，载《传媒》2019 年第 19 期。

16. 胡惠林：《新时代应尤其注重维护国家文化资源安全》，载《人民论坛》2018 年第 11 期下旬刊。

17. 刘谢慈：《新时代背景下文化法的范畴界定与实施方法》，载《求索》2018 年第 3 期。

18. 卢超：《比较法视角下我国文化行政法制的建构挑战》，载《治理研究》2018 年第 1 期。

19. 祁述裕、陆筱璐：《论放宽文化市场准入——扩大文化市场开放的若干思考》，载《山东大学学报（哲学社会科学版）》2018 年第 3 期。

20. 王岩、秦志龙：《满足人民美好精神文化生活新期待》，载《红旗文稿》2018 年第 18 期。

21. 张哲畅：《我国外资国家安全审查制度的法律困境分析》，载《齐齐哈尔大学学报（哲学社会科学版）》2018 年第 3 期。

22. 陈凯明：《公权力推进精神文明建设的误区和纠正——以劣迹艺人"封杀令"为例》，载《南京工程学院学报（社会科学版）》2017 年第 1 期。

23. 封英：《发挥好文化产业在传承中华优秀传统文化中的作用》，载《红旗文稿》2017 年第 7 期。

24. 管金平：《中国市场准入法律制度的演进趋势与改革走向基于自贸区负面清单制度的研究》，载《法商研究》2017 年第 6 期。

25. 柯平：《〈公共图书馆法〉的时代性和专业性》，载《图书馆杂志》2017 年第 11 期。

26. 寇瑶：《论文化产业与社会主义核心价值观协同发展》，载《哈尔滨师范大学社会科学学报》2017 年第 1 期。

27. 李寅瑞、黄信瑜：《对台湾地区所谓的〈文化创意产业发展法〉的评述》，载《重庆科技学院学报（社会科学版）》2017 年第 10 期。

28. 于语和、苏小婷：《文化产业立法视角下多元文化的法律保护》，载《邵阳学院学报（社会科学版）》2017 年第 5 期。

29. 张应鹏：《论规范性文件合法性审查标准——以广电总局"封杀劣迹艺人"为例》，载《广播电视大学学报（哲学社会科学版）》2017 年第 1 期。

30. 周刚志、周应杰：《"文化产业促进法"基本问题探析》，载《江苏行政学院学报》2017 年第 1 期。

31. 李艳芳、张忠利、李程：《我国应对气候变化立法的若干思考》，载《上海大学学报（社会科学版）》2016 年第 1 期。

32. 李妍：《美国税收政策如何助力艺术博物馆的发展》，载《中国博物馆》2016 年第 1 期。

33. 陆彬：《论我国文化产业促进立法模式、原则与基本制度》，载《南风》2016 年第 14 期。

34. 叶金育：《税收优惠统一立法的证成与展开——以税收优惠生成模式为分析起点》，载《江西财经大学学报》2016 年第 2 期。

35. 意娜：《"联合国 2030 年可持续发展议程"下的国际文化产业发展趋势》，载《广西社会科学》2016 年第 4 期。

36. 龚柏华：《中国（上海）自由贸易试验区外资准入"负面清单"模式法律分析》，载《理论参考》2015 年第 2 期。

37. 褚宸舸：《"封杀"吸毒艺人的合宪性审查研究》，载《浙江社会科学》2015 年第 11 期。

38. 贾旭东：《文化产业促进法立法的必要性和可行性》，载《福建论坛·人文社会科学版》2015 年第 12 期。

39. 刘政奎：《弘扬社会主义核心价值观　促进电影产业健康发展》，载《中国人大》2015 年第 22 期。

40. 李秀娟：《时尚设计创新的知识产权保护探讨——基于美欧时尚设计保护的经验与借鉴》，载《电子知识产权》2015 年第 11 期。

41. 聂平香：《中国实施负面清单管理面临的风险及对策》，载《国际经济合作》2015 年第 1 期。

42. 齐强军：《论我国文化产业促进立法模式、原则与基本制度》，载《学术论坛》2015 年第 4 期。

43. 石晶玉、陈俊秀：《创意的版权保护研究》，载《海峡法学》2015 年第 3 期。

44. 施明浩：《中国（上海）自由贸易试验区外资安全审查机制的探索与创新》，载《亚太经济》2015 年第 2 期。

45. 宋慧献、周艳敏：《论文化法的基本原则》，载《北方法学》2015 年第 6 期。

46. 田丰、谢宜泽：《中美双边投资协定谈判进程与基本立场》，载《中国外资》2015 年第 12 期。

47. 解学芳、臧志彭：《国外文化产业财税扶持政策法规体系研究：最新进展、模式与启示》，载《国外社会科学》2015 年第 4 期。

48. 于语和、苏小婷：《我国文化产业促进法立法刍议》，载《甘肃理论学刊》2015 年第 6 期。

49. 张智勇：《自由贸易区的所得税问题研究：中国的视角》，载《中外法学》2015 年第 5 期。

50. 蔡武进：《我国文化产业法体系建设的进路》，载《福建论坛·人文社会科学版》2014 年第 10 期。

51. 车丕照：《中国（上海）自由贸易试验区的"名"与"实"——相关概念的国际经济法学解读》，载《国际法研究》2014 年第 1 期。

52. 邓丽：《论慈善事业的民间性与法治化》，载《法学杂志》2014 年第 9 期。

53. 顾晨：《欧盟探路众筹监管》，载《互联网金融与法律》2014 年第 2 期。

54. 顾晨：《印度尼西亚"负面清单"改革之经验》，载《法学》2014 年第 9 期。

55. 郭玉军、李云超：《文化企业著作权质押融资法律问题研究》，载《武汉大学学报

（哲学社会科学版）》2014 年第 5 期。

56. 韩冰：《准入前国民待遇与负面清单模式：中美 BIT 对中国外资管理体制的影响》，载《中国经济评论》2014 年第 4 期。

57. 李克杰：《中国"基本法律"概念的流变及其规范化》，载《甘肃政法学院学报》2014 年第 3 期。

58. 刘元发：《促进我国文化产业发展的财税政策研究》，财政部财政科学研究所 2014 年博士学位论文。

59. 李朱：《特殊管理股制度的理论与实践思考》，载《江西社会科学》2014 年第 6 期。

60. 吕炳斌：《实用艺术作品可著作权性的理论逻辑》，载《比较法研究》2014 年第 3 期。

61. 吕元白、侯俊军：《我国文化产业的融资约束及解决对策》，载《金融理论与实践》2014 年第 12 期。

62. 马晓君：《促进无形资产评估健康发展》，载《科技智囊》2014 年第 8 期。

63. 王桂堂、闫盼盼：《互联网金融模式下的诚信与征信问题》，载《电子商务》2014 年第 4 期。

64. 万克夫：《我国〈文化产业促进法〉的立法思考》，载《经济师》2014 年第 8 期。

65. 吴凤君、郭放：《众筹融资的法律风险及其防范》，载《西南金融》2014 年第 9 期。

66. 新华社：《中共中央关于全面推进依法治国若干重大问题的决定》，载《中国法学》2014 年第 6 期。

67. 熊伟：《法治视野下清理规范税收优惠政策研究》，载《中国法学》2014 年第 6 期。

68. 修雪嵩：《优化资产评估机构组织形式与内部治理初探》，载《中国资产评估》2014 年第 9 期。

69. 杨东、刘翔：《互联网金融视阀下我国股权众筹法律规制的完善》，载《贵州民族大学学报（哲学社会科学版）》2014 年第 2 期。

70. 杨海平、郑林峰：《我国国家级数字出版产业基地发展理念研究》，载《科技与出版》2014 年第 7 期。

71. 于新循、杨丽：《我国〈文化产业促进法〉的立法选择与总体构想》，载《四川师范大学学报（社会科学版）》2014 年第 3 期。

72. 张式军、何晓斌：《国家治理中的软法之治》，载《山东警察学院学报》2014 年第 6 期。

73. 张志伟：《创意的版权保护》，载《法律科学》2014 年第 4 期。

74. 中国人民银行龙岩市中心支行：《征信信息主体权益保护问题初探》，载《福建金融》2014 年增刊第 2 期。

75. 白荣洲：《我国出版业的财政扶持政策研究》，载《中国报业》2013 年第 5 期。

76. 陈庚、傅才武：《论文化强国战略的确立与文化产业发展的政策趋势》，载《福建论坛·人文社会科学版》2013 年第 8 期。

77. 陈国民：《谈文物托管、博物馆托管的作用和意义》，载《博物馆研究》2013 年第 1 期。

78. 陈婧思：《浅析转企改制后国有出版企业核心竞争力构建》，载《中国连锁》2013 年第 1 期。

79. 高克州、王娟：《国内外个人数据保护的比较研究——以〈征信业管理条例〉为视角》，载《征信》2013 年第 10 期。

80. 郭玉军、李华成：《国家文化产业财政资助法律制度及其对中国的启示》，载《河南财经政法大学学报》2013 年第 1 期。

81. 何敏凤：《欧盟信用评级机构监管改革及其启示》，载《东方企业文化》2013 年第 1 期。

82. 胡惠林：《为何要强调"国家文化安全"》，载《人民论坛》2013 年第 11 期中旬刊。

83. 李彬、于振冲：《日本文化产业投融资模式与市场战略分析》，载《现代日本经济》2013 年第 4 期。

84. 马忠法、孟爱华：《论我国〈著作权法〉立法宗旨的修改——以促进文化产业发展为视角》，载《同济大学学报（社会科学版）》2013 年第 3 期。

85. 孟方琳、林薇：《欧洲公共征信体系的运作特征及启示》，载《时代金融》2013 年第 12 期。

86. 盛虎：《我国图书出版产业链的演化研究》，载《中国出版》2013 年第 12 期。

87. 石恺：《我国资产评估行业管理方面存在的问题及对策》，载《商情》2013 年第 3 期。

88. 王婉芬：《〈征信业管理条例〉实施中存在的问题及建议》，载《征信》2013 年第 12 期。

89. 向勇、杨玉娟：《我国文化企业版权质押融资模式研究》，载《福建论坛（人文社会科学版）》2013 年第 2 期。

90. 杨琪：《动画强国金融支持动画产业模式对我国的启示——以日美韩三国为例》，载《时代金融》2013 年第 3 期中旬刊。

91. 叶金育、顾德瑞：《税收优惠的规范审查与实施评估——以比例原则为分析工具》，载《现代法学》2013 年第 6 期。

92. 张国柱：《美国、欧洲发达国家征信系统建设经验及启示》，载《金融会计》2013 年第 2 期。

93. 张丽：《法国公共文化发展政策研究》，载《山东图书馆学刊》2013 年第 5 期。

94. 周方：《英国非物质文化遗产立法研究及其启示》，载《西安交通大学学报（社会科学版）》2013 年第 6 期。

95. 周刚志：《公共文化服务之立法体例刍议》，载《云南大学学报（法学版）》2013 年第 5 期。

96. 朱楠：《外观设计权的扩张——以美国和欧盟时尚设计知识产权保护变化为例》，

载《科技与法律》2013 年第 2 期。

   97. 周成华、文远竹、曹苏宁:《英国报业的股权制度及治理结构》,载《青年记者》2013 年第 17 期。

   98. 陈玲:《试论我国实行图书统一定价制度的必要性》,载《中国出版》2012 年第 18 期。

   99. 程雁雷、宋宏:《文化体制改革情境下的文化产业立法构想》,载《学术界》2012 年第 2 期。

   100. 鄂志寰、周景彤:《美国信用评级市场与监管变迁及其借鉴》,载《国际金融研究》2012 年第 2 期。

   101. 范玉刚:《文化产业管理需要大部门制》,载《人民论坛》2012 年第 18 期。

   102. 封红梅:《信用评级法律制度的国际化发展趋势》,载《时代法学》2012 年第 6 期。

   103. 冯佳、李彦篁:《美国文化管理体制研究》,载《山东图书馆学刊》2012 年第 6 期。

   104. 李华成:《欧美文化产业投融资制度及其对我国的启示》,载《科技进步与对策》2012 年第 7 期。

   105. 刘宪权:《刑法严惩非法集资行为之反思》,载《法商研究》2012 年第 4 期。

   106. 刘宇、张礼敏:《非物质文化遗产作为文化创意产业本位基因的思考》,载《山东社会科学》2012 年第 11 期。

   107. 李真、刘小勇:《外溢性、公共产品与经济增长——基于空间面板模型的实证检验和效应分解》,载《统计与信息论坛》2012 年第 10 期。

   108. 乾旭:《从文物到文化遗产》,载《陕西文化遗产》2012 年第 6 期。

   109. 石静霞:《“同类产品”判定中的文化因素考量与中国文化贸易发展》,载《中国法学》2012 年第 3 期。

   110. 唐明良:《论文化立法的基本原则与基本规律》,载《观察与思考》2012 年第 6 期。

   111. 王丹丹:《论文化创意产业法律体系的构建》,载《人民论坛》2012 年第 36 期。

   112. 肖金明:《文化法的定位、原则与体系》,载《法学论坛》2012 年第 1 期。

   113. 邢会强:《政策增长与法律空洞化——以经济法为例的观察》,载《法制与社会发展》2012 年第 3 期。

   114. 袁博:《创意纠纷案件版权法保护的困境与司法保护》,载《上海政法学院学报》2012 年第 5 期。

   115. 张立省:《欧洲黄金股研究及对我国的启示》,载《管理现代化》2012 年第 1 期。

   116. 冯春、类延村:《论当下国内法意义的软法意蕴:实质、场域与命运》,载《理论月刊》2011 年第 11 期。

   117. 葛立刚:《中国社区矫正立法进路之分析》,载《昆明学院学报》2011 年第 4 期。

118. 郭玉军、王卿：《我国文化产业利用外资的法律思考》，载《河南省政法管理干部学院学报》2011 年第 4 期。

119. 贺朝晖：《中小企业征信系统建设的国际经验与启示》，载《征信》2011 年第 4 期。

120. 李华成：《动漫产业扶持政策评析》，载《学习与实践》2011 年第 6 期。

121. 李华成：《中小文化企业融资难的成因与对策》，载《湖北社会科学》2011 年第 7 期。

122. 李默丝、余少峰：《WTO 框架下视听产品贸易自由化的法律问题》，载《国际贸易》2011 年第 4 期。

123. 卢海君：《论思想的财产权地位》，载《现代法学》2011 年第 3 期。

124. 卢林、姜艳：《银行信贷创新与文化产业融资》，载《现代商贸工业》2011 年第 5 期。

125. 沈军：《现代与传统的融合发展——法国文化法律制度评析》，载《浙江学刊》2011 年第 1 期。

126. 孙越：《基于征信视角的中小企业信贷融资问题探讨》，载《中外企业家》2011 年第 8 期。

127. 王海英：《文化创意产业版权融资相关法律问题探析》，载《福建论坛（人文社会科学版）》2011 年第 8 期。

128. 张雪艳：《资信评估对中国文化产业发展作用探析》，载《东岳论丛》2011 年第 7 期。

129. 陈历幸：《对政策与法律差异性的反思与重构》，载《毛泽东邓小平理论研究》2010 年第 2 期。

130. 高圣平：《著作权出质登记制度若干问题》，载《法学》2010 年第 6 期。

131. 李本贵：《促进文化产业发展的税收政策研究》，载《税务研究》2010 年第 7 期。

132. 刘然：《无形资产评估存在的问题及对策》，载《中国证券期货》2010 年第 8 期。

133. 刘晓西、来小鹏：《论文化创意产业版权评估中存在的法律问题》，载《江西财经大学学报》2010 年第 6 期。

134. 任耘：《征信系统应用对中小企业融资产生的影响及政策建议》，载《征信》2010 年第 6 期。

135. 申国军：《发达国家促进文化产业发展税收政策及其借鉴》，载《涉外税务》2010 年第 4 期。

136. 谢黎伟：《著作权质押的困境和出路》，载《现代法学》2010 年第 6 期。

137. 张鲁娜：《法国新闻出版业财税政策分析》，载《中国财政》2010 年第 24 期。

138. 朱榄叶：《世界贸易组织国际贸易纠纷案件评析 2007—2009》，法律出版社 2010 年版。

139. 曹爱军：《公共文化服务：理论蕴含与价值取向》，载《湖北社会科学》2009 年第 3 期。

140. 甘瑛：《WTO 补贴与反补贴法律与实践研究》，法律出版社 2009 年版。

141. 任自力：《创意保护的法律路径》，载《法学研究》2009 年第 4 期。

142. 王鹏涛：《基于流程再造视角的数字出版产业链创新研究》，载《科技与出版》2009 年第 4 期。

143. 石东坡：《文化立法基本原则的反思、评价与重构》，载《浙江工业大学学报（社会科学版）》2009 年第 2 期。

144. 马衍伟：《税收政策促进文化产业发展的国际比较》，载《涉外税务》2008 年第 9 期。

145. 宋槿篱、谭金可：《外国经验对我国财政转移支付立法的借鉴与启示》，载《财经理论与实践》2008 年第 2 期。

146. 杨登峰：《选择适用一般法与特别法的几个问题》，载《宁夏社会科学》2008 年第 3 期。

147. 庄臻：《服装设计的法律保护模式》，载《法治论坛》2008 年第 2 期。

148. 刘银良、丛璐：《未来版权及其转让辨析》，载《电子知识产权》2007 年第 1 期。

149. 寿步：《创意不应受到知识产权保护》，载《电子知识产权》2007 年第 10 期。

150. 冯晓青：《著作权保护期限制之理论思考》，载《北京科技大学学报（社会科学版）》2006 年第 3 期。

151. 姜明安：《软法的兴起与软法之治》，载《中国法学》2006 年第 2 期。

152. 刘悦笛：《美国文化产业何以雄霸全球?》，载《粤海风》2006 年第 2 期。

153. 李子白、汪先祥：《征信制度的国际比较与借鉴》，载《海南金融》2006 年第 11 期。

154. 罗豪才、宋功德：《认真对待软法——公域软法的一般理论及其中国实践》，载《中国法学》2006 年第 2 期。

155. 汪全胜：《"特别法"与"一般法"之关系及适用问题探讨》，载《法律科学（西北政法学院学报）》2006 年第 6 期。

156. 王太平：《美国对创意的法律保护方法》，载《知识产权》2006 年第 2 期。

157. 张晋平：《论中国特色信息化道路的发展路径》，载《甘肃社会科学》2006 年第 6 期。

158. 浙江省赴美国信用体系建设培训团：《美国社会信用体系考察报告》，载《浙江经济》2006 年第 12 期。

159. 顾军：《法国文化遗产保护运动的理论与实践》，载《江西社会科学》2005 年第 3 期。

160. 郭燕、王秀丽：《我国服装类产品外观设计专利保护现状及问题分析》，载《知识产权》2005 年第 1 期。

161. 明立志：《加强我国文化产业立法的几点思考与建议》，载《今日中国论坛》2005 年第 12 期。

162. 田永福：《关于建立民间收藏文物登记制度的若干思考》，载《四川文物》2005年第3期。

163. 佟贺丰：《英国文化创意产业发展概况及其启示》，载《科技与管理》2005年第1期。

164. 吴汉东：《论财产权体系——兼论民法典中的"财产权总则"》，载《中国法学》2005年第2期。

165. 易继明：《知识产权的观念：类型化及法律适用》，载《法学研究》2005年第3期。

166. 江帆：《商业秘密理论与立法探讨》，载《现代法学》2004年第3期。

167. 李明德：《美国对于思想观念提供权的法律保护》，载《环球法律评论》2004年第3期。

168. 王选汇：《调整税收优惠政策 完善税收优惠方式》，载《涉外税务》2004年第2期。

169. 中评协标准部：《境外企业价值评估准则概览之一——美国专业评估执业统一准则》，载《中国资产评估》2004年第8期。

170. 冯晓青：《利益平衡论：知识产权法的理论基础》，载《知识产权》2003年第6期。

171. 韩大元、刘松山：《宪法文本中"基本法律"的实证分析》，载《法学》2003年第4期。

172. 林晓云：《美国知识产权法律关于工业品外观设计保护范围的限定（上）》，载《知识产权》2003年第5期。

173. 林晓云：《美国知识产权法律关于工业品外观设计保护范围的限定（下）》，载《知识产权》2003年第6期。

174. 楼佳蓉：《服装设计的知识产权保护之法律初探——从中国服装设计第一案谈起》，载《知识产权》2002年第4期。

175. 石雷、邹欢：《城市历史遗产保护：从文物建筑到历史保护区》，载《世界建筑》2001年第6期。

176. 徐奉臻：《英国政治现代化的历程及特点——读阎照祥关于英国政治制度史的几本论著》，载《史学月刊》2001年第10期。

177. 王轶：《期待权初探》，载《法律科学（西北政法学院学报）》1996年第4期。

178. 马俊驹、陈本寒：《罗马法契约自由思想的形式及对后世法律的影响》，载《武汉大学学报（哲学社会科学版）》1995年第1期。

179. 徐向华、孙潮：《关于法律附则制作技术的几个问题》，载《中国法学》1993年第3期。

二、外文文献

（一）著作

1. Dirk Pulkowski, The Law and Politics of International Regime Conflict, Oxford University

Press，2014.

2. Ruth Towse，Advanced Introduction to Cultural Economics，Edward Elgar Publishing，2014.

3. Jingxia Shi，Free Trade and Cultural Diversity in International Law，Hart Publishing，2013.

4. John Hartley，Jason Potts，Stuart Cunningham，Terry Flew，Michael Keane and John Banks，Key Concepts in Creative Industries，Sage Publications，2013.

5. Sabine von Schorlemer & Peter-Tobias Stoll，The UNESCO Convention on the Protection and Promotion of the Diversity of Cultural Expressions：Explanatory Notes，Heidelberg：Springer，2012.

6. Graber C B，Audiovisual Media and the Law of the WTO，Social Science Electronic Publishing，2010.

7. Petros C. Mavroidis，George A. Bermann & Mark Wu，The Law of the World Trade Organization：Documents，Cases & Analysis，West Academic Publishing，2010.

8. Pietro Poretti，The Regulation of Subsidies within the General Agreement on Trade in Services of the WTO：Problems and Prospects 121，Kluwer Law International，2009.

9. David Hesmondhalgh，The Cultural Industries，Second Edition，Sage Publications，2007.

10. E. Stamatopoulou，Cultural Rights in International Law：Article 27 of the Universal Declaration of Human Rights and Beyond，Section II. B，Martinus Nijhoff，2007.

11. Tania Voon，Cultural Products and the World Trade Organization，Cambridge University Press，2007.

12. Gustavo E. Luengo Hernández de Madrid，Regulations of Subsidies and State Aids in WTO And EC Law：Conflict in International Trade Law，Kluwer Law International，2006.

13. Ralphe Lerner，Judith Bresler，Art Law Guide for Collectors，Artists，Investors，Dealers，and Artists，Third Edition，Volume 3，Practising Law Institute，2005.

14. Donna M. Binkiewicz，Federalizing the Muse：United States Arts Policy and the National Endowment for the Arts 1965-1980，Chapel Hill Press，2004.

15. R. J. Neuwirth，The Cultural Industries and the Legacy of Article IV GATT：Rethinking the Relation of Culture and Trade in Light of the New WTO Round，Conference on Cultural Traffic：Policy，Culture，and the New Technologies in the EU and Canada，Carleton University，Ottawa，2002.

16. Hannerz，Ulf.，Transnational Connections：Culture，People，Places，NY Routledge，2001.

17. Lan Fletcher，Loukas Mistelis & Marise Cremona，Foundation and Perspectives of International Trade Law，Sweet & Maxwell，2001.

18. Theodor W. Adorno（Author），J. M. Bernstein（Editor），The Culture Industry：Selected Essays on Mass Culture，Routledge，Second edition，2001.

19. Francis Snyder, Chapter 10: Soft Law and Institutional Practice in the European Community, in S. Martin ed. , The Construction of Europe: Essays in Honour of Emile Noël, Kluwer Academic Publishers, 1994.

20. Bruce M. Owen & Stephen S. Wildman, Video Economics, Harvard University Press, 1992.

21. Ulf. Hannerz, Culture Complexity: Studies in the Social Organization of Meaning, New York: Columbia University Press, 1992.

22. John Jackson, World Trade and the Law of GATT, Lexis Law Publisher, 1969.

23. Henry C. Shelly, The British Museum: Its History and Treasures, L. C. Page & Company Boston, 1911.

(二) 论文

1. Jasmine Martinez, *Intellectual Property Rights & Fashion Design: An Expansion of Copyright Protection*, 53 University of San Francisco Law Review 369, 2019.

2. Denisse F. García, *Fashion 2.0: It's Time for the Fashion Industry to Get Better-suited, Custom-tailored Legal Protection*, 11 Drexel Law Review 337, 2018.

3. Cottier T. , *The Common Law of International Trade and the Future of the World Trade Organization*, 18 (1) Journal of International Economic Law 3, 2015.

4. Andrew D. Stephenson, Brian R. Knight, Matthew Bahleda, *From Revolutionary to Palace Guard: the Role and Requirements of Intermediaries under Proposed Regulation Crowdfunding*, 3 Mich. J. Private Equity & Venture Cap. L. 234, 2014.

5. Gilbert Gagné, *Free Trade, Cultural Policies, and the Digital Revolution: Evidence from the U. S. FTAs with Australia and South Korea*, 9 Asian J. WTO & Int'l Health L & Pol'y 257, 2014.

6. Gregory D. Deschler, *Wisdom of the Intermediary Crowd: What the Proposed Rules Mean for Ambitious Crowdfunding Intermediaries*, 58 St. Louis U. L. J. 1146, 2014.

7. Joan MacLeod Heminway, *How Congress Killed Investment Crowdfunding: A Tale of Political Pressure, Hasty Decisions, and Inexpert Judgments that Begs for a Happy Ending*, 102 Ky. L. J. 865, 2014.

8. Jorge Pesok, *Crowdfunding: A New Form of Investing Requires A New Form of Investor Protection*, 12 Dartmouth L. J. 147, 2014.

9. Laura Michael Hughes, *Crowdfunding: Putting A Cap on the Risks for Unsophisticated Investors*, 8 Charleston L. Rev. 486, 2014.

10. Philip de Beer, *Law of Crowdfunding: Challenges to the South African Securities Law—A Comparative Perspective*, 1 Penn. Undergraduate L. J. 20, 2014.

11. R. Kevin Saunders II, *Power to the People: How the SEC Can Empower the Crowd*, 16

Vanderbilt Journal of Entertainment & Technology Law 949, 2014.

12. Andrew A. Schwartz, *Crowdfunding Securities*, 88 Notre Dame Law Review 1459, 2013.

13. Benjamin P. Siegel, *Title iii of the Jobs Act: Using Unsophisticated Wealth to Crowdfund Small Business Capital or Fraudsters' Bank Accounts?* 41 Hofstra L. Rev. 786, 2013.

14. David Howell, *The Intangible Cultural Heritage of Wale: A Need for Safeguarding?*, 8 International Journal of Intangible Heritage 105, 2013.

15. David Mashburn, *The Anti-crowd Pleaser: Fixing the Crowdfund Act's Hidden Risks and Inadequate Remedies*, 63 Emory L. J. 137, 2013-2014.

16. Douglas S. Ellenoff, *Making Crowdfunding Credible*, 66 Vand. L. Rev. En Banc 21, 2013.

17. Federico Ferretti, *The Legal Framework of Consumer Credit Bureaus and Credit Scoring in the European Union: Pitfalls and Challenges-Over Indebtedness, Responsible Lending, Market Integration, and Fundamental Rights*, 46 Suffolk U. L. Rev. 791, 2013.

18. Gauss H, Guimberteau B, Bennett L: *Red Soles Aren't Made for Walking: A Comparative Study of European Fashion Laws*, Landslide, 2013.

19. James J. Williamson, *The Jobs Act and Middle-Income Investors: Why It Doesn't Go Far Enough*, 122 Yale L. J. 2080, 2013.

20. John S. Wroldsen, *The Crowdfund Act's Strange Bedfellows: Democracy and Start-Up Company Investing*, 62 U. Kan. L. Rev. 367, 2013-2014.

21. Nate Cullerton, *Behavioral Credit Scoring*, 101 Geo. L. J. 838, 2013.

22. Mehrdad Salehi, Islamic Azad, Hashem Valipour, Javad Moradi, *Moderating Effect on the Relationship between A Companies' Life Cycle and the Relevance of Accounting* Shekhar Darke, *To Be or Not to Be a Funding Portal: Why Crowdfunding Platforms will Become Broker-Dealers*, 10 Hastings Bus. L. J. 185, 2013.

23. Ross S. Weinstein, *Crowdfunding in the U. S. and Abroad: What to Expect When You're Expecting*, 46 Cornell Int'l L. J. 437, 2013.

24. Thomas G. James, *Far from the Maddening Crowd: Does the Jobs Act Provide Meaningful Redress to Small Investors for Securities Fraud in Connection with Crowdfunding Operations*, 54 B. C. L. Rev. 1769, 2013.

25. Andrew C. Fink, *Protecting the Crowd and Raising Capital Through the Crowdfund Act*, 90 U. Det. Mercy L. Rev. 9, 2012.

26. Andrew J. Maas, Asq, *Valuation & Assessment of Intangible Assets, and How the America Invents Act Will Affect Patent Valuations*, Journal of the Patent and Trademark Office Society, Vol. 94, 2012.

27. Anne M. Wenninger Gehring, *Recent Developments in Credit Score Disclosures*, 67 Bus. Law 660, 2012.

28. Breddix-Smalls, *Credit Scoring and Trade Secrecy: An Algorithmic Quagmire or How the*

Lack of Transparency in Complex Financial Models Scuttled the Finance Market, 12 U. C. Davis Bus. L. J. 87, 2012.

29. E. Blomkamp, *Discourses of Legitimation in New Zealand's Film Policy*, International Journal of Cultural Studies, Vol. 15, No. 6, 2012.

30. Elliot Axelrod, *Ideas, A Dime A Dozen, or Worth Protection?*, 13 U. Den. Sports & Ent. L. J. 3, 14, 2012.

31. Nick Schuermans, Marten P. J. Loopmans, Joke Vandenabeele, *Public Space, Pubic Art and Public Pedagody*, 19 Social & Cuitural Geography 131, 2012.

32. Sam Tam, *In Museum We Trust: Analyzing the Mission of Museum, Deaccessioning Policies, and the Public Trust*, Fordam Urban Law Journal, 2012.

33. Stephen T. Black, *Capital Gains Jabberwocky: Capital Gains, Intangible Property, and Tax*, 41 Hofstra Law Review 396, 2012.

34. Thomas Lee Hazen, *Social Networks and the Securities Laws—Why the Specially Tailored Exemption Must be Conditioned on Meaningful Disclosure*, 90 N. C. L. Rev. 1737, 2012.

35. Van Keymeulen E, Nash L, *Fashionably Late*, Intellectual Property Magazine, 2012.

36. Andrew M. Smith, Peter Gilbert, *Fair Credit Reporting Act Update*-2010, 66 Bus. Law. 473, 2011.

37. Beverly A. Beneman, *Financial First Aid for the Research and Development of Intellectual Property Assets*, Landslide, Vol. 3, 2011.

38. Christopher D. Cutting, *Protecting Cultural Property Through Provenance*, 32 Seattle University Law Review 943, 2011.

39. Luca Escoffier, *Reinterpreting Patent Valuation and Evaluation: The Tricky World of Nanotechnology*, 67 European Journal of Risk Regulation Impact Factor 70, 2011.

40. Necsulescu Ekaterina, Onose Valeriu-Laurenpiu, *Particularities of the Intangible Assets Evaluation in Terms of Financial Crisis*, Ovidius University Annals, 9 Economic Sciences Series 901, 2011.

41. Nick Shiren, *Credit Rating Reformed*, 29 Int'l Fin. L. Rev. 34, 2011.

42. Susanna Monseau, *European Design Rights: A Model for the Protection of All Designers from Piracy*, 48 American Business Law Journal 27, 2011.

43. Kristina St. Charles, *Regulatory Imperialism: The Worldwide Export of European Regulatory Principles on Credit Rating Agencies*, 19 Minn. J. Int'l L. 399, 2010.

44. Olivia Khoo, *Intellectual Property and the Creative Industries in Asia (China and Singapore)*, 18 Asia Pacific Law Review 154, 2010.

45. Peter K. Yu, *Cultural Relics, Intellectual Property, and Intangible Heritage*, Temple Law Review, 2010.

46. Xiao E Y, *The New Trend: Protecting American Fashion Designs through National Copyright Measures*, 28 Cardozo Arts & Ent. L. J. 405, 2010.

47. C. Scott Hemphill; Jeannie Suk, *The Law, Culture, and Economics of Fashion*, 61

Stanford Law Review 1147, 2009.

48. Kenneth Basin, Tina Rad, "*I Could Have Been A Fragrance Millionaire*": *Toward A Federal Idea Protection Act*, 56 J. Copyright Soc'y U. S. A. 731, 2009.

49. Laurajane Smith and Emma Waterton, *The Envy of the World? Intangible Heritage in England*, in *Intangible Heritage*, edited By Laurajane Smith and Natsuko Akagawa, Oxon: Routledge 2008.

50. Rhianedd Smith, *Finding the "First Voice" in Rural England: the Challenges of Safeguarding Intangible Heritage in A National Museum*, International Journal of Intangible Heritage, Vol. 4, 2009.

51. Bruce S. Schaeffer, Susan J. Robins, *Valuation of Intangible Assets in Franchise Companies and Multinational Groups: A Current Issue*, 27 Franchise Law Journal 185, 2008.

52. Dionysia Kallinikou, Copyright *Promoting Arts and Economy*, RHDI, Vol. 61, 2008.

53. Marta-Christina Suciu, *The Creative Economy*, Lex ET Scientia International Journal, Vol. 15, 2008.

54. Leah J. Weiss, *The Role of Museum in Sustaining the Illicit Trade in Cultural Property*, 25 Cardozo Arts and Entertainment Law Journal 837, 2007-2008.

55. Emily S. Day, *Double-Edged Scissor': Legal Protection for Fashion Design*, 86 North Carolina Law Review 237, 2007.

56. Lauren Loew, *Thrive Creative Industries in Developing Countries and Intellectual Property Protection*, 9 Vand. J. Ent. & Tech. L. 199, 2007.

57. Arthur R. Miller, *Common Law Protection for Productions of the Mind: An "Idea" Whose Time Has Come*, 119 Harv. L. Rev. 703, 2006.

58. C. Wright, *Hollywood's Disappearing Act: International Trade Remedies to Bring Hollywood Home*, 39 Akron L. Rev. 739, 2006.

59. Jai S. MAH, *Export Promotion and Economic Development: The Case of Korea*, 40 (1) Journal of World Trade 153, 2006.

60. Kal Raustiala & Christopher Sprigman, *The Piracy and Paradox: Innovation and Intellectual Property in Fashion Design*, 92 Virginia Law Review 1687, 2006.

61. Michael Hahn, *A Clash of Cultures? The UNESCO Diversity Convention and International Trade Law*, 9 (3) Journal of International Economic Law 515, 2006.

62. Nobes, C. H. Schwencke, *Modelling the Links between Tax and Financial Reporting: A Longitudinal Examination of Norway over 30 Years up to IFRS Adoption*, 15 (2) European Accounting Review 63, 2006.

63. Richard R. W. Brooks, *Credit Past Due*, 106 Columbia Law Review 997, 2006.

64. Wagdy M. Abdallah, Athar Murtuza, *Transfer Pricing Strategies of Intangible Assets, E-Commerce and International Taxation of Multinationals*, 32 International Tax Journal 6, 2006.

65. David Hesmondhalgh, Andy C. Pratt, *Cultural Industries and Cultural Policy*, 11 (2) International Journal of Cultural Policy 7, 2005.

66. Hanlon, M, S. Kelly and T. Shevlin, *Evidence for the Possible Information Loss of Conforming Book Income and Taxable Income*, 48 (2) Journal of Law and Economics, 407, 2005.

67. Nicholas Garnham, *From Cultural to Creative Industries*, 11 (1) International Journal of Cultural Policy 19, 2005.

68. Tomer Broude, *Taking "Trade and Culture" Seriously: Geographical Indications and Cultural Protection In WTO Law*, 26 U. Pa. J. Int'l Econ. L. 623, 2005.

69. Henri Angelino, Nigel Collier, *Comparision of Innovation Policy from Public Institutions in Japan, France, Germany and the United Kingdom*, 8 NII Journal. 153, 2004.

70. Johannesburg, *The Valuation of Copyright*, 16 S. Afr. Mercantile L. J. 355, 2004.

71. Phillip A. Beutel, Bryan Rray, *Grasping the Value of Intangible Assets*, 30 International Tax Journal 36, 2004.

72. Robert B. Avery, Paul S. Calen, Glenn B. Canner, *Credit Report Accuracy and Access to Credit*, 90 Fed. Res. Bull. 297, 2004.

73. Jeffcutt P, Pratt A C, *Managing Creativity in the Cultural Industries*, 11 (4) Creativity and Innovation Management 225, 2003.

74. Jody C. Bishop, *The Challenge of Valuing Intellectual Property Assets*, 1 Nw. J. Tech. & Intell. Prop. 60, 2003.

75. Jon Garon, *Normative Copyright: A Conceptual Framework for Copyright Philosophy*, 88 Cornell L. Rev. 1286, 2003.

76. Gonter Poll, *Harmonization of Film Copyright in Europe*, 50 J. Copyright Society of the U. S. A. 519 (2003).

77. Mark Doman, James Christiansen, *Noncredit Public Record Data for Credit Decisions*, 18 Com. Lending Rev. 38, 2003.

78. Ara A. Babaian, *Striving for Perfection: The Reform Proposals for Copyright-Secured Financing*, 33 Loy. L. A. L. Rev. 1205, 2000.

79. Chi Carmody, *When "Cultural Identity Was Not At Issue": Thinking About Canada—Certain Measures Concerning Periodicals*, 30 Law & Pol'y Int'l Bus. 305, 1999.

80. Deval L. Patrick, Robert M. Taylor, Sam S. F. Caligiuri, *Role of Credit Scoring in Fair Lending Law—Panacea or Placebo?* 18 Ann. Rev. Banking L. 369, 1999.

81. Diane R. Stokke, *Financing Intellectual Property*, 14 Com. Lending Rev. 49, 1999.

82. Fred H. Cate, *The Changing Face of Privacy Protection in the European Union and the United States*, 33 Indiana Law Review 196, 1999.

83. Justin O'Connor, *The Definition of the Cultural Industries*, 2 (3) The European Journal of Arts Education 15, 1999.

84. Trevor Knight, *The Dual Nature of Cultural Products: An Analysis of the WTO's Decisions Regarding Canadian Periodicals*, 57 (2) University of Toronto Faculty of Law Review 165, 1999.

85. Mills, L., *Book-tax Differences and Internal Revenue Service Adjustments*, 36 (2) Journal of Accounting Research 343, 1998.

86. R. O'Keefe, *The "Right to Take Part in Cultural Life" under Article 15 of the ICESCR*, 47 ICLQ 904, 1998.

87. Daniel Schwanen, *A Matter of Choice: Towards a More Creative Canadian Policy on Culture*, 91 C. D. Howe Institute Commentary 1, 1997.

88. Jonathan S. Katz, *Expanded Notions of Copyright Protection: Idea Protection Within the Copyright Act*, 77 B. U. L. Rev. 873, 1997.

89. W. Ming Shao, *Is There No Business Like Show Business? Free Trade and Cultural Protectionism*, 20 Yale J. Int'l L. 105, 1995.

90. John David Donaldson, *Television Without Frontiers: The Continuing Tension Between Liberal Free Trade And European Cultural Integrity*, 20 Fordham Int'l L. J. 90, 1994.

91. T. Cottier, Die völkerrechtlichen Rahmenbedingungen der Filmförderung in der neuen Welthandelsorganisation WTO-GATT, 38 Zeitschrift für Urheberund Medienrecht Sonderheft, 1994.

92. Lang D., *Copyright and the Constitution in the Age of Intellectual Property*, 1 Intellectual Property 126, 1993.

93. Ronald Caswell, *A Comparison and Critique of Idea Protection in California, New York, and Great Britain*, 14 Loy. L. A. Int'l & Comp. L. J. 717, 1992.

94. Steve Reitenour, *The Legal Protection of Ideas: Is It Really Good Idea?*, 18 Wm. Mitchell L. Rev. 131, 1992.

95. Kevin V. Mulcahy, *The Public Interest in Public Culture*, 21 The Journal of Arts Management and Law 5, 1991.

96. Nicholas Garnham, *Concepts of Culture: Public Policy and the Cultural Industries*, 1 (1) Cultural Studies 23, 1987.

三、中文案例

〔2018〕沪 73 民终 11 号。

〔2018〕浙民终 900 号。

〔2017〕粤民再 126 号。

〔2017〕粤 73 民终 336 号。

〔2017〕沪 73 民终 280 号

〔2014〕闽民终字第 680 号。

〔2013〕穗中法知民终字第 920 号。

〔2011〕高民终字第 2577 号。

〔2011〕沪一中民五（知）终字第 40 号。

〔2007〕京二中民终字第 02155 号。

〔2007〕冀民三终字第 16 号。

〔2004〕粤高法民三终字第 179 号。

〔2002〕鄂民三终字第 6 号。

〔2001〕高知终字第 18 号。

四、英文案例

1. Star Athletica, L. L. C. v. Varsity Brands, Inc., 137 S. Ct. 1002, 197 L. Ed. 2d 354 (2017).

2. Adidas Am., Inc. v. Skechers USA, Inc., 149 F. Supp. 3d 1222, 1230 (D. Or. 2016).

3. Karen Millen Fashions Ltd. v. Dunnes Stores, Dunnes Stores (Limerick) Ltd. (Case C-345/13), 2014.

4. Vent v. Mars Snackfood US, LLC, 611 F. Supp. 2d 333, 338 (S. D. N. Y.), aff'd unpub., 350 Fed. Appx. 533 (2d Cir. 2009).

5. Brainard v. Vassar, 561 F. Supp. 2d 922, 931 (M. D. Tenn. 2008).

6. Alliance Sec. Prods., Inc. v. Fleming Co., 471 F. Supp. 2d 452, 459-460 (S. D. N. Y. 2007).

7. Wrench LLC v. Taco Bell. 290 F. Supp. 2d 821 (W. D. Mich. 2003).

8. Fabricare Equip. Credit Corp. v. Bell, Boyd & Lloyd, 767 N. E. 2d 470, 475 (2002).

9. Gunther-Wahl Productions, Inc. v. Mattel, Inc., 104 Cal. App. 4th 27 (2002).

10. Wrench LLC v. Taco Bell Corp., 256 F. 3d 446 (6th Cir. 2001).

11. Burgess v. Coca-Cola Co., 245 Ga. App. 206 (2000).

12. DIR International Film Srl and Others v. Commission, ECR〔2000〕I-00447.

13. Nadel v. Play-By-Play Toys & Novelties, Inc., 208 F. 3d 368, 380 (2d Cir. 2000).

14. Project Blue Sky v. Australian Broadcasting Authority, Decision of the High Court of Australia,〔1998〕HCA 28, S41/1997.

15. Qualitex Co. v. Jacobson Prods. Co., 514 U. S. 158, 163 (1995).

16. Apfel v. Prudential-Bache Securities, Inc., 81 N. Y. 2d 470, 477-478 (1993).

17. Garrido v. Burger King Corp., 558 So. 2d 79 (Fla. App. 1990).

18. Murray v. National Broadcasting Co., 844 F. 2d 988, 994 (2d Cir. 1988).

19. Aliotti v. R. Dakin & Co., 4 USPQ 2d 1896 (9th Cir. 1987).

20. Marine Design, Inc. v. Zigler Shipyards, 791 F. 2d 375 (5th Cir. 1986).

21. McGhan v. Ebersol, 608 F. Supp. 277, 285 (S. D. N. Y. 1985).

22. Whitfield v. Lear, 751 F. 2d 90, 92 (2d Cir. 1984).

23. Mann v. Columbia Pictures, 128 Cal. App. 3d 628, 646-647 (1982).

24. Sellers v. ABC, 668 F. 2d 1207, 1210 (11th Cir. 1982).

25. Vantage Point, Inc. v. Parker Bros., 529 F. Supp. 1204, 1216 (E. D. N. Y. 1981).

26. Pippin Way, Inc. v. Four Star Music Co. (In re Four Star MusicCo.), 2B. R. 454, 456 (Bankr. M. D. Tenn. 1979).

27. Smith v. Recrion Corp. , 541 P. 2d 663（Nev. 1975）.

28. Fink v. Goodson-Todman Enters. , 9 Cal. App. 3d 996, 1009, 88 Cal. Rptr. 679（1970）.

29. Herwitz v. National Broad. Co. , 210 F. Supp. 231（S. D. N. Y. 1962）.

30. Noble v. Columbia Broad. Sys. , 270 F. 2d 938（D. C. Cir. 1959）.

31. Richards v. Columbia Broad. Sys. , 161 F. Supp. 516（D. D. C. 1958）.

32. Chandler v. Roach, 156 Cal. App. 2d 435, 441-442（1957）.

33. Desny v. Wilder, 46 Cal. 2d 715（1956）.

34. Kaplan v. Michtom, 17 F. R. D. 228（S. D. N. Y. 1955）.

35. Mazer v. Stein, 347 U. S. 201, 74 S. Ct. 460, 98 L. Ed. 630（1954）.

36. Aff'd, 210 F. 2d 706（D. C. Cir. 1953）.

37. Belt v. Hamilton Nat'l Bank, 108 F. Supp. 689（D. D. C. 1952）.

38. Kovacs v. Mutual Broadcasting System, 99 Cal. App. 2d 56（1950）.

39. Stanley v. Columbia Broadcasting System, 35 Cal. 2d 653, 674（1950）.

40. Fashion Originators' Guild of Am. v. FTC, 312 U. S.（1941）.

41. Museum of Fine Arts v. The White Fund, Inc. , No. 98-2425, Suffolk Superior Court.（1907）.

五、报纸、媒体文献

1. 崔晓丽：《打击"劣迹艺人"升格：对其作品或限制播放》，载《检察日报》2021年3月22日，第004版。

2. 冯海宁：《用法律限制劣迹艺人更有威慑力》，载《宁波日报》2021年3月18日，第014版。

3. 王朝、徐祥达：《品读"李子柒"此中有真意》，载微信公众号"新华社"，2019年12月11日。

4. 周刚志：《我国文化产业促进法的基本定位》，载《中国旅游报》2019年10月15日，第003版。

5. 贾旭东：《文化产业促进法的重大意义与解决的基本问题》，载《中国旅游报》2019年9月17日，第003版。

6. 李袁婕：《关于〈文化产业促进法（草案征求意见稿）〉的修改建议（下）》，载《中国文物报》2019年8月9日，第4版。

7. 任绍华、陈瑞锋：《满足人民对美好生活向往的精神文化需求》，载《阳江日报》2019年8月3日，第1版。

8. 《一分钟读懂〈文化产业促进法（草案征求意见稿）〉》，载《中国美术报》2019年7月15日，第157期。

9. 朱宁宁：《联合惩戒威力日益凸显范围程度扩大引发关注——发挥失信惩戒功效应适度且合法》，载《法制日报》2019年6月18日，第5版。

10. 习近平：《举旗帜聚民心育新人兴文化展形象 更好完成新形势下宣传思想工作使

命任务》，载《人民日报》2018 年 8 月 23 日，第 01 版。

11. 魏晓阳：《〈文化产业促进法〉未来可期》，载《中国社会科学报》2018 年 5 月 3 日，第 006 版。

12. 黄海：《让社会主义核心价值观落地生根》，载《人民日报》2018 年 2 月 28 日，第 07 版。

13. 杨传张：《文化产业持续发展面临的深层次问题》，载《学习时报》2017 年 6 月 12 日，第 A4 版。

14. 雒树刚：《学习贯彻公共文化服务保障法 加快推动现代公共文化服务体系建设》，载《人民日报》2017 年 2 月 27 日，第 011 版。

15. 李国新：《公共文化服务保障法主要条文》，载《中国文化报》2017 年 1 月 4 日，第 002 版。

16. 蔡萌：《新常态下文化企业与金融资本如何对接》，载《中国文化报》2014 年 11 月 28 日，第 5 版。

17. 王晓晖：《建立健全文化法律制度》，载《光明日报》2014 年 11 月 4 日，第 01 版。

18. 刘德良：《文化企业应理性面对债市》，载《中国文化报》2014 年 9 月 20 日，第 3 版。

19. 龙敏飞：《什么样的"劣迹"艺人该被封杀》，载《中国青年报》2014 年 9 月 18 日，第 2 版。

20. 孙长：《八维衡量文化企业信用》，载《经济日报》2014 年 9 月 4 日，第 8 版。

21. 贺林平：《广东将建文企征信系统解决文化企业资金短板》，载《人民日报》2014 年 8 月 21 日，第 14 版。

22. 梁剑兵：《认识软法》，载《检察日报》2014 年 4 月 3 日，第 003 版。

23. 车安华：《借鉴国际经验破解文化产业融资难》，载《金融时报》2014 年 1 月 3 日，第 9 版。

24. 张松：《文化遗产托管给谁?》，载《东方早报》2013 年 10 月 21 日，第 3 版。

25. 梁建生：《谁为法国电影买单——解读法国电影投融资机制》，载《中国文化报》2013 年 9 月 3 日，第 10 版。

26. 李兆玉：《欧盟推新例加强信用评级监管》，载《法制日报》2013 年 5 月 28 日，第 10 版。

27. 郭利华：《资产价值评估：文化产业与金融市场对接的关键》，载《光明日报》2013 年 4 月 5 日，第 5 版。

28. 橘子：《美英文化产业融资之道》，载《中国文化报》2013 年 1 月 12 日，第 4 版。

29. 周琼、杨艾莉：《五成高新技术企业资格造假的背后》，载《人民公安报》2010 年 8 月 9 日，第 6 版。

30. 中国社科院文化研究中心文化产业促进法立法研究课题组：《"促进法"视角中的文化产业概念界定维度与方法思考》，载《中国社会科学院院报》2008 年 5 月 8 日，第 7 版。

六、其他

1. 文化和旅游部:《"十四五"文化产业发展规划》,文旅产业发〔2021〕42 号。

2. 徐鹏程:《新时代文化产业发展面临的问题及对策》,载国务院发展研究中心:《调查研究报告》〔2018 年第 32 号（总 5307 号）〕。

3.《2017—2018 年度国家文化出口重点企业和重点项目目录》,商务部、中央宣传部、财政部、文化部、新闻出版广电总局公告 2018 年第 22 号。

4.《北京文化创意产业发展白皮书 2017》。

5.《北京文化创意产业发展指导目录（2016）》。

6. 日本文化厅颁布的《日本文化事业政策》（2015）.

7. 国发〔2014〕10 号《关于推进文化创意和设计服务与相关产业融合发展的若干意见》,新广电办发〔2014〕100 号。

8.《文化产业和服务出口指导目录》,商务部、中宣部、外交部、财政部、文化部、海关总署、税务总局、广电总局、新闻出版总署、国务院新闻办公告 2012 年第 3 号。

9. 蔡武:《国务院关于文化产业发展工作情况的报告——2010 年 4 月 28 日在第十一届全国人民代表大会常务委员会第十四次会议上》,载《中华人民共和国全国人民代表大会常务委员会公报》2010 年第 4 期。

10. Jordi Baltà Portolés et al. (eds.), Reshaping Policies for Creativity: Addressing Culture as a Global Public Good (UNESCO 2022).

11. Committee on Economic, Social and Cultural Rights, Revised Guidelines Regarding the Form and Content of Reports to Be Submitted by States Parties under Article 16 and 17 of the International Covenant on Economic, Social and Cultural Rights, Report on the Fifth Session, 26 November-14 December 1990, E/1991/23; E/C. 12/1990/8.

12. English Heritage, National Heritage Protection Plan Framework.

13. European Community (GATS/EL/31), for Chile (GATS/EL/18) and for the Czech Republic (GATS/EL/26).

14. WTO Appellate Body Report, Canada—Certain Measures Concerning Periodicals, WT/DS31/AB/R, adopted 30 June 1997.

15. WTO Panel Report, US—Measures Affecting Alcoholic and Malt Beverages, DS23/R-39S/206, adopted on 19 June 1992.

16. WT/DS43, Turkey-Taxation of Foreign Film Revenues.

17. WT/DS43/1, Request for Consultations by the United States on Turkey-Taxation of Foreign Film Revenues, 17 June 1996.

18. WT/DS43/2, Request for the Establishment of a Panel by the United States on Turkey-Taxation of Foreign Film Revenues, 10 January 1997.

19. WT/DS43/3, G/L/177, Notification of Mutually Agreed Solution on Turkey-Taxation Of Foreign Film Revenues, 24 July 1997.

20. USTR, US Trade Representative Charlene Barshefsky Announces Resolution of WTO Dispute with Turkey on Film Taxes, Press Release 97-108, 19 December 1997.

21. China—Measures Affecting Trading Rights and Distribution Services for Certain Publications and Audiovisual Entertainment Products, WT/DS363/R, WT/DS363/AB/R.

22. EC-Bananas III, WT/DS27. Japan—Tariff on Import of SPF Dimension Lumber, BISD 36S/167 (Canada). Spain-Tariff Treatment of Unfrosted Coffee, BISD 28S/102 (Brazil).

23. WT/DS46/R, Panel Report on Brazil—Export Financing Programme for Aircraft.

24. Communication from the United States, 18 December 2000, S/CSS/W/21.

25. Canada-Measurs Affeeting the Export of Civilian Aircraft, WT/D57/AB/R (1999).

26. WT/DS70/AB/R, Appellate Body Report on Canada-Measures Affecting the Export of Civilian Aircraft.

27. WT/DS108/R, Panel Report on United States-Tax Treatment for "Foreign Sales Corporations".

28. Canada-Measures Affecting Film Distribution Services, Complaint by the European Communities, WT/DS117/1.

29. Panel Report, Australia—Subsidies Provided to Producers and Exporters of Automotive Leather, WT/DS126/R, adopted 16 June 1999.

30. American Society of Appraisers : ASA Business Valuation Standards (2009) BVS-IX. Canada-Autos (EC, Japan), WT/DS139.

31. WT/DS194/R and Corr. 2, Panel Report on United States—Measures Treating Exports Restraints as Subsidies.

32. Panel Report, United States-Preliminary Determinations with Respect to Certain Softwood Lumber from Canada, WT/DS236/R.

33. WT/DS257/AB/R, Appellate Body Report on United States-Final Countervailing Duty Determination with Respect to Certain Softwood Lumber from Canada.

34. WT/DS/267/AB/R, Panel Report on United States - Subsidies on Upland Cotton, WTO Doc. WT/DS267/R and Corr. 1, modified by Appellate Body Report.

35. WT/DS273/R, Panel Report on Korea-Measures Affecting Trade in Commercial Vessels.

36. WT/DS336/R, Panel Report on Japan— Countervailing Duties on Dynamic Random Access Memories from Korea.

37. WT/DS379/AB/R, Appellate Body Report on United States—Definitive Anti-Dumping and Countervailing Duties on Certain Products from China.

38. Performance and Accountability Report: FY 2017.

39. WTO, Working Party On GTAS Rules, Background Note By The Secretariat: Subsidies For Services Sectors Information Contained In WTO Trade Policy Reviews, S/WPGR/W/25/Add. 7/Rev. 1, 2015.

40. DCMS, Cultural Education, A Summary of Programmes and Opportunities (July 2013).

41. European Commission Report, Survey on Access to Finance for Cultural and Creative

Sectors (Evaluate the financial gap of different cultural and creative sectors to support the impact assessment of the creative Europe programme), October 2013.

42. UNESCO, Diversity of Cultural Expressions Section, Basic Texts of the 2005 Convention on the Protection and Promotion of the Diversity of Cultural Expressions 27 (2013).

43. United Nations Development Programme (UNDP), Creative Economy Report, 2013.

44. The European Group of Valuers, Associations: European Valuation Standards 2012.

45. Benjamin Reid, Alexandra Albert and Laurence Hopkins, The Work Foundation Report, *A Creative Block? The Future of the UK Creative Industries?* (December 2010).

46. Jenny Tooth, Mini-study Carried out for the European Commission on the "Access to Finance Activities of the European Creative Industry Alliance", 2010.

47. UNDP and UNCTAD, Creative Economy Report 2010.

48. WTO, S/C/W/310, Audiovisual Services Background Note by the Secretariat, 2010.

49. Alison McCleery, Alistair McCleery, Linda Gunn and David Hill, Scoping and Mapping Intangible Cultural Heritage in Scotland Final Report, July 2008.

50. Australian Film Commission, Film Development Drama Funding Guidelines 2007/08.

51. Council of Europe / ERICarts: Compendium of Cultural Policies and Trends in Europe— France, 13th edition 2007.

52. Lee, H. & Kim, H. (2007). Guidelines for Cultural Policy Change in the Network Society. KISDI Issue Report, 07-04, 1-31, Korea Information Society Development Institute.

53. Carmen Marcus, Future of Creative Industries (Implications for Research Policy), European Commission Community Research Working Document, April 2005.

54. Chairman to the Trade Negotiations Committee, Special Session of the Council for Trade in Services, World Trade Organization TN/S/23, adopted on 28 November 2005.

55. Chairman to the Trade Negotiations Committee, Special Session of the Council for Trade in Services, World Trade Organization TN/S/20, adopted on 11 July 2005.

56. Rob Aalbers, José Mulder, Joost Poort, International Opportunities for the Creative Industries, Amsterdam, August 2005 Commissioned by the Ministry of Economics Affairs, Agency for International Business and Cooperation (EVD).

57. Herold Anna, European Public Film Support within the WTO Framework, Iris Plus Legal Observations of the European Audiovisual Observatory Issue 2003-6.

58. OMC, Report of the Working Group on GATS Rules Chairperson, doc. S/WPGR/10, 30 June 2003.

59. Clare McAndrew: Artists, Taxes and Benefits—An International Review, Arts Council England Research Report, 2002.

60. KEIC, Korea Export Insurance Corporation Ten Years History, 1992-2002 (Seoul: KEIC, 2002: in Korean).

61. Gauthier v. Canada, 633/95, Views of the Human Rights Committee, 7 April 1999, UN Doc. CCPR//65/D/633/95 (1999).

62. Human Rights Committee, General Comment, CCPR/C/79/Add. 78, 10 (1998).

63. UNESCO, World Culture Report: Culture, Creativity and Markets (1998).

64. WTO, Council for Trade in Services, Background Note by The Secretariat on Audiovisual Services, S/C/W/40, adopted 15 June 1998.

65. WTO, S/C/W/40, Audiovisual Services Background Note by the Secretariat, 1998.

66. Korea Export Insurance Corporation (KEIC), Twenty-five Years History of Export Insurances: 1969-1994 (Seoul: KEIC, 1994: in Korean).

67. UN Provisional Central Product Classification (CPC), UN Statistical Papers, Series M, 795 No 77, Ver. 1. 1, E. 91. XVII. 7, 1991.

68. Committee on Economic, Social and Cultural Rights, Revised Guidelines regarding the Form and Content of Reports to Be Submitted by States Parties under Article 16 and 17 of the International Covenant on Economic, Social and Cultural Rights, Report on the Fifth Session, 26 November-14 December 1990, E/1991/23; E/C. 12/1990/8, at 108.

69. World Intellectual Property Organization, Guide to the Berne Convention for the Protection of Literary and Artistic Works (Paris Act, 1971), at 16 (WIPO publication 1978).

70. European Commission, A Digital Agenda for Europe, COM (2010) 245 final/2 (26 Aug, 2010).

七、硕博士论文

1. 李季:《我国文化产业财税政策研究》,东北财经大学 2013 年博士学位论文。

2. 范杨洲:《我国文化产业安全评价指标体系与评价方法研究》,安徽工程大学 2017 年硕士学位论文。

3. 朴贤珠:《出口信用保险与出口贸易的相关性分析》,复旦大学 2013 年硕士学位论文。

4. 黄如玉:《论〈文化创意产业发展法〉与服务贸易总协定之互动关系——以奖补助与租税优惠措施为主》,台湾政治大学 2011 年硕士学位论文。

5. 颜煊:《文化产业的法律制度之研究》,北京大学 2008 年硕士学位论文。

6. Miia Paakkanen: *Best Practices of Public Export Promotion in the Finnish Music Industry: Case MOI! Sounds from Suomi*, Master's Thesis of Aalto University, 2012.

7. Kang Ah Park: *The Growth of Cultural Industry and the Role of Government: The Case of Korea*, Master's Thesis of Massachusetts Institute of Technology, May 2008.

八、网络文献

1.《澳大利亚文化政策》,http://www. wwcd. org/policy/clink/Australia. html#LEGIS.

2.《巴巴多斯文化产业法案》,http://barbadosparliament. com/htmlarea/uploaded/File/Bills/2013/Cultural%20Industries%20Development%20Bill%202013. pdf.

3.《CEPA〈服务贸易协议〉常见问题》,http://www. tid. gov. hk/tc_chi/aboutus/faq/files/FAQ_Chi. pdf.

4. 陈鸣、谭梅：《中国公共文化发展服务报告（2007）》，http：//www. china. com. cn/culture/zhuanti/07ggwhfubg/2007-12/21/content_9416305_3. htm.

5. 付广军：《中国文化产业发展的税收状况及税收政策》，http：//www. sohu. com/a/219424051_160257].

6. 《广东将建文企征信系统解决文化企业资金短板》，http：//www. chinadaily. com. cn/hqgj/jryw/2014-08-21/content_12238997. html.

7. 国家统计局：《文化及相关产业分类（2018）》，http：//www. stats. gov. cn/tjsj/tjbz/201805/t20180509_1598314. html.

8. 国家统计局：《文化及相关产业分类（2012）》，http：//www. stats. gov. cn/tjsj/tjbz/201207/t20120731_8672. html.

9. 《国际博物馆智慧财产之经营》，http：//www. docin. com/p-472592437. html.

10. 《韩国文化产业促进基本法》，http：//elaw. klri. re. kr/eng_mobile/viewer. do? hseq＝29508&type＝part&key＝17.

11. 《杭州市文化创意产业八大重点行业统计分类》，http：//www. 0571ci. gov. cn/article. php? n_id＝3879.

12. 《拉美和加勒比海地区文化和创意产业促进报告》，http：//www. sela. org/attach/258/default/Di_No_9-Promotion_of_cultural_and_creative_industries_in_LAC. pdf.

13. 联合国教科文组织：《保护和促进文化表现形式多样性公约》，http：//www. npc. gov. cn/wxzl/wxzl/2007-02/01/content_357668. htm.

14. 联合国教科文组织统计研究所：《2009 年联合国教科文组织文化统计框架》，http：//unesdoc. unesco. org/images/0019/001910/191061c. pdf.

15. 刘松山：《失信惩戒立法的三大问题》，载《中国法律评论》，https：//www. ilawpress. com/material/detail/429133203568067072.

16. 美国国家艺术基金会官方网站：https：//www. arts. gov/sites/default/files/FAQ_Facts&Figures_FY20-19_budget_update8. 2. 18. pdf.

17. 美国联邦公报网站：https：//www. federalregister. gov/agencies/national-foundation-on-the-arts-and-the-humanities.

18. North American Industry Classification System（NAICS），https：//www. statcan. gc. ca/eng/subjects/standard/naics/2017/v3/index.

19. 《内地与香港关于建立更紧密经贸关系的安排》，http：//www. tid. gov. hk/tc_chi/cepa/legaltext/files/sa27-11-2015_annex1_c. pdf.

20. 欧洲图书出版基金国家信息，http：//www. culturalpolicies. net/web/comparisons-tables. php? aid＝33&cid＝45&lid＝en.

21. 欧洲国家各级政府文化支出统计，http：//www. culturalpolicies. net/web/statistics-funding. php? aid＝118&cid＝80&lid＝en.

22. 欧洲理事会欧洲文化研究所 2011 年《欧洲文化政策纲要》（第 12 版），http：//www. culturalpolicies. net/web/comparisons-tables. php? aid＝33&cid＝45&lid＝en.

23. 王平：《人民网评：坚定文化自信构筑强大中国力量》，http：//opinion. people.

com. cn/n1/2019/1102/c1003-31434154. html.

24. 沈啸：《文化产业促进法立法工作扎实推进》，http：//www. casece. org/index. php？m＝content&c＝index&a＝show&catid＝14&id＝4253.

25. 日本《电波法》，http：//www. houko. com/00/01/S25/131. HTM#014.

26. 日本《放送法》，http：//www. houko. com/00/01/S25/132. HTM#s5.

27. 台湾会计研究发展基金会、评价准则委员会：《无形资产之评价准则》（评价准则公报第七号草案），http：//www. ardf. org. tw/html/opinion/av007. pdf.

28. 威尔士诗歌大会官网：http：//www. eisteddfod. org. uk/english/2014/.

29. WPGR 谈判的内容和文件，详见 WTO 官网：https：//docs. wto. org/dol2fe/Pages/FE_Browse/FE_B_009. aspx？TopLevel＝8660#/.

30. 《江苏成立文化银行版权等"轻资产"可抵押》，http：//news. xinhuanet. com/fortune /2014-04-01/c_1110037835. htm.

31. 《〈电影产业促进法〉：文化产业领域第一法今起实施》，http：//media. people. com. cn/n1/2017/0301/c40606-29114503. html.

32. 于小薇：《权威人士解析：文化产业促进法缘何姗姗来迟》，http：//culture. people. com. cn/n/2014/1106/c172318-25984782. html.

33. 张松：《国外文物登录制度的特征与意义》，http：//www. doc88. com/p-796551383175. html.

34. 《征信业立法历时十余年终于落地》，http：//finance. sina. com. cn/money/bank/yhpl/20130311/143414790672. shtml.

35. 《2018 年中国文化创意产业分析报告——市场深度调研与发展前景预测》，http：//zhengce. chinabaogao. com/wenhua/2018/0953635V2018. html.

36. 《十二届全国人大常委会立法规划》，http：//www. npc. gov. cn/wxzl/gongbao/2015-08/27/content_1946101. htm.

37. 《关于对〈文化产业促进法（草案征求意见稿）〉公开征求意见的公告》，http：//www. gov. cn/xinwen/2019-07/01/content_5404809. htm.

38. 《私募投资基金监督管理暂行办法》，http：//www. csrc. gov. cn /pub/zjhpublic/zjh/201408/t20140822_259483. htm.

39. 中国证券业协会：《关于就〈私募股权众筹融资管理办法（试行）〉（征求意见稿）公开征求意见的通知》，http：//www. sac. net. cn/tzgg/201412/t20141218 _113326. html.

40. 中国自由贸易区服务网：http：//fta. mofcom. gov. cn/Australia/annex/xdwb_fj3-B_cn. pdf.

41. 《英国：博物馆资源与文化产业》，http：//wzb. mof. gov. cn/pdlb/tszs/201304/t20130412_818412. html.

42. 中华人民共和国国务院新闻办公室：《中国的法治建设》，http：//www. gov. cn/zhengce/2008-02/28/content_2615764. htm.

43. 《中华人民共和国文化产业促进法（草案送审稿）》，http：//www. moj. gov. cn/

news/content/2019-12/13/zlk_3237725. html.

44. 中华人民共和国外交部：《中国与〈保护和促进文化表现形式多样性公约〉》，http：//switzerlandemb. fmprc. gov. cn/web/ziliao_674904/tytj_674911/tyfg_674913/t311879. shtml.

45.《2013 年文化发展统计公报》，http：//www. mcprc. gov. cn/whzx/whyw/201405/t20140520_433223. html.

46.《2017—2018 年度国家文化出口重点企业和重点项目及 2017 年度文化服务出口奖励资金企业申报指南》，http：//www. sz. gov. cn/cn/xxgk/zfxxgj/tzgg/201704/t20170420_6150013. htm.

47. 1988 年《英国博物馆认证制度之认证标准》，http：//www. 87994. com/read/27d3c48333ddaeca66b09b69. html.

48. Australian Government Department of Communications, Media Control and Ownership Policy Background Paper No. 3 46, adopted on June 2014, http：//www. presscouncil. org. au/uploads/52321/ufiles/Control_Background_Paper_Australian_Government_Department_of_Communications. pdf.

49. Baker & MCKENZIE, Guide to Media and Content Regulation in Asia Pacific, adopt on 2012, http：//www. commsalliance. com. au/_data/assets/pdf_file/0016/42136/Guide-to-Media-an-Content-Regulation-in-Asia-Pacific. pdf.

50. Belgium：5. 2 Legislation on Culture, http：//www. culturalpolicies. net/web/belgium. php? aid=52.

51. Ben Johnson, The Cornish Language, http：//www. historic-uk. com/CultureUK/The-Cornish-Language/.

52. Canadian Audiovisual Certication Oiffce, Film or Video Production Services Tax Credit (PSTC), http：//www. pch. gc. ca/eng/1268740529145.

53. Canadian Heritage, Canadian Content in Magazines, A Policy on Investment in the Periodical Publishing Sector, http：//www. pch. gc. ca/eng/1359658949974/1359659050050.

54. Canadian Heritage, Investment Canada Act：Revised Foreign Investment Policy in Book Publishing and Distribution, http：//www. pch. gc. ca/eng/1359570626539.

55. Canadian Heritage, Investment Canada Policy on Foreign Investment in the Canadian Film Distribution Sector, http：//www. pch. gc. ca/eng/1359658212774/1395330258203.

56. Canadian Heritage, Net Benefit Undertakings and Canadian Cultural Policy, http：//www. pch. gc. ca/eng/1360158482694/1360158670409.

57. Canadian Audio-Visual Certification Office, Film or Video Production Services Tax Credit (PSTC), adopted on 2 Aug. 2004, http：//www. pch. gc. ca/progs/ac-ca/progs/bcpac-cavco/progs/cisp-pstc/index_e. cfm.

58. Copyright Industries in the U. S. Economy：The 2018 Report, by Stephen E. Siwek of Economists Incorporated, Prepared for the International Intellectual Property Alliance (IIPA) and Released on December 6, 2018, https：//iipa. org/reports/copyright-industries-us-economy/.

59. Cornish Language Partnership, http：//www. magakernow. org. uk/default. aspx.

60. DCMS, Entertainment Licensing Changes Under the Live Music Act, https：// www. gov. uk/entertainment-licensing-changes-under-the-live-music-act.

61. DMCS, Maintaining World-leading National Museums and Galleries, and Supporting the Museum Sector, https：//www. gov. uk/government/policies/maintaining-world-leading-national-museums-and-galleries-and-supporting-the-museum-sector.

62. DMCS, Supporting Vibrant and Sustainable Arts and Culture, https：//www. gov. uk/ government/policies/supporting-vibrant-and-sustainable-arts-and-culture.

63. DCMS, 2016 Creative Industries Economic Estimate-January 2016, https：// assets. publishing. service. gov. uk/government/uploads/system/uploads/attachment _ data/file/ 523024/Creative_Industries_Economic_Estimates_January_2016_Updated_201605. pdf.

64. DCMS, 2011 Creative Industries Economic Estimate-December 2011, http：// www. culture. gov. uk/publications/8682. aspx.

65. EU-Vietnam Free Trade Agreement：Agreed Text as of January 2016, Trade in Services, Investment an E-Commerce, http：//trade. ec. europa. eu/doclib/docs/2016/february/tradoc _ 154210. pdf.

66. Financial Institutions Reform, Recovery and Enforcement Act of 1989, https：// www. fdic. gov/regulations/laws/rules/8000-3100. html.

67. Fair Credit Reporting Act, http：//www. ftc. gov/enforcement/rules/rulemaking-regulatory-reform-proceedings/fair-credit-reporting-act.

68. Free Trade Agreement Between Canada and the Republic of Honduras, article 22. 7, http：//www. sice. oas. org/TPD/CAN_HND/Texts_FTA_05. 11. 2013/ENG/Text_e. asp#a222.

69. Free Trade Agreement between Canada and the Republic of Korea, article 22. 6, http：//www. sice. oas. org/Trade/CAN_KOR/English/Text_e. asp#c22_a22. 6.

70. Free Trade Agreement Between Canada and the Republic of Panama, article 23. 06, http：//www. sice. oas. org/Trade/CAN_PAN_Texts_e/Text_e. asp#a2306.

71. Free Trade Agreement between Canada and the Republic of Peru, article 2205, http：// www. sice. oas. org/Trade/CAN_PER/CAN_PER_e/CAN_PER_text_e. asp#Cha22Art05.

72. Free Trade Agreement between Chile and Thailand, http：//www. sice. oas. org/Trade/ CHL_THA_Final/CHL_THA_Index_PDF_e. asp.

73. Free Trade Agreement Between the European Union and the Republic of Singapore, Authentic Text as of May 2015, http：//trade. ec. europa. eu/doclib/docs/2013/september/ tradoc_151743. pdf.

74. Free Trade Agreement between the United States of America and the Republic of Korea, Korea Annex II：Non-Conforming Measures for Services and Investment, http：// www. sice. oas. org/TPD/USA_KOR/Draft_text_0607_e/asset_upload_file355_12750. pdf.

75. Practices Intangible Assets, Asian Economic and Financial Review, Vol. 3, 2013.

76. Republic of Korea Act on the Promotion of Newspapers, article 13 （4）, http：//

elaw. klri. re. kr/eng_service/lawView. do？lang＝ENG&hseq＝34967.

77. Republic of Korea Act on the Promotion of Periodicals Including Magazines，article 20 (3)，http：//elaw. klri. re. kr/kor_service/lawView. do？lang＝ENG&hseq＝16722.

78. Republic of Korea Broadcasting Act，article 14，http：//elaw. klri. re. kr/eng_mobile/ viewer. do？hseq＝25243&type＝part&key＝17.

79. Funding Opportunities，http：//www. gaidhlig. org. uk/bord/en/funding-opportunities/.

80. Gaelic History and Origins，http：//www. visitscotland. com/about/arts-culture/ uniquely-scottish/gaelic/about-gaelic.

81. Gerard E. Corsane，Peter S. Davis，Stephanie K. Hawke and Michelle L. Stefano， Ecomuseology：A Holistic and Integrated Model for Safeguarding "Spirit of Place" in the North East of England. In 16th Icomos General Assembly and International Symposium："Finding the Spirit of Place-between the Tangible and the Intangible"，29 sept - 4 oct 2008，Quebec，Canada， http：//www. icomos. org/quebec2008/cd/toindex/77_pdf/77-7kft-231. pdf.

82. Gerrit K. C. Ahlers，Douglas Cumming，Christina Günther，Denis Schweizer， Signaling in Equity Crowdfunding，SSRN Electronic Journal，http：//papers. ssrn. com/sol3/ papers. cfm？abstract_id＝2161587.

83. Guido Inzaghi and Alessandro Piermanni，From "Golden Share" to "Golden Powers"， https：//www. dlapiper. com/~/media/Files/Insights/Publications/2012/07/Italy% 20From% 20golden%20share%20to%20golden%20powers/Files/From_golden_share_to_golden_powers_ EN/FileAttachment/From_golden_share_to_golden_powers_EN. pdf.

84. Intangible Cultural Heritage in the UK-Promoting and Safeguarding our Diverse Living Cultures，http：//www. touchtd. com/news/intangible-cultural-heritage-uk-% E2% 80% 93- promoting-and-safeguarding-our-diverse-living-cultures.

85. Ivan Bernier，Audiovisual Services Subsidies Within the Framework of the GATS：The Current Situation and Impact of Negotiations，at 3，http：//www. diversite-culturelle. qc. ca/ fileadmin/documents/pdf/update0308. pdf.

86. M. Auburn，Utilizing Tax Incentives to Cultivate Cultural Industries and Spur Arts- Related Development，http：//www. docin. com/p-305194001. html.

87. Michell L. Stefano，Safeguarding Intangible Heritage：Five Key Obstacles Facing Museums of the North East of England，International Journal of Intangible Heritage，Vol. 4. 2009.

88. Peter Van den Bossche，*Free Trade and Culture：A Study Of Relevant WTO Rules And Constraints On National Cultural Policy Measures*，Maastricht Faculty of Law Working Paper No. 2007-4，at 78，http：//papers. ssrn. com/sol3/papers. cfm？abstract_id＝979530.

89. NHMF，http：//www. nhmf. org. uk/ProjectSearch/Lists/NHMFProj/ProjectDetail. aspx？ ID＝670.

90. OECD and UNCTAD，Thirteenth Report on G20 Investment Measures 7，adopted on 12 June 2015，http：//unctad. org/en/PublicationsLibrary/unctad_oecd2015d13_en. pdf.

91. Overseas Investment Act 2005, Section 13, http：//www. legislation. govt. nz/act/public/2005/0082/latest/DLM356881. html.

92. Pierre Sauvé, Completing the GATS Framework： Addressing Uruguay Round Leftover, 57. Jahrgang, Heft III, Zürich：Rüegger, S. 301, 302-303 (2002), http：//www. cid. harvard. edu/cidtrade/Papers/Sauve/sauvegats. pdf.

93. Portolano Cavallo Studio Legale, Brief Overview on the New Italian Crowdfunding Regulation, http：//www. portolano. it/wp-content.

94. Presidential Regulation of the Republic of Indonesia Number 44 of 2016 on List of Business Fields Closed to Investment and Business Fields Open, with Conditions , to Investment, https：//www. indonesia-investments. com/upload/documents/Negative-Investment-List-May-2016-Indonesia-Investments. pdf.

95. Protocol on Cultural Cooperation, Official Journal of the European Union 14. 5. 2011, https：//eur-lex. europa. eu/legal-content/EN/TXT/? qid = 1539486082083&uri = CELEX：22011A0514 (04).

96. Regulation (EU) No. 462/2013, http：//eur-lex. europa. eu/legal-content/en/all/; elx_sessionid = gwckj3gqt4jcd1dnhvpgxspyfbxdkv0sdvbnxkt5lpcf02m1rhfk! -481558503? uri = celex：32013R0462.

97. Regulation (EC) No. 1060/2009, http：//eur-lex. europa. eu/legal-content/en /all/? uri=celex：32013R0462.

98. Regulation (EU) No. 1295/2013 of the European Parliament and of the Council of 11 December 2013, Establishing the Creative Europe Programme (2014 to 2020) and Repealing Decisions No. 1718/2006/ec, No. 1855/2006/ec and no 1041/2009/ec, Official Journal of the European Union.

99. Regulation on "The Collection of Risk Capital on the Part of Innovative Start-ups via On-line Portals", the Commissione Nazionale per le Società e la Borsa, http：//www. consob. it/mainen/documenti/english/laws.

100. Scotland's Living Heritages：A Global Persperctive, http：//www. befs. org. uk/news/66/49/Scotland-s-Living-Heritage-s-A-Global-Perspective/d.

101. Sec. Indus. and Fin. Mkt. Ass'n, Global Advocacy Issues, http：//www. prmia. org /Chapter /Pages/Data/Files /3226_3508_Global20Advocacy20Issues. _other1. pdf.

102. SICE, Agreement between the Government of Canada and the Government of the Republic of Ecuador for the Promotion and Reciprocal Protection of Investments, adopted on April 1996, http：//www. sice. oas. org/Investment/BITSbyCountry/BITs/CAN_Ecuador_e. asp.

103. SICE, Treaty between the United States and the Oriental Republic of Uruguay Concerning the Encouragement and Reciprocal Protection of Investment, adopted on November 2005, http：//www. sice. oas. org/Investment/BITSbyCountry/BITs/URU_US_e. asp.

104. Singapore Broadcasting Act, Article 33, http：//policy. mofcom. gov. cn/PDFView? id=9eb07e1d-0a33-43d4-bf3f-06f3886b3370&libcode=flaw.

105. Singapore Newspaper and Printing Presses Act, article 10, Singapore Statutes Online, http：//statutes. agc. gov. sg/aol/search/display/view. w3p；page = 0；query = DocId% 3A% 224a71c728-6dbf-4de2-a730-a121b679ffac%22%20Status%3Ainforce%20Depth%3A0；rec = 0；whole = yes.

106. Smithsonian American Art Museum, Announcement, http：//www. americanart. si. edu/ exhibitions/archive/2012/games/.

107. Statistic from WTO Services, http：//i-tip. wto. org/services/searchresultgats. aspx.

108. Stuart Cunningham, Mark David Ryan, Michael Keane, Diego Ordonez, Financing Creative Industries in Developing Country Contexts, http：//eprints. qut. edu. au/2504/1/ 2504a. pdf.

109. Subtitle C, H. R. 4173 - Dodd-Frank Wall Street Reform and Consumer Protection Act, https：//www. congress. gov/bill/111th-congress/house-bill/4173/.

110. The Museum's Story：British Museum-The Museum's Story, http：//www. britishmuseum. org/about_us/the_museums_story. asp.

111. The President of the Philippines Executive Order No. 184, Promulgating the Tenth Regular Foreign Investment Negative List, http：//www. gov. ph/downloads/2015/05may/ 20150529-EO-0184-BSA. pdf.

112. The US-CHINA Business Council, Summary of US Negative Lists in Bilateral Investment Treaties 3-4, adopted on 2014, https：//www. uschina. org/sites/default/files/ Negative%20list%20summary. pdf.

113. Trade Dress, International Trademark Association, Fact Sheets：Types of Protection, http：//www. inta. org/TrademarkBasics/FactSheets/Pages/Trade-Dress. aspx.

114. UNCTAD, Preserving Flexibility in IIAs：the Use of Reservations 19, adopted on 2006, http：//unctad. org/en/Docs/iteiit20058_en. pdf.

115. UNDP& UNESCO, Creative Economy Report 2013 (Special Edition)：Widening Local Development Pathways, http：//www. unesco. org/culture/pdf/creative-economy-report-2013- en. pdf.

116. United Nations Conference on Trade and Development (UNCTAD), World Creative Economy Report 2010：Creative Economy：A Feasible Development Option, p. 8, http：// www. unctad. org/en/docs/ditctab20103_en. pdf.

117. United States-Korea FTA, Annex I-Korea, pp. 19, 46-49, 51, adopted on 2012, http：//www. sice. oas. org/TPD/USA _ KOR/Draft _ text _ 0607 _ e/asset _ upload _ file406 _ 12747. pdf.

118. US Bureau of Economic and Business Affairs, 2013 Investment Climate Statement-Malaysia, adopt on March 2013, http：//www. state. gov/e/eb/rls/othr/ics/2013/204686. htm.

119. USPTO, Design Patent Application Guide, https：//www. uspto. gov/patents-getting-started/patent-basics/types-patent-applications/design-patent-application-guide.

120. Vietnam GATS Commitments on Audiovisual Services, http：//i-tip. wto. org/services/

DetailView. aspx/？id＝Viet%20Nam&isGats＝1&sector_code＝2. D.

121. Welsh Language：History, Facts and Figures, http：//gov. wales/topics/welshlanguage/ publications/historyfactsfigures/？lang＝en.

122. 日本公正取引委員会事務総局：アニメーション産業に関する実態調査報告書, 平成 21 年 1 月, http：//www. jftc. go. jp/houdou/pressrelease/h21/jan/090123. files/090123 houkokusyo01. pdf.

123. 2011/265/EU, Council Decision of 16 September 2010 on the signing, on behalf of the European Union, and provisional application of the Free Trade Agreement between the European Union and its Member States, of the one part, and the Republic of Korea, of the other part, http：//eurlex. europa. eu/legalcontent/en/txt/html/？uri＝OJ：L：2011：127：full&from＝en# ntc17-L_2011127en. 01000601-E0017.

124. 《文 化 产 业 服 务 领 域 的 特 别 承 诺 表》, http：//i-tip. wto. org/services/ SearchResultGats. aspx.